Lübke · Willms

Kochbuch Diabetes Typ 2

Doris Lübke war viele Jahre als Diätassistentin und Diätküchenleiterin/DGE aktiv. In ihren über 35 Jahren Berufserfahrung hat sie vielen Tausenden Menschen mit Diabetes mit Rat und Tat zur Seite gestanden und ihnen gezeigt, wie man mit Diabetes schmackhaft essen kann.

Prof. Dr. med. Berend Willms war viele Jahre leitender Arzt am Diabeteszentrum – Fachklinik für Diabetes und Stoffwechsel in Bad Lauterberg im Harz. Die systematische Schulung von Diabetikern ist eine seiner Errungenschaften, die heute zum Standard in der Diabetesbehandlung gehört.

Das Rezept zum Coverfoto finden Sie
auf Seite 112

Doris Lübke · Prof. Dr. med. Berend Willms ·

Kochbuch Diabetes Typ 2

Rezeptklassiker für jeden Tag

TRIAS

Für den schnellen Überblick

Liebe Leserinnen und Leser,

Sie haben von Ihrem Arzt erfahren, dass Sie Diabetes haben. Vielleicht erscheint Ihnen diese Diagnose zunächst wie eine persönliche Katastrophe. Viele Gedanken schießen Ihnen durch den Kopf. Wie wird die Erkrankung mein Leben beeinflussen? Was ist mit Sport, Reisen, Essen mit Freunden? Darf ich überhaupt noch essen, was mir schmeckt? Keine Panik – Sie sind nicht allein. Etwa sieben bis acht Millionen Deutsche haben Diabetes – meist Diabetes Typ 2.

Mit unserem Buch halten Sie das altbewährte Koch- und Backbuch sowie den Ratgeber zum Thema Diabetes in der Hand, das im Jahr 2021 nun schon in der 7. Auflage erscheint und aktualisiert und überarbeitet ist. Dieser Klassiker bietet Ihnen sowohl eine Vielzahl von Rezepten fürs Kochen und Backen als auch wichtige medizinische Informationen, die Ihnen das Leben mit Diabetes leichter machen werden.

Zunächst ist es wichtig, dass Sie möglichst viel über Ihre Krankheit lernen. Was hat es überhaupt auf sich mit Diabetes? Wie kann ich meinen Alltag ohne große Einbußen an Lebensqualität gestalten? Auch nach einem klärenden Gespräch mit Ihrem Arzt bleiben Ihnen gewiss noch genügend Fragen: Insulintherapie, glykämischer Index, Berechnungseinheiten, Ernährungsumstellung … Dieses Buch lässt Sie mit Ihren Fragen nicht im Stich.

Der erste Teil dieses Buches »Die Zuckerkrankheit« enthält alles Wissenswerte rund um die Erkrankung Diabetes. In leicht verständlicher, anschaulicher Form erfahren Sie, wie die Stoffwechselvorgänge in Ihrem Körper funktionieren und worauf Sie bei Diabetes besonders achten sollten. Wenn Sie mehr wissen wollen: Es gibt Bücher und Schulungskurse in auf Diabetes spezialisierten Praxen und Kliniken.

Im zweiten Teil »Ernährung« erfahren Sie Wesentliches über die Qualität und Zusammensetzung Ihrer Nahrung. Wie viele Kohlenhydrate darf ich essen? Welche Fette sollte ich bevorzugen? Was zunächst kompliziert erscheint, ist leichter, als Sie vielleicht denken. Nach neuesten medizinischen Erkenntnissen brauchen Sie weder eine lebenslange »Zwangsdiät« einzuhalten noch auf alle kulinarischen Genüsse zu verzichten, Sie sollten lediglich einige Grundregeln beherzigen. Sie werden sehen, dass die richtige Ernährung für Menschen mit Diabetes der Kost sehr ähnlich ist, die gemeinhin auch als »gesunde Ernährung« für Nicht-Diabetiker gilt: eine abwechslungsreiche, vollwertige Mischkost mit viel Gemüse, Obst und Salaten und möglichst wenig tierischen Fetten. Bei Ihrer Ernährungsumstellung ist dieser Teil mit seinen Austauschtabellen, zwei Tageskostplänen und vielen praktischen Tipps ein hilfreicher Begleiter.

Der umfangreiche Rezeptteil widmet sich voll und ganz dem gesunden Genuss. Unter den etwa 260 Rezepten finden Sie viele traditionelle Gerichte wie Rinderrouladen, Hühnerfrikassee, Eiersalat und Weinschaum-Creme. Mit ein paar Tricks dürfen Sie all die liebgewonnenen Speisen auch weiterhin genießen. Die Rezepte entsprechen einer kohlenhydratbewussten Ernährung und erleichtern es Ihnen mit ihren Angaben zu Nährstoffgehalt, Berechnungseinheiten und Kilokalorien, einen individuellen, abwechslungsreichen Speiseplan zu erstellen. Ob Fleischgerichte, Gemüse, Salate oder »kleine Köstlichkeiten« – die Rezepte sind leicht nachzukochen, schmecken einfach wunderbar und sind sowohl für die ganze Familie als auch für ein Essen mit Freunden geeignet.

Lassen Sie sich verführen von der bunten Vielfalt der Menüvorschläge!
Im Sommer 2021
Doris Lübke
Berend Willms

memory
90
mg/dL

Diabetes verstehen

Je besser Sie über die Krankheit und über die Stoffwechselvorgänge Bescheid wissen, desto selbstbestimmter und unbeschwerter können Sie Ihr Leben gestalten.

Die »Zuckerkrankheit«

Nach der Diagnose stellen sich viele Fragen: Wie wird der Diabetes behandelt? Wie beeinflusst er meinen Alltag? Wie kann ich meine Lebensqualität verbessern?

Diabetes mellitus, im Volksmund einfach »Zucker« oder »Zuckerkrankheit« genannt, ist eine Stoffwechselkrankheit, deren körperliche Auswirkungen durch einen Mangel an Insulin bzw. an Insulinwirkung erklärt werden können. Das führt zu einer Störung des Zuckerstoffwechsels, bei der die Aufnahme von Glukose – das ist Traubenzucker – aus dem Blut in die Körperzellen gestört ist, was eine dauerhafte Erhöhung des Blutzuckers zur Folge hat. Aber auch die anderen Stoffwechselvorgänge des menschlichen Organismus, der Fett- und der Eiweißstoffwechsel, werden durch einen Mangel an Insulin bzw. an Insulinwirkung gestört.

Was ist Insulin?

Insulin ist ein lebenswichtiges Hormon. Es wird in bestimmten Zellen der Bauchspeicheldrüse, den sogenannten B-Zellen der Langerhans-Inseln, gebildet und von dort bei Bedarf in das Blut abgegeben. Wenn der Blutzucker, der aus den mit der Nahrung aufgenommenen Kohlenhydraten stammt, ansteigt, geben die B-Zellen das gespeicherte Insulin ins Blut ab. Das Insulin sorgt dafür, dass der Zucker in die Zelle aufgenommen und dort in den Stoffwechsel zur Energiegewinnung eingeführt wird.

Den Zucker, der nicht in Form von Energie, z. B. für die Muskelarbeit oder die Bewegung, direkt verbraucht wird, speichert unser Körper. Unser Organismus kann allerdings nur wenig Energie in Form von Kohlenhydraten, z. B. in der Leber, speichern. Alle überschüssige Energie (die in der Nahrung zu viel enthalten ist) wird in Form von Fett im Fettgewebe abgelagert. So erklärt sich die heutzutage weitverbreitete Übergewichtigkeit und Fettsucht durch eine zu hohe Energiezufuhr und einen zu geringen Energieverbrauch.

Wie erkennt man Diabetes?

Die Diagnose von Diabetes ist recht einfach. Der Arzt entnimmt dem Patienten Blut, entweder aus der Armvene oder aus der Fingerkuppe, und bestimmt den Blutzuckerspiegel. Von einem Diabetes spricht man, wenn der Nüchternblutzucker – nach Fasten über Nacht – über

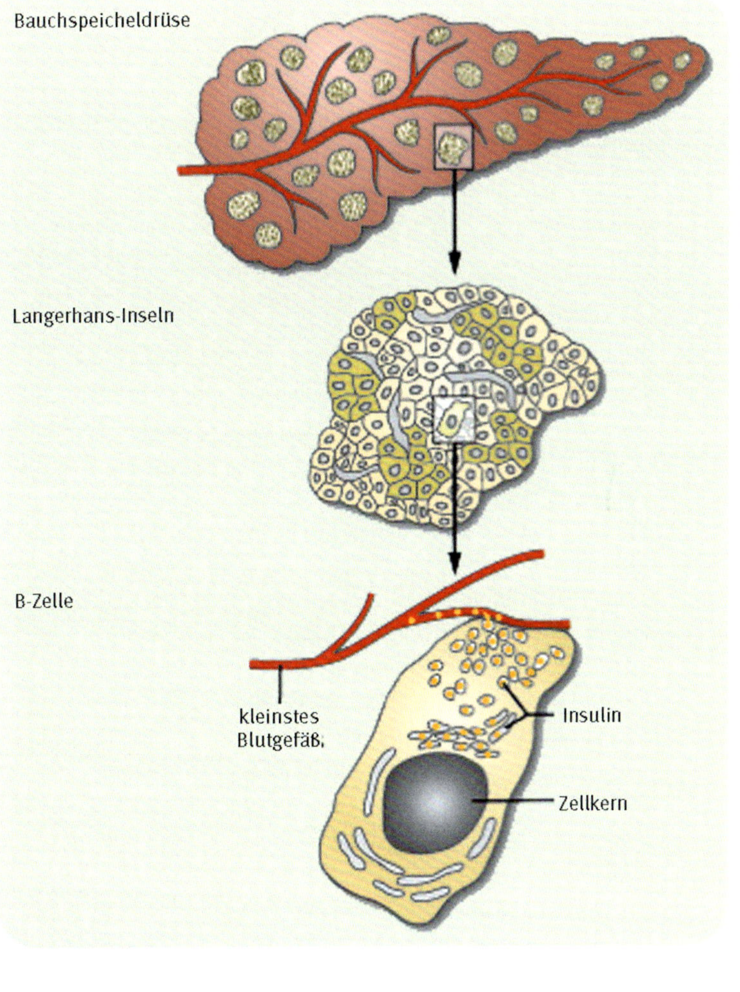

Die B-Zellen in den Langerhans-Inseln der Bauchspeicheldrüse bilden das Insulin.

126 mg/dl (= Milligramm pro Deziliter, früher auch als mg% bezeichnet) beträgt. Dieser Wert entspricht 7 mmol/l (mM). Sicherheitshalber sollte man die Bestimmung einmal wiederholen.

Wenn die Werte nicht eindeutig sind, kann der Arzt zusätzlich einen Traubenzuckerbelastungstest (oraler Glucosetoleranztest, oGTT) machen: Liegt der Blutzucker zwei Stunden nach der Einnahme der Traubenzuckerlösung bei über 200 mg/dl (11 mM), dann steht ebenfalls fest, dass ein Diabetes vorliegt. Natürlich spricht auch jeder irgendwann am Tag, nüchtern oder nach dem Essen, gemessene Blutzucker über 200 mg/dl für einen Diabetes.

Vorstufen von Diabetes

Nun gibt es auch Vorstufen eines Diabetes: Ein Mensch, der einen Nüchternblutzucker von über 100 mg/dl (5,5 mM) hat oder einen Blutzuckerwert von über 140 mg/dl nach einer Traubenzuckerbelastung, vielleicht auch nur nach einer kohlenhydratreichen, süßen Mahlzeit, hat ein großes Risiko, bald an Diabetes zu erkranken. Der Arzt nennt dieses Stadium Prädiabetes. Inzwischen weiß man, dass diese Menschen fast in gleichem Maße herzinfarktgefährdet sind wie die erkrankten Diabetiker.

Es ist daher sinnvoll, schon in diesem Stadium eine Behandlung einzuleiten, die in richtiger Ernährung, Gewichtsreduktion und verstärkter Bewegung bestehen sollte. Da Diabetes vererbt wird und gehäuft in Familien mit dieser Anlage vorkommt, sollten erkrankte Diabetiker ihre Verwandten motivieren, diese einfachen Früherkennungsuntersuchungen – Bestimmung des Nüchternblutzuckers oder des Blutzuckers nach dem Essen – durchführen zu lassen.

Wenn Wohlstand krank macht

Eine andere Vorstufe von Diabetes ist das sogenannte metabolische Syndrom, bisweilen auch als »Wohlstandssyndrom« bezeichnet. Es handelt sich dabei um einen gestörten Stoffwechsel. Charakteristisch für das metabolische Syndrom ist das Übergewicht, wobei sich vor allem im Bauchbereich zu viel Fettgewebe angesammelt hat. Gerade der dicke Bauch stellt nämlich ein besonderes Risiko für Herz-Kreislauf-Erkrankungen dar, nicht die breiten Hüften. Wer also als europäischer Mann einen Bauchumfang von mehr als 94 cm und als europäische Frau von mehr als 80 cm hat und dazu noch zwei der folgenden Risikofaktoren aufweist, hat ein erhöhtes Risiko, sowohl an Diabetes als auch an Herz-Kreislauf-Krankheiten zu erkranken. Von den zusätzlichen Risikofaktoren gehören zwei dem Fettstoffwechselbereich an (erhöhte Triglyzeride, erniedrigtes HDL-Cholesterin), dann ein erhöhter Blutzucker und ein erhöhter Blutdruck. Hier ist dringend eine Behandlung durch gesunde Ernährung und Bewegungsaktivierung angezeigt.

Beschwerden, die zum Arzt führen

Es sind ganz typische Beschwerden, die bei einem unbehandelten Diabetes auftreten und die einen Patienten veranlassen (sollten), einen Arzt aufzusuchen:

- starker Durst
- häufiges Wasserlassen
- übermäßige Müdigkeit
- Gewichtsabnahme

Charakteristisch ist der Durst, der sanft, aber deutlich sein kann, wie der Durst in einem heißen Sommer (und auch damit verwechselt wird!). Bisweilen kann er auch quälend sein und den Patienten zwingen, mehrere Liter Flüssigkeit zu sich zu nehmen und sogar nachts aufzustehen, um zu trinken. Dieser Durst wird durch den hohen Blutzucker verursacht. Der Blutzucker wird ab einer bestimmten Schwelle über die Nieren ausgeschieden und reißt dabei Wasser aus dem Blut mit sich. Das erklärt auch das zweitwichtigste Merkmal von Diabetes: das häufige Wasserlassen. Der Arzt nennt das Polyurie.

Insulin ist ein wichtiges Hormon im Stoffwechsel. Es ist das einzige Hormon, das den Aufbau unseres Körpers sowie unserer Reserven und die Gewinnung von Energie steuert. Wenn wir also einen Mangel an Insulin bzw. an Insulinwirkung haben, leiden wir unter Energiemangel und sind matt und müde. Da Energiemangel jedoch ein weitverbreitetes und wenig charakteristisches Symptom ist, beklagt mancher unentdeckte Diabetiker monatelang seinen Zustand, ohne etwas dagegen zu unternehmen. Wenn dieser Mangel an Energie länger anhält, dann greift unser Körper auf seine Reserven zurück, da er in jedem Falle bestrebt ist, ein ordentliches Funktionieren aller Systeme aufrechtzuerhalten. Da der menschliche Körper Reserven nur als Fett im Fettgewebe speichern kann, wird dieses Reservefettgewebe zunächst abgebaut. Das führt dazu, dass der unentdeckte Diabetiker an Gewicht verliert.

Wenn der Stoffwechsel entgleist: das diabetische Koma

Der Abbau des Fettgewebes kann neben dem Gewichtsverlust auch noch eine andere Folge haben: Die Fette, die aus dem Fettgewebe zur Energiegewinnung freigesetzt werden, können in der Leber nämlich nur unvollständig verbrannt werden. Als Stoffwechselprodukte entstehen die sogenannten Ketonkörper, die zum Teil mit dem Urin ausgeschieden werden und hier als Azeton messbar werden.

Da Ketonkörper Säuren sind, kann im weiteren Verlauf eine Übersäuerung des Blutes, die sogenannte Ketoazidose, eintreten. Wir haben es hier mit dem lebensbedrohlichen diabetischen Koma zu tun. Wasser- und Insulinzufuhr durch Infusion in die Vene wirken lebensrettend.

Sehstörungen und Entzündungen

Viele Diabetiker haben Sehstörungen. Durch den Wasserverlust, verursacht durch das häufige Wasserlassen, trocknet die Augenlinse aus und wird unflexibel. Sie verliert ihre Fähigkeit, sich beim Scharfsehen zu krümmen. Bloß dann nicht zum Optiker gehen und sich eine neue Brille verschreiben lassen! Durch die gute Einstellung des Diabetes und die Normalisierung des Wasserhaushaltes werden diese Sehbeschwerden in spätestens drei Wochen verschwunden sein.

Auch eine andere »Krankheit« bedarf keiner besonderen Behandlung, sondern nur einer guten Zuckereinstellung. Eine Entzündung der männlichen Vorhaut, auch Balanitis genannt, ist ebenso durch den Zucker im Urin bedingt und durch Diabeteseinstellung zu kurieren wie eine entsprechende Scheidenentzündung oder Vulvitis.

Typ 1 oder Typ 2?

Wir unterscheiden je nach der Entstehung des Diabetes verschiedene Typen und Formen:

- **Typ-1-Diabetes:** Bei diesem Diabetestyp liegt ein absoluter Mangel an Insulin vor. Er entsteht meist im jugendlichen Alter, kann aber in allen Altersstufen vorkommen. Seine Ursache ist eine Autoimmunkrankheit, die zur Zerstörung der insulinproduzierenden B-Zellen führt.
- **Typ-2-Diabetes:** Der Typ-2-Diabetiker hat keinen Mangel an Insulin, allenfalls einen relativen Mangel, also für seinen Bedarf (bei dem hohen Blutzucker) zu wenig Insulin. Die wesentliche Ursache ist eine Insulinresistenz, eine Unempfindlichkeit des Körpers bzw. der Zellen seines Körpers gegen Insulin. Das Insulin wirkt bei ihm nicht mehr so wie bei einem Gesunden. Über 95 % aller Diabetiker haben den Typ-2-Diabetes, der früher fälschlicherweise als Altersdiabetes bezeichnet wurde. Er entsteht jedoch schon in der Mitte des Lebens, etwa ab dem 45. Lebensjahr, am häufigsten mit Mitte fünfzig. Er kann aber auch im hohen Alter von 80 und 90 Jahren manifest werden.

Zwei seltenere Diabetesformen sind:

- **pankreopriver Diabetes:** Diese Diabetesform entsteht durch eine Zerstörung der Bauchspeicheldrüse im Rahmen einer chronischen Entzündung oder Operation.
- **Gestationsdiabetes:** Diese Diabetesform tritt in der Schwangerschaft zum ersten Mal auf. Eine Behandlung ist wichtig, um ein gesundes Kind zu bekommen. Meist normalisiert sich der Zuckerstoffwechsel nach der Geburt.

Volkskrankheit Diabetes

Dieses Buch befasst sich hauptsächlich mit dem häufigsten Diabetes-Typ, dem Typ-2-Diabetes. Wie bereits erwähnt, wird er durch eine Insulinresistenz mit einem relativen Insulinmangel hervorgerufen. Letzteres führt zu einem Mangel an Insulinwirkung.

Heute ist der Typ-2-Diabetes in allen westlichen Ländern eine Volkskrankheit, das heißt weit verbreitet. Man schätzt, dass über sieben Prozent der deutschen Bevölkerung, das sind sieben bis acht Millionen Menschen, Diabetes haben, und es werden immer mehr.

Wie kommt es dazu? Es ist der Wohlstand, das gute Leben, das uns den Diabetes beschert. Überernährung, die zwangsläufig zu Übergewicht führt, sowie Bewegungsmangel leisten der Erkrankung Vorschub. Die Kinder werden mit dem Schulbus zur Schule gefahren, die Eltern fahren mit dem Auto zur Arbeit, unzählige Stunden verbringt die Familie – passiv – vor dem Fernseher, Computer oder Handy. Nahrungsmittel sind preiswert und werden in verlockenden Anzeigen angepriesen. Eine gesunde Ernährung, wie sie in diesem Kochbuch vermittelt wird, ist selten geworden.

Erbanlagen spielen demgegenüber eine geringere Rolle. Dennoch sollte jeder Typ-2-Diabetiker wissen, dass seine Verwandten 1. Grades, das sind Kinder, Geschwister, Eltern, ebenfalls ein hohes Diabetesrisiko tragen: 20–40% dieser Verwandten haben ein genetisches Risiko, einen Diabetes zu bekommen – Grund genug, regelmäßige Vorsorgeuntersuchungen durchzuführen und eine gesunde Lebensweise anzustreben! Nur auf diese Weise kann die Entstehung von Diabetes Typ 2 eventuell verhindert werden.

Diabetes als Zufallsentdeckung

Die meisten Typ-2-Diabetiker sind ohne Beschwerden und die Krankheit wird rein zufällig entdeckt, beispielsweise bei einer Routineuntersuchung. Umso wichtiger, dass Menschen mit Risiko wie Verwandte von Diabetikern regelmäßig, etwa einmal im Jahr, ihren Blutzucker messen lassen.

Vorbeugung ist wichtig!

Was sollten die Menschen tun, die ein hohes Diabetesrisiko haben? Wir wissen heute aus großen Studien sehr genau, wie man Diabetes vorbeugen kann:

- 5–7% (das sind ca. 5–7 kg) an Gewicht abnehmen und
- täglich 30 Minuten stramme körperliche Bewegung, wie z. B. Nordic Walking.

Abnehmen bei Typ-2-Diabetes

Gewicht verlieren und verstärkte Bewegung sind nicht nur für die Vorbeugung wichtig, sondern auch für die Behandlung des Diabetes. Da der Diabetes durch Überernährung und Bewegungsmangel entsteht, sind Gewichtsreduktion und verstärkte Bewegung die ursächliche Behandlung des Diabetes.

Abnehmen durch Sport

Eine sinnvolle Verminderung des Körpergewichtes funktioniert auf Dauer am besten als Kombination von Sport/körperlicher Bewegung und verringerter Energieaufnahme. Das Ziel ist dabei weniger die absolute Reduktion des Körpergewichtes als vielmehr die Verminderung der Bauchfettmasse. Die Muskelmasse soll weitgehend erhalten bleiben. Deshalb sollten Sie in einem Fitness-Studio immer auch Muskelaufbautraining betreiben, zusätzlich zum reinen kalorienverbrauchenden Ausdauertraining.

Es ist jedoch für die Gewichtsreduktion ein größerer (zusätzlicher!) Bewegungsumfang erforderlich: Bei Männern liegt der notwendige wöchentliche Kalorienverbrauch zur Gewichtsreduktion bei etwa 3500 kcal und bei Frauen bei

Bewegung hilft beim Abnehmen.

2600 kcal. Bei moderater Dauerbelastung der eigenen Körpermasse werden – je nach Körpergewicht – ca. 350–500 kcal/Stunde verbraucht. Daraus ergibt sich die Empfehlung einer täglichen Aktivität von 60 bis 90 Minuten, z. B. täglich zügiges Wandern, Fahrradfahren oder Ergometertraining.

Messen lässt sich die eigene körperliche Aktivität auch mithilfe eines Schrittzählers. Ein einfacher Schrittzähler kostet etwa 15–25 Euro. Steigern Sie Ihre tägliche Schrittzahl von Tag zu Tag. Sie werden sehen: Mit 10 000 Schritten pro Tag und mehr purzeln Ihre Pfunde.

Zur erfolgreichen Gewichtsabnahme ist neben der Veränderung der Ernährungsgewohnheiten auch die regelmäßige Eigenkontrolle des Körpergewichtes notwendig. Neben dem positiven Einfluss in der Reduktionsphase hat körperliche Aktivität auch einen günstigen Einfluss in der Phase des »Gewichthaltens«. Durch Bewegung wird die fettfreie Körpermasse erhalten sowie der biologisch programmierte Rückgang des Grundumsatzes vermindert.

Mahlzeitenersatz mit Formuladiätprodukten

Für viele Diabetiker ist es einfacher, als kompliziert Kalorien zu zählen, wenn sie einzelne Mahlzeiten durch ein Formulaprodukt ersetzen. So eine Formuladiät gibt es in Drogerien und Apotheken zu kaufen. Es handelt sich meist um Pulver aus Milcheiweiß, Sojaeiweiß und Ballaststoffen. Ein bis zwei Hauptmahlzeiten pro Tag werden durch solch ein definiertes Formelprodukt von etwa 200 kcal ersetzt. Bei einer täglichen Energiezufuhr von 1200 bis 1600 kcal ist nach drei Monaten ein Gewichtsverlust von durchschnittlich 6,5 kg zu erwarten, also deutlich mehr als mit einer Reduktionsmischkost.

Eine reine Formuladiät, die nur aus solchen Formulaprodukten besteht, ist bei erheblicher Adipositas nützlich und führt anfänglich zu einer deutlichen Gewichtsverminderung von 0,5 bis 2 kg pro Woche. Spätestens nach 12 Wochen, meist auch schon früher, sollte eine Umstellung auf eine mäßig hypokalorische Kost zur Gewichtserhaltung erfolgen. Ein Muskelaufbautraining bzw. Krafttraining ist zur Erhaltung des Gewichtserfolges nützlich! Bei allen Reduktionsdiäten sollten unbedingt mindestens 2,5 Liter pro Tag getrunken werden. Reine Formuladiäten sollten Sie am besten nur in Absprache mit Ihrem Arzt durchführen.

Kommerzielle Gewichtsreduktionsprogramme

Kommerzielle Gewichtsreduktionsprogramme kombinieren meist eine initial sehr niedrig kalorische Kost mit Formulaprodukten, Bewegungssteigerung und Verhaltensmodifikationstraining mit dem Ziel einer langfristigen Ernährungsumstellung. Viele dieser Programme sind nicht billig. Alle diese Programme sind effektiv, die Rückfallquote ist jedoch sehr hoch. Das Weight-Watchers-Programm ermöglicht bei mäßig adipösen Personen eine mittlere Gewichtsreduktion von 3–4,5 kg. Das 6-monatige Optifast-Programm zeigt bei deutlich übergewichtigen Personen (ab BMI 30) eine gute anfängliche Gewichtsabnahme von 15–25 %, allerdings nimmt die Mehrheit der Teilnehmer innerhalb von 1–2 Jahren mehr als 50 % des verlorenen Gewichtes wieder zu. Das DGE-Programm »Ich nehme ab« ist ein stark verhaltenstherapeutisch ausgerichtetes Selbstmanagementprogramm, um eine mäßige Senkung des Körpergewichtes zu erreichen und eine ausgewogene Ernährungsweise zu etablieren. In einer beratergestützten Anwendung führte das Programm nach einem Jahr zu einem mittleren Gewichtsverlust von 2,3 kg (bei Frauen) und 4,1 kg (bei Männern) bei gleichzeitiger Verbesserung der Nährstoffzusammensetzung.

Abnehmen mit Medikamenten und Operationen

Kurz gesagt: Medikamente helfen nicht und können schädlich sein. Deswegen sind Sibutramin (Reductil®) und Rimonabant (Accomplia®) vom Markt genommen worden. Auf dem Markt ist noch Orlistat (Xenical®). Orlistat verhindert die Aufnahme von Fett im Darm. Es nützt also nur, wenn man Fett isst. Dieses Fett liegt im Darm in flüssiger Form vor. Der Schließmuskel spürt das flüssige Fett nicht. Es kommt zu Durchfall und Verschmutzung der Unterwäsche. Orlistat kann man nur mit Windeln oder Tampon nehmen. Die Krankenkassen bezahlen das teure Medikament nicht. Ich würde Ihnen abraten.

In hoffnungslosen Fällen bei extremer Adipositas hilft eine Operation. Diese kommt bei Diabetes in Einzelfällen bei einem BMI ab 35, sonst bei einem BMI ab 40 infrage. Operative Verfahren sind der Magenballon, das anpassbare Magenband und bei extremem BMI der Magen-Bypass, die Magenverkleinerung. Im ersten Jahr verliert man 20–40 kg, nach 10 Jahren ist das Körpergewicht immer noch um 15 bis 28 kg geringer. Es kommt zu einem deutlichen Abfall der Blutzuckerwerte, Insulin und orale Antidiabetika können deutlich reduziert werden, Insulin kann bei 70 % aller Operierten sogar ganz abgesetzt werden. Bei manchen ist der Diabetes weg! Viele Risikofaktoren und übergewichtsbedingte Beschwerden bessern sich dramatisch oder verschwinden ganz. Auch psychisch bessert sich die Situation der Operierten, sie gewinnen wieder an Selbstbewusstsein und trauen sich in die Öffentlichkeit.

Gewichtsabnahme und Diabetesmedikamente

Die meisten übergewichtigen Typ-2-Diabetiker erhalten Medikamente zur optimalen Blutzuckereinstellung. Diese Medikamente wirken sich unterschiedlich auf das Körpergewicht aus, manche führen zu einer Gewichtszunahme, andere sind »gewichtsneutral«, manche fördern sogar die Gewichtsreduktion.

Metformin: Nach den Leitlinien aller Fachgesellschaften erhält jeder Typ-2-Diabetiker als erstes Medikament Metformin. Metformin bremst die Zuckerneubildung in der Leber, dämpft aber gleichzeitig ein wenig das Hungergefühl, sodass der Patient zumindest nicht zunimmt, in den meisten Fällen sogar ein wenig (1 bis 3 kg) abnimmt. Nach heutiger Erkenntnis hat Metformin auch noch weitere günstige Eigenschaften: Es schützt vor Herzinfarkt und sogar vor Krebs.

Acarbose und Miglitol (»Alphaglukosidase-Hemmer«): Acarbose (Glucobay®) verzögert die Aufspaltung der Kohlenhydrate im Darm und führt so zu einem flacheren Blutzuckeranstieg. Relativ häufig sind aber Nebenwirkungen wie Blähungen und Durchfall. Alphaglukosidase-Hemmer sind gewichtsneutral, häufig führen sie auch zu einem Gewichtsverlust.

Sulfonylharnstoffe: Sulfonylharnstoffe – wie z.B. Generika von Glibenclamid – gehören zu den am häufigsten verordneten Diabetesmedikamenten. Sie steigern die Freisetzung von Insulin aus der Bauchspeicheldrüse und senken so den Blutzucker. Leider kommt es unter einer Behandlung mit Sulfonylharnstoffen häufig zu einer Gewichtszunahme, im Durchschnitt um etwa 2–3 kg. Wenn Sie abnehmen wollen oder müssen, sollten Sie keine Sulfonylharnstoffe einnehmen. Auch sind Hypoglykämien (Unterzuckerungen) häufige Nebenwirkungen von Sulfonylharnstoffen.

Insulin: Das Gleiche gilt für Insulin. Unweigerlich kommt es unter einer Insulinbehandlung zu einer Gewichtszunahme, die noch stärker ist als unter Sulfonylharnstoffen. Oft sind es 5 kg im Jahr, die Sie zunehmen. Eine Gewichtsabnahme ist unter Insulinbehandlung fast unmöglich. Sie sollten deshalb alle anderen Möglichkeiten (GLP-1-Mimetika, DPP-IV-Hemmer oder SGLT2-Inhibitoren) ausschöpfen, wenn Metformin allein nicht langt.

DPP-IV-Hemmer: Diese Medikamente haben ihren Namen davon, dass sie ein Enzym, die Dipeptyl-Peptidase 4, hemmen. Durch diese Hemmung wird das körpereigene Hormon GLP-1 (Glukagon-like Peptid 1), welches im Darm gebildet wird und die Insulinfreisetzung stimuliert, nicht abgebaut und bleibt erhalten. Dadurch wird der Blutzucker gesenkt, aber durch einen unbekannten Mechanismus sinkt der Wert nur bis auf den Normalwert. Eine Unterzuckerung kann nicht vorkommen. DPP-IV-Hemmer sind gewichtsneutral. Sie führen nicht – wie die Sulfonylharnstoffe – zu einer Gewichtszunahme. Wenn also eine Blutzuckereinstellung mit Metformin nicht ausreicht, sollte man als zweites Medikament einen DPP-IV-Hemmer dazunehmen.

GLP-1-Mimetika: Diese Medikamente stimulieren direkt das GLP-1 und verstärken so die Insulinausschüttung aus der Bauchspeicheldrüse, ohne aber Unterzuckerungen zu begünstigen. Diese Präparate müssen gespritzt werden, manche nur einmal pro Woche. GLP-1-Mimetika haben den großen Vorteil, dass die Patienten, die damit behandelt werden, im Allgemeinen an Gewicht abnehmen, meist 3–5 kg in einem Jahr. GLP-1-Mimetika sind also eine Alternative zur Insulinbehandlung.

SGLT2-Inhibitoren: Diese Arzneistoffe, auch Gliflozine genannt, hemmen die Glukose- und Natrium-Rückresorption in der Niere (SGLT = sodium glucose linked transporter). Dadurch werden Glukose und Natrium vermehrt ausgeschieden und so der Blutzucker gesenkt. Darüber hinaus haben diese Medikamente weitere günstige Effekte: Sie vermindern eine Herzinsuffizienz, Krankenhauseinweisungen und schwere Herz-Kreislauf-Komplikationen. SGLT2-Hemmer fördern auch die Gewichtsreduktion, da der Körper mehr Glukose ausscheidet und somit auch Kalorien verliert.

Folgeschäden bei Diabetes

Eine gute Einstellung des Blutzuckerspiegels ist wichtig, um die gefürchteten diabetischen Folgeschäden zu vermeiden. Dabei sollte man darum bemüht sein, möglichst nahe an die »normalen« Blutzuckerwerte heranzukommen. Hohe Blutzuckerwerte führen zu Schäden an kleinen und großen Blutgefäßen. Neben dem Blutzucker spielen auch Fettstoffwechselstörungen, Bluthochdruck und das Rauchen bei der Entstehung der Folgeschäden eine wesentliche Rolle. Auch eine genetische Komponente wird vermutet.

Die Schäden an den kleinen Blutgefäßen manifestieren sich als

- diabetische Netzhauterkrankung, die zu Erblindung führen kann (diabetische Retinopathie)
- diabetischer Nierenschaden mit Niereninsuffizienz (diabetische Nephropathie)
- diabetische Nervenerkrankung (diabetische Neuropathie)

Die Schäden an den großen Blutgefäßen führen zu:

- Herz-Kreislauf-Erkrankungen, wie etwa Herzinfarkt und Herzinsuffizienz
- Schlaganfall
- diabetischen Fußkomplikationen und Amputationen

Herz-Kreislauf-Erkrankungen

Herz-Kreislauf-Erkrankungen sind bei Diabetikern, wie auch in der Allgemeinbevölkerung, die Haupttodesursache. Etwa 60 % aller Diabetiker erleiden einen Herz-Kreislauf-Tod. Diabetes führt sowohl zu einem erhöhten Risiko für Herz-Kreislauf-Erkrankungen als auch zu einem beschleunigten und schwereren Verlauf dieser Erkrankungen. Diabetiker haben zwei- bis viermal so häufig einen Herzinfarkt wie Nichtdiabetiker, bei Frauen ist das Risiko sogar sechsfach erhöht.

Neben dem erhöhten Blutzucker finden sich bei Diabetikern die üblichen Risikofaktoren für einen Herzinfarkt häufiger als bei Nicht-Diabetikern. Die Folgerung kann nur sein, diese Risikofaktoren umso konsequenter zu behandeln. Die Blutfette und der Blutdruck müssen in den Normalbereich gesenkt werden. Das Rauchen sollten Sie aus eigenem Interesse einstellen! Das »schlechte« Cholesterin, auch LDL-Cholesterin genannt, sollte möglichst auf einen Wert unter 100 mg/dl gesenkt werden. Letzteres erreicht man nur mit der Gabe von Statinen – das sind Medikamente, die das Cholesterin absenken.

Diabetes »im Griff«: die Einstellung

Wie muss eine Diabeteseinstellung aussehen, mit der man diese gefürchteten Folgeschäden sowie akute Entgleisungen des Zuckerstoffwechsels (Seite 22) vermeiden oder zumindest verringern kann? Das Ziel einer guten Einstellung besteht darin, eine Normalisierung des Stoffwechsels zu erreichen. Der Blutzucker sollte weder zu hoch (Hyperglykämie) noch zu niedrig (Hypoglykämie) sein.

Maßstab für die Qualität der Diabeteseinstellung ist das HbA_{1c}. Es handelt sich dabei um die verzuckerte Form (Alc) des Hämoglobins (Hb), des roten Blutfarbstoffs. Das HbA_{1c} gibt einen Mittelwert über die gesamten Blutzuckerwerte der letzten sechs Wochen. Die roten Blutkörperchen, die das Hämoglobin enthalten, bewahren gewissermaßen das Gedächtnis für die Blutzuckerlage. Der Normwert für HbA_{1c} liegt zwischen 4,3 und 6,1 %. Aus den großen Studien der letzten Jahre geht hervor, dass zur Vermeidung der Schäden an den großen Gefäßen (Herz-Kreislauf-Erkrankungen usw.) offenbar ein normales HbA_{1c} erforderlich ist. Die meisten Diabetes-Gesellschaften empfehlen daher, ein HbA_{1c} von unter 6,5 % anzustreben. Der Nüchternblutzucker sollte unter 120 mg/dl sein, der Blutzucker nach dem Essen nach Möglichkeit unter 160–180 mg/dl.

Wichtig ist auch, dass zur Vermeidung von Herz- und Kreislaufkomplikationen Blutfette und Blutdruck im Normbereich sein sollten. Und auch das Körpergewicht sollte im Normbereich liegen.

Mögliche Stoffwechselentgleisungen bei Diabetes

Stoffwechselentgleisungen können zu lebensbedrohlichen Situationen führen. Hier finden Sie die Warnzeichen und die Ursachen für Hyperglykämie und Hypoglykämie.

Bei den akuten Stoffwechselentgleisungen des Diabetes unterscheiden wir solche mit zu hohen Blutzuckerwerten (Hyperglykämie) – als Folge von zu wenig Insulin bzw. Insulinwirkung – und solche mit zu niedrigen Blutzuckerwerten (Hypoglykämie) als Folge von zu viel Insulin bzw. Insulinwirkung, wie z. B. durch zu viel Bewegung oder zu geringe Nahrungsaufnahme.

Hyperglykämie (Überzuckerung)

Zu hohe Zuckerwerte können eine lebensbedrohliche Situation zur Folge haben, das diabetische Koma.

Warnzeichen für ein diabetisches Koma:

- Durst
- verstärkter Harndrang
- starke Müdigkeit, Benommenheit
- Schwindel und Sehstörungen
- Übelkeit und Erbrechen
- tiefe, schwere Atmung mit Azetongeruch des Atems (ähnlich wie Nagellack)
- Krämpfe
- Bewusstlosigkeit

Ursachen: Oft führen Infektionen und andere Krankheiten, vor allem mit Fieber, zu einem Koma. Besonders schlimm sind Infektionen mit Durchfall und Erbrechen, die in südlichen Ländern auftreten. Der Diabetiker spritzt dann, da er nichts isst, kein Insulin mehr. Das Weglassen des Insulins führt zum Insulinmangel und so zum diabetischen Koma. Ein Diabetiker, der Insulin spritzt, darf das niemals weglassen! In solchen Situationen sollten Sie so schnell wie möglich einen Arzt rufen!

Hypoglykämie (Unterzuckerung)

Ein zu niedriger Blutzuckerspiegel kann ebenfalls zu einer lebensbedrohlichen

Situation führen, dem hypoglykämischen Schock oder Insulinschock.

Warnzeichen für einen hypoglykämischen Schock:

- Heißhunger, zittrige Hände, kalter Schweiß
- Kopfschmerzen, Sehstörungen
- unsicherer Gang
- Verhaltensänderungen (Gereiztheit)
- Bewusstlosigkeit

Ursachen: Hypoglykämien bzw. hypoglykämische Schocks entstehen nur bei behandelten Diabetikern durch:

- zu viel Insulin
- zu viel Bewegung
- zu geringe Nahrungsaufnahme

Sofortmaßnahmen:

- sofortige Zufuhr von (Trauben-)Zucker oder zuckerhaltigen Getränken, z. B. Cola, Limonade
- Freunde, Kollegen usw. über die Situation informieren und ggf. um Hilfe bitten
- bei (drohender) Bewusstlosigkeit: umgehend Notarzt rufen!

Grundlagen der Behandlung: Ernährung und Bewegung

Wie bereits erwähnt, ist der Typ-2-Diabetes meist eine Folge von Überernährung und Bewegungsmangel. Die erste Behandlungsmaßnahme sollte darin bestehen, diese Ursachen zu bekämpfen. Gesunde Ernährung – wie in diesem Kochbuch anschaulich dargestellt – zusammen mit Gewichtsreduktion und Bewegungsaktivierung helfen vielen Diabetikern, ein normales HbA_{1c} zu erreichen. Dabei sind Radikaldiäten eher unsinnig. Sie sind gesundheitlich nicht unbedenklich und führen nur kurzfristig zum Erfolg. Die langsame und stetige Gewichtsabnahme ist anzuraten.

Darüber hinaus sollte der Typ-2-Diabetiker an einem Schulungskurs in einer Diabetesklinik oder einer diabetologischen Schwerpunktpraxis teilnehmen, um all das zu lernen, was für sein künftiges Leben wichtig ist.

Mindestens drei Monate sollte die Behandlung ohne Medikamente durchgeführt werden, um die Wirkung zu prüfen. Auch wenn dann Medikamente erforderlich sein sollten, müssen Ernährung und Bewegung zeitlebens die Grundlage jeglicher Behandlung bleiben.

Behandlung mit Tabletten

Da der Typ-2-Diabetiker keinen Mangel an Insulin hat, sondern einen Mangel an Insulinwirkung, sollte zunächst bei unzureichender Wirkung von Ernährungs- und Bewegungstherapie eine Tablettenbehandlung eingeleitet werden. Bei korrekter Durchführung kann meist für die nächsten 10–15 Jahre auf eine zusätzliche Insulingabe verzichtet werden.

Nach den Leitlinien der nationalen und internationalen Diabetes-Gesellschaften soll die Tablettenbehandlung mit Metformin, einem Biguanidpräparat, beginnen. Metformin hat unter anderem den Vorteil, dass eine Gewichtszunahme nicht begünstigt wird. Hypoglykämien werden durch Metformin auch nicht erzeugt.

Kombination verschiedener Tabletten

Es stehen verschiedene blutzuckersenkende Tabletten zur Auswahl, deren Wirkungen auf unterschiedlichen Prinzipien beruhen. Wenn der angestrebte HbA_{1c}-Wert mit Ernährungs- und Bewegungstherapie und Metformin noch nicht erreicht werden kann, ist immer noch kein Insulin erforderlich. Die erste Tablette kann mit einer zweiten mit unterschiedlichem Wirkungsmechanismus kombiniert werden – und später eventuell auch mit einer dritten …

Als Nächstes kommt infrage: ein DPP-IV-Hemmer (Seite 19) oder ein SGLT2-Inhibitor (Seite 20). Diese Präparate haben den Vorteil, dass sie gewichtsneutral sind, d. h., sie führen nicht zu einer Gewichtszunahme (wie Sulfonylharnstoffe oder Insulin) und sie verursachen keine Unterzuckerungen. Außerdem schützen manche Präparate, wie die SGLT2-Inhibitoren, zusätzlich vor Herz-Kreislauf-Komplikationen.

Insulinbehandlung

Wenn auch mit all diesen Methoden keine gute Einstellung zu erzielen ist, dann muss der Typ-2-Diabetiker Insulin spritzen, entweder allein oder in Kombination mit Tabletten. Es erscheint vielleicht widersinnig, bei Insulinresistenz und nur relativem Insulinmangel Insulin zu geben. Aber eine Insulinresistenz kann man auch mit mehr Insulin überwinden. Es gibt viele Methoden der Insulintherapie, die beim Typ-2-Diabetiker erfolgreich sind. Wesentlich ist natürlich, dass die Grundlage der Behandlung, eine gesunde Ernährung und Bewegungsaktivierung, auch bei einer Insulinbehandlung beibehalten wird.

Kontrolle und Selbstkontrolle

Diabetes ist nicht heilbar. Die Krankheit begleitet den Diabetiker sein Leben lang. Um die Auswirkungen dieser Stoffwechselstörung so gering wie möglich zu halten, sollte der Diabetiker eng mit seinem Arzt zusammenarbeiten. Es ist ratsam, mindestens einmal im Vierteljahr den Stoffwechsel (HbA_{1c}) bei seinem Arzt kontrollieren zu lassen. Zudem sollte einmal jährlich untersucht werden, ob diabetische Folgeschäden vorhanden sind.

Mindestens ebenso wichtig ist jedoch die Selbstkontrolle. Die Patienten müssen lernen, ihr eigener Arzt zu werden! Die tägliche Behandlung muss der Patient selbst durchführen und auch den Erfolg (durch die Waage, durch Blutzucker- bzw. Harnzuckerselbstkontrolle, durch Blutdruckkontrolle – bei erhöhtem Blutdruck) selbst kontrollieren. Als Betroffener können Sie den Verlauf der Erkrankung durch eigene Anstrengung beeinflussen. Eine wichtige Rolle spielt hier die Ernährungstherapie. Möge Ihnen dieses Buch dabei helfen!

Ernährung

Essen soll Spaß machen und trotzdem gesund sein – natürlich auch für Diabetiker. Das Wichtigste dabei ist, dass Sie Blutzucker- und Insulinspitzen vermeiden.

Empfohlen wird eine abwechslungsreiche, vollwertige und kalorienbewusste Ernährung, die sich nur unwesentlich von der Kost unterscheidet, zu der man auch Gesunden rät. Aber: Leider leben die Gesunden im Alltag meist alles andere als gesund. Zu viel Fett, zu salzig, zu viel Fleisch, zu wenig Obst und Gemüse ... Daran können und sollen sich Diabetiker nicht orientieren. Gesund essen – und trotzdem genießen – kann nur, wer sich mit den Grundregeln der Ernährung auskennt. Worauf kommt es wirklich an, wenn man lecker, abwechslungsreich und zudem auch noch gesund essen möchte?

» *Essen ist ein Bedürfnis, Genießen ist eine Kunst.* «

François VI. de La Rochefoucauld, 1613–1680

Richtig essen

Essen ist wichtig für unser Wohlbefinden und sollte Ihnen möglichst keine Sorgen bereiten. Da kein Lebensmittel alle lebensnotwendigen Nährstoffe in optimaler Zusammensetzung enthält, sollten Sie möglichst vielseitig essen. Dabei kommt der Auswahl, der Zusammensetzung und der Menge der Lebensmittel eine besondere Bedeutung zu.

Rechenbeispiel:
kg Körpergewicht × 25 kcal
= Energiebedarf

80 kg × 25 kcal = 2000 kcal

Das wichtigste Ziel der Ernährung bei Diabetes ist das Abnehmen! Dies geschieht immer dann, wenn Sie weniger

Beispiele für die obere Normalgewichtsgrenze (BMI = 25 bis max. 26 kg/m²)

Länger als	Körpergewicht (kg)	KE-Vorschlag	Fett in Gramm
165 cm	68 bis 70	mind. 16	60
170 cm	72 bis 75	ca. 20	70
180 cm	80 bis 82	mind. 20 bis 25	80

Persönlicher Energiebedarf: Unsere Ernährungsvorschläge basieren auf jüngsten Empfehlungen der Deutschen Diabetes Gesellschaft und auf den Empfehlungen für die Nährstoffzufuhr der Deutschen Gesellschaft für Ernährung.

Energie zu sich nehmen, als Sie verbrauchen. Der persönliche Energiebedarf ergibt sich bevorzugt aus dem zugrunde liegenden Gewicht und der täglichen körperlichen Bewegung. Unter Patienten mit Typ-2-Diabetes zeigen Ernährungsformen mit wenig Fett (Low-Fat, < 30% der Energie) oder mit wenig Kohlenhydraten (Low-Carb, < 40% der Energie) lediglich geringe bis gar keine Unterschiede bei der Beeinflussung von Stoffwechselparametern.

Wie viel Energie liefern unsere Grundnährstoffe?

Unsere Nahrung besteht aus den drei Grundnährstoffen Kohlenhydrate, Eiweiß (Protein) und Fett. Die Nährstoffe werden zur Energiegewinnung sowie zum Aufbau von Körpersubstanz, z. B. der Muskulatur, und Wirkstoffen wie Hormonen benötigt.

Das offizielle Maß zur Berechnung der Nahrungsenergie ist das Kilojoule (kJ). In der Praxis hat sich jedoch die geläufigere Bezeichnung »Kilokalorie« (kcal) behauptet. Eine Kilokalorie entspricht rund 4,2 Kilojoule.

Wird der Bedarf von 2000 kcal um etwa 200 bis 300 kcal täglich unterschritten, verringert sich das Körpergewicht um etwa ein Kilogramm pro Monat. Durch eine dauerhafte Ernährungsumstellung kann das Gewicht zunächst verringert und im Anschluss dann auch gehalten werden. Wie im Eingangskapitel erwähnt, ist die Zunahme der körperlichen Aktivität sehr hilfreich, um das Körpergewicht zu verringern. Ausdauernde Bewegung und Sport fördern die Fettverbrennung. Dabei werden auch überhöhte Triglyzeride – das sind Neutralfette – verbrannt und die Bildung von »gutem« HDL-Cholesterin gesteigert. Regelmäßige Bewegung stärkt die vorhandene Muskulatur und baut die Muskeln auf. Diese verbrauchen im Gegensatz zu Fettgewebe auch dann noch Energie, wenn die Bewegungseinheit bereits beendet ist.

Kohlenhydrate – die unentbehrlichen Sattmacher

Für den Körper sind Kohlenhydrate als Energielieferanten besonders wichtig, weil sie die Muskeln und das Gehirn mit Glukose (Traubenzucker) versorgen. In Form von Stärke machen Kohlenhydrate lange satt, vor allem wenn Sie Vollkornbrot, Getreideprodukte, Hülsenfrüchte, aber auch Kartoffeln, Reis und Nudeln bevorzugen.

Der glykämische Index (GI)

Der glykämische Index oder auch GI ist ein Maß für den Blutzuckeranstieg nach dem Essen. Inzwischen weiß man, dass Lebensmittel mit vergleichbarem Kohlenhydratanteil den Blutzuckerspiegel unterschiedlich schnell und stark ansteigen lassen.

Lebensmittel mit einem hohen glykämischen Index führen zu einem schnellen und steilen Blutzuckeranstieg, was eine hohe Insulinausschüttung zur Folge hat bzw. einen hohen Insulinbedarf verursacht. Die hohe Insulinausschüttung führt zu einer schnellen und häufig zu starken Absenkung des Blutzuckerspiegels. Auf diese Anzeichen reagiert der Körper mit Heißhunger. Dieser ständige Wechsel von Blutzuckerspitzen und zu niedrigen Werten fördert die Gewichtszunahme. Das Abnehmen funktioniert

Glykämischer Index verschiedener Lebensmittel

Lebensmittel mit hohem glykämischem Index (GI höher als 69)	**Lebensmittel mit niedrigem glykämischem Index (GI bis 55)**
Bier, Coca-Cola, Limonade	Milch- und Milchprodukte
Bratkartoffeln, Kartoffelpüree	Süßkartoffeln
Honig, gezuckerte Konfitüre	Brotaufstrich mit Fruchtzucker
Zucker	Fruchtzucker (Fructose)
Cornflakes	Vollkorngetreideflocken, Haferflocken
Weißbrot (GI von 73)	Vollkornbrot, Pumpernickel
Wassermelone, Ananas, Weintrauben	frisches Obst (fast alle Sorten)
Mais, Kürbis (GI von 75)	Gemüse (fast alle Sorten), Hülsenfrüchte und Rohkost
Geleefrüchte, Gummibärchen	dunkle Schokolade
weißer Reis	Natur- und Wildreis
weiße Teigwaren	Vollkornteigwaren

leichter, wenn Blutzucker- und Insulinspiegel möglichst niedrig und gleichmäßig bleiben.

Deshalb ist es empfehlenswert, Lebensmittel zu bevorzugen, die einen niedrigen glykämischen Index haben und sehr langsam und gleichmäßig zu Traubenzucker abgebaut werden. Zu bevorzugen sind Roggenvollkornbrot, Pumpernickel, Vollkornflocken, Vollkornteigwaren, Gemüse und Hülsenfrüchte. Aber auch Milch, Joghurt, Äpfel und Orangen sorgen für einen gleichmäßigen Blutzuckeranstieg.

Glykämische Last (GL)

Um den GI von Lebensmitteln vergleichen zu können, ist die Portionsgröße entscheidend. Zunächst wird der Kohlenhydratgehalt in Gramm (g) der Portion benötigt. Ein helles Brötchen von 50 g enthält 25 g Kohlenhydrate. Eine Portion Kürbis von 200 g hat dagegen nur 9 g Kohlenhydrate. Beide Lebensmittel haben einen hohen GI, das Brötchen einen GI von 73, der Kürbis von 75. Errechnet wird die GL folgendermaßen:

Rechenbeispiel

Kohlenhydrate in g x GI / 100 = GL

GL-Brötchen: (25 × 73) / 100 = 18 (gerundeter Wert)

GL-Kürbis: (9 × 75) / 100 = 7 (gerundeter Wert)

Wie viel Energie liefern die Grundnährstoffe?

- 1 g Kohlenhydrate liefert rund 17 kJ (= 4 kcal).
- 1 g Eiweiß liefert rund 17 kJ (= 4 kcal).
- 1 g Fett liefert rund 38 kJ (= 9 kcal).
- 1 g Alkohol liefert rund 29 kJ (= 7 kcal).

Als niedrig gilt die Klassifizierung bis 10, 11–19 ist eine mittlere GL und über 19 eine hohe glykämische Last. Das Wissen über eine hohe GL von hellen Brötchen, Honig oder Säften hilft, Blutzuckerspitzen nach dem Frühstück zu verringern.

Ballaststoffe – günstig für den Blutzucker

Auch Ballaststoffe (Ba) zählen zu den Kohlenhydraten. Sie sind ausschließlich in pflanzlichen Lebensmitteln enthalten – vor allem in Getreide. Sie werden vom menschlichen Verdauungssystem nur teilweise verwertet, sind aber von großem gesundheitlichen Nutzen für uns. Die in den Vollkornprodukten enthaltenen Ballaststoffe sorgen dafür, dass die enthaltene Stärke nur sehr langsam in das Blut gelangen kann, wodurch ein zu schneller Blutzuckeranstieg besonders nach den Mahlzeiten verhindert wird.

Außerdem wirken sie sich positiv auf den Cholesterinspiegel aus, fördern die Darmtätigkeit und sättigen anhaltend.

Die DGE Zufuhrempfehlung liegt bei 30 g Ba pro 1000 kcal / 4200 kJ pro Tag. Empfehlungen der Deutschen Diabetes Gesellschaft sehen 20 g Ba/1000 kcal bzw. 40 g Ba/Tag für Diabetiker vor.

Falls Sie bisher noch nie Vollkornprodukte gegessen haben, sollten Sie einmal neue Brotsorten ausprobieren. Vollkornbrötchen und Brote aus fein gemahlenem Vollkornmehl erleichtern den Einstieg. Beobachten Sie Ihre Körpersignale, u. a. Blutzuckerverläufe und Sättigungsgefühl. Manchmal können anfangs häufiger Blähungen auftreten, wenn Sie mehr Vollkornprodukte essen, weil der Darm sich erst umstellen muss. Ballaststoffe haben die Fähigkeit, ein Mehrfaches ihres eigenen Gewichts an Wasser aufzunehmen. Der Darm kann diesen Brei dann viel leichter weitertransportieren.

Viel trinken!

Falls Sie Ballaststoffprodukte in isolierter Form, beispielsweise als Kleie, Leinsamen, Chiasamen oder Flohsamen, essen, sollten Sie auf jeden Fall reichlich dazu trinken, mindestens 250 ml Wasser, damit sich im Darm kein Pfropf bildet.

Bei uns wird wieder mehr Brot gebacken. Dadurch wird einem bewusst, dass es zeitaufwendig und nicht immer einfach ist. Vielleicht entwickelt sich durch diese Erfahrung dauerhaft eine bewusste Einstellung gegenüber hochwertigem Brot. Ballaststoffe aus Getreide (Zellulose, Hemizellulose) sind für die Verdauung besonders wichtig: Grobe Partikel (Ganzkornbrot) sind noch besser als feine wie im Vollkornmehl.

Gesundheit beginnt im Darm

Darmbakterien unterstützen die Verdauung und beeinflussen das Wohlbefinden. Die Bakteriengemeinschaft im Darm wird als Mikrobiom bezeichnet. Die Mikroben bilden Vitamine, bauen ab, was körpereigene Enzyme nicht zu verwerten schaffen, und unterstützen unser Immunsystem. Einseitige Ernährung und der unkritische Einsatz von Antibiotika schaden. Eine pflanzenbasierte Ernährung dagegen, die kaum Zucker enthält, ist die Grundlage für ein vielfältiges Mikrobiom. Naturjoghurt ohne Zusätze, täglich gegessen, sorgt für die Ansiedlung von günstigen Milchsäurebakterien.

Pektin im Apfel und Beta-Galaktane (Glukane) im Hafer bezeichnet man als lösliche Ballaststoffe. Die Darmbakterien machen daraus entzündungshemmende Fettsäuren. Sie wirken positiv auf den menschlichen Organismus ein, da sie den Cholesterinspiegel im Blut indirekt senken können. Beim Verzehr von mehr Ballaststoffen sinkt zudem in der Regel der Konsum cholesterinhaltiger tierischer Fette. Der Ballaststoffgehalt (Ba) ist in den Tabellen und Rezepten dieses Kochbuchs extra ausgewiesen.

Inulin besteht aus Mehrfachfruchtzucker und wird von Darmbakterien zu Milchsäure abgebaut. Inulin wirkt zudem appetithemmend. Milchsäure verbessert die Darmflora und hält Krankmacher fern. In den Anfangsjahren der Diabetestherapie war der Einsatz von Topinambur ein Geheimtipp, weil der darin enthaltene Fruchtzucker nur einen geringen Einfluss auf den Blutzuckeranstieg hat. In diese Kategorie gehören auch Artischocken, Schwarzwurzel und Chicorée.

Chiasamen werden in Mittel- und Südamerika, Australien und China kultiviert und bei uns als teures Superfood angeboten. Umweltfreundlicher und preiswerter sind Leinsamen und Nüsse, besonders Walnüsse.

Wo sich Zucker versteckt

Zucker in Kaffee, Eistee oder Limonaden, süße Brotaufstriche wie Honig und Sirup, Süßigkeiten wie Bonbons, Lakritze und Fruchtgummi lassen den Blutzucker sehr schnell ansteigen (siehe Kapitel »Der glykämische Index«, Seite 28) und fördern den Heißhunger auf noch mehr Süßes. Zucker enthält keine Ballaststoffe, keine Vitamine und nur unbedeutende Mengen an Mineralstoffen. Er liefert in erster Linie »leere Energie«. Ein hoher Zuckerverzehr geht zulasten einer ausreichenden Zufuhr lebensnotwendiger Nährstoffe. Neben Konfitüren und Süßigkeiten enthalten meist auch Fertigsaucen, Marinaden und Fertiggerichte jeglicher Art viel Zucker.

Alternative zum Haushaltszucker

Kokosblütenzucker wird aus dem Nektar der Kokospalmblüte hergestellt und enthält etwa 90 g Kohlenhydrate auf 100 g. Allerdings hat er mit 35 einen niedrigeren glykämischen Index (GI) als Zucker.

Und wie man süßt

Mit Zucker und zuckerhaltigen Lebensmitteln sollten Sie sehr sparsam umgehen. Diabetiker sollten maximal 10 % der täglichen Energie in Form von Haushaltszucker zu sich nehmen. Das entspricht etwa 30 bis 40 Gramm Zucker pro Tag. Richtig und sparsam dosiert unterstreichen der Zucker und auch die Zuckeraustauschstoffe den Eigengeschmack von Speisen, ohne ihn zu überdecken. Betrachten Sie Süßigkeiten als Genussmittel und genießen Sie Süßes dann auch ohne schlechtes Gewissen.

Da empfohlen wird, Haushaltszucker nur begrenzt zu verwenden, eignen sich

Süßstoffe zum Süßen von Speisen und Getränken. Sie enthalten keine Kohlenhydrate und verursachen keinen Blutzuckeranstieg. Sehr preiswert und am häufigsten im Handel erhältlich sind Saccharin und Cyclamat als Tabletten und in flüssiger Form. Weitere Süßstoffe enthalten Acesulfam-K, Thaumatin (als Tabletten erhältlich) oder Aspartam (nicht koch- und backfest), als Tabletten und Streusüße erhältlich.

Stevia, ein pflanzlicher Süßstoff, ist seit November 2011 als Lebensmittelzusatzstoff in der EU zugelassen. Angeboten werden auch Mischungen aus Zucker und Stevia, bei 10 Gramm Zucker mit Stevia verdoppelt sich die Süßkraft.

Was ist eine Kohlenhydrat- bzw. Berechnungseinheit (KE, BE)?

Bei der Kohlenhydrateinheit (KE), auch Berechnungseinheit (BE) oder Broteinheit genannt, handelt es sich um eine Schätzeinheit, die den Anteil verdaulicher Kohlenhydrate in einem Lebensmittel angibt. Diese Berechnungs- oder Austauscheinheit macht Lebensmittelmengen leichter vergleichbar.

Um die Berechnung der Kohlenhydrate zu erleichtern, werden jeweils 10 g verdauliche Kohlenhydrate als Kohlenhydrateinheit (= 1 KE) angegeben. Die Nährwertangaben von handelsüblichen Lebensmitteln sind auf 100 g bezogen, die Portionsgröße kann variabel sein. Das Dezimalsystem erleichtert das Ermitteln der Austauschgröße von handelsüblichen Lebensmitteln. Im Rahmen der intensivierten Insulintherapie werden KE und Insulineinheiten aufeinander abgestimmt.

Um ohne das Gefühl der Unsicherheit essen zu können, üben Sie zunächst, die Gewichtsmengen kohlenhydrathaltiger Lebensmittel zu schätzen. Hierzu ist in den ersten Wochen die Benutzung einer Küchenwaage hilfreich. Später haben Sie die Mengen im Gefühl. In den vergangenen Jahren sind die Lebensmittelanalysen deutlich verbraucherfreundlicher geworden. So werden die Kohlenhydrate nicht nur pro 100 g, sondern auch pro Portion angegeben.

Nutri-Score

Seit Herbst 2020 können sich Verbraucher mithilfe des Nutri-Scores auf der Verpackung über den Nährwert eines Lebensmittels informieren. Die fünfstufige Farb-Buchstaben-Kombination reicht von einem grünen A (empfehlenswert für eine gute Ernährung) bis zu einem roten E (weniger empfehlenswert). Lebensmittel mit einem ungünstigeren Nutri-Score sollten nur in Maßen verzehrt werden. Die Ermittlung des Nutri-Scores erfolgt auf Basis der Nähwertangaben für 100 Gramm, zur Berechnung werden die Mengen bestimmter ungünstiger und die Menge günstiger Inhaltsstoffe eines

Lebensmittels ermittelt und miteinander verrechnet.

Ungünstig wirken sich aus: Energiegehalt, Zucker, gesättigte Fettsäuren, Salz

Günstig wirken sich aus: Proteine, Ballaststoffe, Anteil von Obst, Gemüse und Nüssen (außer, wenn diese hoch verarbeitet in Form von Sirup enthalten sind)

Die Kennzeichnung ist freiwillig und es gibt bislang keine europaweit einheitliche Lösung.

Austausch-Tabellen

In den Austausch-Tabellen auf den folgenden Seiten finden Sie Lebensmittelmengen aufgelistet, die 10 g verwertbare Kohlenhydrate enthalten.

- Das sichere Schätzen von Kohlenhydratmengen in Lebensmitteln hilft, extreme Schwankungen des Blutzuckers zu vermeiden.
- Die Vielzahl der Fettangaben hilft Ihnen, die empfohlene Menge von 60 bis 80 g pro Tag gut einhalten zu können.
- Neben den KE-Werten sind die Gramm-Angaben des jeweiligen Lebensmittels sowie Schätzhilfen aufgelistet. Der Ballaststoffgehalt pro KE wird zusätzlich ausgewiesen. Bei den Milchprodukten sind außerdem die enthaltenen Mengen an Eiweiß, Fett und Energie angegeben. Bei Backwaren und Schokolade werden der Fettgehalt und die KE-Menge pro Stück/g angegeben.
- Die Kohlenhydrate der Hülsenfrüchte sind nur geringfügig blutzuckerwirksam, deshalb können kleine Mengen bei der KE-Berechnung vernachlässigt werden.
- Fruchtzucker und/oder Zuckeraustauschstoffe werden verwendet, weil sie einen verzögerten und geringen Anstieg des Blutzuckers bewirken.
- Erythrit oder Erythritol oder auch Xylit (Birkenzucker) wird in der Low-Carb-Küche als Zuckerersatz verwendet.

Tipps für den Alltag

Die folgenden Tipps helfen Ihnen, Ihre Ernährung diabetesgerecht umzustellen.

- Essen Sie sich satt an Vollkornbrot und an Kartoffeln. Vollkornbrot und Vollkornprodukte liefern mehr Vitamine, Mineral- und Ballaststoffe als Brötchen, Weißbrot und Kuchen.
- Verbieten Sie sich nichts, sondern erlauben Sie sich ab und zu kleine Mengen an Knabbergebäck u. Ä., bevor der Heißhunger zu groß wird und Sie viel mehr essen als geplant.
- Bevorzugen Sie fettarme Milchprodukte, diese enthalten hochwertiges Eiweiß und Kalzium für die Knochen.

Weil Erythrit weniger stark süßt als gewöhnlicher Haushaltszucker, braucht man mengenmäßig etwas mehr davon.

- Zuckerfreie Bonbons und Kaugummis enthalten Zuckeraustauschstoffe bzw. Zuckeralkohole (u. a. Isomalt, Xylit, Sorbit, Erythrit und Maltit) und brauchen in den meist üblichen kleinen Verzehrmengen (bis zu 30 g) nicht nach KE berechnet zu werden, weil kein wesentlicher Blutzuckeranstieg erfolgt. Sie schonen den Zahnschmelz.
- Bei der Herstellung von Bonbons wird zur Stabilisierung Traubenzucker benötigt. Der Gesetzgeber lässt hier einen Anteil von 50 bis 80 Prozent zu. Maltitsirup (siehe Zutatenliste der Lebensmittel) könnte zur Hälfte aus Traubenzucker/Glukose bestehen. Trotzdem darf das Produkt als zuckerfrei verkauft werden. Maltit ist oft in preiswerteren Lebensmitteln enthalten, weil Glukose günstiger ist.

Legende der Tabellen

- \+ in Spuren
- – keine Daten vorhanden
- * Nicht nach KE berechnet

Lebensmittelgruppe	1 KE	Schätzhilfe ca.:	Gesamtballaststoffe
Brot, Brötchen			
Langsamer Blutzuckeranstieg			
Roggenvollkornbrot	25–30 g	½ Scheibe	2,1 g
Pumpernickel	25–30 g	½ Scheibe	2,5 g
Roggenmischbrot/Graubrot	25 g	½ Scheibe	1,5 g
Weizenvollkornbrot	25 g	½ Scheibe	1,8 g
Schnellerer Blutzuckeranstieg			
Vollkorn-/Roggenbrötchen	25 g	⅓ Brötchen	1,6 g
Weizenmischbrot	20 g	½ Scheibe	0,9 g
Grahambrot	25 g	½ Scheibe	2,0 g
Croissant	30 g	⅓ Stück, 8 g Fett	+
Knäckebrot	15 g	1–2 Scheiben	2,2 g
Sehr schneller Blutzuckeranstieg			
Weizenbrötchen	20 g	⅓ Brötchen	0,6 g
Weizentoastbrot	20 g	1 kleine Scheibe	0,6 g

Lebensmittelgruppe	1 KE	Schätzhilfe ca.:	Gesamtballaststoffe
Rosinenbrot/Brötchen	20 g	⅓ Scheibe/ Brötchen	0,7 g
Knabbergebäck			
Kartoffelchips	25 g	15 Stück	0,8 g
Erdnussflips	20 g	2 Handvoll	1,0 g
Vollkornzwieback	20 g	2 Stück	2,0 g
Zwieback, eifrei	15 g	2 Stück	0,5 g
Cracker	15 g	3–5 Stück	+
Salzstangen	15 g	10–15 Stück	+
Popcorn, gesüßt	15 g		1,5 g
Popcorn, ungesüßt	20 g		2,0 g
Frühstücksflocken			
Haferflocken	15 g	2 EL	0,8 g
Cornflakes	15 g	4 EL	0,6 g
Müsli, ohne Zucker	15 g	1 EL	1,1 g
Mehle, Puddingpulver			
Buchweizen/-grütze/-vollmehl	15 g	1 EL	0,5 g
Grünkern-/Dinkelmehl	15 g	1 EL	1,5 g
Hirse, geschält	15 g	1 EL	0,5 g
Paniermehl	15 g	1 EL	0,4 g
Puddingpulver	12 g	1 EL	+
Roggenmehl Type 815	15 g	1 EL	1 g
Weizenmehl Type 550–1050	15 g	1 EL	0,6 g
Weizenvollkornmehl	20 g	1 EL	2,6 g
Weizengrieß	15 g	1 EL	1,0 g
Weizenstärke	12 g	1 EL	+

Lebensmittelgruppe	1 KE	Schätzhilfe ca.:	Gesamtballaststoffe
Kartoffeln, Nudeln, Reis			
Kartoffeln	65 g	1 mittelgroße	1,5 g
Kartoffelpüreepulver	15 g	1 gehäufter EL	1,5 g
Kartoffelknödel	45 g	½ Knödel	1,0 g
Kroketten, verzehrfertig	35 g	2 Stück	1,0 g
Pommes frites, verzehrfertig	30 g		1,5 g
Rösti, Tiefkühlprodukt	50 g		1,5 g
Nudeln usw., roh (gekocht 40 g)	15 g	1 ½ EL	0,5 g
Vollkornnudeln, roh (gekocht 40 g)	15 g	1 ½ EL	1,3 g
Vollkornreis, roh (gekocht 40 g)	15 g	1 EL	0,3 g
Reis, gekocht	45 g	2 geh. EL	+
Hülsenfrüchte			
Bohnen, weiß, getrocknet (gekocht 80 g)*	25 g	2 EL	4,2 g
Erbsen, reif, ungeschält (gekocht 80 g)*	25 g	2 EL	4,1 g
Linsen, getrocknet (gekocht 80 g)*	20 g	2 EL	2,1 g

Milch und Milchprodukte	1 KE	Eiweiß	Fett	kJ	kcal
Trink-, Dickmilch, Joghurt, Kefir (3,5 % Fett)	250 g	8 g	9 g	670	160
Milch, Joghurt, Kefir (1,5 % Fett)	250 g	9 g	4 g	500	120
Buttermilch	250 g	9 g	1 g	380	90
Joghurt, mager (0,3 % Fett)	250 g	11 g	+	380	90
Kefir, entrahmt	250 g	9 g	+	400	95
Fruchtjoghurt mit Süßstoff (3,5 % Fett)	125–150 g	5 g	4 g	420	100

Milch und Milchprodukte	1 KE	Eiweiß	Fett	kJ	kcal
Fruchtjoghurt mit Zucker (2 KE)	125–150 g	5 g	5 g	580	140
Kakaohaltige Pulver, 1 geh. TL = 5 g	0,5 KE				
Geschlagene Sahne (30 % Fett)*, 1 leicht geh. EL = 15 g	–	+	5 g	190	45
Saure Sahne 24 % Fett*, 1 EL = 15 g	–	+	4 g	170	40
Je 100 Gramm:					
Speisequark, mager*	–	13 g	0,2 g	230	55
Speisequark (20 % Fett)*	–	12 g	5 g	400	95
Speisequark (40 % Fett)*	–	11 g	11 g	610	145
Harzer Käse, 1 St. = 30 g *	–	9 g	–	190	45
1 Scheibe/30 g: Schnittkäse (30 % F. i. Tr.)*	–	8 g	5 g	400	95
1 Scheibe/30 g: Schnittkäse (45 % F. i. Tr.)*	–	7,5 g	9 g	460	110

* Nicht nach KE berechnet werden Butter, Sahne, Kondensmilch, Käse und Quark, weil diese Lebensmittel nur wenig Kohlenhydrate enthalten.

Gemüsevielfalt – am besten täglich

Gemüse ist im täglichen Speiseplan des Diabetikers durch nichts Gleichwertiges zu ersetzen. Wir empfehlen täglich mindestens jeweils eine Portion Gemüse, Rohkost und Salat. Die Mehrzahl der Gemüsesorten enthält weniger als 5 Gramm verwertbare Kohlenhydrate auf 100 Gramm. Einige Sorten können zwar mehr verwertbare Kohlenhydrate enthalten, der Blutzucker steigt jedoch nur langsam an, da der Ballaststoffgehalt bei 2–4 Gramm liegt. Die sekundären Pflanzenstoffe, die im Gemüse enthalten sind, hemmen Entzündungen, schützen das Herz und stärken die Abwehrkräfte.

Gemüse mit Berechnung	1 KE	Gesamtballaststoffe
Erbsen, grün, gekocht (ca. 3 EL)	95 g	4 g
Maiskörner/Zuckermais (ca. 2 EL)	65 g	1 g

Obst ein- bis zweimal am Tag

Die jeweilige Lebensmittelmenge enthält neben 10 g verdaulichen Kohlenhydraten nur minimale Mengen an Eiweiß und Fett, insgesamt im Durchschnitt ca. 210 Kilojoule (50 Kilokalorien). Die Kohlenhydrate bestehen hier überwiegend aus Fruchtzucker. Essen Sie mindestens ein- bis zweimal am Tag frisches Obst. Obstsäfte (frisch gepresst) sind wie die entsprechenden Obstsorten zu berechnen. 100 ml (0,1 Liter) handelsübliche Obstsäfte ohne Zuckerzusatz enthalten etwa 1 KE.

Obstsorte	1 KE	Schätzhilfe	Ballaststoffe
Ananas	80 g	1 Scheibe	0,8 g
Apfel mit Schale	100 g	1 sehr kleiner	2,0 g
Apfelsine	120 g		1,9 g
Apfelsine mit Schale	160 g	1 normale	
Aprikosen	120 g	3 Stück	1,8 g
Aprikosen mit Stein	130 g	4 Stück	
Banane	50 g	–	0,9 g
Banane mit Schale	80 g	½	
Birne mit Schale	90 g	½ oder sehr kleine	2,6 g
Brombeeren	160 g	7–8 EL	5,0 g
Erdbeeren	180 g	ca. 15 Stück	2,9 g
Feige, frisch	80 g	1 große	1,6 g
Granatapfel ohne Schale und Kerne	60 g	1 kleiner	1,3 g
Grapefruit	130 g		2,0 g
Grapefruit mit Schale	200 g	½	
Guave	170 g	ein Stück	8,8 g
Heidelbeeren (Blaubeeren)	160 g	7–8 EL	7,8 g
Himbeeren	210 g		9,8 g
Holunderbeeren	150 g		6,0 g
Honigmelone ohne Schale	80 g	1 zwei Finger breites Stück	0,6 g
Johannisbeeren, Rote	210 g	8–9 EL	7,3 g

Obstsorte	1 KE	Schätzhilfe	Ballaststoffe
Johannisbeeren, Schwarze	160 g	7–8 EL	10,8 g
Johannisbeeren, Weiße	150 g	7–8 EL	4,5 g
Kakipflaumen	60 g		1,5 g
Kirschen, sauer	100 g		1,0 g
Kirschen, sauer, mit Stein	110 g	ca. 10 Stück	
Kirschen, süß	100 g		1,0 g
Kirschen, süß, mit Stein	110 g	ca. 8–10 Stück	
Kiwi	110 g		2,3 g
Kiwi mit Schale	120 g	1 große	
Mandarinen	100 g		1,7 g
Mandarinen mit Schale	140 g	2 Stück	
Mango ohne Schale	80 g		1,3 g
Mirabellen mit Stein	80 g	ca. 10–12 Stück	0,9 g
Nektarine	80 g		1,8 g
Nektarine mit Stein	90 g	½ oder 1 sehr kleine	
Passionsfrucht	70 g		1,4 g
Pfirsich	110 g		2,1 g
Pfirsich mit Stein	120 g	1 mittelgroßer	
Pflaumen	100 g		1,6 g
Pflaumen mit Stein	110 g	4 mittelgroße	
Preiselbeeren, roh	160 g	ca. 7 EL	4,6 g
Quitte, roh	140 g		8,2 g
Renekloden mit Stein	90 g		1,8 g
Stachelbeeren	140 g	ca. 20 Stück	4,1 g
Wassermelone ohne Schale	120 g		0,2 g
Weintrauben	70 g	ca. 7–10 Stück	1,0 g

Trockenobst	1 KE	Schätzhilfe
Apfelringe/Aprikosen	20 g	ca. 3 Stück
Datteln	15 g	ca. 2 Stück
Rosinen	15 g	1 geh. EL

Brotaufstriche und Süßes

Nichts spricht gegen den gelegentlichen maßvollen Verzehr von Kuchen oder Süßigkeiten. Wenn die Süßigkeiten, die Kekse oder das Gebäck pro KE etwa fünf Gramm Fett enthalten, steigt der Blutzucker langsamer an. Möchten Sie auf Kuchen mit verringertem Zuckeranteil zurückgreifen, backen Sie selbst nach den Rezepten ab Seite 230.

Süßer Brotaufstrich	1 KE	Schätzhilfe
Konfitüre mit Zucker	15 g	1 geh. TL
Konfitüre mit Fruchtzucker	20 g	1 geh. TL
Konfitüre mit Süßstoff*	40 g	2 geh. TL
Honig/Sirup	15 g	1 TL
Nuss-Nougat-Creme (7 g Fett)	20 g	1 geh. TL

* In einigen Konfitüren werden Zuckeraustauschstoffe mit Süßstoffen kombiniert, sodass die Menge an Konfitüre pro KE größer ausfällt. Bitte beachten Sie die Deklaration.

Süßungsmittel	1 KE	Schätzhilfe
Zucker	10 g	1 gestr. EL
Fruchtzucker	10 g	1 gestr. EL
Isomalt/Xylit (Birkenzucker)	20 g	1 geh. EL

Backwaren, Schokolade	pro Stück/g	Fett in g	KE
Amerikaner	100	8	3,5
Berliner	70	8	3
Blätterteigstückchen	70	13	2–3
Hefekuchen	80	6	4

Backwaren, Schokolade	pro Stück/g	Fett in g	KE
Plunder mit Marzipan	90	20	3,5
Rührkuchen	100	15	5
Tortenstücke	120–150	30	4–6
Schokolade, 3–4 Stück	20	7	1
Pralinen/Trüffel, 2 Stück	20	10	1
Butterkekse, 2–3 Stück	5	3	1

Getränke

Der Körper verliert täglich Wasser über Nieren, Darm, Haut und Atmung. Es ist lebensnotwendig, dass diese Verluste durch die regelmäßige Zufuhr von Flüssigkeit in Form von Getränken und Lebensmitteln ausgeglichen werden. Trinken Sie mindestens 1,5 l Flüssigkeit. Bei hohen Blutzuckerwerten, bei Fieber, Erbrechen, der Einnahme von Abführmitteln sowie in überhitzten Räumen steigt der Flüssigkeitsverlust des Körpers so sehr, dass Sie noch mehr trinken sollten. Hinweise auf einen Flüssigkeitsmangel liefern ferner ein konzentrierter, dunkler Harn, trockene Schleimhäute und ein trockener Mund. Am besten notieren Sie sich Ihre tägliche Trinkmenge.

Bitte beachten Sie: Bei ausgeprägter Herzinsuffizienz (Herzschwäche) bzw. Störungen der Nierenfunktion kann eine Begrenzung der Flüssigkeitsmenge erforderlich sein.

Viel trinken erleichtert das Abnehmen, weil die Stoffwechselprozesse angeregt und das Hungergefühl gedämpft werden. Wer abnehmen möchte, sollte kalorienfreie und ungesüßte Getränke bevorzugen. Besonders geeignete Getränke sind: Trinkwasser, Mineralwasser, stilles Wasser, Früchte- und Kräutertees, stark verdünnte Obstsäfte und Gemüsesäfte. Die Getränke sollten über den Tag verteilt getrunken werden. Achten Sie bei »Light«-Getränken auf die Nährwertangaben. Wird Süßstoff eingesetzt, lässt sich Energie einsparen und Blutzuckerspitzen werden vermieden.

Auch Milch- und Buttermilchgetränke gehören zu dem, allerdings kalorienreicheren, Getränkeangebot. Kaffee und schwarzen Tee sollten Sie in Maßen genießen.

Gezielt ausgewählt kann Mineralwasser dem Körper zusätzliches Kalzium und Magnesium liefern. Beide Mineralstoffe sind für den Knochenaufbau und die Muskeltätigkeit notwendig. Zu empfehlen sind Mineralwassersorten, die mindestens 150 mg Kalzium (Ca^{2+}) und/oder 50 mg Magnesium (Mg^{2+}) enthalten. 200 ml Trinkwasser enthalten 0 Gramm Kochsalz. Bevorzugen Sie bei Mineralwasser Sorten mit wenig Salz, z. B. 0,1 g auf 200 ml.

Ein Gläschen in Ehren ...

Gegen den gelegentlichen Genuss von ein bis zwei Gläsern Wein oder Bier ist nichts einzuwenden. Beachten Sie jedoch den hohen Kohlenhydratgehalt von Bier, Mixgetränken und Likören. So sind in 0,3 l Bier mindestens 1 KE und in alkoholfreiem Bier 1,5 KE enthalten. Die genannten Getränke lassen den Blutzucker sehr schnell ansteigen. Der im Bier enthaltene Malzzucker (flüssiger Traubenzucker) erhöht den Blutzucker schneller als andere alkoholische Getränke. Der glykämische Index ist höher als der von Traubenzucker.

Trockene Weine, trockener Apfelwein, trockener Sekt, Cognac, klare Schnäpse, Whisky und Diabetikerbier verändern den Blutzucker hingegen nur wenig. Sie können in Maßen genossen werden.

Achtung: Alkoholische Getränke können noch Stunden später zu Unterzuckerungen führen, weil die Zuckerneubildung in der Leber gebremst wird. Zudem verlangsamt Alkohol den Fettabbau. Zur Vermeidung nächtlicher Unterzuckerungen wird die Überprüfung des Ausgangsblutzuckers vor dem Schlafengehen empfohlen.

Eiweiß – auf die Menge kommt es an

Eiweiß wird auch als Protein bezeichnet. Es kommt vor allem in Fleisch, Fisch, Eiern, Milch und den daraus gewonnenen Produkten vor. Auch Getreide, Hülsenfrüchte, Kartoffeln und Nüsse, also pflanzliche Lebensmittel, enthalten größere Mengen an Eiweiß. Eiweiß erfüllt lebensnotwendige Aufgaben, ist Bestandteil von Enzymen, baut Hormone und Abwehrstoffe auf und bildet Muskelmasse.

Die Deutsche Gesellschaft für Ernährung (DGE) empfiehlt 0,8 Gramm Eiweiß pro Kilogramm Körpergewicht am Tag. Nur rund zwei Drittel davon sollte aus tierischer Nahrung stammen. Wer 70 kg wiegt, benötigt also nur 56 g Eiweiß. Tatsächlich werden täglich weit mehr als 100 g Eiweiß gegessen. Würden weniger tierische Lebensmittel verzehrt, könnte die Zufuhr auf 70–80 g Eiweiß pro Tag verringert werden.

Durch einen sparsamen Verzehr von tierischem Eiweiß, eine gute Blutzuckereinstellung und niedrige Blutdruckwerte kann die Entstehung einer diabetischen Nierenerkrankung (Nephropathie) verhindert oder zumindest hinausgezögert werden. Auch vom Rauchstopp profitieren die Nieren enorm, wie eingangs beschrieben.

Fett: leicht essen, dem Herzen zuliebe

Fett gibt dem Essen Geschmack und liefert Energie. Die Menge an Fett sollte jedoch pro Tag 60–80 g oder 60–80 Fettpunkte nicht überschreiten. Dabei ist auf folgende Verteilung zu achten:

Fette	
Streichfette (Butter/Margarine)	10–20 g (entspricht 2–4 TL)
Öle, Fette zur Zubereitung	10–20 g (entspricht 1½ EL)
versteckte Fette aus Fleisch, Fisch, Wurst, Käse, Eiern, Süßigkeiten	maximal 40 g oder 40 Fettpunkte

Der tatsächliche Fettverzehr liegt im Durchschnitt bei 130 bis 150 g pro Tag. Eindeutig ungünstig ist beim Erwachsenen eine längerfristige Gesamtfettzufuhr von über 40 % der Nahrungsenergie, bei gesättigten und mehrfach ungesättigten Fettsäuren von jeweils über 10 %. Mehr als 40 % der Nahrungsenergie in Form von Fett fördern die Entstehung von Herz-Kreislauf-Erkrankungen, Arteriosklerose, erhöhten Blutfettwerten, Dickdarmkrebs und Übergewicht.

Ein bisschen Fett muss allerdings schon sein! Denn schließlich haben Fette auch gute Eigenschaften. Sie enthalten lebenswichtige Fettsäuren und tragen zur Vitaminversorgung bei. Viele Pflanzenöle sind reich an Vitamin E. Ohne geringe Mengen an Fett würden die fettlöslichen Vitamine gar nicht vom Körper aufgenommen werden. Deshalb sollten Sie auf Pflanzenöl keineswegs verzichten. Auch als Koch- und Streichfett sind Pflanzenöl und Pflanzenmargarine zu bevorzugen. Mit Halbfettmargarine, 10 g enthalten 4 g Fett, lässt sich die Streichfettmenge verdoppeln.

Bitte beachten Sie: In Verbindung mit Eiweiß und Fett werden die Kohlenhydrate langsamer verwertet, dies kann im Rahmen der Insulintherapie von Bedeutung sein.

Fett ist in Butter, Margarine, Öl und Schmalz, in Milch, Milchprodukten, Nüssen, Fleisch, Fisch, Eiern, Süßigkeiten und zahlreichen Fertiggerichten enthalten. Der Anteil der versteckten Fette kann je nach Auswahl der Lebensmittel ganz erheblich variieren (siehe Eiweiß-Fett-Tabellen, Seite 45).

Da Diabetiker ein erhöhtes Risiko für Herzinfarkt, Schlaganfall und Durchblutungsstörungen haben, sollten sie ihre Fettzufuhr begrenzen und günstige Fette für ihre Ernährung auswählen. Denn Fett ist nicht gleich Fett! Ungesättigte Fettsäuren sind gesünder als gesättigte.

- **Gesättigte Fettsäuren** sind vor allem in Lebensmitteln tierischer Herkunft, wie in Wurst- und Fleischwaren, aber auch in nicht fettreduzierten Milchprodukten sowie in Kokosfett und Kakaobutter enthalten. Gesättigte Fettsäuren (ges. FS) können den Blutfettgehalt erhöhen und sollten daher nur sparsam verwendet werden. Ein verringerter Verzehr dieser Lebensmittel führt meist zu einer Senkung des »schlechten« LDL-Cholesterins.
- **Einfach ungesättigte Fettsäuren** finden sich sowohl in tierischen als auch in pflanzlichen Lebensmitteln. Sie kommen in hoher Konzentration in Oliven- und Rapsöl vor und beeinflussen die Blutfettwerte günstig. Sie können den LDL-Anteil des Cholesterins (»schlechtes« Cholesterin) im Blut senken und den HDL-Anteil (»gutes« Cholesterin) anheben. Daher wird der Ölsäure aus Oliven- und Rapsöl eine vorbeugende Wirkung gegen Herzinfarkt und Krebs zugeschrieben.
- **Mehrfach ungesättigte Fettsäuren** gehören zu den essenziellen, das heißt lebensnotwendigen Fettsäuren, da sie vom Körper nicht selbst gebildet werden können. Sie müssen daher mit der Nahrung zugeführt werden. Sie kommen in hoher Konzentration in pflanzlichen Fetten und Ölen vor, insbesondere in Sonnenblumen- und Distelöl

Fisch für Ihre Gesundheit

Zur Kategorie der mehrfach ungesättigten Fettsäuren gehören auch die Omega-3-Fettsäuren. Sie sind in hoher Konzentration in Fisch enthalten, aber auch in Leinsamen, Mandeln, Walnüssen, Tofu und manchen Pflanzenölen. Den höchsten Gehalt an Omega-3-Fettsäuren haben fette Meeresfische wie Lachs, Sardelle, Sardine, Hering und Makrele. Omega-3-Fettsäuren haben einen äußerst positiven gesundheitlichen Effekt. Sie wirken vorbeugend gegen Herz-Kreislauf-Erkrankungen, wie etwa Arterienverkalkung und Herzinfarkt, weil sie das »schlechte« LDL-Cholesterin senken und das »gute« HDL-Cholesterin erhöhen. Ebenso sagt man ihnen eine positive Auswirkung auf die Leistungsfähigkeit des Gehirns nach. Außerdem sollen sie aufgrund ihrer entzündungshemmenden Wirkung Beschwerden bei Schuppenflechte, Neurodermitis und Rheuma lindern. Um diese positiven Wirkungen zu erzielen, sollten Sie wöchentlich zweimal Fisch essen. Darüber hinaus ist Fisch eine hervorragende Eiweißquelle und enthält wichtige Vitamine und Mineralstoffe (z. B. Jod).

und in Nüssen. Eine gute Quelle für mehrfach ungesättigte Fettsäuren sind auch Fische (siehe »Fisch für Ihre Gesundheit«, Seite 44). Wie die einfach ungesättigten Fettsäuren haben auch die mehrfach ungesättigten Fettsäuren einen günstigen Effekt auf den Cholesterinspiegel.

Margarine – eine gute Alternative

Man sollte sich nicht die Butter vom Brot nehmen lassen. Aber man kann sie durch Margarine ersetzen. Palmöl ist eine perfekte Margarinezutat, da es bei Zimmertemperatur streichfähig bleibt, hitzestabil und lange haltbar ist. Bei Bio-Palmöl ist die Rodung von Urwald tabu. Bio-Margarine darf laut EG-Öko-Verordnung weder gehärtete noch unveresterte Fette enthalten. Stattdessen wird auf Fette gesetzt, die von Natur aus bei Zimmertemperatur fest sind, meist Shea, Kokos- oder Palmfett – oft auch in Kombination (weitere Informationen dazu bekommen Sie beim Ifeu-Institut, siehe »Verwendete Literatur«, Seite 260).

Nicht jede Margarine ist rein pflanzlich, das Lebensmittelrecht erlaubt eine geringe Menge tierischen Fettes. Der Blick auf die Zutatenliste zeigt, ob beispielsweise Milchbestandteile enthalten sind. Margarine ist ideal als streichzarter veganer Brotaufstrich, sie ist aber auch zum Kochen und Dünsten geeignet. Die Vielfalt der Zutaten wie Zitrone, Kräuter, Knoblauch und mehr geben ihr eine frische Note.

Eiweiß-Fett-Tabellen

Wenn Sie abnehmen möchten, kommt es darauf an, dass Sie wissen, wo sich die Fette verstecken. Sie brauchen nicht völlig auf die fettreichen Wurst- und Käsesorten aus der Gruppe IV und V zu verzichten. Essen Sie diese Sorten seltener und in kleineren Portionen. Ab Gruppe III lohnt es sich auch, beim Einkaufen nach Alternativen mit geringerem Fettgehalt zu schauen.

Aufgelistet wurden die Mengen und die jeweils dazugehörenden Sorten von Lebensmitteln, die 10 g Eiweiß enthalten. Aufgrund des unterschiedlichen Fettgehalts von tierischen Lebensmitteln ergibt sich eine Einteilung der Tabelle in fünf Gruppen. Die Zuordnung erfolgte nach auf- bzw. abgerundeten Durchschnittswerten.

Fettarme und fettreiche Fleisch-, Fisch- und Käsesorten im Überblick

Gruppe I und II:	gut geeignet und zu bevorzugen
Gruppe III:	geeignet in Verbindung mit Gruppe I und II
Gruppe IV und V:	möglichst selten und in kleinen Mengen einplanen

Gruppe I – gut geeignet und zu bevorzugen	
Fleisch	10 g Eiweiß enthalten bis 2 g Fett (bis 0,5 g ges. FS)
50 g Kalbfleisch	Filet, Keule, Kotelett, Haxe, Schulter
50 g Rindfleisch	Unterschale, Leber, Tatar
50 g Schweinefleisch	Filet, Schnitzel
50 g Geflügel	Hühner-/Putenbrust/-keule (ohne Haut)
50 g Wild	Rehkeule/-rücken, Hirsch, Hase
40 g Aufschnitt	Kochschinken (ohne Fettrand)
60 g	Geflügelsülze, Cornedbeef, deutsch
Käse	
40 g	Harzer usw. (10 % Fett i. Tr.)
70 g	Kochkäse (10 % Fett i. Tr.)
80 g	Quark, Magerstufe; Frühlingsquark (10 % Fett i. Tr.)
Fisch ohne Gräten und Meeresfrüchte	
60 g	Barsch, Forelle, Felchen, Flunder, Hecht, Heilbutt, Kabeljau (Dorsch), Krebs, Lengfisch, Scholle, Schlei, Schellfisch, Seelachs, Seezunge, Steinbutt, Zander
100 g	Miesmuschel
110 g	Auster
50 g Fisch, geräuchert	Forelle, Flunder, Heilbutt

Gruppe II – gut geeignet und zu bevorzugen	
Fleisch	10 g Eiweiß enthalten 2–5 g Fett (bis 2 g ges. FS)
50 g Kalbfleisch	Brust, Leber
50 g Rindfleisch	Filet, Kamm, Oberschale, Schulter, Roastbeef, (Lende), Hochrippe
50 g Schweinefleisch	Leber, Kotelett (60 g)
50 g Geflügel	Brathähnchen, Hühnerleber
50 g Wild	Kaninchen

Gruppe II – gut geeignet und zu bevorzugen	
60 g Aufschnitt	Bündner Fleisch, Schinken roh, geräuchert
50 g	Bratenaufschnitt ohne Fett, Geflügelbierschinken und Jagdwurst
Käse	
30 g	Schmelzkäse (30 % Fett i. Tr., 5 g Eiweiß)
40 g	Camembert (30 % Fett i. Tr.), Limburger, Romadur (20 % Fett i. Tr.)
70 g	Kochkäse (20 % Fett i. Tr.)
80 g	Quark (20 % Fett i. Tr.)
80 g	Hüttenkäse, körniger Frischkäse (20 % Fett i. Tr.)
Fisch	
60 g	Karpfen, Rotbarsch
40 g Fisch, geräuchert	Rotbarsch, Lachs, Schillerlocke

Gruppe III – geeignet zusammen mit Lebensmitteln der Gruppe I und II	
Fleisch	10 g Eiweiß enthalten bis 10 g Fett (bis 4 g ges. FS)
60 g Lammfleisch	Keule, Lende
60 g Rindfleisch	Brust, Zunge
50 g	Hackfleisch
50 g	Kasseler
60 g Schweinefleisch	Kamm, Hinterhaxe, Schulter, Zunge
60 g Geflügel	Ente
60 g Aufschnitt	Bierschinken, Jagdwurst, Geflügelwurstsorten wie Würstchen, Mortadella
Käse	
30 g	Schmelzkäse (45 % Fett i. Tr., 5 g Eiweiß)
40 g	Edamer, Tilsiter (30 % Fett i. Tr.), Limburger (40 % Fett i. Tr.), Camembert, Münsterkäse, Feta (45 % Fett i. Tr.)
50 g	Mozzarella

Gruppe III – geeignet zusammen mit Lebensmitteln der Gruppe I und II	
Fisch	
40 g	Kaviar, echt
60 g	Grüner-, Brat-, Bismarckhering, Hering in Gelee
50 g	Bückling, Sprotte, Schellfisch

Gruppe IV – möglichst wenig davon essen	
Fleisch	10 g Eiweiß enthalten bis 15 g Fett (bis 7 g ges. FS)
60 g Hammelfleisch	Schulter
60 g Geflügel	Suppenhuhn
60 g Würstchen	Frankfurter, Wiener (5 g Eiweiß)
60 g Aufschnitt	Bierwurst, Frühstücksfleisch, Zungenwurst, Truthahn-Salami, Truthahn-Cervelatwurst
30 g	Teewurst, grob
Käse	
30 g	Schmelzkäse (60 % Fett i. Tr., 5 g Eiweiß)
40 g	Edamer, Emmentaler, Gouda, Tilsiter (45 % Fett i. Tr.), Appenzeller, Brie, Chester, Höhlenkäse, Edelpilzkäse (50 % Fett i. Tr.)
Fisch	
60 g	Lachs in Öl, Matjeshering
50 g Fisch, geräuchert	Makrele

Gruppe V – selten verwenden	
Fleisch	10 g Eiweiß enthalten bis 20 g Fett (bis 10 g ges. FS)
60 g Hammelfleisch	Kotelett
60 g Geflügel	Gans
70 g Schweinefleisch	Bratwurst, Dosenwürstchen

Gruppe V – selten verwenden	
50 g Aufschnitt	Cervelatwurst, Salami, deutsche
60 g	Kalbsleberwurst, Fleischkäse, Lyoner, Fleischwurst, Mortadella, Blutwurst
Käse	
60 g	Frischkäse, Camembert (60 % Fett i. Tr.)
Fisch	
60 g Fisch, geräuchert	Aal

Mediterran genießen »auf gut Deutsch«

Mediterrane Kost, also die Ernährung der Bevölkerung rund um das Mittelmeer, gilt als besonders gesund. Sie schützt vor Krankheiten wie Übergewicht, Herz-Kreislauf-Erkrankungen und Krebs. Wie können wir den mediterranen Genuss und damit diese gesunde Lebensweise »auf gut Deutsch« umsetzen?

Die mediterrane Kost ist eine pflanzlich orientierte Ernährung. Gemüse, Obst, Getreideprodukte und Hülsenfrüchte werden bevorzugt gegessen, sodass der Anteil tierischer Fette geringer ist als in den nördlichen Regionen Europas. Statt Butter, Sahne und Sonnenblumenmargarine wird Rapsölmargarine bevorzugt, weil diese in der Fettsäurenzusammensetzung dem Olivenöl gleicht. Der Anteil von Geflügel und Fisch ist höher, der von Fleisch, Wurst und Käse geringer als in Deutschland üblich.

Essen Sie über den Tag verteilt fünf Portionen Obst und Gemüse und greifen Sie dabei gern zu unterschiedlichen Sorten. Eine Portion entspricht einer Handvoll, das sind rund 300 bis 400 g Gemüse, davon die Hälfte roh oder als Salat, und 250 bis 300 g (ca. 3 KE) Obst. Ein Glas Gemüsesaft kann eine Portion Gemüse ersetzen. Die Empfehlungen für Gemüse sind höher als die für Obst, weil die schützende Wirkung von Gemüse im Vergleich zum Obst noch größer ist.

Obst und Gemüse enthalten reichlich Vitamine, Mineralstoffe und sekundäre Pflanzen- und Ballaststoffe. Insgesamt sollten zwei Drittel der täglich gegessenen Kohlenhydrate aus Gemüse, Obst, Getreideprodukten, Kartoffeln und Hülsenfrüchten stammen. Der derzeitige Gemüseverzehr liegt zwischen 120 und 200 Gramm, zu wenig, um die ausreichende Zufuhr von sekundären Pflanzenstoffen zu gewährleisten. Genießen Sie mehrmals am Tag kleine Portionen Obst und Gemüse.

Sekundäre Pflanzenstoffe verleihen Obst, Gemüse, Hülsenfrüchten und Getreide Aroma, Duft und Farbe und sind zudem hoch wirksame Schutzstoffe.

- **Karotinoide**, die in Tomaten, Paprika, Kürbis oder Aprikosen enthalten sind, schützen Haut und Gewebe des Menschen vor unerwünschten Reaktionen mit Sauerstoff.
- **Polyphenole** aus Walnüssen, Trauben, Kirschen, Rotkohl oder Roter Bete bieten Schutz vor Infektionen, Entzündungen, negativen Sauerstoffreaktionen im Gewebe und vor Krebsentstehung.
- **Phytosterine**, die in Nüssen, Sonnenblumenkernen und Hülsenfrüchten enthalten sind, senken das Cholesterin. Sie sind ein wichtiger Schutz vor Herz-Kreislauf-Erkrankungen, da die »guten« HDL-Werte nicht verändert werden.
- **Proteasen** kommen in Pflanzensamen wie Hülsenfrüchten und Getreide vor. Als Wirkung am Menschen sind der Krebsschutz, die Blutzuckerregulierung und die Entzündungshemmung nachgewiesen.

Eine pflanzlich orientierte Ernährung ist für Diabetiker gut geeignet.

Bringen Sie mindestens ein- bis zweimal die Woche Seefisch auf den Tisch. Fisch und Meeresfrüchte liefern besonders viel Jod und Zink sowie leicht verdauli-

ches Eiweiß. Lachs, Makrele, Hering und Thunfisch enthalten am meisten von den wichtigen Omega-3-Fettsäuren, die vor Herz-Kreislauf-Erkrankungen schützen (siehe »Fisch für Ihre Gesundheit«, Seite 44).

Genießen sie Fleisch in maßvollen Portionen. Fleisch und Geflügel trägt zu einer guten Versorgung mit B-Vitaminen, Eisen und Zink bei. In einer modernen Ernährung ist Fleisch aber nicht mehr Hauptbestandteil einer Mahlzeit, sondern eher eine Beilage.

Essen Sie höchstens drei Eier pro Woche, einschließlich der versteckten in Nudeln, Kuchen, Aufläufen oder Nachspeisen.

Gewürze

Die Diabetesdiät sollte, wie jede Kost, vielseitig und gut abgeschmeckt werden. Hierfür stehen alle gebräuchlichen Gewürze und Küchenkräuter zur Verfügung. Senf, Meerrettich, Tomatenmark, Worcester-Soße, Soja-Soße usw. erweitern die Vielfalt. Richtig »gesalzen« schmeckt fast jedes Essen besser. Dafür ist mit Jod und Fluor angereichertes Speisesalz zu empfehlen.

Durchschnittlich werden etwa 8 g Salz pro Kopf und Tag verzehrt. 2 bis 3 g wären ausreichend, etwa 5 bis 6 g sind noch zuträglich, ein beständiges Mehr kann möglicherweise kritisch sein. Da es schwer abzuschätzen ist, wer anlagebedingt salzempfindlich und dadurch bluthochdruckgefährdet ist, gilt die Empfehlung, es mit der weißen Würze nicht zu übertreiben.

Bei übermäßigem Salzverzehr kann im Gewebe und in den Blutbahnen zu viel Flüssigkeit zurückgehalten werden. Das Herz muss mehr Pumparbeit leisten und wird dadurch stärker belastet.

Die WHO empfiehlt seit dem Jahr 2012 eine Speisesalzzufuhr von unter 5 g pro Tag. Dies ist die Dosis, die gesundheitlich unbedenklich und geschmacklich praktikabel erscheint. Häufig werden jedoch durch verarbeitete Lebensmittel wie Brot, Wurst und Käse schon mehr als 5 g Kochsalz pro Tag aufgenommen.

Vitamine und Mineralstoffe

Mit einer abwechslungsreichen, vollwertigen Ernährung mit einem hohen Anteil pflanzlicher Lebensmittel erhalten Sie alle Vitamine und Mineralstoffe, die Sie brauchen. Besonders Obst und Gemüse sind eine reichhaltige Quelle dieser Nährstoffe (siehe Kapitel »Mediterran genießen auf gut Deutsch«, Seite 49). Milch und Milchprodukte sind für jedes Lebensalter gute Kalziumlieferanten. Bevorzugen Sie möglichst fettarme Produkte, täglich 1 KE Milch, Joghurt oder Ähnliches (¼ l) und zwei Scheiben Käse. Einige Gemüsearten (z. B. Brokkoli, Grünkohl,

Fenchel, Lauch) und Mineralwasser mit mehr als 150 mg Kalzium pro Liter können ebenfalls zur Deckung des Kalziumbedarfs beitragen.

Beispiele für Tageskostpläne

Bei Diabetikern, die allein mit der Ernährungstherapie oder zusätzlich mit blutzuckersenkenden Medikamenten (orale Antidiabetika, kurz OAD) behandelt werden, steht häufig der Versuch der Verringerung des Körpergewichts im Vordergrund.

Der Energiebedarf sinkt mit zunehmendem Alter, sodass bei einem Körpergewicht von 80 kg täglich nur 1700 bis 2100 Kilokalorien/7100 kJ bis 8800 kJ verbraucht werden. Der Tageskostplan (ICT) ist so gestaltet, dass dieser Energiebedarf gedeckt wird. Wer sich ausgewogen und vitaminreich ernährt sowie regelmäßige Bewegung in den Alltag integriert, hat die besten Chancen, ein gesundes Gewicht zu (er)halten. Damit Diäten von Erfolg gekrönt bleiben, stellen wir im zweiten Beispiel den Kohlenhydrattag vor.

Leicht, schnell und warm essen am Abend?

Im Rezeptteil finden Sie viele Gerichte mit 3–4 KE, die schnell zubereitet werden können. Damit diese Ihnen nicht zu schwer im Magen liegen und gnädig zur Figur sind, empfiehlt es sich, die Fettmenge des Gerichts auf 20–30 g zu begrenzen. Die Portionsgrößen von beliebten Nudelgerichten enthalten eher 5–7 KE, zur Sättigung empfiehlt sich die Ergänzung durch Gemüse und Salat.

Kohlenhydrattag

An den Kohlenhydrattagen werden fett- und eiweißhaltige Lebensmittel ausgeschlossen. Die bisherige Kohlenhydratmenge und Verteilung der KE werden beibehalten oder auf Wunsch leicht erhöht. Es empfiehlt sich, einmal pro Woche einen Kohlenhydrattag durchzuführen. Mit den folgenden Rezepten können Sie Ihren Kohlenhydrattag sehr abwechslungsreich gestalten.

Als Brotbelag stellen wir Brotaufstriche vor. Als Basis eignen sich Hülsenfrüchte besonders gut. Aber auch aus allen Gemüsesorten, frischen Kräutern und Gewürzen lässt sich schnell, vielfältig und preiswert eine Alternative für Aufschnitt und Käse herstellen. Bitte verzichten Sie auf Salz sowie auf Zusätze wie Brühe und Ähnliches. Je weniger Fett, Eiweiß und Salz gegessen und getrunken werden, desto erfolgreicher ist die Absenkung der Blutzuckerwerte als kurzfristiger Effekt.

©HandmadePictures/stock.adobe.com

Drei Portionen Gemüse pro Tag sind optimal.

Wenn Sie regelmäßig ein bis zwei Kohlenhydrattage pro Woche einlegen, haben Sie die Möglichkeit, ihre täglichen Insulindosen durch Verminderung der Insulinresistenz zu verringern. Dieser Effekt hält bis zu drei Wochen an. Zusätzlich können Sie am Kohlenhydrattag etwa 500 bis 700 kcal einsparen. Wer nachhaltig und gesund an Gewicht verlieren möchte, kommt beim Kohlenhydrattag an Gemüse, Obst, Kartoffeln und Hülsenfrüchten nicht vorbei. Am besten greifen Sie zu wenig verarbeiteten Lebensmitteln. Bei Heißhunger greifen Sie besser nicht zu Nüssen oder Süßigkeiten, sondern trinken Wasser oder essen Gemüse, Beeren & Co. Einen Tageskostplan finden Sie im Kapitel »Beispiel: Kohlenhydrattag« (Seite 58).

Intervallfasten

Bei der 5:2-Methode isst man an fünf Tagen normal, an zwei Tagen fastet man. Vorgeschlagen werden hierbei höchstens 500 kcal am Tag. Bei der 8:16-Methode hat man acht Stunden am Tag, um zu essen, die übrigen 16 Stunden gibt es nichts. Um das Körpergewicht um ein Kilogramm zu verringern, ist die Einsparung von 7000 kcal/29 000 kJ nötig.

Sie sollten also täglich den Bedarf um 300 kcal/1300 kJ unterschreiten.

KE-Verteilung über den Tag

Die Verteilung der Kohlenhydrate auf drei bis vier Mahlzeiten wird mittlerweile bevorzugt. Längere Essenspausen zwischen den Mahlzeiten können dazu beitragen, die Insulinempfindlichkeit der Zellen zu verbessern. Bei der Therapie mit Mischinsulin, gelegentlich auch beim Einsatz von Normalinsulinen zu den Mahlzeiten sowie von OAD (z. B. Sulfonylharnstoffe, kurzwirksame Insulinstimulatoren, Glinide), sind Zwischenmahlzeiten am Vormittag und am Nachmittag nötig, falls Unterzuckerungen auftreten. Die Gabe des langwirksamen Basalinsulin soll den Blutzuckerspiegel in der Nacht stabilisieren. Die Notwendigkeit einer Spätmahlzeit hat mit Einführung der langwirksamen Insulinanaloga an Bedeutung verloren. Im Rahmen der intensivierten Insulintherapie wird auch bei Typ-2-Diabetes mit Blutzucker-Zielbereichen vor den Mahlzeiten und vor dem Schlafengehen gearbeitet.

Bei der Behandlung mit oralen Antidiabetika ist es ratsam, das Schwergewicht innerhalb der Kohlenhydratverteilung auf das Mittagessen und eine kleine KE-Nachmittagsmahlzeit zu legen. Hier ist der körpereigene Insulinbedarf geringer und die Blutzuckerwerte sind entsprechend besser. Zudem fällt vielen Typ-2-Diabetikern auf, dass das Hungergefühl deutlich nachlässt, wenn man regelmäßiger isst. Grundsätzlich kann die Gemüseportion auch großzügiger ausfallen. Der Energiegehalt verändert sich dadurch nur unwesentlich.

So viel dürfen Sie bei 2000 kcal/8400 kJ pro Tag essen:

- 4 Scheiben Brot
- 1 Portion (= 3–4 mittelgroße) Kartoffeln (ca. 200 g, entsprechen 30 g Kohlenhydraten), oder 1 Portion Reis oder Nudeln (60 g roh, entsprechen 40 g Kohlenhydraten)
- mindestens jeweils 1 große Portion Gemüse gegart (ca. 200 g)
- mindestens 1 Portion Gemüse roh (100 g) und Salat (ca. 75 g); häufiger im Monat Hülsenfrüchte
- mindestens zwei Stück Obst (250–300 g)
- mindestens 1½ l Getränke
- ¼ l fettarme Milch und 2–3 Scheiben Käse
- höchstens 60–80 g Fett
- wöchentlich jeweils 3–4 Portionen Fleisch (je 150 g Rohgewicht) und Wurst oder Aufschnitt (höchstens 60 g), 1–2 Portionen Seefisch (150 g), 3–4 Eier

Normalgewichtige, gut eingestellte Diabetiker können durch die Behandlung mit der intensivierten Insulintherapie die Anzahl der Mahlzeiten variieren. Dies gilt auch für die Kohlenhydratmenge der Mahlzeit, da die Insulingabe flexibel gehandhabt werden kann. Bisherige lieb gewonnene Ernährungsgewohnheiten können bei dieser Form der Diabetes-Therapie beibehalten werden.

Werden die Insulin-Analoga Humalog und Liprolog (Insulin Lispro®), Insulin Lispro Biosemilar NovoRapid® (Insulin Aspart), Apidra® (Insulin Glulisin) oder Lyumjev® eingesetzt, entfallen das 2. Frühstück und die Nachmittagsmahlzeit und die KE werden auf drei Hauptmahlzeiten verteilt. Ein kleinerer Anteil der vorgesehenen KE der Mahlzeit kann bis etwa eine Stunde nach dem Spritzen des Esseninsulins gegessen werden. Zwischen den Mahlzeiten sollten mindestens drei oder mehr Stunden Abstand eingehalten werden. So lässt sich das Überschneiden von Insulinwirkkurven vermeiden, dadurch werden Blutzuckerschwankungen eingegrenzt und die Gefahr von Unterzuckerungen verringert. Selbstverständlich können Zwischenmahlzeiten gegessen werden, allerdings ist hierfür dann ein Insulinbolus vor der zusätzlichen Mahlzeit notwendig. Erfahrungsgemäß ist dies für Zwischenmahlzeiten von mehr als zwei KE der Fall.

Der vorgestellte Tageskostplan ist auf ein Körpergewicht von ca. 80 kg abgestimmt.

Beispiel: Intensivierte Insulintherapie

Tageskostplan für 1800 Kilokalorien (7600 Kilojoule) – entsprechend:

- 170–190 g anzurechnenden Kohlenhydraten = 17–19 KE
- 70 g Fett (davon 30 g als Streich- und Kochfett)
- 80 g Eiweiß (davon 55 g tierisches und 25 g pflanzliches Eiweiß)

Frühstück: 5 KE		
1 KE	30 g	Roggenvollkornbrot, ½ Scheibe
3 KE	75 g	Vollkornbrötchen, 1 Stück
	10 g	Butter oder
	20 g	Halbfettmargarine
	40 g	Magerquark oder
	20 g	Käse
	15 g	magerer Aufschnitt
1 KE	15 g	Konfitüre mit Zucker, 1 geh. TL oder frisches Obst
		Rohes Gemüse

Mittagessen: 6 KE		
4 KE	260 g	Kartoffeln oder
	160 g	Nudeln, gekocht
	10 g	Kochfett/Öl
	150 g	mageres Fleisch (Rohgewicht)
	200 g	Gemüse
2 KE		Obst/Nachtisch

Zwischenmahlzeit: 0–2 KE		
2 KE		1 mittelgroße Banane (160 g)
		oder 1 Müsliriegel (50 g)
		oder 5 Butterkekse (25 g)

Abendessen: 6 KE		
4 KE	120 g	Roggenvollkornbrot oder
	100 g	Roggenmischbrot
	20 g	Halbfettmargarine
	45 g	magerer Aufschnitt und
	20 g	Käse (bis 45 % Fett i. Tr.)
	100 g	Gemüse als Rohkost oder Blattsalat
2 KE		Milchprodukt oder Obst

Beispiel: Kohlenhydrattag

Tageskostplan für 100 Kilokalorien (418 Kilojoule) – entsprechend:

- 200 g anzurechnende Kohlenhydrate = 20 KE
- 10 g Fett (davon 5 g als Streich- und Kochfett)
- 50 g Eiweiß (davon 10 g tierisches und 40 g pflanzliches Eiweiß)

1. Frühstück: 6 KE		
3 KE	75 g	Vollkornbrötchen, ein kleines
2 KE	60 g	Roggenvollkornbrot, ca. 1 Scheibe
	20 g 25 g	Frischkäse, fettarm vegetarischer Gemüseaufstrich (Seite 182)
		1 große Portion Rohkost, z. B. Gurke, Paprika, Radieschen, Tomate, Möhre, Bleichsellerie
1 KE	20 g 15 g	Pflaumenmus oder Konfitüre, Honig, oder Sirup (1 geh. TL)

2. Frühstück: 2 KE		
2 KE	160 g	Birne oder Obstsalat
	100 g	Tomate

Mittagessen: 4–6 KE		
3 KE	195 g	Kartoffeln oder
4 KE	160 g	Reis, Bulgur, Couscous oder Ähnliches (gekocht)
6 KE	240 g	Spaghetti oder sonstige Teigwaren (gekocht)
	60 g	Hülsenfrüchte
	200 g	Gemüse
0–2 KE		Obst/Obstsalat, Smoothie oder Ähnliches (= Nachtisch ohne Fett und Eiweiß)

Zwischenmahlzeit: 1,5–3 KE		
1,5 KE	20 g	Knäckebrot, Zwieback
1,5 KE	150 g	Apfel mit Schale

Abendessen: 4–6 KE		
2 KE	60 g	Roggenvollkornbrot, 1 dicke Scheibe
2 KE	50 g	Mehrkornbrot, 1 große Scheibe
2 KE	50 g	Aufstrich aus Hülsenfrüchten (Seite 182)
	200 g	Gemüse als Rohkost
	5 g	Öl (1 TL) oder 5 Walnüsse

Spätmahlzeit: 1 KE		
1 KE		nach Wahl, ohne Fett und Eiweiß

Die Rezepte

Zur Umsetzung aller Ernährungs-tipps finden Sie hier viele abwechslungsreiche Rezepte zum Ausprobieren und Nachkochen. Lassen Sie es sich schmecken!

Küchenpraxis

Gesund kochen macht Spaß und schmeckt. Bewährte Rezepte – auch echte Klassiker, angepasst für Diabetiker – sowie viele Tipps und Tricks machen Lust auf mehr.

Die Rezepte sind in zehn Kapitel sortiert. Zu Beginn der einzelnen Rezeptkapitel wird erklärt, inwieweit die verwendeten Lebensmittel bzw. die vollständigen Speisen für die Ernährung bei Diabetes geeignet sind und was zu beachten ist. Auch die verschiedenen Zubereitungsarten (Garmethoden), z. B. für Fleisch, Gemüse oder Nachspeisen, werden am Anfang der Kapitel ausführlich erklärt, darum lesen Sie diese bitte aufmerksam durch.

Die Zutaten sind zum größten Teil für zwei, gelegentlich für vier Portionen oder pro Rezept angegeben. Einen Hinweis hierzu finden Sie vor jedem Rezept.

Die Nährwerte wurden überwiegend für ein Stück bzw. eine Portion berechnet, in einigen Fällen auch pro Rezept. Die Werte sind auf- bzw. abgerundet. Nährwerte zwischen 0,5 und 1 sind mit < 1 gekennzeichnet, alles darunter mit < 0,5. Das Cholesterin wird ab 5 mg und der Gesamtenergiegehalt in 10er- bzw. 5er-Schritten ausgewiesen. Eine Ausnahme bilden die vegetarischen Aufstriche. Die Nährwertberechnungen beruhen meist auf Daten von rohen Lebensmitteln (Ausnahmen sind gekennzeichnet).

Die Berechnung der anzurechnenden Kohlenhydrate beruht auf dem Dezimalsystem. Maßgebend für die Anrechnung sind die in den Rezepten ausgewiesenen KE-Angaben (1 KE = 10 g Kohlenhydrate).

Die Einzelangaben des Nährwertes versetzen Sie in die Lage, auf einen Blick zu erkennen, welche Mengen an Eiweiß, Fett, gesättigten Fettsäuren, Kohlenhydraten, Ballaststoffen, Cholesterin und Gesamtenergie pro Portion in den Rezepten enthalten sind.

Bei den Rezepten für ein Mittagsgericht sind teilweise zusätzlich Vorschläge für die Gemüsebeilage und die Nachspeise mit Kilokalorien- bzw. Kilojoulewerten angegeben. Dadurch ist der Gesamtenergiegehalt der Mahlzeit (ohne die Kartoffeln) schnell zu ermitteln.

Kartoffeln, Reis oder Teigwaren sind den Menüvorschlägen, entsprechend der eigenen zur Verfügung stehenden KE-Menge, hinzuzufügen. Lediglich bei den Eintopf-, bei den vegetarischen und den Kartoffelgerichten sind bereits 2–4 KE in die Berechnung einbezogen worden.

Können Sie mittags nicht warm essen, kann das obligatorische warme Mittagsgericht genauso gut am Abend eingenommen werden. Planen Sie einfach die für das Abendessen zur Verfügung stehende KE-Menge in eine warme Mahlzeit ein.

Informationen zu häufig verwendeten Zutaten

Einige Zutaten werden in vielen Rezepten verwendet. Hier finden Sie die wichtigsten Informationen zu Inhaltsstoffen und Anwendung.

Andickungspulver

Es handelt sich hierbei um ein pflanzliches, geschmacksneutrales und kohlenhydratanrechnungsfreies Bindemittel. Andickungspulver besteht vorwiegend aus Johannisbrotkernmehl, einem ballaststoffreichen Quellstoff. Es kann anstelle von Mehl, Stärkemehl und Puddingpulver zum Binden von kalten oder warmen Speisen verwendet werden.

Andickungspulver ist erhältlich als Nestargel in der Apotheke, als Biobin (von Tartex) im Reformhaus, als Johannisbrotkernmehl (von Rapunzel) im Biomarkt oder als Agar-Agar im Einzelhandel. Beachten Sie die Packungshinweise.

Andickungspulver wird mit dem Schneebesen in die zu bindende Flüssigkeit eingerührt. Bei heißen Speisen rühren Sie es in die nicht kochende Flüssigkeit ein und kochen dann alles kurz auf.

Klare Fleischsuppe/Brühe

Diese, ähnliche oder auf Gemüse basierende Produkte sind überall im Handel erhältlich. Sie eignen sich als Grundlage für Suppen, Soßen oder zum Auffüllen von Gerichten.

Süßstoffe

Süßstoffe sind ohne Einschränkung zum Süßen von Speisen und Getränken geeignet. Sie sind kalorienfrei oder enthalten nur minimale Mengen an Fruchtzucker oder Eiweiß (Aspartam). Sie kommen flüssig, in Tablettenform oder als Zusatz fertig gesüßter Lebensmittel auf den Markt.

- Saccharin, Cyclamat, Thaumatin u. a. werden am häufigsten angeboten. Ein Teelöffel voll hat die Süßkraft von 60 g, eine Tablette von 4 g Haushaltszucker. Sie sind koch- und backfest.
- Aspartam wird zusätzlich als Streusüße angeboten und eignet sich gut zum Bestreuen von Obst- oder Süßspeisen. Der Kohlenhydratgehalt der Gerichte wird nicht verändert. Ein Teelöffel Aspartam enthält nur 0,5 g Kohlenhydrate, ist jedoch nicht hitzestabil.
- Süßstoffe haben keine konservierenden Eigenschaften, ferner liefern sie nicht das erforderliche Backvolumen, sodass beim Backen von Kuchen auf Zucker oder Zuckeraustauschstoffe nicht verzichtet werden kann.
- Stevia ist ein pflanzlicher Süßstoff, erhältlich als Stevia-Streusüße (1 TL = 2 kcal), Stevia-Streusüße mit Erythrit (0 kcal) und Stevia-Zucker (1 TL = 10 kcal).

Weitere Informationen finden Sie in den Kapiteln »Und wie man süßt« (Seite 31) und »Zucker und Zuckeraustauschstoffe« (Seite 228).

Abkürzungsverzeichnis

EL	Esslöffel
TL	Teelöffel
F. i. Tr.	Fett in der Trockenmasse
mg	Milligramm
g	Gramm
l	Liter
ml	Milliliter
Pck.	Päckchen
Pr.	Prise
Msp.	Messerspitze
gestr.	gestrichen
geh.	gehäuft

Abkürzungen der Nährwertangaben

E	Eiweiß
F	Fett
ges. FS	gesättigte Fettsäuren
KH	Kohlenhydrate
Chol	Cholesterin
Ba	Ballaststoffe
KE	Kohlenhydrat-Einheit
kcal	Kilokalorie(n)
kJ	Kilojoule

Mengenangaben in Haushaltsmaßen

Die Zutaten in den Rezepten sind in Gramm und Haushaltsmaßen angegeben. Eine Küchenwaage mit einer Skaleneinteilung von zwei oder fünf Gramm ist zunächst hilfreich, um sich mit den Lebensmittelmengen nach Haushaltsmaßen vertraut zu machen. Denn Löffel ist nicht gleich Löffel, ein Löffel kann flach oder tief geformt sein. Ältere Löffel können z. B. auch größer sein als die heute üblichen. Im Anschluss an die Übungsphase können die Mengen nach Augenmaß eingeschätzt werden. Auch Haushaltsmaße sollten von Zeit zu Zeit überprüft werden. Gut geeignet sind Digitalwaagen, bei denen die Anzeige groß und deutlich erkennbar ist.

Menge	Lebensmittel	Haushaltsmaß
1 g	Andickungspulver	1 Messlöffel
5 g	Butter/Margarine	1 gestrichener Teelöffel
2 g	Gelatine	1 Blatt
20 g	Gewürzgurkenwürfel	1 Esslöffel
15 g	geriebener Käse	1 gehäufter Esslöffel
30 g	Joghurt	1 leicht gehäufter Esslöffel
5 g	Mayonnaise	1 gestrichener Teelöffel
15 g	Milch, Buttermilch, Wasser, Wein, Zitronensaft, Essig	1 Esslöffel
20 g	Magerquark	1 gestrichener Esslöffel
25 g	Magerquark	1 Esslöffel
5 g	Nüsse, gemahlen	1 gehäufter Teelöffel
10 g	Nüsse, gemahlen	1 Esslöffel
5 g	Sahne, Kaffeesahne	1 Teelöffel
10 g	Sahne, Kaffeesahne	1 Esslöffel
15 g	Schlagsahne	1 leicht gehäufter Esslöffel
20 g	Schlagsahne	1 gut gehäufter Esslöffel
5 g	saure Sahne, Schmand	1 Teelöffel
10 g	saure Sahne, Schmand	1 gestrichener Esslöffel
15 g	saure Sahne, Schmand	1 Esslöffel
5 g	Tomatenmark	1 gestrichener Teelöffel
15 g	Tomatenmark	1 gestrichener Esslöffel
5 g	Öl	1 Teelöffel
5 g	Weizenmehl	1 Teelöffel
5 g	Zitronensaft	1 Teelöffel
5 g	Zwiebelwürfel	1 Teelöffel
20 g	Zwiebelwürfel	1 gehäufter Esslöffel

Vorsuppen und Eintöpfe

Preiswert, gesund und abwechslungsreich – von Gemüse kann man nie genug essen. Deshalb sollten Vorsuppen und Eintöpfe auch auf Ihrem Speisezettel stehen.

Vorsuppen und Eintöpfe zählen zur traditionellen Hausmannskost. Altmodisch und langweilig sind sie deshalb noch lange nicht. Zur Zubereitung von Vorsuppen für Diabetiker eignen sich fettarme Fleisch- oder Gemüsebouillons. Anrechnungsfreie Gemüse sowie Eierstich, Eiereinlauf, gekochtes Rind- oder Hühnerfleisch und kleine Fleischklöße ermöglichen als Suppeneinlage viele Variationen. Leichte Vorsuppen können Sie durch frische Kräuter verfeinern.

Eintöpfe werden, wie der Name schon sagt, in einem Topf gekocht und schmecken bekanntlich noch besser, wenn sie aufgewärmt werden. Sie bestehen hauptsächlich aus Gemüse, Hülsenfrüchten, Kartoffeln oder Nährmitteln sowie einer Fleischbeigabe.

Möchten Sie mehrere Portionen Eintopf auf einmal und zusammen herstellen, so wird die Kohlenhydratmenge beim Portionieren geschätzt.

Sollte die in den Rezepten angegebenen KE-Menge nicht mit Ihrer KE-Anzahl zur Mittagsmahlzeit übereinstimmen, können Sie die KE-Menge beliebig erhöhen. Eventuell benötigen Sie dann mehr Flüssigkeit. Bei einer Erhöhung um 2 KE Kartoffeln erhöht sich der Nährstoffgehalt pro Person um 50 kcal (200 kJ).

Wissenswertes über Hülsenfrüchte

Hülsenfrüchte sollten Sie unbedingt regelmäßig auf Ihrem Speiseplan haben. Besonders für Diabetiker sind sie geeignet, da sie nur geringfügig blutzuckerwirksam sind und bei der KE-Berechnung vernachlässigt werden können. Daneben haben sie noch viele andere Vorteile:

- Hülsenfrüchte sind reich an Ballast- und Mineralstoffen, B-Vitaminen, Folsäure und Spurenelementen. Ballaststoffe können viel Wasser binden, füllen den Magen stärker als andere Lebensmittel und fördern die Verdauung.
- Das pflanzliche Eiweiß in Hülsenfrüchten kann durch die Kombination mit Milchprodukten oder Getreide aufgewertet werden und Fleisch durchaus ersetzen.
- Um den Garprozess von Hülsenfrüchten nicht zu verzögern, kochen Sie sehr hartes Leitungswasser vorher ab. Und fügen Sie Salz, Essig oder Zitronensaft erst zum Schluss hinzu.
- Für die schnelle Zubereitung können Sie Hülsenfrüchte bereits fertig gegart als Konserve kaufen.
- Die Kochflüssigkeit bitte mitverwenden, da darin Saponine, die sekundären Pflanzenstoffe der Hülsenfrüchte, enthalten sind.
- Sie können auch geschälte Hülsenfrüchte verwenden oder den Eintopf pürieren. Hierbei ist zu berücksichtigen, dass die Hülsenfrüchte, je feiner sie zerkleinert werden, zwar leichter verdaulich sind, sich der gewünschte Ballaststoffeffekt jedoch verringert.

Gewürze für Hülsenfrüchte

Ob gelbe, rote, schwarze oder braune Linsen, im Eintopf oder als Kichererbsenaufstrich – mit Hülsenfrüchten lässt sich über den klassischen Eintopf hinaus so einiges zubereiten.

- Wer dem Bläheffekt entgegenwirken will, fügt dem Gericht Gewürze wie Anis, Kümmel, Kreuzkümmel (Kumin) oder Fenchel hinzu. Auch Lorbeer- oder Curryblätter, Majoran und Ingwer eignen sich. Geben Sie die Gewürze und Kräuter möglichst zu Beginn des Kochens hinzu.
- Probieren Sie die in der türkischen und arabischen Küche häufig verwendete glatte Petersilie, frischen Koriander, 1 EL Granatapfel oder Sesam als Topping.
- Aber auch Kurkuma, rosenscharfes Paprikapulver, Knoblauch, Currypaste und Kokosmilch verändern klassische Eintöpfe mit wenig Aufwand. Kurkuma, auch Gelbwurzel genannt, gilt in der ayurvedischen Lehre als Heilmittel gegen Entzündungen.

Lauchsuppe

Zutaten für 2 Portionen
1 TL Öl • 50 g Lauch • 1/4 l klare Fleischsuppe • 1/8 l Wasser • Pfeffer, Muskat, Salz • gehackte Petersilie oder Liebstöckel

- Öl in einem Topf erhitzen und den geputzten, gewaschenen, in feine Ringe geschnittenen Lauch dazugeben und andünsten.
- Klare Fleischsuppe und Wasser dazugeben und bei kleiner Flamme gar ziehen lassen (ca. 10 Min.).
- Mit Pfeffer, Muskat und wenig Salz abschmecken, vor dem Anrichten die Petersilie oder den Liebstöckel dazugeben.

Tipp Verfeinern Sie die Suppe vor dem Servieren mit 20 g (1 KE) handelsüblichen gerösteten Brotwürfeln pro Portion.

Nährwerte pro Portion
1 g E • 4 g F • < 0,5 g ges. FS • < 0,5 mg Chol • 1 g KH • < 1 g Ba • – KE • 35 kcal (150 kJ)

Blumenkohlsuppe

Zutaten für 2 Portionen
250 g Blumenkohl • Wasser zum Kochen • Salz, Würzmittel • 1/4 l Blumenkohlkochwasser • 3 EL Cremefine (7 %) zum Kochen • Muskat • gehackte Petersilie

- Blumenkohl waschen und in kleine Röschen zerschneiden.
- Wasser zum Kochen bringen, mit Salz und Würzmittel abschmecken. Blumenkohl darin sehr weich garen. Abgießen, dabei 1/4 l Kochwasser auffangen. Blumenkohl pürieren.
- Püriermasse mit Blumenkohlkochwasser auffüllen. Cremefine und Muskat dazugeben, evtl nachwürzen. Vor dem Servieren mit Petersilie bestreuen.

Tipp Sie können die Suppe auch mit 20 g Serranoschinkenstreifen verfeinern. Kalt oder fettfrei angeröstet vor dem Servieren über die Suppe streuen.

Nährwerte pro Portion
3 g E • 1 g F • 1 g ges. FS • < 0,5 mg Chol • 4 g KH • 4 g Ba • – KE • 40 kcal (160 kJ)

Hühnersuppe mit Curry

Zutaten für 2 Portionen

3/8 l entfettete Hühnerbrühe • 2 Messlöffel Andickungspulver • Curry, Pfeffer, Salz • 50 g Hühnerbrust, gekocht • Kresse

- Hühnerbrühe erhitzen, Andickungspulver in die heiße, nicht kochende Brühe einrühren und aufkochen lassen. Die Suppe mit Curry, Pfeffer und wenig Salz abschmecken.

- Die gekochte Hühnerbrust in kleine Würfel schneiden, in die Suppe geben und erhitzen.

- Die Suppe vor dem Servieren mit Kresse verzieren.

- Sollten Sie Hühnerfrikassee als Mittagsgericht gewählt haben, planen Sie bei Ihrem Einkauf die Hühnersuppe mit Curry für den nächsten oder übernächsten Tag gleich mit ein.

Tipp Sollte zufällig frischer Paprika oder frische Möhre zur Hand sein, so können Sie die Suppe auch mit 1 EL fein gewürfeltem Gemüse abwandeln und einen zusätzlichen farblichen Akzent setzen.

Nährwerte pro Portion

8 g E • 1 g F • < 0,5 g ges. FS • < 0,5 mg Chol • 1 g KH • < 0,5 g Ba • – KE • 50 kcal (210 kJ)

Mitternachtssuppe

Zutaten für 2 Portionen

1 TL Öl • 1 geh. EL Zwiebelwürfel • 1 geh. TL Tomatenmark • 150 g Dosentomaten • 1/4 l Wasser • Cayennepfeffer, Paprika, Salz • 60 g Cornedbeef • 1 geh. EL Gewürzgurken • Schnittlauchröllchen

- Öl in einem Topf erhitzen, Zwiebelwürfel hinzufügen, glasig dünsten, Tomatenmark unterrühren.

- Tomaten passieren, zur Masse geben, mit Wasser auffüllen und kurz aufkochen lassen. Mit Cayennepfeffer, Paprika und wenig Salz würzen.

- Das Cornedbeef grob und die Gewürzgurken fein gewürfelt in die Suppe geben und durchziehen lassen (ca. 5 Min.). Die Schnittlauchröllchen auf die angerichtete Suppe streuen.

Tipp Servieren Sie diese Suppe doch auch einmal als vormitternächtlichen Snack. Ein Stück Baguette dazu und Ihre Gäste werden begeistert sein.

Nährwerte pro Portion

8 g E • 5 g F • < 1 g ges. FS • < 0,5 mg Chol • 4 g KH • 1 g Ba • – KE • 90 kcal (380 kJ)

Tomatensuppe mit Fleischklößchen

Zutaten für 2 Portionen

- 100 g Hackfleischteig (Seite 103)
- 1 geh. EL Zwiebelwürfel
- 1 TL Öl
- 2 TL Tomatenmark
- 150 g passierte Tomaten
- ¼ l Kloßbrühe
- Pfeffer, Oregano, Salz
- Petersilie oder Schnittlauch

- Hackfleischteig zu Klößchen formen und garen.
- Zwiebeln in heißem Öl glasig dünsten und das Tomatenmark unterrühren.
- Passierte Tomaten dazugeben, Kloßbrühe aufgießen und kurz durchkochen lassen.
- Mit Pfeffer, Oregano und wenig Salz abschmecken. Die gegarten Klößchen dazugeben und die Suppe vor dem Servieren mit Petersilie oder Schnittlauchröllchen garnieren.

Tipp Diese Suppe eignet sich auch vorzüglich als Beigabe zum Abendessen.

Nährwerte pro Portion

11 g E • 7 g F • 3 g ges. FS • 26 • mg Chol • 4 g KH • 2 g Ba • – KE • 145 kcal (600 kJ)

Zwiebelsuppe

Zutaten für 2 Portionen

100 g Gemüsezwiebeln • 1 TL Öl • ¼ l klare Fleischsuppe • ⅛ l Wasser • 1 EL Weißwein, trocken • Pfeffer, Knoblauch, Majoran oder Oregano, Salz • 1 EL Kaffeesahne (10 % Fett) • gehackte Petersilie

- Zwiebeln in Ringe schneiden und in dem heißen Öl glasig dünsten.

- Klare Fleischsuppe und Wasser aufgießen und ca. 10 Min. langsam gar ziehen lassen.

- Mit Weißwein, Pfeffer, Knoblauch, Majoran oder Oregano und wenig Salz abschmecken.

- Zum Schluss die Kaffeesahne dazugeben und die Suppe nach dem Anrichten mit Petersilie bestreuen.

Tipp Für eine französische Note rösten Sie pro Portion 20 g Weißbrotwürfel (1 KE), geben Sie sie auf die Suppe und streuen Sie je 20 g geriebenen Emmentaler darüber. Im Backofen oder Grill goldgelb überbacken. Der Nährwert erhöht sich pro Portion um 125 kcal (520 kJ).

Nährwerte pro Portion

2 g E • 4 g F • 1 g ges. FS • ‹0,5 mg Chol • 3 g KH • 1 g Ba • – KE • 55 kcal (230 kJ)

Cremige Brokkolisuppe

Zutaten für 2 Portionen

Wasser zum Kochen • Salz, Würzmittel • 250 g Brokkoliröschen • 3 EL Cremefine zum Kochen (7 % Fett) • Muskat • 1 geh. EL rote Zwiebelwürfel • 20 g roher Schinken, sehr mager • 10 g Sonnenblumenkerne • 1 TL Öl

- Wasser mit Salz und Würzmittel zum Kochen bringen. Brokkoli darin sehr weich garen, abgießen, dabei das Wasser auffangen. Brokkoli pürieren.

- Püriermasse mit ¼ l Brokkoliwasser auffüllen, Cremefine und Muskat dazugeben, evtl. nachwürzen.

- Zwiebelwürfel, Schinken und Sonnenblumenkerne in heißem Öl anbraten und vor dem Servieren auf die Suppe geben.

Tipp Als zeitsparende Serviervariante eignen sich auch gut handelsübliche Croûtons. Bitte achten Sie auf die Kohlenhydratangaben auf der Verpackung.

Nährwerte pro Portion

8 g E • 6 g F • 1 g ges. FS • ‹1 mg Chol • 5 g KH • 4 g Ba • – KE • 110 kcal (460 kJ)

Feurige Kartoffelsuppe

Zutaten für 2 Portionen

- 40 g Kidneybohnen
- 4 TL Öl
- 2 geh. EL Zwiebelwürfel
- 1 kl. Knoblauchzehe
- 260 g Kartoffelwürfel (4 KE)
- ½ l klare Fleischsuppe
- 150 g rote Paprikawürfel
- Cayennepfeffer, Tabasco, Thymian, Salz
- 4 TL saure Sahne (10 % Fett)
- Schnittlauchröllchen

- Kidneybohnen in kaltem Wasser 12 Stunden einweichen, mit dem Einweichwasser aufsetzen und ca. 30 Min. vorgaren, danach abgießen.

- Öl in einem Topf erhitzen, Zwiebelwürfel sowie die sehr fein gewürfelte Knoblauchzehe dazugeben und etwas mehr als glasig werden lassen.

- Kartoffelwürfel, klare Fleischsuppe sowie die vorgegarten Kidneybohnen hinzufügen und weitergaren. Nach etwa 10 Min. die Paprikawürfel dazugeben und weitere 5 Min. mitgaren.

- Mit Cayennepfeffer, Tabasco, Thymian und wenig Salz abschmecken.

- Vor dem Servieren je 2 TL saure Sahne pro Portion und Schnittlauchröllchen auf die Suppe geben.

Vorschläge für Nachspeisen

- Dänische rote Grütze (Seite 222), 55 kcal (230 kJ),
- Quarkcreme (Seite 220), ohne KE-Anrechnung, 110 kcal (460 kJ)

Tipp Mit 5 g Öl zum Bräunen der Zwiebel sowie ohne Salz und saure Sahne zubereitet gut geeignet für Kohlenhydrattage (Seite 52).

Nährwerte pro Portion

9 g E • 13 g F • ‹1 g ges. FS • ‹0,5 mg Chol • 35 g KH • 10 g Ba • 2 KE • 290 kcal (1220 kJ)

Fleischklößchen auf Kohlrabi

Zutaten für 2 Portionen
250 g Hackfleischteig (Seite 103) • 500 g Kohlrabi • 260 g Kartoffeln (4 KE) • ¾ l Wasser • Würzmittel, Muskat, Salz • gehackte Petersilie

- Hackfleischteig (Seite 103) zu kleinen Klößen formen.
- Kohlrabi und Kartoffeln schälen, waschen, in Stifte oder Würfel schneiden.
- Wasser aufkochen und mit Würzmittel, Muskat und wenig Salz würzen.
- Kohlrabi und Kartoffeln dazugeben. Ca. 10 Min. langsam kochen, evtl. zusätzlich Flüssigkeit auffüllen.
- Fleischklößchen dazugeben und vorsichtig gar ziehen lassen. Mit gehackter Petersilie anrichten.

Vorschläge für Nachspeisen
- Rotweingelee (Seite 220), ohne KE-Anrechnung, 50 kcal (210 kJ)
- Kirschcreme (Seite 210), 70 kcal (290 kJ)
- Schokoladenflammeri (Seite 218), 150 kcal (630 kJ)

Nährwerte pro Portion
30 g E • 14 g F • 6 g ges. FS • 96 mg Chol • 27 g KH • 6 g Ba • 2 KE • 370 kcal (1550 kJ)

Labskaus

Zutaten für 2 Personen
500 g Kartoffeln, mehligkochend (8 KE) • 4 EL Rote-Bete-Flüssigkeit • 2 EL Gurkenflüssigkeit • 2 TL Öl • 150 g Zwiebeln • 125 g Cornedbeef • Salz, Pfeffer, Schnittlauchröllchen • 50 g Gewürzgurkenscheiben

- Kartoffeln in kleine Würfel schneiden, kochen, abgießen, stampfen. Rote-Bete- und Gurkenflüssigkeit hinzufügen.
- Zwiebeln fein würfeln und im Öl goldgelb anbraten. Cornedbeef würfeln, zu den Zwiebeln geben und kurz mitbraten.
- Alle Zutaten verrühren und nachschmecken. Schnittlauchröllchen beim Anrichten über das Labskaus streuen und mit den Gewürzgurken dekorieren.

Vorschlag für Salatbeilage
- Rote-Bete-Salat (Seite 194), 100 kcal (420 kJ)

Vorschlag für Nachspeise
- Birne Helene (Seite 218), 100 kcal (420 kJ)

Tipp Hierzu isst man an der Küste auch ein Spiegelei (80 kcal/330 kJ) und/oder einen Rollmops (60 g = 130 kcal/540 kJ).

Nährwerte pro Portion
35 g E • 9 g F • 2 g ges. FS • <0,5 mg Chol • 42 g KH • 5 g Ba • 4 KE • 405 kcal (1690 kJ)

Linseneintopf

Zutaten für 2 Portionen

- 120 g Linsen
- 250 g Kasseler, schier
- 1 kleiner Kasselerknochen
- Pfefferkörner
- ½ Lorbeerblatt
- ¾ l Wasser
- Würzmittel, Salz
- 260 g Kartoffeln (4 KE)
- 50 g Möhren
- 50 g Sellerie
- 100 g Lauch
- Essig, Süßstoff

● Linsen, Fleisch, Knochen und Gewürze in kaltem Wasser aufsetzen und zum Kochen bringen. Bei verminderter Energiezufuhr ca. 30 Min. vorgaren.

● Mit Würzmittel und wenig Salz würzen. Die in Würfel geschnittenen Kartoffeln dazugeben und 10 Min. weitergaren.

● Das Gemüse putzen und waschen. Möhren, Sellerie in feine Stifte sowie den Lauch in feine Ringe schneiden und hinzufügen, ca. 10–15 Min. weitergaren.

● Das gegarte Fleisch herausnehmen, in Würfel schneiden, wieder hinzufügen und den Eintopf nachwürzen. Evtl. mit Essig und Süßstoff abschmecken.

Vorschläge für Nachspeisen

- Kompott (Seite 205), 45 kcal (190 kJ)
- Aprikosencreme (Seite 210), 70 kcal (290 kJ)

Tipp Ohne Kasseler und Salz zubereitet, ist der Linseneintopf für Kohlenhydrattage (Seite 58) geeignet.

Nährwerte pro Portion

46 g E • 10 g F • 2 g ges. FS • 75 mg Chol • 55 g KH • 13 g Ba • 2 KE • 480 kcal (2000 kJ)

Steckrübenmus

Zutaten für 2 Personen

400 g dicke Rippe mit Knochen • 1,5 l Wasser • Salz, Pfeffer, Zwiebel, Lorbeerblatt, Piment • 600 g Steckrüben • 400 g Kartoffeln (6 KE) • Thymian

- Fleisch vorkochen wie unter »Kochen von Fleisch« (Seite 84) beschrieben.

- Steckrüben und Kartoffeln in Würfel schneiden, mit dem Thymian in der heißen Fleischbrühe kochen.

- Die Gemüsebrühe zum Teil abgießen und aufheben. Steckrüben und Kartoffeln mit dem Rührstab pürieren, je nach Konsistenz weitere Gemüsebrühe hinzufügen und evtl. nachwürzen.

- Vorbereitetes Fleisch in Würfel schneiden (Gargewicht pro Person 100 g) und unter das Steckrübenmus rühren.

Vorschläge für Nachspeisen

- Aprikosencreme (Seite 210), 70 kcal (290 kJ)
- Kompott (Seite 205), 45 kcal (190 kJ)

Tipp Wenn es schnell gehen soll, verwenden Sie statt dicke Rippe eine Bockwurst. Der Nährstoffgehalt bleibt gleich.

Nährwerte pro Portion

30 g E • 24 g F • 10 g ges. FS • 90 mg Chol • 52 g KH • 7 g Ba • 3 KE • 550 kcal (2300 kJ)

Gemüseeintopf mit Rindfleisch

Zutaten für 2 Portionen

250 g Rindfleisch (Schulter) • 1 l Wasser • Würzmittel, Pfeffer, Salz • 200 g Wirsingkohl • 100 g Porree • 100 g Kohlrabi • 50 g Sellerie • 50 g Möhren • 390 g Kartoffeln (6 KE) • gehackte Petersilie

- Rindfleisch in Würfel schneiden. Wasser mit Würzmittel, Pfeffer sowie wenig Salz würzen und zum Kochen bringen. Fleisch dazugeben und zugedeckt langsam garen.

- Das Gemüse sowie die Kartoffeln putzen, waschen und in Streifen schneiden.

- Wenn das Fleisch ¾ gar ist, nacheinander das Gemüse und die Kartoffeln hinzufügen. Etwa 20–30 Min. weitergaren, evtl. Flüssigkeit aufgießen, abschmecken.

- Vor dem Servieren die Petersilie dazugeben.

Tipp Möchten Sie den Eintopf mit Schweineschulter zubereiten, erhöht sich der Nährwert pro Person um 150 kcal (630 kJ).

Nährwerte pro Portion

23 g E • 7 g F • 3 g ges. FS • 75 mg Chol • 37 g KH • 9 g Ba • 3 KE • 370 kcal (1540 kJ)

Spätsommerlicher Eintopf mit Hackfleisch

Zutaten für 2 Portionen

- 2 TL Öl
- 250 g Rinderhack
- 2 geh. EL Zwiebelwürfel
- Pfeffer, Hackfleischgewürz, Salz
- 60 g Porree
- 100 g Paprika
- 200 g Zucchini
- 260 g Kartoffeln (4 KE)
- Wasser/Brühe
- 100 g Tomaten
- 2 TL saure Sahne (10 % Fett)
- gehackte Petersilie oder Dill

● Öl in einem Schmortopf erhitzen, Rinderhack und Zwiebelwürfel darin anbraten.

● Mit Pfeffer, Hackfleischgewürz und wenig Salz würzen.

● Porree, Paprika putzen, waschen, in feine Streifen bzw. Ringe schneiden, zum Hackfleisch geben und mit anbraten.

● Danach die in Stifte geschnittenen Zucchini und Kartoffeln dazugeben, mit heißer Flüssigkeit auffüllen, bis das Ganze bedeckt ist. Auf kleiner Flamme zugedeckt gar ziehen lassen.

● Tomaten enthäuten, in Würfel schneiden und unter den Eintopf rühren. Die saure Sahne dazugeben, kurz aufkochen lassen, nachschmecken und mit Petersilie oder Dill anrichten.

Vorschläge für Nachspeisen

- Himbeercreme (Seite 210), 90 kcal (380 kJ)
- Weincreme (Seite 220), ohne KE-Anrechnung, 105 kcal (440 kJ)
- Pfirsich Melba (Seite 218), 90 kcal (380 kJ)

Tipp Mögen Sie den Eintopf etwas deftiger, so tauschen Sie das Rinderhack gegen gemischtes Hack aus. Der Nährwert erhöht sich pro Person um 70 kcal (280 kJ).

Nährwerte pro Portion

33 g E • 23 g F • 1 g ges. FS • 65 mg Chol • 26 g KH • 7 g Ba • 2 KE • 455 kcal (1900 kcal)

Gemüseeintopf mit Kräuterfrischkäse

Zutaten für 2 Portionen
- 2 TL Öl
- 40 g Zwiebelringe
- 300 g Kohlrabistifte
- 300 g frische grüne Bohnen
- 260 g Kartoffelstifte (4 KE)
- Pfeffer, Würzmittel, Salz
- 1 Pr. Bohnenkraut
- 2 Tassen Wasser
- 4 TL saure Sahne (10 % Fett)
- 40 g Kräuterfrischkäse (60 % F. i. Tr.)
- 200 g Tomatenachtel
- gehackte Petersilie

● Öl in einem Topf erhitzen, Zwiebelringe, Kohlrabistifte und die halbierten Bohnen darin kräftig anbraten.

● Kartoffelstifte dazugeben und mit Pfeffer, Würzmittel, wenig Salz und Bohnenkraut würzen.

● Wasser hinzufügen und das Ganze zugedeckt auf kleiner Flamme ca. 15–20 Min. garen. Gelegentlich umrühren und evtl. noch Flüssigkeit nachgießen.

● Saure Sahne, Kräuterfrischkäse und Tomatenachtel dazugeben, unterrühren und ca. 5 Min. langsam ziehen lassen, nachschmecken.

● Vor dem Anrichten mit gehackter Petersilie bestreuen.

Vorschläge für Nachspeisen
- Schokoladenflammeri (Seite 218), 150 kcal (630 kJ)
- Weincreme (Seite 220), ohne KE-Anrechnung, 105 kcal (440 kJ)
- Gefüllte Bratäpfel (Seite 222), entsprechend 1,5 KE, 145 kcal (600 kJ)

Tipp Tauschen Sie die Zwiebelringe gegen helle Lauchringe sowie den Kohlrabi gegen Paprika aus und Sie erhalten einen Eintopf nach Balkanart.

Nährwerte pro Portion
13 g E • 13 g F • 2 g ges. FS • 24 mg Chol • 36 g KH • 9 g Ba • 2 KE • 320 kcal (1340 kJ)

Fleischgerichte

Der Duft eines saftigen Bratens ist für Sie der Inbegriff von Esskultur? Keinesfalls müssen Sie als Diabetiker auf diesen Genuss verzichten.

Fleisch, aber auch Fisch und Eier sind Hauptlieferanten von tierischem Eiweiß. Hieraus kann der Körper mit wenig Aufwand eigenes Eiweiß aufbauen. Ferner liefern die tierischen Lebensmittel Jod, Eisen, Zink und Vitamin D.

Aber Vorsicht vor zu viel des Guten. Bei einer für Diabetes typischen Nierenschädigung kann ein Überangebot an Eiweiß die Nierenfunktion weiter einschränken. Als tägliche Zufuhr werden nur 0,8 Gramm Eiweiß pro Kilogramm Körpergewicht empfohlen. Selbst kleine Fleischportionen enthalten bereits 15 bis 25 Gramm Eiweiß.

Zudem können die versteckten Fette im Fleisch zum Anstieg des Cholesterinspiegels im Blut sowie zu Übergewicht führen. Betrachten Sie Fleisch eher als schmackhafte Beilage und nicht als Hauptbestandteil des Mittagessens.

Fleisch – weniger ist mehr

Gutes Fleisch muss nicht absolut mager sein, eine leichte Marmorierung dient dem besseren Garen, der Zartheit und dem Geschmack. Eine zu blasse Farbe ist nicht empfehlenswert. Frisches Fleisch darf weder zu trocken noch zu feucht und glänzend sein.

In den Rezeptvorschlägen wird der zum Teil relativ hohe Fettgehalt durch die Zubereitungsart und den Nachtischvorschlägen weitgehend ausgeglichen.

Fettarme Fleischsorten finden Sie in den Eiweiß-Fett-Tabellen in Gruppe I und II (Seite 46) aufgelistet. Diese Fleischsorten zeichnen sich durch einen niedrigeren Fettanteil und dementsprechend einen geringen Energiegehalt aus. Neben der fettarmen Zubereitung bei Fleischgerichten ist die Kombination mit viel Gemüse oder Salaten wichtig.

Zubereitung von Fleisch

Das sichtbare Fett sollte, außer bei Kochfleisch im Stück, vor dem Zubereiten abgeschnitten werden. Bevor das Fleisch verarbeitet wird, ist es kurz unter fließend kaltem Wasser abzuspülen und mit Küchenkrepp zu trocknen.

Der Geschmack des Bratenansatzes lässt sich durch Zugabe von Suppengrün, Zwiebeln, ganzen Pfefferkörnern, Lorbeerblatt, Tomaten und Petersilie variieren. Diese Zutaten entfernen Sie nach Beendigung des Bratprozesses, indem Sie den Bratenansatz durch ein Sieb geben. Zum Entfetten der Soße eignet sich sehr gut Fließpapier (Filtertüten). Wenn Sie das Papier leicht über die Oberfläche ziehen, bleibt das Fett haften.

Langzeitbratenstücke sollten nach Beenden des Garprozesses noch 10 Minuten ruhen, damit sich der Fleischsaft verteilt und beim Schneiden nicht herausläuft. Beim Portionieren immer quer zur Fleischfaser schneiden. Die Garzeiten bei Fleisch im Stück sind für 500 g Rohgewicht angegeben.

Die nachfolgenden Rezepte sind jeweils für 2 Portionen angegeben. Die gegarte Fleischmenge entspricht etwa 100 g pro Portion. Bei einigen Gerichten, wie z.B. Braten, Roulade und gekochtem Rindfleisch, ist es aus küchentechnischen Gründen zweckmäßig, mehrere Portionen auf einmal herzustellen. Sie können diese Speisen portionsweise mit Soße einfrieren.

Braten im Brattopf

Das gewürzte Fleisch in einem der Größe des Bratguts angepasstem Topf auf dem Herd im heißen Fett von allen Seiten anbraten. Die im Rezept angegebenen Zutaten dazugeben und im vorgeheizten Backofen weiterbraten.

Da Sie für die Zubereitung in der Diabetesdiät nicht viel Kochfett zur Verfügung haben, muss immer gerade so viel heißes Wasser/Brühe zugegeben werden, dass das Fleisch nicht anbrennt. Damit der Braten saftig bleibt, begießt man ihn in Abständen mit etwas heißem Wasser oder dem bereits entstandenen Bratenfond.

Bei fettem Fleisch können Sie das Bratgut auch ohne weiteres Fett in eine feuerfeste Form geben und weiter zubereiten wie oben beschrieben.

Den Bratensatz mit einem Pinsel von der Topfwand und dem Boden lösen, evtl. verdünnen, durchsieben, abfetten und als Soße (Seite 85) verwenden (Rezepte ab Seite 86).

Braten in der beschichteten Pfanne

Zum Braten in einer beschichteten Pfanne brauchen Sie sehr wenig Fett. Es reicht aus, wenn die Pfanne mit Öl ausgepinselt wird. Das Bratgut in die nicht zu heiße Pfanne geben und von beiden Seiten anbraten, mehrmals wenden. Evtl. etwas Wasser/Brühe zum Bratgut geben. Erst nach dem Garen salzen.

Das Braten in der beschichteten Pfanne ist eine kaloriensparende Zubereitungsart, sie erfordert jedoch Ihre volle Aufmerksamkeit während des gesamten Bratprozesses (Rezepte ab Seite 90).

Braten in der Bratfolie

Das Braten in der Bratfolie ist eine energiesparende Garmethode, sie ist praktisch und der Backofen bleibt sauber. Sie können jeden Braten, den Sie sonst im Brattopf oder auf dem Rost braten würden, auch in der Bratfolie zubereiten. Die Garzeit bleibt dieselbe.

Beim Braten in der Bratfolie ist Folgendes zu beachten:

- Heizen Sie den Backofen auf etwa 200 °C (Umluft 180 °C) vor.
- Die Bratfolie etwa 25 cm länger abschneiden, als das Bratgut lang ist.
- Ein Folienende fest zu einem Zopf drehen, mit dem beiliegenden Clip fest verschließen.
- Das Bratgut sowie die Beilagen und 2 Esslöffel Wasser in die Folie geben. Das offene Ende ebenso verschließen.
- Die gefüllte Bratfolie in die Mitte des kalten Backbleches legen und in den vorgeheizten Ofen (untere Schiene) schieben. Die Folie darf die Backofenwand nicht berühren.
- Nach Beenden der Garzeit das Ganze auf einen Teller legen, die Bratfolie oben aufschneiden und das Fleisch herausnehmen. Den Bratansatz durch ein Sieb geben, entfetten und zur Soße weiterverarbeiten.

Achten Sie auch auf die Beschreibung der jeweiligen Folienverpackung (Rezepte ab Seite 95).

Braten auf dem Rost

Diese Garmethode eignet sich für große, etwas fettere Fleischstücke oder Geflügel, bei dem man eine krosse Haut bevorzugt.

- Das gewürzte Fleisch auf den leicht eingeölten Rost über der ausgespülten Fettpfanne legen. Im vorgeheizten Backofen bei starker Hitze (200–250 °C) etwa 15–30 Minuten anbraten.
- Die Bratzutaten in die Fettpfanne geben. Wenn der Bratansatz braun ist, heißes Wasser hinzufügen.

- Bei milderer Hitze (175–200 °C) garen. In Abständen mit dem gebildeten Bratensaft begießen und gegebenenfalls Wasser zugeben.

Der in die Fettpfanne getropfte Bratensaft ist je nach Fleischsorte ziemlich fett. Es empfiehlt sich, den Bratensaft kurz vor Beenden des Garprozesses in einen Topf umzufüllen und schnell abkühlen zu lassen. Das an der Oberfläche erstarrte Fett großzügig abschöpfen und den restlichen Bratensaft zur Herstellung der Soße verwenden (Rezepte ab Seite 98).

Zum Braten in einer beschichteten Pfanne wird nur sehr wenig Fett benötigt.

Garen im Tontopf

Eine weitere kaloriensparende Garmethode ist das Garen im Tontopf. Der Tontopf ist ein Bräter mit Deckel, der nur im Backofen verwendet werden darf. Vor jedem Gebrauch müssen ältere Tontöpfe für 10 Minuten in Wasser gelegt werden, bei neueren Tontöpfen ist dies nicht mehr erforderlich.

Zum Braten im Tontopf eignen sich Langzeitbratstücke ab 750 g Gewicht.

Das Bratgut würzen, ohne Zusatz von Wasser und Fett mit den Bratzutaten in den Tontopf geben. Den Bräter zugedeckt in die kalte Bratröhre auf den Rost

in der unteren Schiebeleiste stellen. Die Brattemperatur auf 250 °C einstellen.

Das Gericht gart selbstständig ohne jede Überwachung. Die Garzeit ist um ein Viertel länger als normal. Soll der Braten knusprig werden, entfernen Sie während der letzten 20 Minuten den Deckel, wenden und begießen Sie den Braten mit dem Bratensaft. Den mit warmem Wasser und einem Küchenpinsel gelösten Bratensatz durch ein Sieb in einen Topf geben, abfetten und zur Soße weiterverarbeiten. Die Reinigung des Tontopfes erfolgt nur mit heißem Wasser und einer Bürste (Rezepte ab Seite 100).

Grillen

Gegrilltes Fleisch können Sie mit und ohne Fett zubereiten. Bei fetteren Fleischstücken (Gruppe III: Eiweiß-Fett-Tabelle, Seite 47) reicht es aus, wenn der Grillrost kurz mit Öl eingepinselt wird. Magere Fleischstücke aus der Gruppe I und II bleiben saftiger, wenn man sie von beiden Seiten mit Öl bestreicht.

Die Fleischstücke sollten von Sehnen und Haut befreit sein und die gleiche Höhe haben.

Das Grillgut wird in den vorgeheizten Grill gegeben, zwischendurch gewendet und erst nach dem Grillen gesalzen (Rezepte ab Seite 102).

Zubereitung einer hellen Soße

Das Fett zerlassen und das Mehl unter Rühren so lange darin erhitzen, bis es hellgelb ist. Die heiße Flüssigkeit unter Rühren langsam dazugeben, die Soße bei milder Hitze gut durchkochen lassen, zuletzt abschmecken.

Zubereitung von Hackfleisch

Zur Herstellung von Hackfleischgerichten in der Diabetesdiät empfiehlt es sich, reines Rinderhack zu verwenden. Es wird aus Fleischstücken der Gruppe II und III der Eiweiß-Fett-Tabellen (Seite 45) hergestellt und enthält weniger Fett als Thüringer Mett oder gemischtes Hack.

Wesentlich energieärmer wäre die Zubereitung mit Tatar aus der Gruppe I der Eiweiß-Fett-Tabelle. Es ist jedoch eine Kostenfrage und somit entscheiden Sie bitte selbst.

Als Lockerungsmittel ist in den Rezepten hauptsächlich Magerquark statt Brötchen oder Paniermehl vorgesehen (Rezepte ab Seite 103).

Kochen von Fleisch

Kochfleisch gibt man in kochendes Wasser, das mit Suppengrün, Salz, einem handelsüblichen Würzmittel und Gewürzen angesetzt ist.

Das Fleisch bei starker Hitze zum Kochen bringen, es sollte immer gerade mit Flüssigkeit bedeckt sein, und dann bei mittlerer Hitze garen. So wird es zart und die Brühe klar.

Fettränder bei Kochfleisch im Stück schneidet man erst nach dem Kochen ab. So bleibt das Fleisch saftiger.

Bei Gerichten, die nach der Zubereitungsart »Kochen« hergestellt und üblicherweise mit einer gebundenen, hellen Soße angerichtet sind, werden 15 g Weizenmehl (1 KE) und 15 g Margarine für 2 Soßenportionen = ½ KE pro Person angerechnet. Sie können die Soße aber auch mit Andickungspulver (Seite 63) binden (Rezepte ab Seite 107).

Schmoren

Beim Schmoren wird das Fleisch zuerst angebraten und dann in siedender Flüssigkeit weitergegart.

- Das Fleisch in heißem Fett bei starker Hitze von allen Seiten im offenen Schmortopf anbraten, dann würzen. Die im Rezept angegebenen Bratzutaten dazugeben und mitbraten.
- Heißes Wasser oder Fleischbrühe auffüllen, bis das Fleisch zu einem Drittel bedeckt ist. Nachdem die Aufgussflüssigkeit wieder kocht, das Fleisch bei milder Hitze zugedeckt gar schmoren.
- Ab und zu wenden und Flüssigkeit nachfüllen.
- Den Bratensatz mit einem Pinsel lösen, evtl. Wasser dazugeben, durchsieben und als Soße weiterverarbeiten (Rezepte ab Seite 110).

Sämige Saucen

Soße, die sich beim Braten ergibt, können Sie mit einem kohlenhydratanrechnungsfreien Andickungspulver, 10%iger saurer Sahne oder Magerjoghurt etwas binden bzw. als Bratenjus zum Fleisch reichen.

Haben Sie, wie z. B. bei Kurzgebratenem, nur wenig Bratenfond zur Verfügung und möchten trotzdem eine Soße reichen, können Sie auf handelsübliche Bratensoßen zurückgreifen. Bitte beachten Sie die Kohlenhydratangabe auf der Verpackung.

Mehl zum Andicken von Bratensoßen ist in den Rezepten nicht vorgesehen. Entscheiden Sie selbst, ob Sie die Soßen ohne Anrechnung oder berechnet zubereiten möchten. 15 g Mehl (1 KE) reicht zum Binden von 250 ml Flüssigkeit.

Hirschbraten

Zutaten für 2 Portionen

- 300 g Hirschkeule
- Buttermilch
- Pfeffer, Salz
- 1 zerdrückte Wacholderbeere
- 2 TL Öl
- ½ Lorbeerblatt
- 40 g Suppengrün
- Wasser/Brühe, Rotwein
- 2 TL saure Sahne (10 % Fett)

- Hirschkeule von Haut und Sehnen befreien und für 1–2 Tage in Buttermilch einlegen.

- Das Fleisch gut abtrocknen, mit Pfeffer, Salz und zerdrückter Wacholderbeere würzen.

- Öl erhitzen, das Fleisch von allen Seiten anbraten, Lorbeerblatt und das geputzte Suppengrün dazugeben. Im vorgeheizten Backofen (200 °C) ca. 60–90 Min. braten, wie unter »Braten im Brattopf« (Seite 81) beschrieben, gelegentlich Wasser/Brühe aufgießen.

- Die Soße mit Rotwein abschmecken und durch Zugabe von saurer Sahne verfeinern.

Vorschläge für Gemüsebeilagen

- Rotkohl (Seite 164), 85 kcal (350 kJ)
- Rosenkohl (Seite 162), 110 kcal (460 kJ)

Vorschläge für Nachspeisen

- Grießflammeri (Seite 214), 130 kcal (540 kJ)
- Pfirsichcreme (Seite 212), 70 kcal (290 kJ)

Tipp Reichen Sie hierzu vorgebackene Tiefkühl-Kroketten.

Nährwerte pro Portion

31 g E • 10 g F • 3 g ges. FS • 77 mg Chol • ‹ 1 g KH • ‹ 0,5 g Ba • – KE • 220 kcal (930 kJ)

Roastbeef

Zutaten für 2 Portionen

300 g Roastbeef • schwarzer Pfeffer, Paprika, Salz • 2 TL Öl • 40 g Suppengrün • Wasser/Brühe • 2 TL saure Sahne (10 % Fett)

- Roastbeef von Sehnen und Haut befreien, mit zerstoßenem schwarzem Pfeffer, Paprika und Salz einreiben und in dem heißen Öl von beiden Seiten scharf anbraten.

- Geputztes Suppengrün dazugeben und im vorgeheizten Backofen (170–190 °C) ca. 40 Min. weiterbraten wie unter »Braten im Brattopf« (Seite 81) beschrieben. Wasser/Brühe zum Auffüllen verwenden.

- Die Soße mit saurer Sahne verfeinern.

Vorschläge für Gemüse-/Salatbeilagen

- Stangenspargel (Seite 164), frisch, 70 kcal (290 kJ)
- Tomaten-Endivien-Salat (Seite 200), 70 kcal (290 kJ)

Vorschlag für Nachspeise

- Erdbeercreme (Seite 210), 90 kcal (380 kJ)

Nährwerte pro Portion

34 g E • 12 g F • 4 g ges. FS • 106 mg Chol • ‹1 g KH • ‹0,5 g Ba • – KE • 250 kcal (1050 kJ)

Schweinebraten

Zutaten für 2 Portionen

300 g Schweinebraten (Schulter) • Pfeffer, Kümmelpulver, Salz • 60 g Porree • Wasser/Brühe

- Fleisch würzen, den Brattopf ohne Fett erhitzen und das Fleisch von allen Seiten anbraten.

- Porree in Stücke schneiden, dazugeben, etwas Flüssigkeit auffüllen und im vorgeheizten Backofen (180–200 °C) ca. 80–100 Min. weiterbraten, wie unter »Braten im Brattopf« (Seite 81) beschrieben.

- Wasser/Brühe zum weiteren Aufgießen verwenden. Die Soße »natur« belassen.

Vorschläge für Gemüse-/Salatbeilagen

- Rotkohl (Seite 164), 85 kcal (350 kJ)
- Grüne Bohnen (Seite 154), 105 kcal (400 kJ)

Vorschläge für Nachspeisen

- Kompott (Seite 205), 45 kcal (190 kJ)
- Rote Apfelspeise (Seite 213), 60 kcal (250 kJ)

Nährwerte pro Portion

27 g E • 25 g F • 10 g ges. FS • 105 mg Chol • ‹1 g KH • ‹0,5 g Ba • – KE • 330 kcal (1380 kJ)

Entenbrustfilet

Zutaten für 2 Personen
300 g Entenbrustfilet • Salz, Orangenpfeffer, Majoran • 30 g Apfel mit Schale • 30 g Zwiebeln • Wasser/Geflügelfond • 1 EL Orangensaft, frisch gepresst

● Entenbrustfilet waschen, abtrocknen und mit den Gewürzen einreiben. Fleisch, Apfel und Zwiebel grob geschnitten in eine feuerfeste Form (ohne Fett) geben.

● Die Form in den vorgeheizten Backofen auf den Rost (mittlere Schiene) stellen und ca. 1 Std. bei 180 Grad garen, wie unter »Braten im Brattopf« (Seite 81) beschrieben.

● Sobald das Gemüse angeröstet ist, etwas Wasser auffüllen. Das Fleisch von Zeit zu Zeit wenden, mit Orangensaft bepinseln und gelegentlich weitere Flüssigkeit auffüllen.

● Zum Schluss das Entenbrustfilet mit der Hautseite nach oben legen, so wird die Haut knusprig.

● Die Soße nach Bedarf mit Andickungspulver binden.

Nährwerte pro Portion
29 g E • 18 g F • 5 g ges. FS • 90 mg Chol • ‹1 g KH • 3 g Ba • – KE • 295 kcal (1230 kJ)

Putenrollbraten

Zutaten für 2 Portionen
20 g durchwachsener Speck • 300 g Putenbrust • Pfeffer, Salz • 60 g Gemüsezwiebeln • Wasser/Brühe

● Speck würfeln und im Brattopf erhitzen, Fleisch würzen und in dem ausgelassenen Speck anbraten.

● Die grob geschnittenen Gemüsezwiebeln dazugeben und im vorgeheizten Backofen (175 °C) ca. 75–90 Min. weiterbraten (mehr dazu unter »Braten im Brattopf«, Seite 81). Gelegentlich Wasser/Brühe auffüllen, die Soße nach Bedarf mit Andickungspulver binden.

Vorschläge für Gemüse-/Salatbeilagen
- Chicoréesalat (Seite 196), 40 kcal (170 kJ)
- Möhren, frisch (Seite 159), 90 kcal (380 kJ)

Vorschlag für Nachspeise
- Schokoladenflammeri (Seite 218), 150 kcal (630 kJ)

Tipp Dazu passen Spätzle.

Nährwerte pro Portion
37 g E • 8 g F • 1 g ges. FS • 100 mg Chol • ‹1 g KH • ‹0,5 g Ba • – KE • 230 kcal (950 kJ)

» Putenrollbraten

Schweinegeschnetzeltes mit Champignons

Zutaten für 2 Portionen

300 g Schnitzelfleisch • 20 g Zwiebeln • 1 TL Öl • Pfeffer, Salz • 200 g Champignons (Dose, II. Wahl) • Brühe/Pilzwasser • 2 TL saure Sahne (10 % Fett) • gehackte Petersilie

- Schnitzelfleisch in dünne Streifen, Zwiebel in Würfel schneiden.
- Die Pfanne mit Öl auspinseln, erhitzen, Fleisch und Zwiebeln darin ca. 5 Min. bräunen. Mit Pfeffer und Salz würzen (mehr dazu im Kapitel »Braten in der beschichteten Pfanne«, Seite 82).
- Champignons gut abtropfen lassen, zum Fleisch geben und kurz mitbraten. Heiße Brühe/Pilzwasser dazugeben, bis alles bedeckt ist, und auf kleiner Flamme ca. 15–20 Min. garen.
- Mit saurer Sahne verfeinern, abschmecken und vor dem Servieren die Petersilie dazugeben.

Vorschlag für Nachspeise

- Erdbeercreme (Seite 210), 70 kcal (290 kJ)

Nährwerte pro Portion

36 g E • 7 g F • 3 g ges. FS • 106 mg Chol • ‹1 g KH • 2 g Ba • – KE • 200 kcal 840(650 kJ)

Schweineschnitzel, paniert

Zutaten für 2 Portionen

2 Schweineschnitzel, je 150 g • Salz, Cayennepfeffer • 1 Ei • 30 g Paniermehl (2 KE) • 4 TL Öl

- Schweineschnitzel klopfen, mit Salz und Cayennepfeffer würzen.
- Schnitzel durch das verschlagene Ei ziehen und in dem Paniermehl wälzen.
- 2 TL Öl in der Pfanne erhitzen und Schnitzel ca. 3,5–4 Min. von einer Seite bräunen. Die restlichen 2 TL Öl dazugeben, Schnitzel wenden und ebenfalls ca. 3,5–4 Min. braten. Mehr dazu im Kapitel »Braten in der beschichteten Pfanne« (Seite 82).

Vorschlag für Gemüsebeilage

- Champignons, frisch (Seite 154), 100 kcal (420 kJ)

Vorschläge für Nachspeisen

- Fruchtgelee (Seite 213), 55 kcal (230 kJ)
- Orangencreme (Seite 212), 70 kcal (290 kJ)

Nährwerte pro Portion

38 g E • 16 g F • 3 g ges. FS • 120 mg Chol • 11 g KH • ‹0,5 g Ba • 1 KE • 360 kcal (1500 kJ)

Putenschnitzel mit Früchten

Zutaten für 2 Portionen

300 g Putenbrust • Curry, Pfeffer • 1 TL Öl • Salz • 100 g Fruchtcocktail oder 110 g Pfirsiche oder 80 g Ananas, ungesüßt • 2 EL Saft • 3–4 EL Wasser • Andickungspulver

- Putenschnitzel etwas breitklopfen und mit Curry und Pfeffer würzen.

- Die Pfanne mit Öl auspinseln, erhitzen und das Fleisch von beiden Seiten ca. 4 Min. bräunen, evtl. Wasser dazugeben (mehr dazu im Kapitel »Braten in der beschichteten Pfanne«, Seite 82). Wenn das Schnitzel gar ist, salzen.

- Früchte in kleine Stücke schneiden. Früchte, Saft und Wasser zum Fleisch geben und kurz aufkochen, leicht andicken.

Vorschläge für Salatbeilagen

- Endiviensalat (Seite 196), 60 kcal (250 kJ)
- Eisbergsalat (Seite 194), 50 kcal (210 kJ)

Tipp Dazu passt Reis.

Nährwerte pro Portion

36 g E • 4 g F • 2 g ges. FS • 90 mg Chol • 5 g KH • 1 g Ba • 0,5 KE • 205 kcal (860 kJ)

Rumpsteak mit Zwiebeln

Zutaten für 2 Portionen

2 Rumpsteak, je 150 g • Zitronenpfeffer • 1 TL Öl • 100 g Gemüsezwiebeln • 2–3 EL Wasser/Brühe • Salz

- Die Randsehne einige Male einschneiden, das Fleisch etwas breitklopfen und mit Zitronenpfeffer würzen.

- Die Pfanne mit Öl auspinseln, erhitzen und die Steaks scharf anbraten, je Seite ca. 3 Min.

- Die in Ringe geschnittenen Gemüsezwiebeln dazugeben, anbraten, bei geringer Energiezufuhr und unter Zugabe von Wasser/Brühe ca. 5 Min. weitergaren. Mehr dazu im Kapitel »Braten in der beschichteten Pfanne« (Seite 82).

- Die Steaks nach dem Garen mit Salz würzen. Die Zwiebeln beim Servieren über die Steaks geben.

Vorschläge für Gemüse-/Salatbeilagen

- Tomaten-Feldsalat (Seite 200), 70 kcal (290 kJ)
- Pfifferlinge (Seite 164), frisch, 85 kcal (360 kJ)

Nährwerte pro Portion

34 g E • 9 g F • 3 g ges. FS • 105 mg Chol • 2 g KH • 1 g Ba • – KE • 230 kcal (960 kJ)

Filetsteak mit Quark-Kräuter-Butter

Zutaten für 2 Portionen

- 2 Rinderfilets à 150 g
- schwarzer oder Zitronenpfeffer
- Paprika
- 1 TL Öl
- Salz
- 20 g Quark-Kräuter-Butter (Seite 184)

● Rinderfilet von Haut und Sehnen befreien, das Steak etwas breitklopfen und mit zerstoßenem schwarzem Pfeffer und Paprika würzen.

● Die Pfanne mit Öl auspinseln, erhitzen und die Steaks von beiden Seiten anbraten. Mehr dazu im Kapitel »Braten in der beschichteten Pfanne« (Seite 82). Bei verminderter Energiezufuhr ca. 4 Min. je Seite garen.

● Das Steak vor dem Servieren mit Salz würzen und mit der Quark-Kräuter-Butter anrichten.

Vorschläge für Gemüse-/Salatbeilagen

- Stangenspargel (Seite 164), frisch, 70 kcal (290 kJ)
- Tomaten-Grüner Salat (Seite 200), 70 kcal (290 kJ)
- Pfifferlinge, frisch (Seite 164), 85 kcal (360 kJ)

Vorschläge für Nachspeisen

- Rote Apfelspeise (Seite 213), 60 kcal (250 kJ)
- Pfirsich Melba (Seite 218), 90 kcal (380 kJ)
- Schokoladenflammeri (Seite 218), 150 kcal (630 kJ)

Tipps Hierzu passen auch sehr gut kleine, frische Pellkartoffeln. Eine andere Zubereitungsart für Filetsteak wäre das »Grillen« (Seite 84). Tauschen Sie das Rinderfilet gegen Schweinefilet aus und Sie erhalten ein weiteres, leckeres Mittagsgericht.

Nährwerte pro Portion

33 g E • 10 g F • 3 g ges. FS • 112 mg Chol • ‹ 0,5 g KH • ‹ 0,5 g Ba • – KE • 230 kcal (960 kJ)

Putengeschnetzeltes mit Käse

Zutaten für 2 Portionen
300 g Putenbrust • 1 geh. EL Zwiebelwürfel • 1 TL Öl • Pfeffer, Basilikum • 100 g Gewürzgurken • Wasser/Brühe • 40 g Kräuterstreichkäse (30 % Fett i. Tr.) • Salz

- Putenbrust in dünne Streifen schneiden. Die Pfanne mit Öl auspinseln, erhitzen, Fleisch und Zwiebelwürfel hineingeben und ca. 5 Min. scharf anbraten. Mehr dazu im Kapitel »Braten in der beschichteten Pfanne« (Seite 82).

- Mit Pfeffer und Basilikum würzen, die gewürfelten Gewürzgurken dazugeben. Mit Wasser/Brühe auffüllen, bis das Fleisch bedeckt ist, und bei verminderter Energiezufuhr ca. 10–15 Min. garen.

- Den Kräuterkäse dazugeben und so lange verrühren, bis der Käse geschmolzen ist und das Gericht gebunden hat. Mit Salz abschmecken.

Vorschlag für Salatbeilage
- Endiviensalat (Seite 196), 60 kcal (250 kJ)

Vorschlag für Nachspeise
- Kirsch-Joghurt-Speise (Seite 214), 80 kcal (330 kJ)

Nährwerte pro Portion
40 g E • 7 g F • 2 g ges. FS • 96 mg Chol • 3 g KH • < 0,5 g Ba • – KE • 225 kcal (940 kJ)

Schweineleber mit Zwiebeln

Zutaten für 2 Portionen
300 g Schweineleber • Pfeffer • 1 TL Öl • 100 g Gemüsezwiebeln • Wasser/Brühe • Salz

- Leber beim Einkauf dünn schneiden lassen, mit Pfeffer würzen. Die Pfanne mit Öl auspinseln, erhitzen und die Leber je Seite 3–4 Min. anbraten. Mehr dazu im Kapitel »Braten in der beschichteten Pfanne« (Seite 82).

- Gemüsezwiebeln in feine Ringe schneiden, zur Leber geben und mit bräunen, evtl. Wasser/Brühe aufgießen.

- Die Leber nach dem Garen salzen.

Vorschlag für Salatbeilage
- Tomaten-Gurken-Salat (Seite 197), 80 kcal (330 kJ)

Vorschläge für Nachspeisen
- Apfelkompott (Seite 205), 45 kcal (190 kJ)
- Kirschcreme (Seite 210), 70 kcal (290 kJ)

Nährwerte pro Portion
31 g E • 10 g F • 3 g ges. FS • 530 mg Chol • 4 g KH • 1 g Ba • – KE • 235 kcal (980 kJ)

Schweinekarree »Provence«

Zutaten für 2 Portionen

- 300 g Kotelettstrang (ohne Knochen)
- Pfeffer, Knoblauch, Salz, Kräuter der Provence
- 40 g Suppengrün
- Andickungspulver

- Das Fleisch mit Pfeffer, Knoblauch, Salz und Kräutern der Provence einreiben.

- Suppengrün putzen, waschen und zerkleinern.

- Alle Zutaten in die Bratfolie geben und weiterverarbeiten wie unter »Braten in der Bratfolie« (Seite 82) beschrieben, Garzeit ca. 60–75 Min.

- Die Soße je nach Bedarf mit Andickungspulver binden.

Vorschläge für Gemüse-/Salatbeilagen

- Tomaten-Endivien-Salat (Seite 200), 70 kcal (290 kJ)
- Porreegemüse (Seite 162), 85 kcal (360 kJ)
- Wirsingkohl (Seite 167), 90 kcal (380 kJ)

Vorschläge für Nachspeisen

- Kompott (Seite 205), 45 kcal (190 kJ)
- Fruchtgelee (Seite 213), 55 kcal (230 kJ)
- Aprikosencreme (Seite 210), 70 kcal (290 kJ)

Nährwerte pro Portion

33 g E • 8 g F • 3 g ges. FS • 90 mg Chol • ‹1 g KH • ‹0,5 g Ba • – KE • 205 kcal (860 kJ)

Kasseler in der Bratfolie

Zutaten für 2 Portionen

- 300 g Kasseler, mager (ohne Knochen)
- 100 g Tomaten
- 60 g Gemüsezwiebeln
- Andickungspulver

- Tomaten und Gemüsezwiebeln grob zerkleinern.

- Alle Zutaten in die Bratfolie geben und weiterverarbeiten wie unter »Braten in der Bratfolie« (Seite 82) beschrieben, Garzeit ca. 45–60 Min.

- Die Soße je nach Bedarf mit Andickungspulver binden.

Vorschläge für Gemüse-/Salatbeilagen

- Gurken-Wachsbohnen-Salat (Seite 196), 390 kcal (80 kJ)
- Grünkohl (Seite 155), 125 kcal (520 kJ)
- Sauerkraut (Seite 167), 80 kcal (330 kJ)

Vorschläge für Nachspeisen

- Kompott (Seite 205), 45 kcal (190 kJ)
- Rote Apfelspeise (Seite 213), 60 kcal (250 kJ)
- Joghurtspeise (Seite 214) mit Kompott/Obst, 70 kcal (290 kJ)

Tipp Sollten Sie sich für Kasseler mit Grünkohl entscheiden, so passen am besten Bratkartoffeln als Beilage dazu.

Nährwerte pro Portion

33 g E • 8 g F • 3 g ges. FS • 90 mg Chol • ‹1 g KH • ‹0,5 g Ba • – KE • 215 kcal (900 kJ)

Schweinshaxe

Zutaten für 2 Portionen

1 Schweinshaxe • Pfeffer, Salz • 1 Gemüsezwiebel • 2 Pfefferkörner • 1 Msp. Kümmel • Öl zum Bestreichen des Rostes

● Haxe waschen, abtrocknen, mit Pfeffer und Salz einreiben. Gemüsezwiebel grob zerkleinern, mit Pfefferkörnern und Kümmel in die Fettpfanne geben.

● Die weitere Verarbeitung erfolgt wie unter »Braten auf dem Rost« (Seite 82) beschrieben, Garzeit ca. 75–90 Min.

● Nach Beendigung der Bratzeit die Haxe mit leicht gesalzenem kaltem Wasser bepinseln, damit die Schwarte knusprig wird. Nochmals für ca. 5 Min. in den Ofen schieben.

Vorschläge für Gemüse-/Salatbeilagen

- Rotkohl (Seite 164), 85 kcal (350 kJ)
- Gurkensalat (Seite 202), 75 kcal (320 kJ)

Vorschläge für Nachspeisen

- Kompott (Seite 205), 45 kcal (190 kJ)
- Himbeercreme (Seite 210), 90 kcal (380 kJ)

Nährwerte pro Portion

30 g E • 19 g F • 6 g ges. FS • 105 mg Chol • ‹1 g KH • ‹0,5 g Ba • – KE • 300 kcal (1250 kJ)

Schweinenacken

Zutaten für 2 Portionen

300 g Schweinenacken (ohne Knochen) • schwarzer Pfeffer, Salz, Zwiebelpulver • 1 TL Senf • 60 g Porree

● Fleisch mit schwarzem Pfeffer, Salz, Zwiebelpulver und Senf einreiben.

● Porree putzen, waschen, in grobe Stücke schneiden und in die Fettpfanne geben.

● Die weitere Verarbeitung erfolgt wie unter »Braten auf dem Rost« (Seite 82) beschrieben, Garzeit ca. 60–75 Min.

Vorschläge für Gemüse-/Salatbeilagen

- Gurkensalat (Seite 202), 75 kcal (320 kJ)
- Jägerkohl (Seite 159), 95 kcal (400 kJ)

Vorschläge für Nachspeisen

- Kompott (Seite 205), 45 kcal (190 kJ)
- Rotweingelee (Seite 220), 50 kcal (210 kJ)

Nährwerte pro Portion

28 g E • 21 g F • 8 g ges. FS • 105 mg Chol • ‹1 g KH • ‹0,5 g Ba • – KE • 305 kcal (1270 kJ)

Hähnchenkeule

Zutaten für 2 Portionen
- 300 g Hähnchenkeule (mit Knochen 400 g)
- Pfeffer, Paprika, Salz oder Geflügelwürzmischung
- 1 TL Öl

● Hähnchenkeule waschen und mit Küchenkrepp trocknen.

● Öl mit Pfeffer, Paprika, Salz oder Geflügelwürzmischung verrühren und die Keule damit bepinseln.

● Die weitere Verarbeitung erfolgt wie unter »Braten auf dem Rost« (Seite 82) beschrieben, Garzeit ca. 25–30 Min.

Vorschläge für Gemüse-/Salatbeilagen
- Tomaten-Grüner Salat (Seite 200), 70 kcal (290 kJ)
- Möhren, frisch (Seite 159), 90 kcal (380 kJ)

Vorschläge für Nachspeisen
- Grießflammeri (Seite 214), 130 kcal (540 kJ)
- Fruchtgelee (Seite 213), 55 kcal (230 kJ)

Tipp Auch »Grillen« (Seite 84) und »Braten im Brattopf« (Seite 81) sind als Zubereitungsart gut geeignet.

Nährwerte pro Portion
27 g E • 19 g F • 6 g ges. FS • 128 mg Chol • ‹ 0,5 g KH • ‹ 0,5 g Ba • – KE • 280 kcal (1170 kJ)

Poularde

Zutaten beliebig portionierbar

1 Poularde (150 g pro Portion, ca. 200 g mit Knochen, Herz, Leber, Magen) • Tomaten (50 g pro Portion) • Salz, Petersilie, Geflügelgewürz

- Poularde ausnehmen, waschen, abtrocknen und innen mit Salz einreiben.

- Die gewaschenen Innereien, in Viertel geschnittene Tomaten und die Petersilie in die Poularde geben und verschließen.

- Die Poularde außerdem von außen leicht mit Geflügelgewürz einreiben. Die weitere Zubereitung wie unter »Garen im Tontopf« (Seite 83) beschrieben, die Garzeit beträgt für 1,2–1,5 kg ca. 60–100 Min.

Vorschläge für Gemüse-/Salatbeilagen

- Grüne Bohnen (Seite 154), 105 kcal (440 kJ)
- Tomaten-Feldsalat (Seite 200), 70 kcal (290 kJ)

Vorschlag für Nachspeise

- Pfirsichcreme (Seite 212), 70 kcal (290 kJ)

Nährwerte pro Portion

38 g E • 18 g F • 4 g ges. FS • 160 mg Chol • <1 g KH • <0,5 g Ba • – KE • 320 kcal (1340 kJ)

Ente

Zutaten beliebig portionierbar

1 Ente (pro Portion 150 g Ente, mit Knochen ca. 200 g) • Majoran, Salz • 1 Gemüsezwiebel (pro Portion 30 g)

- Ente ausnehmen, waschen und abtrocknen. Das Innere der Ente mit Majoran und Salz einreiben.

- Zwiebel pellen, in große Stücke schneiden, in das Innere der Ente geben und die Öffnung verschließen. Die Ente in den Tontopf legen und weiterverarbeiten (mehr dazu unter »Garen im Tontopf«, Seite 83). Die Garzeit beträgt bei 1,5–3 kg ca. 75–150 Min.

Vorschläge für Gemüsebeilagen

- Rotkohl (Seite 164), 85 kcal (350 kJ)
- Rosenkohl (Seite 162), 110 kcal (460 kJ)

Vorschläge für Nachspeisen

- Rote Apfelspeise (Seite 213), 60 kcal (250 kJ)
- Orangencreme (Seite 212), 70 kcal (290 kJ)

Nährwerte pro Portion

28 g E • 26 g F • 9 g ges. FS • 105 mg Chol • <1 g KH • <0,5 g Ba • – KE • 350 kcal (1460 kJ)

» Ente

Lammkotelett

Zutaten für 2 Portionen

300 g Lammkotelett (mit Knochen ca. 400 g) • Knoblauchpulver, Kräuter der Provence, Pfeffer • ½ TL Öl • Salz

- Fleisch etwas breitklopfen, Randsehne einschneiden und mit den Gewürzen bestreuen.
- Koteletts auf den leicht eingeölten Grillrost legen, in den vorgeheizten Grill schieben, wenden und nach dem Garen mit Salz würzen (siehe auch Kapitel »Grillen«, Seite 84). Die Garzeit beträgt je Seite ca. 4 Min.

Vorschläge für Salatbeilagen

- Chicoréesalat (Seite 196), 40 kcal (170 kJ)
- Endiviensalat (Seite 196), 60 kcal (250 kJ)

Vorschläge für Nachspeisen

- Kompott (Seite 205), 45 kcal (190 kJ)
- Fruchtgelee (Seite 213), 55 kcal (230 kJ)

Nährwerte pro Portion

28 g E • 25 g F • 10 g ges. FS • 105 mg Chol • ‹ 0,5 g KH • ‹ 0,5 g Ba • – KE • 335 kcal (1400 kJ)

Nackenkotelett

Zutaten für 2 Portionen

300 g Nackenkotelett vom Schwein (mit Knochen ca. 350 g) • Pfeffer, Paprika, evtl. Knoblauchpulver • ½ TL Öl • Salz

- Fleisch etwas breitklopfen, den Rand einige Male einschneiden und mit den Gewürzen bestreuen.
- Nackenkoteletts auf den leicht eingeölten Grillrost legen, in den vorgeheizten Grill schieben, wenden und nach dem Garen salzen (siehe auch Kapitel »Grillen«, Seite 84).
- Die Garzeit beträgt je Seite ca. 5 Min.

Vorschläge für Gemüse-/Salatbeilagen

- Eisbergsalat (Seite 194), 50 kcal (210 kJ)
- Jägerkohl (Seite 159), 95 kcal (400 kJ)

Vorschläge für Nachspeisen

- Saftgelee (Seite 213), 55 kcal (230 kJ)
- Kirschcreme (Seite 210), 70 kcal (290 kJ)

Nährwerte pro Portion

28 g E • 21 g F • 8 g ges. FS • 105 mg Chol • ‹ 0,5 g KH • ‹ 0,5 g Ba • – KE • 305 kcal (1270 kJ)

Hackfleisch – Grundrezept

Zutaten für ca. 5 Portionen
500 g Rinderhack • 3 EL Magerquark • 1 Ei (ca. 60 g) • 2 geh. EL Zwiebelwürfel • 15 g Paniermehl • Pfeffer, Salz, evtl. Hackfleischgewürz

- Alle Zutaten in eine Schüssel geben, miteinander vermengen und abschmecken.

- Die weitere Verarbeitung ergibt sich aus den Rezeptvorschlägen.

Tipps Das Rezept reicht z. B. für 2 Portionen Frikadellen (Seite 104) und gekochte Hackbällchen (Seite 107). Den Rest evtl. als Beilage für die Tomatensuppe (Seite 70) verwenden. Gut geeignet und lecker ist auch die Herstellung mit Putenhackfleisch.

Nährwerte pro Grundrezept
125 g E • 77 g F • 33 g ges. FS • 537 mg Chol • 15 g KH • < 0,5 g Ba • 1 KE • 1220 kcal (5090 kJ)

Hackbraten

Zutaten für 2 Portionen
250 g Hackfleischteig (Rezept links) • 2 TL Öl • 40 g Suppengrün • Wasser/Brühe

- Aus dem Hackfleischteig einen Laib formen.

- Öl in einer feuerfesten Form kurz erhitzen und den Hackbraten hineinlegen. Das geputzte Suppengrün sowie etwas heiße Flüssigkeit dazugeben und im vorgeheizten Backofen (200 °C) ca. 35–45 Min garen.

- Darauf achten, dass immer genügend Flüssigkeit in der Form ist; den Braten begießen.

- Bratenansatz mit Wasser und Pinsel lösen, durchsieben, evtl. verdünnen und als Soße verwenden.

Vorschläge für Gemüse-/Salatbeilagen
- Wachsbohnensalat (Seite 193), 95 kcal (400 kJ)
- Porreegemüse (Seite 162), 85 kcal (360 kJ)

Tipp Es empfiehlt sich, Hackbraten in mehreren Portionen herzustellen und mit Soße einzufrieren.

Nährwerte pro Portion
22 g E • 19 g F • 6 g ges. FS • 96 mg Chol • 3 g KH • < 1 g Ba • – KE • 265 kcal (1110 kJ)

Gefüllte Paprika

Zutaten für 2 Portionen

2 Paprikaschoten (250 g, geputzt) • 250 g Hackfleischteig (Seite 103) • Majoran • Wasser/Brühe • 2 Msp. Tomatenmark • 2 TL Magerjoghurt • Andickungspulver

- Die Deckel der Paprikaschoten 1 cm breit abschneiden, sauber aushöhlen und waschen.
- Hackfleischteig mit Majoran nachwürzen und die Paprikaschoten damit füllen. In einen Topf stellen, etwas heiße Flüssigkeit aufgießen und zugedeckt ca. 20–30 Min. dünsten. Evtl. weitere Flüssigkeit dazugeben.
- Die gegarten Schoten herausnehmen, abtropfen lassen und warm stellen.
- Die Soße mit Tomatenmark und Joghurt verrühren, abschmecken und mit Andickungspulver binden.

Vorschläge für Gemüse-/Salatbeilagen

- Paprika-Gurken-Gemüse (Seite 159), 65 kcal (270 kJ)
- Grüner Salat (Seite 196), 60 kcal (250 kJ)

Nährwerte pro Portion

24 g E • 14 g F • 6 g ges. FS • 96 mg Chol • 7 g KH • 5 g Ba • – KE • 245 kcal (1030 kJ)

Frikadellen

Zutaten für 2 Portionen

250 g Hackfleischteig (Seite 103) • 1 TL Öl

- Vier flache Frikadellen à ca. 60 g formen.
- Frikadellen in einer mit Öl ausgepinselten, beschichteten Pfanne ca. 5 Min je Seite braten.

Vorschläge für Gemüse-/Salatbeilagen

- Tomaten-Gurken-Salat (Seite 197), 80 kcal (330 kJ)
- Kohlrabigemüse (Seite 160), 85 kcal (360 kJ)

Vorschläge für Nachspeisen

- Kompott (Seite 205), 45 kcal (190 kJ)
- Aprikosencreme (Seite 210), 70 kcal (290 kJ)

Tipp Den Hackfleischteig evtl. mit Chiliflocken nachwürzen.

Nährwerte pro Portion

22 g E • 16 g F • 6 g ges. FS • 96 mg Chol • 3 g KH • < 0,5 g Ba • – KE • 235 kcal (1010 kJ)

» Gefüllte Paprika

Kohlrouladen

Zutaten für 2 Portionen

- 1 kleiner Kopf Weißkohl, ca. 600 g
- Salz, Kümmel, gemahlen
- 250 g Hackfleischteig (Seite 103)
- 2 TL Öl
- Kohlwasser
- Andickungspulver

- Weißkohl putzen, d. h. von den äußeren Blättern befreien und den Strunk, soweit es geht, ausschneiden.

- Den Kohl waschen, in kochendes, mit gemahlenem Kümmel und Salz abgeschmecktes Wasser geben und langsam weiterkochen lassen.

- Wenn die äußeren Blätter halb gar sind und sich leicht vom Kohlkopf lösen, die Kohlblätter herausnehmen. Diesen Vorgang so lange fortführen, wie die Blätter noch groß genug sind, um sie zum Rollen von Kohlrouladen zu verwenden. Etwas Kohlwasser aufheben.

- Die ausgekühlten Blätter von den dicken Rippen befreien. Der restliche Kohlkopf wird zu Gemüse weiterverarbeitet.

- Je drei Kohlblätter zusammenlegen, mit gemahlenem Kümmel bestreuen, zweimal 125 g Fleischteig daraufgeben und Rouladen wickeln. Mit Zwirn zusammenhalten.

- Öl in einem Topf erhitzen, die Kohlrouladen von allen Seiten darin bräunen, mit heißem Kohlwasser auffüllen, sodass das Bratgut zu einem Drittel bedeckt ist (siehe »Braten im Brattopf«, Seite 81). Garzeit ca. 30–45 Min.

- Kocht das Ganze wieder, zugedeckt bei kleiner Flamme garen. Die Rouladen gelegentlich wenden und evtl. Flüssigkeit dazugeben.

- Den Bratensatz lösen, durchsieben, evtl. verdünnen, abschmecken und nach Bedarf mit Andickungspulver binden.

Zusätzliche Gemüsebeilage

- Weißkohl (Seite 167), 25 kcal (100 kJ)

Vorschlag für Nachspeise

- Kirschcreme (Seite 210), 70 kcal (290 kJ)

Tipps Es bietet sich an, gleich 4 Portionen zu kochen. Somit wäre auch das Hack (500 g) aus dem Grundrezept verarbeitet. Probieren Sie das Rezept auch mal mit Wirsingkohl, der Nährwert bleibt gleich.

Nährwerte pro Portion

25 g E • 19 g F • 6 g ges. FS • 96 mg Chol • 9 g KH • 4 g Ba • – KE • 300 kcal (1250 kJ)

Hackbällchen, gekocht

Zutaten für 2 Portionen

250 g Hackfleischteig (Seite 103) • ½ l Wasser • 3 gestr. TL Margarine • 3 TL Weizenmehl • Hackbrühe • Kapern

- Vier Hackbällchen à ca. 60 g formen.

- Wasser zum Kochen bringen, leicht würzen, die Hackbällchen hineingeben und auf kleiner Flamme ca. 10–15 Min. gar ziehen lassen.

- Aus Margarine, Mehl und Hackbrühe eine Soße herstellen und mit gehackten Kapern abschmecken.

Vorschläge für Gemüse-/Salatbeilagen

- Endiviensalat (Seite 196), 60 kcal (250 kJ)
- Möhren (Seite 159), frisch, 90 kcal (380 kJ)

Vorschläge für Nachspeisen

- Rote Apfelspeise (Seite 213), 60 kcal (250 kJ)
- Pfirsich Melba (Seite 218), 90 kcal (380 kJ)

Nährwerte pro Portion

23 g E • 20 g F • 8 g ges. FS • 96 mg Chol • 8 g KH • ‹1 g Ba • 0,5 KE • 295 kcal (1240 kJ)

Gekochtes Rindfleisch

Zutaten für 2 Portionen

300 g Rindfleisch, mager (Schulter) • ca. ½ l Wasser • Würzmittel, Salz • 40 g Suppengrün • 3 gestr. TL Margarine • 3 TL Weizenmehl Type 405 (1 KE) • Meerrettich

- Rindfleisch in das kochende, gewürzte Wasser geben und ca. 90 Min. garen. Mehr dazu im Kapitel »Kochen von Fleisch« (Seite 84).

- Aus Margarine, Mehl und Rindfleischbrühe eine Soße (Seite 84) herstellen und mit Meerrettich abschmecken.

Vorschläge für Gemüse-/Salatbeilagen

- Möhren, frisch (Seite 159), 90 kcal (380 kJ)
- Möhren-Apfel-Rohkost (Seite 198), entsprechend 0,5 KE, 100 kcal (420 kJ)
- Grüne Bohnen (Seite 154), 105 kcal (440 kJ)

Vorschläge für Nachspeisen

- Dänische rote Grütze (Seite 222), ½ Rezept, 55 kcal (230 kJ)
- Buttermilchgelee (Seite 213), entsprechend 0,5 KE, 55 kcal (230 kJ)
- Rumflammeri, (Seite 218) 145 kcal (610 kJ)

Nährwerte pro Portion

30 g E • 14 g F • 6 g ges. FS • 90 mg Chol • 6 g KH • ‹1 g Ba • 0,5 KE • 275 kcal (1150 kJ)

Hühnerfrikassee mit Spargel

Zutaten für 2 Portionen
- 300 g Hühnerbrust
- ca. ½ l Wasser
- Würzmittel, Salz
- 40 g Suppengrün
- 3 gestr. TL Margarine
- 3 TL Weizenmehl
- Zitronensaft oder Weißwein
- 200 g Spargelstücke (Dose)

● Die Hühnerbrust in das kochende, gewürzte Wasser geben und ca. 30 Min. garen, danach in Stücke schneiden. Mehr dazu im Kapitel »Kochen von Fleisch« (Seite 84).

● Aus Margarine, Mehl und Hühnerbrühe eine Soße herstellen (Seite 84). Mit Zitronensaft oder Weißwein abschmecken.

● Spargel abtropfen lassen und mit dem Fleisch in die Soße geben, kurz aufkochen.

Zusätzliche Salatbeilage
- Grüner Salat (Seite 196), 60 kcal (250 kJ)
- Tomaten-Endivien-Salat (Seite 200), 70 kcal (290 kJ)

Vorschläge für Nachspeisen
- Kirschcreme (Seite 210), 70 kcal (290 kJ)
- Schokoladenflammeri (Seite 218), 150 kcal (630 kJ)

Nährwerte pro Portion
35 g E • 16 g F • 3 g ges. FS • 90 mg Chol • 7 g KH • ‹1 g Ba • 0,5 KE • 320 kcal (1340 kJ)

Schweinelendchen

Zutaten für 2 Portionen

300 g Schweinefilet • Pfeffer, Salz • 2 TL Öl • 40 g Gemüsezwiebeln • Wasser/ Brühe • 2 TL saure Sahne (10 % Fett)

● Das Fleisch häuten, mit Pfeffer und Salz würzen und im heißen Öl, zusammen mit den grob zerkleinerten Zwiebeln, von allen Seiten anbraten.

● Mit heißem Wasser/Brühe auffüllen und ca. 20–30 Min. gar schmoren (mehr dazu unter »Schmoren«, Seite 85). Die Soße durchsieben und mit Sahne verfeinern.

Vorschläge für Gemüse-/Salatbeilagen

- Tomaten-Feldsalat (Seite 200), 70 kcal (290 kJ)
- Brokkoli (Seite 154), 90 kcal (380 kJ)

Vorschläge für Nachspeisen

- Saftgelee (Seite 213), 55 kcal (230 kJ)
- Orangencreme (Seite 212), 70 kcal (290 kJ)

Nährwerte pro Portion

33 g E • 8 g F • 4 g ges. FS • 106 mg Chol • 1 g KH • < 0,5 g Ba • – KE • 215 kcal (930 kJ)

Szegediner Gulasch

Zutaten für 2 Portionen

300 g Schweinegulasch (Schulter) • 2 TL Öl • 60 g Zwiebelringe • Pfeffer, Kümmel, Salz • 200 g Sauerkraut (Dose) • Wasser/ Brühe • Andickungspulver

● Gulasch in heißem Öl scharf anbraten, Zwiebelringe dazugeben und bräunen.

● Gewürze und Sauerkraut hinzufügen und mischen. Heiße Flüssigkeit auffüllen, bis das Fleisch zu einem Drittel bedeckt ist.

● Zugedeckt bei milder Hitze ca. 45–60 Min. schmoren. Zwischendurch umrühren und evtl. Flüssigkeit hinzufügen.

● Das Gericht evtl. mit Andickungspulver binden.

Vorschlag für Salatbeilage

- Tomaten-Endivien-Salat (Seite 200), 70 kcal (290 kJ)

Vorschlag für Nachspeise

- Pfirsich Melba (Seite 218), 90 kcal (380 kJ)

Nährwerte pro Portion

28 g Eiweiß • 30 g Fett • 10 g ges. FS • 70 mg Cholesterin • 2 g KH • 3 g Ballaststoffe • – KE • 395 kcal (1650 kJ)

Gulasch

Zutaten für 2 Portionen

- 300 g Rindsgulasch, mager (Schulter)
- 2 TL Öl
- 2 geh. EL Zwiebelwürfel
- Pfeffer, Paprika, Majoran, Salz
- 1 Msp. Tomatenmark
- Wasser/Brühe
- 100 g frische Paprika
- Andickungspulver

- Gulasch in heißem Öl scharf anbraten, Zwiebelwürfel dazugeben und bräunen.
- Gewürze und Tomatenmark hinzufügen, heiße Flüssigkeit auffüllen, bis das Fleisch zu einem Drittel bedeckt ist.
- Im geschlossenen Topf ca. 60–90 Min. schmoren. Zwischendurch umrühren und evtl. Flüssigkeit hinzufügen. Mehr dazu im Kapitel »Schmoren« (Seite 85).
- Paprika waschen, putzen, in Streifen schneiden und zum Fleisch geben, wenn es zu drei Vierteln gar ist. Zusammen weiterschmoren.
- Das Gulasch mit Andickungspulver binden.

Vorschläge für Salatbeilagen

- Eisbergsalat (Seite 194), 50 kcal (210 kJ)
- Tomatensalat (Seite 198), 85 kcal (360 kJ)

Vorschläge für Nachspeisen

- Joghurtspeise mit Kompott/Obst (Seite 214), 70 kcal (290 kJ)
- Erdbeercreme (Seite 210), 90 kcal (380 kJ)

Tipps Sie können das Gericht auch mit Schweinegulasch herstellen. Reichen Sie Spätzle oder Vollkornnudeln als Beilage.

Nährwerte pro Portion

31 g E • 13 g F • 4 g ges. FS • 90 mg Chol • 3 g KH • 2 g Ba • – KE • 255 kcal (1060 kJ)

Rinderrouladen

Zutaten für 2 Portionen

- 300 g Rouladenfleisch
- 2 Msp. Senf
- Pfeffer, Salz
- 2 Tomatenviertel
- 2 Stücke Gewürzgurke
- 40 g Zwiebelringe
- Petersilie
- 2 TL Öl
- Wasser/Brühe
- 2 TL saure Sahne (10 % Fett)

- Die Rouladen dünn mit Senf bestreichen und mit Pfeffer und Salz würzen. Tomate, Gurke, Zwiebeln und Petersilie in die Roulade einrollen. Mit Zwirn, Rouladenklammern oder Spießen zusammenhalten.

- Öl erhitzen und die Rouladen von allen Seiten anbraten. Heiße Flüssigkeit dazugeben, bis die Rouladen zu einem Drittel bedeckt sind, und ca. 60–90 Min. gar schmoren. Zwischendurch wenden und evtl. Flüssigkeit dazugeben. Mehr dazu im Kapitel »Schmoren« (Seite 85).

- Die Soße abschmecken und mit saurer Sahne verfeinern.

Vorschläge für Gemüsebeilagen

- Rotkohl (Seite 164), 85 kcal (350 kJ)
- Rosenkohl (Seite 162), 110 kcal (460 kJ)

Vorschläge für Nachspeisen

- Orangencreme (Seite 212), 70 kcal (290 kJ)
- Grießflammeri (Seite 214), 130 kcal (540 kJ)

Nährwerte pro Portion

32 g E • 12 g F • 3 g ges. FS • 106 mg Chol • 3 g KH • ‹ 0,5 g Ba • – KE • 245 kcal (1020 kJ)

Rinderschmorbraten

Zutaten für 2 Portionen
300 g Rindfleisch (Keule) • Senf, Pfeffer, Salz • 2 TL Öl • 40 g Suppengrün • Wasser/Brühe

- Das Fleisch mit Senf bestreichen und mit Pfeffer und Salz würzen. Fleisch und klein geschnittenes Suppengrün in heißem Öl von allen Seiten anbraten, heiße Flüssigkeit dazugeben, bis das Fleisch zu einem Drittel bedeckt ist.

- Nachdem die Flüssigkeit wieder kocht, das Fleisch bei geringer Hitze zugedeckt ca. 90–100 Min. schmoren lassen.

- Den Bratensaft durchsieben und abschmecken (mehr dazu im Kapitel »Schmoren«, Seite 85).

Vorschläge für Gemüse-/Salatbeilagen

- Tomaten-Feldsalat (Seite 200), 70 kcal (290 kJ)
- Brokkoli (Seite 154), 90 kcal (380 kJ)

Vorschläge für Nachspeisen

- Fruchtgelee (Seite 213), 55 kcal (230 kJ)
- Mandelflammeri (Seite 218), 145 kcal (610 kJ)

Nährwerte pro Portion

31 g E • 11 g F • 5 g ges. FS • 105 mg Chol • ‹1 g KH • ‹0,5 g Ba • – KE • 245 kcal (1020 kJ)

Schmorsteak Esterházy

Zutaten für 2 Portionen
300 g Schmorsteak (Rinderkeule) • Pfeffer, Paprika • 2 TL Öl • Salz • Wasser/Brühe • 240 g Porree • 80 g Möhren • 80 g Sellerie • 2 gestr. TL Butter/Margarine • Petersilie

- Steaks mit Pfeffer und Paprika würzen, im heißen Öl von beiden Seiten anbraten. Danach salzen und heiße Flüssigkeit hinzufügen, bis die Steaks zu einem Drittel bedeckt sind. Zugedeckt ca. 30–40 Min. schmoren lassen. Mehr dazu im Kapitel »Schmoren« (Seite 85).

- Porree in feine Ringe, Möhren und Sellerie in dünne Streifen schneiden und in wenig Wasser ca. 20–30 Min. dünsten. Zum Schluss die Butter dazugeben und abschmecken.

- Das Gemüse beim Servieren über das Schmorsteak geben und mit gehackter Petersilie bestreuen.

Vorschläge für Nachspeisen

- Himbeercreme (Seite 210), 90 kcal (380 kJ)
- Gefüllte Bratäpfel (Seite 222), entsprechend 1,5 KE, 145 kcal (600 kJ)

Nährwerte pro Portion

35 g E • 16 g F • 7 g ges. FS • 105 mg Chol • 7 g KH • 6 g Ba • – KE • 310 kcal (1290 kJ)

Sauerbraten

Zutaten für 2 Portionen

- ¼ l Wasser
- 100 ml Weinessig
- Salz
- 2 Wacholderbeeren
- 1 Lorbeerblatt
- 1 kleine Zwiebel
- 2 Gewürznelken
- 4 Pfefferkörner
- 40 g Suppengrün
- 300 g Rindfleisch (Keule)
- 2 TL Öl
- Andickungspulver

● Wasser, Essig, Gewürze und Suppengrün aufkochen und erkalten lassen. Die Beize über das Fleisch gießen und zugedeckt 2 Tage ziehen lassen.

● Das Fleisch abtrocknen und in heißem Öl kräftig anbraten. Wasser/Beize aufgießen, bis das Fleisch zu einem Drittel bedeckt ist. Im zugedeckten Topf bei milder Hitze ca. 90–100 Min. schmoren (mehr dazu unter »Schmoren«, Seite 85).

● Den Bratensaft durch ein Sieb gießen und je nach Bedarf mit Andickungspulver binden.

Vorschläge für Gemüsebeilagen

- Blumenkohl (Seite 154), 85 kcal (350 kJ)
- Grüne Bohnen (Seite 154), 105 kcal (440 kJ)

Vorschläge für Nachspeisen

- Rote Apfelspeise (Seite 213), 60 kcal (250 kJ)
- Birne Helene (Seite 218), 100 kcal (420 kJ)

Tipp Dazu passen sehr gut Kartoffelklöße.

Nährwerte pro Portion

31 g E • 11 g F • 5 g ges. FS • 105 mg Chol • ‹1 g KH • ‹0,5 g Ba • – KE • 230 kcal (960 kJ)

Fischgerichte

Fisch ist ein Feinschmeckeressen, das durch seine Geschmacksvielfalt überzeugt. Planen Sie möglichst ein- bis zweimal wöchentlich eine Fischmahlzeit ein.

Fisch ist eine hochwertige Eiweißquelle und einer der bedeutendsten Lieferanten für die gefäßschützenden Omega-3-Fettsäuren, Jod sowie zahlreiche Vitamine. Außerdem ist Fisch leicht verdaulich und gut bekömmlich. Er ist eine hervorragende Alternative für alle, die lieber auf Fleisch verzichten wollen.

Fisch lässt sich abwechslungsreich und schnell zubereiten. Außerdem zeichnet sich Fisch durch einen hohen Eiweiß- und geringen Energiegehalt aus. Der Fettanteil ist im Verhältnis zum Eiweißgehalt bei den meisten Fischarten gering. Bei uns werden am häufigsten Dorsch/Kabeljau, Seelachs/Köhler, Scholle, Rotbarsch, Heilbutt, Steinbutt und Forelle verwendet. Diese Fische gehören in die Gruppe I und II der Eiweiß-Fett-Tabelle (Seite 46). Sie sind im Rahmen einer fettreduzierten Ernährung gut geeignet und zu bevorzugen.

Zubereitung von Fisch

Frischfisch und tiefgefrorenen Fisch kaufen Sie küchenfertig vorbereitet, d. h. im Stück, als Portion oder Filet. Tiefgekühlter Fisch ist auch als gepresste Tafel oder vorgefertigtes Gericht im Handel.

Frischfisch sollte nicht länger als 24 Stunden im Kühlschrank aufbewahrt werden. Die Lagerdauer von tiefgefrorenem Fisch liegt für magere Fische bei 5 bis 7 Monaten, für fette Fische bei 2 bis 4 Monaten und für Fischfilet bei 3 bis 5 Monaten.

Grundregel: das 3-S-System

Halten Sie sich bei der Zubereitung von Fisch an die 3-S-Regel:

- **Säubern:** Fisch wird grundsätzlich unter fließendem kaltem Wasser gewaschen und mit Küchenkrepp getrocknet (bei tiefgefrorenem Fisch, der ohne Auftauen weiterverwendet wird, entfällt das Waschen).
- **Säuern:** Zur Geschmacksverbesserung den Fisch mit Essig oder Zitrone beträufeln und 10 Min. einziehen lassen. Außerdem wird das Fischfleisch fester und der Geruch gemildert.
- **Salzen:** Fisch wird erst kurz vor dem Zubereiten gesalzen, denn Salz entzieht dem Fisch Wasser.

Mit einer Reihe von Gewürzen und Würzmischungen wie Tabasco, Cayennepfeffer, Fischgewürz (bitte nicht zusätzlich salzen), Curry, Senf, Worcester- und Sojasoße kann man den Geschmack des Fisches variieren.

Braten

Das Braten von Fisch mit wenig Fett, wie bei der diabetesgerechten Ernährung empfohlen, ist schwierig. Aus diesem Grund ist bei den Rezepten nach der Zubereitungsart »Braten« eine höhere Fettmenge angegeben als sonst. Der niedrige Fettgehalt der Fische rechtfertigt wiederum die Erhöhung der Bratfettmenge.

Verwenden Sie eine fettsparende, beschichtete Pfanne, die der Größe des Fisches angepasst ist. Den vorbereiteten, gut abgetrockneten Fisch von beiden Seiten in dem nicht zu heißen Fett braten. Geben Sie etwas Wasser dazu, wenn das Fett aufgebraucht und der Fisch noch nicht gar ist. Dieser Vorgang kann wiederholt werden. Der Bratprozess erfordert volle Aufmerksamkeit!

Dünsten und Überbacken

Dünsten ist Garen in wenig Flüssigkeit und Fett. Flüssigkeit kann zugegeben werden oder aus dem Gargut kommen. Eine Auflaufform oder einen kleinen Topf mit Fett auspinseln. Die Zutaten, wie in den Rezepten beschrieben, dazugeben und zugedeckt im vorgeheizten Backofen (200 °C) oder bei mäßiger Hitze auf dem Herd gar dünsten.

Kochen und Garziehen

Die Flüssigkeit mit den geschmacksgebenden Zutaten zum Kochen bringen. Nicht zu stark würzen, denn der Fisch ist vorher schon gesalzen. Den Fisch in die kochende Flüssigkeit geben und bei mäßiger Hitze gar ziehen lassen.

Die Menge des in den Rezepten angegebenen Kochwassers kann erhöht oder verringert werden, sie richtet sich nach der Größe des Kochgeschirrs. Auf alle Fälle sollte das Gargut bedeckt sein.

Seelachs, gebraten

Zutaten für 2 Portionen

300 g Seelachsfilet • Essig oder Zitrone • Fischgewürz oder Salz • Worcestersoße • 4 TL Öl

● Seelachs säubern, säuern und würzen.

● Öl in einer der Größe der Fischmenge angepassten, beschichteten Pfanne erhitzen und das Seelachsfilet darin ca. 5 Min von beiden Seiten braten, evtl. Wasser dazugeben (mehr dazu im Kapitel »Braten«, Seite 117).

Vorschläge für Salatbeilagen

- Gurken-Wachsbohnen-Salat (Seite 196), 90 kcal (380 kJ)
- Tomatensalat (Seite 198), 85 kcal (360 kJ)

Vorschlag für Nachspeise

- Erdbeercreme (Seite 210), 90 kcal (380 kJ)

Tipp Auch Kabeljau- oder Rotbarschfilet eignen sich gut für diese Zubereitungsart. Sie können das Filet auch panieren. Dafür 15 g Paniermehl (1 KE) und 1 Ei verwenden. Der Nährwert pro Person erhöht sich um 70 kcal (290).

Nährwerte pro Portion

27 g E • 11 g F • 2 g ges. FS • 106 mg Chol • ‹0,5 g KH • ‹0,5 g Ba • – KE • 210 kcal (880 kJ)

Schollenfilet, gebraten

Zutaten für 2 Portionen

300 g küchenfertiges Schollenfilet • Essig oder Zitrone • Fischgewürz oder Salz • 4 TL Öl • 20 g durchwachsener Speck

● Das Schollenfilet säubern, säuern und würzen.

● Das Öl und den gewürfelten Speck in einer beschichteten Pfanne erhitzen und das Schollenfilet darin ca. 4 Min. von beiden Seiten braten, evtl. Wasser dazugeben (mehr dazu unter »Braten«, Seite 117).

Vorschläge für Salatbeilagen

- Endiviensalat (Seite 196), 60 kcal (250 kJ)
- Tomaten-Feldsalat (Seite 200), 70 kcal (290 kJ)

Vorschlag für Nachspeise

Kompott (Seite 205), 45 kcal (190 kJ)

Tipp Für eine panierte Scholle den Speck durch 2 TL Öl ersetzen. 15 g Paniermehl (1 KE) und 1 Ei verwenden. Der Nährwert erhöht sich um 70 kcal (290 kJ).

Nährwerte pro Portion

27 g E • 15 g F • 2 g ges. FS • 104 mg Chol • ‹0,5 g KH • ‹0,5 g Ba • – KE • 280 kcal (1170 kJ)

» Schollenfilet, gebraten

Fisch auf Gemüse

Zutaten für 2 Personen

- 300 g Seelachsfilet
- Essig oder Zitrone
- 2 Msp. Senf
- Fischgewürz oder Salz
- 150 g Porree
- 50 g Möhren
- 50 g Sellerie
- 2 TL Öl
- 5 EL Wasser/Brühe
- Würzmittel, Salz

● Seelachs säubern, säuern und würzen. Gemüse putzen, waschen und in dünne Streifen schneiden.

● Öl in einer Auflaufform erhitzen, das Gemüse darin andünsten, Wasser/Brühe dazugeben und abschmecken.

● Den Fisch zum Gemüse geben und zugedeckt im vorgeheizten Backofen bei 200 °C ca. 15–20 Min. garen (mehr dazu unter »Dünsten und Überbacken«, Seite 117).

Vorschläge für Salatbeilagen

- Grüner Salat (Seite 196), 60 kcal (250 kJ)
- Eisbergsalat (Seite 194), 50 kcal (210 kJ)

Vorschläge für Nachspeisen

- Orangencreme (Seite 212), 70 kcal (290 kJ)
- Grießflammeri (Seite 214), 130 kcal (540 kJ)

Tipp Zu diesem Gericht passen als Beilage sehr gut Reis und eine Petersiliensoße.

Nährwerte pro Portion

30 g E • 7 g F • 3 g ges. FS • 106 mg Chol • 4 g KH • 3 g Ba • – KE • 200 kcal (840 kJ)

Fisch in Weißwein

Zutaten für 2 Personen

- 300 g Rotbarschfilet
- Essig oder Zitrone
- Fischgewürz oder Salz
- Worcestersoße
- 2 gestr. TL Margarine
- 2 geh. EL Zwiebelwürfel
- 4 EL Weißwein, trocken
- 3 EL Wasser
- Andickungspulver
- 2 TL saure Sahne (10 % Fett)
- gehackte Petersilie

- Rotbarsch säubern, säuern und würzen.
- Fett in einer Auflaufform erhitzen, Zwiebelwürfel andünsten, mit Weißwein und Wasser auffüllen.
- Das aufgerollte Fischfilet dazugeben und zugedeckt im vorgeheizten Backofen bei 200 °C ca. 15–20 Min. garen (mehr dazu unter »Dünsten und Überbacken«, Seite 117).
- Den Fischsud mit Andickungspulver binden und mit der Sahne verfeinern. Beim Anrichten mit gehackter Petersilie bestreuen.

Vorschläge für Salatbeilagen

- Tomaten-Endivien-Salat (Seite 200), 70 kcal (290 kJ)
- Gurkensalat (Seite 202), 75 kcal (320 kJ)

Vorschläge für Nachspeisen

- Himbeercreme, (Seite 210) 90 kcal (380 kJ)
- Birne Helene (Seite 218), 100 kcal (420 kJ)

Tipp Probieren Sie das Rezept mal mit Lengfisch statt Rotbarsch aus.

Nährwerte pro Portion

28 g E • 10 g F • 3 g ges. FS • 71 mg Chol • 1 g KH • ‹ 0,5 g Ba • – KE • 230 kcal (960 kJ)

Allgäuer Fisch

Zutaten für 2 Personen

300 g Kabeljau- bzw. Dorschfilet • Essig oder Zitrone • Fischgewürz oder Salz • 2 gestr. TL Tomatenmark • 2 gestr. TL Margarine • 100 g Tomatenscheiben • 40 g Schweizer Käse (45 % Fett i. Tr.) • 2 EL Wasser

- Fischfilet säubern, säuern und würzen, auf der Innenseite mit Tomatenmark bestreichen und zusammenklappen oder aufrollen.

- Eine Auflaufform ausfetten, den Fisch hineingeben, mit Tomaten- und Käsescheiben belegen und Wasser hinzufügen.

- Im vorgeheizten Backofen bei 200 °C ca. 15–20 Min. garen (mehr dazu unter »Dünsten und Überbacken«, Seite 117).

Vorschläge für Salatbeilagen

- Grüner Salat (Seite 196), 60 kcal (250 kJ)
- Tomaten-Gurken-Salat (Seite 197), 80 kcal (330 kJ)

Vorschlag für Nachspeise

- Birne Helene (Seite 218), 100 kcal (420 kJ)

Nährwerte pro Portion

33 g E • 11 g F • 4 g ges. FS • 101 mg Chol • 2 g KH • ‹1 g Ba • – KE • 240 kcal (1000 kJ)

Portugiesischer Fisch

Zutaten für 2 Personen

300 g Seelachsfilet • Essig oder Zitrone • Fischgewürz oder Salz • Worcestersoße • 30 g durchwachsener Speck, gewürfelt • 2 geh. EL Zwiebelwürfel • 1 gestr. EL Tomatenmark • 3 EL Gewürzgurken, gewürfelt • 5 EL Wasser/Brühe

- Seelachs säubern, säuern und würzen.

- Speck und Zwiebeln in einer Auflaufform andünsten. Tomatenmark, Gewürzgurken und Wasser dazugeben und miteinander verrühren. Das zusammengeschlagene Fischfilet auf die Masse legen und im vorgeheizten Backofen bei 200 °C ca. 15–20 Min. zugedeckt gar ziehen lassen (mehr dazu unter »Dünsten und Überbacken«, Seite 117).

Vorschläge für Salatbeilagen

- Endiviensalat (Seite 196), 60 kcal (250 kJ)
- Wachsbohnensalat (Seite 193), 95 kcal (400 kJ)

Vorschlag für Nachspeise

- Pfirsich Melba (Seite 218), 90 kcal (380 kJ)

Tipp Als Beilage passt hierzu Reis.

Nährwerte pro Portion

30 g E • 11 g F • 1 g ges. FS • 120 mg Chol • 3 g KH • ‹0,5 g Ba • – KE • 235 kcal (980 kJ)

Heilbuttschnitte mit Quark-Kräuter-Butter

Zutaten für 2 Personen

- 400 g Heilbutt, küchenfertig, mit Gräten
- Essig oder Zitrone
- Fischgewürz oder Salz
- ca. ½ l Wasser, Salz
- 1 Zitronenscheibe
- 40 g Quark-Kräuter-Butter (Seite 184)

- Heilbutt säubern, säuern und würzen.

- Wasser mit Salz und Zitronenscheibe zum Kochen bringen. Den Fisch hineingeben und bei verminderter Energiezufuhr ca. 20 Min. gar ziehen lassen (mehr dazu unter »Kochen und Garziehen«, Seite 117).

- Beim Servieren die Quark-Kräuter-Butter auf einem grünen Salatblatt anrichten.

Vorschläge für Salatbeilagen

- Grüner Salat (Seite 196), 60 kcal (250 kJ)
- Tomaten-Endivien-Salat (Seite 200), 70 kcal (290 kJ)

Vorschläge für Nachspeisen

- Kirschcreme (Seite 210), 70 kcal (290 kJ)
- Rumflammeri (Seite 218), 145 kcal (610 kJ)

Tipp Hierzu passen sehr gut frische, kleine Pellkartoffeln. Probieren Sie das Rezept mal mit Lachs aus, auch sehr lecker. Der Nährwert erhöht sich um 100 kcal (420 kJ).

Nährwerte pro Portion

37 g E • 7 g F • 3 g ges. FS • 85 mg Chol • ‹ 0,5 g KH • ‹ 0,5 g Ba • – KE • 220 kcal (920 kJ)

Dorsch mit Senfsoße

Zutaten für 2 Personen

- 400 g Dorsch bzw. Kabeljau, küchenfertig, mit Gräten
- Essig oder Zitrone
- Fischgewürz oder Salz
- ca. ½ l Wasser
- 2 Pfefferkörner
- ½ Lorbeerblatt
- 40 g Zwiebel, Essig, Salz
- 3 gestr. TL Margarine
- 3 TL Weizenmehl Type 405 (1 KE)
- Senf

● Fisch säubern, säuern und würzen.

● Wasser und Gewürze zum Kochen bringen. Den Fisch hineingeben und auf kleiner Flamme ca. 20 Min. gar ziehen lassen (mehr dazu unter »Kochen und Garziehen«, Seite 117).

● Aus Margarine, Mehl und Flüssigkeit eine Soße (Seite 84) herstellen und mit Senf abschmecken.

Vorschläge für Salatbeilagen

- Eisbergsalat (Seite 194), 50 kcal (210 kJ)
- Wachsbohnen-Grüner-Salat (Seite 197), 80 kcal (330 kJ)

Vorschlag für Nachspeise

- Dänische rote Grütze (Seite 222), ½ Rezept, 55 kcal (230 kJ)

Tipp Falls Sie keinen Senf mögen, stellen Sie eine Petersiliensoße her.

Nährwerte pro Portion

32 g E • 7 g F • 3 g ges. FS • 82 mg Chol • 6 g KH • <1 g Ba • 0,5 KE • 220 kcal (920 kJ)

Getreide und Hülsenfrüchte

In der heutigen Zeit wird zu viel Fleisch gegessen, drei bis vier Mal die Woche ist genug. Fleischlose Gerichte bringen Abwechslung in den Speiseplan.

Getreide und Hülsenfrüchte sind aufgrund ihrer Zusammensetzung sehr wertvoll für unsere Ernährung. Sie enthalten hauptsächlich pflanzliches Eiweiß, viele Ballaststoffe und fast alle für den Menschen wichtigen Vitamine und Mineralstoffe, also alles, was eine gesunde Ernährung bieten soll.

Die folgenden Gerichte bestehen im Verhältnis zur Gesamtmenge überwiegend aus pflanzlichem und wenig tierischem Eiweiß. Damit wird den Empfehlungen entsprochen, die besagen, dass höchstens zwei Drittel der täglichen Eiweißmenge tierischen Ursprungs sein soll.

Probieren Sie die Mahlzeiten aus Getreide oder Hülsenfrüchten einfach aus – sie werden die vegetarischen Alternativen zu Fleisch und Fisch nicht mehr missen wollen.

Der Vorteil des vollen Korns

Durch die Verwendung von Weizenvollkornmehl und Vollkornteigwaren wird der ohnehin günstige Ballaststoffgehalt der in den Rezepten verwendeten Gemüse erhöht.

Weizenvollkornprodukte bestehen, wie der Name schon sagt, aus dem vollen Korn, also auch aus Randschichten und Keimling. Dadurch sind diese Produkte reich an Ballaststoffen, Vitaminen und Mineralstoffen.

Selbst geschrotetes Getreide sollte innerhalb weniger Tage verbraucht werden, da das im Keimling enthaltene Fett, u.a. die lebenswichtige Linolsäure, nach dem Mahlen schnell ranzig wird. Industriell hergestelltes Weizenvollkornmehl ist aus Haltbarkeitsgründen mit L-Ascorbinsäure (Vitamin C) behandelt.

Besondere Getreidesorten

Bereichern Sie Ihren Speiseplan doch auch mal mit anderen Getreidesorten.

Buchweizen ist eine Pflanzenart aus der Familie der Knöterichgewächse und kommt ursprünglich aus Zentralasien. Er schmeckt leicht nussig und ist weniger süß als Weizen. Buchweizen enthält besonders hochwertiges Eiweiß mit lebenswichtigen Aminosäuren, wichtige Mineralstoffe wie Kalium, Calcium, Phosphor und Vitamin B. Der Ballaststoffgehalt beträgt 5 g auf 100 g. Ob als Buchweizengrütze für vegetarische Gerichte, z. B. in der Buchweizen-Gemüse-Pfanne (Seite 130), oder als Mehl zum Backen, z. B. in Buchweizen-Käse-Pfannkuchen (Seite 129), sorgt er für ein neues Geschmackserlebnis.

Grünkern ist halbreif geernteter Dinkel und wird aus Gründen der Haltbarkeit unmittelbar danach künstlich getrocknet. Er weist einen würzig nussigen Geschmack auf, der durch das Anbraten noch verstärkt wird. Mit seinem hohen Gehalt an Kalium, Magnesium, Phosphor und Eisen ist er ein deftiger Fleischersatz, z. B. für Bratlinge in der vegetarischen Ernährung. Er schmeckt auch gut in Grünkern-Champignon-Kohlrouladen (Seite 129). Grünkern ist reich an Ballaststoffen und hat einen niedrigen glykämischen Index.

Quinoa, auch »Reis der Inkas« genannt, sind Pflanzensamen aus den Anden. Ihre komplexen Kohlenhydrate werden vom Darm langsam aufgespalten. Das bremst den Blutzuckeranstieg. Die KE-Berechnung ist mit der von Bulgur, Couscous, Buchweizen oder Reis vergleichbar. Die in den Rezepten verwendeten Mengen sind beliebig austauschbar. Probieren Sie doch mal gefüllte Paprika (Seite 104) mit Quinoa.

Bunt und gesund: Hülsenfrüchte

Bunte Nudeln mit italienischem Sugo

Zutaten für 2 Personen

- 120 g bunte Nudeln (8 KE)
- 800 g ausgereifte Tomaten
- 4 geh. EL Zwiebelwürfel
- 2 TL Öl
- Thymian, Rosmarin
- evtl. Wasser
- Pfeffer, Würzmittel, Salz
- 3 geh. EL Parmesankäse
- Schnittlauchröllchen

- Bunte Nudeln kochen. Den Blütenansatz der Tomaten herausschneiden, Tomaten überbrühen und enthäuten. Saft und Kerne durch den Blütenansatz herausdrücken, passieren, restliches Tomatenfleisch grob zerkleinern.

- Zwiebelwürfel in heißem Öl goldgelb anbraten. Tomatenfleisch und frisch gehackte Kräuter dazugeben und andünsten. Den passierten Tomatensaft hinzufügen und ca. 30 Min. auf kleiner Flamme köcheln lassen, gelegentlich umrühren und evtl. noch mit Wasser auffüllen.

- Das Sugo würzen und beim Anrichten mit Parmesan und Schnittlauchröllchen bestreuen.

Vorschläge für Nachspeisen

- Rumflammeri (Seite 218), 145 kcal (610 kJ)
- Orangencreme (Seite 212), 70 kcal (290 kJ)
- Zitronencreme (Seite 212), keine KE-Anrechnung, 55 kcal (230 kJ)

Nährwerte pro Portion

17 g E • 11 g F • 4 g ges. FS • 66 mg Chol • 54 g KH • 6 g Ba • 4 KE • 390 kcal (1630 kJ)

Buchweizen-Käse-Pfannkuchen

Zutaten für 2 Personen

2 Eier • 90 g Buchweizenmehl (6 KE) • 7 EL Mineralwasser • Salz • 60 g Emmentaler (45 % Fett i. Tr.) • 2 TL Öl • 2 geh. EL Zwiebelwürfel • 2 TL Öl • 400 g Blattspinat (TK) • Würzmittel, Muskat, Salz • 4 TL saure Sahne (10 % Fett)

- Eier, Buchweizenmehl und Mineralwasser verquirlen, mit wenig Salz würzen und 15 Min. quellen lassen.

- Käse grob reiben und die Hälfte unter den Teig rühren. 2 große oder 4 kleine Pfannkuchen in einer beschichteten Pfanne backen.

- Für die Füllung Zwiebeln in Öl anbraten, den gut abgetropften Blattspinat dazugeben und würzen. Saure Sahne hinzufügen und unter Rühren gut durchkochen lassen.

- Die frisch gebackenen Buchweizen-Pfannkuchen mit dem Spinat füllen und den restlichen Käse darüberstreuen.

Vorschlag für Nachspeise

- Dänische rote Grütze (Seite 222), ½ Rezept, 55 kcal (230 kJ)

Nährwerte pro Portion

26 g E • 28 g F • 8 g ges. FS • 250 mg Chol • 35 g KH • 6 g Ba • 3 KE • 500 kcal (2090 kJ)

Grünkern-Champignon-Kohlrouladen

Zutaten für 2 Personen

300 g vorbereitete Kohlblätter (Seite 106, ca. 4–6 Stück) • 45 g Grünkern (3 KE) • ¼ l Kohlkochwasser • 2 geh. EL Zwiebelwürfel • 2 TL Öl • 200 g frische Champignons • 1 Ei • 30 g Roggenvollkornbrot (1 KE) • Pfeffer, Majoran, Salz • 2 gestr. EL Schmand (20 %) • Petersilie

- Grob geschroteten Grünkern ca. 15 Min. in Kohlkochwasser weich kochen.

- Zwiebeln in heißem Öl kurz andünsten, die in Scheiben geschnittenen Champignons dazugeben und gut 5 Min. mitgaren. Gezogene Flüssigkeit abgießen und die Masse sowie das Ei zum abgetropften Grünkern geben.

- Das Brot toasten, in die Masse bröseln, gut vermengen und die Füllung kräftig würzen. Weitere Zubereitung siehe »Kohlrouladen« (Seite 106).

- Die Soße mit Schmand verfeinern und gehackte Petersilie dazugeben.

Vorschlag für Nachspeise

- Kirsch-Joghurt-Speise (Seite 214), 80 kcal (330 kJ)

Nährwerte pro Portion

12 g E • 16 g F • 3 g ges. FS • 115 mg Chol • 28 g KH • 10 g Ba • 2 KE • 310 kcal (1300 kJ)

Buchweizen-Gemüse-Pfanne

Zutaten für 2 Personen

- 90 g Buchweizen (6 KE)
- 2 TL Öl
- ½ l klare Fleischbrühe
- 1 TL Kurkumapulver
- Thymian, Rosmarin
- 300 g Paprikastreifen, rot und grün
- 2 TL schwarze Senfkörner
- 2 TL Öl
- 100 g Lauchzwiebeln
- Wasser/Brühe
- 100 g Mungobohnen-keimlinge (Dose)
- Salz, Petersilie
- 2 geh. EL Parmesankäse

- Buchweizen in heißem Öl anrösten, Flüssigkeit und Gewürze hinzufügen. Im geschlossenen Topf bei kleiner Flamme ca. 15 Min. kochen und 10 Min. quellen lassen.

- Paprika und Senfkörner extra in heißem Öl andünsten, die in feine Ringe geschnittenen Lauchzwiebeln dazugeben, mit etwas Flüssigkeit auffüllen und 5 Min. garen.

- Mungobohnenkeimlinge abtropfen lassen, zerkleinern, zum Gemüse geben, erhitzen und das Ganze mit wenig Salz abschmecken. Zum Schluss den heißen, abgetropften Buchweizen untermengen.

- Vor dem Servieren mit gehackter Petersilie und Parmesankäse bestreuen.

Vorschläge für Nachspeisen

- Rotweingelee (Seite 220), ohne KE-Anrechnung, 50 kcal (210 kJ)
- Pfirsich Melba (Seite 218), 90 kcal (380 kJ)
- Himbeercreme (Seite 210), 90 kcal (380 kJ)

Nährwerte pro Portion

12 g E • 15 g F • 3 g ges. FS • 7 mg Chol • 42 g KH • 11 g Ba • 3 KE • 350 kcal (1460 kJ)

Hirse-Lauch-Bratlinge

Zutaten für 2 Personen

90 g Hirse (6 KE) • ¼ l Wasser • Salz • 100 g Lauch • 2 geh. EL Zwiebelwürfel • 1 TL Öl • ½ Ei • Knoblauch, Pfeffer, Kräuter der Provence, Salz • 2 TL Öl

- Die Hirse kalt ansetzen, ca. 30 Min. auf kleiner Flamme zu einem festen Brei kochen und erkalten lassen.
- Lauch in feine Ringe schneiden und mit den Zwiebelwürfeln in einer beschichteten Pfanne ca. 5 Min. ohne Wasserzugabe andünsten.
- Lauch-Zwiebel-Gemüse, Ei und Hirse gut vermengen und kräftig würzen. 6 flache Bratlinge (à 1 KE) formen und auf ein mit Backpapier ausgelegtes Backblech legen. Im vorgeheizten Backofen bei 175 °C ca. 5 Min. anbacken. Mit Öl bestreichen und ca. 7–10 Min. weiterbacken.

Vorschlag für Salatbeilage

- Eisbergsalat (Seite 194), 50 kcal (210 kJ)

Vorschlag für Nachspeise

- Schokoladenflammeri (Seite 218), 150 kcal (630 kJ)

Nährwerte pro Portion

8 g E • 11 g F • 1 g ges. FS • 53 mg Chol • 34 g KH • 3 g Ba • 3 KE • 265 kcal (1110 kJ)

Champignon-Vollkornnudel-Auflauf

Zutaten für 2 Personen

120 g Vollkornnudeln (8 KE) • 300 g frische Champignons • 2 geh. EL Zwiebelwürfel • 2 TL Öl • 200 g Zucchini • Pfeffer, Knoblauch, Salz • evtl. 5 EL Wasser • 1 TL Margarine • 4 EL Kaffeesahne (10 % Fett) • 3 geh. EL geriebener Gouda (45 % Fett i. Tr.)

- Vollkornnudeln garen. Die in Scheiben geschnittenen Champignons und die Zwiebelwürfel in heißem Öl andünsten. Zucchinistreifen dazugeben, würzen, weiterdünsten und evtl. Wasser hinzufügen.
- Eine Auflaufform ausfetten, Nudeln und Gemüse schichtweise hineingeben, Kaffeesahne darübergießen und den Auflauf mit dem Käse bestreuen.
- Im vorgeheizten Backofen oder Grill bei 200 °C ca. 5 Min. überbacken.

Vorschläge für Nachspeisen

- Kompott (Seite 205), keine KE-Anrechnung, 45 kcal (190 kJ)
- Saftgelee (Seite 213), 55 kcal (230 kJ)
- Birne Helene (Seite 218), 100 kcal (420 kJ)

Nährwerte pro Portion

19 g E • 18 g F • 5 g ges. FS • 86 mg Chol • 47 g KH • 10 g Ba • 4 KE • 420 kcal (1760 kJ)

Vollkorn-Eierkuchen mit Füllung

Zutaten für 2 Personen

2 Eier • 80 g Weizenvollkornmehl (4 KE) • 1/8 l Mineralwasser • Schnittlauchröllchen • Salz • 2 TL Öl • 400 g frische Champignons • 2 TL Öl • Pfeffer, Salz • 40 g Kräuterstreichkäse (20 % Fett i. Tr.)

- Eier, Weizenvollkornmehl, Mineralwasser, Schnittlauchröllchen und Salz gut verquirlen.
- Eine beschichtete Pfanne mit je 1 TL Öl auspinseln, erhitzen und 2 Eierkuchen backen.
- Für die Füllung die Champignons in Scheiben schneiden, in Öl andünsten und würzen. Gezogene Flüssigkeit abgießen und die Champignons mit dem Käse leicht binden.
- Die heiße Champignon-Käse-Masse auf den frisch gebackenen Eierpfannkuchen geben und zusammenklappen.

Vorschläge für Nachspeisen

- Kirschcreme (Seite 210), 70 kcal (290 kJ)
- Birne Helene (Seite 218), 100 kcal (420 kJ)

Nährwerte pro Portion

20 g E • 19 g F • 3 g ges. FS • 222 mg Chol • 27 g KH • 9 g Ba • 2 KE • 365 kcal (1530 kJ)

Ballastburger

Zutaten für 2 Personen

100 g Linsen (2 KE) • 375 ml Wasser • 1 Lorbeerblatt • ½ TL Würzmittel • 125 g Lauch • 1 TL Öl • 15 g Paniermehl (1 KE) • 1 Ei • 1 TL Curry • ½ TL Ingwer, frisch gerieben • Cayennepfeffer • Salz • 3 TL Öl

- Linsen mit kaltem Wasser und Lorbeerblatt ansetzen, ca. 30 Min. garen, evtl. Wasser nachgießen. Die abgetropften Linsen in eine Schüssel geben, etwas zerquetschen, würzen, erkalten lassen.
- Lauch in sehr feine Ringe schneiden, 5 Min. in heißem Öl andünsten und unter die Linsenmasse rühren.
- Paniermehl, Ei und Gewürze dazugeben und vermengen. Die Masse in 4 gleich große Portionen teilen und mit feuchten Händen Frikadellen formen. Die Ballastburger in einer beschichteten Pfanne beidseitig ca. 3–4 Min. braten.

Vorschlag für Salatbeilage

- Chicoréesalat (Seite 196), 40 kcal (170 kJ)

Vorschlag für Nachspeise

- Orangencreme (Seite 212), 70 kcal (290 kJ)

Nährwerte pro Portion

17 g E • 14 g F • 1 g ges. FS • 109 mg Chol • 34 g KH • 7 g Ba • 1,5 KE • 335 kcal (1400 kJ)

Spinatnudeln mit Gorgonzolasoße

Zutaten für 2 Personen

- 120 g Spinatnudeln (8 KE)
- 80 g Gorgonzola (60 % Fett i. Tr.)
- 2 EL Kaffeesahne (10 % Fett)
- 1 geh. EL Zwiebelwürfel
- 2 TL Öl
- Pfeffer, Salz

● Spinatnudeln garen. Gorgonzola mit der Gabel grob zerdrücken, Kaffeesahne dazugeben und zu einer cremigen Soße verrühren, erhitzen.

● Zwiebeln in Öl andünsten, in die erwärmte Soße geben, nochmals aufkochen und nachwürzen. Vor dem Servieren Soße und Nudeln mischen.

Vorschläge für Salatbeilagen

- Bunter Chinakohlsalat (Seite 193), 80 kcal (330 kJ)
- Wachsbohnensalat (Seite 193), 90 kcal (380 kJ)

Vorschläge für Nachspeisen

- Himbeercreme (Seite 210), 90 kcal (380 kJ)
- Rotweingelee (Seite 220), keine KE-Anrechnung, 50 kcal (210 kJ)

Tipp Wenn Sie es herzhafter mögen, geben Sie beim Anbraten der Zwiebeln 50 g magere, geräucherte oder gekochte Schinkenwürfel hinzu (60 kcal/250 kJ).

Nährwerte pro Portion

16 g E • 20 g F • 9 g ges. FS • 80 mg Chol • 43 g KH • 2 g Ba • 4 KE • 415 kcal (1730 kJ)

Vollkornspaghetti mit Ratatouille

Zutaten für 2 Personen

120 g Vollkornspaghetti (8 KE) • 150 g Paprika • 60 g Zwiebeln • 2 TL Öl • Pfeffer, Paprika, Oregano, Knoblauch, Kräuter der Provence, Salz • 4–5 EL Wasser • 100 g Zucchini • 100 g Tomatenviertel • 2 geh. EL Parmesankäse • Petersilie

- Vollkornspaghetti garen.

- Paprika und Zwiebeln in Streifen schneiden. Beides in heißem Öl andünsten und würzen. Mit Wasser auffüllen, im geschlossenen Topf ca. 5 Min. garen.

- Halbe Zucchinischeiben dazugeben und weitergaren. Während der letzten 5 Min. des Garprozesses die Tomatenviertel mitdünsten.

- Das Ratatouille über die Spaghetti geben, mit Parmesan und gehackter Petersilie bestreuen.

Vorschläge für Nachspeisen

- Zitronencreme (Seite 212), keine KE-Anrechnung, 55 kcal (230 kJ)
- Aprikosencreme (Seite 210), 70 kcal (290 kJ)

Nährwerte pro Portion

14 g E • 10 g F • 3 g ges. FS • 63 mg Chol • 48 g KH • 10 g Ba • 4 KE • 335 kcal (1400 kJ)

Dinkel-Vollkornbrot

Zutaten pro Rezept

400 g Dinkelvollkornmehl • 100 g Weizenvollkornmehl • 1 Pck. Trockenhefe • 400 ml lauwarmes Wasser • 1 TL Salz • 150 g Leinsamen • 100 g Sesam • 100 g Sonnenblumenkerne

- Mehle, Trockenhefe, Wasser sowie Salz in eine Schüssel geben und mit dem elektrischen Knethaken so lange kneten, bis sich alle Zutaten gut miteinander verbunden haben und ein lockerer Teigkloß entstanden ist.

- Den Teig zudecken und an einem warmen Ort gehen lassen, bis sich sein Volumen verdoppelt hat (ca. 45 Min.).

- Leinsamen, Sesam und Sonnenblumenkerne zum Teig geben und nochmals 30 Min. gehen lassen.

- Den Teig in eine leicht ausgefettete, beschichtete Kastenform füllen und auf der untersten Schiene in den kalten Backofen schieben. Die Temperatur auf 180–200 °C einstellen. Ist die Backtemperatur erreicht, wird das Brot ca. 35–40 Min. lang gebacken.

Nährwerte pro 35-g-Scheibe

6 g E • 6 g F • <1 g ges. FS • <0,5 mg Chol • 14 g KH • 5 g Ba • 1 KE • 135 kcal (560 kJ)

Getreidemischung für Müsli

Zutaten pro Rezept

75 g Weizen • 50 g Roggen • 75 g Hafer • 25 g Buchweizen • 25 g Hirse • 50 g Sesam • 100 g Leinsamen

● Getreide sowie den Buchweizen in einer Getreidemühle grob schroten.

● Hirse, Sesam und Leinsamen dazugeben und gut vermengen. Die Müslimischung in einem luftdicht verschlossenen Gefäß aufbewahren.

Nährwerte pro 25 g = 1 KE

4 g E • 4 g F • ‹1 g ges. FS • ‹0,5 mg Chol • 10 g KH • 4 g Ba • 1 KE • 90 kcal (380 kJ)

Getreide-Müsli

Zutaten pro Rezept

50 g Getreidemischung (Rezept links, 2 KE) • 75 g Magerjoghurt • 2 TL Kaffeesahne (10 % Fett) • 1 TL Zitronensaft • 100 g Apfel mit Schale (1 KE) • 60 g Orange oder 55 g Pfirsich oder 90 g Erdbeeren (0,5 KE) • 2 geh. TL gemahlene oder gehackte Haselnüsse • Süßstoff

● Getreidemischung, Magerjoghurt, Kaffeesahne und Zitronensaft vermischen und eine halbe Stunde abgedeckt stehen lassen.

● Den Apfel grob reiben, Orange oder Pfirsich oder Erdbeeren in Stücke schneiden und dazugeben.

● Zum Schluss die Haselnüsse hinzufügen und das Müsli mit Süßstoff abschmecken.

Nährwerte pro Rezept

13 g E • 16 g F • ‹1 g ges. FS • ‹1 mg Chol • 40 g KH • 11 g Ba • 3,5 KE • 360 kcal (1500 kJ)

Ohne Haselnüsse verringert sich der Energiegehalt um ca. 65 kcal (270 kJ)

Kartoffelgerichte

Ob Auflauf, Bauernfrühstück oder Kartoffelpuffer – es gibt viele Möglichkeiten, abwechslungsreiche und schmackhafte Kartoffelgerichte zu zaubern.

Die Kartoffel ist ein Grundnahrungsmittel und aus unserer Ernährung nicht mehr wegzudenken. Außerdem ist sie preiswert, sättigt gut und liefert viele wichtige Nährstoffe.

Im 17. Jahrhundert wurde die Kartoffel wegen ihrer hübschen Blüten als Zierpflanze in Europa eingeführt. Erst hundert Jahre später entdeckten die Europäer, was die Ureinwohner Südamerikas längst nutzten: die Kartoffelknolle als wohlschmeckendes, preiswertes Grundnahrungsmittel. In Deutschland unterscheidet man nach Kocheigenschaften folgende Kartoffelsorten:

- festkochende Kartoffeln
- vorwiegend festkochende Kartoffeln
- mehligkochende Kartoffeln

Festkochende Sorten eignen sich besonders für Kartoffelsalat. Vorwiegend festkochende Sorten sind ideal für Salz-, Pell- und Bratkartoffeln. Mehligere Sorten verwendet man für Püree, Puffer und Suppen.

Kartoffelgerichte mit Ei, Milch oder Quark enthalten eine sehr günstige Eiweißkombination und überbieten dadurch Fleischgerichte. Wie beim Gemüse ist auf eine mineralstoff- und vitaminschonende Vor- und Zubereitung zu achten.

Die Kartoffel ist neben den Getreidearten der wichtigste Stärkelieferant. Darüber hinaus enthält sie wertvolle Mineralstoffe (Kalium, Magnesium, Eisen) und Vitamine, vor allem Vitamin C. Mit 3,5 KE

©Sea Wave/stock.adobe.com

Kartoffeln liefern viele wichtige Nährstoffe.

= 230 g in Form von Kartoffeln wird die Hälfte des Vitamin-C-Tagesbedarfs gedeckt.

KE-Berechnung von Kartoffelgerichten

Alle stärkehaltigen Nahrungsmittel gehören zum Nährstoff »Kohlenhydrate« und werden als KE berechnet. Somit ist die Menge, die Sie für ein Kartoffelgericht zur Verfügung haben, abhängig von der Kohlenhydratmenge zu der Mahlzeit, bei der Sie ein warmes Gericht essen möchten.

Mit 2 KE Kartoffeln und mehr, einer akzeptablen Portion, macht es keine Schwierigkeiten, ein Kartoffelgericht herzustellen. Insofern ist bei den Kartoffelrezepten pro Portion meistens eine Menge von 2 bis 3 KE zugrunde gelegt. Bei einem niedrigen Anteil von Kohlenhydraten in Form von stärkehaltigen Lebensmitteln zur Mahlzeit bietet es sich an, die KE vom Nachtisch in das Kartoffelgericht einzubeziehen. Möchten Sie auf ein Dessert nicht verzichten, so weichen Sie auf Nachspeisen ohne KE-Berechnung aus.

Bauernfrühstück

Zutaten für 2 Personen

- 400 g gekochte Kartoffeln (6 KE)
- 4 TL Öl
- 40 g Kochschinken, gewürfelt
- 2 geh. EL Zwiebelwürfel
- 200 g Tomatenachtel
- Pfeffer, Salz, evtl. Knoblauch
- 2 Eier
- Schnittlauchröllchen

- Gekochte Kartoffeln in dünne Scheiben schneiden.

- Öl und Schinkenwürfel in einer beschichteten Pfanne erhitzen, Kartoffeln und Zwiebeln dazugeben und darin braten.

- Zum Schluss die Tomatenachtel sowie die Gewürze dazugeben, kurz weiterbraten.

- Nun die in einem Gefäß aufgeschlagenen Eier über die Kartoffeln gießen und stocken lassen. Das Bauernfrühstück vor dem Servieren mit Schnittlauchröllchen garnieren.

Menüvorschlag für ein vollständiges Mittagessen

- Bauernfrühstück, 360 kcal (1500 kJ)
- Blumenkohlrohkost (Seite 194), 75 kcal (320 kJ)
- Birne Helene (Seite 218), 100 kcal (420 kJ)

Nährwerte insgesamt für das Menü pro Portion

24 g E • 21 g F • 5 g ges. FS • 230 mg Chol • 49 g KH • 10 g Ba • 4 KE • 495 kcal (2070 kJ)

Nährwerte pro Portion

17 g E • 17 g F • 2 g ges. FS • 230 mg Chol • 33 g KH • 5 g Ba • 3 KE • 360 kcal (1500 kJ)

Gratinierte Blechkartoffeln

Zutaten für 2 Personen

260 g Kartoffeln mit Schale (4 KE) • 20 g Kochschinken • 1 geh. EL Zwiebeln • je 10 g Sesam, Leinsamen • 2 TL saure Sahne (10 % Fett) • Pfeffer, Salz, Schnittlauchröllchen • 2 geh. EL Gouda (45 % Fett i. Tr.)

- Möglichst 4 gleich große Kartoffeln waschen, gut abbürsten und der Länge nach halbieren. Die Kartoffeln mit der Schnittfläche auf ein mit Backpapier ausgelegtes Backblech legen und im vorgeheizten Backofen bei 200 °C ca. 25 Min. garen.

- Kochschinken und Zwiebeln in sehr feine Würfel schneiden, Sesam, Leinsamen und Sahne dazugeben, vermengen und würzen. Die gebackenen Kartoffeln umdrehen und die Masse auf der Schnittfläche verteilen. Den fein geriebenen Gouda darüberstreuen. 5 Min. weiterbacken.

Vorschlag für Salatbeilage

- Wachsbohnen-Endivien-Salat (Seite 197), 80 kcal (330 kJ)

Vorschlag für Nachspeise

- Rote Apfelspeise (Seite 213), 60 kcal (250 kJ)

Nährwerte pro Portion

11 g E • 9 g F • 3 g ges. FS • 25 mg Chol • 21 g KH • 5 g Ba • 2 KE • 215 kcal (900 kJ)

Pellkartoffeln mit Kräuterstippe

Zutaten für 2 Personen

260 g gekochte Pellkartoffeln (4 KE) • 4 EL Magerquark • 100 g saure Sahne (10 % Fett) • 2 TL Senf • 2 geh. EL Zwiebelwürfel • Pfeffer, Salz, Dill, Schnittlauchröllchen • 1 Ei

- Magerquark, saure Sahne und Senf verrühren.

- Zwiebelwürfel, Gewürze, fein gehackten Dill und Schnittlauchröllchen dazugeben, abschmecken.

- Das Ei hart kochen, grob hacken und unter die Stippe geben.

Vorschläge für Salatbeilagen

- Möhren-Apfel-Rohkost (Seite 198), entsprechend 0,5 KE, 100 kcal (420 kJ)
- Gurken-Wachsbohnen-Salat (Seite 196), 90 kcal (380 kJ)

Vorschläge für Nachspeisen

- Buttermilchgelee (Seite 213), entsprechend 0,5 KE, 55 kcal (230 kJ)
- Birne Helene (Seite 218), 100 kcal (420 kJ)

Nährwerte pro Portion

15 g E • 9 g Fett • 4 g ges. FS • 124 mg Chol • 24 g KH • 3 g Ba • 2 KE • 235 kcal (980 kJ)

Kartoffel-Lauch-Gratin

Zutaten für 2 Personen

- 400 g gekochte Kartoffeln (6 KE)
- 400 g Lauch
- 2 TL Öl
- 40 g Kochschinken
- Pfeffer, Muskat, Salz
- 4 EL Wasser/Brühe
- 1 TL Margarine
- 6 EL Kaffeesahne (10 % Fett)
- 3 geh. EL Emmentaler (45 % Fett i. Tr.)

● Die gekochten Kartoffeln in mittelgroße Würfel schneiden.

● Den in feine Ringe geschnittenen, hellen Lauch in heißem Öl in einer beschichteten Pfanne ca. 5 Min. anbraten, gewürfelten Schinken hinzufügen. Das Ganze würzen, Flüssigkeit dazugeben und weiter köcheln lassen, bis die Flüssigkeit verdampft ist.

● Lauch und Kartoffeln schichtweise in eine ausgefettete Auflaufform geben, Kaffeesahne darübergießen und mit dem fein geriebenen Emmentaler bestreuen. Bei 200 °C ca. 5 Min. gratinieren.

Vorschläge für Salatbeilagen

- Grüner Salat (Seite 196), 60 kcal (250 kJ)
- Tomatensalat (Seite 198), 85 kcal (360 kJ)

Vorschläge für Nachspeise

- Rhabarberkompott (Seite 212), ohne KE-Berechnung, 15 kcal (60 kJ)
- Rote Apfelspeise (Seite 213), 60 kcal (250 kJ)

Nährwerte pro Portion

21 g E • 20 g F • 8 g ges. FS • 45 mg Chol • 36 g KH • 9 g Ba • 3 KE • 410 kcal (1710 kJ)

Kartoffelsalat

Zutaten für 2 Personen

- 260 g Pellkartoffeln (4 KE)
- 2 EL Magerjoghurt, leicht gehäuft
- 2 TL Mayonnaise
- 2 EL Gurkenwasser
- 2 TL Zwiebelwürfel
- 2 geh. EL Gewürzgurken
- Pfeffer, Salz, Petersilie

● Pellkartoffeln in dünne Scheiben schneiden.

● Joghurt, Mayonnaise und Gurkenwasser miteinander verrühren. Zwiebeln und Gurken dazugeben und abschmecken.

● Die Kartoffeln hinzufügen und durchziehen lassen.

Menüvorschlag für ein vollständiges Mittagessen

- Kartoffelsalat, 130 kcal (540 kJ)
- Seelachs (Seite 118), 210 kcal (880 kJ)
- Gurken-Wachsbohnen-Salat (Seite 196), 90 kcal (380 kJ)
- Pfirsich Melba (Seite 218), 90 kcal (380 kJ)

Tipp Die Soße reicht auch für 400 g Kartoffeln (6 KE).

Nährwerte für das gesamte Menü

37 g E • 20 g F • 6 g ges. FS • 110 mg Chol • 37 g KH • 6 g Ba • 3 KE • 520 kcal (2170 kJ)

Nährwerte pro Portion

4 g E • 3 g F • 2 g ges. FS • <1 mg Chol • 22 g KH • 2 g Ba • 2 KE • 130 kcal (540 kJ)

Kartoffelpuffer mit Schmand

Zutaten für 2 Personen

80 g gekochte Kartoffeln (1 KE) • 180 g rohe Kartoffeln (3 KE) • 1 geh. EL Zwiebelwürfel • Muskat, Pfeffer, Schnittlauchröllchen, Salz • 4 TL Öl • 4 TL Schmand (20 %)

- Die gekochten Kartoffeln abgießen, durchpressen und erkalten lassen. Die rohen Kartoffeln fein reiben und abtropfen lassen.
- Beide Kartoffelsorten mit den Zwiebelwürfeln und Gewürzen vermengen.
- Aus der Kartoffelmasse in heißem Öl in einer kleinen beschichteten Pfanne 4 Puffer backen.
- Den Schmand beim Anrichten auf die Puffer geben.

Vorschläge für Salatbeilagen

- Tomaten-Feldsalat (Seite 200), 70 kcal (290 kJ)
- Bauernsalat (Seite 174), 100 kcal (420 kJ)

Vorschlag für Nachspeise

- Buttermilchgelee (Seite 213) (entsprechend 0,5 KE), 55 kcal (230 kJ)

Nährwerte pro Portion

3 g E • 12 g F • 2 g ges. FS • 6 mg Chol • 20 g KH • 3 g Ba • 2 KE • 205 kcal (860 kJ)

Kartoffelsalat, warm

Zutaten für 2 Personen

2 TL Essig • 4 EL warmes Wasser • Salz, Pfeffer, Süßstoff, evtl. Knoblauchpulver • 260 g Pellkartoffeln (4 KE) • 1 geh. EL Zwiebelwürfel • 20 g durchwachsener Speck, gewürfelt • 8 Feldsalatsträußchen

- Aus Essig, Wasser und Gewürzen eine süßsaure Marinade herstellen.
- Die Pellkartoffeln noch warm in dünne Scheiben schneiden und zur Marinade geben.
- Zwiebeln und Speck zusammen anbraten und untermengen. Den Salat unter Wärmezufuhr (Wasserbad) durchziehen lassen.
- Vor dem Servieren den Feldsalat vorsichtig unterheben.

Vorschlag für Salatbeilage

- Endiviensalat (Seite 196), 60 kcal (250 kJ)

Vorschlag für Nachspeise

- Pfirsichcreme (Seite 212), 70 kcal (290 kJ)

Nährwerte pro Portion:

4 g E • 7 g F • 2 g ges. FS • 9 mg Chol • 20 g KH • 3 g Ba • 2 KE • 160 kcal (670 kJ)

Kartoffel-Walnuss-Bratlinge

Zutaten für 2 Personen
260 g Kartoffeln (4 KE) • 30 g Haferflocken (2 KE) • 1 Ei • 2 TL Schmand (20 %) • 2 geh. TL fein geriebene Walnüsse • 2 TL Schnittlauchröllchen • Muskat, Salz • 4 TL Öl

- Die gekochten Kartoffeln abgießen, durchpressen und erkalten lassen.
- Alle Zutaten gut miteinander vermengen und 30 Min. stehen lassen.
- Danach 6 gleich große, flache Bratlinge formen und in heißem Öl in einer beschichteten Pfanne hellbraun braten.

Vorschläge für Gemüse-/Salatbeilagen

- Paprika-Gurken-Gemüse (Seite 159), 65 kcal (270 kJ)
- Tomaten-Gurken-Salat (Seite 197), 80 kcal (330 kJ)

Vorschläge für Nachspeisen

- Rhabarbercreme (Seite 220), ohne KE-Berechnung, 35 kcal (150 kJ)
- Kompott (Seite 205), 45 kcal (190 kJ)

Nährwerte pro Portion

9 g E • 18 g F • 2 g ges. FS • 110 mg Chol • 30 g KH • 4 g Ba • 3 KE • 320 kcal (1340 kJ)

Kartoffel-Tomaten-Auflauf

Zutaten für 2 Personen
260 g gekochte Kartoffeln (4 KE) • 300 g Tomaten • Knoblauch • 1 TL Margarine • Pfeffer, frischer Thymian, Salz • 4 EL Kaffeesahne (10 % Fett) • 4 geh. EL Butterkäse (50 % Fett i. Tr.)

- Kartoffeln und Tomaten in dünne Scheiben schneiden, schichtweise in eine mit Knoblauch eingeriebene und ausgefettete Auflaufform geben, würzen.
- Die Kaffeesahne darübergießen und den Auflauf mit fein geriebenem Käse bestreuen.
- Bei 200 °C ca. 10 Min. zugedeckt erhitzen und bei 175 °C ca. 5 Min. offen überbacken.

Vorschläge für Salatbeilagen

- Blumenkohlrohkost (Seite 194), 75 kcal (320 kJ)
- Endiviensalat (Seite 196), 60 kcal (250 kJ)

Vorschläge für Nachspeisen

- Pfirsich Melba (Seite 218), 90 kcal (380 kJ)
- Schokoladenflammeri (Seite 218), 150 kcal (630 kJ)

Nährwerte pro Portion

11 g E • 14 g F • 8 g ges. FS • 8 mg Chol • 24 g KH • 4 g Ba • 2 KE • 265 kcal (1110 kJ)

Rösti mit frischen Champignons

Zutaten für 2 Personen

- 200 g Champignons, frisch
- 100 g Lauchzwiebeln
- 3 TL Öl
- Pfeffer, Salz, evtl. Knoblauch
- 260 g rohe Kartoffeln (4 KE)
- gehackte Petersilie
- 3 TL Öl

- Champignons in dünne Scheiben, Lauchzwiebeln in feine Ringe schneiden und in einer beschichteten Pfanne ca. 5 Min. andünsten und würzen.

- Kartoffeln grob raspeln, leicht salzen, Petersilie dazugeben und mit dem Gemüse vermengen.

- Die Masse halbieren, eine beschichtete Pfanne mit Öl auspinseln und erhitzen (mehr dazu unter »Braten in der beschichteten Pfanne«, Seite 82). Den Rösti bei geschlossener Pfanne ca. 10 Min. auf mittlerer Temperatur braten.

- Den Rösti mithilfe eines Tellers wenden. Zuvor die Pfanne nochmals mit Öl auspinseln und erhitzen. Die zweite Seite des Röstis ca. 5 Min. bräunen. Mit der zweiten Hälfte der Masse ebenso verfahren.

Vorschläge für Salatbeilagen

- Eisbergsalat (Seite 194), 50 kcal (210 kJ)
- Tomaten-Endivien-Salat (Seite 200), 70 kcal (290 kJ)

Vorschlag für Nachspeise

- Rumflammeri (Seite 218), 145 kcal (610 kJ)

Nährwerte pro Portion

6 g E • 16 g F • 1 g ges. FS • ‹ 0,5 mg Chol • 24 g KH • 6 g Ba • 2 KE • 265 kcal (1110 kJ)

Gemüsegerichte

Gemüse ist der Inbegriff gesunden Essens und auch gut geeignet für den kleinen Hunger zwischendurch. 300–400 g oder mehr sollten Sie täglich zu sich nehmen.

Gemüse ist ballaststoffreich, sättigend und – im Vergleich zur Menge – kohlenhydrat- und kalorienarm, jedoch reich an Vitaminen, sekundären Pflanzen- und Mineralstoffen. Das reichhaltige Angebot an Frisch-, Tiefkühl- oder Dosengemüse sowie Salatsorten ermöglicht eine abwechslungsreiche Speiseplangestaltung.

Die Mehrzahl der Gemüsesorten enthält weniger als 5 g verwertbare Kohlenhydrate auf 100 g; einige Sorten können allerdings bis zu 8 g aufweisen. Bedingt durch den Ballaststoffgehalt von 2 bis 4 g, steigt der Blutzucker jedoch nur langsam an. In die Kohlenhydratberechnung einbezogen werden nur noch folgende Gemüse:

- Erbsen, grün, gekocht (ca. 3 EL): 95 g KH/4 g Ba
- Maiskörner/Zuckermais (ca. 2 EL): 65 g KH/ 1 g Ba

So bereiten Sie Gemüse vor

Frisches Gemüse sollte bald verarbeitet werden. Ist das nicht möglich, bewahren Sie es kühl, trocken und vor Licht geschützt auf. Das Gemüse erst kurz vor der Zubereitung putzen und unter fließend kaltem Wasser waschen. Nach dem Zerkleinern sollte das Gemüse möglichst gleich weiterverarbeitet werden, ansonsten stets zugedeckt aufbewahren.

Durch eine sachgemäße Lagerung sowie Vorbereitung können unnötige Vitamin- und Mineralstoffverluste verhindert werden. Zu langes Garen und Warmhalten bedeuten eine zusätzliche Minderung an Nährstoffen und sollten vermieden werden. Mit frischen Kräutern, unmittelbar vor dem Essen dazugegeben, werden Gemüse und Salate aufgewertet.

Dämpfen

Dämpfen bedeutet Garen in Wasserdampf. Wasser in einem Topf mit passendem Siebeinsatz zum Kochen bringen. Den Einsatz mit dem vorbereiteten Gemüse in den Wasserdampf hängen und zugedeckt garen. Das Gemüse würzen, Butter oder Margarine und Petersilie dazugeben.

Obwohl das Dämpfen eine schonende Garmethode im Hinblick auf den Nährstoffverlust ist, gehen doch einige Vitamine und Mineralstoffe ins Wasser über. Darum sollte das Wasser zur Herstellung von Suppen weiterverwendet werden.

Dünsten

Dünsten ist Garen in wenig Flüssigkeit mit oder ohne Verwendung von kleinen Mengen Fett. Die Flüssigkeit sollte höchstens 1 cm hoch im Topf stehen. Bei wasserreichen Gemüsearten wie Gurken, Pilzen, Tomaten und Spinat braucht meist keine Flüssigkeit dazugegeben zu werden.

Das vorbereitete Gemüse wird in dem heißen Fett (Butter oder Margarine) angedünstet, gewürzt und im geschlossenen Topf bei milder Hitze gegart. Bei den Nährwertangaben finden Sie unter »ges. FS« jeweils zwei Angaben, die erste für Butter (3 g), die zweite für Margarine (1 g). Kräuter erst vor dem Anrichten hinzufügen.

Feste Gemüse wie grüne Bohnen, Kohl, Kohlrabi und Möhren werden unter Zugabe von etwas heißem Wasser gedünstet. Tiefkühlgemüse wird im gefrorenen Zustand verarbeitet. Die Garzeit ist etwa um die Hälfte kürzer. Auch beim Dünsten treten Vitamine und Mineralstoffe aus dem Gemüse aus. Sie bleiben uns jedoch in der wenigen Flüssigkeit, die wir zum Dünsten verwenden und verzehren, erhalten.

Kochen

Kochen ist Garen in viel Flüssigkeit, jedoch sollte man nur so viel Wasser nehmen, dass das Gemüse gerade bedeckt ist. Das Kochwasser möglichst weiterverwenden, es enthält wertvolle Mineralstoffe und Vitamine, die beim Garen ins Kochwasser übergehen.

Das Gemüse unmittelbar nach dem Vorbereiten ins kochende, gewürzte Wasser geben. Im geschlossenen Topf bei starker Hitze wieder zum Kochen bringen, dann bei verringerter Energiezufuhr weitergaren. Das Kochwasser abgießen und das Gemüse in Butter oder Margarine schwenken. Kräuter erst unmittelbar vor dem Anrichten dazugeben.

Hinweise zu den Gemüserezepten

Auf eine ausführliche Beschreibung der Zubereitung von einfachen Gemüsegerichten wird verzichtet. Die Erläuterungen über Garmethoden und Garzeiten sollten für herkömmliche Gemüsezubereitungen ausreichen. Angegeben werden lediglich die Zutaten, die Vorbereitungsart und der Nährwert. Wählen Sie die Garmethode selbst. Bei komplexeren Rezeptvorschlägen ist die Zubereitung beschrieben. Die Mengenangaben beziehen sich bei Frischgemüse auf geputzte Rohware.

Garzeit von Gemüse in Minuten

Art	Kochen	Dämpfen	Dünsten
Blumenkohl	20–30	ca. 20	–
Brokkoli	15–20	ca. 15	15–20
Bohnen, grüne	15–20	20–25	25–30
Chicorée	15–20	–	15–20
Erbsen, Gemüse	10–15	–	15–20
Grünkohl	30–45	30–45	45–60
Gurken	–	–	15–20
Kohlrabi, Knollen	30–40	–	–
Kohlrabi, Scheiben	5–10	5–10	5–10
Lauch (Porree), Stangen	20–30	20–30	–
Lauch (Porree), geschnitten	–	–	20–30
Möhren	20–40	20–40	20–40
Paprikaschoten	–	15–25	20–30
Pilze	–	–	15–20
Rosenkohl	15–20	ca. 15	15–20
Rote Bete, Knollen	ca. 60	–	–
Rote Bete, Scheiben	–	–	45–60
Rotkohl	–	–	60–75
Schwarzwurzeln	30–40	–	–
Sellerie, Knolle	60–90	–	–
Sellerie, Scheiben	12–15	–	15–20
Spargel	20–30	–	–
Spinat	–	8–10	8–10
Tomaten	–	–	5–8
Weißkohl	20–40	20–40	25–45
Wirsing	20–30	20–30	20–30

Blumenkohl in Käsesoße, überbacken

Zutaten für 2 Personen

- 400 g Blumenkohlröschen
- Würzmittel, Muskat, Salz
- 3 gestr. TL Margarine
- 3 TL Weizenmehl Type 405 (1 KE)
- 150 ml Blumenkohlwasser
- 4 TL Schmand (20 %)
- 2 geh. EL geriebener Edamer (40 % Fett i .Tr.)
- Petersilie

● Blumenkohlröschen in leicht gewürztem Wasser bissfest kochen. Abtropfen lassen und in eine Auflaufform geben.

● Aus Margarine, Mehl und Blumenkohlwasser eine Soße herstellen (Seite 84).

● Den Schmand sowie die Hälfte des Käses dazugeben, verrühren, evtl. nachwürzen.

● Die Soße über den Blumenkohl geben und den restlichen Käse darüberstreuen.

● Im vorgeheizten Backofen oder Grill bei 200 °C ca. 5 Min. überbacken. Vor dem Servieren mit gehackter Petersilie bestreuen.

Vorschlag für Salatbeilage

- Wachsbohnen-Endivien-Salat (Seite 197), 80 kcal (330 kJ)

Vorschlag für Nachspeise

- Kiwicreme (Seite 223), 145 kcal (600 kJ)

Tipp Dieses Rezept, mit der zusätzlichen Salatbeilage, ist als fleischloses Gericht gedacht. Reichen Sie dazu Kartoffelbrei, 80 g entsprechen 1 KE.

Nährwerte pro Portion

16 g E • 11 g F • 6 g ges. FS • 7 mg Chol • 10 g KH • 6 g Ba • 0,5 KE • 200 kcal (830 kJ)

Blumenkohl

Zutaten für 2 Personen

400 g Blumenkohlröschen • Wasser • Würzmittel, Muskat, Salz • 2 gestr. TL Butter/Margarine • Petersilie

● Blumenkohlröschen in Salzwasser bissfest kochen. Mit zerlassener Butter übergießen, mit gehackter Petersilie bestreuen.

Nährwerte pro Portion

5 g E • 5 g F • 3 (1) g ges. FS • 12 mg Chol • 5 g KH • 6 g Ba • – KE • 80 kcal (330 kJ)

Brokkoli

Zutaten für 2 Personen

400 g Brokkoli • Wasser, Würzmittel, Muskat, Salz • 2 gestr. TL Butter/Margarine

● Bei Brokkoli verzehrt man nicht nur die zarten Röschen, sondern auch die Stiele. Schneiden Sie die Stiele kreuzweise 2 cm ein, um den Garprozess zu beschleunigen. Im Salzwasser bissfest kochen. Zerlassene Butter/Margarine über das Gemüse geben.

Nährwerte pro Portion

7 g E • 5 g F • 3 (1) g ges. FS • 12 mg Chol • 5 g KH • 6 g Ba • – KE • 90 kcal (380 kJ)

Champignons, frisch

Zutaten für 2 Personen

600 g Champignons, frisch • 2 geh. EL Zwiebelwürfel • 2 TL Öl • Pfeffer, Salz • Wasser/Brühe • Petersilie

● Die Champignons putzen, evtl. in Scheiben schneiden. Pilze und Zwiebeln in heißem Öl leicht anbraten, würzen, evtl. etwas Flüssigkeit auffüllen und gar dünsten.

● Vor dem Servieren die gehackte Petersilie dazugeben.

Nährwerte pro Portion

8 g E • 6 g F • ‹ 0,5 g ges. FS • ‹ 0,5 mg Chol • 3 g KH • 6 g Ba • – KE • 100 kcal (420 kJ)

Grüne Bohnen

Zutaten für 2 Personen

400 g Bohnen, frisch • Wasser, Würzmittel Bohnenkraut, Salz • 2 gestr. TL Butter/Margarine • Petersilie

Tipp Tauschen Sie die Butter gegen 15 g durchwachsenen Speck und geben Sie ihn angeröstet über die Bohnen.

Nährwerte pro Portion

5 g E • 5 g F • 3 (1) g ges. FS • 12 mg Chol • 10 g KH • 4 g Ba • – KE • 105 kcal (440 kJ)

Gratinierte Tomaten

Zutaten für 2 Personen
500 g Tomaten • 1 TL Margarine • 80 g Gouda (45 % Fett i. Tr.)

● Tomaten waschen, den Blütenansatz herausschneiden und die Haut auf der gegenüberliegenden Seite kreuzweise einschneiden.

● Die Tomaten in eine ausgefettete Auflaufform geben und im vorgeheizten Backofen bei 200 °C ca. 10 Min. vorgaren.

● Den Gouda in Scheiben über die Tomaten legen und 5 Min. gratinieren.

Vorschläge für Salatbeilage
- Grüner Salat (Seite 196), 60 kcal (250 kJ)
- Blumenkohlrohkost (Seite 194), 75 kcal (320 kJ)

Vorschläge für Nachspeisen
- Mandelflammeri (Seite 218), 145 kcal (610 kJ)
- Kiwicreme (Seite 223), 145 kcal (600 kJ)

Tipp Auch dieses Gericht eignet sich mit einer Beilage aus einem Salat und Pellkartoffeln als vegetarische Variante.

Nährwerte pro Portion
13 g E • 15 g F • 7 g ges. FS • 46 mg Chol • 6 g KH • 2 g Ba • – KE • 210 kcal (880 kJ)

Grünkohl

Zutaten für 2 Personen
600 g Grünkohl, frisch • 2 TL Öl • 1 geh. EL Zwiebelwürfel • Gemüsewasser/Brühe • Pfeffer, Salz • Senf • Süßstoff

● Den Grünkohl mit kochendem Wasser übergießen, 5 Min. ziehen und danach gut abtropfen lassen, fein hacken.

● Das Öl erhitzen, den Grünkohl und die Zwiebelwürfel darin andünsten. Etwas Flüssigkeit dazugeben, würzen und im geschlossenen Topf garen.

● Mit Senf und evtl. Süßstoff abschmecken.

Tipps Sollten Sie Kasselerbrühe zur Verfügung haben, so verwenden Sie diese zum Aufgießen des Grünkohls. Grünkohl schmeckt am besten, wenn er aufgewärmt wird.

Nährwerte pro Portion
9 g E • 7 g F • <0,5 g ges. FS • <0,5 mg Chol • 6 g KH • 9 g Ba • – KE • 125 kcal (520 kJ)

Gratinierter Rosenkohl

Zutaten für 2 Personen

- 400 g Rosenkohl
- Würzmittel, Muskat, Salz
- 1 gestr. TL Margarine
- 3 geh. EL geraspelter Emmentaler (45 % Fett i. Tr.)
- 3 EL saure Sahne (10 % Fett)
- 2 EL trockener Weißwein
- 2 Eier
- Pfeffer, Muskat, Salz
- 1 EL Mandelblätter

● Den geputzten Rosenkohl in leicht gewürztem Wasser bissfest kochen.

● Eine feuerfeste Form einfetten und den gut abgetropften Rosenkohl hineingeben.

● Käse, saure Sahne, Weißwein, Eier verrühren und würzen. Die Masse über den Rosenkohl geben, mit Mandelblättern bestreuen und im vorgeheizten Backofen oder Grill bei 200 °C ca. 5 Min. gratinieren.

Vorschläge für Nachspeisen

- Fruchtgelee (Seite 213), 55 kcal (230 kJ)
- Pfirsich Melba (Seite 218), 90 kcal (380 kJ)
- Orangencreme (Seite 212), 70 kcal (290 kJ)

Tipp Hierzu würde gut Kartoffelbrei (80 g = 1 KE) als Beilage passen. Fleisch muss nicht sein, denn es sind schon Eier im Gericht enthalten.

Nährwerte pro Portion

23 g E • 20 g F • 6 g ges. FS • 243 mg Chol • 8 g KH • 10 g Ba • – KE • 320 kcal (1340 kJ)

Brokkoli in Käse-Walnuss-Soße

Zutaten für 2 Personen

- 400 g Brokkoli
- Würzmittel, Muskat, Salz
- 3 gestr. TL Margarine
- 3 TL Weizenmehl Type 405 (1 KE)
- 150 ml Brokkoliwasser
- 2 EL Kaffeesahne (10 % Fett)
- 40 g Kräuterstreichkäse (20 % Fett i. Tr.)
- 1 geh. TL gemahlene Walnüsse
- 1 EL Mandelblätter

- Brokkolistiele einschneiden und das Gemüse in leicht gewürztem Wasser vorsichtig garen.

- Aus Margarine, Mehl und Brokkoliwasser eine Soße herstellen (Seite 84).

- Kaffeesahne, Kräuterstreichkäse und Nüsse dazugeben, verrühren, evtl. nachwürzen.

- Die Käse-Walnuss-Soße über den gut abgetropften Brokkoli geben und mit Mandelblättern bestreuen.

Vorschläge für Salatbeilage

- Eisbergsalat (Seite 194), 50 kcal (210 kJ)
- Tomatensalat (Seite 198), 85 kcal (360 kJ)

Vorschläge für Nachspeisen

- Grießflammeri (Seite 214), 130 kcal (540 kJ)
- Himbeercreme (Seite 210), 90 kcal (380 kJ)

Tipp Mit einem zusätzlichen Salat und Reis als Beilage wird aus diesem Gericht ein leckeres, fleischloses Mittagessen.

Nährwerte pro Portion

12 g E • 10 g F • 3 g ges. FS • 8 mg Chol • 12 g KH • 7 g Ba • 0,5 KE • 195 kcal (810 kJ)

Jägerkohl

Zutaten für 2 Personen
300 g Weißkohl • 2 TL Öl • Würzmittel • Pfeffer, Salz • Wasser/Brühe • 40 g Champignons (Dose, III. Wahl) • 100 g Tomaten

- Weißkohl fein schneiden, in heißem Öl andünsten, würzen, Flüssigkeit aufgießen und den Kohl garen.

- Nach 30 Min. die Champignons dazugeben und erhitzen. Danach die abgezogenen, in Viertel geschnittenen Tomaten ca. 5 Min. mitdünsten.

Nährwerte pro Portion
3 g E • 5 g F • ‹0,5 g ges. FS • ‹0,5 mg Chol • 8 g KH • 5 g Ba • – KE • 95 kcal (400 kJ)

Möhren, frisch

Zutaten für 2 Personen
400 g Möhren, in Scheiben geschnitten • Wasser • Würzmittel, Salz • 2 gestr. TL Butter/Margarine • Petersilie

- Zubereiten wie unter »Dünsten« (Seite 151) beschrieben.

Nährwerte pro Portion
2 g E • 5 g F • 3 (1) g ges. FS • 12 mg Chol • 10 g KH • 7 g Ba • – KE • 90 kcal (380 kJ)

Paprika-Gurken-Gemüse

Zutaten für 2 Personen
100 g Paprikastreifen • 2 TL Öl • Wasser/Brühe • 200 g Gurken • Würzmittel, Pfeffer, Salz, Dill

- Paprikastreifen in heißem Öl andünsten, etwas Flüssigkeit dazugeben und halb gar werden lassen.

- Gurken schälen, halbieren, aushöhlen und in 2 cm dicke Stücke schneiden. Gurken zum Paprika geben, würzen und weiterdünsten. Zum Schluss gehackten Dill hinzufügen.

Tipp Dieses Gemüse passt gut als Beilage zu gefüllten Paprika.

Nährwerte pro Portion
1 g E • 5 g F • ‹0,5 g ges. FS • ‹0,5 mg Chol • 3 g KH • 2 g Ba • – KE • 65 kcal (270 kJ)

Kohlrouladen, vegetarisch

Zutaten für 2 Personen

vorbereitete Kohlblätter (Seite 106) • 200 g Champignons (Dose) • 1 geh. EL Zwiebelwürfel • 2 gestr. EL Magerquark • 30 g Vollkornreis, roh (2 KE) • Pfeffer, Paprika, Würzmittel, Salz • 2 gestr. EL Schmand (20 %) • Andickungspulver

- Aus grob gehackten, gut abgetropften Champignons, Zwiebelwürfeln, Magerquark, Vollkornreis und Gewürzen eine Füllung herstellen. Weitere Zubereitung siehe »Kohlrouladen« (Seite 106).

- Die Soße mit Schmand verfeinern und evtl. mit Andickungspulver binden.

Vorschläge für Gemüse-/Salatbeilagen

- Weißkohl (Seite 167), 25 kcal (100 kJ)
- Endiviensalat (Seite 196), 60 kcal (250 kJ)

Vorschläge für Nachspeisen

- Joghurtspeise mit Obst/Kompott (Seite 214), 70 kcal (290 kJ)
- Grießflammeri (Seite 214), 130 kcal (540 kJ)
- Gefüllte Bratäpfel (Seite 222), entsprechend 1,5 KE, 145 kcal (600 kJ)

Nährwerte pro Portion

8 g E • 8 g F • 1 g ges. FS • 7 mg Chol • 19 g KH • 6 g Ba • 1 KE • 185 kcal (770 kJ)

Kohlrabigemüse

Zutaten für 2 Personen

400 g Kohlrabi in Streifen oder Scheiben geschnitten • Wasser • Würzmittel, Muskat, Salz • 2 gestr. TL Butter/Margarine

- Klein geschnittenen Kohlrabi in zerlassener Butter andünsten. Wasser dazugeben, auf kleiner Flamme mit geschlossenem Deckel bissfest garen.

Tipp Kohlrabigemüse eignet sich gut als Beilage zu Hackbraten, Frikadellen, Kasseler und Schweinenacken.

Nährwerte pro Portion

4 g E • 5 g F • 3 (1) g ges. FS • 12 mg Chol • 7 g KH • 3 g Ba • – KE • 85 kcal (360 kJ)

» Kohlrabigemüse

Lauch, überbacken

Zutaten für 2 Personen
400 g Lauch • Wasser, Würzmittel, Muskat, Salz • 60 g Kochschinken • 60 g Gouda • 3 gestr. TL Margarine • 3 gestr. TL Weizenmehl (1 KE) • Lauchbrühe

- Lauch putzen, waschen, zu 2 Portionen wickeln und ca. 20–25 Min. vorgaren. Danach gut abtropfen lassen und den Bindfaden entfernen.

- Kochschinken und Gouda über den Lauch legen, auf ein leicht gefettetes Backblech geben und im vorgeheizten Backofen bei 200–225 °C oder im Grill überbacken, bis der Käse geschmolzen ist.

- Aus Margarine, Mehl und Lauchbrühe eine Soße herstellen (Seite 84), abschmecken und zum Lauch servieren.

Vorschläge für Nachspeisen
- Saftgelee (Seite 213), 55 kcal (230 kJ)
- Pfirsich Melba (Seite 218), 90 kcal (380 kJ)

Nährwerte pro Portion
19 g E • 12 g F • 3 g ges. FS • 33 mg Chol • 12 g KH • 6 g Ba • 0,5 KE • 240 kcal (1000 kJ)

Porreegemüse

Zutaten für 2 Personen
400 g Porree, hell, in 2–3 cm dicke Streifen geschnitten • 2 gestr. TL Butter/Margarine • Würzmittel, Pfeffer, Muskat, Salz

- Zubereiten wie unter »Dünsten« (Seite 151) beschrieben.

Nährwerte pro Portion
4 g E • 5 g F • 3 (1) g ges. FS • 12 mg Chol • 6 g KH • 4 g Ba • – KE • 85 kcal (360 kJ)

Rosenkohl

Zutaten für 2 Personen
400 g Rosenkohl, geputzt • Wasser, Muskat, Salz • 2 gestr. TL Butter/Margarine • Petersilie

- Zubereiten wie unter »Kochen« (Seite 151) beschrieben.

Nährwerte pro Portion
9 g E • 5 g F • 3 (1) g ges. FS • 12 mg Chol • 6 g KH • 9 g Ba • – KE • 110 kcal (460 kJ)

Paprikaschote, vegetarisch

Zutaten für 2 Personen

- 250 g Paprikaschote (2 Stück)
- 150 g Champignons (Dose, III. Wahl)
- 1 geh. EL Zwiebelwürfel
- 100 g Paprikawürfel
- 30 g Vollkornreis (roh) (2 KE)
- 2 gestr. EL Magerquark
- Pfeffer, Paprika, Majoran, Salz
- Wasser/Brühe
- 2 Msp. Tomatenmark
- 2 TL Schmand (20 %)
- Andickungspulver

- Paprika waschen, den Deckel abschneiden und innen putzen.

- Aus Champignons, Zwiebelwürfeln, Paprikawürfeln, Vollkornreis, Magerquark und Gewürzen eine Füllung herstellen.

- Die Paprikaschoten damit füllen, die Deckel wieder aufsetzen, in einen dem Umfang der Paprika angepassten Topf stellen, etwas heißes Wasser aufgießen und zugedeckt dünsten. Eventuell weitere Flüssigkeit dazugeben.

- Die Soße mit Tomatenmark, Schmand und Andickungspulver binden; anschließend abschmecken.

Vorschläge für Gemüse-/Salatbeilagen

- Paprika-Gurken-Gemüse (Seite 159), 65 kcal (270 kJ)
- Weißkohl-Rohkost (Seite 197), 70 kcal (290 kJ)

Vorschläge für Nachspeisen

- Himbeercreme (Seite 210), 90 kcal (380 kJ)
- Quarkspeise mit Kompott/Obst (Seite 214), 120 kcal (500 kJ)

Nährwerte pro Portion

8 g E • 2 g F • ‹1 g ges. FS • ‹1 mg Chol • 18 g KH • 8 g Ba • 1 KE • 125 kcal (520 kJ)

Pfifferlinge, frisch

Zutaten für 2 Personen
600 g Pfifferlinge, geputzt • 2 geh. EL Zwiebelwürfel • 2 TL Öl • Pfeffer, Salz • Wasser/Brühe • Petersilie

- Pfifferlinge und Zwiebelwürfel in heißem Öl anbraten und würzen. Etwas Flüssigkeit dazugeben und gar dünsten.
- Vor dem Servieren mit gehackter Petersilie bestreuen.

Nährwerte pro Portion
5 g E • 6 g F • ‹0,5 g ges. FS • ‹0,5 mg Chol • 2 g KH • 14 g Ba • – KE • 85 kcal (360 kJ)

Stangenspargel, frisch

Zutaten für 2 Personen
400 g Spargel, geschält • Wasser • Würzmittel, Salz • 2 gestr. TL Butter/Margarine

- Spargel schälen und in das kochende, gewürzte Wasser geben. Nach etwa 20 Min. Spargel gut abtropfen lassen und die Butter/Margarine darauf verteilen.

Nährwerte pro Portion
4 g E • 5 g F • 3 (1) g ges. FS • 12 mg Chol • 4 g KH • 3 g Ba • – KE • 70 kcal (290 kJ)

Rotkohl

Zutaten für 2 Personen
400 g Rotkohl • 2 TL Öl • Wasser/Brühe • Pfeffer, Salz • Essig • Zwiebel • Lorbeerblatt, Nelke

- Rotkohl fein schneiden, in heißem Öl andünsten, Flüssigkeit und Geschmackszutaten dazugeben und garen.

Nährwerte pro Portion
3 g E • 5 g F • ‹0,5 g ges. FS • ‹0,5 mg Chol • 7 g KH • 5 g Ba • – KE • 85 kcal (350 kJ)

Erbsen

Zutaten für 2 Personen
190 g Erbsen, gekocht, abgetropft • Würzmittel, Salz • 2 gestr. TL Butter/Margarine • Petersilie

- Erbsen im Topf erwärmen.
- Danach würzen und mit der Butter/Margarine vermischen.

Nährwerte pro Portion
5 g E • 5 g F • 3(1) g ges. FS • 12 mg Chol • 10 g KH • g Ba • 1 KE • 105 kcal (440 kJ)

» Pfifferlinge, frisch

Stangenspargel nach Art des Hauses

Zutaten für 2 Personen

- 400 g Stangenspargel, frisch
- 200 g Champignons, frisch
- 2 TL Öl
- 60 g Tomaten
- Salz, Pfeffer
- 4 geh. EL Emmentaler (45 % Fett i. Tr.)
- gehackte Petersilie

- Den Spargel schälen, waschen und garen.

- Die Champignons waschen, in Scheiben schneiden und in heißem Öl andünsten. Kurz vor dem Beenden des Garprozesses die in Würfel geschnittenen Tomaten hinzufügen und abschmecken.

- Den gut abgetropften Spargel in eine leicht ausgefettete Auflaufform legen und die Champignon-Tomaten-Masse darüber verteilen.

- Den Käse reiben, über das Gemüse geben und im vorgeheizten Backofen oder Grill bei 200 °C kurz überbacken. Vor dem Servieren mit Petersilie bestreuen.

Vorschläge für Salatbeilagen

- Grüner Salat (Seite 196), 60 kcal (250 kJ)
- Gurkensalat (Seite 202), 75 kcal (320 kJ)

Vorschläge für Nachspeisen

- Quarkeis mit heißen Kirschen (Seite 216), 170 kcal (710 kJ)
- Erdbeercreme (Seite 210), 90 kcal (380 kJ)

Tipp Hierzu passen sehr gut kleine frische Pellkartoffeln.

Nährwerte pro Portion

15 g E • 15 g F • 3 g ges. FS • 28 mg Chol • 5 g KH • 5 g Ba • – KE • 220 kcal (9020 kJ)

Sauerkraut

Zutaten für 2 Personen
400 g Sauerkraut • 2 TL Öl • Wasser/Brühe • Würzmittel, Salz, Zwiebel, Wacholderbeeren, Lorbeerblatt, Nelke, evtl. Süßstoff

- Zubereiten wie unter »Dünsten« (Seite 151) beschrieben.

Tipp Sauerkraut kann man gut am Vortag vorbereiten, denn aufgewärmt schmeckt es noch besser. Es eignet sich gut als Beilage zu Kasseler, Schweinshaxe, Schweinenacken oder Leber.

Nährwerte pro Portion
3 g E • 6 g F • < 0,5 g ges. FS • < 0,5 mg Chol • 2 g KH • 4 g Ba • – KE • 80 kcal (330 kJ)

Wirsingkohl

Zutaten für 2 Personen
400 g Wirsingkohl, fein geschnitten • 2 gestr. TL Butter/Margarine • Wasser/Brühe • Würzmittel, Pfeffer, Muskat, Salz

Nährwerte pro Portion
6 g E • 5 g F • 3(1) g ges. FS • 12 mg Chol • 5 g KH • 5 g Ba • – KE • 90 kcal (380 kJ)

Weißkohl als Beilage zu Kohlrouladen

Zutaten für 2 Personen
200 g Weißkohl • Kohlwasser • Würzmittel, Salz, evtl. Kümmel

- Verwenden Sie den Kohl, der bei der Vorbereitung der Kohlrouladen (Seite 106) übriggeblieben ist.

- Den Kohl fein schneiden, in wenig Kohlwasser dünsten und abschmecken.

Nährwerte pro Portion
1 g E • < 0,5 g F • < 0,5 g ges. FS • < 0,5 mg Chol • 4 g KH • 3 g Ba • – KE • 25 kcal (100 kJ)

Gurken-Tomaten-Gemüse

Zutaten für 2 Personen

200 g Gurken • 2 TL Butter/Margarine • Würzmittel, Pfeffer, Salz • 2–3 EL Wasser • 200 g Tomaten • Dill

- Gurken schälen, halbieren, aushöhlen und in 1 cm dicke Streifen schneiden.

- Die Gurken in der Butter/Margarine andünsten, würzen, evtl. Wasser aufgießen und ca. 10 Min. bei milder Hitze garen.

- Die abgezogenen Tomaten in Viertel schneiden, dazugeben und kurz mitdünsten. Vor dem Anrichten den gehackten Dill hinzufügen.

Tipp Zuerst den Blütenansatz herausschneiden und die Haut der Tomaten gegenüber kreuzweise einritzen. Die vorbereiteten Tomaten mit kochendem Wasser übergießen, 10 Sek. lang – bzw. bis sich die Haut leicht zu kräuseln beginnt – darin liegen lassen. Die Tomaten herausnehmen, abziehen und weiterverarbeiten wie im Rezept beschrieben.

Nährwerte pro Portion

2 g E • 5 g F • 3 (1) g ges. FS • 12 mg Chol • 4 g KH • 2 g Ba • – KE • 70 kcal (290 kJ)

Ratatouille

Zutaten für 2 Personen

150 g Paprika • 60 g Gemüsezwiebeln • 2 TL Öl • Pfeffer, Paprika, Würzmittel, Oregano, Salz • Wasser/Brühe • 100 g Zucchini • 100 g Tomatenviertel • Kräuter

- Paprika in Streifen und Gemüsezwiebeln in halbe Ringe schneiden. Beides in heißem Öl andünsten, würzen und etwas Flüssigkeit auffüllen.

- Die in Würfel geschnittenen Zucchini dazugeben und weitergaren. Während der letzten 5 Min. die Tomatenviertel hinzufügen. Mit gehackten Kräutern Ihrer Wahl anrichten.

Nährwerte pro Portion

3 g E • 5 g F • ‹ 0,5 g ges. FS • ‹ 0,5 mg Chol • 6 g KH • 4 g Ba • – KE • 85 kcal (360 kJ)

» Ratatouille

Köstliche Kleinigkeiten

Überraschungsgäste? Kein Problem! Schnell sind ein paar köstliche Kleinigkeiten vor- und zubereitet. Und sie machen auch noch Appetit auf gesunde Küche!

Es gibt Anlässe, zu denen man seine Familie und Gäste mit etwas Besonderem verwöhnen und überraschen möchte. Vielleicht ein Toastgericht anlässlich eines Geburtstages, eine pikante Torte bei einem Kartenabend oder einen herzhaften Salat zum Ausklang des Wochenendes.

Eine vielfältige Auswahl kleiner Zubereitungen für das nicht alltägliche Abendessen haben wir für Sie auf den nachfolgenden Seiten zusammengestellt. Die Rezepte sind für alle – Gäste wie Betroffene – gut geeignet. Sie sind leicht zu planen und abzuschätzen. Die Vor- und Zubereitung sind einfach und nicht zeitaufwendig.

Der etwas höhere Energiegehalt der kleinen Gerichte sollte Sie nicht davon abhalten, auch diese Rezepte auszuprobieren. Schließlich ist nicht jeder Tag ein Tag mit besonderem Anlass.

Apfel-Chutney

Zutaten pro Rezept

180 g geschälte, entkernte Äpfel (2 KE), säuerlich • 85 g Zwiebeln • 3 EL Essig • 10 g Zucker (1 KE) • ⅓ TL gemahlenen Ingwer • 1 Msp. gemahlene Nelken • ⅓ TL Salz • Süßstoff

- Die Äpfel achteln. Zwiebeln in Stücke schneiden, Essig hinzufügen und alles mit dem Mixstab grob zerkleinern.
- Fruchtzucker, Ingwer, Nelken und Salz dazugeben, aufkochen und bei geringer Hitze köcheln lassen, bis die Flüssigkeit verdampft und eine streichfähige Paste entstanden ist. Evtl. mit Süßstoff nachsüßen.
- Das Chutney heiß in kleine Portionsgläser füllen und sofort luftdicht verschließen.

Tipp Passt gut zu Fleisch, Aufschnitt und Fisch. In geringen Mengen verwendet, braucht Chutney nicht in die KE-Berechnung einbezogen zu werden. 70 g Apfel-Chutney enthalten ca. 1 KE.

Nährwerte pro 100 g

‹1 g E • ‹1 g F • ‹ 0,5 g ges. FS • ‹ 0,5 mg Chol • 16 g KH • 2 g Ba • 1,5 KE • 80 kcal (330 kJ)

Apfelmeerrettich

Zutaten pro Rezept

45 g Apfel (0,5 KE) • 2–3 Tropfen Zitronensaft • 10 g Meerrettich, frisch (oder 2 TL aus dem Glas) • 2 EL geschlagene Sahne, gut gehäuft • 1 Prise Salz • Süßstoff

- Den Apfel fein raspeln und mit Zitronensaft marinieren.
- Den fein geriebenen Meerrettich dazugeben und die geschlagene Sahne unterheben. Salzen und süßen.

Tipp Apfelmeerrettich wird u. a. zu gekochtem Rindfleisch und Roastbeef, kaltem und warmem Schinken, Zunge oder geräucherter Forelle und Lachs gereicht. In geringen Mengen verwendet, braucht Apfelmeerrettich nicht in die KE-Berechnung einbezogen zu werden. Sehr lecker!

Nährwerte pro Rezept

1 g E • 13 g F • 5 g ges. FS • 44 mg Chol • 8 g KH • 1 g Ba • 0,5 KE • 155 kcal (650 kJ)

Avocado-Grapefruit-Salat

Zutaten für 2 Personen
150 g Avocado • 60 g Kochschinken • 130 g filierte Grapefruitscheiben (1 KE) • 100 g Eisbergsalat • 2 EL Rotweinessig • 4 EL Wasser • 2 Msp. Senf • Pfeffer, Salz • 1 TL Öl • Schnittlauchröllchen

- Avocado in Scheiben und Kochschinken in Streifen schneiden. Die Grapefruitscheiben nochmals halbieren, den Eisbergsalat in 1 cm breite Streifen schneiden, ⅓ davon dazugeben und alles leicht vermengen.

- Aus Rotweinessig, Wasser, Gewürzen und Öl eine Marinade herstellen.

- Den Avocado-Grapefruit-Salat auf dem Rest des Eisbergsalates anrichten, die Marinade darübergeben und mit Schnittlauch bestreuen.

Nährwerte pro Portion
9 g E • 22 g F • 9 g ges. FS • 18 mg Chol • 6 g KH • 7 g Ba • 0,5 KE • 265 kcal (1110 kJ)

Rindfleischsalat

Zutaten für 2 Personen
1 EL Essig • 3–4 EL Wasser • Pfeffer, Zwiebelpulver, Salz, Schnittlauch, Petersilie • 1 TL Öl • 120 g gekochtes Rindfleisch (Schulter) • 40 g Paprika • 100 g Gurke • 40 g Radieschenscheiben • 40 g Feldsalat

- Aus Essig, Wasser, Gewürzen, gehackten Kräutern und Öl eine Marinade herstellen.

- Rindfleisch und Paprika in feine Streifen schneiden. Die Gurke schälen, halbieren, aushöhlen und in ½ cm dünne Stücke schneiden. Alles in die Marinade geben und gut durchziehen lassen.

- Radieschenscheiben und Feldsalat eine viertel Stunde vor dem Servieren unter den Salat heben.

Nährwerte pro Portion
13 g E • 6 g F • 3 g ges. FS • 36 mg Chol • 2 g KH • 1 g Ba • – KE • 120 kcal (500 kJ)

» Avocado-Grapefruit-Salat

Bauernsalat

Zutaten für 2 Personen
1 EL Essig • 3–4 EL Wasser • Pfeffer, Paprika, Senf, Salz, Zwiebel- und Knoblauchpulver • 1 TL Öl • Dill, Petersilie • 100 g Gurken • 60 g Tomaten • 40 g Paprika • 1 geh. EL Gewürzgurken • 40 g Camembert • 40 g Eisbergsalat • Schnittlauchröllchen

- Aus Essig, Wasser, Gewürzen, Öl und gehackten Kräutern eine Marinade zubereiten.

- Die Gurken schälen, halbieren, aushöhlen und in 1 cm dicke Streifen schneiden. Die Tomaten achteln und die Paprika sowie die Gewürzgurken in kleine Würfel schneiden. Alle Zutaten in die Marinade geben und gut durchziehen lassen.

- Den fein gewürfelten Camembert sowie den in grobe Streifen geschnittenen Salat vor dem Anrichten unterheben und den Bauernsalat mit Schnittlauch garnieren.

Nährwerte pro Portion
6 g E • 6 g F • 2 g ges. FS • 8 mg Chol • 3 g KH • 2 g Ba • – KE • 90 kcal (380 kJ)

Bunter Nudelsalat

Zutaten für 2 Personen
60 g bunte Nudeln (4 KE) • 100 g Champignons, frisch • 100 g Paprika, grün • 100 g Tomatenfleisch • 1 geh. EL Zwiebelwürfel • 4 EL Essig • 6 EL Wasser • 6 EL Kaffeesahne (10 % Fett) • 2 TL Öl • 1 TL Senf • Pfeffer, Paprika, Salz • gehackte Petersilie

- Bunte Nudeln kochen und abkühlen lassen.

- Die Champignons in Zitronen-Salzwasser waschen und in dünne Scheiben schneiden.

- Paprika und Tomatenfleisch in dünne Streifen schneiden. Alle Gemüsezutaten unter die Nudeln mischen.

- Essig, Wasser, Kaffeesahne, Öl und Senf gut verrühren und kräftig würzen. Die Marinade unter den Salat heben, ca. 1 Std. durchziehen lassen und vor dem Servieren mit Petersilie bestreuen.

Nährwerte pro Portion
7 g E • 10 g F • 3 g ges. FS • 38 mg Chol • 26 g KH • 4 g Ba • 2 KE • 225 kcal (940 kJ)

Champignon-Käse-Torte

Zutaten pro Torte

- 160 g Weizenvollkornmehl (8 KE)
- 1 Ei
- 60 g Margarine
- 1 ½ EL Wasser
- 200 g Gemüsezwiebeln
- 400 g Champignons (Dose, III. Wahl)
- 2 TL Öl
- Pfeffer, Salz
- 125 g Edamer (30 % Fett i. Tr.)
- 1 EL gehackte Petersilie
- 100 g Magerjoghurt
- 100 g saure Sahne (10 % Fett)
- 3 Eier
- Pfeffer, Salz
- Schnittlauchröllchen

● Zuerst einen Mürbeteig herstellen. Dafür Mehl, Ei, Margarine und Wasser in eine Schüssel geben. Mit dem elektrischen Knethaken und dann per Hand miteinander verkneten.

● Den Teig ca. 30 Min. an einem kühlen Ort ruhen lassen, danach dünn ausrollen und in eine beschichtete Springform (26 cm Durchmesser) geben. Den Teig am Rand etwa 1–2 cm hoch stehen lassen.

● Zwiebeln würfeln, Champignons gut abtropfen lassen, beides in heißem Öl anbraten, würzen und erkalten lassen.

● Den in dünne Streifen geschnittenen Edamer sowie die Petersilie unter die erkaltete Masse mengen und gleichmäßig auf dem Teigboden verteilen.

● Magerjoghurt, saure Sahne und Eier verquirlen, mit Pfeffer, Salz sowie den Schnittlauchröllchen würzen und über die Champignon-Käse-Füllung gießen.

● Die Torte im vorgeheizten Backofen bei 200 °C ca. 40–45 Min. backen, in 8 Stücke teilen und heiß servieren.

Nährwerte pro Stück

12 g E • 15 g F • 5 g ges. FS • 113 mg Chol • 14 g KH • 4 g Ba • 1 KE • 240 kcal (1000 kJ)

Quiche Lorraine

Zutaten pro Torte

160 g Weizenvollkornmehl (8 KE) • 60 g Margarine • 1 Ei • 1½ EL Wasser • 125 g Gemüsezwiebeln • 150 g Truthahnbierschinken • 150 g Lauch • 2 TL Öl • 120 g Scheibletten (45 % Fett i. Tr.) • 1 EL gehackte Petersilie • 100 g Magerjoghurt • 100 g saure Sahne (10 %) • 3 Eier • Pfeffer, Salz, Kräuter der Provence • 300 g Tomatenscheiben

- Aus Mehl, Margarine, Ei und Wasser einen Mürbeteig herstellen (Seite 175).
- Zwiebeln und Bierschinken würfeln, Lauch in feine Ringe schneiden, anbraten und erkalten lassen.
- Die gewürfelten Scheibletten sowie die Petersilie unter die erkaltete Masse mengen und auf dem Teig verteilen.
- Magerjoghurt, saure Sahne und Eier verquirlen, würzen und über die Quiche-Lorraine-Füllung gießen.
- Die Torte mit Tomatenscheiben belegen, im vorgeheizten Backofen bei 200 °C ca. 40–45 Min. backen, in 8 Stücke teilen und heiß servieren.

Nährwerte pro Stück

15 g E • 18 g F • 6 g ges. FS • 143 mg Chol • 15 g KH • 4 g Ba • 1 KE • 290 kcal (1210 kJ)

Ungarischer Bohnensalat

Zutaten für 2 Personen

1 EL Essig • 3–4 EL Wasser • Pfeffer, Senf, Salz • 1 TL Öl • 160 g gekochte, abgetropfte weiße Bohnen • 60 g Kochschinkenstreifen • 60 g rote Paprika • Petersilie • Kapern

- Aus Essig, Wasser, Gewürzen und Öl eine Marinade herstellen. Bohnen und Schinken dazugeben.
- Paprika in Streifen schneiden, kurz blanchieren, abgießen und hinzufügen. Zum Schluss fein gehackte Petersilie und Kapern untermengen und gut durchziehen lassen.

Nährwerte pro Portion

12 g E • 5 g F • 1 g ges. FS • 18 mg Chol • 8 g KH • 5 g Ba • – KE • 120 kcal (500 kJ)

» Quiche Lorraine

Hackfleisch-Käse-Torte

Zutaten pro Torte

160 g Weizenvollkornmehl (8 KE) • 60 g Margarine • 1 Ei • 1½ EL Wasser • 125 g Gemüsezwiebeln • 150 g Paprika • 200 g Tatar • 2 TL Öl • Pfeffer, Knoblauch, Salz • 125 g Camembert • 100 g Magerjoghurt • 100 g saure Sahne (10 % Fett) • 3 Eier • Pfeffer, Salz, Schnittlauchröllchen • 100 g Gewürzgurken

- Aus Mehl, Margarine, Ei und Wasser einen Mürbeteig herstellen (Seite 175).

- Zwiebel- und Paprikawürfel mit dem Tatar in heißem Öl anbraten, würzen und erkalten lassen.

- Camembert in Streifen schneiden, unter die erkaltete Masse mengen und auf dem Teigboden verteilen.

- Joghurt, saure Sahne und Eier verquirlen. Mit Pfeffer, Salz und Schnittlauchröllchen würzen und über die Masse gießen.

- Die Torte mit dünnen Gewürzgurkenscheiben belegen und im vorgeheizten Backofen bei 200 °C ca. 40–45 Min backen, in 8 Stücke teilen und heiß servieren.

Nährwerte pro Stück

16 g E • 15 g F • 3 g ges. FS • 133 mg Chol • 15 g KH • 3 g Ba • 1 KE • 260 kcal (1090 kJ)

Sommerlicher Käsesalat

Zutaten für 2 Personen

80 g Emmentaler • 100 g grüne Paprika • 20 g Zwiebeln • 100 g Gurke • 100 g Tomatenachtel • 1 EL Essig • 3–4 EL Wasser • Pfeffer, Paprika, Senf, Salz, evtl. Süßstoff • 1 TL Öl • einige Salatblätter • Petersilie, Dill

- Käse, Paprika und Zwiebeln in feine Streifen schneiden. Gurke schälen, halbieren, aushöhlen und in dünne Scheiben schneiden. Tomatenachtel dazugeben und alles vorsichtig mischen.

- Aus Essig, Wasser, Gewürzen und Öl eine Marinade herstellen, über den Salat geben und gut durchziehen lassen. Auf Salatblättern anrichten und mit den gehackten Kräutern bestreuen.

Nährwerte pro Portion

13 g E • 15 g F • 8 g ges. FS • 36 mg Chol • 4 g KH • 3 g Ba • – KE • 210 kcal (880 kJ)

Eiersalat

Zutaten für 2 Personen

60 g Lachsschinken • 2 Eier • 100 g Tomaten • 2 EL Magerquark • 4 EL Milch (1,5 % Fett) • Pfeffer, Senf, Worcestersoße, Salz • Schnittlauchröllchen

- Lachsschinken in feine Würfel, die hart gekochten Eier und die Tomaten in Scheiben schneiden. Die Zutaten schichtweise in ein Gefäß geben.

- Aus Magerquark und Milch eine dickflüssige Soße herstellen und abschmecken. Die Soße über die Zutaten gießen und einige Stunden durchziehen lassen.

- Den Salat vor dem Servieren mit Schnittlauchröllchen bestreuen.

Nährwerte pro Portion

19 g E • 8 g F • 3 g ges. FS • 230 mg Chol • 4 g KH • ‹1 g Ba • – KE • 165 kcal (690 kJ)

Joghurt-Remoulade

Zutaten für 2 Personen

2 EL Magerjoghurt, leicht gehäuft • 2 gestr. EL Magerquark • 2 TL Mayonnaise (50 % Fett) • 1 geh. EL Zwiebelwürfel • 1 EL Gewürzgurken • Salz, Pfeffer • gehackte Kräuter

- Joghurt, Quark und Mayonnaise miteinander verrühren.

- Die fein geschnittenen Zwiebel- und Gurkenwürfel dazugeben.

- Mit Salz, Pfeffer und fein gehackten Kräutern Ihrer Wahl abschmecken.

Tipp Joghurt-Remoulade eignet sich als Beilage zu Bratfisch, Sülzen und kaltem Roastbeef.

Nährwerte pro Portion

4 g E • 3 g F • 1 g ges. FS • ‹1 mg Chol • 3 g KH • – KE • 55 kcal (230 kJ)

Herzhafter Melonensalat

Zutaten für 2 Personen

120 g Wassermelone (1 KE) • 200 g Gurke • 90 g Erdbeeren (0,5 KE) • 40 g Frisée- oder Endiviensalat • 60 g Mozzarellakäse oder Frischkäse • 2 TL eingelegter grüner Pfeffer • 4 EL Orangensaft, frisch gepresst (0,5 KE) • 2 EL Zitronensaft • 2 TL Fond vom grünen Pfeffer • 1 TL Öl • Tabasco, Pfeffer, Salz

- Wassermelone entkernen, in Würfel schneiden oder Kugeln ausstechen. Gurke schälen, vierteln und in Stücke schneiden. Erdbeeren je nach Größe vierteln oder halbieren.

- Den Salat in grobe Streifen schneiden und den Käse würfeln. Alles vorsichtig vermengen und mit dem Pfeffer bestreuen.

- Aus Orangen- und Zitronensaft, Pfefferfond, Öl und den Gewürzen eine Marinade herstellen, über den Salat geben und am besten sofort servieren.

Nährwerte pro Portion

8 g E • 8 g F • 3 g ges. FS • 14 mg Chol • 12 g KH • 2 g Ba • 1 KE • 160 kcal (670 kJ)

Bayrischer Wurstsalat

Zutaten für 2 Personen

100 g Geflügelwürstchen • 100 g Tomaten • 40 g Zwiebeln • 1 EL Essig • 3–4 EL Wasser • Pfeffer, Senf, Salz • 1 TL Öl • Petersilie

- Würstchen und Tomaten in dünne Scheiben sowie die Zwiebeln in feine Ringe schneiden.

- Aus Essig, Wasser, Gewürzen und Öl eine Marinade rühren, dazugeben, durchziehen lassen.

- Vor dem Servieren die gehackte Petersilie über den Salat streuen.

Nährwerte pro Portion

8 g E • 14 g F • 3 g ges. FS • 30 mg Chol • 2 g KH • 1 g Ba • – KE • 170 kcal (710 kJ)

» Herzhafter Melonensalat

Bunter Gemüseaufstrich

Zutaten pro Rezept

100 g Möhren • 100 g Lauch, hell • 50 g Zwiebeln • 100 g Butter • Pfeffer, Salz, Zitronensaft/-melisse • gehackte Petersilie

- Möhren und Lauch putzen, waschen und so klein wie möglich schneiden. Die Zwiebeln fein würfeln, in einem Teil der Butter dünsten und abkühlen lassen.

- Die restliche Butter schaumig rühren, das Gemüse sowie die Gewürze dazugeben, abschmecken.

Nährwerte pro Portion

‹ 0,5 g E • 8 g F • 4 g ges. FS • 22 mg Chol • 1 g KH • ‹ 1 g Ba • – KE • 75 kcal (310 kJ)

Püree aus roten Linsen

Zutaten pro Rezept

100 g rote Linsen • Wasser • Bohnenkraut • 1 kleine Peperoni • 2 gestr. EL Tomatenmark • ½ TL Basilikum • ¼ TL Thymian, Chilipulver, Salz, evtl. Knoblauch

- Linsen über Nacht in der doppelten Menge Wasser einweichen und abspülen. In der 1½-fachen Menge an frischem Wasser mit dem Bohnenkraut in ca. 15 Min. weich kochen und abkühlen lassen.

- Peperoni fein zerkleinern, Tomatenmark, Gewürze sowie die gegarten Linsen hinzufügen und im Mixer zu einer cremigen Paste verarbeiten.

Tipp Das Püree ist ein idealer Brotaufstrich, es passt auch als Beilage zu Grillfleisch.

Nährwerte pro 25 g

2 g E • ‹ 0,5 g F • ‹ 0,5 g ges. FS • ‹ 0,5 mg Chol • 4 g KH • ‹ 1 g Ba • – KE • 25 kcal (100 kJ)

Kidneybohnen-Chili-Aufstrich

Zutaten pro Rezept
65 g gekochte Kartoffeln (1 KE) • 100 g Kidneybohnen (Dose) • 100 g Spitzpaprika • Salz, Pfeffer, Chiliflocken, Tabasco, frischer Koriander

- Die gekochten Kartoffeln durchpressen und erkalten lassen. Die Kidneybohnen kurz abspülen, gut abtropfen lassen und pürieren.
- Beide Zutaten miteinander vermischen, den in feine Würfel geschnittenen Spitzpaprika dazugeben, abschmecken und einige Stunden kühl stellen.
- Vor dem Servieren mit frischem Koriander bestreuen.

Tipp Ohne Salz zubereitet eignen sich alle Aufstriche gut für Kohlenhydrattage (Seite 52).

Nährwerte pro 25 g
0,5 g E • ‹ 0,5 g F • ‹ 0,5 g ges. FS • ‹ 0,5 mg Chol • 2,9 g KH • 1 g Ba • – KE • 18 kcal (75 kJ)

Möhren-Kohlrabi-Aufstrich

Zutaten pro Rezept
100 g Möhren • 100 g Kohlrabi • 20 g Haferflocken • Salz, Orangenpfeffer, Ingwer, Kurkuma, glatte Petersilie

- Möhren und Kohlrabi in Würfel schneiden, garen, gut abtropfen lassen und pürieren.
- Haferflocken unterrühren, abschmecken und zum Schluss reichlich feingehackte glatte Petersilie dazugeben. Einige Stunden kühl stellen.

Nährwerte pro 25 g
0,6 g E • 0,2 g F • ‹ 0,5 g ges. FS • 0 mg Chol • 2 g KH • 1 g Ba • – KE • 15 kcal (60 kJ)

Sellerie-Aufstrich

Zutaten pro Rezept
100 g Sellerie • 100 g Kichererbsen (Dose) • 50 g Frühlingszwiebeln • Salz, Zitronenpfeffer, Kurkuma, Kreuzkümmel

- Sellerie in Würfel schneiden und garen. Kichererbsen und Sellerie abtropfen lassen, pürieren, abschmecken und einige Stunden kühl stellen.

Nährwerte pro 25 g
0,4 g E • 0,2 g F • ‹ 0,5 g ges. FS • 0 mg Chol • 1 g KH • 1 g Ba • – KE • 6 kcal (25 kJ)

Schweinefilet-Camembert-Toast

Zutaten für 2 Personen

100 g Schweinefilet (je 50 g) • Pfeffer, Paprika, Basilikum, Salz • 1 TL Öl • 40 g Zwiebelringe • 40 g Paprika • 60 g Roggenvollkornbrot (2 KE) • Gurkenscheiben • 50 g Camembert, reif (30 % Fett i. Tr.)

- Schweinefilet klopfen, würzen, in heißem Öl scharf anbraten und danach salzen.
- Zwiebelringe sowie die in feine Streifen geschnittene Paprika dazugeben und dünsten, evtl. nachwürzen.
- Das Brot halbieren, am Rand mit Gurkenscheiben belegen und diese etwas überstehen lassen. Das Filet in die Mitte legen und das Paprika-Zwiebel-Gemüse darauf verteilen.
- Den Camembert in kleine Würfel schneiden, darübergeben und im Backofen oder Grill überbacken.

Nährwerte pro Portion

19 g E • 8 g F • 5 g ges. FS • 45 mg Chol • 13 g KH • 3 g Ba • 1 KE • 200 kcal (840 kJ)

Quark-Kräuter-Butter

Zutaten pro Rezept

125 g Magerquark • 50 g Butter • Petersilie, Dill, Schnittlauchröllchen • Zitronensaft, Worcestersoße • Pfeffer, Salz, evtl. Knoblauch

- Magerquark in ein Sieb zum Abtropfen geben und die Butter weich werden lassen. Beide Zutaten miteinander verrühren, die fein gehackten Kräuter dazugeben, abschmecken.
- Die Masse auf Pergamentpapier geben und eine Rolle formen, in das Tiefkühlfach legen, bis die Quark-Kräuter-Butter schnittfest ist.

Tipp Quark-Kräuter-Butter ist köstlich zu kurz gebratenem Fleisch, zu Fisch oder als Brotaufstrich.

Nährwerte pro 10 g

1 g E • 2 g F • 1 g ges. FS • 7 mg Chol • ‹0,5 g KH • ‹0,5 g Ba • – KE • 25 kcal (100 kJ)

» Schweinefilet-Camembert-Toast

Krabbencocktail, exotisch

Zutaten für 2 Personen

200 g Krabbenfleisch • Pfeffer • 160 g Ananas, frisch (2 KE) • 200 g Papaya, frisch • Zitronensaft • 100 g saure Sahne (10 % Fett) • 4 TL Mayonnaise • 4 EL Buttermilch • 1 TL Tomatenmark • Cayennepfeffer, Salz • einige Salatblätter

- Krabbenfleisch mit Pfeffer bestreuen. Ananas in kleine Stücke schneiden. Papaya grob würfeln, mit Zitronensaft beträufeln und alle bisherigen Zutaten vorsichtig vermengen.
- Aus saurer Sahne, Mayonnaise, Buttermilch, Tomatenmark und Gewürzen eine Soße herstellen.
- Den Krabbencocktail auf Salatblättern anrichten, die Soße darübergeben und kühl servieren.

Nährwerte pro Portion

22 g E • 17 g F • 9 g ges. FS • 166 mg Chol • 17 g KH • 3 g Ba • 1 KE • 315 kcal (1320 kJ)

Pizza

Zutaten pro Rezept

50 g Magerquark, trocken • 2 EL Milch (1,5 % Fett) • 1 TL Öl • 1 Msp. Salz • 80 g Weizenvollkornmehl (4 KE) • 1 gestr. TL Backpulver • 50 g Tomatenpüree • Paprika, Pfeffer, Oregano, Salz • 50 g Zwiebeln • 30 g Kochschinken • 100 g Champignonscheiben (Dose) • 100 g Tomaten • 60 g Emmentaler (45 % Fett i. Tr.) • Oregano

- Quark, Milch, Öl und Salz verrühren. Mehl und Backpulver vermischen, nach und nach zur Quarkmasse geben, zu einem Teigkloß verarbeiten und ½ Std. kühl stellen.
- Den Teig zwischen Frischhaltefolie ausrollen und in eine Springform (24–26 cm) legen. Mit gewürztem Tomatenpüree bestreichen.
- Zwiebeln und Kochschinken fein würfeln, Champignons abtropfen lassen, Tomaten in dünne, den Käse in feine Streifen schneiden. Den Boden damit belegen und mit Oregano bestreuen.
- Die Pizza im vorgeheizten Backofen bei 200–225 °C ca. 25–30 Min. backen.

Nährwerte pro Rezept

47 g E • 32 g F • 13 g ges. FS • 74 mg Chol • 57 g KH • 14 g Ba • 4 KE • 710 kcal (2970 kJ)

Erdbeer-Limetten-Marmelade

Zutaten pro Rezept
1000 g Erdbeeren • 50 g Limetten • 250 g Stevia-Zucker • 1 Pck. Gelfix 2:1

● Erdbeeren pürieren, Limetten in kleine Stücke schneiden. Die restlichen Zutaten dazugeben und verrühren. Weiterverarbeiten wie auf der Gelfixpackung beschrieben.

Nährwerte pro 40 g
‹ 0,5 g E • ‹ 0,5 g F • ‹ 0,5 g ges. FS • ‹ 0,5 mg Chol • 10 g KH • 1 g Ba • 1 KE • 45 kcal (190 kJ)

Erdbeer-Orangen-Vanille-Marmelade

Zutaten für pro Rezept
800 g Erdbeeren • 200 ml Orangensaft • 250 g Stevia-Zucker • 2 Pck. Vanillezucker • 1 Pck. Gelfix 2:1

● Erdbeeren pürieren, die restlichen Zutaten dazugeben und verrühren. Weiterverarbeiten wie auf der Gelfixpackung beschrieben.

Nährwerte pro 40 g
‹ 0,5 g E • ‹ 0,5 g F • ‹ 0,5 g ges. FS • ‹ 0,5 mg Chol • 10 g KH • 1 g Ba • 1 KE • 45 kcal (190 kJ)

Vierfrucht-Marmelade

Zutaten pro Rezept
500 g Himbeeren • 250 g Rote Johannisbeeren • 125 g Erdbeeren • 125 g Brombeeren • 250 g Stevia-Zucker • 1 EL Zitronensaft • 1 Pck. Gelfix 2:1

● Die Früchte pürieren, die restlichen Zutaten dazugeben und wie auf der Gelfixpackung beschrieben verarbeiten.

Nährwerte pro 40 g
‹ 0,5 g E • ‹ 0,5 g F • ‹ 0,5 g ges. FS • ‹ 0,5 mg Chol • 10 g KH • 1 g Ba • 1 KE • 45 kcal (190 kJ)

Erdbeer-Rhabarber-Marmelade

Zutaten pro Rezept
500 g Erdbeeren • 400 g Rhabarber • 250 g Stevia-Zucker • 100 ml Rotwein • 1 EL Zitronensaft • 1 Pck. Gelfix 2:1

● Erdbeeren putzen und pürieren, Rhabarber waschen, putzen und in feine Stücke schneiden. Alle Zutaten vermengen und wie auf der Gelfixpackung beschrieben verarbeiten.

Nährwerte pro 45 g
‹ 0,5 g E • ‹ 0,5 g F • ‹ 0,5 g ges. FS • ‹ 0,5 mg Chol • 10 g KH • 1 g Ba • 1 KE • 45 kcal (190 kJ)

Salate und Rohkost

Das ganze Jahr über stehen uns frische Salate und ein reichhaltiges Angebot an Gemüse, das sich zur Herstellung von Salaten und Rohkost eignet, zur Verfügung.

Salate und Rohkost sind vitamin- und mineralstoffreicher als gegartes Gemüse, liefern wichtige Ballaststoffe und dämpfen das Hungergefühl. Sie können Salate und Rohkostgerichte als wertvolle Beilage zum Mittagessen oder als Ergänzung zum Abendessen genießen.

Salate und Rohkost – die ideale Beilage

Auch hier gilt: Möglichst frisches Gemüse verwenden, keine langen Lagerzeiten und erst kurz vor der Zubereitung putzen und waschen. Zerkleinertes Gemüse nicht unnötig der Luft aussetzen und sofort weiterverarbeiten, sonst abdecken. Das Öl und die frischen, gehackten Kräuter erst kurz vor dem Anrichten dazugeben.

Blattsalate werden leicht welk, fallen zusammen und sehen unappetitlich aus. Waschen Sie deshalb geputzten Salat in reichlich stehendem Wasser und geben Sie ihn zum Abtropfen auf ein Sieb. Möchten Sie Blattsalate in geschnittener Form verwenden, schneiden Sie sie ungewaschen und waschen Sie sie dann vorsichtig. Geben Sie die fertige Marinade erst unmittelbar vor dem Anrichten über den Salat und mengen Sie ihn dann vorsichtig durch.

Gemüsesalate Stellen Sie zuerst die Marinade bis auf Öl und Kräuter her. Das frisch vorbereitete oder gegarte Gemüse nach dem Zerkleinern sofort in die Marinade geben und abgedeckt durchziehen lassen. Die frisch gehackten Kräuter und das Öl erst kurz vor dem Servieren dazugeben.

Bei Rohkost gleicht die Zubereitung im Prinzip der von Gemüsesalaten. Es wird jedoch ausschließlich rohes Gemüse in geriebener, geraspelter oder fein geschnittener Form verarbeitet. Zuerst die Marinade herstellen. Das Öl, sofern im Rezept angegeben, erst unmittelbar vor dem Verzehr hinzufügen. Das Reiben vergrößert die Oberfläche des Gemüses um ein Vielfaches. Der Luftsauerstoff hat damit ein leichtes Spiel, die Vitamine anzugreifen.

Köstliche Salatsoßen

Salate bringen Frische und Farbe in die Mahlzeit. Die Krönung von Salaten oder Rohkost erfolgt jedoch erst durch die Salatsoße. Es lohnt sich, bei der Auswahl der Zutaten Wert auf Qualität zu legen.

- Fein, gesund und beliebt ist die Kräutermarinade oder Vinaigrette, eine Mischung aus Essig und Öl.
- Durch eine besondere Frische zeichnet sich die Zitronenmarinade aus. Sie ist eine Alternative für alle, die keinen Essig vertragen, jedoch auf einen herb-säuerlichen Geschmack nicht verzichten möchten.
- Für Liebhaber milden Salats sind zwei süße Dressings aus Joghurt, Quark, Milch und Buttermilch vorgesehen.
- Eine liebliche und dennoch pikante Geschmacksrichtung ist durch die Joghurt-Mayonnaise-Soße gegeben.

Salatsoßen können kräftig gewürzt werden. Der Wassergehalt der Salatgemüse und das von gewaschenen Blattsalaten nicht völlig abgetropfte Wasser mildern die Würzung von selbst.

Wenn es schnell gehen soll, spricht auch nichts dagegen, gelegentlich fertige Salatsoßen einzusetzen. Viele Produkte haben Nährwertangaben, sodass die Kohlenhydrat- und Fettmengen erkennbar werden. In der Regel brauchen die Salatsoßen nicht berechnet zu werden.

Wissenswertes über Essig

Balsamico-Essig wird aus eingedicktem Traubenmost hergestellt. Gute Balsamicos reifen mehrere Jahre, traditionell in Holzfässern.

Weinessig wird ausschließlich aus Wein hergestellt. Der milde Weißweinessig gehört in die klassische Kräutermarinade. Kräftiger schmeckt hingegen der Rotweinessig.

Obstessig gibt Salaten eine fruchtige Note, hauptsächlich wird Apfelessig angeboten.

Kräuteressig ist Branntwein- oder Weinessig mit zugesetzten Kräutern wie Estragon, Thymian oder Rosmarin.

Pflanzenöle haben viel zu bieten

Kalt gepresste Öle werden durch mechanische Pressung hergestellt, hierbei entstehen Temperaturen zwischen 40 und 65 °C. Häufig finden Sie auf der Ölflasche Bezeichnungen wie »nativ schonend gepresst«, »erste Pressung« oder »naturbelassen«. Der Geschmack von naturbelassenem Öl ist intensiv, da es alle Aromastoffe der Ölsaat enthält. Ferner bleiben die Flavonoide als gesundheitsfördernde Substanzen erhalten. Damit diese nicht zerstört werden, verwenden Sie kalt gepresste Öle bitte nur für Salate und Rohkost.

Raffiniertes Öl ist gereinigtes Speiseöl, die Verarbeitung hat keinen Einfluss auf den Gehalt an mehrfach ungesättigten Fettsäuren. Diese Öle sind geschmacksneutraler, fast geruchlos und viel hitzestabiler.

Pflanzen-Speiseöle sind im Allgemeinen eine Mischung verschiedener gereinigter Pflanzenöle. Meist ist ihr Gehalt an mehrfach ungesättigten Fettsäuren nicht so hoch wie bei dem Öl einer einzelnen Sorte. Mischöle sind relativ hitzestabil. Bei Diät-Speiseölen muss der Gehalt an mehrfach ungesättigten Fettsäuren mindestens 60 Prozent betragen.

Rapsöl hat einen ähnlich hohen Gehalt an Ölsäure wie Olivenöl. Es wird sowohl kalt gepresst als auch raffiniert im Handel angeboten. Rapsöl ist vielseitig verwendbar und zum Braten gut geeignet.

Olivenöl senkt durch den hohen Gehalt an Ölsäure den Cholesterinspiegel, ohne das »gute« HDL-Cholesterin anzutasten. Die einfach ungesättigte Ölsäure ist gut haltbar und bis 170 °C erhitzbar.

Sonnenblumenöl enthält rund 65 Prozent an mehrfach ungesättigten Fettsäuren. Es kann nicht nur in der kalten Küche, sondern auch zum Braten genutzt werden.

Nussöle werden meistens kalt gepresst angeboten. Walnussöl enthält über 70 Prozent mehrfach ungesättigte Fettsäuren, wird jedoch leicht ranzig. Haselnussöl, das zu 80 Prozent aus einfach ungesättigter Ölsäure besteht, ist haltbarer.

Leinöl hat einen typisch bitteren Geschmack und enthält extrem viel Linolensäure, eine sehr hochwertige, lebenswichtige Fettsäure. Leinöl ist nur sehr begrenzt haltbar.

Maiskeim- und Weizenkeimöle enthalten viel Vitamin E. Sie sind bis 190 °C erhitzbar und werden gerne in der warmen und kalten Küche eingesetzt.

Sojaöl hat eine günstige Fettsäurenzusammensetzung. Kalt gepresstes Sojaöl gibt es nicht, da die rohe Sojabohne gesundheitsschädigende Stoffe enthält.

Distelöl enthält über 90 Prozent ungesättigte Fettsäuren, wovon etwa 75 Prozent auf die lebensnotwendige Linolsäure entfallen. Es hat häufig einen etwas kratzigen Geschmack und nur eine geringe Haltbarkeit.

Aufbewahren von Ölen

Bewahren Sie alle Öle trocken, kühl und dunkel auf. Raffinierte Öle sind dann etwa zwei Jahre lang haltbar. Kalt gepresste Öle werden nach dem Anbruch am besten im Kühlschrank aufbewahrt. Es schadet nicht, wenn das Öl fest wird oder ausflockt, ungekühlt wird es schnell wieder flüssig.

Kräuter für den Salat

Basilikum passt sehr gut zu Tomatensalat. Gekocht verliert es jedoch an Aroma, deshalb sollten Sie es bei warmen Gerichten erst nach dem Garen hinzufügen.

Borretsch, sehr fein gehackt, ist geeignet für alle sommerlichen Salate.

Dill gehört an den Gurkensalat und an Salate, die mit Gurken zubereitet werden, passt aber auch zu Blattsalaten.

Estragon hat ein zartes Aroma mit leichter Anisnote und bereichert mild zubereitete Salatsoßen.

Kerbel ist der Petersilie ähnlich und darf nicht mitgekocht werden. Er ist zur Verfeinerung von Salaten und rohem Gemüse gut geeignet.

Petersilie gibt es das ganze Jahr frisch, man sollte sie reichlich verwenden. Petersilie lässt sich mit allen anderen Kräutern mischen.

Schnittlauch erinnert an Zwiebeln. Gleichmäßig fein geschnitten verleiht er fast allen Salaten einen besonderen Pfiff.

Zitronenmelisse hat zarte, ovale, nach Zitrone duftende Blättchen. Sie passen gut zu Blattsalaten oder mit Obst zubereiteter Rohkost.

Getrocknete Kräuter entfalten ihr Aroma erst, wenn sie die entzogene Flüssigkeit wieder aufgenommen haben. Eine vorsichtige Dosierung ist angebracht, nachwürzen können Sie immer noch.

Tiefgekühlte Kräutermischungen sind eine gute Alternative zu frischen Kräutern. Da die Mischungen außer Kräutern, Zwiebeln oder Knoblauch keine Gewürze enthalten, liegt die Geschmacksrichtung der Salate weiterhin in Ihren Händen.

Hinweise zu den Salatrezepten

Auf eine ausführliche Beschreibung jedes einzelnen Salatrezeptes wird verzichtet. Die Zubereitung ergibt sich von selbst. Die angegebenen Salatmengen beziehen sich auf geputzte Rohware bzw. abgetropftes Konservengemüse.

Joghurt-Mayonnaise-Soße

Zutaten für 2 Personen
2 EL Magerjoghurt, leicht gehäuft • 2 TL Mayonnaise (50 % Fett) • 2 EL Buttermilch • Pfeffer, Salz, Senf, Curry, gehackte Kräuter

Tipp Schmeckt gut zu Eisberg- und Chinakohlsalat und ist ohne Curry für Blumenkohl – und Weißkohlrohkost zu empfehlen.

Nährwerte pro Portion
2 g E • 3 g F • ‹0,5 g ges. FS • ‹1 mg Chol • 2 g KH • ‹0,5 g Ba • – KE • 45 kcal (190 kJ)

Zitronenmarinade

Zutaten für 2 Personen
2 EL Zitronensaft • 4–5 EL Wasser • Süßstoff nach Geschmack, Zitronenmelisse • 2 TL Öl

Tipp Gut geeignet für Möhrenrohkost und grünen Salat. Pikant mit Gewürzen und Kräutern abgeschmeckt, kann sie für alle Salatgemüse verwendet werden.

Nährwerte pro Portion
‹0,5 g E • 5 g F • ‹ 0,5 g ges. FS • ‹0,5 mg Chol • ‹1 g KH • ‹0,5 g Ba • – KE • 50 kcal (210 kJ)

Joghurtsoße, süß

Zutaten für 2 Personen
2 EL Magerjoghurt, leicht gehäuft • 4 EL Buttermilch • 2 TL Zitronensaft • Süßstoff nach Geschmack

Tipp Mit Gewürzen und Kräutern abgeschmeckt, ist diese Soße eine Alternative für alle, die es nicht so sauer mögen.

Nährwerte pro Portion
2 g E • ‹0,5 g F • ‹0,5 g ges. FS • ‹0,5 mg Chol • 2 g KH • ‹0,5 g Ba • – KE • 25 kcal (100 kJ)

Kräutermarinade

Zutaten für 2 Personen
2 EL Essig • 4–5 EL Wasser • Pfeffer, Salz, Senf, evtl. Süßstoff • 1 geh. EL Zwiebelwürfel • fein gehackte Kräuter • 2 TL Öl

Tipp Ausreichend für 400–500 g Gemüse bzw. 80–150 g Blattsalat.

Nährwerte pro Portion
‹ 0,5 g E • 5 g F • ‹ 0,5 g ges. FS • ‹ 0,5 mg Chol • ‹ 1 g KH • ‹ 0,5 g Ba • – KE • 50 kcal (210 kJ)

Bunter Chinakohlsalat

Zutaten für 2 Personen
200 g Chinakohl in Streifen • 80 g rote Paprikastreifen • 60 g Lauch in feinen Ringen • 60 g Radieschen in Scheiben • Schnittlauchröllchen • 2 EL Essig • 4–5 EL Wasser • Pfeffer, Salz, Senf, evtl. Süßstoff • 1 geh. EL Zwiebelwürfel • 2 TL Öl

Nährwerte pro Portion
3 g E • 6 g F • ‹ 0,5 g ges. FS • ‹ 0,5 mg Chol • 4 g KH • 5 g Ba • – KE • 80 kcal (330 kJ)

Quarksoße

Zutaten für 2 Personen
2 EL Magerquark • 4 EL Milch (1,5 % Fett) • 2 EL Mineralwasser • 2 TL Zitronensaft • Süßstoff nach Geschmack

Tipp Für Chicorée und grünen Salat. Schmeckt mit Gewürzen, Senf und Kräutern u. a. zu Eisbergsalat, Chinakohl, Gurkensalat, Weißkohlrohkost.

Nährwerte pro Portion
4 g E • ‹ 1 g F • ‹ 0,5 g ges. FS • ‹ 1 mg Chol • 2 g KH • ‹ 0,5 g Ba • – KE • 35 kcal (150 kJ)

Bohnen-/Wachsbohnen-Salat

Zutaten für 2 Personen
400 g grüne Bohnen oder Wachsbohnen (Dose) • 2 EL Essig • 4–5 EL Wasser • Pfeffer, Senf, Salz • 1 geh. EL Zwiebelwürfel • 2 TL Öl • gehackte Petersilie

• Bohnen abtropfen und ggf. klein schneiden. Die Marinade kurz aufkochen, heiß über die Bohnen gießen und abkühlen lassen. Öl und Petersilie vor dem Anrichten dazugeben.

Nährwerte pro Portion
4 g E • 5 g F • ‹ 0,5 g ges. FS • ‹ 0,5 mg Chol • 7 g KH • 6 g Ba • – KE • 95 kcal (400 kJ)

Rote-Bete-Salat

Zutaten für 2 Personen

350 g Rote Bete (Dose, ohne Zucker) • 2 EL Essig • 4–5 EL Wasser • 1 geh. EL Zwiebelwürfel • Pfeffer, Salz, evtl. Kümmel • Süßstoff • 2 TL Öl • gehackte Petersilie

- Die abgetropfte Rote Bete in Würfel oder Streifen schneiden.
- Aus Essig, Wasser, Zwiebelwürfeln und Gewürzen eine Marinade herstellen. Kurz aufkochen, heiß über die Rote Bete gießen und abkühlen lassen.
- Das Öl und die Petersilie vor dem Anrichten dazugeben.

Nährwerte pro Portion

3 g E • 5 g F • ‹ 0,5 g ges. FS • ‹ 0,5 mg Chol • 10 g KH • 3 g Ba • – KE • 100 kcal (420 kJ)

Blumenkohlrohkost

Zutaten für 2 Personen

250 g Blumenkohl, geraspelt • 40 g Gewürzgurken, geraspelt • 2 EL Magerjoghurt, leicht gehäuft • 2 TL Mayonnaise • 2 EL Buttermilch • Pfeffer, Senf, Salz, evtl. Kräuter

Tipp Tauschen Sie ⅓ Blumenkohl gegen Möhren aus.

Nährwerte pro Portion

5 g E • 3 g F • ‹ 1 g ges. FS • ‹ 1 mg Chol • 6 g KH • 4 g Ba • – KE • 75 kcal (320 kJ)

Eisbergsalat

Zutaten für 2 Personen

150 g Eisbergsalat, in 1 cm breite Streifen geschnitten • 2 EL Magerjoghurt • 2 TL Mayonnaise (50 % Fett) • 2 EL Buttermilch • Pfeffer, Curry, Salz, Schnittlauch oder Petersilie

Nährwerte pro Portion

3 g E • 3 g F • ‹ 1 g ges. FS • ‹ 1 mg Chol • 3 g KH • 1 g Ba • – KE • 50 kcal (210 kJ)

Chicoréesalat

Zutaten für 2 Personen

200 g Chicorée • 2 EL Magerjoghurt, leicht gehäuft • 4 EL Buttermilch • 2 TL Zitronensaft • Süßstoff

- Den Chicorée halbieren und den Keil entfernen.

- Um den leicht bitteren Geschmack zu mildern, den in feine Streifen geschnittenen Chicorée für ca. 30 Min. in ein Milch-Wasser-Gemisch (1:1) geben. Im Sieb gut abtropfen lassen und in die vorbereitete Soße geben.

Tipp Chicorée schmeckt auch sehr gut in Verbindung mit Obst.

Nährwerte pro Portion

4 g E • ‹0,5 g F • ‹ 0,5 g ges. FS • ‹0,5 mg Chol • 5 g KH • 1 g Ba • – KE • 40 kcal (170 kJ)

Endivien-/grüner Salat

Zutaten für 2 Personen

120 g Endivie, in feine Streifen geschnitten, oder 80 g geputzter grüner Salat • 2 EL Essig • 4–5 EL Wasser • Pfeffer, Salz, Knoblauch, Senf • evtl. Süßstoff • 1 geh. EL Zwiebelwürfel • 2 TL Öl

Tipp Endiviensalat zusätzlich mit Flüssigwürze abschmecken und vor dem Servieren 5–10 Min. abgedeckt stehen lassen.

Nährwerte pro Portion

1 g E • 5 g F • ‹0,5 g ges. FS • ‹0,5 mg Chol • ‹1 g KH • 1 g Ba • – KE • 60 kcal (250 kJ)

Gurken-Wachsbohnen-Salat

Zutaten für 2 Personen

200 g Gurken, geschält, halbiert, in Scheiben geschnitten • 200 g Wachsbohnen (Dose) • 2 EL Essig • 4–5 EL Wasser • Pfeffer, Salz, Senf, evtl. Süßstoff • 1 geh. EL Zwiebelwürfel • 2 TL Öl • gehackter Dill

Nährwerte pro Portion

2 g E • 5 g F • ‹0,5 g ges. FS • ‹0,5 mg Chol • 7 g KH • 3 g Ba • – KE • 90 kcal (380 kJ)

Weißkohlrohkost

Zutaten für 2 Personen
250 g Weißkohl, geraspelt • 2 EL Magerjoghurt, leicht gehäuft • 2 TL Mayonnaise (50 % Fett) • 2 EL Buttermilch • Pfeffer, Salz, Senf, gem. Kümmel

Nährwerte pro Portion
4 g E • 3 g F • ‹ 1 g ges. FS • ‹ 1 mg Chol • 7 g KH • 3 g Ba • – KE • 70 kcal (290 kJ)

Tomaten-Gurken-Salat

Zutaten für 2 Personen
200 g Tomaten in Scheiben • 200 g Gurken, geschält, gehobelt • 2 EL Essig • 4–5 EL Wasser • Pfeffer, Salz, Senf, evtl. Süßstoff • 1 geh. EL Zwiebelwürfel • 2 TL Öl • gehackter Dill, gehackte Petersilie

Nährwerte pro Portion
2 g E • 5 g F • ‹ 0,5 g ges. FS • ‹ 0,5 mg Chol • 5 g KH • 2 g Ba • – KE • 80 kcal (330 kJ)

Wachsbohnen-Endivien-/grüner-Salat

Zutaten für 2 Personen
200 g Wachsbohnen (Dose) • 2 EL Essig • 4–5 EL Wasser • Salz, Pfeffer, Senf, evtl. Süßstoff • 1 geh. EL Zwiebelwürfel • 80 g Endivie oder 60 g grüner Salat • 2 TL Öl • Petersilie

- Zubereiten wie Tomaten-Endivien-/grüner-/Feldsalat (Seite 200)

Nährwerte pro Portion
2 g E • 5 g F • ‹ 0,5 g ges. FS • ‹ 0,5 mg Chol • 5 g KH • 3 g Ba • – KE • 80 kcal (330 kJ)

Möhren-Apfel-Rohkost

Zutaten für 2 Personen

200 g Möhren • 100 g Apfel mit Schale (1 KE), grob gerieben • 2 EL Zitronensaft • 4–5 EL Wasser • Süßstoff • Zitronenmelisse oder Dill • 2 TL Öl

Nährwerte pro Portion

1 g E • 5 g F • ‹0,5 g ges. FS • ‹0,5 mg Chol • 10 g KH • 4 g Ba • 0,5 KE • 100 kcal (420 kJ)

Tomatensalat

Zutaten für 2 Personen

400 g Tomaten in Scheiben • 2 EL Essig • 4–5 EL Wasser • Pfeffer, Salz, Senf, evtl. Süßstoff • 1 geh. EL Zwiebelwürfel • 2 TL Öl • Schnittlauch oder Kresse, fein geschnitten

Nährwerte pro Portion

2 g E • 5 g F • ‹0,5 g ges. FS • ‹0,5 mg Chol • 6 g KH • 2 g Ba • – KE • 85 kcal (360 kJ)

Kidneybohnen-Lauch-Salat

Zutaten für 2 Personen

120 g Kidneybohnen, gekocht • 200 g Lauch, hell • 2 EL Essig • 4–5 EL Wasser • Pfeffer, Salz, Worcestersoße, evtl. Süßstoff • 2 TL Öl • gehackte Petersilie

- Die abgekochten, abgetropften Kidneybohnen und den in feine Ringe geschnittenen Lauch in eine Schüssel geben und vermengen.
- Aus Essig, Wasser und Gewürzen eine Marinade herstellen. Kurz aufkochen, heiß über das Bohnen-Lauch-Gemisch geben und abkühlen lassen.
- Das Öl und die Petersilie vor dem Anrichten hinzufügen.

Tipps Der Salat kann auch mit Linsen statt Kidneybohnen hergestellt werden. Die Nährstoffabweichung ist nur unwesentlich. Ohne Öl und Salz zubereitet, gut geeignet für Kohlenhydrattage (Seite 52).

Nährwerte pro Portion

6 g E • 6 g F • ‹0,5 g ges. FS • ‹0,5 mg Chol • 9 g KH • 5 g Ba • – KE • 110 kcal (460 kJ)

» Möhren-Apfel-Rohkost

Tomaten-Endivien-/grüner-/Feldsalat

Zutaten für 2 Personen

200 g Tomatenviertel • 2 EL Essig • 4–5 EL Wasser • Pfeffer, Salz, Senf, Knoblauch, evtl. Süßstoff • 1 geh. EL Zwiebelwürfel • 80 g Endivie oder • 60 g grüner Salat oder • 60 g Feldsalat • 2 TL Öl Schnittlauchröllchen

- Tomaten achteln und in die Marinade geben.

- Salate putzen, waschen und gut abtropfen lassen. Je nach Wunsch die entsprechende Salatsorte zu den Tomaten geben.

- Das Öl und den Schnittlauch hinzufügen, vorsichtig vermengen und servieren.

Tipp Haben Sie Tomaten-Endivien-Salat als Variante ausgewählt, so würzen Sie zusätzlich mit Flüssigwürze. Lassen Sie den Salat nach Hinzufügen der Endivie ca. 5–10 Min. abgedeckt durchziehen.

Nährwerte pro Portion

2 g E • 5 g F • ‹ 0,5 g ges. FS • ‹ 0,5 mg Chol • 3 g KH • 2 g Ba • – KE • 70 kcal (290 kJ)

Lauch-Apfel-Rohkost

Zutaten für 2 Personen

200 g Lauch, hell • 100 g säuerlicher Apfel (1 KE) mit Schale • 100 g Magerjoghurt • 40 g saure Sahne (10 % Fett) • 4 TL Zitronensaft • Süßstoff • 2 TL Sonnenblumenkerne

- Lauch in sehr feine Ringe schneiden und Apfel fein würfeln.

- Aus Magerjoghurt, saurer Sahne, Zitronensaft und Süßstoff eine Soße herstellen. Lauch und den Apfel hineingeben, vermengen und durchziehen lassen.

- Sonnenblumenkerne ohne Fett anrösten und vor dem Servieren über die Rohkost geben.

Nährwerte pro Portion

6 g E • 5 g F • 2 g ges. FS • 7 mg Chol • 12 g KH • 3 g Ba • 0,5 KE • 120 kcal (500 kJ)

» Tomaten-Endivien-grüner-Feldsalat

Gurkensalat

Zutaten für 2 Personen
400 g Gurken, geschält, in Scheiben geschnitten • 2 EL Essig • 4–5 EL Wasser • Pfeffer, Salz, Senf, evtl. Süßstoff • 1 geh. EL Zwiebelwürfel • 2 TL Öl • gehackter Dill

Nährwerte pro Portion
1 g E • 5 g F • ‹0,5 g ges. FS • ‹0,5 mg Chol • 4 g KH • 1 g Ba • – KE • 75 kcal (320 kJ)

Rettich-Apfel-Rohkost

Zutaten für 2 Personen
200 g Rettich, grob gerieben • 100 g Apfel mit Schale (1 KE), feiner gerieben • 2 EL Magerquark • 4 EL Mineralwasser • 2 TL Zitronensaft • Salz, Süßstoff • 2 TL Öl

Nährwerte pro Portion
5 g E • 5 g F • ‹0,5 g ges. FS • ‹0,5 mg Chol • 8 g KH • 3 g Ba • 0,5 KE • 100 kcal (420 kJ)

Gemischter Salat mit weißen Bohnen

Zutaten für 2 Personen
120 g weiße Bohnen, gekocht • 100 g Paprika, rot • 2 EL Essig • 4–5 EL Wasser • 1 geh. EL Zwiebelwürfel • Pfeffer, Salz, Sojasoße, evtl. Süßstoff • 100 g Gurken • 2 TL Öl • gehacktes Bohnenkraut oder gehackte Petersilie

- Die abgekochten, abgetropften Bohnen und die in feine Streifen geschnittene Paprika in eine Schüssel geben und vermengen.

- Aus Essig, Wasser, Zwiebelwürfeln und Gewürzen eine Marinade herstellen. Kurz aufkochen, heiß über die Bohnen und die Paprika geben. Anschließend abkühlen lassen.

- Gurken schälen, aushöhlen, in dünne Streifen schneiden und nach dem Abkühlen zum Salat geben. Das Öl, Bohnenkraut oder Petersilie vor dem Anrichten hinzufügen.

Tipp Ohne Öl und Salz zubereitet, eignet sich der Salat gut für Kohlenhydrattage (Seite 52).

Nährwerte pro Portion
5 g E • 6 g F • ‹0,5 g ges. FS • ‹0,5 mg Chol • 10 g KH • 6 g Ba • – KE • 115 kcal (480 kJ)

» Gurkensalat

Süßspeisen

Appetit auf Süßes? Auch Diabetiker dürfen etwas Süßes essen, wenn sie die richtigen Zutaten wählen und die Leckereien in ihren Tagesplan einbauen.

Unter dem Begriff Süßspeisen sind sämtliche Arten von Nachtischrezepten zusammengefasst. Die Nährstoffangaben beziehen sich auf eine Portion, entsprechend 0,5 KE bzw. 1 KE oder mehr. Neben einer Vielzahl von anzurechnenden Süßspeisen finden Sie auch diverse Auswahlmöglichkeiten für Süßspeisen ohne KE-Berechnung.

Zum Süßen eignet sich am besten flüssiger Süßstoff. Er ist leicht zu dosieren und wird im Gegensatz zu Zuckeraustauschstoffen oder Zucker nicht in die Berechnung einbezogen.

Statt fettarmer Milch (1,5 % Fett), wie in den Rezepten vorgesehen, kann auch Vollmilch mit einem Fettgehalt von 3,5 % verwendet werden. Die für die übliche Herstellung von Süßspeisen vorgesehenen Eier sind in den Vorschlägen zum größten Teil durch Eiweiß ersetzt worden.

Fruchtcremes

Fruchtcremes sind Süßspeisen von besonders feiner Beschaffenheit, die durch Gelatine gesteift und durch Eischnee und evtl. Eigelb gelockert werden. Sie gehören zur Art der kalt gerührten Cremes und werden im Allgemeinen nicht gestürzt.

- Die gegarten Früchte und die Kompottflüssigkeit mit flüssigem Süßstoff abschmecken. Bei Aprikosen, Brombeeren und Pfirsichen empfiehlt es sich, die Früchte zu pürieren.

- Die Blattgelatine in reichlich kaltem Wasser ausquellen lassen, ausdrücken und im Wasserbad oder bei geringer Energiezufuhr auf dem Herd unter Rühren auflösen (nicht kochen lassen). Sie können auch Aspikpulver verwenden (siehe Verpackungsangabe, 1 Blatt Gelatine entspricht 2 g).
- Es empfiehlt sich, zuerst die aufgelöste Gelatine mit etwas Flüssigkeit der Speise zu verrühren, bevor sie in die gesamte Creme eingerührt wird. Die Masse danach kalt stellen.
- Wenn die Creme anfängt zu gelieren, d. h., wenn beim Durchziehen eines Schneebesens eine Spur sichtbar bleibt, das steif geschlagene Eiweiß (und evtl. das schaumig gerührte Eigelb) unterziehen.
- Die Creme in ein Schälchen geben und abermals kühl stellen.

Geleespeisen

Geleespeisen sind süße Speisen aus Wein, Fruchtsaft, Milch oder Joghurt, die durch Beigabe von Früchten verfeinert und durch Gelatine gesteift werden.

Soll die Speise gestürzt werden, nehmen Sie 1 Blatt Gelatine pro Portion mehr als im Rezept angegeben. Die festen Speisen vorsichtig vom Gefäßrand lösen, kurz ins heiße Wasser halten und stürzen.

Geleespeisen benötigen zum Gelieren eine Temperatur von unter 20 °C. Je nach Konsistenz, Temperatur und Menge der zubereiteten Speise dauert das Gelieren wenige Minuten oder mehrere Stunden. Nicht ins Gefrierfach oder in die Kühltruhe stellen.

- Die Flüssigkeit mit Süßstoff und den geschmacksgebenden Zutaten verrühren.
- Die Gelatine in reichlich kaltem Wasser ausquellen lassen, ausdrücken und im Wasserbad oder bei geringer Energiezufuhr auf dem Herd unter Rühren auflösen (nicht kochen lassen).
- Es empfiehlt sich, zuerst die aufgelöste Gelatine mit etwas Flüssigkeit der Speise zu verrühren, bevor sie in die gesamte Speise eingerührt wird. So erhält man eine gleichmäßig glatt gebundene Geleespeise.

Kompotte

Kompotte sind in wenig Wasser gegartes Obst. Als Geschmackszutaten dienen Zitrone, Vanillestange, Stangenzimt, Rum und Nelken. Kompotte lassen sich auch gut zu Fruchtcremes und Geleespeisen verarbeiten.

- Das Obst waschen, schälen, entsteinen.
- Für 500 g Früchte brauchen Sie ¼ l Wasser. Das Wasser mit flüssigem Süßstoff abschmecken, Geschmackszutaten zufügen und zum Kochen bringen.
- Das Obst in die kochende Flüssigkeit geben und auf kleiner Flamme vorsichtig garen. Lassen Sie das Obst nicht zu weich werden, denn es zieht in der heißen Flüssigkeit noch nach.

Als Geschmackszutaten sind geeignet:

- Zitrone für Erdbeeren, Himbeeren, Äpfel
- Vanillestange für Äpfel, Rhabarber, Birnen
- Stangenzimt für Pflaumen, Rhabarber, Äpfel
- Rum für Sauerkirschen, Pflaumen

Im Grunde kann jede Obstsorte als Kompott zubereitet werden; berechnet wird wie bei Frischobst, siehe Austauschtabelle für Obst (Seite 208). Ist die Saison für frische Beeren vorbei und Sie möchten trotzdem ein Kompott aus diesen Früchten herstellen, so greifen Sie auf Tiefkühlfrüchte zurück. Die Kompottflüssigkeit wird anteilmäßig (1–2 EL pro Portion) nicht in die KE-Berechnung einbezogen.

Der durchschnittliche Nährwert für Kern- und Steinobst pro 1 KE: 1 g E • < 0,5 g F • 10 g KH • 2 g Ba • 45 kcal (190 kJ)

Joghurt- und Quarkspeisen

In Verbindung mit Früchten lassen sich aus Joghurt und Quark ohne viel Aufwand erfrischende Süßspeisen herstellen. Im Verhältnis zu anderen Süßspeisen

Kompott lässt sich aus fast allen Früchten kochen.

zeichnen sich Joghurt- und Quarkspeisen durch ihren höheren Eiweißgehalt aus.

- Quark mit Kompottflüssigkeit und Mineralwasser geschmeidig rühren.
- Das abgetropfte Kompott bzw. das rohe, geschnittene Obst oder die aufgetauten Tiefkühlfrüchte dazugeben.
- Nach Geschmack mit flüssigem Süßstoff und evtl. einem Spritzer Zitronensaft abschmecken.
- Erst kurz vor dem Servieren in Portionsschälchen füllen.

Joghurt weist eine dünnere Konsistenz als Quark auf und braucht nicht mit Flüssigkeit geschmeidig gerührt zu werden.

Milchflammeris

Flammeris sind süße, gekochte Speisen, die mit einem stärkehaltigen Bindemittel angedickt werden. Als Geschmackszutaten dienen u. a. Zitronenschalen, Vanillestangen und Kakao. Eine geschmackliche Aufwertung des Flammeris erzielt man durch Zugabe von Eiweiß und Aromen.

- Bindemittel mit etwas kalter Milch glatt rühren.
- Die restliche Milch mit den Geschmackszutaten erhitzen.
- Das Bindemittel unter Rühren in die kochende Milch geben, aufkochen lassen, mit Süßstoff abschmecken.

Tipp

Ein Päckchen handelsübliches Vanillepuddingpulver (3 KE) und ½ l Milch (2 KE) ergeben 5 Portionen zu 1 KE.

Bei Verwendung von Grieß als Bindemittel lässt man den Grieß trocken unter Rühren in die kochende Milch einrieseln und auf kleiner Flamme gar ziehen. Anschließend abschmecken.

Süßspeisen ohne KE-Berechnung

Dies sind Süßspeisen, die wegen ihres geringen Kohlenhydratgehaltes nicht in die KE-Berechnung einbezogen werden, was aber nicht bedeutet, dass Sie diese Desserts in unbegrenzter Menge essen können; der Energiegehalt muss schon berücksichtigt werden.

Unberechnete Nachtische ermöglichen es, das Mittagessen auch dann abzurunden, wenn Sie sich für ein berechnetes Gemüse oder mehr Kartoffeln als Beilage entscheiden.

Austauschtabelle Obst

Die jeweilige Lebensmittelmenge enthält neben 10 g verdaulichen Kohlenhydraten nur minimale Mengen an Eiweiß und Fett, insgesamt im Durchschnitt ca. 50 Kalorien. Die Kohlenhydrate bestehen hier überwiegend aus Fruchtzucker.

Essen Sie mindestens ein- bis zweimal am Tag frisches Obst.

Frisch gepresste Obstsäfte sind wie die entsprechende Obstsorte zu berechnen. 100 ml handelsüblicher Obstsäfte ohne Zuckerzusatz enthalten etwa 1 KE.

Obst	1 KE/ 10 g KH ca.
Ananas	80 g
Apfel mit Schale	100 g
Apfelsine	120 g
Apfelsine mit Schale	160 g
Aprikosen	120 g
Aprikosen mit Stein	130 g
Banane	50 g
Banane mit Schale	80 g
Birne mit Schale	90 g
Brombeere	160 g
Erdbeeren	180 g
Feige	80 g
Granatapfel ohne Schale und Kerne	60 g
Grapefruit	130 g
Grapefruit mit Schale	200 g
Guave	170 g

Obst	1 KE/ 10 g KH ca.
Heidelbeere (Blaubeere)	160 g
Himbeeren	210 g
Holunderbeeren	150 g
Honigmelone ohne Schale	80 g
Johannisbeeren, rot	210 g
Johannisbeeren, schwarz	160 g
Johannisbeeren, weiß	150 g
Kakipflaumen	60 g
Kirschen, sauer	100 g
Kirschen, sauer, mit Stein	110 g
Kirschen, süß	100 g
Kirschen, süß, mit Stein	110 g
Kiwi	110 g
Kiwi mit Schale	120 g
Mandarinen	100 g
Mandarinen mit Schale	140 g
Mango ohne Schale	80 g

Obst	1 KE/ 10 g KH ca.
Mirabelle mit Stein	80 g
Nektarine	80 g
Nektarine mit Stein	90 g
Passionsfrucht	70 g
Pfirsich	110 g
Pfirsich mit Stein	120 g
Pflaumen	100 g

Obst	1 KE/ 10 g KH ca.
Pflaumen mit Stein	110 g
Preiselbeeren, roh	160 g
Quitte, roh	140 g
Renekloden mit Stein	90 g
Stachelbeeren	140 g
Wassermelone ohne Schale	120 g

Aprikosencreme

Zutaten für 2 Personen
240 g Aprikosen, püriert, ungesüßt bzw. mit Süßstoff gesüßt • 4 EL Kompottflüssigkeit • 2 EL Wasser • Süßstoff nach Geschmack • 3 Blatt weiße Gelatine • 1 Eiweiß

● Informationen zur Zubereitung finden Sie im Kapitel »Fruchtcremes« (Seite 204).

Nährwerte pro Person
6 g E • ‹ 0,5 g F • ‹ 0,5 g ges. FS • ‹ 0,5 mg Chol • 10 g KH • 2 g Ba • 1 KE • 70 kcal (290 kJ)

Himbeercreme

Zutaten für 2 Personen
420 g Himbeeren, ungesüßt bzw. mit Süßstoff gesüßt • 6 EL Kompottflüssigkeit • Süßstoff nach Geschmack • 3 Blatt weiße Gelatine • 2 Blatt rote Gelatine • 1 Eiweiß

● Informationen zur Zubereitung finden Sie im Kapitel »Fruchtcremes« (Seite 204).

Nährwerte pro Person
8 g E • ‹ 1 g F • ‹ 0,5 g ges. FS • ‹ 0,5 mg Chol • 10 g KH • 6 g Ba • 1 KE • 90 kcal (380 kJ)

Kirschcreme

Zutaten für 2 Personen
200 g Sauerkirschen, ungesüßt bzw. mit Süßstoff gesüßt • 4 EL Kompottflüssigkeit • 2 EL Wasser • Süßstoff nach Geschmack • 2 Blatt weiße Gelatine • 1 Blatt rote Gelatine • 1 Eiweiß

● Informationen zur Zubereitung finden Sie im Kapitel »Fruchtcremes« (Seite 204).

Nährwerte pro Person
6 g E • ‹ 0,5 g F • ‹ 0,5 g ges. FS • ‹ 0,5 mg Chol • 10 g KH • 2 g Ba • 1 KE • 70 kcal (290 kJ)

Erdbeercreme

Zutaten für 2 Personen
360 g Erdbeeren, ungesüßt bzw. mit Süßstoff gesüßt • 6 EL Kompottflüssigkeit • Süßstoff nach Geschmack • 2 Blatt weiße Gelatine • 2 Blatt rote Gelatine • 1 Eiweiß

● Informationen zur Zubereitung finden Sie im Kapitel »Fruchtcremes« (Seite 204).

Nährwerte pro Person
8 g E • ‹ 1 g F • ‹ 0,5 g ges. FS • ‹ 0,5 mg Chol • 10 g KH • 6 g Ba • 1 KE • 90 kcal (380 kJ)

»Himbeercreme

Pfirsichcreme

Zutaten für 2 Personen
220 g Pfirsiche, püriert, ungesüßt bzw. mit Süßstoff gesüßt • 4 EL Kompottflüssigkeit • 2 EL Wasser • Süßstoff nach Geschmack • 3 Blatt weiße Gelatine • 1 Eiweiß

• Informationen zur Zubereitung finden Sie im Kapitel »Fruchtcremes« (Seite 204).

Nährwerte pro Person
6 g E • ‹ 0,5 g F • ‹ 0,5 g ges. FS • ‹ 0,5 mg Chol • 10 g KH • 2 g Ba • 1 KE • 70 kcal (290 kJ)

Zitronencreme

Zutaten für 2 Personen
3 EL Zitronensaft • 3 EL Wasser • 1 Eigelb und 1 Eiweiß • 1 Blatt weiße Gelatine • Süßstoff

• Informationen zur Zubereitung finden Sie im Kapitel »Fruchtcremes« (Seite 204).

Nährwerte pro Portion
4 g E • 3 g F • ‹ 1 g ges. FS • 108 mg Chol • ‹ 1 g KH • ‹ 0,5 g Ba • – KE • 55 kcal (230 kJ)

Orangencreme

Zutaten für 2 Personen
220 g Orangensaft, frisch gepresst • 4 EL Wasser • Süßstoff nach Geschmack • 3 Blatt weiße Gelatine • 1 Eiweiß

• Informationen zur Zubereitung finden Sie im Kapitel »Fruchtcremes« (Seite 204).

Nährwerte pro Person
6 g E • ‹ 0,5 g F • ‹ 0,5 g ges. FS • ‹ 0,5 mg Chol • 10 g KH • 2 g Ba • 1 KE • 70 kcal (290 kJ)

Rhabarberkompott

Zutaten für 2 Personen
250 g Rhabarber • 200 ml Wasser • Stangenzimt • Süßstoff

• Hinweise zur Zubereitung finden Sie im Kapitel »Kompotte« (Seite 205).

Nährwerte pro Portion
1 g E • ‹ 0,5 F • ‹ 0,5 g ges. FS • ‹ 0,5 mg Chol • 2 g KH • 4 g Ba • – KE • 15 kcal (60 kJ)

Buttermilchgelee

Zutaten für 2 Personen
¼ l Buttermilch • abgeriebene Zitronenschale • Süßstoff • 2 Blatt weiße Gelatine • 1 Blatt rote Gelatine

● Informationen zur Zubereitung finden Sie im Kapitel »Geleespeisen« (Seite 205).

Nährwerte pro Portion
7 g E • 1 g F • < 0,5 g ges. FS • 5 mg Chol • 5 g KH • < 0,5 g Ba • 0,5 KE • 55 kcal (230 kJ)

Rote Apfelspeise

Zutaten für 2 Personen
180 g Apfelmark, ungesüßt bzw. mit Süßstoff gesüßt • 6 EL Wasser • Zitronensaft • Süßstoff • 3 Blatt rote Gelatine

● Informationen zur Zubereitung finden Sie im Kapitel »Geleespeisen« (Seite 205).

Nährwerte pro Portion
3 g E • < 0,5 g F • < 0,5 g ges. FS • < 0,5 mg Chol • 10 g KH • 2 g Ba • 1 KE • 60 kcal (250 kJ)

Fruchtgelee

Zutaten für 2 Personen
220 g Fruchtcocktail, ungesüßt bzw. mit Süßstoff gesüßt • 4 EL Kompottflüssigkeit • 3–4 EL Wasser • Zitronensaft • Süßstoff • 2 Blatt weiße Gelatine

● Informationen zur Zubereitung finden Sie im Kapitel »Geleespeisen« (Seite 205).

Nährwerte pro Portion
2 g E • < 0,5 g F • < 0,5 g ges. FS • < 0,5 mg Chol • 10 g KH • 2 g Ba • 1 KE • 55 kcal (230 kJ)

Saftgelee

Zutaten für 2 Personen
220 g Orangen- oder 260 g Grapefruitsaft, frisch gepresst • 4 EL Wasser • Süßstoff • 3 Blatt weiße Gelatine

● Informationen zur Zubereitung finden Sie im Kapitel »Geleespeisen« (Seite 205).

Nährwerte pro Portion
3 g E • < 0,5 g F • < 0,5 g ges. FS • < 0,5 mg Chol • 10 g KH • < 0,5 g Ba • 1 KE • 55 kcal (230 kJ)

Joghurtspeise mit Kompott/Obst

Zutaten für 2 Personen
250 g Magerjoghurt (1 KE) • Kompott/Obst für 1 KE (siehe Austauschtabelle Obst, Seite 208) • Süßstoff nach Geschmack

- Informationen zur Zubereitung finden Sie im Kapitel »Joghurt- und Quarkspeisen« (Seite 206).

Nährwerte pro Portion
6 g E • ‹0,5 g F • ‹ 0,5 g ges. FS • ‹0,5 mg Chol • 10 g KH • 1 g Ba • 1 KE • 70 kcal (290 kJ)

Kirsch-Joghurt-Speise

Zutaten für 2 Personen
250 g Magerjoghurt • 100 g Sauerkirschen, ungesüßt bzw. mit Süßstoff gesüßt • 4 EL Kompottflüssigkeit • Zitronensaft • Süßstoff • 1 Blatt rote und 1 Blatt weiße Gelatine

- Informationen zur Zubereitung finden Sie im Kapitel »Joghurt- und Quarkspeisen« (Seite 206).

Nährwerte pro Portion
7 g E • ‹0,5 g F • ‹ 0,5 g ges. FS • ‹0,5 mg Chol • 10 g KH • ‹1 g Ba • 1 KE • 80 kcal (330 kJ)

Quarkspeise mit Kompott/Obst

Zutaten für 2 Personen
200 g Magerquark • 3–4 EL Kompottflüssigkeit • Mineralwasser • Kompott/Obst für 2 KE (Austauschtabelle Obst, Seite 208) • Zitrone • Süßstoff

- Informationen zur Zubereitung finden Sie im Kapitel »Joghurt- und Quarkspeisen« (Seite 206).

Nährwerte pro Portion
14 g E • ‹0,5 g F • ‹ 0,5 g ges. FS • ‹0,5 mg Chol • 13 g KH • 2 g Ba • 1 KE • 120 kcal (500 kJ)

Grießflammeri

Zutaten für 2 Personen
400 ml Milch (1,5 % Fett) • 32 g Grieß • Zitronenschale • Süßstoff • 1 Eiweiß

- Informationen zur Zubereitung finden Sie im Kapitel »Milchflammeris« (Seite 207).

Nährwerte pro Portion
9 g E • 3 g F • 2 g ges. FS • 10 mg Chol • 20 g KH • ‹0,5 g Ba • 2 KE • 130 kcal (540 kJ)

» Kirsch-Joghurt-Speise

SÜSSSPEISEN

Quark-Zitronen-Eis

Zutaten pro Rezept

250 g Magerquark • 1 Eigelb • ½ Zitrone • Süßstoff • 1 Eiweiß • 100 g Sahne

- Magerquark und Eigelb cremig rühren, den Zitronensaft und den Süßstoff hinzugeben.
- Das Eiweiß und die Sahne getrennt steif schlagen und beides unter die Masse heben.
- Das Eis in ein flaches Gefäß füllen und in das Gefrierfach stellen, bis es schnittfest ist.
- Das Eis in 5 Portionen teilen.

Tipp Anstelle von Zitronensaft kann auch etwas Kakaopulver oder 1 Fläschchen Butter-Vanille-Aroma zum Abschmecken genommen werden. Das Eis kann auch in einer Eismaschine hergestellt werden.

Nährwerte pro Portion

9 g E • 8 g F • 4 g ges. FS • 65 mg Chol • 2 g KH • ‹0,5 g Ba • – KE • 115 kcal (480 kJ)

Quarkeis mit heißen Kirschen

Zutaten für 2 Personen

2 Portionen Quarkeis mit Butter-Vanille-Aroma (Rezept links) • 200 g Sauerkirschen, ohne Stein, ungesüßt • 4 EL Kompottflüssigkeit • 4 EL Wasser • Zitronensaft • Süßstoff • 1 Messlöffel Andickungspulver • 1 TL Rum

- Sauerkirschen, Kompottflüssigkeit und Wasser zum Kochen bringen. Mit Zitronensaft und Süßstoff abschmecken.
- Topf von der Kochstelle nehmen, das Andickungspulver einrühren, kurz aufkochen lassen und mit Rum verfeinern.

Nährwerte pro Portion

10 g E • 8 g F • 4 g ges. FS • 65 mg Chol • 12 g KH • 1 g Ba • 1 KE • 170 kcal (710 kJ)

» Quarkeis mit heißen Kirschen

Birne Helene

Zutaten für 2 Personen
200 ml Milch (1,5 % Fett) • 12 g Mondamin oder Schokoladenpuddingpulver • 6 g Kakao • Süßstoff • 80 g gekochte Birnen

- Hinweise zur Zubereitung finden Sie im Kapitel »Milchflammeris« (Seite 207).

- Flammeri mit 2 EL Kompottflüssigkeit verrühren und über die Birnenhälften geben.

Nährwerte pro Portion
4 g E • 2 g F • 1 g ges. FS • 5 mg Chol • 10 g KH • 1 g Ba • 1 KE • 100 kcal (420 kJ)

Pfirsich Melba

Zutaten für 2 Personen
200 ml Milch (1,5 % Fett) • 12 g Mondamin • Vanillestange oder Vanillepuddingpulver • Süßstoff • 110 g Pfirsichkompott oder 110 g Fruchtcocktail

- Hinweise zur Zubereitung finden Sie im Kapitel »Milchflammeris« (Seite 207).

- Flammeri mit 2 EL Kompottflüssigkeit verrühren und über die Pfirsichhälften bzw. den Fruchtcocktail geben.

Nährwerte pro Portion
4 g E • 2 g F • 1 g ges. FS • 5 mg Chol • 15 g KH • 1 g Ba • 1,5 KE • 90 kcal (380 kJ)

Mandel-/Rumflammeri

Zutaten für 2 Personen
400 ml Milch (1,5 % Fett) • 24 g Mondamin • 1 Eiweiß • Mandel-/Rumaroma • Süßstoff

- Hinweise zur Zubereitung finden Sie im Kapitel »Milchflammeris« (Seite 207).

Nährwerte pro Portion
9 g E • 3 g F • 2 g ges.FS • 5 mg Chol • 20 g KH • ‹0,5 g Ba • 2 KE • 145 kcal (610 kJ)

Schokoladenflammeri

Zutaten für 2 Personen
400 ml Milch (1,5 % Fett) • 24 g Mondamin oder Schokoladenpuddingpulver • 10 g Kakao • Süßstoff

- Hinweise zur Zubereitung finden Sie im Kapitel »Milchflammeris« (Seite 207).

Nährwerte pro Portion
7 g E • 4 g F • 3 g ges. FS • 5 mg Chol • 20 g KH • ‹0,5 g Ba • 2 KE • 150 kcal (630 kJ)

» Schokoladenflammeri

Rotweingelee

Zutaten für 2 Personen
100 ml trockener Rotwein • 200 ml Wasser • Zitronensaft • Süßstoff • 2 Blatt weiße Gelatine • 2 Blatt rote Gelatine

● Hinweise zur Zubereitung finden Sie im Kapitel »Geleespeisen« (Seite 205).

Nährwerte pro Portion
3 g E • ‹ 0,5 g F • ‹ 0,5 g ges. FS • ‹ 0,5 mg Chol • ‹ 0,5 g KH • ‹ 0,5 g Ba • – KE • 4 g Alkohol • 50 kcal (210 kJ)

Weincreme

Zutaten für 2 Personen
150 ml trockener Weißwein • 150 ml Wasser • 3 Blatt weiße Gelatine • 1 Eigelb • 1 Eiweiß • Süßstoff • Zitronensaft

● Hinweise zur Zubereitung finden Sie im Kapitel »Fruchtcremes« (Seite 204).

Nährwerte pro Portion
6 g E • 3 g F • ‹ 1 g ges. FS • 108 mg Chol • ‹ 0,5 g KH • ‹ 0,5 g Ba • – KE • 6 g Alkohol • 105 kcal (440 kJ)

Quarkcreme

Zutaten für 2 Personen
150 g Magerquark • Vanillemark • 4 EL Mineralwasser • 1 Eigelb • 1 Eiweiß • 2 Blatt weiße Gelatine • Süßstoff

● Hinweise zur Zubereitung finden Sie im Kapitel »Fruchtcremes« (Seite 204).

Nährwerte pro Portion
15 g E • 3 g F • 1 g ges. FS • 108 mg Chol • ‹ 0,5 g KH • ‹ 0,5 g Ba • – KE • 110 kcal (460 kJ)

Rhabarbercreme

Zutaten für 2 Personen
200 g Rhabarberkompott • 150 ml Kompottflüssigkeit • 2 Blatt weiße Gelatine • 2 Blatt rote Gelatine • 1 Eiweiß • Süßstoff

● Hinweise zur Zubereitung finden Sie im Kapitel »Fruchtcremes« (Seite 204).

Nährwerte pro Portion
6 g E • ‹ 0,5 g F • ‹ 0,5 g ges. FS • ‹ 0,5 mg Chol • 2 g KH • 3 g Ba • – KE • 35 kcal (150 kJ)

» Weincreme

Dänische rote Grütze

Zutaten pro Rezept
60 g Rote Johannisbeeren • 60 g Brombeeren • 60 g Himbeeren (gesamt 1 KE) • 12 g Vanillepuddingpulver (1 KE) • 175 ml Wasser • ½ TL Zitronensaft • 1 TL Süßstoff

- Die Beeren verlesen, vorsichtig waschen und gut abtropfen lassen.

- Vanillepuddingpulver mit einem Teil des Wassers anrühren.

- Johannisbeeren, Brombeeren, Zitronensaft und das restliche Wasser erhitzen. Kurz vor dem Kochen das Puddingpulver einrühren und aufkochen lassen.

- Die Himbeeren unter die heiße Grütze heben und mit Süßstoff abschmecken.

Tipp Rote Grütze serviert man mit kalter Milch, Vanillesoße oder Sahne.

Nährwerte pro Portion
2 g E • ‹1 g F • ‹ 0,5 g ges. FS • ‹0,5 mg Chol • 20 g KH • 7 g Ba • 2 KE • 110 kcal (460 kJ)

Gefüllte Bratäpfel

Zutaten für 4 Portionen
4 mittelgroße Äpfel • 100 g Magerquark • 1 Eigelb • 2 EL gemahlene Haselnüsse • abgeriebene Zitronenschale • Vanillemark • Süßstoff • 1 Eiweiß

- Die Äpfel ausstechen, sodass ein Apfel 140 g (1,5 KE) mit Schale wiegt.

- Quark, Eigelb und Nüsse verrühren. Mit Zitronenschale, Vanillemark und Süßstoff abschmecken.

- Eiweiß zu Schnee schlagen, unter die Masse heben und die Äpfel damit füllen.

- Die Äpfel auf einem mit Backpapier ausgelegten Blech im vorgeheizten Backofen bei 175 °C ca. 10–15 Min. garen.

Nährwerte pro Portion
6 g E • 5 g F • 1 g ges. FS • 50 mg Chol • 17 g KH • 3 g Ba • 1,5 KE • 145 kcal (600 kJ)

Kiwicreme

Zutaten für 2 Personen

110 g Kiwi ohne Schale (1 KE) • 12 g Vanillepuddingpulver (1 KE) • 1 Eigelb • 4 EL Wasser • 4 EL Weißwein, trocken • ½ TL Süßstoff • 1 Eiweiß • 1 EL geschlagene Sahne, gut gehäuft

- Die Hälfte der Kiwi pürieren.
- Vanillepuddingpulver und Eigelb mit einem Teil der Flüssigkeit verrühren.
- Den Rest der Flüssigkeit erhitzen, kurz vor dem Kochen das Puddingpulver einrühren und aufkochen lassen.
- Das Kiwipüree, den Süßstoff sowie den Eischnee unter die heiße Creme ziehen, erkalten lassen.
- Danach die restlichen klein geschnittenen Kiwis sowie die Schlagsahne unter die Speise heben, portionieren und kalt stellen.

Tipp Kiwis enthalten Actinidin, ein eiweißspaltendes Enzym. In Verbindung mit Milchprodukten und Gelatine kann man deshalb Kiwis nicht roh verwenden.

Nährwerte pro Portion

4 g E • 6 g F • 2 g ges. FS • 120 mg Chol • 11 g KH • 1 g Ba • 1 KE • 145 kcal (600 kJ)

Tropenmix

Zutaten für 2 Personen

¼ l Dickmilch (3,5 % Fett, 1 KE) • 80 g Mango (1 KE) • ¼ l Mineralwasser • Zitronensaft • Süßstoff

- Dickmilch, Mango, Mineralwasser und Zitronensaft in einem Mixer gut durchmischen und mit Süßstoff abschmecken. Kühl servieren.

Nährwerte pro Portion

4 g E • 5 g F • 2 g ges. FS • 14 mg Chol • 10 g KH • 1 g Ba • 1 KE • 100 kcal (420 kJ)

Apfel-Pfannkuchen

Zutaten pro Rezept

1 Eigelb • 4 EL Mineralwasser • 40 g Weizenvollkornmehl (2 KE) • 1 Prise Salz • 1 Msp. Zimt • ¼–½ TL Süßstoff • 90 g Apfel (1 KE) • 1 Eiweiß • 1 TL Öl

- Eigelb, Wasser, Mehl, Gewürze und Süßstoff gut verquirlen.

- Den Apfel in dünne Scheiben schneiden und zum Teig geben. Zum Schluss das Eiweiß steif schlagen und den Eischnee unter die Masse ziehen.

- Öl in eine kleine beschichtete Pfanne geben und die Apfel-Pfannkuchen darin backen. Die Teigmenge reicht für 3 kleine Pfannkuchen (1 Stück = 1 KE).

Nährwerte pro Rezept

12 g E • 12 g F • ‹1 g ges. FS • 217 mg Chol • 35 g KH • 7 g Ba • 3 KE • 300 kcal (1250 kJ)

Holunderbeersuppe mit Schneeklößchen

Zutaten pro Rezept

300 ml Holunderbeersaft, ungesüßt (2 KE) • 125 ml Wasser • 1 TL Zitronensaft • 1 Msp. Zimt • 2 Messlöffel Andickungspulver • Süßstoff • 1 Eiweiß

- Saft, Wasser, Zitronensaft und Zimt erhitzen. Kurz vor dem Kochen das Andickungspulver unter Rühren einstreuen, aufkochen lassen und mit Süßstoff abschmecken.

- Das Eiweiß zu Schnee schlagen. Mit dem Teelöffel kleine Klöße abstechen und auf heißem Wasser (kurz vor dem Siedepunkt) gut 5 Min. ziehen lassen. Die Klößchen vor dem Servieren auf die kalte oder warme Suppe setzen.

Tipp Bei frischen Holunderbeeren setzt man 300 g Beeren mit ¼ l kaltem Wasser an, lässt das Ganze 5 Min. köcheln und püriert es in einem Mixer. Die weitere Zubereitung wie oben beschrieben. Vorsicht, Andickungspulver quillt nach!

Nährwerte pro Rezept

8 g E • ‹0,5 g F • ‹ 0,5 g ges. FS • ‹0,5 mg Chol • 21 g KH • ‹0,5 g Ba • 2 KE • 125 kcal (520 kJ)

» Apfel-Pfannkuchen

SÜSSSPEISEN

Quark-Apfel-Auflauf

Zutaten pro Rezept

- 2 TL Margarine
- 1 Eigelb
- 125 g Magerquark
- 3/4 TL Süßstoff
- 1/2 abgeriebene Zitronenschale
- 15 g Weizenvollkorngrieß (1 KE)
- 1/2 TL Backpulver
- 90 g Apfel, geschält (1 KE)
- 1 Eiweiß
- 1 gestr. TL Margarine

- Margarine und Eigelb schaumig rühren.
- Quark, Süßstoff, Zitronenschale, Grieß und Backpulver hinzufügen und gut durchrühren.
- Die in feine Scheiben geschnittenen Äpfel sowie den Eischnee unter den Teig heben.
- Die Masse in eine kleine, mit Margarine ausgefettete Auflaufform geben und im vorgeheizten Backofen bei 175 °C ca. 25–30 Min. backen.

Tipp Dazu passt Vanille- oder Fruchtsoße entsprechend der noch zur Verfügung stehenden KE-Menge.

Nährwerte pro Rezept

26 g E • 17 g F • 4 g ges. FS • 220 mg Chol • 25 g KH • 3 g Ba • 2 KE • 365 kcal (1530 kJ)

Kuchen und Gebäck

Mit selbstgebackenem Kuchen, nach speziell berechneten Rezepturen, können Sie Ihren nächsten Kaffeeklatsch ohne Bedenken planen und genießen.

Folgendes sollten Sie nicht außer Acht lassen: Backen Sie nach Rezepten, von denen Ihnen die Nährstoffanalyse bekannt ist. Nährstoffanalysen geben Auskunft über den Gehalt an Eiweiß, Fett, Kohlenhydraten, Kilokalorien (Kilojoule) bezogen auf 100 g des verzehrfertigen Gebäcks, pro Stück oder entsprechend 1 KE.

Lesen Sie sich neue Rezepte gut durch. Verfahren Sie genauso wie im Rezept beschrieben, denn manche Zubereitungsarten, z. B. Biskuitteig, reagieren bei Abweichungen von der beschriebenen Rezeptur mit »Nichtgelingen«.

Bei der Zubereitung von Biskuitteig ist es ratsam, die Zutaten abgewogen bereitzustellen, da ein Biskuitteig zügig zubereitet werden sollte.

Zucker und Zuckeraustauschstoffe

Haushaltszucker (Saccharose 10 g = 1 KE) als geschmacksgebende und stabilitätssteigernde Zutat im Backprozess ist nunmehr in reduziertem Maße in der Ernährung bei Diabetes mellitus erlaubt. Somit wird in den Rezepten in erster Linie mit Zucker gearbeitet. Der gegenüber herkömmlichem Kuchen verringerte Zuckeranteil wird durch Zugabe von Süßstoff ersetzt. Die Süßstoffmengen können je nach Geschmack variiert werden.

Stevia-Zucker ist eine Mischung aus Zucker mit kalorienfreier Stevia-Süße. So wird die Hälfte an KE gespart. Statt 50 g Zucker (5 KE) sind in 50 g Stevia-Zucker nur 2,5 KE enthalten.

Tipps zum Backen

Die angegebenen Backzeiten und Temperaturangaben sind lediglich Richtwerte. Jeder Backofen backt unterschiedlich, beachten Sie darum auch die für Ihren Herd angegebenen Backtemperaturen. Der erfahrene Blick und die Garprobe sind immer noch die beste Kontrolle.

Für die Garprobe stechen Sie ein dünnes Holzstäbchen o. Ä. in den Kuchen. Wenn kein Teig mehr am Stab kleben bleibt, ist er gar.

Trockene Kuchen lösen Sie am besten im heißen Zustand aus der Form und lassen sie auf einem Kuchengitter oder Brett auskühlen.

Bei feuchtem Kuchen, wie z. B. bei Quark-Rhabarber-Kuchen, lösen und entfernen Sie am besten nur den Rand der Form und schneiden den Kuchen auf dem Springformboden.

Sollte sich das Backpapier bei Biskuitzubereitungen nicht abziehen lassen, bepinseln Sie es mit kaltem Wasser.

Wenn die Nährwerte bekannt sind, spricht nichts gegen selbst gebackenen Kuchen.

Altdeutscher Apfelkuchen

Zutaten pro Rezept

- 30 g frische Hefe
- 40 g Zucker (4 KE)
- 130 g Weizenvollkornmehl (8 KE)
- 120 g Weizenmehl Type 550 (8 KE)
- 1 TL Süßstoff
- 1 Prise Salz
- 125 ml Milch (1,5 % Fett)
- 50 g Margarine
- 315 g Äpfel, geschält (3 KE)
- 80 g Weizenmehl Type 1700 (4 KE)
- 80 g Zucker (8 KE)
- 80 g leichte Butter (39 % Fett)

● Die Hefe mit einem Teil des Zuckers flüssig rühren. Mehl, den restlichen Zucker, Süßstoff und Salz in eine Schüssel geben. In die Mitte eine Vertiefung drücken und die flüssige Hefe hineingeben.

● Milch auf etwa 35 °C erwärmen, die Margarine darin auflösen und über den Mehlkranz, jedoch nicht direkt in die aufgelöste Hefe gießen. Mit dem Knethaken des Handrührgeräts so lange kneten, bis sich alle Zutaten miteinander verbunden haben. Per Hand nachkneten, bis ein lockerer Teigkloß entstanden ist.

● Den Teig zugedeckt an einen warmen Ort stellen und gehen lassen, bis sich sein Volumen verdoppelt hat.

● Den Boden einer beschichteten Springform (28 cm) zusätzlich leicht einfetten. Den Teig ausrollen, in die Form geben und den Teig am Rand etwas hochdrücken.

● Die Äpfel schälen, in dünne Scheiben schneiden, den Hefeteig damit belegen und nochmals 10–15 Min. gehen lassen.

● Mehl, Zucker und Fett in eine Schüssel geben, miteinander vermischen und per Hand Streusel herstellen. Die Streusel gleichmäßig über die Äpfel verteilen.

● Im vorgeheizten Backofen bei 175 °C etwa 20–25 Min. backen. Den Kuchen in 8 Stücke schneiden.

Tipps Die Streusel bitte nur mit Zucker herstellen. Statt »leichter Butter« kann man auch Butter verwenden. Der Energiegehalt erhöht sich um 35 kcal pro Stück. Mögen Sie es süßer, verwenden Sie im Teig Stevia-Zucker statt Zucker.

Nährwerte pro Stück

5 g E • 7 g Fett • 3 g ges. FS • ‹ 0,5 mg Chol • 46 g KH • 3 g Ba • 4,5 KE • 290 kcal (1220 kJ)

Erdbeertorte

Zutaten pro Rezept

- 4 Eier
- 4 EL kaltes Wasser
- ¾ TL Süßstoff
- ½ Fläschchen Butter-Vanille-Aroma
- 30 g Zucker (3 KE)
- 30 g Weizenmehl Type 550 (2 KE)
- 40 g Stärkemehl (3,5 KE)
- 1 gestr. TL Backpulver
- 100 ml Milch (1,5 % Fett, 0,5 KE)
- 6 g Vanillepuddingpulver (0,5 KE)
- Süßstoff
- 450 g Erdbeeren, frisch (2,5 KE)
- 1 TL Stevia-Streusüße
- ¼ l Flüssigkeit (Wasser, 1 EL Zitronensaft)
- 1 Pck. Tortenguss, rot

- Die Eier trennen und das Eiweiß mit dem kalten Wasser zu steifem Schnee schlagen.

- Süßstoff, Butter-Vanille-Aroma, Zucker und das Eigelb unter den Eischnee ziehen. Mehl, Stärkemehl und Backpulver mischen, über die Eiermasse sieben und vorsichtig unterheben.

- Den Boden einer beschichteten Obsttortenform (24 cm) mit Backpapier auslegen, den geriffelten Rand leicht einfetten, den Teig einfüllen und im vorgeheizten Backofen bei 175–200 °C ca. 12–15 Min. backen. Den gebackenen Boden vorsichtig vom geriffelten Rand lösen, stürzen, Backpapier abziehen und auskühlen lassen.

- Aus Milch, Vanillepuddingpulver und Süßstoff einen Pudding herstellen, unter Rühren auskühlen lassen und auf den ausgekühlten Teig streichen.

- Die Erdbeeren waschen, putzen, halbieren und mit der Schnittfläche nach unten auf dem Tortenboden verteilen. Mit Stevia-Streusüße bestreuen.

- Aus der Flüssigkeit (Wasser, Zitronensaft) und dem Tortenguss (siehe Packungsanleitung) einen Guss herstellen, über die Früchte geben und erkalten lassen.

- Die Torte in 8 Stücke schneiden.

Tipps Tauschen Sie den Zucker im Teig gegen Stevia-Zucker aus und lassen Sie den Süßstoff weg. Auch mit 500 g Himbeeren schmeckt der Kuchen sehr lecker.

Nährwerte pro Stück

5 g E • 5 g F • 1 g ges. FS • 110 mg Chol • 16 g KH • 1 g Ba • 1,5 KE • 120 kcal (500 kJ)

Fruchtige Beerentorte

Zutaten pro Rezept

- 160 g Weizenvollkornmehl (8 KE)
- 75 g Weizenmehl Type 550 (5 KE)
- 80 g Margarine
- 1 Msp. Backpulver
- 70 g Magerquark
- 1 Ei
- 1½ TL Süßstoff
- 3 EL Milch (1,5 % Fett)
- 40 g saure Sahne (10 % Fett)
- 200 g Himbeeren (1 KE)
- 150 g Brombeeren (1 KE)
- 200 g Rote Johannisbeeren (1 KE)
- ¾ TL Süßstoff
- 1 Pck. Tortenguss, rot
- ¼ l Flüssigkeit (Obstsaft, 1 EL Zitronensaft, Wasser)
- Süßstoff

- Mehl, Margarine, Backpulver, Magerquark, Ei und Süßstoff in eine Schüssel geben. Zunächst mit dem Knethaken und dann per Hand gut miteinander verkneten. Den Teig 30 Min. kühl stellen.

- Dann den Teig zwischen Klarsichtfolie ausrollen, sodass der Teig 1 cm größer ist als für die Fläche der Obstbodenform (24 cm) erforderlich. Den Teig in die Form legen und an der äußeren Vertiefung des Randes gleichmäßig abschließen lassen. Mit der Gabel einige Male einstechen und im vorgeheizten Backofen bei 175–200 °C etwa 15 Min. backen. Den Boden in der Form auskühlen lassen und auf eine Tortenplatte stürzen.

- Den Tortenboden mit der sauren Sahne bestreichen.

- Die Früchte verlesen und waschen, den Süßstoff dazugeben und durchziehen lassen. Die Früchte zum Abtropfen auf ein Sieb geben und danach auf dem Tortenboden verteilen.

- Einen Tortenguss (siehe Packungsanleitung) herstellen, gleichmäßig über die Früchte verteilen und erkalten lassen. Die Torte in 8 Stücke teilen.

Tipp Die Torte vor dem Verzehr einige Stunden durchziehen lassen.

Nährwerte pro Stück

6 g E • 10 g F • 3 g ges. FS • 30 mg Chol • 24 g KH • 6 g Ba • 2 KE • 220 kcal (920 kJ)

Käsekuchen mit Mandarinen

Zutaten pro Rezept

- 180 g Weizenmehl Type 550 (12 KE)
- 1 Msp. Backpulver
- 20 g Stevia-Zucker (2 KE)
- 1 TL Süßstoff
- 1 EL Mineralwasser
- 80 g Margarine
- 1 Ei
- 4 Eigelb
- 30 g Stevia-Zucker
- 750 g Magerquark
- 1 TL Süßstoff
- Zitronenschale/-saft
- 150 g saure Sahne (10 % Fett)
- 2 Pck. Vanillepuddingpulver (6 KE)
- 4 Eiweiß
- 200 g Mandarinen (Dose ohne Zucker, 2 KE)
- 1 Pck. Tortenguss, weiß
- Süßstoff

- Mehl, Backpulver, Stevia-Zucker, Süßstoff, Mineralwasser, Margarine und das Ei in eine Schüssel geben. Zunächst mit dem elektrischen Knethaken, dann per Hand gut miteinander verkneten und den Teig 30 Min. kühl stellen.

- Den Teig zwischen Klarsichtfolie ausrollen, er sollte im Durchmesser etwa 2 cm größer als der Boden der beschichteten Springform (28 cm) sein. Den Teig hineinlegen und den Rand formen.

- Eigelb mit Stevia-Zucker schaumig rühren, nach und nach Quark, Süßstoff, Zitronenschale, -saft, saure Sahne und das gesiebte Puddingpulver hinzugeben und gut verrühren.

- Das Eiweiß zu steifem Schnee schlagen, vorsichtig unter die Masse heben und gleichmäßig auf dem Teig verteilen.

- Im vorgeheizten Backofen bei 150 Grad auf der unteren Schiene etwa 1 Std. backen, evtl. nach der halben Backzeit mit Alufolie abdecken.

- Mandarinen gut abtropfen lassen und die Delle, die beim Auskühlen des Teiges entsteht, damit belegen.

- Aus Tortenguss, Flüssigkeit und Süßstoff einen Guss (siehe Packungsangabe) herstellen und gleichmäßig auf den Mandarinen verteilen. Auskühlen lassen. Dann den Kuchen in 8 Stücke schneiden.

Nährwerte pro Stück

17 g E • 15 g F • 6 g ges. FS • 140 mg Chol • 36 g KH • 1 g Ba • 3 KE • 355 kcal (1490 kJ)

Mandelrolle mit Erdbeeren

Zutaten pro Rezept

- 3 Eier
- 3 EL kaltes Wasser
- 1 TL Süßstoff
- 20 g Zucker (2 KE)
- 45 g Weizenmehl Type 550 (3 KE)
- 25 g Stärkemehl (2 KE)
- 1 TL Backpulver
- 40 g gemahlene Mandeln
- 100 g Magerquark
- 50 g saure Sahne (10 % Fett)
- ½ Fläschchen Rumaroma
- 180 g frische Erdbeeren (1 KE)
- 1 TL Süßstoff
- 6 Blatt Gelatine

- Die Eier trennen. Das Eiweiß mit dem kalten Wasser zu steifem Schnee schlagen. Süßstoff, Zucker und das Eigelb unter den Eischnee ziehen.

- Mehl, Stärke und das Backpulver mischen und über die Eiermasse sieben. Die Mandeln darüberstreuen und alles vorsichtig unterheben.

- Die Hälfte eines Backblechs mit Backpapier auslegen und die Masse zügig darauf verteilen.

- Im vorgeheizten Backofen bei 175 °C ca. 8–10 Min. backen. Den gebackenen Teig sofort auf ein feuchtes Geschirrtuch kippen und das Backpapier abziehen. Den Biskuit in das Tuch einrollen und etwa 10 Min so liegen lassen, danach ausrollen.

- Die Füllung rechtzeitig vorbereiten, damit sie fest ist, wenn die Rolle ausgekühlt ist. Dafür Quark, saure Sahne und das Rumaroma verrühren, Erdbeeren püriert dazugeben und mit Süßstoff abschmecken.

- Die Gelatine in kaltem Wasser einweichen, quellen lassen, ausdrücken, im Wasserbad auflösen, langsam unter die Quarkmasse rühren und kühl stellen.

- Ist die Masse fest, aber noch streichfähig, wird der Biskuitboden damit bestrichen. Wieder aufrollen und kühl stellen, bis die Füllung schnittfest ist. Die Mandelrolle in 8 Stücke schneiden.

Tipp Tauschen Sie den Zucker im Teig gegen Stevia-Zucker aus und lassen Sie den Süßstoff weg.

Nährwerte pro Stück

7 g E • 6 g F • 1 g ges. FS • 85 mg Chol • 11 g KH • 1 g Ba • 1 KE • 125 kcal (520 kJ)

Heidetorte

Zutaten pro Rezept

- 4 Eier
- 4 EL kaltes Wasser
- 40 g Stevia-Zucker (4 KE)
- 60 g Buchweizenmehl (4 KE)
- 35 g Stärkemehl (3 KE)
- 1 TL Kakao
- 1 geh. TL Backpulver
- 30 g gemahlene Haselnüsse
- 1 Msp. Muskat
- 1 Msp. gemahlene Nelken
- 200 g Preiselbeeren, gesüßt aus dem Glas(8 KE)
- ¼ l Cremefine zum Schlagen (1 KE)

- Die Eier trennen und das Eiweiß mit dem kalten Wasser zu steifem Schnee schlagen.

- Stevia-Zucker und die Eigelbe unter den Eischnee ziehen.

- Buchweizenmehl, Stärkemehl, Kakao und das Backpulver mischen und über die Eiermasse sieben. Haselnüsse und Gewürze darüberstreuen und alles vorsichtig unterheben.

- Den Teig sofort in eine mit Backpapier ausgelegte Springform (24 cm) füllen und im vorgeheizten Backofen bei 180 °C ca. 25–30 Min. backen. Den Tortenboden sofort stürzen, das Backpapier abziehen und auskühlen lassen. Den Boden waagerecht durchschneiden.

- Die Preiselbeeren auf dem unteren Boden verteilen. Cremefine sehr steif schlagen und etwa die Hälfte auf die Preiselbeeren streichen. Den oberen Boden darauflegen, die Oberfläche und den Rand der Torte mit der restlichen Cremefine bestreichen.

- Bis zum Servieren mit einer Haube versehen und kühl stellen. Vor dem Anschneiden etwas Kakao auf die Oberfläche der Torte sieben. Die Heidetorte in 8 Stücke schneiden.

Tipp Statt Cremefine können Sie auch Schlagsahne, mit 4 Blatt Gelatine gesteift, verwenden. Der Energiegehalt erhöht sich um 40 kcal per Stück.

Nährwerte pro Stück

5 g E • 13 g F • 3 g ges. FS • 110 mg Chol • 26 g KH • 1 g Ba • 2,5 KE • 235 kcal (980 kJ)

Harzer Apfelkuchen

Zutaten pro Rezept

Für den Boden

- 120 g Weizenvollkornmehl (6 KE)
- 100 g Weizenmehl Type 550 (7 KE)
- 40 g Zucker (4 KE)
- 40 g Margarine
- 100 g Magerquark
- 1 Ei
- 1 TL Süßstoff
- 2 gestr. TL Backpulver
- abgeriebene Schale von 1 Zitrone
- 1 TL Zimt
- 1 Msp. gemahlene Nelken
- 1 Msp. Kardamom
- 1 Prise Salz
- 50 g gemahlene Haselnüsse

Für den Belag

- 270 g geschälte Äpfel (3 KE)
- 3 Eigelb
- 100 g Magerjoghurt
- 100 g Schmand (20 % Fett)
- 1 TL Süßstoff
- ½ Fläschchen Bittermandel- oder Mandel-Aroma
- 3 Eiweiß

● Die Zutaten für den Boden gut miteinander verkneten, zuerst mit dem elektrischen Knethaken und dann per Hand. Den Teig zwischen Klarsichtfolie ausrollen, etwa 1 cm größer, als der Boden der beschichteten Springform (26 cm) misst, damit ein Rand stehen bleibt. Den Boden vollständig und den Rand der Form ca. zur Hälfte zusätzlich leicht einfetten. Den Teig in die Form legen.

● Die Äpfel schälen, in dünne Scheiben oder feine Stifte schneiden und den Teig damit belegen.

● Eigelb, Joghurt, Schmand, Süßstoff und Bittermandel- oder Mandel-Aroma gut verquirlen. Eiweiß steif schlagen und den Eischnee unterheben. Die Masse gleichmäßig auf den Äpfeln verteilen.

● Im vorgeheizten Backofen bei 175 °C ca. 25–30 Min. backen. Den Kuchen in 8 Stücke schneiden.

Tipp Sie können den Zucker im Teig gegen Stevia-Zucker austauschen und den Süßstoff weglassen.

Nährwerte pro Stück

10 g E • 14 g F • 5 g ges. FS • 110 mg Chol • 26 g KH • 4 g Ba • 2,5 KE • 285 cal (1190 kJ)

Joghurt-Himbeer-Torte

Zutaten pro Rezept

- 4 Eier
- 4 EL kaltes Wasser
- ¾ TL Süßstoff
- 30 g Zucker (3 KE)
- 30 g Weizenmehl Type 550 (2 KE)
- 40 g Stärkemehl (3,5 KE)
- 1 gestr. TL Backpulver
- 500 g Magerjoghurt (2 KE)
- 300 g Himbeeren, TK oder frisch (1,5 KE)
- Zitronensaft
- Süßstoff
- 20 g weiße Gelatine (10 Blatt)
- 200 ml Sahne

- Die Eier trennen und das Eiweiß mit dem kalten Wasser zu steifem Schnee schlagen. Süßstoff, Zucker und das Eigelb unter den Eischnee ziehen.

- Mehl, Stärkemehl und Backpulver mischen, über die Eiermasse sieben und vorsichtig unterheben.

- Den Teig in eine mit Backpapier ausgelegte Springform (26 cm) füllen und im vorgeheizten Backofen bei 175–200 °C ca. 12–15 Min. backen.

- Den gebackenen Biskuitboden sofort stürzen, das Backpapier abziehen, den Boden umgekehrt in die Form zurücklegen und auskühlen lassen.

- Magerjoghurt und Himbeeren verrühren, mit Zitronensaft und Süßstoff abschmecken.

- Die Gelatine in kaltem Wasser einweichen, quellen lassen, ausdrücken, im Wasserbad auflösen und langsam unter die Joghurt-Himbeer-Masse rühren. Wenn die Masse anfängt steif zu werden, die geschlagene Sahne unterziehen, alles auf dem ausgekühlten Biskuitboden verteilen und kalt stellen. Die Torte in 8 Stücke schneiden.

Tipp Tauschen Sie den Zucker gegen Stevia-Zucker aus und lassen Sie den Süßstoff im Teig weg.

Nährwerte pro Stück

10 g E • 11 g F • 5 g ges. FS • 125 mg Chol • 16 g KH • 2 g Ba • 1,5 KE • 205 kcal (860 kJ)

Kirsch-Quark-Torte

Zutaten pro Rezept

- 3 Eier
- 3 EL kaltes Wasser
- ¾ TL Süßstoff
- 20 g Zucker (2 KE)
- 30 g Weizenmehl Type 550 (2 KE)
- 25 g Weizenstärke (2 KE)
- 1 TL Kakao
- 1 gestr. TL Backpulver
- 30 g fein gemahlene Haselnüsse
- ¼ l Cremefine zum Schlagen (1 KE)
- 400 g Sauerkirschen (4 KE)
- 150 ml abgetropfter Kirschsaft
- 12 g Weizenstärke (1 KE)
- 1 EL Rum
- Süßstoff
- 500 g Magerquark
- 1 Zitrone (abgeriebene Schale und Saft)
- 6 EL Mineralwasser
- 2 TL Süßstoff
- 6 Blatt weiße Gelatine

- Die Eier trennen und das Eiweiß mit dem kalten Wasser zu steifem Schnee schlagen. Süßstoff, Zucker und das Eigelb unter den Eischnee ziehen.

- Mehl, Kakao und Backpulver mischen, über die Eiermasse sieben, die Nüsse darüberstreuen und alles vorsichtig unterheben.

- Den Teig sofort in eine mit Backpapier ausgelegte Springform (26 cm) geben und im vorgeheizten Backofen bei 175 °C ca. 10–15 Min. backen. Den gebackenen Boden sofort stürzen, Backpapier abziehen, umgekehrt in die Form zurücklegen und auskühlen lassen.

- Cremefine sehr steif schlagen und ca. 3 EL auf dem Boden verstreichen.

- Die Sauerkirschen gut abtropfen lassen und auf dem Boden verteilen.

- Kirschsaft erhitzen und mit der angerührten Weizenstärke binden. Mit Rum und Süßstoff abschmecken und über die Kirschen geben.

- Quark mit Zitronenschale/-saft, Mineralwasser und Süßstoff verrühren. Gelatine einweichen, quellen lassen, ausdrücken, im Wasserbad auflösen und langsam unter die Quarkmasse rühren. Den Rest der geschlagenen Cremefine unterheben, die Masse auf den Kirschen verteilen und kühl stellen. Die Torte in 8 Stücke schneiden.

Nährwerte pro Stück

14 g E • 11 g F • 4 g ges. FS • 80 mg Chol • 17 g KH • 1 g Ba • 1,5 KE • 235 kcal (980 kJ)

Rhabarber-Schnee-Kuchen

Zutaten pro Rezept

- 160 g Weizenvollkornmehl (8 KE)
- 2 Eigelb
- 50 g Margarine
- 20 g Zucker (2 KE)
- 50 g Magerquark
- ½ TL Backpulver
- abgeriebene Schale von ½ Zitrone
- 2 EL Wasser
- 1 TL Süßstoff
- 400 g Rhabarber
- 2 TL Süßstoff
- 2 Eiweiß
- 20 g Zucker (2 KE)

● Mehl, Eigelb, Margarineflöckchen, Zucker, Quark, Backpulver, Zitronenschale, Wasser und Süßstoff in eine Schüssel geben und zunächst mit dem elektrischen Knethaken und dann per Hand gut miteinander verkneten. Den Teig 30 Min. kühl stellen.

● Den Boden und den Rand einer beschichteten Springform (26 cm) leicht einfetten. Den Teig zwischen Klarsichtfolie ausrollen, in die Form geben und am Rand ½ cm hoch stehen lassen. Mit der Gabel einige Male einstechen und im vorgeheizten Backofen bei 200 °C ca. 10 Min. vorbacken.

● Den Rhabarber in sehr kleine Stücke schneiden, den Süßstoff dazugeben, vermengen und auf dem Tortenboden verteilen.

● Das Eiweiß mit dem Zucker zu steifem Schnee schlagen und gleichmäßig über dem Rhabarber verstreichen.

● Bei 190 °C etwa 20 Min. weiterbacken. Den Kuchen in 8 Stücke schneiden.

Nährwerte pro Stück

5 g E • 7 g F • 2 g ges. FS • 55 mg Chol • 17 g KH • 2 g Ba • 1,5 KE • 670 kcal (160 kJ)

Pflaumen-/Zuckerkuchen

Zutaten pro Rezept

Grundrezept Hefeteig
- 500 g Weizenmehl Type 550 (33 KE)
- 1 Prise Salz
- 40 g frische Hefe
- 80 g Zucker (8 KE)
- 1 Pck. Vanillezucker (1 KE)
- 200 ml Milch (1,5 % Fett)
- 100 g Margarine/Butter
- 1 Ei

Belag für Pflaumenkuchen
- 500 g Pflaumen (5 KE)
- 20 g Mandelblätter
- 40 g Zucker (4 KE)

Belag für Zuckerkuchen
- 100 g saure Sahne (20 % Fett)
- 50 g Mandelblätter
- 30 g Zucker (3 KE)

- Mehl und Salz in eine Schüssel geben und in die Mitte eine Vertiefung drücken. Die Hefe mit 1 TL des Zuckers verrühren und stehen lassen, bis sie sich verflüssigt hat, dann in die Vertiefung geben. Den restlichen Zucker und den Vanillezucker zum Mehl geben.

- Die Milch auf etwa 35 °C erwärmen, das Fett darin auflösen und über den Mehlkranz, jedoch nicht direkt in die Hefe gießen. Das Ei hinzufügen und alles mit dem elektrischen Knethaken so lange kneten, bis sich alle Zutaten miteinander verbunden haben und ein lockerer Teigkloß entstanden ist. Den Teig zugedeckt an einem warmen Ort gehen lassen, bis sich sein Volumen verdoppelt hat.

- Den Teig in zwei gleich große Stücke teilen und ausrollen. Den Boden der jeweiligen beschichteten Springform (28 cm) zusätzlich leicht einfetten und den Teig hineingeben.

- Die Pflaumen waschen, entsteinen und den ersten Kuchen damit belegen.

- Die saure Sahne durchrühren und gleichmäßig auf dem zweiten Kuchen verteilen.

- Beide Kuchen mit Mandelblättern sowie Zucker bestreuen und nochmals 10–15 Min. gehen lassen, danach im vorgeheizten Backofen bei 175–190 °C ca. 20–25 Min. backen.

- Den Pflaumenkuchen in 10 und den Zuckerkuchen in 8 Stücke schneiden.

Nährwerte pro Stück Pflaumenkuchen

4 g E • 6 g F • 3 g ges. FS • 11 mg Chol • 32 g KH • 2 g Ba • 3 KE • 200 kcal (840 kJ)

Nährwerte pro Stück Zuckerkuchen

6 g E • 12 g F • 5 g ges. FS • 20 mg Chol • 32 g KH • 2 g Ba • 3 KE • 265 kcal (1110 kJ)

Nussrolle

Zutaten pro Rezept

- 3 Eier
- 3 EL kaltes Wasser
- 1 TL Süßstoff
- 1½ TL Kakao
- 75 g gemahlene Haselnüsse
- 150 g Magerquark
- 2 EL Mineralwasser
- 2 TL Rum
- 1 TL Süßstoff
- 2 Blatt weiße Gelatine

● Die Eier trennen und das Eiweiß mit dem kalten Wasser zu steifem Schnee schlagen. Süßstoff, Eigelb sowie die mit dem Kakao vermischten Haselnüsse vorsichtig unter den Eischnee heben.

● Die Hälfte des Backblechs mit Backpapier auslegen und die Ei-Nuss-Masse darauf verteilen.

● Im vorgeheizten Backofen bei 175 °C ca. 10 Min. backen. Den gebackenen Teig sofort auf ein feuchtes Geschirrtuch stürzen und das Backpapier abziehen. Den Teig mit Hilfe des Handtuchs aufrollen und auskühlen lassen.

● Für die Füllung den Quark mit dem Mineralwasser verrühren und mit Rum sowie Süßstoff abschmecken.

● Die Gelatine einweichen, quellen lassen, ausdrücken, im Wasserbad auflösen und langsam unter die Quarkmasse rühren. Die Füllung auf den ausgekühlten Kuchen streichen, aufrollen und kalt stellen.

● Die Nussrolle in 10 Stücke schneiden.

Tipp Da die Nussrolle auch bei mehr als einem Stück keine anzurechnenden Kohlenhydrate enthält, empfiehlt es sich, das Rezept gleich in doppelter Menge zu backen.

Nährwerte pro Stück
5 g E • 7 g F • ‹1 g ges. FS • 65 mg Chol • 1 g KH • ‹1 g Ba • – KE • 90 kcal (380 kJ)

Quark-Apfel-Torte

Zutaten pro Rezept

60 g Margarine oder Butter • 40 g Zucker (4 KE) • 2 Eigelb • 500 g Magerquark • 1 ½ TL Süßstoff • 1 gestr. TL Backpulver • 60 g Weizengrieß (4 KE) • 350 g geschälte Äpfel (4 KE) • 2 Eiweiß

- Fett und Zucker mit dem Eigelb schaumig rühren.
- Den gut abgetropften Quark, den Süßstoff und den mit dem Backpulver vermischten Grieß dazugeben und verrühren.
- Die Äpfel in feine Streifen schneiden und unter den Teig mengen.
- Das Eiweiß zu steifem Schnee schlagen und unter die Masse ziehen.
- Den Boden vollständig und den Rand einer beschichteten Springform (26 cm) ca. zur Hälfte zusätzlich leicht einfetten. Den Teig einfüllen und im vorgeheizten Backofen bei 175 °C etwa 50–60 Min. backen.
- Den Kuchen in 8 Stücke schneiden.

Nährwerte pro Stück

11 g E • 8 g F • 3 g ges. FS • 55 mg Chol • 17 g KH • 1 g Ba • 1,5 KE • 190 kcal (790 kJ)

Quark-Rhabarber-Kuchen

Zutaten pro Rezept

60 g Margarine oder Butter • 40 g Zucker (4 KE) • 3 Eigelb • 500 g Magerquark • 2 TL Süßstoff • 1 gestr. TL Backpulver • 90 g Weizengrieß (6 KE) • 3 Eiweiß • 300 g Rhabarber

- Fett und Zucker mit dem Eigelb schaumig rühren. Den gut abgetropften Quark, den Süßstoff und den mit Backpulver vermischten Grieß dazugeben und verrühren.
- Das Eiweiß zu steifem Schnee schlagen und vorsichtig unter die Masse heben. Die Hälfte des Teiges in eine beschichtete, leicht eingefettete Springform (26 cm) füllen.
- Den restlichen Teig mit dem geputzten und in feine Stücke geschnittenen Rhabarber vermischen und auf den bereits eingefüllten Teig geben.
- Im vorgeheizten Backofen bei 175 °C ca. 50–60 Min. backen.
- Den Kuchen in 10 Stücke schneiden.

Nährwerte pro Stück

10 g E • 7 g F • 3 g ges. FS • 65 mg Chol • 12 g KH • 2 g Ba • 1 KE • 155 kcal (650 kJ)

Amerikaner

Zutaten pro Rezept
50 g Margarine • 25 g Stevia-Zucker • 1 Pck. Vanillezucker • 1 Prise Salz • 1 Ei • 125 g Weizenmehl Type 405 • 1½ gestr. TL Backpulver • 2 EL Milch (1,5 % Fett) • 30 g Puderzucker • 1 EL Zitronensaft

- Margarine, Stevia-Zucker, Vanillezucker, Salz und das Ei schaumig rühren. Mehl und Backpulver mischen und nach und nach unterrühren. Milch hinzufügen.

- Mit einem Teelöffel ca. 12 gleich große Häufchen auf ein mit Backpapier ausgelegtes Blech geben. Im vorgeheizten Backofen bei 175 °C auf der mittleren Schiene ca. 15 Min. backen.

- Puderzucker mit dem Zitronensaft glattrühren und die Unterseite der ausgekühlten Amerikaner dünn damit bestreichen.

Nährwerte pro 40 g Gebäck (ca. 2 Stück)
4 g E • 8 g F • 2 g ges. FS • 40 mg Chol • 24 g KH • 2,5 KE • 180 kcal (750 kJ)

Quarkbrötchen

Zutaten pro Rezept, 10 Stück
200 g Weizenvollkornmehl (10 KE) • 150 g Magerquark • 2 EL Wasser • 1 Ei • 1 Pr. Salz • 2 gestr. TL Backpulver • ½–1 TL Süßstoff • Milch (1,5 % Fett)

- Mehl, Quark, Wasser, das Ei, Salz, Backpulver und evtl. Süßstoff in eine Schüssel geben. Miteinander verkneten, zuerst mit dem elektrischen Knethaken und dann per Hand.

- 10 Häufchen à 40–45 g abwiegen und daraus kleine Brötchen formen. Die Hände dazu leicht mit Mehl bestäuben.

- Die Brötchen auf ein mit Backpapier ausgelegtes Backblech setzen, mit Milch bestreichen und im vorgeheizten Backofen bei 175 °C ca. 15–20 Min. backen.

Tipp Durch Zugabe von angebratenen, abgekühlten Zwiebelwürfeln (50 g Zwiebeln, 5 g Öl) erhält man eine pikante Geschmacksrichtung. Hierbei keinen Süßstoff verwenden. Der Nährstoffgehalt verändert sich pro Stück nur geringfügig.

Nährwerte pro Stück
5 g E • 1 g F • < 0,5 g ges. FS • 20 mg Chol • 12 g KH • 2 g Ba • 1 KE • 80 kcal (330 kJ)

Frühstücksstuten

Zutaten pro Rezept

200 g Weizenvollkornmehl (10 KE) • 150 g Magerquark • 1 Ei • 1 Pr. Salz • 1–1½ TL Süßstoff • 2 gestr. TL Backpulver • abgeriebene Schale von ½ Zitrone • 2 EL Wasser • 50 g gemahlene Mandeln • Milch (1,5 % Fett)

- Alle Zutaten gut miteinander verkneten, zuerst mit dem elektrischen Knethaken und dann per Hand.
- Den Teig in eine kleine beschichtete Kastenform geben und mit Milch bestreichen.
- Im vorgeheizten Backofen bei 175 °C ca. 25–30 Min. backen.

Tipp Für die Adventszeit können Sie Gewürzstuten backen. Geben Sie dafür folgende Gewürze in den Teig: abgeriebene Schale von ½ Orange, 1 TL Zimt, 1 Msp. gemahlene Nelken,1 Msp. Kardamom

Nährwerte pro Stück à 45 g

6 g E • 4 g F • ‹1 g ges. FS • 20 mg Chol • 13 g KH • 3 g Ba • 1 KE • 110 kcal (460 kJ)

Sandgebäck

Zutaten pro Rezept, ca. 48 Stück

125 g Margarine • 30 g Stevia-Zucker • 1 Ei • 100 g Weizenvollkornmehl (5 KE) • 150 g Weizenmehl Type 550 (10 KE) • 1 TL Backpulver • abgeriebene Schale von 1 Zitrone • 2 EL Zitronensaft

- Alle Zutaten in eine Schüssel geben und zunächst mit dem elektrischen Knethaken und dann per Hand gut miteinander verkneten. Den Teig 30 Min. kühl stellen.
- Den Teig zwischen Klarsichtfolie etwa 3 mm dünn ausrollen und mit einer kleinen Ausstechform Kreise (5 cm) ausstechen.
- Auf ein mit Backpapier ausgelegtes Backblech geben und im vorgeheizten Backofen bei 175 °C ca. 8–10 Min. backen.

Nährwerte pro 25 g (ca. 3 Stück)

2 g E • 6 g F • 1 g ges. FS • 11 mg Chol • 10 g KH • 1 KE • 1 g Ba • 100 kcal (420 kJ)

Nusshalbmonde

Zutaten pro Rezept
100 g Weizenmehl Type 1050 (6,5 KE) • 100 g Weizenvollkornmehl (5 KE) • 1 Ei • 30 g Stevia-Zucker (3 KE) • 75 g Margarine • 100 g gemahlene Haselnüsse • 2 EL Milch (1,5 % Fett) • ½ Vanilleschote • Eiweiß • 10 g gemahlene Haselnüsse

- Mehl, Ei, Stevia-Zucker, Margarine, Haselnüsse, Milch und Vanillemark in eine Schüssel geben. Zunächst mit dem elektrischen Knethaken und dann per Hand gut miteinander verkneten. Den Teig 30 Min. kühl stellen.

- Den Teig zwischen Klarsichtfolie ca. ½ cm dick ausrollen und kleine Halbmonde (etwa 4,5 cm hoch, 2,5 cm breit) ausstechen. Auf ein mit Backpapier ausgelegtes Backblech legen, dünn mit Eiweiß bestreichen und mit den Haselnüssen bestreuen.

- Im vorgeheizten Backofen auf der mittleren Schiene bei 200 °C ca. 8–10 Min. backen.

Nährwerte pro 30 g Gebäck (ca. 10 Stück)
3 g E • 10 g F • 2 g ges. FS • 15 mg Chol • 13 g KH • 2 g Ba • 1 KE • 160 kcal (670 kJ)

Adventswaffeln

Zutaten pro Rezept, ca. 6 Waffelkränze
120 g Butter • 3 TL Süßstoff • 3 Eier • 120 g Weizenmehl Type 550 (8 KE) • 1 Pck. Backpulver • 1½ TL Lebkuchengewürz • ¼ l Milch (1,5 % Fett, 1 KE) • 2 TL Stevia-Streusüße

- Butter in eine Schüssel geben und bei Zimmertemperatur weich werden lassen. Den Süßstoff und die Eier dazugeben und schaumig rühren.

- Das mit dem Backpulver gesiebte Mehl, das Lebkuchengewürz und die Milch unter kräftigem Rühren abwechselnd zur Ei-Fett-Masse geben und 20 Min. quellen lassen.

- Den Teig nach und nach, etwa 5 EL pro Waffelkranz, im ausgefetteten und vorgeheizten Waffeleisen etwa 2 Min. backen.

- Die Waffeln auf einem Kuchengitter auskühlen lassen und leicht mit Stevia-Streusüße bestreuen.

Nährwerte pro 75 g (1 Waffelkranz)
7 g E • 20 g F • 7 g ges. FS • 160 mg Chol • 15 g KH • 2 g Ba • 1,5 KE • 270 kcal (1130 kJ)

» Adventswaffeln

Kakaokipferl

Zutaten pro Rezept, ca. 55 Stück
225 g Weizenmehl Type 1050 (15 KE) • 1 Msp. Backpulver • 1 Ei • 60 g Zucker (6 KE) • 1½ TL Süßstoff • 150 g gemahlene Haselnüsse • 20 g Kakao • 200 g Butter • 3 TL Stevia-Streusüße

- Alle Zutaten (außer der Stevia-Streusüße) in eine Schüssel geben und zunächst mit dem elektrischen Knethaken und dann per Hand gut miteinander verkneten. Den Teig 30 Min. kühl stellen.
- Rollen von der Dicke des kleinen Fingers formen, in 3–4 cm lange Stücke schneiden und die Kipferl auf 6 cm ausformen. Auf ein mit Backpapier ausgelegtes Backblech legen und im vorgeheizten Backofen bei 175–200 °C ca. 12–15 Min. backen.
- Die Kipferl etwas abkühlen lassen, jedoch noch warm vorsichtig in Stevia-Streusüße wälzen.

Nährwerte pro 30 g (ca. 3 Stück)
3 g E • 13 g F • 8 g ges. FS • 35 mg Chol • 11 g KH • 1 g Ba • 1 KE • 170 kcal (710 kJ)

Vanillekipferl

Zutaten pro Rezept, ca. 30 Stück
120 g Weizenmehl Type 1050 (8 KE) • 1 Msp. Backpulver • 1 Eigelb • 30 g Zucker (3 KE) • 1 TL Süßstoff • 60 g gemahlene Mandeln • 1 Vanilleschote • 120 g Butter • 3 TL Stevia-Streusüße

- Alle Zutaten in eine Schüssel geben und zunächst mit dem elektrischen Knethaken und dann per Hand gut miteinander verkneten. Den Teig 30 Min. kühl stellen.
- Rollen von der Dicke des kleinen Fingers formen, in 3–4 cm lange Stücke schneiden und Kipferln auf 6 cm ausformen. Auf ein mit Backpapier ausgelegtes Blech legen und im vorgeheizten Backofen bei 175–200 °C ca. 8–10 Min. backen.
- Die Kipferln etwas abkühlen lassen, jedoch noch warm vorsichtig in Stevia-Streusüße wälzen.

Nährwerte pro 30 g (ca. 3 Stück)
3 g E • 13 g F • 8 g ges. FS • 45 mg Chol • 10 g KH • 1 g Ba • 1 KE • 165 kcal (760 kJ)

Kokosbusserl

Zutaten pro Rezept, ca. 38 Stück
125 g Kokosflocken • 4 Eiweiß • 1 Pr. Salz • 75 g Zucker (7,5 KE) • ½ TL Süßstoff • 75 g gemahlene Mandeln

- Kokosflocken in einer Pfanne unter Rühren hellgelb anrösten und zum Auskühlen in ein flaches Gefäß geben.

- Das Eiweiß mit dem Salz zu steifem Schnee schlagen, während dieses Vorgangs den Zucker sowie den Süßstoff nach und nach dazugeben und weiterschlagen, bis das Eiweiß glänzt.

- Die Mandeln und die gerösteten Kokosflocken locker unter den Eischnee heben.

- Jeweils 1 geh. TL der Masse mit Abstand auf ein mit Backpapier ausgelegtes Backblech geben.

- Im vorgeheizten Backofen bei 125 °C auf der mittleren Schiene ca. 25 Min. trocknen und bei 150 °C 5 Min. leicht bräunen lassen. Das Gebäck zum Auskühlen auf ein Gitter legen.

Nährwerte pro 40 g (ca. 5 Stück)
5 g E • 12 g F • 8 g ges. FS • <0,5 mg Chol • 12 g KH • 5 g Ba • 1 KE • 210 kcal (880 kJ)

Nussmakronen

Zutaten pro Rezept, ca. 24 Stück
150 g gemahlene Haselnusskerne • 2 Eiweiß • 1 Pr. Salz • 50 g Zucker (5 KE) • 1½ TL Süßstoff • 60 g dunkle oder Vollmilchschokolade (3 KE)

- Die Haselnüsse in einer Pfanne unter Rühren leicht anrösten und zum Auskühlen in ein flaches Gefäß geben.

- Das Eiweiß mit dem Salz zu steifem Schnee schlagen; während dieses Vorgangs den Zucker sowie den Süßstoff nach und nach dazugeben und weiterschlagen, bis das Eiweiß glänzt.

- Die gerösteten Haselnüsse locker unter den Eischnee heben. Jeweils 1 TL der Masse mit Abstand auf ein mit Backpapier ausgelegtes Backblech geben.

- Im vorgeheizten Backofen bei 175–200 °C auf der mittleren Schiene ca. 15–20 Min. backen und zum Auskühlen auf ein Gitter legen.

- Die Schokolade im Wasserbad auflösen, die Unterseite der Makronen dünn bestreichen und gut trocknen lassen.

Nährwerte pro 35 g (ca. 3 Stück)
4 g E • 13 g F • 2 g ges. FS • <0,5 mg Chol • 11 g KH • 1 g Ba • 1 KE • 200 kcal (830 kJ)

Spekulatius

Zutaten pro Rezept, ca. 28 Stück

50 g Margarine • 75 g Weizenmehl Type 550 (5 KE) • 60 g Weizenvollkornmehl (3 KE) • 1 Ei • 20 Stevia-Zucker (2 KE) • 1 TL Zimt • ½ TL Kakao • 1 Msp. Kardamom • 1 Msp. gemahlene Nelken • 1 Prise Muskat • 50 g gemahlene Mandeln

- Alle Zutaten in eine Schüssel geben, zunächst mit dem elektrischen Knethaken und dann per Hand miteinander verkneten. Den Teig 30 Min. kühl stellen.

- Den Teig zwischen Klarsichtfolie ca. 3 mm dünn ausrollen und Rechtecke (6 × 4 cm) ausstechen.

- Die Spekulatius auf ein mit Backpapier ausgelegtes Blech legen und im vorgeheizten Backofen auf der mittleren Schiene bei 180 °C ca. 10–12 Min backen.

Nährwerte pro 25 g (ca. 3 Stück)

4 g E • 7 g F • 2 g ges. FS • 20 mg Chol • 11 g KH • 2 g Ba • 1 KE • 125 kcal (520 kJ)

Zitronenherzen

Zutaten pro Rezept, ca. 30 Stück

2 Eigelb • 70 g Zucker, einschl. 1 Pck. Vanillezucker (7 KE) • 1 TL Süßstoff • 2 EL Zitronensaft • 200 g gemahlene Mandeln • 12 g Weizenstärke (1 KE) • ½ TL Backpulver • 40 g Puderzucker (4 KE) • 3 TL Zitronensaft

- Eigelb und Zucker schaumig rühren.

- Süßstoff, Zitronensaft, Mandeln, Weizenstärke sowie das Backpulver dazugeben, gut verkneten und ¾ Std. kühl stellen.

- Den Teig zwischen Klarsichtfolie knapp ½ cm dick ausrollen. Herzen ausstechen und auf ein mit Backpapier ausgelegtes Backblech setzen. Im vorgeheizten Backofen bei 175 °C ca. 10–12 Min. backen.

- Puderzucker und Zitronensaft zu einem Guss verrühren und die Oberfläche der ausgekühlten Herzen damit dünn bestreichen.

Nährwerte pro 55 g (ca. 5 Stück)

10 g E • 19 g F • 2 g ges. FS • 80 mg Chol • 22 g KH • 4 g Ba • 2 KE • 305 kcal (1270 kJ)

» Zitronenherzen

Dank

Die Entstehung eines Buches ist zwar hauptsächlich, aber nicht allein dem Einsatz der Autoren zu verdanken. Daher möchte ich all denen meinen Dank aussprechen, die mich bei meiner Arbeit unterstützt haben.

Namentlich hervorheben und besonders herzlich bedanken möchte ich mich bei meiner langjährigen Kollegin und Freundin Frau Katrin Ahrens, ernährungsmedizinische Beraterin/DGE und Diabetesberaterin DDG.

Bedanken möchte ich mich auch bei den betreuenden Mitarbeitern des Verlages. Die gute und offene, verständnisvolle wie kompromissbereite Zusammenarbeit hat mir viel Freude bereitet.

Doris Lübke

Buchtipps zum Weiterlesen

Zum Thema Diabetes

Cheyette: Der Einfachste Kalorienzähler für Diabetiker. TRIAS 2019

Grzelak, Hirschmann: Das Backbuch für Diabetiker. TRIAS 2019

Kleinwechter, Schäfer-Graf, Mäder: Der große Schwangerschaftsratgeber für Diabetikerinnen. TRIAS 2004

Limpinsel: Das Anti-Insulin-Prinzip. TRIAS 2020

Martin: Das neue Diabetes-Programm. TRIAS 2019

Metternich: Köstlich essen bei Diabetes. TRIAS 2020

Müller: Diabetes-Ampel. TRIAS 2021

Schmiedel: Typ-2-Diabetes. Heilung ist doch möglich. TRIAS 2015

Zum Thema Ernährung und Abnehmen

Wahrburg, Egert: Die große Wahrburg/Egert Kalorien- & Nährwerttabelle. TRIAS 2018

Zum Thema Blutdruck, Herz und Kreislauf

Midekke, Völker, Laupert-Deick: Bluthochdruck senken ohne Medikamente. TRIAS 2010

Hoffbauer: Die 50 besten Bluthochdruck-Killer. TRIAS 2019

Stichwortverzeichnis

Rezeptverzeichnis

Empfehlungen von Doris Lübke und Prof. Dr. med. Berend Willms

Im Folgenden finden Sie weiterführende Empfehlungen

Verwendete Literatur

Souci, Fachmann, Kraut: Die Zusammensetzung der Lebensmittel, Nährwert-Tabellen. 7. revidierte und ergänzte Auflage. Wissenschaftliche Verlagsgesellschaft, 2008

Referenzwerte für die Nährstoffzufuhr. Deutsche Gesellschaft für Ernährung (DGE). Korrigierte Auflage. Umschau/Braus, Frankfurt a. M. 2020

Kalorien mundgerecht. 16. komplett überarbeitete Auflage. Umschau, 2019

Reinhard, Gärtner, Wagner: Ökologische Fußabdrücke von Lebensmitteln und Gerichten in Deutschland. Institut für Energie und Umweltforschung, Heidelberg, 2020. www.ifeu.de/fileadmin/uploads/Reinhardt-Gaertner-Wagner-2020-Oekologische-Fu%C3%9Fabdruecke-von-Lebensmitteln-und-Gerichten-in-Deutschland-ifeu-2020.pdf (aufgerufen am 20.4.21)

Nährwertangaben der Hersteller

Adressen, die weiterhelfen

Verbände – Selbsthilfegruppen

Deutscher Diabetiker-Bund e. V.
Käthe-Niederkirchner-Straße 16
10407 Berlin
Telefon: 030/42 08 24 98
E-Mail: info@diabetikerbund.de
www.diabetikerbund.de

Hier erfahren Sie auch die Adresse des für Sie zuständigen Landesverbandes.

Diabetes Blog
www.diabetes-union.de

Bund diabetischer Kinder und Jugendlicher e. V.
Fackelstraße 24
67655 Kaiserslautern
Telefon: 0631/7 64 88
E-Mail: kontakt@mein-bdkj.de
www.bund-diabetischer-kinder.de

Deutsche Diabetes-Gesellschaft (DDG) e. V.
Albrechtstr. 9
10117 Berlin
Telefon: 030/3 11 69 37-0
www.deutsche-diabetes-gesellschaft.de

Deutsche Diabetes-Stiftung
Kölner Landstr. 11
40591 Düsseldorf
Telefon: 0211/73 77 77 63
E-Mail: info@diabetesstiftung.de
www.diabetesstiftung.de

Deutsche Gesellschaft für Ernährung (DGE) e. V.
Godesberger Allee 18
53175 Bonn
Telefon: 0228/37 76-600
Telefax: 0228/37 76-800
E-Mail: webmaster@dge.de
www.dge.de

International Diabetic Athletes Association (IDAA) Deutsche Sektion der IDAA e. V.
c/o Ulrike Thurm
Seebadstr. 106
12621 Berlin
E-Mail: info@idaa.de
www.idaa.de

Deutsche Gesellschaft zur Bekämpfung von Fettstoffwechselstörungen und ihren Folgeerkrankungen DGFF (Lipid-Liga) e. V.
Mörfelder Landstraße 72
60598 Frankfurt am Main
Telefon: 069/96 36 52-18
Telefax: 069/96 36 52-9911
E-Mail: info@lipid-liga.de
www.lipid-liga.de

Bundeszentrale für gesundheitliche Aufklärung (BZgA)
Maarweg 149–161
50825 Köln
Telefon: 0221/89 92-0
Telefax: 0221/89 92-300
E-Mail: poststelle@bzga.de
www.bzga.de

Selbsthilfenetz

Deutscher Paritätischer Wohlfahrtsverband Landesverband Nordrhein-Westfalen e. V.
Loher Straße 7
42283 Wuppertal
E-Mail: selbsthilfenetz@paritaet-nrw.org
www.selbsthilfenetz.de

Bibliografische Information der Deutschen Nationalbibliothek
Die Deutsche Nationalbibliothek verzeichnet diese Publikation in der Deutschen Nationalbibliografie; detaillierte bibliografische Daten sind im Internet über http://dnb.d-nb.de abrufbar.

Programmplanung: Uta Spieldiener
Projektmanagement: Annalena Müller
Redaktion: Ursula Brunn-Steiner, Vaihingen-Enz
Bildredaktion: Christoph Frick, Caroline Merdian

Umschlaggestaltung und Layout:
CYCLUS · Visuelle Kommunikation, Stuttgart

Bildnachweis:
Umschlagfoto und Bild S. 3: Meike Bergmann, Berlin
Fotos im Innenteil:
Foodfotos: Chris Meier, Stuttgart; S. 9: ©neirfy/stock.adobe.com; S. 16: ©carballo/stock.adobe.com; S. 23: ©adrian_ilie825/stock.adobe.com; S. 50: ©aamulya/stock.adobe.com; S. 53: ©HandmadePictures/stock.adobe.com; S. 83: ©razoomanetu/stock.adobe.com; S. 127: ©Rawf8/stock.adobe.com; S. 139: ©Sea Wave/stock.adobe.com; S. 206: ©encierro/stock.adobe.com; S. 229: ©highwaystarz/stock.adobe.com
Zeichnungen: Sabine Seifert

7. Auflage 2022

TRIAS Verlag in Georg Thieme Verlag KG
Rüdigerstraße 14, 70469 Stuttgart, Germany
www.trias-verlag.de
© 1.–6. Auflage 2006–2015 TRIAS Verlag in
MVS Medizinverlage Stuttgart GmbH & Co. KG,
Oswald-Hesse-Straße 50, 70469 Stuttgart

Printed in Germany

Satz und Repro: Fotosatz Buck, Kumhausen
Druck: AZ Druck und Datentechnik GmbH, Kempten

Gedruckt auf chlorfrei gebleichtem Papier

ISBN 978-3-432-11486-6 1 2 3 4 5 6

Auch erhältlich als E-Book:
eISBN (ePub) 978-3-432-11487-3

Alexander P. Hansen • Devendra K. Choudhary •
Pawan Kumar Agrawal • Ajit Varma
Editors

Rhizobium Biology and Biotechnology

Springer

Editors
Alexander P. Hansen
Sankt Augustin, NRW
Germany

Devendra K. Choudhary
Amity Institute of Microbial Technology
Amity University Uttar Pradesh
Noida, UP
India

Pawan Kumar Agrawal
National Agricultural Science Fund
Indian Council of Agricultural Research
New Delhi, India

Ajit Varma
Amity Institute of Microbial Technology
Amity University Uttar Pradesh
Noida, UP
India

ISSN 1613-3382 ISSN 2196-4831 (electronic)
Soil Biology
ISBN 978-3-319-64981-8 ISBN 978-3-319-64982-5 (eBook)
DOI 10.1007/978-3-319-64982-5

Library of Congress Control Number: 2017953190

Printed on acid-free paper

This Springer imprint is published by Springer Nature
The registered company is Springer International Publishing AG
The registered company address is: Gewerbestrasse 11, 6330 Cham, Switzerland

Foreword

It gives me an immense pleasure to write few glimpses on book "*Rhizobium* Biology & Biotechnology" written by series editor Prof. Dr. Ajit Varma.

Rhizobia have been widely used in agricultural systems for enhancing the ability of legumes to fix atmospheric nitrogen. Nitrogen was known to be an essential nutrient for plant growth and development. Intensive farming practices that accomplish high yields need chemical fertilizers, which are not only cost effective but also may create environmental problems. Nitrogen is essential in plant cells for synthesis of enzymes, proteins, chlorophyll, DNA and RNA, thus essential for plant growth and production of food and feed. The term rhizobia generally refer to members of the genus *Rhizobium* but in true sense it includes all bacteria that are capable of nodulation and fixing the nitrogen in association with leguminous crop. Rhizobia are soil-inhabiting heterogenous group of diverse bacteria with the potential to stimulate nodule formation with the roots of both leguminous and non-leguminous plants. These bacteria enter in to the root tissues via root hairs or directly via wounded tissues during specific interactions with the host and induce nodule formation on roots and/or shoots. The rhizobia fix atmospheric nitrogen into ammonia through effective nodules and supports plant growth. In return the rhizobia obtain nutrition and protection by the host in symbiotic manner. This symbiotic relationship for nitrogen-fixation has been extensively studied in agriculture for improving soil health and crop yields.

The Rhizobia have diverse and heterogeneous group divided into alpha and beta-proteobacteria nevertheless they are united by their ability to form nodules on leguminous and non-leguminous plants. Due to nitrogen fixing ability and potential to replace nitrogen fertilizers, rhizobia are among the most intensively studied groups of microorganisms simultaneously, testing of nodulation by different bacteria led to the establishment of cross-inoculation groups. With the advent of modern biotechnological tools and techniques such as rDNA sequencing, 16S diversity, DNA–rRNA hybridizations, rRNA catalogues, more diversity of rhizobia could be exposed. The rhizobia isolated from leguminous plants of arid region largely belong to *Bradyrhizobium*, *Mesorhizobium*, *Rhizobium* and *Sinorhizobium* genera on the basis of morpho-physiological and molecular characterization. The specific stress tolerant traits of these bacteria can be exploited to mitigate climate resilience in context of global warming.

In the present volume Editors compiled researches to emphasize the role of *Rhizobium* in agriculture and its biotechnology with following objectives:

- Occurrence and distribution of *Rhizobium*
- Phenotypic and molecular characteristics of *Rhizobium*
- Impact of *Rhizobium* on other microbial communities in rhizosphere
- N_2-fixation ability of *Rhizobium*
- *Rhizobium* and abiotic/biotic stress
- *Rhizobium*-mediated restoration of an ecosystem
- In silico analysis of rhizobia pool
- Biotechnological perspectives of *Rhizobium*

Finally, I congratulate Prof. Dr. Ajit Varma and his team for their brilliant efforts in compilation of such fruitful volume which is a worthwhile compendium to explore *Rhizobium* technology and its dissemination to sustainable agriculture.

M.S. Swaminathan Research Foundation
Taramani Institutional Area
Chennai, India

M.S. Swaminathan

Preface

Agriculture has a long history of research targeted at understanding how to improve the effectiveness of root symbionts viz., rhizobia. Plant-mediated mineralization for nutrient acquisition in agro-ecosystem would reduce the potential for nutrient losses because of tight coupling between net mineralization of N and P and plant uptake in the rhizosphere. Micro-organisms and their products in the rhizosphere react to the many metabolites that are released by plant roots in a variety of positive, negative, and neutral ways. Such interactions can influence plant growth and development, change nutrient dynamics, and alter plant's susceptibility to disease and abiotic stresses. Overall the general rhizosphere effect could help the plant by maintaining the recycling of nutrients through the production of hormones that help provide resistance to microbial diseases and to aid tolerance to toxic compounds. This benefit can either persist or lost in well fertilized agricultural soils where nutrients are readily available to plants and symbionts that reduce growth. Legumes are simultaneously one of the largest families of crop plants occupying nearly all terrestrial biomes. The unusual flower structure, podded fruits and ability of the 88.0% species to form root nodules with compatible rhizobacteria define the legumes. The wide use of legumes as food crops, forages and green manures is mainly associated with their ability to establish symbiotic associations with stem and root nodulating nitrogen (N_2) fixing bacteria, which are collectively referred as rhizobia. Rhizobia are of particular interest due to their symbiotic association with members of Leguminosae, which is the second largest family of flowering plants. Recent information indicates that about 3000 bacterial taxa are capable of nodulating 400 taxa, while information is lacking for more than 40% of the genera. A promising approach has been employed to understand how natural selection regulates changes in mutualistic interactions. A descriptive knowledge of basic evolutionary processes can be employed to develop agricultural management practices that favour the most effective symbionts. Mutually beneficial interactions between plant and associated rhizospheric microorganisms are ubiquitous which is important for ecosystem functioning. Symbiotic nitrogen fixation by bacteria e.g., *Rhizobium, Bradyrhizobium, Mesorhizobium, Sinorhizobium*, and *Azorhizobium* spp., that collectively known as rhizobia or by *Frankia* spp., is the major N input to many natural and agricultural ecosystem in the root nodules of legumes or actinorhizal plants respectively. From an agricultural point of view, the most significant interactions are those of the Fabaceae-*Rhizobium* spp. *Bradyrhizobium* spp. root nodule symbioses. Recent work on root nodule bacteria has demonstrated that this interaction is not restricted to *Rhizobium*/*Bradyrhizobium* but includes N_2-fixing strains of *Ralstonia, Burkholderia*, and *Methylobacterium* that have been recovered from the nodules of several tropical Fabaceae.

Beside of nitrogen fixation, rhizobia have also been reported for plant growth promotion in legumes and non-legumes. Their associations modify the physiology and biochemistry of crop plants which enhanced plant growth under normal as well as stress conditions. Rhizobia can affect the plant growth in two different ways: directly or indirectly. The direct growth promotion of the plant is regulated by producing plant hormones; regulating endogenous ethylene level; enhanced total available nutrient contents and releasing other useful compounds like: exopolysaccharides (EPS), lumichrome, riboflavin etc. During rhizobial infection, ethylene produced into infected roots and several times caused inhibition of nodulation in various legumes. There are several rhizobial strains including *R. japonicum*, *R. leguminosarum*, *R. hedysari*, *R. gallicum*, *B. japonicum*, *B. elkanii*, *M. loti* and *S. meliloti* having an enzyme ACC deaminase which could reduce this stress by decreasing the level of ethylene in the host plant. The EPS producing rhizobial strains can relieve the effect of water deficit stress by altering soil properties. Various *Rhizobium* spp. are also studied for plant growth promotion via producing multiple phytohormones such as Auxins, abscisic acid, cytokinins, gibberellins, ethylene, and nitric oxide. Rhizobia can benefit plant growth indirectly by several mechanisms such as antibiosis, parasitism, competition for nutrients, and induction of systemic resistance (ISR). *Rhizobium* spp., namely, *R. leguminosarum*, *S. meliloti*, and *B. japonicum* have been found to show parasitism against fungal pathogens belonging to genera *Macrophomina*, *Rhizoctonia*, and *Fusarium*. Several studies have demonstrated that *Rhizobium* spp. enhanced defense mechanisms of plant via ISR in non-leguminous crops.

In the present volume editors compiled researches to elaborate the role of *Rhizobium* in agriculture with emphasis on biotechnological perspectives.

Sankt Augustin, Germany — Alexander P. Hansen
Noida, India — Devendra K. Choudhary
New Delhi, India — Pawan Kumar Agrawal
Noida, India — Ajit Varma

Contents

List of Contributors

Pawan Kumar Agrawal Indian Council of Agricultural Research, National Agricultural Science Fund, New Delhi, India

Gaurav Ajane Department of Biotechnology, Sant Gadge Baba Amravati University, Amravati, Maharashtra, India

K. Annapurna ICAR—Indian Agricultural Research Institute, New Delhi, India

Ahmed Amine Bekkar Laboratory of Research on Biological Systems and Geomatics (L.R.S.B.G), Department Agronomy, University of Mascara, Mascara, Algeria

Lakhdar Belabid Laboratory of Research on Biological Systems and Geomatics (L.R.S.B.G), Department Agronomy, University of Mascara, Mascara, Algeria

Virendra S. Bisaria Department of Biochemical Engineering and Biotechnology, Indian Institute of Technology Delhi, New Delhi, India

Anupama Choudhary Department of Computer Science, Keen College, Bikaner, India

Devendra K. Choudhary Amity Institute of Microbial Technology (AIMT), Noida, Uttar Pradesh, India

Praveen Gehlot Department of Botany, Jai Narain Vyas University, Jodhpur, Rajasthan, India

Alexander P. Hansen Sankt Augustin, NRW, Germany

Dharmesh Harwani Department of Microbiology, Maharaja Ganga Singh University, Bikaner, India

Pranay Jain Department of Biotechnology, University Institute of Engineering and Technology, Kurukshetra University, Kurukshetra, Haryana, India

Ankit Kale Department of Biotechnology, Sant Gadge Baba Amravati University, Amravati, Maharashtra, India

Ajay Khuteta Department of Computer Science, Poornima University, Jaipur, India

Jyoti Lakhani Department of Computer Science, Poornima University, Jaipur, India

Department of Computer Science, Maharaja Ganga Singh University, Bikaner, India

Kalaivani K. Nadarajah School of Environmental and Natural Resource Sciences, Universiti Kebangsaan Malaysia, Bangi, Malaysia

Aray Nurmukhanbetova Institute of Microbiology and Virology of the Ministry of Education and Science of the Republic of Kazakhstan, Almaty, Kazakhstan

Anjly Pancholy Central Arid Zone Research Institute, Jodhpur, Rajasthan, India

Rakesh Pathak Central Arid Zone Research Institute, Jodhpur, Rajasthan, India

Anita Patil Department of Biotechnology, Sant Gadge Baba Amravati University, Amravati, Maharashtra, India

Surendra Patil College of Horticulture, Dr. Panjabrao Deshmukh Krishi Vidyapeeth, Akola, Maharashtra, India

Ram Kumar Pundir Department of Biotechnology, Ambala College of Engineering and Applied Research, Mithapur, Ambala, Haryana, India

Aidana Sabdenova Institute of Microbiology and Virology of the Ministry of Education and Science of the Republic of Kazakhstan, Almaty, Kazakhstan

Amankeldy Sadanov Institute of Microbiology and Virology of the Ministry of Education and Science of the Republic of Kazakhstan, Almaty, Kazakhstan

M. Senthil Kumar ICAR—Indian Institute of Pulses Research, Basic Science, Kanpur, India

Richa Sharma Department of Biochemical Engineering and Biotechnology, Indian Institute of Technology Delhi, New Delhi, India

Shilpi Sharma Department of Biochemical Engineering and Biotechnology, Indian Institute of Technology Delhi, New Delhi, India

Rubina Sheikh Department of Biotechnology, Sant Gadge Baba Amravati University, Amravati, Maharashtra, India

Saumya Singh Amity Institute of Microbial Technology, Amity University Uttar Pradesh, Noida, Uttar Pradesh, India

S.K. Singh Central Arid Zone Research Institute, Jodhpur, Rajasthan, India

Irina Smirnova Institute of Microbiology and Virology of the Ministry of Education and Science of the Republic of Kazakhstan, Almaty, Kazakhstan

K. SwarnaLakshmi ICAR—Indian Agricultural Research Institute, New Delhi, India

A. Tak Department of Botany, JNV University, Jodhpur, India

Anukool Vaishnav ICAR-NBAIM, Mau Nath Bhanjan, Uttar Pradesh, India

Ajit Varma Amity Institute of Microbial Technology, Amity University Uttar Pradesh, Noida, Uttar Pradesh, India

Souad Zaim Laboratory of Research on Biological Systems and Geomatics (L.R. S.B.G), Department Agronomy, University of Mascara, Mascara, Algeria

Chapter 1
Impact of Rhizobial Inoculants on Rhizospheric Microbial Communities

Richa Sharma, Virendra S. Bisaria, and Shilpi Sharma

1.1 Introduction

Microorganisms under the order Rhizobiales (which includes genera like *Rhizobium, Mesorhizobium, Bradyrhizobium, Azorhizobium, Ensifer, Sinorhizobium* etc.) are legume-nodulating, gram-negative bacteria, belonging to α-proteobacteria, which enrich the soil by fixing atmospheric N_2 and, therefore, hold immense ecological significance. Not all organisms under this order are symbionts; some are methanotrophs while others are even pathogenic. Their application as bioinoculants in agriculture has been followed since decades. They reduce the requirement of chemical nitrogenous fertilizers as well as improve productivity of legumes in fields. Rhizobial inoculation, apart from leading to enhanced nodulation and nitrogen fixation, triggers the production of siderophores, phytohormones, and HCN (Trabelsi et al. 2011, 2012). It also helps in phosphate solubilization along with P and N uptake (Zahir et al. 2011; Flores-Félix et al. 2013; Yadav and Verma 2014). Flores-Félix et al. (2013) reported a strain of *Rhizobium leguminosarum* that produced siderophores and indole acetic acid, and solubilized phosphate. The strain was able to colonize two horticultural crops, *Lactuca sativa* L. (lettuce) and *Daucus carota* L. (carrot). The strain promoted the growth of both plant species as well as increased the uptake of N and P in the edible parts of both the plants, thus showing that it can be used as a biofertilizer for non-legumes as well. However, the issue of their establishment in the nodule due to competition with indigenous strains is critical (Triplett and Sadowsky 1992; Toro 1996; Trabelsi et al. 2011). An effective inoculant, therefore, must be highly competitive also (Mrabet et al. 2005; Mnasri et al. 2007a, b, c; Trabelsi et al. 2011). Mnasri et al. (2007a, b, c) have shown that *Rhizobium gallicum* strain 8a3 was highly

R. Sharma • V.S. Bisaria • S. Sharma (✉)
Department of Biochemical Engineering and Biotechnology, Indian Institute of Technology Delhi, Hauz Khas, New Delhi, India, 110016
e-mail: shilpi@dbeb.iitd.ac.in

A.P. Hansen et al. (eds.), *Rhizobium Biology and Biotechnology*, Soil Biology 50,
DOI 10.1007/978-3-319-64982-5_1

competitive with respect to its nodule occupancy as compared to the indigenous strain of *Sinorhizobium meliloti*, a known symbiont of *Medicago*. In fact, the strain had an antibiotic activity against the indigenous strain. Since the inoculants are released into the field in numbers much higher than their actual numbers in the soil, and their nutritional requirement might overlap with the resident microbial community, it would lead to at least transient perturbation of the soil equilibrium because of their competition for the localization of niche. Hence, their effect must be assessed with respect to the potential risk they might possess on the resident microfloral diversity. Diversity is defined as the number of species present and their relative abundance (Felske and Osborn 2005). If their application leads to loss of crucial native species, it will affect the subsequent crop and therefore would be tagged as undesirable (Trabelsi et al. 2011). This disturbance can be buffered by ecosystem elasticity, resistance, and resilience, which are in turn consequences of diversity and plant–soil–biota interaction (Holling 1973; Grimm and Wissel 1997; Kennedy 1999; Reinhart et al. 2003). Due to bacterial redundancy, the negative impact on certain resident microbial species may not drastically change the ecosystem's functioning (Kennedy 1999; Nannipieri et al. 2003). When rhizobial inoculation affects the composition of soil microbiome, it in turn affects the synthesis and liberation of the enzymes in the rhizosphere (Antoun and Prévost 2005; Sun et al. 2009; Saharan and Nehra 2011). Rhizobial inoculants have also proved to have pathogen-suppressive capability in both legumes and non-leguminous plants, thereby controlling several plant diseases (Antoun and Prévost 2005; Huang and Erickson 2007; Shaban and El-Bramawy 2011).

1.1.1 Scope of the Chapter

The prime focus of the chapter is on the indirect effects caused by rhizobial inoculants on resident rhizospheric microbial communities both positively (by enhancing the nutritional status of the soil, and by exerting antibiosis against plant pathogens) and negatively (by having detrimental consequence on the resident microflora), which are well documented. On the basis of available literature, we conclude with an interpretative summary so far and the future perspective.

1.2 Individual Inoculation Versus Combined Inoculation of Rhizobial Strains

Rhizobial inoculants have been used individually as well as in combination with other bioinoculants (sometimes with other rhizobial strains) for the betterment of plant growth. Such combinations have yielded variable results in terms of their effect on plant growth parameters and also on the resident microflora. Yadav and Verma (2014) reported that the direct effect of rhizobial inoculation on plant growth parameters was greatly affected by its co-inoculation with other PGPR. Co-inoculation of *R. leguminosarum* with *Pseudomonas aeruginosa* resulted in enhancement of shoot dry weight per plant, grain yield, and uptake of N and P by chickpea as compared to no inoculation and inoculation with *R. leguminosarum* alone. Zahir et al. (2011) have also determined the positive effect of co-inoculation of *Pseudomonas* sp. and *Serratia* sp. with *R. leguminosarum* on the growth and yield of lentil. On the contrary, in certain cases there seems to be no effect of co-inoculation (*Ensifer meliloti* and *R. gallicum*) when compared with mono-inoculation in terms of plant growth parameters (nodule number, shoot dry weight, and grain yield) as shown by Trabelsi et al. (2011). The effect was, however, visible when assessed with respect to the total bacterial community. Co-inoculation significantly increased the total bacterial community when compared with mono-inoculation and control samples. Effect of these two strains on the species richness of the rhizosphere of potato cropping revealed that co-inoculation appeared less effective than mono-inoculation (Trabelsi et al. 2012).

Sharma et al. (2017) compared several treatments in a field experiment and showed that shoot weight at vegetative and flowering stage, and grain yield at harvest stage, were significantly increased when *Bradyrhizobium* sp. was co-inoculated with *Azotobacter chroococcum*, *Bacillus megaterium*, and *Pseudomonas fluorescens*. The effect was also assessed on major groups of resident microflora. It was found that fungal population and nitrogen fixers significantly decreased at harvest stage, whereas phosphate solubilizers were significantly reduced at flowering stage in the mono-inoculation with *Bradyrhizobium* when compared with the co-inoculation. On the other hand, it was observed that *Actinomycetes* population significantly increased at vegetative stage in the mono-inoculation as opposed to co-inoculation. Rhizobium–legume symbiosis being a complicated partnership involves key enzyme cellulase for the primary root infection. Diez-Mendes et al. (2015) showed that co-inoculation of the native strain of *R. leguminosarum* with cellulase-overproducing strain *Rhizobium cellulosilyticum* exhibited higher grain production in *Phaseolus vulgaris*. Also, the grains had increased N content compared to mono-inoculation with the native rhizobial strain and uninoculated plants. This suggested co-inoculation to have significantly enhanced the N fixation efficiency of the native strain.

1.3 Soil Nutritional Status

Apart from fixing nitrogen symbiotically, rhizobium inoculation has a positive effect on the crop by several mechanisms involving production of plant hormones, increasing the phosphorous and iron supply, etc (Antoun and Prévost 2005; Saharan and Nehra 2011). Although iron is abundant in the soil, its acquisition is difficult due to its low solubility. Iron and phosphorous concentration in the nodules has been found to have linear correlation with the efficiency of nitrogen fixation (Rotaru and Sinclair 2009). Siczek and Lipiec (2016) observed an increase in enzymatic activities (dehydrogenases, urease, protease, and acid phosphomonoesterase) in the rhizosphere of *Vicia faba* throughout the growing season in soil inoculated with *R. leguminosarum* as compared to uninoculated soil. Increment in the enzymatic activities of urease and dehydrogenase was much higher compared to the activities of protease and acid phosphomonoesterase. This was explained by the fact that inoculation with rhizobium has significant prospective for N cycling and ATP production by the oxidation of organic matter in the soil. On the contrary, Zhang et al. (2010) showed that *Rhizobium* inoculation did not exert a significant effect on available K, N, organic matter, and pH of the rhizospheric soil. In yet another study, rhizobial inoculation was reported to enhance inorganic nitrogen content in the soil, together with exerting an adverse effect on the microbial biomass (Herrmann et al. 2012). Sun et al. (2009) showed that in alfalfa rhizosphere, there was an enhancement in the activity of urease (15.65%) and invertase (19.34%) in intercropping-rhizobial inoculation as compared to monoculture. However, there was no pronounced effect of treatment on acid phosphatase activity.

1.4 Effect on the Resident Microbial Community

A concise representation of the impact of rhizobial inoculation on bacterial diversity, nutrient status, and enzymatic activity in the rhizosphere has been provided in Table 1.1. Competition occurs between inoculated species and the resident microbial community due to overlapped niche colonization and nutritional requirement (de Weger et al. 1995; Anyango et al. 1998). This results in either the inoculated microbe outcompeting the indigenous microbes or vice versa. If the crucial processes, such as nutrient cycling or plant pathogen protection, are inhibited as a result of application of bioinoculants, then the out-competition is considered as an ecological risk. Therefore, the release of bioinoculants in huge amount may either result in non-target effects, which in turn enhance plant growth, or lead to an ecological risk (Schwieger and Tebbe 2000, Gupta et al. 2012). Rhizobia–legume interaction is assumed to act as a driving force for maintaining the nitrogen balance in soil. This effect also depends on the rhizosphere and internal nitrogen turnover (Babić et al. 2008). It is therefore important to determine the effect of rhizobial inoculants on the resident microbial community.

Various techniques have been used to examine soil resident microflora. Cultivation-dependent methods such as enumeration on plates and CLPP are laborious and only <1% of the total microbial flora is cultivable. Though cultivation-independent methods, such as qPCR, fingerprinting [amplified ribosomal DNA restriction analysis (ARDRA), denaturing gradient gel electrophoresis (DGGE), single-strand conformation polymorphism (SSCP), temperature gradient gel electrophoresis (TGGE), terminal restriction fragment length polymorphism (T-RFLP), etc.], and next-generation sequencing (NGS) are able to provide a much clearer vision, a strong bias is introduced by DNA extraction, together with inherent limitations of PCR amplification.

Only limited reports have addressed the question of non-target effects of application of rhizobial inoculants. A look into the available reports reveals mixed results concerning the impact exerted by rhizobial amendments. Sun et al. (2009), using the

Table 1.1 Impact of rhizobial inoculants on rhizospheric properties

S. No.	Host plant(s)	Rhizobial inoculant(s)	Remarks	References
1.	*Vicia faba* L.	*R. leguminosarum* bv. *viciae*	– Enhanced enzyme (dehydrogenases, urease, protease, and acid phosphomonoesterase) activities in inoculated rhizosphere soil	Siczek and Lipiec (2016)
2.	*Vicia faba* L.	*R. leguminosarum* bv. *viciae*	– Rhizobium inoculation decreased the microbial biomass C in the rhizosphere by 26–30% – ARDRA results showed *Rhizobium* inoculation decreased bacterial diversity – *Rhizobium* inoculation negatively affected Planctomycetes and Actinobacteria but had a positive impact on member of α-proteobacteria	Zhang et al. (2010)
3.	*Phaseolus vulgaris*	*E. meliloti* 4H41, *R. gallicum* 8a3	– Inoculation with strain 4H41 induced an increase in soil ammonium concentration, but inoculation with 8a3 led to a decrease – Nitrate was below detectable limit for uninoculated as compared to the inoculated treatment at the end of the plant cycle	Trabelsi et al. (2011)
4.	*Phaseolus vulgaris* cv. Flamingo and Potatoes	*Rhizobium gallicum* 8a3, *Ensifer meliloti* 4H41	– T-RFLP analysis of 16S rRNA gene was used to evaluate and compare total bacterial communities in different treatments – Co-inoculation appeared to be less effective than simple inoculation with 8a3 or 4H41 – Composition of the bacterial communities was significantly affected by inoculation	Trabelsi et al. (2012)
5.	*Indigofera tinctoria*, *Pueraria mirifica*, and *Derris elliptica* Benth.	10 indigenous rhizobial strains	– Bacterial community structure of native rhizosphere and inoculated rhizospheres was different as revealed by DGGE – Sorensen's index showed the bacterial community structure of the rhizosphere inoculated with Rhizobium divergent from uninoculated control – Slight differences were observed upon rhizobial inoculation; stronger effect of plant type was noted	Nimnoi et al. (2010)

(continued)

Table 1.1 (continued)

S. No.	Host plant(s)	Rhizobial inoculant(s)	Remarks	References
6.	*Medicago sativa* L.	*Sinorhizobium meliloti* S26/O26	– Bacterial genes involved in nitrogen turnover were affected by inoculation as shown by qPCR. Effectiveness of inoculation was related to the abundance of *nif*H genes in the late flowering stage – Higher number of *amo*A copies was observed during flowering	Babić et al. (2008)
7.	*Medicago sativa* L. cv. Arago´n	*S. meliloti* strain M4	– RFLP and TGGE profiles suggested that inoculation with *S. meliloti* permitted certain γ-proteobacterial populations to be maintained longer in the rhizosphere without affecting others	van Dillewijn et al. (2002)
8.	*Medicago sativa* and *Chenopodium album*	*S. meliloti* L33	– PCR–single-strand conformation polymorphism (SSCP) profiles of a 16S rRNA gene region confirmed the bacterial diversity in the rhizosphere of *Medicago sativa* affected qualitatively and quantitatively – Members of γ-proteobacteria decreased while the number of members of α-proteobacteria increased	Schwieger and Tebbe (2000)
9.	*Acacia senegal*	Mixture of four *Ensifer* strains	– DGGE profiles showed a significant increase in total bacterial diversity due to seasonal changes as compared to rhizobial inoculation – No significant difference was revealed between inoculated and non-inoculated soil samples	Herrmann et al. (2012)
10.	*Cajanus cajan*	*Bradyrhizobium* sp.	– Rhizobial inoculation positively affected the population of *Actinomycetes* and *Pseudomonas* compared to the rest of the treatments including control and chemical fertilizers during the early stages of plant – Fungi, gram-negative enteric bacteria, *Azotobacter*, and nitrogen fixers were negatively affected by rhizobial inoculation as compared to control	Sharma et al. (2017)

technique of T-RFLP, showed an enhancement in the *Nitrosomonas* and an adverse effect on *Nitrospira* in the intercropping-rhizobial inoculation treatment. Both treatments tended to increase the diversity of *amoA*. Zhang et al. (2010) upon employing ARDRA and T-RFLP determined that *Rhizobium* inoculation led to a detrimental impact on microbial biomass C with a reduction by 26–30% as shown by Shannon diversity index (H_A'). Diversity of Planctomycetes and Actinobacteria were negatively affected, while those of α-proteobacteria increased with *Rhizobium* inoculation. Both intercropping and application of *Rhizobium* inoculant were reported to influence the less abundant phyla, without affecting the dominant phyla. On the other hand, studies conducted by Zhang et al. (2011) and Herrmann et al. (2012) showed almost no effect of these amendments on the resident microflora. Schwieger et al. (2000) reported that *Sinorhizobium meliloti* strain and its $RecA^-$ derivative did not have any effect on the residential microbial community in a lysimeter experiment. Using fingerprint techniques of ARDRA and SSCP, Schwieger and Tebbe (2000) reported that inoculation with a strain of *S. meliloti* affected the structure of rhizospheric community of *Medicago sativa* (target plant), whereas the same strain exhibited no effect on the rhizospheric diversity of *Chenopodium album* (non-target plant). As a consequence of the inoculation, the most dominant species *Acinetobacter calcoaceticus* and *Pseudomonas* were almost eradicated, as shown by ARDRA profiles, from the rhizosphere of *M. sativa*. Inoculation reduced the abundance of γ-proteobacteria, with simultaneous enhancement of α-proteobacterial members. Also, greater rhizospheric diversity was shown by the rhizospheric samples of *M. sativa* as compared to *C. album*. The shift can be explained as replacement of more general bacteria by amendment with rhizobia. Field release of genetically engineered rhizobial strains (containing genes encoding trifolitoxin) resulted in killing many of the α-proteobacterial members, without affecting other groups. This can be explained by trifolitoxin sensitivity of α-proteobacteria (Triplett et al. 1994; Robleto et al. 1998). van Dillewijn et al. (2002) on the contrary adopted the techniques of RFLP and TGGE to conclude that the inoculation with *S. meliloti* strains enhanced the γ-proteobacterial population in soil. Lower level of persistence of the inoculants led to a modest effect on the indigenous microbes. By using DGGE technique and analyzing the Sorensen's index of the rhizobial inoculated and non-inoculated soil, Nimnoi et al. (2010) concluded that the resident microbial community structure was different for both the soils. This implied that the inoculation had modified the rhizospheric community structure.

An extensive study by Babić et al. (2008) assessed the effect of two *Sinorhizobium* strains on genes involved in N cycle. qPCR revealed that in the late flowering stage of alfalfa there was an abundance of *nif*H and *amo*A genes; this in turn complements the effectiveness of rhizobial inocula. Despite high throughput and resolution, only limited reports are available employing such techniques to address the question of non-target effect of bioinoculant at gene and transcript levels.

It has been seen that the grain yield of legumes is greatly affected by the attack of several pathogens. Both underground and aerial parts are affected by these phytopathogens. There are a few studies which report the efficacy of rhizobial inoculants against these phytopathogens. Huang and Erickson (2007) and Shaban and El-Bramawy (2011) showed that treatment with *R. leguminosarum* resulted in significant decrement in damping-off when compared with untreated control in faba bean and pea seeds, respectively. On the other hand, Reitz et al. (2000) showed that intact cells were not necessary to combat the disease, as lipopolysaccharides (concentrations as low as 0.1 mg ml^{-1}) produced by a strain of *Rhizobium etli* resulted in significant (up to 37%) reduction of *Globodera pallida* infection of potato roots by acting as an inducing agent of systemic resistance in potato roots.

1.5 Conclusion

Rhizobial inoculants cause changes in the diversity and abundance of resident rhizospheric microflora in plants. Plant growth promotion and their protection are not necessarily the direct effect of these agricultural amendments but may also result from induction or suppression of indigenous microbial community. These changes in turn lead to changes in beneficial soil processes like nitrogen cycling. There is a paucity of literature available to conclusively state whether rhizobial amendments have a beneficial or an inhibitory effect on resident microflora. However, the majority of results indicate at least a disturbance in the structure and function of rhizospheric community upon application of rhizobial inoculants. There is, therefore, a need to perform further assessment of the magnitude of such changes on soil functioning. The assessment of the non-target effects of rhizobial inoculants at genomic, transcriptomic, and proteomic levels will lead to a greater understanding of such changes on soil functioning. This, in turn, will help in making a more judicious choice about their application on leguminous crops.

References

Antoun H, Prévost D (2005) Ecology of plant growth promoting rhizobacteria. In: Siddiqui ZA (ed) PGPR: biocontrol and biofertilization. Springer, Dordrecht, pp 1–38

Anyango B, Wilson K, Giller K (1998) Competition in Kenyan soils between *Rhizobium leguminosarum* biovar. *Phaseoli* strain Kim5 and *R. tropici* strain CIAT899 using the *gusA* marker gene. Plant Soil 204:69–78

Babić KH, Schauss K, Hai B, Sikora S, Redžpović S, Radl V, Schloter M (2008) Influence of different *Sinorhizobium meliloti* inocula on abundance of genes involved in nitrogen transformations in the rhizosphere of alfalfa (*Medicago sativa* L.). Environ Microbiol 10:2922–2930

Diez-Mendes A, Menéndez E, García-Fraile P, Celador-Lera L, Rivas R, Mateos PF (2015) *Rhizobium cellulosilyticum* as a co-inoculant enhances *Phaseolus vulgaris* grain yield under greenhouse conditions. Symbiosis 67:135–141

Felske A, Osborn AM (2005) DNA fingerprint of microbial communities. In: Osborn AM, Smith CJ (eds) Molecular microbial ecology, 1st edn. Taylor and Francis group, New York, pp 65–90

Flores-Félix JD, Menéndez E, Rivera LP, Marcos-García M, Martínez-Hidalgo P, Mateos PF, Martínez-Molina E, Velázquez E, García-Fraile P, Rivas R (2013) Use of *Rhizobium leguminosarum* as a potential biofertilizer for *Lactuca sativa* and *Daucuscarota* crops. J Plant Nutr Soil Sci 176:876–882

Grimm V, Wissel C (1997) Babel or the ecological stability discussions: an inventory and analysis of terminology and a guide for avoiding confusion. Oecologia 109:323–334

Gupta R, Bru D, Bisaria VS, Philippot L, Sharma S (2012) Responses of *Cajanus cajan* and rhizospheric N-cycling communities to bioinoculants. Plant Soil 358:143–154

Herrmann L, Sanon K, Zoubeirou AM (2012) Seasonal changes of bacterial communities in the rhizosphere of *Acacia senegal* mature trees inoculated with *Ensifer* strains in Burkina Faso and Niger. Agr Ecosyst Environ 157:47–53

Holling CS (1973) Resilience and stability of ecological systems. Annu Rev Ecol Syst 4:1–23

Huang HC, Erickson RS (2007) Effect of seed treatment with *Rhizobium leguminosarum* bv. *viceae* on Pythium damping-off, seedling height, root nodulation, root biomass, shoot biomass, and seed yield of pea and lentil. J Phytopathol 155:31–37

Kennedy AC (1999) Bacterial diversity in agroecosystems. Agr Ecosyst Environ 74:65–76

Mnasri B, Aouani ME, Mhamdi R (2007a) Nodulation and growth of common bean (*Phaseolus vulgaris*) under water deficiency. Soil Biol Biochem 39:1744–1750

Mnasri B, Mrabet M, Laguerre G, Aouani ME, Mhamdi R (2007b) Salt-tolerant rhizobia isolated from a Tunisian oasis that are highly effective for symbiotic N_2-fixation with *Phaseolus vulgaris* constitute a novel biovar (bv. Mediterranense) of *Sinorhizobium meliloti*. Arch Microbiol 187:79–85

Mnasri B, Tajini F, Trabelsi M, Aouani ME, Mhamdi R (2007c) *Rhizobium gallicumas* an efficient symbiont for bean cultivation. Agron Sustain Dev 27:331–336

Mrabet M, Mhamdi R, Tajini F, Tiwari R, Trabelsi M, Aouani ME (2005) Competitiveness and symbiotic effectiveness of a *R. gallicum* strain isolated from root nodules of *Phaseolus vulgaris*. Eur J Agron 22:209–216

Nannipieri P, Ascher J, Ceccherini MT, Landi L, Pietramellara G, Renella G (2003) Microbial diversity and soil functions. Eur J Soil Sci 54:655–670

Nimnoi P, Lumyong S, Pongsilp N (2010) Impact of rhizobial inoculants on rhizosphere bacterial communities of three medicinal legumes assessed by denaturing gradient gel electrophoresis (DGGE). Ann Microbiol 61:237–245

Reinhart KO, Packer A, Van der Putten WH, Clay K (2003) Plant-soil biota interactions and spatial distribution of black cherry in its native and invasive ranges. Ecol Lett 6(12):1046–1050

Reitz M, Rudolph K, Schröder I, Hoffmann-Hergarten S, Hallmann J, Sikora RA (2000) Lipopolysaccharides of *Rhizobium etli* strain G12 act in potato roots as an inducing agent of systemic resistance to infection by the cyst nematode *Globodera pallida*. Appl Environ Microbiol 66:3515–3518

Robleto EA, Kmiecik K, Oplinger ES, Nienhaus J, Triplett EW (1998) Trifolitoxin production increases nodulation competitiveness of *Rhizobium etli* CE3 under agricultural conditions. Appl Environ Microbiol 64:2630–2633

Rotaru V, Sinclair TR (2009) Interactive influence of phosphorus and iron on nitrogen fixation by soyabean. Environ Exp Bot 66:94–99

Saharan BS, Nehra V (2011) Plant growth promoting rhizobacteria: a critical review. Life Sci Med Res 21:1–30

Schwieger F, Tebbe CC (2000) Effect of field inoculation with *Sinorhizobium meliloti* L33 on the composition of bacterial communities in rhizosphere of a target plant (*Medicago sativa*) and non-target plant (*Chenopodium album*)-linking of 16S rRNA gene-based single stand conformation polymorphism community profiles to the diversity of cultivated bacteria. Appl Environ Microbiol 66:3556–3565

Schwieger F, Dammann-Kalinowski T, Dresing U, Selbitschka W, Munch JC, Pũhler A, Keller M, Tebbe CC (2000) Field lysimeter investigation with luciferase-gene (*luc*)-tagged *Sinorhizobium meliloti* strains to evaluate the ecological significance of soil inoculation and a *recA*-mutation. Soil Biol Biochem 32:859–868

Shaban WI, El-Bramawy MA (2011) Impact of dual inoculation with Rhizobium and *Trichoderma* on damping off, root rot diseases and plant growth parameters of some legumes field crop under greenhouse conditions. Int Res J Agric Sci Soil Sci 1:98–108

Sharma R, Paliwal JS, Chopra P, Dogra D, Pooniya V, Bisaria VS, Swarnalakshmi K, Sharma S (2017) Survival, efficacy and risk assessment of bacterial inoculants in *Cajanus cajan*. Agric Ecosyst Environ 240:244–252

Siczek A, Lipiec J (2016) Impact of faba bean-seed rhizobial inoculation on microbial activity in the rhizosphere soil during growing season. Int J Mol Sci 17:1–9

Sun YM, Zhang NN, Wang ET, Yuan HL, Yang JS, Chen WX (2009) Influence of intercropping and intercropping plus rhizobial inoculation on microbial activity and community composition in rhizosphere of alfalfa (*Medicago sativa* L.) and Siberian wild rye (*Elymus sibiricus* L.). FEMS Microbiol Ecol 70:218–226

Toro N (1996) Nodulation competitiveness in the *Rhizobium*-legume symbiosis. World J Microbiol 12:157–162

Trabelsi D, Mengoni A, Ammar HB, Mhamdi R (2011) Effect of on-field inoculation of *Phaseolus vulgaris* with rhizobia on soil bacterial communities. FEMS Microbiol Ecol 77:211–222

Trabelsi D, Ammar HB, Mengoni A, Mhamdi R (2012) Appraisal of the crop-rotation effect of rhizobial inoculation on potato cropping systems in relation to soil bacterial communities. Soil Biol Biochem 54:1–6

Triplett EW, Sadowsky MJ (1992) Genetics of competition for nodulation of legumes. Annu Rev Microbiol 46:399–428

Triplett EW, Breil BT, Splitter GA (1994) Expression of *tfx* and sensitivity to the rhizobial peptide antibiotic trifolitoxin in a taxonomically distinct group of α-proteobacteria including the animal pathogen *Brucella abortus*. Appl Environ Microbiol 60:4163–4166

van Dillewijn P, Villadas PJ, Toro N (2002) Effect of a *Sinorhizobium meliloti* strain with a modified putA gene on the rhizosphere microbial community of Alfalfa. Appl Environ Microbiol 68(9):4201–4208

Weger LA, Bij AJ, Dekkers LC, Simons M, Wijffelman CA, Lugtenberg BJJ (1995) Colonization of the rhizosphere of crop plants by plant-beneficial pseudomonads. FEMS Microbiol Ecol 17 (4):221–227

Yadav J, Verma JP (2014) Effect of seed inoculation with indigenous Rhizobium and plant growth promoting rhizobacteria on nutrients uptake and yields of chickpea (*Cicer arietinum* L.). Eur J Soil Biol 63:70–77

Zahir AZ, Zafar-ul-Hye M, Sajjad S, Naveed M (2011) Comparative effectiveness of *Pseudomonas* and *Serratia* sp. containing ACC-deaminase for co-inoculation with *Rhizobium leguminosarum* to improve growth, nodulation and yield of lentil. Biol Fertil Soils 47:457–465

Zhang NN, Sun YM, Li L, Wang ET, Chen WX, Yuan HL (2010) Effects of intercropping and Rhizobium inoculation on yield and rhizosphere bacterial community of faba bean (*Vicia faba* L.). Biol Fertil Soils 46:625–639

Zhang YZ, Wang ET, Li M et al (2011) Effects of rhizobial inoculation, cropping systems and growth stages on endophytic bacterial community of soybean roots. Plant Soil 347:147–161

Chapter 2
Restoration of Degraded Pasture Soils on the Basis of EM Associations

Irina Smirnova, Amankeldy Sadanov, Aidana Sabdenova, and Aray Nurmukhanbetova

2.1 Introduction

Analysis of the current state of the global agribusiness has shown that in many countries of the world the priority is given to the development of pasture-based livestock farming (Ivanov 2010; Kotlyarova et al. 2013). Natural pasturable potential of agricultural development fully meets the rational management requirements in livestock farming (Dickhoefera et al. 2010; Abseitov 2012). However, the irrational use of pastures (overloading, overgrazing, violating seasonality of grazing) results in soil degradation and landscape desertification. Currently, most of the pasture ecosystems are seriously disturbed, a number of valuable forage grasses have disappeared or become rare, and soils have been severely depleted. The existing range of perennial pasture grasses does not meet environmental standards (Han et al. 2008; Angassa and Oba 2010). Particularly, pronounced manifestation of pasture vegetation degradation is observed around the wells, where the species composition is reduced, and uneaten grasses take the place of eaten ones (Kandalova 2009a, b). Degraded pastures are not resistant to erosion and desertification; the loss of humus is in the range from 25 to 30%, and not replenished. 60% of pasture lands are exposed to wind erosion; more than 50% of soils are saline in varying degrees. All these negative processes lead to the biodiversity depletion, reduced productivity of natural pasture ecosystems, and, as a consequence, deterioration of forage resources in grassland farming (Squires 2012). In this connection,

I. Smirnova (✉) • A. Sadanov • A. Sabdenova • A. Nurmukhanbetova
Institute of Microbiology and Virology of the Ministry of Education and Science of the Republic of Kazakhstan, Almaty, Kazakhstan
e-mail: iesmirnova@mail.ru

A.P. Hansen et al. (eds.), *Rhizobium Biology and Biotechnology*, Soil Biology 50,
DOI 10.1007/978-3-319-64982-5_2

the scientists from various countries are carrying out research on restoration of disturbed pastures and developing measures for rational land resource management (Han et al. 2008; Hou et al. 2008; Penkov 2009; Petrov 2012).

One of the most promising solutions to this problem lies in biological farming, in which maintaining the soil in a biologically active state that ensures its fertility is seen as a decisive factor. Biological farming is based on the use of effective microorganisms (EM), which represent the primary environmental soil forming factor and consists in the application of effective microorganism associations (EM associations) (Higa and James 1994; Condor et al. 2007). In this case, mineral fertilizers, pesticides, and other chemical protection agents should not be used (Gorski and Kleiber 2010; Jusoh et al. 2013; Reddy and Giller 2014). EM associations represent a multispecies and multifunctional composition or artificially created community. The composition of EM associations includes microorganisms belonging to different genera and species. In the main, EM associations comprise nitrogen-fixing, phosphate-mobilizing, cellulolytic, and silicate groups of microorganisms. When EM associations are introduced into soil, it is enriched with readily available nutrients and becomes more fertile, and microorganisms themselves supply the plants with necessary products of their vital activity (enzymes, vitamins, amino acids, etc.) (Tokeshi et al. 2007; Mayer et al. 2010).

Nitrogen-fixing microorganisms represent one of the important components of EM associations. They play the leading part in the fixation of atmospheric nitrogen and soil enrichment with plant-available nitrogen (Schott 2007; Orr et al. 2011; Emer et al. 2014). To normalize the microbial flora of the depleted and degraded soils and enhance soil fertility, the nitrogen-fixing microorganisms should be a mandatory component of EM associations.

To restore the degraded pastures, we are planning to use EM associations, composed of nitrogen-fixing, phosphate-mobilizing, cellulolytic, and silicate bacteria, with simultaneous sowing of perennial meadow grasses. In the future, these grasses will become the basis of the pasture grass stand. The composition of meadow grasses will include legumes such as wild alfalfa, sweet clover, and white clover. These plants are the major forage crops. Alfalfa and clover are the most valuable nutritious animal feed. Melilot, in addition, enriches soil with nutrient elements, promotes humus accumulation, and improves the soil properties. It is planned to introduce EM association by the pre-sowing treatment of seeds of meadow grasses with this association.

However, when studying soil microflora of degraded pastures, it was found that there are practically no nitrogen-fixing root nodule bacteria rhizobia in the soil. Therefore, the composition of EM associations should comprise the nodule bacteria—symbionts of these valuable forage crops for the successful development of these legumes.

The aim of this research was to isolate, identify, and study nitrogen-fixing root nodule bacteria of the genus *Rhizobium* and select the most promising among them for developing EM associations.

2.2 Materials and Methods

The symbiotic bacteria or rhizobia that form nodules on the roots of legumes such as wild alfalfa (*Medicago sativa* L.), sweet clover yellow *Melilotus officinalis* (L.) Desr., and white clover (*Trifolium repens* L.) were used as objects of the study. These legumes compose the natural grass stand of environmentally undisturbed or natural pastures in Kazakhstan and are among the most nutritious forage plants for agricultural livestock.

2.2.1 *Isolation of Rhizobia*

Gathering of leguminous plants for isolation of the rhizobia was carried out on natural high-yielding pastures of Kazakhstan. Rhizobia were isolated from nodules on the roots of alfalfa, melilot, and white clover during the budding-flowering period of the host plant. Nodules were taken from the freshly gathered plant roots. The plant roots were washed thoroughly under running water to remove mud and soil particles. The largest healthy and pink nodules were separated with forceps from thoroughly washed root and placed in 70% ethanol for 30 s. They were then treated with 0.1% $HgCl_2$ for 2 min. Thereafter, the nodules were repeatedly washed with sterile water. The nodules were transferred into a Petri dish using sterile forceps and crushed with a scalpel under aseptic conditions. A small amount of nodule contents was transferred using an inoculating loop into 100 μL of sterile water, further on the surface of the agar medium in a Petri dish, and spread with a spatula. Another 2–3 Petri dishes were inoculated using the same spatula to get isolated colonies. The inoculated dishes were incubated at 25–27 °C. Fast-growing rhizobia grew in 3–4 days and slow-growing in 7–9 days. The appearance of colonies within 1–2 days is indicative of culture contamination (Vincent 1970; Carter and Gregorich 2007). The cultures were maintained on nutrient agar slants with regular subculturing.

2.2.2 *Culture Conditions*

The Ashby and Maze media with pea broth were used to isolate the symbiotic rhizobacteria. Nitrogen-free Ashby medium has the following composition (g/L): mannitol—20.0; K_2HPO_4—0.2; $MgS0_4$—02; NaCl—0.2; K_2SO_4—0.1; $CaCO_3$—5.0; agar—20.0; pH 7.1–7.3. The medium is sterilized at 0.5 atm and 120 °C (Zenova et al. 2002).

The Maze medium has the following composition (g/L): K_2HPO_4—1.0; $MgSO_4$—0.3; sucrose—10.0; broth made from 100 g of pea—up to 1 L, pH 6.8—7.0 (Emtsev 2005; Stiles 2013).

To prepare pea broth, 100 g of peas were poured with 1 L of tap water and boiled until the skin swells and cracks. The broth was filtered through cotton wool (gauze) and the volume adjusted with tap water to 1 L.

Nodule bacteria growing on these media form colorless or milky white mucous colonies. Rhizobia growing on pea agar slants were richly developed, forming transparent mucus, often flowing down massive colonies or streaks.

Cultivation of rhizobia was carried out in flasks using an incubator shaker at 28 ± 2 °C and 180 rpm and in Petri dishes placed in a thermostat at 28 ± 2 °C.

2.2.3 Selection of Active Strains of Nitrogen-Fixing Rhizobia

Primary selection of the nitrogen fixer's active strains was carried out in the nitrogen-free Ashby liquid medium. Based on the fact that the higher the accumulation of bacterial biomass, the more active the culture is in fixation of atmospheric molecular nitrogen. The bacterial biomass was measured nephelometrically with the PD-303 spectrophotometer ("Apel," Japan) in optical density units (RODU), calculated per absolute dry biomass (a.d.m.) using the calibration curve, and expressed in g/1000 mL.

2.2.4 Studies on Growth-Promoting Activity and Rhizobial Nodulation

To study the growth-promoting activity of rhizobia and their nodulation ability (ability to form nodules on the roots of plants), bacteria were cultivated in the liquid Ashby medium on shaking conditions at a rotary speed of 180 rpm and temperature of 28 °C for 3–5 days. Seeds of alfalfa, melilot, and clover before sowing were inoculated with bacterial suspension with a titer of 10^7–10^8 cell/mL for 2 h at a temperature of 23 °C. The seeds were then sown in the vegetation vessels. Vermiculite was used as a substrate for plant growth, and the liquid Knopp medium lacked a nitrogen source as a feed for seedlings. Before setting up the experiment, the substrate and Knopp solution were sterilized; sterile tap water was used for watering plants. Seeds of alfalfa, melilot, and clover that were not inoculated with rhizobia served as a control. All the experiments were performed in triplicates.

Model laboratory experiments on the effect of rhizobia on the pasture grasses were carried out in a climatic chamber (Constant Climate Chamber HPP-750, "Memmert", Germany). The parameters of the moisture, illumination, and temperature in the climate chamber were coincided with the spring vegetation period of the year.

Biometric parameters of the plants, such as stem length and root length, were measured after 30 days of cultivation. Nodule number and average weight were determined after 45 days of cultivation. By this time, the nodules were well developed, and it was easy to detect and count them.

2.2.5 *Identification of Nitrogen-Fixing Root Nodule Bacteria of the Genus Rhizobium*

A number of methods including classical microbiological, based on studying the cultural-morphological and biochemical characteristics and properties of microorganisms (Holt et al. 1997), and molecular genetic techniques were used to determine the taxonomic position of rhizobia.

Three strains of nodule bacteria L23, D26, and K24 were identified by amplifying their 16S rRNA. Genomic DNA was isolated using a set PureLink® Genomic DNA Kits. The concentration of DNA in the samples was determined using a fluorometer Qubit (Invitrogen). Sequencing was performed using universal primers for 16S rRNA gene: 8f-5′–AGAGTTTGATCCTGGCTCAG-3 and 806R-5′-GGACTACCAGGGTATCTAAT-3. The reaction mixture for amplification consisted of 1 μL of primers, 2.5 μL dNTP, 2.5 μL buffer, 0.2 μL Polymerase, 2 μL DNA, and H_2O. PCR was carried out in a thermocycler Mastercycler pro S (Eppendorf). The reaction was started by incubating the mixture at 95 °C for 7 min and then followed by 30 cycles consisting of incubations: 95 °C—30 s, 55 °C—40 s, 72 °C—1 min. The final elongation was performed at 72 °C for 10 min.

The sequencing reactions were performed using BigDye Terminator v3.1 Cycle Sequencing Kit (Applide Biosystems) according to manufacturer's instructions (BigDye® Terminator v3.1 Cycle Sequencing Kit Protocol Applied Biosystems USA), followed by separation of the fragments on an automated Genetic Analyzer 3500 DNA Analyzer (Applide Biosystems). Sequencing results were processed in the program SeqAn (Applide Biosystems). The resulting nucleotide sequence of 16S rRNA gene was compared with the GenBank database (www.ncbi.nih.gov), using the BLAST program. Phylogenetic analysis was performed using the software MEGA6. The alignment of the nucleotide sequences was performed using ClustalW algorithm.

2.2.6 *Statistical Analysis*

The statistical significance of the results obtained was determined using the Student's *t*-test for the confidence level $p < 0.01$ (Tolchenov et al. 2009).

2.3 Results

Rhizobia have been isolated from root nodules of wild alfalfa (*M. sativa* L.), sweet clover yellow (*M. officinalis* (L.) Desr.), and white clover (*T. repens* L.). Plants were harvested on environmentally undisturbed pastures of Kazakhstan. Healthy and strong plants with a well-developed root system were selected to isolate rhizobia. Plant monitoring was also carried out, and plants with a large number of nodules on the roots were selected. Isolation of rhizobia from nodules was performed according to the protocol (see Sect. 2.2.1). As a result of the work, 24 rhizobium isolates were obtained from legume nodules. Of these, nine isolates were obtained from alfalfa nodules, ten from melilot nodules, and five from clover nodules.

Identification of nodule bacteria was carried out by studying the cultural-morphological and biochemical characteristics. Table 2.1 shows the identification of rhizobium strains and legumes from which they were isolated.

Table 2.1 The nodulating Rhizobial species from some legumes of natural pastures

No.	Strains	Rhizobial species	Legume species	
			Common name	Latin name
1	L12	*Sinorhizobium medicae*	Wild alfalfa	*Medicago sativa* L.
2	L17	*Sinorhizobium meliloti*	Wild alfalfa	*Medicago sativa* L.
3	L19	*S. meliloti*	Wild alfalfa	*Medicago sativa* L.
4	L20	*S. spp.*	Wild alfalfa	*Medicago sativa* L.
5	L23	*S. meliloti*	Wild alfalfa	*Medicago sativa* L.
6	L24	*S. medicae*	Wild alfalfa	*Medicago sativa* L.
7	L28	*S. medica*	Wild alfalfa	*Medicago sativa* L.
8	L35	*S. meliloti*	Wild alfalfa	*Medicago sativa* L.
9	L36	*S. meliloti*	Wild alfalfa	*Medicago sativa* L.
10	D09	*S. meliloti*	Sweet clover yellow	*Melilotus officinalis* (L.) *Desr.*
11	D12	*S. meliloti*	Sweet clover yellow	*Melilotus officinalis* (L.) *Desr.*
12	D14	*S. meliloti*	Sweet clover yellow	*Melilotus officinalis* (L.) *Desr.*
13	D20	*S. medicae*	Sweet clover yellow	*Melilotus officinalis* (L.) *Desr.*
14	D24	*S. meliloti*	Sweet clover yellow	*Melilotus officinalis* (L.) *Desr.*
15	D26	*S. medicae*	Sweet clover yellow	*Melilotus officinalis* (L.) *Desr.*
16	D34	*S. meliloti*	Sweet clover yellow	*Melilotus officinalis* (L.) *Desr.*
17	D36	*S. medicae*	Sweet clover yellow	*Melilotus officinalis* (L.) *Desr.*
18	D38	*S. meliloti*	Sweet clover yellow	*Melilotus officinalis* (L.) *Desr.*
19	D39	*S. medicae*	Sweet clover yellow	*Melilotus officinalis* (L.) *Desr.*
20	K06	*Rhizobium leguminosarum*	Clover white	*Trifolium repens* L.
21	K14	*Rh. spp.*	Clover white	*Trifolium repens* L.
22	K16	*Rh. leguminosarum bv. trifolii*	Clover white	*Trifolium repens* L.
23	K22	*Rh. spp.*	Clover white	*Trifolium repens* L.
24	K24	*Rh. leguminosarum bv. trifolii*	Clover white	*Trifolium repens* L.

Table 2.2 Biomass accumulation of nitrogen-fixing Rhizobia

Strains	Biomass (a.d.m.) (g/L)
L17	2.11 ± 0.01
L23	2.85 ± 0.01
L35	2.80 ± 0.02
D14	2.29 ± 0.01
D26	2.74 ± 0.02
D39	2.25 ± 0.01
K16	2.68 ± 0.01
K24	2.72 ± 0.02

In order to select the most promising strains for the creation of EM associations, rhizobium screening was carried out in nitrogen-free Ashby medium. Screening was performed based on the fact that the higher the biomass accumulation, the more active the culture is in fixation of atmospheric molecular nitrogen. Table 2.2 presents the rhizobium strains with the highest rates of biomass accumulation in nitrogen-free medium.

Table 2.2 shows the 8 rhizobia, which accumulated more biomass under cultivation on nitrogen-free medium. Of them, three strains L17, L23, and L35 were isolated from nodules of alfalfa; three strains D14, D26, and D39—from nodules of sweet clover; and two strain K16 and K24—from nodules of clover. The accumulation of these strains' biomass varied from 2.11 to 2.85 g/L. These strains were better on the accumulation of biomass and growth rate. For further work 8 strains of rhizobia were selected as the most perspective for the creation of EM associations.

Because we are planning to use rhizobia for increasing yields of meadow grasses, experiments on their effect on the legumes were carried out in laboratory conditions. The experiments were conducted in accordance with the protocol described in Sect. 2.2.4. The bacteria were cultured on a liquid medium Ashby. Seeds of alfalfa, sweet clover, and clover before seeding were inoculated with suspension of bacteria. Strains L17, L23, and L35 were used for alfalfa strains D14, D26, and D39 for sweet clover and strains K16 and K24 for clover. Then the seeds were sown in pots. The obtained results showed that the inoculation of seeds with rhizobia has a positive effect on germination (Table 2.3) and the growth legumes (Fig. 2.2).

Table 2.2 shows that inoculation of legume seeds with rhizobia increases their germination. For example, inoculation of alfalfa seeds increased their germination of 12–24%, sweet clover seed at 10–23%, and clover seeds by 12–15% compared with the control.

Inoculation of seeds with rhizobia had a positive effect on the growth of legumes (Fig. 2.1).

Figure 2.1 shows that the inoculation of seeds with rhizobia increased shoot and root length in all variants of the experiment when compared with the control. The best results for stimulation of plant growth have been strains L23, D26, and K24 (data not shown). Inoculation of alfalfa seeds with nodule bacteria increased the shoot length 1.8–2.5 times and roots length 1.9–2.9 times; inoculation of sweet clover seeds increased the shoot length 1.8–2.2 times and root length 2.1–2.5 times.

Table 2.3 Effect of the different strains of Rhizobia on the germination of seeds

Strains	Germination (%)
Alfalfa	
Control	54.6 ± 1.3
L17	61.2 ± 1.4
L23	67.9 ± 1.5
L35	63.5 ± 1.3
Sweet clover	
Control	47.6 ± 0.9
D14	56.4 ± 1.4
D26	58.8 ± 1.3
D39	52.4 ± 1.2
Clover	
Control	67.7 ± 1.2
K16	75.8 ± 1.3
K24	77.9 ± 1.3

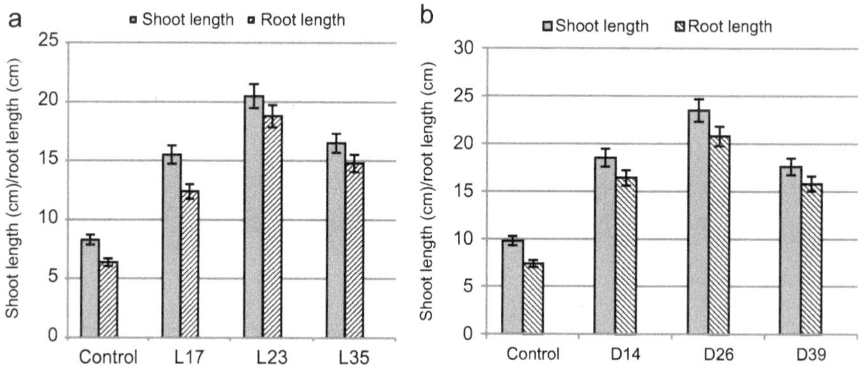

Fig. 2.1 Effect of the deferment strains of Rhizobia on the shoot length and root length plants of alfalfa (**a**) and sweet clover (**b**)

In addition, plants were stronger with a dark green color and large size of leaves compared with the control.

Among the other rhizobia strains L23, D26, and K24 have been the best stimulators of growth of legumes. Therefore, we studied their ability to nodulation or the formation of nodules on the roots of plants. For this, experiments were carried out under laboratory conditions. Inoculation seeds with bacteria were carried out according to the protocol described in Sect. 2.2.4. For inoculation, strains L23 for alfalfa, D26 for sweet clover, and K24 for clover were used. The results are shown in Fig. 2.2.

Figure 2.2 demonstrates that the inoculation of legumes with rhizobia leads to an increase in the number of nodules per plant compared to the control variant without rhizobium inoculation. On average, this parameter has increased by 2.8–3.1 nodules

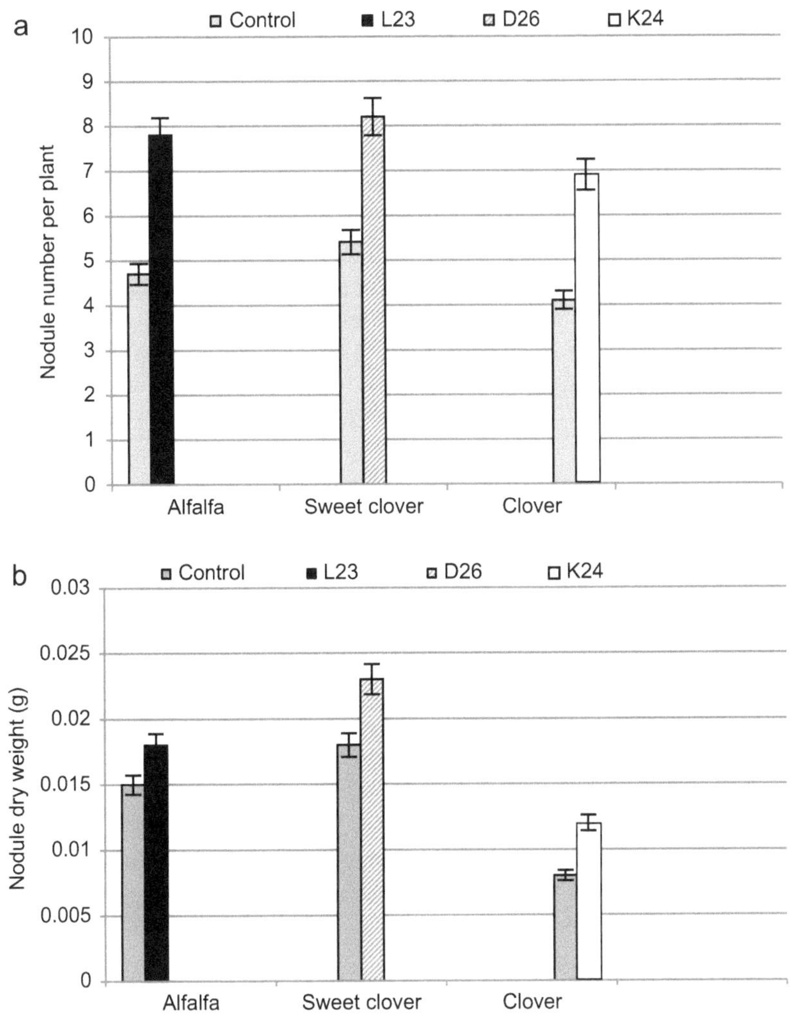

Fig. 2.2 Effect of Rhizobia on the nodule number (**a**) and nodule dry weight (**b**)

per plant (a). A significant increase was also recorded in nodule dry weight in comparison with the control (b).

Molecular genetic techniques were used to confirm and clarify the taxonomic position of strains of nodule bacteria. Identification of strains of nodule bacteria L23, D26, and K24 was confirmed by sequencing. It was found that the strain L23 belongs to the species *S. meliloti*, the strain D26 to *S. medicae*, and the strain K24 to *Rh. leguminosarum bv. trifolii*.

2.4 Discussion

In many countries around the world, the priority is currently given to the sustainable development of pasture farming (Hosseininia et al. 2013; Baur and Binder 2015). The use of natural pastures fully meets the rational management requirements in livestock farming (Tarawali et al. 2011; Morris and Kenyon 2014). Importance of pastures goes far beyond the interests of the livestock farming. They are not only a source of forage resources, but the most important component of the biosphere, which determines the state of land resources, soil fertility, as well as the quality of the human environment (Kandalova 2009a, b).

At the same time, there is a steady trend toward the degradation of pasture soils. The issue of pasture degradation is due to the high intensity and duration of pasture usage. As a result of irrational use of pastures, a change takes place in the vegetation cover and soil properties. Secondary cenoses of rather poor species composition are formed in place of primary cenoses characterized by the great species diversity and high productivity (Wei et al. 2016; Li et al. 2016).

Soil physicochemical properties are significantly changing, which leads to the development of soil erosion. As a result of accelerated erosion, over the last century on the planet, two billion hectares of fertile lands or 27% of active agricultural lands were lost (Gibbs and Salmon 2015; Oliveira et al. 2016). Pasture lands occupy 188 million hectares or 70% of the total area in Kazakhstan. Degraded soils occupy more than 48 million hectares or 26% of the total area of which 23.0 million hectares are pastures, where the changes acquired an irreversible character; that is, soil self-recovery is not possible or requires large investments and long-term reservation conditions (Almanov et al. 2013).

All these processes have a negative impact on the fertility of pasture soils and microflora composition, i.e., the number of non-spore-forming bacteria and actinomycetes reduces, proportion of spore formers increases, and processes of cellulose decomposition, nitrification, and nitrogen fixation are dramatically slowing down (Lauer et al. 2011; Hiltbrunner et al. 2012). And, as a consequence, a change takes place in a number of microbiological processes, namely, the reduction in soil respiration and soil enzyme activity (Dengiz et al. 2007; Ayoubi et al. 2014). The soil becomes low-fertile, not able to satisfy the needs of pasture-based livestock farming. This state of pasture ecosystems raises the problem of their recovery.

One of the ways to restore degraded pastures lies in biological farming, based on the use of agronomical valuable groups of microorganisms—effective microorganism (EM). EM application assists in restoring the fertility of degraded soils. The main EM advantage consists in the possibility to restore high natural fertility of soils and get high-quality, environmentally friendly crop without the use of chemical fertilizers and pesticides for 3–5 years (Yarmilka 2005).

To restore degraded pasture soils, we are planning to introduce EM association, composed of nitrogen-fixing, phosphate-mobilizing, cellulolytic, and silicate bacteria, with simultaneous sowing of perennial meadow grasses. The composition of meadow grasses will include a number of forage plants such as alfalfa, melilot, and clover. In the future, these grasses will become the basis of the pasture grass stand. However, when studying soil microflora of degraded pastures, it was found that there are practically no nitrogen-fixing root nodule bacteria rhizobia in the soil. Development of leguminous plants without these bacteria takes a turn for the worse. Therefore, the composition of EM associations should comprise this group of symbiotic bacteria. A number of scientific studies have shown a positive effect of the joint application of EM and nodule bacteria on a number of agricultural crops (Allahverdiyev et al. 2011; Javaid et al. 2016). However, in our studies, we include rhizobia in the association composition as a full member and propose to apply the created EM association in soil fertility restoration of degraded pastures.

In addition, the legumes growing in natural pasture ecosystems need nodule bacteria—symbionts adapted to the climatic and soil conditions of natural pastures. There are commercial biological products based on nodule bacteria for alfalfa and sweet clover (Sytnikov et al. 2007; Grebtsova 2013; Volobueva 2015). However, the strains entering into their composition are not adapted to these conditions. Therefore, it was necessary to isolate the indigenous nodule bacteria and study their basic properties.

We have gathered legumes in environmentally undisturbed pastures of Kazakhstan. For isolating the nodule bacteria, the healthiest plants with a well-developed root system and a large number of nodules on the roots were selected. As a result of the work, 24 rhizobial isolates were obtained from the nodules of legumes. Of these, nine isolates were obtained from alfalfa nodules, ten from sweet clover nodules, and five from clover nodules. Identification of strains of nodule bacteria based on cultural-morphological and biochemical characteristics showed that 19 of 24 strains belong to the genus *Sinorhizobium* and 5 strains to the genus *Rhizobium*. Seven strains of the genus *Sinorhizobium* belong to the species *S. medicae* (L12, L21, L24, D20, D26, D36, D39) and 11 strains to the species *S. meliloti* (L17, L19, L23, L35, L36, D09, D12, D14, D24, D34, D38). Strain *S. pp.* L20 was not identified to the species level. The genus *Rhizobium* was presented by *Rh. leguminosarum bv. trifolii* (K16 and K24) and *Rh. leguminosarum* strain K06, while strains K14 and K22 were identified to the genus level only.

A large number of scientific works were devoted to the problem of atmospheric nitrogen fixation by symbiotic nodule bacteria and studying their effect on the growth of host plants. Several studies have shown that the positive effect of rhizobia consists in supplying host plants with both additional nitrogen and metabolites synthesized by nodule bacteria (Lodwig and Poole 2003; Rogel et al. 2011; Laranjo et al. 2014). In our study, the nitrogen-free Ashby medium was used to select strains with high ability to fix atmospheric molecular nitrogen. Screening of cultures was carried out based on the fact that the higher the biomass accumulation, the more active the culture is in fixation of atmospheric molecular nitrogen. Strains L17, L23, and L35 from nodules of alfalfa; strains D14, D26, and D39 from nodules of melilot; and strains K16 and K24 from nodules of clover were the best in both biomass accumulation and growth rate. The biomass accumulation in these strains ranged from 2.11 to 2.85 g/L.

Studying the effect of rhizobia on legumes showed that seed inoculation with bacteria increases the germination and growth of leguminous plants in all variants of the experiment in comparison with a control group. Thus, the germination of alfalfa seeds increased by 12–24%, melilot seeds by 10–23%, and clover seeds by 12–15%. Strains L23, D26, and K24 showed the best results on the stimulation of plant growth. Inoculation seed with these strains of bacteria increased the shoot length 1.8–2.9 times and root length 1.9–2.9 times compared with the control. We have also shown that inoculation with these strains of rhizobia results in increased formation of nodules on the roots of plants, the nodules themselves are more developed and large, and their weight has increased significantly compared to the control. Molecular genetic identification of the best strains established that strain L23 belongs to the species *S. meliloti*, D26 to *S. medicae*, and K24 to *Rh. leguminosarum bv. trifolii.*

In conclusion, indigenous rhizobia adapted to the climatic and soil conditions of pastures have been isolated from the nodules on the roots of wild legumes alfalfa, sweet clover yellow, and clover white, which grow on natural pastures in Kazakhstan. Their nitrogen-fixing activity, ability to stimulate plant growth, and nodulation were studied. The three best strains were selected: L23 (for alfalfa), D26 (for sweet clover), and K24 (for clover). They were identified using classical microbiological and molecular genetic methods. It was established that the two strains of nodule bacteria belong to the genus *Sinorhizobium*, species *S. meliloti* L23 and *S. medicae* D26, and one strain to the genus *Rhizobium*, species *Rh. mind. leguminosarum bv. trifolii* K24. These strains are comprised in the composition of EM association. At the present time, EM associations are being tested under the field conditions on the degraded pasture soils of Kazakhstan.

References

Abseitov AK (2012) Central Asia: the concept, methodology and new approaches. In: Paper presented at the international scientific conference on the development of agricultural sciences in Central Asia, Almaty, 17–18 November 2012

Allahverdiyev S, Atilla A, Ismail BS, Sahmurova A (2011) Response on photosystem and photosynthetic pigments to salt and Baikal EM in tree seedlings. Afr J Biotechnol 10 (4):535–538

Almanov ZhT, Kushenov BM, Kashen BM (2013) Surface improving of the degraded pasture steppe of the northern Kazakhstan. http://articlekz.com/article/12215. Accessed 28 Jul 2016

Angassa A, Oba G (2010) Effect of grazing pressure, age of enclosures and seasonality on bush cover dynamics and vegetation composition in southern Ethiopia. J Arid Environ 74:111–120

Ayoubi S, Emami N, Ghaffari N, Honarjoo N, Sahrawat KL (2014) Pasture degradation effects on soil quality indicators at different hillslope positions in a semiarid region of western Iran. Environ Earth Sci 71(1):375–381

Baur I, Binder CR (2015) Modeling and assessing scenarios of common property pastures management in Switzerland. Ecol Econ 119:292–305

Carter MR, Gregorich EG (2007) Soil sampling and methods of analysis. CRC Press-Taylor & Francis Group, Boca Raton, FL

Condor AF, Gonzalez PP, Lokare C (2007) Effective microorganisms: myth or reality? Rev Peru Biol 14(2):315–319

Dengiz O, Kızılkaya R, Gol C, Hepşen S (2007) The effects of different topographic positions on soil properties and soil enzymes activities. Asian J Chem 19:2295–2306
Dickhoefera U, Buerkertb A, Brinkmannb K, Schlechta E (2010) The role of pasture management for sustainable livestock production in semi-arid subtropical mountain regions. J Arid Environ 74(8):962–972
Emer NR et al (2014) The daily dynamics of abundance and activity of nitrogen-fixing bacteria in the fallow areas and intensively cultivated soil. Soil Sci 8:963–970
Emtsev VT (2005) Microbiology. Drofa, Moscow
Gibbs HK, Salmon JM (2015) Mapping the world's degraded lands. Appl Geogr 57:12–21. doi:10.1016/j.apgeog.2014.11.024
Gorski R, Kleiber T (2010) Effect of effective microorganisms (EM) on nutrient content in substrate and development and yielding of roses (*Rosa x hybrida*) and gerbera (*Gerbera jamesonii*). Ecol Chem Eng 17:506–512
Grebtsova LN (2013) The application mineral fertilizers and microbial preparations on the chickpea cultivation in the Ural. J Sci Bull 2:68–72
Han JG, Zhang YJ, Wang CJ, Bai WM, Wang YR, Han GD, Li LH (2008) Rangeland degradation and restoration management in China. Rangeland J 30:233–239
Higa T, James FP (1994) Beneficial and effective microorganisms for a sustainable agriculture and environment. Atami, Japan
Hiltbrunner D, Schulze S, Hagedorn F, Schmidt MWI, Zimmermann S (2012) Cattle trampling alters soil properties and changes soil microbial communities in a Swiss sub-alpine pasture. Geoderma 170:369–377
Holt J, Krieg N, Snit P, Staley J, Williams SS (eds) (1997) The determinant of bacteria Burgi, 9th edn. Mir, Moscow
Hosseininia G, Azadi H, Zarafshani K, Samari D, Witlox F (2013) Sustainable rangeland management: pastoralists' attitudes toward integrated programs in Iran. J Arid Environ 92:26–33
Hou FJ, Nan ZB, Xie YZ, Li X, Lin HL, Ren JH (2008) Integrated crop livestock production systems in China. Rangeland J 30:221–231
Ivanov S (2010) Stavropol pastures depleted. Original material: http://26.ru/text/newsline/286285.html. Accessed 10 Aug 2016
Javaid A, Bajwa R, Siddiqi I, Basher U (2016) EM and VAM technology in Pakistan: nodulation, yield and VAM colonization in *Vigna mungo* (L.) in soils with different histories of EM application. Int J Agric Biol 1560–8530/2000/02-1-2-1-5. http://www.teraganix.com/category-s/1201.htm. Accessed 10 Aug 2016
Jusoh MLC, Manaf LA, Latiff PA (2013) Composting of rice straw with effective microorganisms (EM) and its influence on compost quality. Iran J Environ Health 10:17. doi:10.1186/1735-2746-10-17
Kandalova GT (2009a) Features demutation and perspectives of conservation of degraded pasture steppe of Siberia in modern conditions of the Agro Industrial Complex. In: Proceedings of the V international symposium on the steppes of the Northern Eurasia, Orenburg
Kandalova GT (2009b) Steppe pastures of Khakassia: the transformation, restoration and perspectives of the using. RAAS, Novosibirsk
Kotlyarova EG, Cherniavskih VI, Dumacheva EV (2013) Ecologically safe architecture of agrolandscape is basis for sustainable development. Sustain Agric Res 2(2):356–359
Laranjo M, Alexandre A, Oliveira S (2014) Legume growth-promoting rhizobia: an overview on the Mesorhizobium genus. Microbiol Res 169(1):2–17. doi:10.1016/j.micres.2013.09.012
Lauer F, Kosters R, du Preez CC, Amelung W (2011) Microbial residues as indicators of soil restoration in South African secondary pastures. Soil Biol Biochem 43(4):787–794
Li XB, Li RH, Li GQ, Wang H, Li Z, Li X, Hou XY (2016) Human-induced vegetation degradation and response of soil nitrogen storage in typical steppes in Inner Mongolia, China. J Arid Environ 124:80–90
Lodwig E, Poole P (2003) Metabolism of rhizobium bacteroids. Crit Rev Plant Sci 22(1):37–78

Mayer J, Scheid S, Widmer F, Fließbach A, Oberholzer H-R (2010) How effective are "effective microorganisms (EM)"? Results from a field study in temperate climate. Appl Soil Ecol 46 (2):230–239. doi:10.1016/j.apsoil.2010.08.007
Morris S, Kenyon PR (2014) Intensive sheep and beef production from pasture – a New Zealand perspective of concerns, opportunities and challenges. Meat Sci 98(3):330–335
Oliveira SP, Candido MJD, Weber OB, Xavier FAS, Escobar MEO, Oliveira TS (2016) Conversion of forest into irrigated pasture I. Changes in the chemical and biological properties of the soil. CATENA 137:508–516
Orr CH, James A, Leifert C, Cooper JM, Cummings SP (2011) Diversity and activity of free living nitrogen fixing bacteria and total bacteria in organic and conventionally managed soils. Appl Environ Microbiol 77(3):911–919
Penkov IN (2009) Experience and improvements the use of natural pastures. Inf Sheet Volgograd CSTI 492
Petrov VI (2012) Integrated development of the Caspian sands due to the salt regime. Rep Acad Agric Sci 2:44–45
Reddy LN, Giller K (2014) How effective are effective microorganisms. http://www.agricultures network.org/magazines. Accessed 11 Aug 2016
Rogel MA, Ormeno-Orrillo E, Romero EM (2011) Symbiovars in rhizobia reflects bacterial adaptation to legumes. Syst Appl Microbiol 34:96–104
Schott PR (2007) Fixation of atmospheric nitrogen in the annual agrocenoses. Azbuka, Barnaul
Squires VR (ed) (2012) Rangeland stewardship in Central Asia: balancing improved livelihoods, biodiversity conservation and land protection. Springer Science & Business Media, New York, London
Stiles W (2013) Trace elements in plants. Cambridge University Press, New York
Sytnikov DM, Kostyushin A, Datsenko VK (2007) Efficacy of biological preparations of soybean root nodule bacteria modified with a homologous lectin. Appl Biochim Microbiol 43 (3):304–310
Tarawali S, Herrero M, Descheemaeker K, Grings E, Blümmel M (2011) Pathways for sustainable development of mixed crop livestock systems: taking a livestock and pro-poor approach. Livestock Sci 139(1–2):11–21
Tokeshi H, Jorge MJA, Sanches AB, Harada DY (2007) Interaction between microorganisms, soil physical structure and plant diseases. In: Paper presented at the 14-th EM-technology conference, Saraburi, Thailand, 7–9 May 2007
Tolchenov AA, Zubov DV, Sergeev AV (2009) Programmatic systems: theory and applications. Science, Pereslavl
Vincent JM (1970) A manual for the practical study of root nodule bacteria, IBP handbook, vol 15. Blackwell Scientific Publications, Oxford
Volobueva OG (2015) Effect of biological preparations and growth regulators on the rhizobium-legume symbiosis of bean plants. http://science-education.ru/ru/article/view?id=20063. Accessed 14 Aug 2016
Wei SU, De-yong YU, Zhong-ping SUN, Jun-ge ZAN, Xiao-xuan LIU, Qian LUO (2016) Vegetation changes in the agricultural-pastoral areas of northern China from 2001 to 2013. J Integr Agric 15(5):1145–1156
Yarmilka V (2005) EM technology – the basis of organic farming. http://www.fruit-inform.com/ru/technology/grow/23166#.VvtglOKLRD8
Zenova GM, Stepanov AL, Likhachev AA, Manucharova NA (2002) Manual on soil biology. Moscow State University Press, Moscow

Chapter 3
Rhizobium as a Crop Enhancer and Biofertilizer for Increased Non-legume Production

Souad Zaim, Ahmed Amine Bekkar, and Lakhdar Belabid

3.1 Introduction

Nitrogen is the most significant yield-limiting element in many agricultural production systems. Since we became aware of the energy cost brought about by nitrogen fertilizers, we give more importance to the biological fixation of the nitrogen. The most important group of the cultivated nitrogen-fixing plants and best known is that of legumes. The site of the nitrogen fixation is the nodule, which results from infection of the root system by symbiotic bacteria belonging to the genus *Rhizobium*. Chemically, biological nitrogen fixation is essentially the conversion of dinitrogen (N_2) to ammonia, catalyzed by the oxygen-sensitive enzyme nitrogenase, present within the bacteria. The reaction catalyzed can be represented as follows:

$$N_2 + 8H + 8e^- + 16Mg\ ATP \xrightarrow{\text{Nitrogenase}} 2NH_3 + H_2 \uparrow + 16ADP + 16Pi$$

The possibility of extending the host range of rhizobia to non-legumes was encouraged by the discovery that the only non-legumes known to naturally form nodules with either *Rhizobium* belong to the genus *Parasponia* which are infected close behind the growing tip of the root by erosion of the surface of epidermal cells (Saikia and Vanita 2007). In addition, the presence of species of *Rhizobium parasponium* RP 501 and *Bradyrhizobium* CP 283 induces nodulation in oilseed rape; it is also encouraging (Cocking et al. 1992).

The agricultural cereal crops that humans depend on are found mostly in the Gramineae family. These include the three major cereal crops grown in the world:

S. Zaim (✉) • A.A. Bekkar • L. Belabid
Laboratory of Research on Biological Systems and Geomatics (L.R.S.B.G), Department Agronomy, University of Mascara, P.O. Box 305, Mascara 29000, Algeria
e-mail: s.zaim@univ-mascara.dz; a.bekkar@univ-mascara.dz; lbelabid@univ-mascara.dz

A.P. Hansen et al. (eds.), *Rhizobium Biology and Biotechnology*, Soil Biology 50,
DOI 10.1007/978-3-319-64982-5_3

wheat (*Triticum* sp.), maize (*Zea mays* L.), and rice (*Oryza sativa* L.). We know that grasses do not possess nitrogen-fixing nodules, but for several years, the study of the balance sheet of nitrogen in certain meadows exempt from legumes suggested that the increase of the content in nitrogen observed could be attributed to the fixation of nitrogen in the rhizosphere of cereals. Since the 1970s, researches on rhizosphere nitrogen fixation were intensified (Dommergues 1979). It is now generally agreed that the introduction of symbiotic nitrogen fixation into the cereals would be one of the most significant contributions biotechnology could make to agriculture.

The objective of this chapter is to review the current knowledge and information about nitrogen fixation in the rhizosphere of non-legume and especially cereal crops. Information gathered through this chapter may yield new insights into development of *Rhizobium*/non-legume interaction.

3.2 *Rhizobium* and Non-legume Interaction

Nitrogen (N), an essential constituent for synthesis of amino acids, nucleic acids, vitamins, proteins, and chlorophyll, is an important mineral necessary for living and growth of plants. In spite of 80% of the atmospheric air consisting of nitrogen, plants cannot directly assimilate this gaseous form. Plants assimilate the available nitrogen in the soil through their roots in the form of ammonium (NH_4^+) and nitrates (NO_3^-).

The first bacterium nodulating a legume was isolated in 1888 by Beijerinck, initially named *Bacillus radicicola* and then renamed *Rhizobium leguminosarum* where the genus *Rhizobium* was first described by Frank (1889). These Gram-negative bacteria are member of the alpha subgroup of the phylum proteobacteria, and these species belong to a group of bacteria of the Rhizobiaceae family, symbiotic in nature, fixing nitrogen 50–100 kg/ha with legumes only (Mazid and Khan 2014). Rhizobia may include 12 genera (*Ralstonia*, *Burkholderia*, *Devosia*, *Azorhizobium*, *Methylobacté rium*, *Bradyrhizobium*, *Blastobacter*, *Mesorhizobium*, *Sinorhizobium*, *Ensifer*, *Rhizobium*, and *allorhizobium*), consisting of 44 species with demonstrated ability to form nodules (Sawada et al. 2003).

These rhizobia are able to establish symbiotic associations with plants in the legume family (Fabaceae or Leguminosae) consisting of more than 700 genera. In addition, each legume requires a specific species of *Rhizobium* to form effective nodules (Doyle and Luckow 2003; Ramesh 2008).

Fixation of nitrogen by bacteria living in symbiosis with leguminous plants is well known. Generally, in most agricultural systems and especially in cereals, nitrogen is the common limiting mobile nutrient that affects crop yield (Mia and Shamsuddin 2010).

In view of its agricultural importance, the symbiotic fixation of nitrogen has been the subject of numerous scientific research attempts to increase the efficiency of this symbiosis by genetic manipulations of the host and the bacteria and to extend the infectivity of *Rhizobium* to other non-leguminous crops.

Rhizobia can associate with various non-legumes (Husssain et al. 2009; Osório Filho et al. 2014). Gutiérrez-Zamora and Martinez-Romero (2001) isolated over 60 *Rhizobium* strains that correspond to *Rhizobium etli* bv. *phaseoli* from sterilized surface of maize roots. It has been demonstrated that these isolates had the ability to nodulate beans.

Yanni et al. (1997) showed that the clover symbiotic *R. leguminosarum* bv. *Trifolii* intimately colonizes the rice roots in fields where rice has been grown in rotation with Egyptian berseem clover (*Trifolium alexandrinum*) for generations, known to be natural endophytes of rice in the Nile Delta in Egypt.

McInroy and Kloepper (1995) reported that *Bradyrhizobium japonicum* was also found as an endophyte in the roots of sweet corn and cotton (*Gossypium hirsutum* L.), indicating that this bacteria is capable of colonizing internal plant niches.

Saikia and Vanita (2007) reported that various attempts have been made to extend the host range of *Rhizobium* from legumes to non-legumes through plant genetic manipulation. The transfer of *nif* genes along with others for functional nitrogen fixation was considered to be the most suitable strategy to achieve symbiotic N_2 fixation in non-legumes.

3.3 Colonization of *Rhizobium* in the Roots of Non-legume and Formation of Nodule

It is generally assumed that root colonization by introduced bacteria is essential for the biocontrol of root pathogens. Furthermore, increasing the population of such an introduced bacteria on roots should enhance disease control (Gopalakrishnan et al. 2015).

In symbiotic associations between *Rhizobium* and the members of the plant family Leguminosae, the rhizobia infect the root via either the root hairs or by crack entry caused by emerging lateral or adventitious roots and induce the formation of morphologically defined structures called nodules.

Flavonoids are plant secondary metabolites synthesized via the phenylpropanoid pathway (Szoboszlay et al. 2016). The activation or repression of expression of the bacterial *Nod* gene and chemotaxis triggering are among their functions in symbiotic nitrogen fixation between *Rhizobium* and legume (Dharmatilake and Bauer 1992; Hassan and Mathesius 2012). The specific recognition between the *Nod* proteins of rhizobia species and their flavonoid enhancer is the first level of specificity in the rhizobia–legume symbiosis.

According to Cesco et al. (2010), flavonoids are present in root exudates of non-legume plants, outside from their association with rhizobia. The possibility of establishing a more effective *Rhizobium*/non-legume interaction is potentially available in non-legume because some of the phenylpropanoid pathway compounds that could interact with *Rhizobium* are also present in non-legume roots.

The effect of flavonoids on bacterial colonization of cereal roots was also investigated. Flavonoid and naringenin were shown to be able to stimulate *Rhizobium* colonization of non-legume root systems (Perrine-Walker et al. 2007).

Flavonoids are likely to be actively exuded from roots, often in response to elicitors (Armero et al. 2001; Hassan and Mathesius 2012). In the pre-infection stage, specific flavonoids released by legume roots serve as chemoattractants for the rhizobial symbiont and activate expression of rhizobial *Nod* genes (Eckardt 2006). For the non-legumes, a study conducted on rice showed that after an inoculation with *Rhizobium* strains R4, the latter induces the rice seedling roots to release flavonoid compounds around their roots (Perrine-Walker et al. 2007). In the same context, flavonoids are able to stimulate *Azorhizobium* colonization of non-legume root systems (Gough et al. 1996). In addition, strain ORS571 of *Azorhizobium caulinodans* is able to colonize the roots of *Brassica napus*, in the presence of the flavonoid naringenin (O'Callaghan et al. 2000).

According to Saikia and Vanita (2007), various attempts have been made to extend the host range of *Rhizobium* from legumes to non-legumes through plant genetic manipulation. The transfer of *nif* genes along with others for functional nitrogen fixation was considered to be the most suitable strategy to achieve symbiotic N_2 fixation in non-legumes.

Indeed, Plazinski and Rolfe (1985) were able to induce root hair curling in maize and rice plants by transferring the *Rhizobium trifolii* root hair curling genes in *pSym* plasmid-cured derivatives of the *R. leguminosarum* bv. *trifolii* strain ANU843.

In light of suggestions of these studies, Zhu et al. (2006) have shown that *nod* genes present in rice are involved in the nodulation signaling pathway. Similar findings were reported by Gutiérrez-Zamora and Martinez-Romero (2001). They demonstrated that maize-borne *R. etli* showed the same *nifH* gene organization, the same restriction pattern of PCR-synthesized ribosomal genes, and the same MLEE patterns as the isolates obtained from bean (*Phaseolus vulgaris*) nodules. These findings imply that there is a common pool of *R. etli* chromosomal types in bean nodules and in maize.

A study conducted by Chabot et al. (1996) has shown that *R. leguminosarum* bv. *phaseoli* strains P31 and R1 can colonize roots and survive in the rhizospheres of maize and lettuce in a nonsterile soil. The colonization pattern was only on the external parts of these roots, and no nodule-like structures were observed, indicating the inability of the tested rhizobia to penetrate these non-legumes under natural conditions.

Contrariwise, other research studies have shown that Rhizobia have the ability to attach themselves to rice root hairs, elicit deformation of rice root hairs, and form nodule-like structures (Saikia and Vanita 2007). Certain strains of *R. leguminosarum* bv. *trifolii* could colonize intercellular cells, multiply, and migrate within growing lateral roots (Prayitno et al. 1999).

It was found that strains of the soil bacterium *Rhizobium* such as *R. leguminosarum* bv. *trifolii*, which normally infect and nodulate clovers, can also associate and colonize different rice cultivars (Yanni et al. 1997; Reddy et al. 1997; Biswas et al. 2000).

In order to study how the bacteria enter into the host plant, several techniques have been used such as fluorescent-tagged endophytes, antibodies, fluorescent microscopy, laser scanning confocal microscopy, and scanning and transmission electron microscopy (Chaintreuil et al. 2000; James et al. 2001; Verma et al. 2004; Bhattacharjee et al. 2008; Flores-Félix et al. 2013).

According to Naher et al. (2009), a locally *Rhizobium* isolated from rice rhizosphere in Malaysia is able to colonize endophytically. Three days after inoculation the view from scanning electron microscopy showed bacterial colonization on the surface of the primary and secondary root, zone of elongation, root hair, and lateral root junction and in crevices and in the root tips. The view of transmission electron microscopy and the longitudinal view of SEM showed an extensive colonization of the *Rhizobium* from intra- and intercellular spaces and extending into the cortex and vascular system in the lateral roots.

Moreover, Flores-Félix et al. (2013) reported that the *R. leguminosarum* strain PEPV16 was able to colonize the inner part of roots showing that this strain is an endophyte in lettuce (*Lactuca sativa* L.). In carrots (*Daucus carota* L.), the colonization of root surfaces was abundant under confocal microscopy.

An insight on these results confirms the need of performing colonization assays on different non-legume plant species, as the ability of different species of *Rhizobium* to establish effective molecular interactions depends on the host plant and interaction efficiency.

3.4 *Rhizobium* as a Crop Enhancer

Significant increases in the growth and yield of cereal important crops in response to inoculation with species of *Rhizobium* have been repeatedly reported (Naher et al. 2009; Yanni and Dazzo 2010; Hmissi et al. 2011; Mehboob et al. 2011).

Specifically, rhizobia can improve seed germination rates, stimulate the radicular growth and the aerial portion, and increase the grain production of rice (Yanni et al. 2001; Yanni and Dazzo 2010).

Antoun et al. (1998) found that in greenhouse conditions, inoculation with strains of *B. japonicum*, *R. leguminosarum* bv. *phaseoli*, *R. leguminosarum* bv. *trifolii*, *R. leguminosarum* bv. *viciae*, and *Sinorhizobium meliloti* resulted in a significant increase of the dry matter yield of radish (*Raphanus sativus* L.). The highest stimulatory effect was observed with strain Soy213 of *B. japonicum* with a rise of 60% in comparison with the uninoculated control.

Höflich (2000) showed that seed inoculation with *R. leguminosarum* bv. *trifolii* strain R39, isolated from red clover nodules, in field experiments on loamy sand, significantly stimulated not only the growth of red clover but also the growth of non-legumes such as maize, spring wheat, spring barley, and oil radish by 10%, 8%, 16%, and 21%, respectively.

Similarly, Hilali et al. (2001) have demonstrated that inoculation of wheat with some strains of *R. leguminosarum* bv. *trifolii* isolated from two Moroccan soil increased significantly shoot dry matter yield by 16–19% and grain yield by 23–25%, as compared to the uninoculated control in pot experiments.

In field experiments, Höflich et al. (1994) showed that significant shoot dry matter yield increased by inoculating maize, spring wheat, and spring barley with *R. leguminosarum* bv. *trifolii* R39, isolated from red clover nodule strain. In another study, Höflich (2000) found that inoculation with *R. leguminosarum* bv. *trifolii* R39 promoted the shoot growth of wheat, maize, oil radish, rape, and mustard by 19–33%, in comparison with non-inoculated controls in greenhouse experiments.

Biswas et al. (2000) found that inoculation of lowland rice (*O. sativa* L.) with *R. leguminosarum* bv. *trifolii* E11, *Rhizobium* sp. IRBG74, and *Bradyrhizobium* sp. IRBG271 increased rice grain and straw yields by 8–22 and by 4–19%, respectively, at different N rates.

Yanni et al. (1997) carried out a field experiment at the Nile Delta in Egypt to study the effects of *Rhizobium* in rice yield. They reported that inoculation of *R. trifolii* E11 and E12 to rice variety Giza significantly increased its total N content at 95% grain yield, grain N content, and harvest index of rice at 99%.

Rhizobia have the capacity to produce various molecules (auxins, cytokinins, abscisic acids, lumichrome, riboflavin, lipo-chitooligosaccharides, and vitamins) that promote plant growth, where their colonization and infection of cereal roots would be expected to increase plant development and grain yield (Matiru and Dakora 2004).

According to Qureshi et al. (2013), higher values of plant NP content in maize with precursor–inoculum interaction of L-Tryptophan and *Rhizobium* species (Cp3, Br3, and Lt2) might be attributed to better root system and more prolific root growth owing to the presence of growth hormone in the rhizosphere.

These results are in line with Hmissi et al. (2011) and Akhtar et al. (2013)'s reporting that enhanced growth and yield of maize by *Rhizobium* species might be attributed to better root colonization; production of plant hormones, siderophores, and organic acids; improved nutrient uptake; and induced systemic resistance.

3.5 *Rhizobium* as a Biofertilizer

A biofertilzer, called also "microbial inoculant," is defined as a product that contains living nitrogen-fixing, phosphate-solubilizing, or cellulytic microorganisms or latent cells of efficient strains, which exert direct or indirect beneficial effects on plant growth and crop yield. These biofertilzers applied to seed, plant surfaces, composting areas, or soil aim to increase numbers of such microorganisms, colonize the rhizosphere or the interior of the plant, and accelerate certain microbial process to augment the extent of the availability of nutrients in form easily assimilated by plant (Vessey 2003; Fuentes-Ramirez and Caballero-Mellado 2005). The first *Rhizobium* inoculants were made in the USA and commercialized by a private firm in the 1930s (Smith 1992).

The United Nations Food and Agriculture Organization (FAO) stated that about 42 million tons of fertilizer N is being used annually on a global scale for the production of three major cereal crops: wheat, rice, and maize (FAO 2001). According to Saikia and Vanita (2007), crop plants are able to use about 50% of the applied fertilizer N, while 25% is lost from the soil–plant system through leaching, volatilization, denitrification, and due to many other factors causing not only an annual economic loss of US$3 billion but also pollution to the environment.

Since the main limiting nutrient for cereal crops is nitrogen, it becomes important to find alternatives to reduce and optimize the use of chemical N fertilizers applied to cereal crops. Numerous reports describe the use of bacteria species belonging to the genus *Rhizobium* due to their ability to fix atmospheric nitrogen (Kennedy and Tchan 1992; Cocking et al. 1994; Saikia and Vanita 2007). Most of these species are also frequently used as biofertilizers.

Performance of microbial inoculants as *Rhizobium* inoculants under field conditions is the principal criterion of selection as a commercial biofertilizer. According to Lucy et al. (2004), soil is a highly heterogeneous and unpredictable environment and anticipated results are often difficult to achieve. For this reason, continuous use of biofertilizers enables the microbial population to remain and build up in the soil and helps in maintaining soil fertility contributing to sustainable agriculture (Choudhury and Kennedy 2004).

In most cases, application of *Rhizobium* in pot trials and field experiments showed a statistically significant increase in several crop production parameters such as grain production, root length, leaf length, or plant weight (Naher et al. 2009; Mehboob et al. 2011; Yanni and Dazzo 2010).

The colonization of Mayang Segumpal rice by *Rhizobium* sp. (SB16) increased plant biomass by 36% over the non-inoculated control and the higher tissue nitrogen content by 4.47% (Naher et al. 2009).

Rhizobium is also considered as a fertilizer when it makes insoluble phosphorus available to plants. Antoun et al. (1998) found that out of 266 strains of rhizobia, 54% were able to solubilize insoluble phosphates.

Under field conditions, stimulation of maize's (*Z. mays* L.) and lettuce's (*L. sativa* L.) growth was demonstrated by Chabot et al. (1996) after an inoculation with inorganic phosphate-solubilizing strains of *R. leguminosarum* bv. *phaseoli*.

Similar findings were highlighted by Peix et al. (2001). The tricalcium phosphate-solubilizing strain *Mesorhizobium mediterraneum* PECA21 stimulated growth of barley under growth chamber conditions and significantly increased the plant dry matter yield and its content in N, K, Ca, and Mg.

Combined or mixed inoculants that interact synergistically are currently popular as biofertilizers and bioenhancers (Datta et al. 2011). Combined inoculation of *B. japonicum* with *Pseudomonas* spp. increased the number of pods bearing three seeds on soybean (Son et al. 2006).

Burdman et al. (1996) reported that bean plants co-inoculated with *R. etli*, *Rhizobium tropici*, and *Azospirillum brasilense* had more nodules than plants inoculated only with one of the two Rhizobia species.

Gupta et al. (1998) showed that co-inoculation of a *Bradyrhizobium* strain S24 with an *Enterobacter* isolate EG-ER increased the nodule occupancy from 60% (treatment with single inoculation of S24) to 81%, and therefore, the dry weight of shoots and the grain yield were increased in comparison with uninoculated plants or with plants inoculated with one of the strains alone.

Previous studies have established that many inoculations to economically important crops such as wheat, rice, maize, sugarcane, and sorghum can reduce nitrogen fertilizer input into the crop (Yanni et al. 1997; Saini et al. 2004; Jilani et al. 2007; Hongrittipun et al. 2014).

In a field trial, Yanni et al. (1997) reported that application of one-third of the recommended dose of N fertilization with addition of *R. leguminosarum bv. trifolii* favorably influenced the yield of rice with equivalent grain yield as obtained by the fully recommended dose of fertilizer (144 kg N ha^{-1}).

Recently, Abera et al. (2016) reported in Toke Kutaye (western Ethiopia) significantly higher mean grain yield of maize after the application of half recommended nitrogen fertilizer following faba bean precursor crop with *rhizobium* inoculation.

Similarly, Saini et al. (2004) suggested that for maximum crop yield of sorghum (*Sorghum bicolor* L.) and chickpea (*Cicer arietinum* L.), only 50% of the required fertilizer might be supplied along with bioinoculants (*Rhizobium*, or *A. brasilense*, *Bacillus megaterium*, and *Glomus fasciculatum*).

3.6 *Rhizobium* as Biocontrol Agent

The best approach to improve crop yield is to use plant growth-promoting rhizobacteria (PGPR). Many studies indicate that nitrogen-fixing soil bacteria or Rhizobia have the potential to be used as PGPR in non-legumes (Chabot et al. 1993; Antoun et al. 1998; Flores-Félix et al. 2013, Adnan et al. 2014).

Evidence indicates that *Rhizobia* are quantitatively and qualitatively important in the rhizosphere. In the latter, they may influence plant growth and protect plant roots against invasion by root pathogenic fungi (Wiehe and Höflich 1995; Gutiérrez-Zamora and Martinez-Romero 2001; Mia and Shamsuddin 2010).

Rhizobia have also been involved in the disease suppression (Mazen et al. 2008; Hmissi et al. 2011; Al-Ani et al. 2012; Bouraoui et al. 2012). Several species of *Rhizobium* were used in biocontrol of plant diseases including R. *leguminosarum* bv. *trifolii*, *R. leguminosarum* bv. *viciae*, *R. meliloti*, *R. trifolii*, *S. meliloti*, and *B. japonicum*.

Rhizobium is an antagonistic microorganism effective in biocontrol of plant diseases such as root rot of soybeans caused by *Phytophthora megasperma* (Antoun et al. 1978), foot rot of wheat caused by *Fusarium culmorum* (Hmissi et al. 2011), and root rot of bean caused by *F. solani* f. sp. *phaseoli* (Buonassisi et al. 1986).

These effects are mediated through mechanisms such as mycoparasitism (Sharif et al. 2003; Deshwal et al. 2003) production of inhibitory compounds (Khokhar et al. 2001), competition for space and nutrients (Deshwal et al. 2003), and induced resistance (Ballhorn et al. 2013). According to Antoun et al. (1998), rhizobia can produce phytohormones, siderophores, and HCN, can solubilize sparingly soluble organic and inorganic phosphates, and can colonize the roots of many non-legume plants.

When rhizobia colonize the roots from non-legume plant in a nonspecific relationship, the strains from this genus may behave as PGPR (Saharan and Nehra 2011). *Rhizobium* also acts as PGPR in the form of endophytes or rhizobacteria in cereal and non-legume plants. Species of the genus *Rhizobium* have been found in different crops, such as maize, barley and wheat, rape, and rice (Chaintreuil et al. 2000; Gutiérrez-Zamora and Martinez-Romero 2001; Lupwayi et al. 2004; Zhang et al. 2014).

This insight into the mechanism will be promising in developing a more efficient plant–*Rhizobium* interaction to augment sustainable production in the field.

3.7 Conclusion

The transfer of capacity of *Rhizobium* nitrogen-fixing legume into another group of plants, especially non-legume, was long sought by scientists. In this chapter, the role of *Rhizobium* in nitrogen fixation of non-legume has been presented. *Rhizobium* as root nodule bacteria heads the list of PGPRs assessed worldwide in tens of experiments in several studies in pot and field experiments. The recent studies on the effect of *Rhizobium* species on plant growth and grain yield of crops aim to save fertilizers, diminish pollution caused by agrochemicals, or both. There is overwhelming evidence in the literature indicating that *Rhizobium* could be a true success story in sustainable agriculture. It was possible for us to conclude that *Rhizobium* species act as a green technology in addressing issues such as nitrogen fixation in cereal crops and growth and yield in these crops which opens many prospects for a sustainable agriculture.

References

Abera T, Debele T, Semu E, Wegary D, Kim H (2016) Faba bean precursor crop and N rates on subsequent yield components of maize in Toke Kutaye, western Ethiopia. Sky J Agric Res 5 (1):001–014

Adnan M, Shah Z, Khan A, Shah M, Ali Khan G, Ali A, Ali Khan N, Saleem N, Nawaz S, Akbar S, Samreen S, Zaib K (2014) Integrated effects of Rhizobial inoculum and inorganic fertilizers on wheat yield and yield components. Am J Plant Sci 5:2066–2073

Akhtar N, Arshad I, Shakir MA, Qureshi MA, Sehrish J, Ali L (2013) Co-inoculation with *Rhizobium* and *Bacillus* sp to improve the phosphorus availability and yield of wheat (*Triticum aestivum* L.). J Anim Plant Sci 23(1):190–197

Al-Ani RA, Adhab MA, Mahdi MH, Abood HM (2012) *Rhizobium japonicum* as a biocontrol agent of soybean root rot disease caused by *Fusarium solani* and *Macrophomina phaseolina*. Plant Prot Sci 48(4):149–155

Antoun H, Bordeleau LM, Gagnon C (1978) Antagonisme entre *Rhizobium meliloti* et *Fusarium oxysporum* en relation avec l'efficacité symbiotique. Can J Plant Sci:58–75

Antoun H, Beauchamp CJ, Goussard N, Chabot R, Lalande R (1998) Potential of *Rhizobium* and *Bradyrhizobium* species as plant growth promoting rhizobacteria on nonlegumes: effect on radishes (*Raphanus sativus* L.). Plant Soil 204:57–67

Armero J, Requejo R, Jorrin J, Lopez-Valbuena R, Tena M (2001) Release of phytoalexins and related isoflavonoids from intact chickpea seedlings elicited with reduced glutathione at root level. Plant Physiol Biochem 39:785–795

Ballhorn DJ, Godschalx AL, Kautz S (2013) Co-variation of chemical and mechanical defenses in lima bean (*Phaseolus lunatus* L.). J Chem Ecol 39:413–417

Beijerinck MW (1888) Die Bacterien der Papilionaceenknölchen. Bot Zeitung 46:797–804

Bhattacharjee RB, Singh A, Mukhopadhyay SN (2008) Use of nitrogen-fixing bacteria as biofertiliser for non-legumes: prospects and challenges. Appl Microbiol Biotechnol 80(2):199–209

Biswas JC, Ladha JK, Dazzo FB (2000) Rhizobia inoculation improves nutrient uptake and growth of lowland rice. Soil Sci Soc Am J 64:1644–1650

Bouraoui M, Abbes Z, Abdi N, Hmissi I, Sifi B (2012) Evaluation of efficient *Rhizobium* isolates as biological control agents of *Orobanche foetida* Poir. parasitizing *Vicia faba* L. minor in Tunisia. Bulgarian J Agr Sci 18(4):557–564

Buonassisi AJ, Copeman RJ, Pepin HS, Eaton GW (1986) Effect of Rhizobia spp. on *Fusarium* f. sp. *phaseoli*. Can J Plant Pathol 8:140–146

Burdman S, Volpin H, Kigel J, Kapulnik Y, Okon Y (1996) Promotion of nodulation and growth of common bean (*Phaseolus vulgaris* L.). Soil Biol Biochem 29:923–929

Cesco S, Neumann G, Tomasi N, Pinton R, Weisskopf L (2010) Release of plant-borne flavonoids into the rhizosphere and their role in plant nutrition. Plant Soil 329:1–25

Chabot R, Antoun H, Cescas M (1993) Stimulation de la croissance du maïs et de la laitue romaine par des microorganismes dissolvant le phosphore inorganique. Can J Microbiol 39:941–947

Chabot R, Antoun H, Kloepper JW, Beauchamp CHJ (1996) Root colonization of maize and lettuce by bioluminescent *Rhizobium leguminosarum* biovar *phaseoli*. Appl Environ Microbiol 62(8):2767–2772

Chaintreuil C, Giraud E, Prin Y, Lorquin J, Ba A, Gillis M, deLajudie P, Dreyfus B (2000) Photosynthetic bradyrhizobia are natural endophytes of the African wild rice *Oryza breviligulata*. Appl Environ Microbiol 66:5437–5447

Choudhury ATMA, Kennedy IR (2004) Prospects and potentials for system of biological nitrogen fixation in sustainable rice production. Biol Fertil Soils 39:219–227

Cocking EC, Srivastava JS, Kothari SL, Davey HR (1992) Invasion of non-legume plants by diazotrophic bacteria. In: Nodulation and nitrogen fixation in rice: potential and prospects. International Rice Research Institute, Philippines, pp 119–121

Cocking EC, Webser G, Batchelor CA, Davey MR (1994) Nodulation of non-legume crops. Agro-Food-Industry Hi-Tech 21–24

Datta M, Palit R, Sengupta C, Pandit MK, Banerjee S (2011) Plant growth promoting rhizobacteria enhance growth and yield of chilli (*Capsicum annuum* L.) under field conditions. AJCS 5 (5):531–536

Deshwal VK, Dubey RC, Maheshwari DK (2003) Isolation of plant growth promoting strains of *Bradyrhizobium arachis* sp. with biocontrol potential against *Macrophomina phaseolina* causing charcoal rot of peanut. Curr Sci 84(3):443–448

Dharmatilake AJ, Bauer WD (1992) Chemotaxis of *Rhizobium meliloti* towards nodulation gene inducing compounds from alfalfa roots. Appl Environ Microbiol 58:1156–1158

Dommergues Y (1979) La fixation d'azote dans la rhizosphère des céréales à paille. Bull Tech Inf Ing Agron 336:3–7

Doyle JJ, Luckow MA (2003) The rest of the iceberg. Legume diversity and evolution in a phylogenetic context. Plant Physiol 131:900–910

Eckardt NA (2006) The role of flavonoids in root nodule development and auxin transport in *Medicago truncatula*. Plant Cell 18:1539–1540

FAO (2001) Word soil resources reports. FAO, Rome, p 289

Flores-Félix JD, Menéndez E, Rivera LP, Marcos-García M, Martínez-Hidalgo P, Mateos PF, Martínez-Molina E, Velázquez ME, García-Fraile P, Rivas R (2013) Use of *Rhizobium leguminosarum* as a potential biofertilizer for *Lactuca sativa* and *Daucus carota* crops. J Plant Nutr Soil Sci 176:876–882

Frank B (1889) Ueber die Pilzsymbiose der Leguminosen. Ber Dtsch Bot Ges 7:332–346

Fuentes-Ramirez LE, Caballero-Mellado J (2005) Bacterial biofertilizers. In: Siddiqui ZA (ed) PGPR: biocontrol and biofertilization. Springer, Dordrecht, pp 143–172

Gopalakrishnan S, Sathya A, Vijayabharathi R, Varshney RK, Gowda CLL, Krishnamurthy L (2015) System plant growth promoting rhizobia: challenges and opportunities. 3. Biotech 5 (4):355–377

Gough C, Webster G, Vasse J, Galera C, Batchelor C, O'Callaghan K, Davey M, Kothari S, Denerie J, Cocking E (1996) Specific flavonoids stimulate intercellular colonization of non-legumes by *Azorhizobium caulinodans*. In: Stacey G, Mullin B, Gresshoff PM (eds) Biology of plant microbe interactions. International Society for Molecular plant–microbe interactions. Minnesota, pp 409–415

Gupta SC, Sukhlal N, Namdeo S, Paliwal KK (1998) Effect of phosphorus levels and microbial inoculants on symbiotic traits, N and P uptake, quality and yield of rainfed chickpea. In: All India coordinated project improvement of pulse. R.A.K. College of Agriculture, Sehore. 3rd European conference in Grain legumes. pp 418–419

Gutiérrez-Zamora ML, Martinez-Romero E (2001) Natural endophytic association between *Rhizobium etli* and maize (*Zea mays* L.). J Biotechnol 91:117–126

Hassan S, Mathesius U (2012) The role of flavonoids in root-rhizosphere signaling: opportunities and challenges for improving plant-microbe interactions. J Exp Bot 63:3429–3444

Hilali A, Prévost D, Broughton WJ, Antoun H (2001) Effets de l'inoculation avec des souches de *Rhizobium leguminosarum* biovar *trifolii* sur la croissance du blé dans deux sols du Maroc. Can J Microbiol 47:590–593

Hmissi I, Gargouri S, Sifi B (2011) Attempt of wheat protection against *Fusarium culmorum* using Rhizobium isolates. Tunis J Plant Prot 6:75–86

Höflich G (2000) Colonization and growth promotion of non-legumes by Rhizobium bacteria. In: Bell CR, Brylinsky M, Johnson-Green P (eds) Microbial biosystems: new frontiers. Proceedings of the 8th International symposium on microbial ecology. Atlantic Canada Society for Microbial Ecology, Halifax, NS, pp 827–830

Höflich G, Wiehe W, Kühn G (1994) Plant growth stimulation by inoculation with symbiotic and associative rhizosphere microorganisms. Experientia 50:897–905

Hongrittipun P, Youpensuk S, Rerkasem B (2014) Screening of nitrogen fixing endophytic bacteria in *Oryza sativa* L. J Agric Sci 6(6):66–74

Husssain MB, Mehboob I, Zahir ZA, Naveed M, Asghar HN (2009) Potential of *Rhizobium* spp. for improving growth and yield of rice (*Oryza sativa* L.). Soil Environ 28(1):49–55

James EK, Loureiro MF, Pott A, Pott VJ, Martins CM, Franco AA, Sprent JI (2001) Flooding tolerant legume symbioses from the Brazilian Pantanal. New Phytol 150:723–738

Jilani G, Akram A, Ali RM, Hafeez FY, Shamsi IH, Chaudhry AN, Chaudhry AG (2007) Enhancing crop growth, nutrients availability, economics and beneficial rhizosphere microflora through organic and biofertilizers. Ann Microbiol 57(2):177–183

Kennedy IR, Tchan Y (1992) Biological nitrogen fixation in non-legumes filed crops: recent advances. Plant Soil 141:93–118

Khokhar SN, Muzaffar AK, Mohammad FC (2001) Some characters of chickpea-nodulating rhizobia native to Thal soil. Pak J Biol Sci 4:1016–1019

Lucy M, Reed E, Glick BR (2004) Applications of free living plant growth promoting rhizobacteria. Antonie Van Leeuwenhoek 86:1–25

Lupwayi NZ, Clayton GW, Hanson KG, Rice WA, Biederbeck VO (2004) Endophytic rhizobia in barley, wheat and canola roots. Can J Plant Sci 84:37–45

Matiru VN, Dakora FD (2004) Potential use of rhizobial bacteria as promoters of plant growth for increased yield in landraces of African cereal crops. Afr J Biotechnol 3(1):1–7

Mazen MM, El-Batanony NH, Abd El-Monium MM, Massoud ON (2008) Cultural filtrate of *Rhizobium* spp. and arbuscular mycorrhiza are potential biological control agents against root rot fungal diseases of faba bean. Glob J Biotechnol Biochem 3:32–41

Mazid M, Khan TA (2014) Future of bio-fertilizers in Indian agriculture: an overview. Int J Agric Food Res 3:10–23

McInroy JA, Kloepper JW (1995) Population dynamics of endophytic bacteria in field-grown sweet corn and cotton. Can J Microbiol 41:895–901

Mehboob I, Zahir ZA, Arshad M, Tanveer A, Azam F (2011) Growth promoting activities of different rhizobium spp., in wheat. Pak J Bot 43(3):1643–1650

Mia MAB, Shamsuddin ZH (2010) *Rhizobium* as a crop enhancer and biofertilizer for increased cereal production. Afr J Biotechnol 9(37):6001–6009

Naher UA, Othman R, Shamsuddin ZHJ, Saud HM, Ismail MR (2009) Growth enhancement and root colonization of rice seedlings by *Rhizobium* and *Corynebacterium* spp. Int J Agric Biol 11:586–590

O'Callaghan KJ, Stone PJ, Hu X, Griffiths DW, Davey MR, Cocking EC (2000) Effects of glucosino-lates and flavonoids on colonization of the roots of *Brassica napus* by *Azorhizobium caulinodans* ORS571. Appl Environ Microbiol 66:2185–2191

Osório Filho BD, Gano KA, Binz A, Lima RF, Aguilar LM, Ramirez A, Caballero-Mellado J, Sá ELS, Giongo A (2014) Rhizobia enhance growth in rice plants under flooding conditions. Am Eurasian J Agric Environ Sci 14:707–718

Peix A, Rivas-Boyero AA, Mateos PF, Ridriguez-Barrueco C, Martinez-Molina E, Velazquez E (2001) Growth promotion of chickpea and barley by a phosphate solubilizing strain of *Mesorhizobium mediterraneum* under growth chamber conditions. Soil Biol Biochem 33:103–110

Perrine-Walker FM, Gartner E, Hocart CH, Becker A, Rolfe BG (2007) Rhizobium-initiated rice growth inhibition caused by nitric oxide accumulation. Mol Plant Microbe Interact 20:283–292

Plazinski J, Rolfe BG (1985) Sym plasmid genes of *Rhizobium trifolii* expressed in Lingnobacter and Pseudomonas strains. J Bacteriol 162:1261–1269

Prayitno J, Stefaniak J, McIver J, Weinman JJ, Dazzo FB, Ladha JK, Barraquio W, Yanni YG, Rolfe BG (1999) Interactions of rice seedlings with bacteria isolated from rice roots. Aust J Plant Physiol 26:521–535

Qureshi MA, Shahzad H, Imran Z, Mushtaq M, Akhtar N, Ali MA, Mujeeb F (2013) Potential of rhizobium species to enhance growth and fodder yield of maize in the presence and absence of l-tryptophan. J Anim Plant Sci 23(5):1448–1454

Ramesh P (2008) Organic farming research. Organic farming in rainfed agriculture. Central Institute for Dry Land Agriculture, Hyderabad, pp 13–17

Reddy PM, Ladha JK, So RB, Hernandez RJ, Ramos MC, Angeles OR, Dazzo FB, De Bruijn FJ (1997) Rhizobial communication with rice roots: induction of phenotypic changes, mode of invasion and extent of colonization. Plant Soil 194:81–98

Saharan BS, Nehra V (2011) Plant growth promoting Rhizobacteria: a critical review. Life Sci Med Res 21:1–30

Saikia SP, Vanita J (2007) Biological nitrogen fixation with non-legumes: an achievable target or a dogma? Curr Sci 92(3):317–322

Saini VK, Bhandarib SC, Tarafdar JC (2004) Comparison of crop yield, soil microbial C, N and P, N-fixation, nodulation and mycorrhizal infection in inoculated and non-inoculated sorghum and chickpea crops. Field Crop Res 89:39–47

Sawada H, Kuykendall LD, Young JM (2003) Changing concepts in the systematics of bacterial nitrogen-fixing legume symbionts. J Gen Appl Microbiol 49:155–179

Sharif T, Khalil S, Ahmad S (2003) Effect of *Rhizobium* sp., on growth of pathogenic fungi under in vitro conditions. Pak J Biol Sci 6:1597–1599

Smith R (1992) Legume inoculant formulation and application. Can J Microbiol 38:485–492

Son TTN, Diep CN, Giang TTM (2006) Effect of bradyrhizobia and phosphate solubilizing bacteria application on Soybean in rotational system in the Mekong delta. Omonrice 14:48–57

Szoboszlay M, White-Monsant A, Moe LA (2016) The effect of root exudate 7,4′-dihydroxyflavone and naringenin on soil bacterial community structure. PLoS One 11(1):1–16

Verma SC, Chowdhury SP, Tripathi AK (2004) Phylogeny based on 16S rDNA and *nifH* sequences of *Ralstonia taiwanensis* strains isolated from nitrogen-fixing nodules of *Mimosa pudica* in India. Can J Microbiol 50:313–322

Vessey JK (2003) Plant growth promoting rhizobacteria as biofertilizers. Plant Soil 255:571–586

Wiehe W, Höflich G (1995) Survival of plant growth promoting rhizosphere bacteria in the rhizosphere of different crops and migration to non-inoculated plants under field conditions in north-east Germany. Microbiol Res 150:201–206

Yanni YG, Dazzo FB (2010) Enhancement of rice production using endophytic strains of *Rhizobium leguminosarum* bv. *trifolii* in extensive field inoculation trials within the Egypt Nile delta. Plant Soil 336(1):129–142

Yanni YG, Rizk RY, Corich V, Squartini A, Ninke K, Philip-Hollingsworth S, Orgambide G, De Bruijn F, Stoltzfus J, Buckley D, Schmidt TM, Mateos PF, Ladha JK, Dazzo FB (1997) Natural endophytic association between *Rhizobium leguminosarum* bv. *trifolii* and rice roots and assessment of its potential to promote rice growth. Plant Soil 194:99–114

Yanni YG, Rizk RY, El-Fattah FKA, Squartini A, Corich V et al (2001) The beneficial plant growth-promoting association of *Rhizobium leguminosarum* bv. *trifolii* with rice roots. Aust J Plant Physiol 28:845–870

Zhang L, Shi X, Si M, Li C, Zhu L, Zhao L, Shen X, Wang Y (2014) *Rhizobium smilacinae* sp. nov., an endophytic bacterium isolated from the leaf of *Smilacina japonica*. Antonie Van Leeuwenhoek 106(4):715–723

Zhu H, Riely BK, Burns NJ, Ane JM (2006) Tracing non-legume orthologs of legume genes required for nodulation and arbuscular mycorrhizal symbioses. Genetics 172:2491–2499

Chapter 4
Role of Root Nodule Bacteria in Improving Soil Fertility and Growth Attributes of Leguminous Plants Under Arid and Semiarid Environments

S.K. Singh, Rakesh Pathak, and Anjly Pancholy

4.1 Introduction

In the late seventeenth century, tools of modern science began to reveal the secrets of plant nutrition, and nitrogen, phosphorus, and potash were identified as essential nutrients for plant growth. The soil was assumed to be the source of phosphorus and potash, but it has been a matter of argument up to nineteenth century that either plants absorb nitrogen from the air or extract it from the soil. Schultz-Lupitz (1881) revealed that the plants required more nitrogen than any other soil nutrient and leguminous plants were able to accumulate large amounts of nitrogen. The nodules attached to the roots of leguminous plants were responsible for converting nitrogen gas of the atmosphere into soluble nitrogenous compounds (Hellriegel 1887; Hellriegel and Wilfarth 1888). Presently, this marvelous piece of natural chemistry is known as the symbiotic association between leguminous plants and a soil bacterium. Plant–bacteria interactions in the rhizosphere are the determinants of plant health and soil fertility (Hayat et al. 2010). It is now well established that the leguminous plants enhance soil fertility and non-leguminous plants deplete it.

The intensive use of chemical fertilizers has degraded soil fertility resulting in severe health and environmental hazards such as soil erosion, water contamination, pesticide poisoning, falling groundwater table, water logging, and depletion of biodiversity. The plant–microbe interactions in the rhizosphere play an essential role in transformation, mobilization, solubilization of nutrients, and uptake of essential nutrients by plants. The soil bacteria supply nutrients to crops, stimulate plant growth, control or inhibit the activity of plant pathogens, improve soil structure, bioaccumulation, or microbial leaching of inorganics, etc. (Ehrlich 1990), and have been used in crop production for decades (Davison 1988). It has

S.K. Singh (✉) • R. Pathak • A. Pancholy
Central Arid Zone Research Institute, Jodhpur, Rajasthan 342 003, India
e-mail: sksingh1111@hotmail.com

A.P. Hansen et al. (eds.), *Rhizobium Biology and Biotechnology*, Soil Biology 50,
DOI 10.1007/978-3-319-64982-5_4

also been used in soil for the mineralization of organic pollutants known as bioremediation of polluted soils (Burd et al. 2000; Zhuang et al. 2007; Zaidi et al. 2008).

This biological approach is becoming more popular as an alternative to chemical fertilizers for improving crop yield, and the application of plant growth-promoting rhizobia (PGPR) has found a vital place in the sustainable agriculture system (Shoebitz et al. 2009). Suhag (2016) advocated replacement of chemical fertilizers by biofertilizers and suggested that the use of biofertilizers naturally activates microorganisms, restores soil natural fertility, and protects it against drought and soil-borne diseases and thereby stimulates plant growth. The PGPRs are also termed as plant health-promoting rhizobacteria or nodule-promoting rhizobacteria. PGPR can be either symbiotic bacteria or free-living rhizobacteria on the basis of their relationships with the plants (Khan 2005). They can be divided into two groups according to their residing sites, bacteria living inside the plant cell, producing nodules (iPGPR or symbiotic bacteria), and bacteria living outside the plant cell, which do not produce nodules (ePGPR or free-living rhizobacteria) promoting plant growth (Gray and Smith 2005).

Rhizobia are the best known iPGPR and produce nodules in leguminous plants. The bacteria that nodulate legumes mainly belong to Proteobacteria families: Rhizobiaceae (*Rhizobium; Ensifer syn. Sinorhizobium*), Bradyrhizobiaceae (*Bradyrhizobium*), Hyphomicrobiaceae (*Azorhizobium*; *Devosia*), Methylobacteriaceae (*Methylobacterium*), Brucellaceae (*Ochrobactrum*), Phyllobacteriaceae (*Mesorhizobium*; *Phyllobacterium*), and Burkholderiaceae (*Burkholderia*; *Cupriavidus*).

The PGPRs function in different ways (Glick 2001); they synthesize compounds (Zahir et al. 2004), enable the uptake of nutrients (Çakmakçi et al. 2007), and decrease or prevent the plant diseases (Saravanakumar et al. 2008). Rhizobia inoculation has been reported to activate host genes involved in the production of phenolic compounds/phytoalexins, and higher levels of these compounds benefit the plant by restricting disease development (El Hadrami et al. 2007). The antagonistic and plant growth promotion properties of *R. leguminosarum* b.v. *phaseoli* against root rot caused by *F. solani* f.s. *phaseoli* in bean (Buonassisi et al. 1986) and *R. japonicum* against root rot diseases caused by *F. solani* and *M. phaseolina* in soybean have been demonstrated (Al-Ani et al. 2012).

The mechanism for enhancement of plant growth and yield by the PGPR may be due to the ability to produce an enzyme (1-aminocyclopropane-1-carboxylate) (Li et al. 2000), hormones like indole acetic acid (Patten and Glick 2002), abscisic acid (Dobbelaere et al. 2003), gibberellic acid, and cytokinins (Dey et al. 2004); symbiotic nitrogen fixation (Kennedy et al. 2004); antagonism against phytopathogenic bacteria by producing siderophores, β-1,3-glucanase, chitinases, antibiotic, fluorescent pigment, and cyanide (Glick and Pasternak 2003); solubilization and mineralization of nutrients (Richardson 2001; Banerjee and Yasmin 2002); enhancing resistance to drought (Alvarez et al. 1996), salinity, waterlogging (Saleem et al. 2007), and oxidative stress (Stajner et al. 1997); and production of vitamin B, niacin, pantothenic acid, thiamine, riboflavin, and biotin (Sierra et al. 1999; Revillas et al. 2000).

The root nodule bacteria are gram-negative bacteria and belong to a diverse group of soil-inhabiting bacteria (O'Hara 2001). Probably, all the agricultural soils contain some bacteria capable of nodulating some legumes. However, all these bacteria may not be able to nodulate legumes or if they can they may not form an effective symbiosis. It is very common situation when new legumes are introduced to new lands (O'Hara et al. 2002). Howieson et al. (2000b) suggested probable situations including more and less number of nodules on the uninoculated legume and an effective, competitive inoculant strain of root nodule bacteria adapted to the soil conditions when a new legume is introduced to new lands. The uninoculated legume may form effective nodules in good quantity due to the presence of a large population of effective root nodule bacteria. The formation of less number of nodules on uninoculated legumes indicates absence or little presence of population of root nodule bacteria in the soil that are able to nodulate the particular host legume. These two situations revealed that the competitive inoculant strain of root nodule bacteria should be selected that are adapted to the soil conditions (O'Hara et al. 2002).

The productivity of a legume crop depends on the effective *Rhizobium* population available in the soil and well-nodulated plants. At the early stage of seedling, generally higher nodules and nodulation are found. The large and pink color nodules are considered the effective and better nodules, whereas small and white nodules are indicative of a poor symbiosis (Duseja and Shrivastav 2015). This chapter covers the role of root nodule bacteria in improving soil fertility and growth attributes of leguminous plants under arid and semiarid environments via direct and indirect mechanisms.

4.2 Legumes

Arid and semiarid areas cover about 45% of the Earth's land surface (Schimel 2010). Since nodulation and N fixation use significant amounts of plant photosynthate, it may be inferred that nodulation is a useful attribute in a N-poor environment (Sprent and Gehlot 2010). The plant family Leguminosae (Fabaceae) is the third largest family in the Angiosperms dominating range of arid and extreme ecosystems. They are of ecological importance in sand dune stabilization, soil fixation, and revegetation of semiarid and arid ecosystems (Rodríguez-Echeverría et al. 2012). Over 100 agriculturally important legumes in symbiotic associations with rhizobia contribute nearly half of the annual quantity of biological nitrogen fixation (BNF) entering soil ecosystems and they provide an easy and inexpensive way to enhance soil fertility and agricultural productivity (Zahran 2011).

Legumes bear seeds in pods and fix the atmospheric nitrogen with the help of bacteria in their root nodules (Vance 1997). They are rich in protein and more than 16,000 species of legumes including herbs, shrubs, and trees are known worldwide out of which only about 200 are cultivated. The legumes improve soil quality through favorable effects on soil biological, chemical, and physical conditions (Howieson et al. 2000a). They have long been recognized and valued as soil-building crops. The properly managed legumes enhance the nitrogen supplying power of soils, increase the soil reserves of organic matter, stimulate the soil biological activity, improve soil structure, reduce soil erosion, increase soil aeration, improve soil water-holding capacity, and make the soil easier to till (Graham and Vance 2000).

Generally, soils contain large *Rhizobium* populations which readily nodulate common leguminous plants and trees, but there are situations in which the production of well-nodulated plants is difficult. Some crops need different Rhizobial species which may not be present in all soils or the rhizobia present in the soil fix little nitrogen. Such problems can be overcome by mixing specially selected Rhizobium cultures before sowing. *Acacia senegal* and *Prosopis cineraria* are the most important dryland resources of Western Rajasthan desert ecosystem (Tewari et al. 1998; Jindal et al. 2000) among leguminous arid zone tree species. *A. senegal* is highly drought-tolerant multipurpose tree species and is an important forest resource of gum arabic, fuel wood, human food, and fodder for livestock (Aoki et al. 2007). Whereas *P. cineraria* grows very well in dryland agroforestry systems and plays an important role in controlling soil erosion, sand dune stabilization, improving soil fertility, providing fuel energy resources, supplying feed and forage for grazing animals, firewood, furnishing timber and furniture wood, and supplementing food for humans (Tewari et al. 1998; Manzano and Navar 2000; Zare et al. 2011). Clusterbean, cowpea, moth bean, and horse gram are important annual legumes grown in arid and semiarid region (Chhillar 2009).

4.3 Factor Affecting Nodulation

There are several factors including moisture stress, salinity, unfavorable soil pH, nutrient deficiency, mineral toxicity, temperature extremes, inadequate photosynthesis, plant diseases, trace element deficiencies, etc., which inhibit nodulation and impose limitations on the vigor of the host legume (Brockwell et al. 1995). The effects of salt stress on nodulation and nitrogen fixation of legumes have been examined in several crops including legumes (Delgado et al. 1994; Nithyakalyani et al. 2016; Rao et al. 2002). The water stress modifies the rhizobial cells and leads to a reduction in infection and nodulation of legumes, while high soil temperatures delay nodulation or restrict it to the subsurface parts (Graham 1992). Nodulation of soybean was markedly inhibited at higher temperatures (Chibeba et al. 2015). Piha and Munnus (1987) reported that bean nodules formed at 35 °C were small and had low specific nitrogenase activity. The soils of pH < 5 make some rhizobia unable to persist resulting in failure of nodulation in the legumes (Bayoumi et al. 1995). Taylor et al. (1991) reported that acidity had more severe effects on rhizobial multiplication. The low-medium pH (<4.5) affected the number of nodules, the nitrogenase activity, the nodule ultrastructure, and the fresh and dry weights of nodules to a greater extent (Vassileva et al. 1997), while in the acidic soils with pH of >5.0, where heavy metal activity is relevant, the presence of available aluminum inhibits nodulation (Bordeleau and Prevost 1994). Both pH (4.5) and aluminum (100 mM) caused delays in nodulation of *Vigna unguiculata*, particularly at low Ca^{2+} levels (0.3 mM), while at a high calcium concentration (3.0 mM), nodulation was improved (Hohenberg and Munns 1984).

Soares et al. (2014) assessed the symbiotic efficiency of symbiotic nitrogen-fixing bacteria with *V. unguiculata* and their tolerance to pH and aluminum. They contrarily reported that three strains (UFLA03-164, UFLA03-153, and UFLA03-154) yielded higher values for dry weight production of the aerial part. These strains grow at varied pH levels of 5, 6, and 6.8 and at high aluminum concentration levels. While strains UFLA03-84, UFLA03-153, and UFLA03-164 can tolerate up to 20 $mmol_c\ dm^{-3}$ of Al^{+3} (Soares et al. 2014). The nodulation, growth, and shoot nitrogen in some grain legumes were adversely affected on addition of bicarbonate (Tang and Thomson 1996). Nodulation of *Arachis hypogaea* was also inhibited when plants grew in nutrient solution containing carbonate (Tang et al. 1998). Similarly, heavy metals had adverse effects on nodulation and nitrogen fixation of legumes (Klimek-Kopyra et al. 2015).

Nitrogen fertilization is needed as starter nitrogen to achieve a substantial yield of legumes at the stage when the symbiotic nitrogen fixation is unable to provide enough nitrogen (Buttery and Dirks 1987), but excess amounts of soluble nitrogen in the soil generally restrict or reduce nodulation and nitrogen fixation in the legumes (Afza et al. 1987). Thies et al. (1995) reported suppressed nodulation with the application of urea (90 kg of nitrogen ha^{-1}) in soybean plants. Similarly, the root system of *Cajanus cajan* was poorly developed after application of nitrogen fertilizer (up to 60 kg of N nitrogen ha^{-1}) and adversely affected the nodule number, nitrogenase activity, nodule dry weight, shoot weight, and root and shoot nitrogen (Kaushik et al. 1995). Herbicides have also been reported to affect the growth of *B. japonicum* under in vitro conditions (Mallik and Tesfai 1993) and reduced the nodulation of soybeans under greenhouse conditions (Mallik and Tesfai 1985). However, some of the herbicides including sethoxydim, alachlor, fluazifop butyl, and metolachlor did not have detrimental effects on nitrogen fixation or seed yields when added at the recommended rates for weed control in soybean (Kucey et al. 1988).

The climatic conditions of arid and semiarid regions are often characterized by hot, dry summers, subhumid monsoon, and cold dry winter. The climatic conditions in this region restrict the buildup of soil organic matter and soils are generally deficient in nitrogen (Kackar et al. 1990). The soil of region is sandy loam with pH > 8.1 and low nutrient levels, with 0.23% organic carbon, 0.03% nitrogen, and 0.02% phosphorus (Dhir 1984). The rhizobial population can survive under limited moisture levels of desert soils and can perform effective nodulation of legumes growing therein (Jenkins et al. 1987, 1989; Tate 1995), but their densities are lowest under the most desiccated conditions and it may increase as the moisture stress is relieved (Waldon et al. 1989).

The major problem is the increase in salinity levels of the soil that causes reduction in plant growth and yield in irrigated arid and semiarid regions (Parida and Das 2005). Symbiotic effectiveness depends on the specific combination of compatible legume and rhizobium under the saline conditions (Faghire et al. 2013). Therefore, identification and application of salinity-tolerant rhizobia in legume cropping area helps in the formation of effective nodules and efficient nitrogen fixation. Plant productivity is considerably reduced due to osmotic inhibition of water uptake by roots or specific ion effects (Mayak et al. 2004). To improve plant growth under stress conditions, it is important to improve salt stress tolerance in crops. Zohra et al. (2016) characterized slow-growing rhizobial strains isolated from *Retama monosperma* root nodules from Algeria resistant to alkaline pH up to 9 and salinity equal to 2% (w/v) NaCl. Younesi et al. (2013) reported positive response of *Pseudomonas fluorescence* and *Rhizobium meliloti* co-inoculation on nodulation and mineral nutrient contents in alfalfa under salinity stress conditions. Sobti et al. (2015) showed that the rhizobia isolated from the desert soils are able to survive, grow, and effectively nodulate their leguminous hosts even at high salt concentrations. The tolerance to high levels of salinity and the survival and persistence in severe and harsh desert conditions make these rhizobia highly valuable inocula to improve productivity of the leguminous plants cultivated under extreme environments.

4.4 Inoculation

There are two basic components in a good inoculant including dense Rhizobium population that can produce higher number of nodules and can fix appreciable amount of nitrogen and the inoculant should have good shelf-life so that can be easily packaged and distributed. It is essential that the inoculum should produce an economic response in the field. Several authors have shown that it is possible to improve the growth of leguminous trees by inoculation with effective rhizobia (Wolde-Meskel and Sinclair 1998; Bogino et al. 2006; Maia and Scotti 2010).

Singh et al. (2011) molecularly characterized the diverse groups of plant growth-promoting rhizobacteria (PGPRs) in the rhizosphere and root nodules of native *A. senegal* and *P. cineraria* of western Rajasthan by direct sequencing of *16S rRNA* gene to detect genetic diversity in field populations of PGPRs and reported that the treatments with *Bacillus licheniformis* or *S. kostiense*, either inoculated individually or as co-inoculants, had positive effect on phenotypic traits of germination. Chagas-Junior et al. (2012) carried out a greenhouse experiment to evaluate the effect of natural nodulation in the development of Pacara Earpod Tree (*Enterolobium contortisiliquum*) and Leucaena (*Leucaena leucocephala*) using soil samples of woods, cultivated areas, and degraded areas. They observed better nodulation occurring in soil cultivation, providing a higher accumulation of biomass in both species.

In spite of inoculation with certain rhizobial cultures, no nodulation was reported because the strains used for inoculation became exopolysaccharide deficient due to mutation or any unspecified reason (van Rhijn et al. 2001). The success and efficiency of inoculants for agricultural crops are affected by various factors, viz., ability of rhizobia to colonize plant roots, the exudation by plant roots, and the soil health. The root colonization efficiency of the rhizobia is closely associated with microbial competition and survival in the soil, as well as with the modulation of the expression of several genes and communication between cells (Meneses et al. 2011; Alquéres et al. 2013; Beauregard et al. 2013). Soil health is another important factor that affects the inoculation efficiency, due to several characteristics such as soil type, nutrient pool and toxic metal concentrations, soil moisture, microbial diversity, and soil disturbances caused by management practices. The roots of plant secrete a wide range of compounds that interfere with the plant–bacteria interaction and react to different environmental conditions. It is considered an important factor in the efficiency of the inoculants (Cai et al. 2012; Carvalhais et al. 2013).

4.5 Role of Root-Nodulating Bacteria in Soil Health and Plant Growth

The root-nodulating bacteria have the ability to inhibit certain soil-borne plant pathogens along with nitrogen fixation. Due to their dual role in plant growth promotion and disease control, they have become the valuable part of sustainable agriculture (Mallesh 2008). The antagonistic and plant growth promotion properties of *R. leguminosarum* b.v. *phaseoli* against root rot caused by *F. solani* f.s. *phaseoli* in bean (Buonassisi et al. 1986) and *R. japonicum* against root rot diseases caused by *F. solani* and *M. phaseolina* in soybean have been demonstrated (Al-Ani et al. 2012).

Nitrogen is essential for the synthesis of enzymes, proteins, chlorophyll, DNA, and RNA in the cell; hence, it is very important for plant growth and production of food and feed. It is provided through rhizobial bacteroids for nodulating legumes. The BNF accounts for 65% of the total nitrogen utilized in agriculture (Matiru and Dakora 2004). The biochemical reactions of BNF take place mainly through symbiotic association of nitrogen-fixing microorganisms with legumes that converts atmospheric elemental nitrogen into ammonia (Shiferaw et al. 2004).

The nitrogen-fixing genes of Rhizobia and regulation of nitrogenase activity in the nodules depend on the genes of host plant genotype compatibility which determines symbiotic effectiveness. Cross talk between plant host and rhizobia from recognition of partners, through functional nodule formation and nitrogen reduction, determines effective symbiosis (Long and Ehrhardt 1989). The host plant responds chemotactically to flavonoid molecules and induces the expression of nodulation (nod) genes in Rhizobia that in turn respond to the lipo-chitooligosaccharide signals and trigger mitotic cell division in roots, leading to nodule formation (Dakora 2003; Lhuissier et al. 2001; Matiru and Dakora 2004). It is a molecular dialogue between the host plant and a compatible strain of *Rhizobium* which serves as an initiative for the development of nodules (Murray et al. 2007). Besides, there are a number of factors including host–microsymbiont compatibility, physicochemical conditions of the soil, and the presence of both known and unknown biomolecules such as flavonoids, polysaccharides, and hormones that affect the nodulation on legume roots (Zafar-ul-Hye et al. 2007).

The nitrogen fixed by Rhizobia in legumes also benefits the associated non-leguminous plants growing in intercrops through direct transfer of biologically fixed nitrogen (Snapp et al. 1998) or to subsequent crops grown in crop rotation (Hayat et al. 2008a, b). Besides nitrogen fixation, species of *Rhizobium* and *Bradyrhizobium* produce abscisic acids, auxins, cytokinins, lumichrome, riboflavin, lipo-chitooligosaccharides, and vitamins that enhance plant growth (Hayat and Ali 2004; Hayat et al. 2008a, b). In many low-input agriculture systems including grasses, crops depend on the nitrogen fixed by the legume counterparts for their nitrogen requirements and protein (Hayat and Ali 2010). Other plant growth-promoting traits of Rhizobia and *Bradyrhizobia* include phytohormone production (Arshad and Frankenberger 1998), siderophore release (Jadhav et al. 1994), solubilization of inorganic phosphorus (Chabot et al. 1996a), and antagonism against plant pathogenic microorganisms (Ehteshamul-Haque and Ghaffar 1993). Application of *B. japonicum* to the crop of radish increased about 15% plant dry matter (Antoun et al. 1998). Chabot et al. (1996b) applied bioluminescence from *Rhizobium leguminosarum* bv. *phaseoli* strain having lux genes to visualize in situ colonization of roots by Rhizobia in maize. Further, Yanni et al. (2001) also reported similar findings on maize root colonization and infection by Rhizobia.

The in vitro studies on Rhizobia-infected cereal roots revealed that Rhizobia are brought into closer contact with cereal roots during legume–cereal rotations and/or mixed intercropping and may result in non-legume root infection by native rhizobial populations in the soil. Various researchers have isolated natural endophyte *Rhizobium* from the roots of non-leguminous species including rice (Yanni et al. 1997), cotton, sweet corn (Mclnroy and Kloepper 1995), maize (Martinez-Romero et al. 2000), wheat (Biederbeck et al. 2000), and canola (Lupwayi et al. 2000) either grown in rotation with legumes or in a mixed cropping system involving symbiotic legumes. Wiehe and Holfich (1995) demonstrated that the strain R39 of *R. leguminosarum* bv. *trifolii* multiplied under field conditions in the rhizosphere of host legumes as well as non-legumes including corn, rape, and wheat.

The plant growth-promoting ability of Rhizobia inoculation varies with soil properties and crop rotation (Hilali et al. 2001), and the inoculation response mainly depends on the soil moisture, available nitrogen, yield potential, and the richness and effectiveness of native Rhizobia (Venkateswarlu et al. 1997). Rao (2001) reported 10–25% yield benefits with inoculation in the trials conducted on arid legumes like *Cyamopsis tetragonoloba*, *Vigna aconitifolia*, and *V. radiata*. The positive effects of chickpea field co-inoculation with *Mesorhizobium* sp. and *Pseudomonas aeruginosa*, which accounted for an increase of 32% in grain yield, compared to the uninoculated control (Verma et al. 2013). Fenugreek bio-inoculated with *R. meliloti* strain FRS-7 resulted in 36.8 and 45.9% increased yields over control for two consecutive years under semiarid conditions saving about 20 kg ha^{-1} nitrogen accompanied with better crop yield and soil health (Singh and Patel 2016). Rhizobia-inoculated plants produced significantly higher nodule number, nodule dry weight, grain yield, and yield components than non-inoculated non-fertilized plants. Inoculation of field-grown lentil with rhizobia strain Lt29 and Lt5 enhanced seed yield by 59% and 44%, respectively (Tena et al. 2016). Bhargava et al. (2016) studied the phenotypic, stress tolerance, and plant growth-promoting characteristics of rhizobial isolates from selected wild legumes of semiarid region and suggested that the functional diversity displayed by the isolates can be utilized for the legume crop production by cross inoculation.

4.5.1 Symbiotic Nitrogen Fixing Bacteria

The BNF is the most efficient process to supply the large amounts of nitrogen required by legumes to produce high-yielding crops. There are approximately 700 genera and ~13,000 species of legumes; only about 20% (Sprent and Sprent 1990) have been examined for nodulation and shown to have the ability to fix nitrogen. The legume plants enter into a symbiotic partnership with certain bacteria called rhizobia. The rhizobia present in the soil or added as seed inoculum enter into the root hairs and move through an infection thread toward the root of legume plants. It multiplies rapidly in the root, causing the swelling of root cells to form nodules (Limpens et al. 2003).

The plant transports carbohydrate to the nodules which is used as a source of energy by the rhizobia. Some of the carbohydrates are also used by the rhizobia as a source of hydrogen for the conversion of atmospheric nitrogen to ammonia (Gopalakrishnan et al. 2015). The symbiotic relationship between root nodule bacteria and legumes has high degree of specificity for effective nodulation. It operates at both levels of the symbiosis, i.e., the nodulation and nitrogen fixation by the exchange of specific chemical signals between the two partners (Perret et al. 2000). The symbiosis is controlled at a molecular level and is possible due to the presence of appropriate genes (Schlaman et al. 1998; Perret et al. 2000).

The volume of nitrogen fixed by various leguminous plants varies according to its species and varieties. It is directly related to the dry matter yield within a species. Some leguminous crops can fix up to 400 kg nitrogen ha^{-1} during the best years. Clover can fix over 200 kg, while Lucerne can fix 300 kg nitrogen ha^{-1}. Most of the grain legumes obtain 50–80% of their total nitrogen requirements through biological fixation, while some legumes, viz., faba bean, fix up to 90%. Faba bean in association with rhizobia can fix up to 120 kg nitrogen ha^{-1} (Danso 1992). The rate of rhizobia survival, the extent of effective nodulation, and plant growth factors are responsible for the potential nitrogen fixation. Similarly adverse soil condition or environmental stress restricts the nitrogen fixation process. High level of soil nitrogen reduces nitrogen fixation as legumes specially use most of the available soil nitrogen before beginning of the nitrogen fixation, while lower nitrogen levels can also reduce plant growth. During the period of formation of nodules and beginning of nitrogen fixation, legume requires a minimum quantity of nitrogen (about 20–22 kg ha^{-1}), from other sources depending on growing conditions (Anglade et al. 2015). Symbiotic nitrogen fixation is carried out by selective species of bacteria specific to particular legume species (Chandrasekar et al. 2005; Qureshi et al. 2009).

The nitrogen fixation is a key factor in low-input agricultural systems to sustain long-term soil fertility. It has immense importance under the areas where there is high farm land pressure and the fallow system cannot be followed. Under such situations, biologically fixed nitrogen improves soil nitrogen content and increases the yield of subsequent crops in cropping systems (Habtegebrial and Singh 2006).

4.5.2 Non-symbiotic Nitrogen-Fixing Bacteria

A number of PGPRs associate with various C3 and C4 plants including rice, wheat, maize, sugarcane, and cotton and increase their vegetative growth and grain yield (Kennedy et al. 2004). Azotobacter species are free-living heterotrophic and have been reported to increase the yield of rice (Yanni and El-Fattah 1999), cotton (Anjum et al. 2007), and wheat (Barassi et al. 2000). Similarly some obligatory anaerobic heterotrophs, viz., Clostridia, are able to fix atmospheric nitrogen under complete absence of oxygen (Kennedy et al. 2004). *Azospirillum* species are aerobic heterotrophs and have the ability to fix nitrogen under microaerobic conditions (Roper and Ladha 1995). They have been reported in the rhizosphere of gramineous plants (Kennedy and Tchan 1992; Kennedy et al. 2004). Their beneficial effects have been reported on the grain yield of wheat under both greenhouse and field conditions (Ganguly et al. 1999). The association of *Azospirillum* with plant leads to improved development and yield of host plants (Fallik et al. 1994) due to improved root development by increased water and mineral uptake and BNF (Okon and Itzigsohn 1995). *Azospirillum* influences the root respiration rate, metabolism, and root proliferation of the host by the synthesis of phytohormones (Okon and Itzigsohn 1995).

4.5.3 Phosphate Solubilization

Phosphorus is the structural component of nucleic acids, phospholipids, and adenosine triphosphate and is an essential and key nutrient for the metabolic and biochemical pathways for various reactions including BNF and photosynthesis (Ehrlich 1990; Richardson and Simpson 2011). It exists as organic and inorganic phosphates forms in the soil and is absorbed by the plant in both mono- and dibasic forms (Glass 1989), but it remains in insoluble forms, hence not available for plant nutrition. The availability of this element depends on its solubility that may be enhanced by the root activity of plant and microorganisms available in the soil. Plant growth-promoting rhizobia have the capacity to convert both organic and inorganic insoluble phosphates compounds in a form accessible to the plant (Igual et al. 2001; Rodríguez et al. 2006). Phosphate-solubilizing bacteria constitute approximately 1–50% of the total population of cultivable microorganisms in the soil (Khan et al. 2009) and solubilize inorganic soil phosphates through the production of organic acids, siderophores, and hydroxyl ions (Rodríguez et al. 2006, Sharma et al. 2013). Several phosphate-solubilizing bacteria belonging to genera *Pseudomonas, Bacillus, Rhizobium, Burkholderia, Achromobacter, Agrobacterium, Micrococcus, Aerobacter, Flavobacterium*, and *Erwinia* have been isolated from the roots and rhizospheric soil of various plants (Rodríguez et al. 2006; Ambrosini et al. 2012; Farina et al. 2012; Costa et al. 2013; Souza et al. 2013, 2014) and have the ability to solubilize insoluble mineral phosphate, viz., tricalcium phosphate, dicalcium phosphate, hydroxyl apatite, and rock phosphate (Goldstein 1986; Rodríguez and Fraga 1999; Rodríguez et al. 2006).

4.5.4 Other Plant Growth Promotion Mechanisms

The bacteria present in the rhizosphere affect the plant growth directly or indirectly. They improve the uptake of nutrients, produce plant growth-promoting compounds, and protect plant root surfaces from colonization by pathogenic microbes (Mantelin and Touraine 2004). The symbiotic and non-symbiotic bacteria promote plant growth directly through production of hormones (Vivas et al. 2005), plant growth regulators, and other plant growth-promoting activities (Dobbelaere et al. 2003). PGPR has also been used to remediate contaminated soils (Zhuang et al. 2007; Huang et al. 2005) and mineralize organic compounds in association with plants (Saleh et al. 2004). Some of the important genera of bacteria used in bioremediation include *Bacillus, Pseudomonas, Methanobacteria, Ralstonia*, and *Deinococcus*, etc. (Milton 2007). It has been observed that the application of certain rhizobacteria can increase the uptake of nickel from soils (Rai et al. 2006).

4.5.5 Soil Health

Soil is a heterogeneous mixture of different organisms in which different organic and mineral substances are present in solid, liquid, and gaseous phases (Kabata-Pendias 2004), and the soil structure including size of soil aggregates, their arrangement, and stability is the result of physical forces and natural grouping of particles (Lynch and Bragg 1985). The soil aggregation is influenced by several factors including soil mineralogy, cycles of wetting and drying, soil pH range, and clay and organic material contents (Majumder and Kuzyakov 2010; Vogel et al. 2014). The fine spatial heterogeneity of soils results in a complex mosaic of gradients selecting for or against bacterial growth (Vos et al. 2013).

Soil health is the capacity of soil to function as a vital living system, within ecosystem. It sustains plant and animal productivity and maintains or improves water and air quality simultaneously promoting the plant health (Doran and Zeiss 2000). The soil type, climate, cropping patterns, use of pesticides and fertilizers, availability of carbon substrates and nutrients, toxic material concentrations, and the presence or absence of specific assemblages and types of organisms are major factor affecting the soil health (Doran and Zeiss 2000; Kibblewhite et al. 2008). The microbial communities provide many potentially indicators for sustainable management of soils (Pulleman et al. 2012), and the flexibility of soil functional is governed by the effects of the physicochemical structure on the composition and physiology of microbial community (Griffiths and Philippot 2012).

4.5.6 *Biofertilizer*

The soluble nitrogen is one of the most important soil nutrients and its supply to the plants is always a matter of concern and is mainly fulfilled by the chemical fertilizer. Although the atmospheric air contains enormous nitrogen gas, it cannot be used by the plants directly. It must be converted into nitrogenous compounds for the use of plants. Microbes have the ability to perform this action naturally, and *Rhizobium* is the most important microorganism of choice that enters into the roots of legumes and stimulates the plant to form nodules. The plant and the bacteria live in symbiotic coordination. The bacteria get carbohydrates from the host and in return it gives soluble nitrogen to the plant. The plant switches genes in the *Rhizobium* present in the nodule that enables it to convert nitrogen gas into nitrogenous compounds, and this process is known as nitrogen fixation. This was the most important source of nitrogen for agriculture until the early years of this century until the discovery of chemical process for ammonia synthesis in 1909. Gradually farming was mechanized and traditional legume cereal rotations were abandoned as relatively cheap nitrogen fertilizers became commonly available and they appeared more efficient than legumes in increasing grain yields. However, legumes are able to supply more nitrogen for most systems if they were called upon to do so. The worldwide population growth, economic growth, and agricultural productions are the major issues that demanded the use of chemical fertilizers in agriculture (Morel et al. 2012).

The chemical fertilizers have become essential components of modern agriculture, and the current agricultural production depends on the large-scale use of these fertilizers for nitrogen, phosphorus, and potassium (Wartiainen et al. 2008; Adesemoye et al. 2009). However, the higher use of chemical fertilizers can cause unanticipated environmental impacts (Adesemoye et al. 2009). The plant growth-promoting bacteria-based inoculation method may be utilized as an alternative to the chemical fertilizers. The inoculants containing plant growth-promoting bacteria is getting interest worldwide due to expensive nitrogen fertilizers and its adverse effect on the environment, water contamination, acidification of soils, and greenhouse effects (Hungria et al. 2013).

Drawbacks of intensive farming practices and environmental costs of nitrogen and phosphorus fertilizers have renewed interest in biofertilizers. Rhizobia species have been well studied due to their symbiotic relationship with leguminous plants and their agronomical application as inoculants in the cultivation of economic crops (Alves et al. 2004; Torres et al. 2012). The results of in vitro and in vivo efficacy of *S. saheli* strains suggest that their co-inoculation with PGPRs can not only reduce the use of chemical fertilizers but also can significantly enhance yields by increasing plant growth and suppressing soil-borne plant pathogenic fungi (Gautam et al. 2015). The soybean *Bradyrhizobium* association is a good example of the efficiency of BNF, and *B. elkanii* and *B. japonicum* are species commonly used to inoculate this leguminous plant (Alves et al. 2004). PGPRs with ACC deaminase trait usually improve yield and plant growth and thus are good candidates for biofertilizer formulation (Shaharoona et al. 2006a, b). The nitrogen provided by the root-nodulating bacteria is less prone to leaching, volatilization, and denitrification and is therefore considered an important biological process that contributes to sustainable agriculture (Dixon and Kahn 2004).

4.6 Conclusions

Intensive use of chemical fertilizers and pesticides has led to soil fertility degradation and severe health and environmental hazards. By contrast, researches have demonstrated that biofertilizers naturally activate the microorganisms found in the soil being cheaper, effective, and environmental friendly. They are gaining importance for use in crop production, restore the soil's natural fertility, and protect it against drought and soil diseases and therefore stimulate plant growth. Further exploitation of functional diversity, legume–rhizobia gene interactions, and tolerance of efficient rhizobial isolates to the adversities of arid and semiarid regions environments in combination with compatible PGPRs can improve soil health and legume crop production. Concurrently, a better understanding of the interactions of leguminous plants vis-à-vis soil fertility, pest, and diseases shall create opportunities for better, low-cost biological management of soil fertility in arid and semiarid regions environments to make agriculture practices more sustainable and economical. It is right time to generate more supplementary investigations to develop biofertilizer technology to introduce superior strains to produce industrial and commercial biological fertilizers.

References

Adesemoye AO, Torbert HA, Kloepper JW (2009) Plant growth-promoting rhizobacteria allow reduced application rates of chemical fertilizers. Microb Ecol 58:921–929

Afza R, Hardarson G, Zapata F (1987) Effect of delayed soil and foliar N fertilization on yield and N2 fixation of soybean. Plant Soil 97:361–368

Al-Ani RA, Adhab MA, Mahdi MH, Abood HM (2012) *Rhizobium japonicum* as a biocontrol agent of soybean root rot disease caused by *Fusarium solani* and *Macrophomina phaseolina.* Plant Prot Sci 48(4):149–155

Alquéres S, Meneses C, Rouws L, Rothballer M et al (2013) The bacterial superoxide dismutase and glutathione reductase are crucial for endophytic colonization of rice roots by *Gluconacetobacter diazotrophicus* PAL5. Mol Plant Microbe Interact 26:937–945

Alvarez MI, Sueldo RJ, Barassi CA (1996) Effect of *Azospirillum* on coleoptile growth in wheat seedlings under water stress. Cereal Res Commun 24:101–107

Alves BJR, Boddey RM, Urquiaga S (2004) The success of BNF in soybean in Brazil. Plant Soil 252:1–9

Ambrosini A, Beneduzi A, Stefanski T, Pinheiro FG et al (2012) Screening of plant growth promoting rhizobacteria isolated from sunflower (*Helianthus annuus* L.). Plant Soil 356:245–264

Anglade J, Billen G, Garnier J (2015) Relationships for estimating N2 fixation in legumes: incidence for N balance of legume-based cropping systems in Europe. Ecosphere 6(3):1–24

Anjum MA, Sajjad MR, Akhtar N, Qureshi MA et al (2007) Response of cotton to plant growth promoting rhizobacteria (PGPR) inoculation under different levels of nitrogen. J Agric Res 45 (2):135–143

Antoun H, Beauchamp CJ, Goussard N, Chabot R et al (1998) Potential of *Rhizobium* and *Bradyrhizobium* species as plant growth promoting rhizobacteria on non-legumes: effect on radishes (*Raphanus sativus* L.). Plant Soil 204:57–68

Aoki H, Katayama T, Ogasawara T, Sasaki Y et al (2007) Characterization and properties of *Acacia senegal* (L.) Willd var. *senegal* with enhanced properties (Acacia (sen) SUPER GUM TM). Part 5: factors affecting the emulsification of *Acacia senegal* and Acacia (sen) SUPER GUM TM. Food Hydrocoll 21:353–358

Arshad M, Frankenberger WT Jr (1998) Plant growth regulating substances in the rhizosphere. Microbial production and function. Adv Agron 62:46–51

Banerjee MR, Yasmin L (2002) Sulfur oxidizing rhizobacteria: an innovative environment friendly soil biotechnological tool for better canola production. In: Proceeding of Agroenviron, Cairo, Egypt, 26–29 October, pp 1–7

Barassi CA, Creus CM, Casanovas EM, Sueldo RJ (2000) Could *Azospirillum* mitigate abiotic stress effects in plants? Auburn University. Web site: http://www.ag.auburn.edu/argentina/pdfmanuscripts/brassi.pdf

Bayoumi HEA, Biro B, Balazsy S, Kecskes M (1995) Effects of some environmental factors on *Rhizobium* and *Bradyrhizobium* strains. Acta Microbiol Immunol Hung 42:61–69

Beauregard PB, Chai Y, Vlamakis H, Losick R et al (2013) *Bacillus subtilis* biofilm induction by plant polysaccharides. Proc Natl Acad Sci USA 110:E1621–E1630

Bhargava Y, Murthy JSR, Rajesh Kumar TV, Narayana Rao M (2016) Phenotypic, stress tolerance and plant growth promoting characteristics of rhizobial isolates from selected wild legumes of semiarid region, Tirupati, India. Adv Microbiol 6:1–12

Biederbeck VO, Lupwayi NZ, Haanson KG, Rice WA et al (2000) Effect of long-term rotation with lentils on rhizosphere ecology and on endophytic Rhizobia in wheat. In: Abstract of the 17th North American conference on symbiotic nitrogen fixation. Laval University Quebec, Canada, July 2000, pp 23–28

Bogino P, Banchio E, Rinaudi L, Cerioni G et al (2006) Peanut (*Arachis hypogaea*) response to inoculation with *Bradyrhizobium* sp. in soils of Argentina. Ann Appl Biol 148:207–212

Bordeleau LM, Prevost D (1994) Nodulation and nitrogen fixation in extreme environments. Plant Soil 161:115–124
Brockwell J, Bottomley PJ, Thies JE (1995) Manipulation of rhizobia microflora for improving legume productivity and soil fertility: a critical assessment. Plant Soil 174:143–180
Buonassisi AJ, Copeman RJ, Pepin HS, Eaton GW (1986) Effect of *Rhizobia* spp. on *Fusarium* f. sp. *phaseoli*. Can J Plant Pathol 8:140–146
Burd G, Dixon DG, Glick BR (2000) Plant growth promoting bacteria that decrease heavy metal toxicity in plants. Can J Microbiol 46:237–245
Buttery BR, Dirks VA (1987) The effect of soybean cultivar, *Rhizobium* strain and nitrate on plant growth, nodule mass and acetylene reduction rate. Plant Soil 98:285–293
Cai Z, Kastell A, Knorr D, Smetanska I (2012) Exudation: an expanding technique for continuous production and release of secondary metabolites from plant cell suspension and hairy root cultures. Plant Cell Rep 31:461–477
Çakmakçi R, Erat M, Erdoğan ÜG, Dönmez MF (2007) The influence of PGPR on growth parameters, antioxidant and pentose phosphate oxidative cycle enzymes in wheat and spinach plants. J Plant Nutr Soil Sci 170:288–295
Carvalhais LC, Dennis PG, Fan B, Fedoseyenko D et al (2013) Linking plant nutritional status to plant-microbe interactions. PLoS One 8:e68555
Chabot R, Antoun H, Cescas MP (1996a) Growth promotion of maize and lettuce by phosphate-solubilizing *Rhizobium leguminosarum* biovar *phaseoli*. Plant Soil 184:311–321
Chabot R, Antoun H, Kloepper JW, Beauchamp CJ (1996b) Root colonization of maize and lettuce by bioluminescent *Rhizobium leguminosarum* biovar *phaseoli*. Appl Environ Microbiol 62:2767–2772
Chagas-Junior AF, dos Santos GR, de Lima Melo RC, de Oliveira AG et al (2012) Effect of natural nodulation in the development of leguminous trees on soils of cerrado in Tocantins. J Biotechnol Biodivers 3(1):38–44
Chandrasekar BR, Ambrose G, Jayabalan N (2005) Influence of biofertilizers and nitrogen source level on the growth and yield of Echinochloa frumentacea (Roxb.) Link. J Agric Technol 1:223–234
Chhillar BS (2009) Management of insect pests and diseases of pulses with special reference to arid legumes. In: Kumar D, Henry A, Vittal KPR (eds) Legumes in dry areas Indian Arid Legume Society. Scientific Publishers, Jodhpur, pp 447–449
Chibeba AM, de Fátima GM, Brito OR, Nogueira MA et al (2015) Co-Inoculation of soybean with *Bradyrhizobium* and *Azospirillum* promotes early nodulation. Am J Plant Sci 6:1641–1649
Costa P, Beneduzi A, Souza R, Schoenfeld R et al (2013) The effects of different fertilization conditions on bacterial plant growth promoting traits: guidelines for directed bacterial prospection and testing. Plant Soil 368:267–280
Dakora FD (2003) Defining new roles for plant and rhizobial molecules in sole and mixed plant cultures involving symbiotic legumes. New Phytol 158:39–49
Danso SKA (1992) Biological nitrogen fixation in tropical agro systems. Twenty years of biological nitrogen fixation in Africa. In: Mulogoy K, Guye M, Spence DSC (eds) Biological nitrogen fixation and sustainability of tropical agriculture. Proceedings of the 4th International conference of Africa Association for Biological nitrogen fixation (AABNF) held at International Institute of Tropical Agriculture. Wiley, Chichester, New York, Toronto, pp 336–362
Davison J (1988) Plant beneficial bacteria. Biotechnology 6:282–286
Delgado MJ, Ligero F, Lluch C (1994) Effects of salt stress on growth and nitrogen fixation by pea, faba-bean, common bean and soybean plants. Soil Biol Biochem 26:371–376
Dey R, Pal KK, Bhatt DM, Chauhan SM (2004) Growth promotion and yield enhancement of peanut (*Arachis hypogaea* L) by application of plant growth promoting rhizobacteria. Microbiol Res 159:371–394
Dhir RP (1984) Soils of arid and semi-arid regions, their characteristics and properties. In: Shankarnarayana KA (ed) Agroforestry in arid and semi-arid zones. Central Arid Zone Research Institute, Jodhpur, pp 20–29

Dixon R, Kahn D (2004) Genetic regulation of biological nitrogen fixation. Nat Rev Microbiol 2:621–631

Dobbelaere S, Vanderleyden J, Okon Y (2003) Plant growth promoting effects of diazotrophs in the rhizosphere. Crit Rev Plant Sci 22:107–149

Doran JW, Zeiss MR (2000) Soil health and sustainability: managing the biotic component of soil quality. Appl Soil Ecol 15:3–11

Duseja U, Shrivastav A (2015) Isolation of physic-chemical characterization of Rhizobium strains isolated from Vigna fields of gird region of Madhya Bharat. J Acad Ind Res 4(5):155–159

Ehrlich HL (1990) Geomicrobiology, 2nd edn. Dekker, New York, p 646

Ehteshamul-Haque S, Ghaffar A (1993) Use of Rhizobia in the control of root diseases of sunflower, okra, soybean and mungbean. J Phytopathol 138:157–163

El Hadrami AA, Mabrouk Y, Sifi B, Boudabous A et al (2007) Treatment of chickpea with Rhizobium isolates enhances the expression of phenylpropanoid defense-related genes in response to infection by *Fusarium oxysporum* f. sp *ciceris*. Plant Physiol Biochem 45:470–479

Faghire M, Mohamed F, Taoufiq K, Fghire R et al (2013) Genotypic variation of nodules' enzymatic activities in symbiotic nitrogen fixation among common bean (*Phaseolus vulgaris* L.) genotypes grown under salinity constraint. Symbiosis 60:115–122

Fallik E, Sarig S, Okon Y (1994) Morphology and physiology of plant roots associated with *Azospirillum*. In: Okon Y (ed) *Azospirillum*-plant associations. CRC Press, Boca Raton, pp 77–84

Farina RA, Beneduzi A, Ambrosini A, Campos SB et al (2012) Diversity of plant growth-promoting rhizobacteria communities associated with the stages of canola growth. Appl Soil Ecol 55:44–52

Ganguly TK, Jana AK, Moitra DN (1999) An evaluation of agronomic potential of *Azospirillum brasilense* and *Bacillus megaterium* in fibre-legume-cereal system in an Aeric haplaquept. Indian J Agric Res 33:35–39

Gautam R, Singh SK, Sharma V (2015) Suppression of soil-borne root pathogens of arid legumes by *Sinorhizobium saheli*. SAARC J Agric 13(1):63–74

Glass ADM (1989) Plant nutrition: an introduction to current concepts. Jones and Bartlett Publishers, Boston, p 234

Glick BR (2001) Phytoremediation: synergistic use of plants and bacteria to clean up the environment. Biotechnol Adv 21(3):83–393

Glick BR, Pasternak JJ (2003) Plant growth promoting bacteria. In: Glick BR, Pasternak JJ (eds) Molecular biotechnology principles and applications of recombinant DNA, 3rd edn. ASM Press, Washington, pp 436–454

Goldstein AH (1986) Bacterial solubilization of microbial phosphates: a historical perspective and future prospects. Am J Altern Agric 1:51–57

Gopalakrishnan S, Sathya A, Vijayabharathi R, Varshney RK et al (2015) Plant growth promoting rhizobia: challenges and opportunities. Biotech 5:355–377

Graham PH (1992) Stress tolerance in *Rhizobium* and *Bradyrhizobium*, and nodulation under adverse soil conditions. Can J Microbiol 38:475–484

Graham PH, Vance CP (2000) Nitrogen fixation in perspective: an overview of research and extension needs. Field Crop Res 65:93–106

Gray EJ, Smith DL (2005) Intracellular and extracellular PGPR: commonalities and distinctions in the plant–bacterium signaling processes. Soil Biol Biochem 37:395–412

Griffiths BS, Philippot L (2012) Insights into the resistance and resilience of the soil microbial community. FEMS Microbiol Rev 37:112–129

Habtegebrial K, Singh BR (2006) Wheat responses in semiarid northern Ethiopia to N2 fixation by *Pisum sativum* treated with phosphorus fertilizers and inoculants. Nutr Cycl Agroecosyst 75:247–255

Hayat R, Ali S (2004) Potential of summer legumes to fix nitrogen and benefit wheat crop under rainfed condition. J Agron 3:273–281

Hayat R, Ali S (2010) Nitrogen fixation of legumes and yield of wheat under legumes-wheat rotation in Pothwar. Pak J Bot 42(4):2317–2326

Hayat R, Ali S, Ijaz SS, Chatha TH et al (2008a) Estimation of N2-fixation of mung bean and mash bean through xylem ureide technique under rainfed conditions. Pak J Bot 40(2):723–734

Hayat R, Ali S, Siddique MT, Chatha TH (2008b) Biological nitrogen fixation of summer legumes and their residual effects on subsequent rainfed wheat yield. Pak J Bot 40(2):711–722

Hayat R, Ali S, Amara U, Khalid R et al (2010) Soil beneficial bacteria and their role in plant growth promotion: a review. Ann Microbiol 60:579–598

Hellriegel H (1887) Welche Stickstoffquellen stehen der Pflanze zu Gehote? Landw Verso Sta 33:464465

Hellriegel H, Wilfarth H (1888) Untersuchungen iiber die Stickstoff· nahrung der Gramineen und Leguminosen. Beilagebeft zu der Ztschr. Ver. Riibenzucker·lndustrie Deutschen Reichs, p 234

Hilali A, Prevost D, Broughton WJ, Anloun H (2001) Effects of inoculation avec des souches de *Rhizobium leguminosarum* biovar *trifolii* sur la croissance du ble dans deux sols du Maroc. Can J Microbiol 47:590–593

Hohenberg JS, Munns DN (1984) Effect of soil acidity factors on nodulation and growth of *Vigna unguiculata* in solution culture. Agric J 76:477–481

Howieson JG, O'Hara GW, Carr SJ (2000a) Changing roles for legumes in Mediterranean agriculture: developments from an Australian perspective. Field Crop Res 65:107–122

Howieson JG, O'Hara GW, Loi A (2000b) The legume-rhizobia relationship in the Mediterranean Basin. In: Sulas L (ed) Legumes for Mediterranean forage crops, pastures and alternative uses, cahiers options Mediterraneennes, vol 45. pp 305–314

Huang XD, El-Alawi Y, Gurska J, Glick BR et al (2005) A multi-process phytoremediation system for decontamination of persistent total petroleum hydrocarbons (TPHs) from soils. Microchem J 81:139–147

Hungria M, Nogueira MA, Araujo RS (2013) Co-inoculation of soybeans and common beans with rhizobia and azospirilla: strategies to improve sustainability. Biol Fertil Soils 49:791–801

Igual JM, Valverde A, Cervantes E, Velázquez E (2001) Phosphate solubilizing bacteria as inoculants for agriculture: use of updated molecular techniques in their study. Agronomie 21:561–568

Jadhav RS, Thaker NV, Desai A (1994) Involvement of the siderophore of cowpea *Rhizobium* in the iron nutrition of the peanut. World J Microbiol Biotechnol 10:360–361

Jenkins MB, Virginia RA, Jarrel WM (1987) Rhizobial ecology of the woody legume mesquite (*Prosopis glandulosa*) in the Sonoran Desert. Appl Environ Microbiol 33:36–40

Jenkins MB, Virginia RA, Jarrel WM (1989) Ecology of fast growing and slow-growing mesquite-nodulating rhizobia in Chihuahua and Sonoran desert ecosystems. Soil Sci Soc Am J 53:543–549

Jindal SK, Singh M, Pancholy A, Kackar NL (2000) Performance of *Acacia senegal* (L.) Willd. accessions for tree height at rocky rangelands of the Thar desert. J Arid Environ 45:111–118

Kabata-Pendias A (2004) Soil-plant transfer of trace elements—an environmental issue. Geoderma 122:143–149

Kackar NL, Jindal SK, Solanki KR, Singh M (1990) Nodulation in seedlings of *Prosopis cineraria* (L.) Druce. Nitrogen Fixing Tree Res Rep USA 8:152–153

Kaushik UK, Dogra RC, Dudeja SS (1995) Effects of fertilizer N on nodulation, acetylene-reducing activity, and N uptake in pigeon pea (*Cajanus cajan*). Trop Agric 72:76–79

Kennedy IR, Tchan Y (1992) Biological nitrogen fixation in no leguminous field crops: recent advances. Plant Soil 141:93–118

Kennedy IR, Choudhury AIMA, KecSkes ML (2004) Non-symbiotic bacterial diazotrophs in crop-farming systems: can their potential for plant growth promotion be better exploited? Soil Boil Biochem 36(8):1229–1244

Khan AG (2005) Role of soil microbes in the rhizospheres of plants growing on trace metal contaminated soils in phytoremediation. J Trace Elem Med Biol 18:355–364

Khan MS, Zaidi A, Wani PA (2009) Role of phosphate solubilizing microorganisms in sustainable agriculture – a review. Agron Sustain Dev 27:29–43

Kibblewhite MG, Ritz K, Swift MJ (2008) Soil health in agricultural systems. Philos Trans R Soc Lond B Biol Sci 363:685–701

Klimek-Kopyra A, Baran A, Zając T, Kulig B (2015) Effects of heavy metals from polluted soils on the roots and nodules formation. Bulgarian J Agr Sci 21(2):295–299

Kucey RMN, Chaiwanakupt P, Arayangkool T, Snitwongse P et al (1988) Nitrogen fixation (^{15}N dilution) with soybeans under Thai field conditions. II. Effect of herbicides and water application schedule. Plant Soil 108:87–92

Lhuissier FGP, de Ruijter NCA, Sieberer BJ, Esseling JJ et al (2001) Time course of cell biological events evoked in legume root hairs by Rhizobium Nod factors: state of the art. Ann Bot 87:289–302

Li J, Ovakin DH, Charles TC, Glick BR (2000) An ACC deaminase minus mutant of *Enterobacter cloacae* UW4 no longer promotes root elongation. Curr Microbiol 41:101–105

Limpens E, Franken C, Smit P, Willemse J et al (2003) LysM domain receptor kinase regulating rhizobial nod factor-induced infection. Science 302:630–633

Long SR, Ehrhardt DW (1989) New route to a sticky subject. Nature 338:545–546

Lupwayi NZ, Rice WA, Clayton GW (2000) Endophytic Rhizobia in barley and canola in rotation with field peas. In: Abstracts, 17th North American conference on symbiotic nitrogen fixation, University of Laval, Quebec, Canada, 23–28 July 2000, p 51

Lynch JM, Bragg E (1985) Microorganisms and soil aggregate stability. In: Stewart BA (ed) Advances in soil science. Springer, New York, pp 133–171

Maia J, Scotti MR (2010) Growth of *Inga vera* Willd. subsp. affinis under rhizobia inoculation. RC Suelo Nutr Veg 10(2):139–149

Majumder B, Kuzyakov Y (2010) Effect of fertilization on decomposition of 14C labelled plant residues and their incorporation into soil aggregates. Soil Tillage Res 109:94–102

Mallesh SB (2008) Plant growth promoting rhizobacteria, their characterization and mechanisms in the suppression of soil borne pathogens of coleus and ashwagandha. Ph. D thesis, Department of Plant Pathology, College of Agriculture, Dharwad, University of Agricultural Sciences, Dharwad, India, p 160

Mallik MAB, Tesfai K (1985) Pesticidal effect on soybean-rhizobia symbiosis. Plant Soil 85:33–41

Mallik MAB, Tesfai K (1993) Compatibility of *Rhizobium japonicum* with commercial pesticides *in vitro*. Bull Environ Contam Toxicol 31:432–437

Mantelin S, Touraine B (2004) Plant growth-promoting bacteria and nitrate availability: impacts on root development and nitrate uptake. J Exp Bot 55:27–34

Manzano MG, Navar J (2000) Processes of desertification by goats overgrazing in the *Tamaulipan thornscrub* (matorral) in northeastern Mexico. J Arid Environ 44(1):1–17

Martinez-Romero E, Gutierrez-Zamora ML, Estrada P, Caballero-Mellado J et al (2000) Natural endophytic association between *Rhizobium Etli* and maize. In: Abstracts, 17th North American conference on symbiotic nitrogen fixation, University of Laval, Quebec, Canada, 23–28 July 2000, p 51

Matiru VN, Dakora FD (2004) Potential use of rhizobial bacteria as promoters of plant growth for increased yield in landraces of African cereal crops. Afr J Biotechnol 3(1):1–7

Mayak S, Tirosh T, Glick BR (2004) Plant growth-promoting bacteria confer resistance in tomato plants to salt stress. Plant Physiol Biochem 42:565–572

Mclnroy JA, Kloepper JW (1995) Survey of indigenous endophytes from cotton and sweet corn. Plant Soil 173:337–342

Meneses CH, Rouws LF, Simões-Araújo JL, Vidal MS et al (2011) Exopolysaccharide production is required for biofilm formation and plant colonization by the nitrogen-fixing endophyte *Gluconacetobacter diazotrophicus*. Mol Plant Microbe Interact 24:1448–1458

Milton HSJ (2007) Beneficial bacteria and bioremediation. Water Air Soil Pollut 184:1–3

Morel MA, Braña V, Castro-Sowinski S (2012) Legume crops, importance and use of bacterial inoculation to increase production. In: Goyal A (ed) Plant crop. Intech, Rijeka, pp 217–240
Murray JD, Bogumil JK, Shusei SH, Satoshi T et al (2007) A cytokinin perception mutant colonized by *Rhizobium* in the absence of nodule organogenesis. Science 315(5808):101–104
Nithyakalyani V, Kannan M, Anandan R (2016) Insecticide and salt tolerance of plant growth promoting root nodule bacteria. Int J Curr Microbiol App Sci 5(4):942–956
O'Hara GW (2001) Nutritional constraints on root nodule bacteria affecting symbiotic nitrogen fixation: a review. Aust J Exp Agric 41:417–433
O'Hara G, Yates R, Howieson J (2002) Selection of strains of root nodule bacteria to improve inoculant performance and increase legume productivity in stressful environments. In: Herridge D (ed) Inoculants and nitrogen fixation of legumes in Vietnam, ACIAR proceedings, vol 109e. pp 75–80
Okon Y, Itzigsohn R (1995) The development of *Azospirillum* as a commercial inoculant for improving crop yields. Biotechnol Adv 13(3):415–424
Parida AK, Das AB (2005) Salt tolerance and salinity effect on plants: review. Ecotoxicol Eviron Saf 60:324–349
Patten CL, Glick BR (2002) Role of *Pseudomonas putida* indole-acetic acid in development of the host plant root system. Appl Environ Microbiol 68:3795–3801
Perret X, Staehelin C, Broughton WJ (2000) Molecular basis of symbiotic promiscuity. Microbiol Mol Biol Rev 64:180–201
Piha MI, Munnus DN (1987) Sensitivity of the common bean (*Phaseolus vulgaris* L.) symbiosis to high soil temperature. Plant Soil 98:183–194
Pulleman M, Creamer R, Hamer U, Helder J et al (2012) Soil biodiversity, biological indicators and soil ecosystem services—an overview of European approaches. Curr Opin Environ Sustain 4:529–538
Qureshi MA, Ahmed MJ, Naveed M, Iqbal NA et al (2009) Coinoculation with *Mesorhizobium ciceri* and *Azotobacter chroococcum* for improving growth, nodulation and yield of chickpea (*Cicer arietinum* L.). Soil Environ 28:124–129
Rai AB, Angle JS, Chaney RL (2006) Bacterial inoculants affecting nickel uptake by *Alyssum murale* from low, moderate and high Ni soils. Soil Biol Biochem 38:2882–2889
Rao DLN (2001) BNF research progress 1996-2000: all India coordinated research project on biological nitrogen fixation. IISS, Bhopal
Rao DLN, Giller KE, Yeo AR, Flowers TJ (2002) The effects of salinity and sodicity upon nodulation and nitrogen fixation in chickpea (*Cicer arietinum*). Ann Bot 89(5):563–570
Revillas JJ, Rodelas B, Pozo C, Martinez-Toledo MV et al (2000) Production of B-group vitamins by two Azotobacter strains with phenolic compounds as sole carbon source under diazotrophic and adiazotrophic conditions. J Appl Microbiol 89:486–493
Richardson AE (2001) Prospects for using soil microorganisms to improve the acquisition of phosphorus by plants. Aust J Plant Physiol 28:897–906
Richardson AE, Simpson RJ (2011) Soil microorganisms mediating phosphorus availability. Plant Physiol 156:989–996
Rodríguez H, Fraga R (1999) Phosphate solubilizing bacteria and their role in plant growth promotion. Biotechnol Adv 17:319–339
Rodríguez H, Fraga R, Gonzalez T, Bashan Y (2006) Genetics of phosphate solubilization and its potential applications for improving plant growth-promoting bacteria. Plant Soil 287:15–21
Rodríguez-Echeverría S, Fajardo S, Ruiz-Díez B, Fernandez-Pascual M (2012) Differential effectiveness of novel and old legume–rhizobia mutualisms: implications for invasion by exotic legumes. Oecologia 170:253–261
Roper MM, Ladha JK (1995) Biological N2-fixation by heterotrophic and phototrophic bacteria in association with straw. Plant Soil 174:211–224
Saleem M, Arshad M, Hussain S, Bhatti AS (2007) Perspective of plant growth promoting rhizobacteria (PGPR) containing ACC deaminase in stress agriculture. J Ind Microbiol Biotechnol 34:635–648

Saleh S, Huang XD, Greenberg BM, Glick BR (2004) Phytoremediation of persistent organic contaminants in the environment. In: Singh A, Ward O (eds) Soil biology, applied bioremediation and phytoremediation. Springer, Berlin, pp 115–134

Saravanakumar D, Lavanya N, Muthumeena B, Raguchander T et al (2008) *Pseudomonas fluorescens* enhances resistance and natural enemy population in rice plants against leaf folder pest. J Appl Entomol 132(6):469–479

Schimel DS (2010) Drylands in the earth system. Science 327:418–419

Schlaman HRM, Phillips DA, Kondorosi E (1998) Genetic organisation and transcriptional regulation of rhizobial nodulation genes. In: Spaink HP, Kondorosi A, PJJ H (eds) The *Rhizobiaceae*. Kluwer, Dordrecht, pp 361–386

Schultz-Lupitz A (1881) Reinertrage auf leichtem Boden, ein Wort der Erfahrung, zur Abwehr der wirtschaftlichen. Noth Landw Jahrb 10:778–848

Shaharoona B, Arshad M, Zahir ZA (2006a) Effect of plant growth promoting rhizobacteria containing ACC-deaminase on maize (*Zea mays* L.) growth under axenic conditions and on nodulation in mung bean (*Vigna radiata* L.). Lett Appl Microbiol 42:155–159

Shaharoona B, Arshad M, Zahir ZA, Khalid A (2006b) Performance of *Pseudomonas* spp. containing ACC-deaminase for improving growth and yield of maize (*Zea mays* L.) in the presence of nitrogenous fertilizer. Soil Biol Biochem 38:2971–2975

Sharma SB, Sayyed RZ, Trivedi MH, Gobi TA (2013) Phosphate solubilizing microbes: sustainable approach for managing phosphorus deficiency in agricultural soils. SpringerPlus 2:1–14

Shiferaw B, Bantilan MCS, Serraj R (2004) Harnessing the potential of BNF for poor farmers: technological policy and institutional constraints and research need. In: Serraj R (ed) Symbiotic nitrogen fixation; prospects for enhanced application in tropical agriculture. Oxford & IBH, New Delhi, p 3

Shoebitz M, Ribaudo CM, Pardo MA, Cantore ML et al (2009) Plant growth promoting properties of a strain of Enterobacter ludwigii isolated from *Lolium perenne* rhizosphere. Soil Biol Biochem 41(9):1768–1774

Sierra S, Rodelas B, Martinez-Toledo MV, Pozo C et al (1999) Production of B-group vitamins by two *Rhizobium* strains in chemically defined media. J Appl Microbiol 86:851–858

Singh NK, Patel DB (2016) Performance of fenugreek bioinoculated with *Rhizobium meliloti* strains under semi-arid conditions. J Environ Biol 37:31–35

Singh SK, Pancholy A, Jindal SK, Pathak R (2011) Effect of plant growth promoting rhizobia on seed germination and seedling traits in *Acacia senegal*. Ann For Res 54(2):161–169

Snapp SS, Aggarwal VD, Chirwa RM (1998) Note on phosphorus and genotype enhancement of biological nitrogen fixation and productivity of maize/bean intercrops in Malawi. Field Crop Res 58:205–212

Soares BL, Ferreira PAA, de Oliveira-Longatti SM, Marra LM et al (2014) Cowpea symbiotic efficiency, pH and aluminum tolerance in nitrogen-fixing bacteria. Sci Agric 71(3):171–180

Sobti S, Belhadj HA, Djaghoubi A (2015) Isolation and characterization of the native Rhizobia under hyper-salt edaphic conditions in Ouargla (southeast Algeria). Energy Proc 74:1434–1439

Souza R, Beneduzi A, Ambrosini A, Costa PB et al (2013) The effect of plant growth-promoting rhizobacteria on the growth of rice (*Oryza sativa* L.) cropped in southern Brazilian fields. Plant Soil 366:585–603

Souza R, Meyer J, Schoenfeld R, Costa PB et al (2014) Characterization of plant growth-promoting bacteria associated with rice cropped in iron-stressed soils. Ann Microbiol 65:951–964

Sprent JI, Gehlot HS (2010) Nodulated legumes in arid and semi-arid environments: are they important? Plant Ecol Divers 3(3):211–219

Sprent JI, Sprent P (1990) Nitrogen fixing organisms. Pure and applied aspects. Chapman & Hall, London

Stajner D, Kevreaan S, Gasaić O, Mimica-Dudić N et al (1997) Nitrogen and *Azotobacter chroococcum* enhance oxidative stress tolerance in sugar beet. Biol Plant 39:441–445

Suhag M (2016) Potential of biofertilizers to replace chemical fertilizers. Int Adv Res J Sci Eng Technol 3(5):163–167

Tang C, Thomson BD (1996) Effects of solution pH and bicarbonate on the growth and nodulation of a range of grain legumes. Plant Soil 186:321–330

Tang C, Barton L, Raphael C (1998) Pasture legume species differ in their capacity to acidify soil. Aust J Agr Res 49:53–58

Tate RL (1995) Soil microbiology (symbiotic nitrogen fixation). Wiley, New York, pp 307–333

Taylor RW, Williams ML, Sistani KR (1991) Nitrogen fixation by soybean-*Bradyrhizobium* combinations under acidity, low P and high Al stresses. Plant Soil 131:293–300

Tena W, Meskel EW, Walley F (2016) Symbiotic efficiency of native and exotic rhizobium strains nodulating lentil (*Lens culinaris* Medik.) in soils of southern Ethiopia. Agronomy 6:2–10

Tewari JC, Pasiecznik NM, Harsh LN, Harris PJC (1998) *Prosopis* species in the arid and semi-arid zones of India. The Prosopis society of India and Henry Doubleday Research Association, Jodhpur and West Midlands, p 127

Thies JE, Woomer PL, Singleton PW (1995) Enrichment of *Bradyrhizobium* spp. populations in soil due to cropping of the homologous host legume. Soil Biol Biochem 27:633–636

Torres AR, Kaschuk G, Saridakis GP, Hungria M (2012) Genetic variability in *Bradyrhizobium japonicum* strains nodulating soybean *Glycine max* (L.) Merrill. World J Microbiol Biotechnol 28:1831–1835

van Rhijn P, Fujishige NA, Lim PO, Hirsch AM (2001) Sugar-binding activity of pea lectin enhances heterologous infection of transgenic alfalfa plants by Rhizobium *leguminosarum* biovar *viciae*. Plant Physiol 126:133–144

Vance CP (1997) Enhanced agricultural sustainability through biological nitrogen fixation. In: Legocki A, Bothe H, Puhler A (eds) Biological fixation of nitrogen for ecology and sustainable agriculture. Springer, Berlin, pp 179–186

Vassileva V, Milanov G, Ignatov G, Nikolov B (1997) Effect of low pH on nitrogen fixation of common bean grown at various calcium and nitrate levels. J Plant Nutr 20:279–294

Venkateswarlu B, Hari K, Katyl JC (1997) Influence of soil and crop factors on the native rhizobia populations in soils under dry land farming. Appl Soil Ecol 7:1–10

Verma JP, Yadav J, Tiwari KN, Kumar A (2013) Effect of indigenous *Mesorhizobium* spp. and plant growth promoting rhizobacteria on yields and nutrients uptake of chickpea (*Cicer arietinum* L.) under sustainable agriculture. Ecol Eng 51:282–286

Vivas A, Barea JM, Azcón R (2005) *Brevibacillus brevis* isolated from cadmium- or zinc-contaminated soils improves in vitro spore germination and growth of *Glomus mosseae* under high Cd or Zn concentrations. Microb Ecol 49:416–442

Vogel C, Babin D, Pronk GJ, Heister K et al (2014) Establishment of macro-aggregates and organic matter turnover by microbial communities in long term incubated artificial soils. Soil Biol Biochem 79:57–67

Vos M, Wolf AB, Jennings SJ, Kowalchuk GA (2013) Micro- scale determinants of bacterial diversity in soil. FEMS Microbiol Rev 37:936–954

Waldon HB, Jenkins MB, Virginia RA, Harding EE (1989) Characteristics of woodland rhizobial populations from surface and deep soil environment of the Sonoran desert. Appl Environ Microbiol 55:3058–3064

Wartiainen I, Eriksson T, Zheng W, Rasmussen U (2008) Variation in the active diazotrophic community in rice paddy-*nifH* PCR-DGGE analysis of rhizosphere and bulk soil. Appl Soil Ecol 39:65–75

Wiehe W, Holfich G (1995) Survival of plant growth promoting rhizosphere bacteria in rhizosphere of different crops and migration to non-inoculated plants under field conditions in north-east Germany. Microbiol Res 150:201–206

Wolde-Meskel E, Sinclair FL (1998) Variations in seedling growth, nodulation and nitrogen fixation of *Acacia nilotica* inoculated with eight rhizobial strains. For Ecol Manage 104:239–247

Yanni YG, El-Fattah FKA (1999) Towards integrated biofertilization management with free living and associative dinitrogen fixers for enhancing rice performance in the Nile delta. Symbiosis 27:319–331

Yanni YG, Rizk RY, Corich V, Squartini A et al (1997) Natural endophytic association between *Rhizobium leguminosarum* bv. *trifolii* and rice roots and assessment of its potential to promote rice growth. Plant Soil 194:99–114

Yanni YG, Rizk RY, Abd El-Fattah FK, Squartini A et al (2001) The beneficial plant growth-promoting association of *Rhizobium leguminosarum* bv. *trifolii* with rice roots. Aust J Plant Physiol 28:845–870

Younesi O, Baghbani A, Namdari A (2013) The effects of *Pseudomonas fluorescence* and *Rhizobium meliloti* co-inoculation on nodulation and mineral nutrient contents in alfalfa (*Medicago sativa*) under salinity stress. Int J Agric Crop Sci 5(14):1500–1507

Zafar-ul-Hye M, Zahir ZA, Shahzad SM, Irshad U et al (2007) Isolation and screening of Rhizobia for improving growth and nodulation of lentil (*Lens culinaris* Medic) seedlings under axenic conditions. Soil Environ 26(1):81–91

Zahir AZ, Arshad M, Frankenberger WT Jr (2004) Plant growth promoting rhizobacteria: application and perspectives in agriculture. Adv Agron 81:97–168

Zahran HH (2011) Condition for successful Rhizobium-Legume symbiosis saline environment. Biol Fertil Soils 12:73–80

Zaidi S, Usmani S, Singh BR, Musarrat J (2008) Significance of *Bacillus subtilis* strains SJ-101 as a bioinoculant for concurrent plant growth promotion and nickel accumulation in *Brassica Juncea*. Chemosphere 64:991–997

Zare S, Tavili A, Darini MJ (2011) Effect of different treatments on seed germination and breaking seed dormancy of *Prosopis koelziana* and *Prosopis juliflora*. J For Res 22(1):35–38

Zhuang XL, Chen J, Shim H, Bai Z (2007) New advances in plant growth-promoting rhizobacteria for bioremediation. Environ Int 33:406–413

Zohra HF, Mourad K, Meriem KH (2016) Preliminary characterization of slow growing rhizobial strains isolated from *Retama monosperma* (L.) Boiss. root nodules from Northwest coast of Algeria. Afr J Biotechnol 15(20):854–867

Chapter 5
Diversity, Nitrogen fixation, and Biotechnology of Rhizobia from Arid Zone Plants

Rakesh Pathak, S.K. Singh, and Praveen Gehlot

5.1 Introduction

Some microbes have the ability to stimulate the seedling emergence and further growth in poor structured soils and hence can be used as agrochemicals. They react with various metabolites released by plant roots. This interaction helps in nutrient uptake of plants, adaptation of plants to adverse soil chemical conditions, and susceptibility to disease (Bouhmouch et al. 2005). The beneficial soil microorganisms have been widely studied due to their potential for agricultural productivity (Davranova et al. 2013). These microbes in the rhizosphere are important for their beneficial effect on plant growth, especially under stress conditions (Zahran 2011).

The term rhizobia generally refers to members of the genus *Rhizobium*, but in true sense it includes all bacteria that are capable of nodulation and fixing the nitrogen in association with leguminous crop (Willems 2006; Tiana et al. 2012). Rhizobia are soil-inhabiting heterogeneous group of diverse bacteria (Lema et al. 2012) with the potential to stimulate nodule formation with the roots of both leguminous and non-leguminous plants (Schwieger and Tebbe 2000; Nelson and Sadowsky 2015). These bacteria enter into the root tissues via root hairs or directly via wounded tissues during specific interactions with the host and induce nodule formation on roots and/or shoots (Zakhia et al. 2006). The rhizobia fix atmospheric nitrogen into ammonia through effective nodules and support plant growth. In return, the rhizobia obtain nutrition and protection by the host in symbiotic manner (Lodwig and Poole 2003; Bhattacharjee and Sharma 2015). The ineffective nodules do not fix nitrogen, but nutrients are absorbed by the rhizobia; in this situation, the rhizobia could be

R. Pathak (✉) • S.K. Singh
Central Arid Zone Research Institute, Jodhpur, Rajasthan 342 003, India
e-mail: pathakjodhpur@gmail.com

P. Gehlot
Department of Botany, Jai Narain Vyas University, Jodhpur, Rajasthan 342 001, India

A.P. Hansen et al. (eds.), *Rhizobium Biology and Biotechnology*, Soil Biology 50,
DOI 10.1007/978-3-319-64982-5_5

considered parasitic (Denison and Kiers 2004; Fujita et al. 2014). This symbiotic relationship for nitrogen fixation has been extensively studied in agriculture for improving soil health and crop yields (Zahran 2009; Mus et al. 2016).

Rhizobia have a large amount of homospermidine and are found in both free-living form in soils and inside of a host showing their adaptable approach for survival, by inhabiting soils or root nodules developed through rhizobia–legume interactions (Fujihara 2009). Phylogenetically rhizobia are very diverse, representing several lineages, comprised of 12 genera and more than 90 species of α- and β-proteobacteria (Tiana et al. 2012) including *Rhizobium*, *Bradyrhizobium*, *Azorhizobium* (Benson et al. 2015), *Mesorhizobium*, and *Sinorhizobium* (Chriki-Adeeb and Chriki 2016), and belong to the family Rhizobiaceae. Rhizobia are gram-negative, rod-shaped (~0.5–0.9 μm in width and 1.2–3.0 μm in length), heterotrophic (Prescott et al. 1996; Ahmed and Abdelmageed 2015), and nonspore formers. The dormant or stationery phase bacteria can survive under environmental stress conditions, whereas actively growing bacteria usually die under stress conditions (Feng et al. 2014). With the advent of modern biotechnological tools and techniques such as rDNA sequencing, 16S diversity, DNA–rRNA hybridizations, and rRNA catalogues, more diversity of rhizobia could be exposed and their relationships with other groups of bacteria could be discovered which led to a gradual increase in the number of its genera. Bakhoum et al. (2014) reported high diversity among root-nodulating bacteria of *A. senegal* and found its association with arid and semiarid regions. The study of the diversity and distribution of rhizobial strains may be exploited in the formulation of inoculants to combat adverse environmental conditions of the arid regions. The symbiotic association of legume–rhizobia contributes approximately 80% biologically fixed nitrogen including 25–30% of the worldwide protein intake. The ability of rhizobia to inhibit certain soil-borne plant pathogens has extended the importance of rhizobia and is receiving increasing attention in sustainable agriculture (Gautam et al. 2015). This chapter provides an overview of the recent developments and concerns associated with the diversity, nitrogen fixation, and biotechnology of rhizobia from arid zone plants.

5.2 Arid Region and Rhizobia

The climate of arid zones is often characterized as hot and dry summers, subhumid monsoon, and cold dry winters. The high temperature, low relative humidity, high evaporation rate, and scanty rainfall are major features of arid regions. The soils of these regions are generally deficient in nitrogen and organic matter (Rajasekar et al. 2015). These ecosystems are characterized by lack of moisture and nitrogen, but drought and salt stresses are probably main factors that inhibit the growth of organisms in arid and semiarid regions (Fita et al. 2015; Rajasekar et al. 2015). Higher soil temperatures (35–40 °C) and environmental conditions prevailing in arid regions generally result in ineffective nodulation and restrict the plant–microbe symbioses in the arid zone plants (Requena et al. 2001). Rhizobia have potential to restore soil fertility and sand dune stabilization in arid regions. The natural rhizobia of leguminous plants growing in arid zones exhibit higher tolerance to prevailing adverse conditions like salt stress, elevated temperature, and drought. Several rhizobial strains have been reported to be heat tolerant and establish effective symbioses with their host (McIntyre et al. 2007) showing their relevance in arid climates. The biological nitrogen fixation (BNF) is the best way for nitrogen input into desert ecosystems, and *Rhizobium*–legume symbiosis represents the major mechanism of BNF in arid lands (Zahran 2001).

5.3 Biological Nitrogen Fixation in Arid Regions

The effective management of nitrogen is essential for sustainable agriculture. Biologically fixed nitrogen plays an important role in this direction as the nitrogen obtained from this phenomenon is less susceptible to volatilization, denitrification, and leaching and is directly used by the plant. About 80% of biological nitrogen in agricultural settings comes from symbioses of leguminous plants and species of *Rhizobium*, *Sinorhizobium*, *Bradyrhizobium*, *Mesorhizobium*, *Azorhizobium*, and *Allorhizobium* (Graham and Vance 2000). The leguminous plants of arid zone, i.e., *Prosopis* species, *Acacia* species, *Cyamopsis tetragonoloba*, *Vigna unguiculata*, *V. aconitifolia*, *Macrotyloma uniflorum*, *Phaseolus vulgaris*, *Medicago sativa*, *Arachis hypogaea*, etc., have drought resistance mechanisms for their survival in these areas. The osmoadaptation of the host and rhizobia is essential for maintaining effective symbiosis and nitrogen fixation in these regions. The *Rhizobium*–legume symbioses are the important nitrogen-fixing systems and may have the potential to increase nitrogen input in arid lands. The nitrogen fixed by the symbiotic association of *Rhizobium* species and legumes represents a renewable source of nitrogen for agriculture estimating 200–300 kg nitrogen per ha per year (Peoples et al. 1995). The crops planted after harvesting of legumes often yield equivalent to those expected from application of 30–80 kg of nitrogen per ha. The nitrogen fixed for alfalfa, red clover, pea, soybean, cowpea, and vetch is estimated about 65–335 kg (Tate 1995) or 23–300 kg of nitrogen per ha per year (Wani et al. 1995). The BNF is one of the important ways for nitrogen input into desert ecosystems and nearly half of biologically fixed nitrogen is symbiotic (Werner and Newton 2005). *Rhizobium*–legume symbioses represent the major mechanism of BNF in these areas as compared to other nitrogen-fixing bacteria and heterotrophs (Laranjo et al. 2014).

The symbiotic association offers competitive advantage for rhizobial survival by attaching to roots or living in the rhizosphere due to root exudation. One gram of root is estimated to release 50–100 mg of exudate, sufficient to support more than 2000 bacteria (Morgan et al. 2005), and even non-leguminous host can support a considerable number of rhizobia. Yanni et al. (1997) recovered 106 cells of *Rhizobium leguminosarum* bv. *Trifolii* cells from the each gram of internal tissues of fresh rice roots. The rhizobia are symbiotically competent however; symbiotically incompetent rhizobial strains have also been reported (Krol and Becker 2014). Rhizobia with survival ability in desert soils and arid regions that showed effective symbiotic characteristics with their host legumes have been identified (Jenkins et al. 1989). Effective rhizobia are competitive and able to migrate under scarce moisture conditions (Wadisirisuk et al. 1989). Athar and Johnson (1996) reported two mutant strains of *Rhizobium meliloti* that were competitive with naturalized alfalfa rhizobia and were symbiotically effective under drought stress. They suggested that the nodulation, growth, and nitrogen fixation can be improved by inoculation with competitive and drought-tolerant rhizobia in alfalfa. The seeds of leguminous plants may be inoculated with rhizobia to increase nodulation and nitrogen fixation. The inoculated seeds resulted in improved seed germination and seedling traits than from non-inoculated seeds (Singh et al. 2011; Pancholy et al. 2011). Peoples et al. (1998) compared the annual herbage production under stress and reported that *Medicago*-based pastures could fix more than 70 kg of nitrogen per ha per year, making them efficient and sustainable. Various conditions that influence the competition and saprophytic capability of rhizobia under environmental factors have been studied, and it has been reported that the increasing oxidative flux of proline in bacteroids may provide an agronomically significant yield advantage under uncertain stress conditions (Hayat et al. 2012).

Naturally occurring annual and perennial legumes are well nodulated, and their root nodules are active in nitrogen fixing. Jha et al. (1995) suggested the suitability of rhizobium- inoculated wild herb legumes for providing vegetation cover and improving soil fertility in unreclaimed lands. Studies revealed that *Rhizobium* strains isolated from *Astragalus cicer* and wild desert plants effectively nodulate *M. sativa* and *P. vulgaris* (Zhao et al. 1997) and *Vicia faba* and *Pisum sativum* (Zahran and Sprent 1986), respectively. The rhizobia of wild legumes may have better traits than the homologous rhizobia, and inoculation of effective rhizobia from wild legumes to other legume crops is a novel strategy to improve the effectiveness of the *Rhizobium*–legume symbiosis (Zahran 2001).

5.4 Rhizobia and Stress

The rhizobia establishing reciprocal or symbiotic associations with the roots of the hosts (Schwieger and Tebbe 2000) have to cope with various environmental stresses including drought, low pH, salinity, high temperature, heavy metal toxicity, and nutrition deprivation stresses (Salvagiotti et al. 2008; Laranjo and Oliveira 2011) and that may affect their survival, growth, and/or symbiotic performance in the field (Howieson and Ballard 2004). Low soil pH may alter motility mechanisms of the rhizobia and disturb the molecular signals of the legume symbiosis (Morón et al. 2005); similarly, higher soil pH can also affect the rhizobial growth in soil (Dilworth et al. 2001). The survival, growth, and structure of the rhizobia are badly affected by the water stress, and at severe conditions, the formation and longevity of nodules and its functions are negatively affected leading to the permanent cessation of nitrogen fixation (Nadeem et al. 2014). The soil salinity has been reported to be disadvantageous for the survival and diversity of natural rhizobial populations due to direct toxicity as well as through osmotic stress (Diouf et al. 2007; Vriezen et al. 2007; Thrall et al. 2008) and affects the distribution of rhizobia in arid soil and rhizospheres. The higher temperatures are detrimental to rhizobia and host and may inhibit the adherence of rhizobia to the root hair and formation of root hair and infection thread. The rhizobial species and strains differ in the high temperature tolerance and selection of strains for temperature tolerance may be a good means of overcoming temperature stress (Bansal et al. 2014).

5.4.1 Drought Stress and Water Deficiency

Understanding legumes–rhizobia responses to drought is of great importance and a fundamental part of making symbiotic combinations stress tolerant (Mouradi et al. 2016; Serraj et al. 1999). As a result of water removal and exposure to the atmosphere, the plant cells become susceptible to the chemical damage and formation of certain molecules can induce the lipid peroxidation, protein denaturation, and nucleic acid damage (Casteriano 2014). Drought not only affects the rhizobial infection, its persistence, survival, and colonization but also limits the nodulation (Mhadhbi et al. 2011). However, some rhizobial species have shown their ability to tolerate and survive under drought and severe water deficit conditions (Abolhasani et al. 2010). These strains can support severe drought conditions by various adaptive strategies and production of a number of compounds including chaperones and sugars, synthesis of stress enzyme 1-aminocyclopropane-1-carboxylic acid, and production of exopolysaccharides, trehalose, phosphate-solubilizing agents, siderophores, phytohormones, etc. (Hussain et al. 2014). These strains can be used to improve drought impact on plants and to assist them to tolerate adverse conditions by producing physical and chemical changes (Yang et al. 2009).

The rhizobia modify its morphological structure under water deficiency conditions, and the changed morphology leads to reduction in rhizobial infection and nodulation of legumes and restriction of nodule development and function. Several legumes, viz., *C. tetragonoloba*, *V. unguiculata*, *V. aconitifolia*, *M. uniflorum*, and *Cicer arietinum*, are tolerant to water deficit condition and have developed mechanisms to tolerate inadequate water supply. Biochemical modifications such as increase in sucrose (Lobato et al. 2009), reduction of soluble proteins, and increase in total amino acids (Costa et al. 2011) contribute to osmotic adjustment of these plants. The rhizobia can exist in arid soils, but their density is lowest under the most desiccated conditions; however, it increases as the moisture stress is relieved (Jenkins et al. 1989). Studies on *Rhizobium*–legume symbiosis show that trehalose content in nodules under drought stress correlates positively with an increase in plant tolerance to this stress. Almanza et al. (2010) explored the effect of co-inoculation with mycorrhiza and rhizobia on the nodule trehalose content of different bean genotypes under contrasting moisture conditions. They found that the correlation analysis showed a significantly positive correlation between mycorrhizal colonization and nodule trehalose content.

The wide range of variability can be observed for the rhizobial strains with different sensitivity to soil moisture, and moisture stress-tolerant rhizobial strains can be identified that effectively nodulate arid legumes. Wadisirisuk et al. (1989) observed that osmotolerant rhizobia can migrate even under scarce moisture conditions. Zahran (1999) improved nodulation and nitrogen fixation in *M. sativa* by inoculating plants with drought-tolerant rhizobia. Athar and Johnson (1996) reported that osmotolerant strains of *R. meliloti* performed better than those of the nontolerant alfalfa rhizobia and formed effective symbiotic relationship under drought conditions. It has been reported that the rhizobial strains with ability for increased accumulation of compatible solutes are able to perform better in stressed soil (Straub et al. 1997).

Trees of genera *Acacia* and *Prosopis* are of central importance in rural economy of arid regions (Roshetko 2001) as these trees can grow with rainfall as low as 40–50 mm per year and the long tap roots of trees reach the groundwater during rainless period. These trees contribute toward the soil stabilization and improvement through nitrogen fixation (Fagg and Stewart 1994), agroforestry potential, and nodulation ability (Masutha et al. 1997). Even under water stress conditions prevailing in these regions, the tree legumes could fix 43–581 kg of nitrogen per ha as compared to annual legumes which fix 15–210 kg of nitrogen per ha (Dakora and Keya 1997).

5.4.2 Salt Stress

Salinity reduces the ability of plants to take up water, which in turn reduces growth rate along with several metabolic changes (Munns 2002). Salt stress inhibits the initial steps of rhizobia–legume symbioses by causing root hair curling and reducing nitrogen fixation (Kulkarni and Nautiyal 2000; Laranjo and Oliveira 2011). Soil salinity or acidity is detrimental for the survival and diversity of natural rhizobial populations and also restricts their ability to establish symbiotic associations (Bala et al. 2003; Diouf et al. 2007). Diversity among salt-tolerant rhizobia has been studied. Many rhizobia are fairly salt tolerant and are capable of living under severe moisture deficient conditions (Zahran 1999; Sadowsky 2005). Studies revealed that free-living rhizobia are more salt tolerant than their host legumes (Zahran et al. 2007; Laranjo and Oliveira 2011). A number of workers reported rhizobial isolates with high capacity (1–5% NaCl) for salt tolerance (Zou et al. 1995; Maatallah et al. 2002; Al-Shaharani and Shetta 2011; Zahran et al. 2012). Some rhizobial strains collected from arid and saline areas were reported as highly salt tolerant that withstand at high levels (5–10%) of NaCl (Zahran et al. 2003).

Salinity and drought under arid conditions have adversely affected the growth, development, and yield of *Cicer arietinum* (Khaitov et al. 2016). Salinity inhibited the survival and proliferation of *Rhizobium* spp. in the soil and rhizosphere. Salinity coupled with drought significantly declines plant biomass, nodule development, nitrogenase activity, and yield of the legume crop (Garg and Baher 2013;

Egamberdieva et al. 2014). It has been observed that the survival of rhizobia in the plant root and soil is affected by nutrient deficiency, salinity, drought, and acidity (Slattery et al. 2004). The efficient plant growth-promoting bacteria improve the production of chickpea and overcome these stresses. Inoculation of plants with *Rhizobium* sp. significantly increased shoot, root dry matter, and nodule number as compared to the uninoculated plants (Khaitov et al. 2016). The salt tolerance abilities of rhizobia may have an important effect on the successful *Rhizobium*–legume associations under salinity conditions. Bano et al. (2010) reported that bacterial strains adapted to drought stress are effective in the root-nodule symbiosis and alleviate growth and yield of the legume imposed by drought stress.

The rhizobia, tolerant to extremely higher levels of salts, have been isolated from various crop and wild legumes (Ali et al. 2009). Zeghari et al. (2000) observed some *Acacia* and *Prosopis* strains that are able to tolerate up to 500 mM NaCl. Positive response of *Pseudomonas fluorescence* and *R. meliloti* co-inoculation on nodulation and mineral nutrient contents in alfalfa under salinity stress conditions has been reported by Younesi et al. (2013). It has also been reported that rhizobia from naturally growing tree legumes in the deserts are able to survive, grow, and effectively nodulate their leguminous hosts even at high salt concentrations (Sobti et al. 2015). Inoculation with *Rhizobium* is an effective approach to strengthen nitrogen fixation, increase nutrition, and promote yield in the legume crops. Therefore, inoculation with the effective rhizobial inoculants might be an important approach to improve crop production under salinated soil conditions.

5.4.3 Temperature Stress

The root zone temperatures not only influence the survival of rhizobia in the soil but also affect the exchange of molecular signals between the symbiotic partners (Zahran 1999; Hungria and Vargas 2000) leading to reduced nitrogenase activity (Lira Junior et al. 2005). Rhizobia are mesophilic in nature and require optimum temperatures ranging from 28 to 31 °C for their growth in culture (Graham 2008), while it ranges between 35 and 45 °C for free-living rhizobia (Zahran et al. 2012; Abd-Alla et al. 2014). The heat stress may cause plasmid alterations in cellular polysaccharides and the rhizobia may lose the capacity of infectivity (Zahran 1999). Thus, high soil temperature results in the formation of ineffective nodules; some strains of rhizobia have been reported to be heat tolerant and form effective symbioses with their host legumes. Rhizobia growing in soils in India during the summer season are subjected to high temperature stress. Bansal et al. (2014) studied the symbiotic effectivity of high temperature tolerant mung bean (*Vigna radiata*) rhizobia under different temperature conditions and reported that two rhizobial isolates, namely, MR23 and MS57, were capable of forming nodules even at 49 °C under sterilized Leonard jar conditions, while MR14 did not form any nodule. By contrast, nodulation of soybean was markedly inhibited at higher temperatures (Chibeba et al. 2015).

Some studies revealed that rhizobial strains from *Sesbania aculeata* survived at 50 and 65 °C on yeast mannitol agar at pH 7 up to 2 and 4 h (Kulkarni et al. 2000). Zahran et al. (2012) isolated a number of rhizobial strains growing at 40 and 45 °C, and a strain isolated from *Trifolium resupinatum* showed growth even at 50 °C. The rhizobial strains isolated from hot climatic area had more tolerance to abiotic stress especially temperature (Mishra et al. 2013). Bansal et al. (2014) isolated temperature-tolerant rhizobia from mung bean and evaluated under different temperature regimes under greenhouse conditions. The rhizobial growth at different temperatures showed that all rhizobia exhibited optimum growth between 30 and 40 °C and two isolates MR23 and MS57 showed good growth even at 45 °C. The survival of *Sinorhizobium meliloti* was enhanced when cells were dried in stationary phase with an increasing drying temperature (Vriezen et al. 2006). Such studies may help in development of improved strains for stress conditions.

Trehalose metabolism in rhizobia has important role for signaling plant growth, yield, and adaptation to abiotic stress (Suarez et al. 2008). Increased plant growth, nitrogen content, and nodulation of *P. vulgaris* have been reported under drought stress due to co-inoculation of *R. tropici* and *Paenibacillus polymyxa* (Figueiredo et al. 2008). The *P. vulgaris* plants inoculated with *Rhizobium etli* expressing trehalose-6-phosphate synthase gene had more nodules, higher biomass, and increased nitrogenase activity as compared to plants inoculated with wild-type *R. etli*. Similarly, the plants inoculated with strain overexpressing trehalose-6-phosphate synthase gene revealed upregulation of genes related to the stress tolerance. The high temperature tolerant rhizobial isolates accumulated more trehalose when grown at higher temperature as compared to reference strains at normal temperature (Nandal et al. 2005; Bansal et al. 2014). It has also been suggested that trehalose could function as an osmoprotectant in rhizobia species under stress conditions and protects bacterial cells from heat during the salinity and moisture stress (McIntyre et al. 2007). Figueiredo et al. (2008) reported that the co-inoculation of common bean plants with rhizobia and *P. polymyxa* alleviated the adverse effects of drought stress and maintained plant development and growth.

5.5 *Rhizobium*–Legume Symbioses Under Arid Regions

The legume–*Rhizobium* symbiosis is the most popular association in any ecosystem and contributes an important role in the nitrogen enrichment of soils as compared to other biological nitrogen-fixing systems. But it is sensitive to various environmental stresses, viz., drought, soil pH, temperature, water logging, low phosphorus, and other nutrient limitations (Zahran 1999), as discussed above. The legume cropping systems increase soil fertility, enhance the plant productivity, and prevent erosion and desertification (Egamberdieva et al. 2014). Incorporating of legume in crop rotation has been reported to increase the yield of cotton and wheat (Khaitov et al. 2014). The *Rhizobium*–legume symbiosis has received most attention as it is widely used for sustainable crop yield and soil fertility in the agricultural practices (Egamberdieva et al. 2015). The legumes have the ability to shift the composition of soil bacterial community (Lorenzo et al. 2010; Bakhoum et al. 2012) and can change the communities responsible for symbiotic nitrogen fixation (Rodríguez-Echeverría 2010).

The nodulation is also influenced by a number of factors, viz., salt and water stress, temperatures, soil type, pH, organic matter content, rhizobial populations, nature of the host, etc. (Dudeja et al. 2012; Bansal et al. 2014), and varies from 0 to 10^5 per gram of soil. Studies reveal that the *Rhizobium*–legume symbioses may occur under severe environmental conditions including exposure to salt, aridity, acidic or alkaline soil, higher temperatures, nutrient deficiency, and soil toxicity (Zahran 1999; Sadowsky 2005). The associated environmental stresses with legume–*Rhizobium* symbiosis have been studied in several legume species (Abd-Alla et al. 2014; Laranjo et al. 2014). Fujishige et al. (2006, 2008) reported that rhizobia establish biofilms on either biotic or abiotic surfaces for its overall fitness in the soil and rhizosphere contributing to an efficient symbiosis (Rinaudi et al. 2006). The biofilms are basically surface-attached bacterial communities of single or multiple species covered within a self-produced extracellular matrix (Stanley and Lazazzera 2004). In this biofilm, rhizobia are protected from various environmental stresses due to lower metabolic rate and exopolymeric matrix. Several examples prove that in spite of the fact that rhizobia are nonspore formers, they remain viable under severe stress (Gorbushina et al. 2007). Some rhizobial species survive in the soil at least 4–5 years without their host (Hirsch 2010).

The leguminous trees have been used for a variety of food, feed, and fuel wood purposes in semiarid regions (Jindal et al. 2000; Aoki et al. 2007), and trees of the genera *Acacia* and *Prosopis* are of immense importance in the rural economy of the arid and semiarid areas due to their resistance to heat, drought, salinity, and alkalinity. The species of *Acacia* and *Prosopis* contribute to soil stabilization and improvement through nitrogen fixation (Rasanen and Lindstrom 2003; Singh et al. 2011) along with providing high-quality animal fodder, timber, fuel wood, charcoal, gums, and other products. *Prosopis* have deep roots and are well nodulated under drought conditions with the potential to fix nitrogen. Chickpea can restore soil fertility due to deep penetrating root system which enables them to utilize the limited available moisture (Tripathi et al. 2015). The nitrogen fixed by various tree legumes ranged from about 20–84% (Al-shaharani and Shetta 2015). Dakora and Keya (1997) reported that the tree legumes fix about 43–581 kg of nitrogen per ha, compared to about 15–210 kg of nitrogen per ha for grain legumes. Wange (1989) obtained effective symbioses between woody rhizobia from *Acacia* and other tree species with peanut and cowpea. He reported that this symbiosis was more effective as compared to the symbiosis between the trees and their homologous rhizobia. Zhang et al. (1991) isolated rhizobia from the trees of *Acacia* and *Prosopis*, grown in arid regions, and reported effective symbiosis with legumes, e.g., *P. vulgaris*, *V. faba*, and *M. sativa*. The rhizobia isolated from *Acacia nilotica*, *Sesbania sesban*, *Alhagi maurorum*, *Melilotus indicus*, and *T. resupinatum* showed more or less efficient symbiotic performance with *V. faba*, *Vigna sinensis*, *P. sativum*, and *M. sativa* (Zahran 1999).

The severe water deficit response in cowpea reduced the nodule mass and affected constituents of nodule structure, while in moderate stress the impact on nodule water content was higher as compared to changes in nodule mass (Figueiredo et al. 1999). They also reported that the inoculation with *Bradyrhizobium* can improve the negative effect of water deficient *V. unguiculata*. The water deficit negatively affected the growth and nodulation parameters in the alfalfa–rhizobia combinations, while combinations involving RhL9 rhizobial strain expressed more tolerance levels than the other combinations (Mouradi et al. 2016). Mishra et al. (2013) isolated 15 rhizobial bacteria nodulating clusterbean from arid and semiarid regions of Rajasthan to identify effective and competitive strains tolerant to various abiotic stresses such as temperature, pH, and salinity and observed that the rhizobial isolates from hot climatic area had more tolerance to abiotic stress, especially temperature. Several authors reported that the growth of leguminous trees can be improved by inoculation with effective rhizobia (Bogino et al. 2006; Maia and Scotti 2010). The *N*-acyl homoserine lactone signals found in many species of legume-nodulating rhizobia regulate all the important issues for successful establishment of a bacteria–plant symbiosis including nodulation, nitrogen fixation, growth rate, and polysaccharide production (González and Marketon 2003).

5.6 Biotechnology

The information on the gene regulation in response to various stresses by rhizobia is scanty, and not much information about the tolerance or stress resistance signaling pathways is available for this group. DNA microarray was employed to examine gene expression in *S. meliloti* cells under increased NaCl or sucrose stress to monitor high salinity and hyperosmotic stress, respectively (Domínguez-Fererras et al. 2006); overlapping effects on gene transcription in response to high salinity and hyperosmotic stress were observed with differential expression of a large number of genes. The rhizobial growth requires pSymB plasmid in response to salt stress, and the plasmid is essential for saprophytic competence of *S. meliloti*. The flagellar biosynthesis genes for *S. meliloti* were downregulated after osmotic upshift, and a number of genes essential for succinoglycan biosynthesis, including *exoP*, *exoM*, and *exoN*, were also strongly upregulated upon the induction of drought stress (Domínguez-Fererras et al. 2006). Cytryn et al. (2007) analyzed the response of *B. japonicum* to drought using a genome-wide transcriptional analysis and observed that many genes responsible for regulation of transcription, DNA repair and cell cycle regulation, cation uptake and heat shock, pili assembly proteins and flagellin, transport of sucrose and other molecules, succinylation of osmoregulated periplasmic glucans, energy transfer, and various aspects of metabolism were upregulated including upregulation of lipopolysaccharide synthesis transferase in *B. japonicum* under drought-stress conditions.

The 16S ribosomal RNA (rRNA) gene is commonly used for the rhizobial phylogeny and taxonomic studies (Větrovský and Baldrian 2013) because it is usually present in a sufficient size (about 1500 base pairs) as a multigene family or as operons in almost all bacteria, and little change in their function is recorded over time (Patel 2001; Janda and Abbott 2007). Pancholy et al. (2011) molecularly characterized the diverse groups of plant growth-promoting rhizobacteria in the rhizosphere and root nodules of native *Acacia senegal a*nd *Prosopis cineraria* trees of western Rajasthan using *16S rRNA* gene sequencing to reveal the presence of genetic diversity. They identified eight rhizospheric isolates as *Sinorhizobium saheli* out of the nine isolates obtained from *A. senegal*, whereas out of the eight isolates from *P. cineraria* one was identified as *Sinorhizobium kostiense* and five as *S. saheli*. The molecular identification studies revealed that *S. saheli* were found to be associated with the root nodules of *A. senegal* and *S. kostiense* and *S. saheli* with root nodules of *P. cineraria* in the arid region of Rajasthan (Singh et al. 2011). Rasanen et al. (2001) reported *S. saheli* and *S. kostiense* from *Acacia* and *Prosopis* nodules in Sudan and Senegal.

Haukka et al. (1996) performed the sequence analysis of 230-nucleotide segment of 16SrRNA (rDNA) gene and observed one strain belonging to *R. huakuii*, while the rest belong to species of the genus *Sinorhizobium*. Similarly, Khbaya et al. (1998) performed rDNA gene and 16S-23S rRNA analysis in the majority of rhizobia nodulating four *Acacia* species (*A. cyanophylla*, *A. gummifera*, *A. horrida*, and *A. radiana*) and identified them as *Sinorhizobium* and *R. galegae–Agrobacterium tumefaciens* species. Lafay and Burdon (1998) isolated nodules from shrubby legumes, characterized 21 genomic species by small-subunit ribosomal DNA PCR–RFLP, and performed phylogenetic analyses among 745 rhizobial strains. The *R. tropici* dominated among the *Rhizobium* and *Mesorhizobium* isolates of these shrubby legumes, while *Bradyrhizobium* species were the most abundant. Further, Lafay and Burdon (1998) investigated the structure of rhizobial communities' nodulating *Acacia* using molecular approach and characterized 118 isolates from nodule samples of 13 different *Acacia* species collected from 44 sites. The ATP synthase beta-subunit (*atpD*), glutamine synthetase II (*glnII*), and DNA recombinase A (*recA*) were also used along with 16S rRNA for accurate classification of the rhizobia (Gaunt et al. 2001).

Various genes including nodulation (*nod*, *nol*, and *noe*) and nitrogen fixation (*nif* and *fix*) genes are involved in nitrogen fixation of legume–rhizobia symbiosis. The *nod* genes facilitate the nodulation process by encoding biosynthesis enzymes (Laranjo et al. 2014), while the nitrogen fixation genes catalyze the nitrogen fixation reaction by the synthesis of the enzyme complex (Cummings et al. 2009; Wang et al. 2012). Tan et al. (1999) isolated nodule from 11 species of wild legumes and characterized them on the basis of 16S rRNA gene RFLP and sequence analysis, DNA–DNA hybridization, and restriction pattern of nodDAB and *nif*H genes and reported that most of them belonged to the genus *Mesorhizobium*. Wang et al. (1999) isolated 50 rhizobial isolates from root nodules of *Mimosa affinis* and identified as *R. etli* on the basis of the results of PCR–RFLP and RFLP analyses of small-subunit rRNA genes, multilocus enzyme electrophoresis, and DNA–DNA homology. They proposed a new biovar *mimosae* within *R. etli* obtained from *M. affinis* which formed nitrogen-fixing nodules on the legume tree *L. leucocephala*.

Zakhia et al. (2006) performed 16S ARDRA, SDS-PAGE of total cell proteins, and 16S and ITS rDNA sequencing and reported diverse and externally distributed isolates in both ARDRA and SDS-PAGE analyses.

The modification of bacterial strains for synthesis of the peptide antibiotic trifolitoxin and the transfer of such genes to other less-effective rhizobia is another challenge under biotechnology field. The peptide antibiotic trifolitoxin produced by some strains of *R. leguminosarum* bv. *trifolii* is toxic to a wide range of rhizobia though trifolitoxin (*tfx*) genes expressed by *R. etli* were reported to be more competitive for nodulation in unsterilized soil than its close isogenic strain (Robleto et al. 1997). The chromosomal DNA transferred from the salt-tolerant *Bacillus* species into a strain of *R. leguminosarum* made it salt tolerant (Mabrouk and Belhadj 2012).

5.7 Diversity of Rhizobia from Arid Zone Plants

The rhizobia of arid zone plants nodule various naturally growing trees and herbs, in cultivated and noncultivated lands, including legumes native to arid regions. The majority of rhizobia isolated from arid zone plants have a wide diversity. Many are closely associated with various partners, while some are selective and specific with narrow host range (Perret et al. 2000; Tan et al. 1999). For example, *Leucaena leucocephala* is one of the wide-host range legumes and is nodulated by various strains of bean-nodulating rhizobia (Mhamdi et al. 2000). Similarly, *P. vulgaris* has been reported with diverse strains of rhizobia belonging to different species of *R. leguminosarum*, *R. etli*, and *R. tropici* (Van Berkum et al. 1996). Bakhoum et al. (2014) reported a large diversity among rhizobial strains from arid and semiarid zones associated with *A. senegal* on the basis of IGS 16S–23S rDNA and observed that the distribution of root-nodulating bacteria associated with *A. senegal* was correlated to physical and chemical characteristics of the soils. The characterization and isolation of native rhizobial population is essential for the efficient exploitation of biological nitrogen fixation.

Diversity has great importance in the function of root nodulation and assists the plants to cope up with soil stresses (Bala and Giller 2007). Rhizobial populations' diversity could be greatly influenced by the plant provenance used for trapping, and analysis of rhizobia from different geographic regions along with their host plants is essential to characterize better interactions between rhizobia, legumes, and geographical factors (Liu et al. 2005). *A. senegal* is a multipurpose species and has major importance for the reforestation of arid and semiarid zones and is much valued by rural populations as a source of fodder and timber and gum Arabic (Muller and Okoro 2004). Enormous genetic diversity has been reported among the root-nodulating bacteria that are able to nodulate *A. senegal* (Sarr et al. 2005; Fall et al. 2008).

The clusterbean root nodules provide greater recovery to the crop and help in fixing the atmospheric nitrogen in adequate quantity (Pathak 2015a, b). Strains of legume bacteria are selective in terms of the crop species they nodulate, and the plant within a cross-inoculation group can be inoculated with a culture of the right kind of bacterial strains (Stafford and Lewis 1980). For example, clusterbean belongs to the cowpea cross-inoculation group and the rhizobial strain that formed nodules on cowpea also formed nodules on cluster bean roots (Hassen et al. 2014; Pathak 2015a, b). Boukhatem et al. (2012) investigated the diversity of rhizobia associated with *Acacia* species and reported that the in vitro tolerances of rhizobial strains to NaCl and high temperature varied regardless of their geographical and host plant origins. They reported that the *A. saligna* was efficiently nodulated with the widest diversity of rhizobia including both fast-growing (*Rhizobium*, *Ensifer*, *Mesorhizobium*) and slow-growing ones (*Bradyrhizobium*). Bakhoum et al. (2014) revealed higher genetic diversity among rhizobial strains of semiarid region than in the arid region and the distribution of root-nodulating bacteria associated with *A. senegal* was influenced by soil physical and chemical characteristics. They further observed that the rhizobial strains nodulating *A. senegal* were closely related to *Mesorhizobium plurifarium*. Araujo et al. (2015) reported high species diversity of rhizobia-nodulating *P. lunatus* on the basis of partial sequence of the 16S rRNA genes analysis.

The rhizobia of the leguminous trees under arid conditions have been classified into different genera including *Rhizobium*, *Bradyrhizobium*, *Sinorhizobium*, and *Mesorhizobium* (Tan et al. 1999; Wang et al. 1999; Tighe et al. 2000; Zahran et al. 2000) on the basis of phenotypic, genotypic, and molecular analysis. Various workers grouped the rhizobia isolated from *A. senegal* and *P. chilensis*, on the basis of phenotypic characteristics (Zhang et al. 1991), lipopolysaccharide profiles (Lindstrom and Zahran 1993), profiles of proteins, plasmids, and fatty acids, and DNA–DNA hybridization (Zahran 1997) and phylogenetic analyses (Haukka et al. 1996). Doignon-Bourcier et al. (2000) isolated 64 *Bradyrhizobium* strains from nodules of native leguminous plant species in arid regions belonging to the genera *Cassia*, *Crotalaria*, *Sesbania*, etc., and assessed the genotypic diversity. They reported that these strains were diverse and formed 27 groups by amplified fragment length polymorphism and 16 groups by intergenic gene spacers, PCR, and restricted fragment length polymorphism.

5.8 Conclusion

The industrial fertilizer production is costly and requires large inputs of fossil fuel and results in pollution in the form of greenhouse emissions and fertilizer runoff. The symbiotic/biological nitrogen fixation is not only inexpensive but also sustainable process to substantiate or gradually replace chemical fertilizers to improve the production and productivity of legumes. The rhizobia and legume adapt well under different ecological conditions including arid region and fix considerable amounts of nitrogen. The adverse environmental conditions of arid region may affect the quality and quantity of the rhizobia. Identification and use of efficient rhizobial strains and species that could effectively work under stressed soil environment may improve the productivity of the nutrient-poor arid soils. Breeding for enhanced nitrogen fixation for soil acidity/alkalinity, root rot disease, phosphorus tolerance, soil pH, high temperatures, and scanty soil moisture needs to be addressed.

References

Abd-Alla MH, Issa AA, Ohyama T (2014) Impact of harsh environmental conditions on nodule formation and dinitrogen fixation of legumes. In: Ohyama T (ed) Advances in biology and ecology of nitrogen fixation. Intech Open Science, Rijeka, pp 131–193

Abolhasani M, Lakzian A, Tajabadipour A et al (2010) The study salt and drought tolerance of *Sinorhizobium* bacteria to the adaptation to alkaline condition. Aust J Basic Appl Sci 4 (5):882–886

Ahmed THM, Abdelmageed MS (2015) Diversity of *Rhizobium leguminosarum* bv. *Viceae* strains isolated from different schemes in Shendi area. EJAS J 3(1):1–10

Ali SF, Rawat LS, Meghvansi MK et al (2009) Selection of stress-tolerant rhizobial isolates of wild legumes growing in dry regions of Rajasthan, India. ARPN J Agric Biol Sci 4(1):13–18

Almanza LB, Hernandez JA, Cabriales JJP et al (2010) Effect of co-inoculation with mycorrhiza and rhizobia on the nodule trehalose content of different bean genotypes. Open Microbiol J 4:83–92

Al-Shaharani TS, Shetta ND (2011) Evaluation of growth, nodulation and nitrogen fixation of two *Acacia* species under salt stress. World Appl Sci J 13:256–265

Al-shaharani TS, Shetta ND (2015) Phenotypic and biochemical characterization of root nodule bacteria naturally associated with woody tree legumes in Saudi Arabia. J Environ Biol 36:363–370

Aoki H, Katayama T, Ogasawara T et al (2007) Characterization and properties of *Acacia senegal* (L.) Willd var. *senegal* with enhanced properties (*Acacia* (*sen*) SUPER GUM TM). Part 5: factors affecting the emulsification of *Acacia senegal* and *Acacia* (*sen*) SUPER GUM TM. Food Hydrocoll 21:353–358

Araujo ASF, Lopes ACA, Gomes RLF et al (2015) Diversity of native rhizobia-nodulating *Phaseolus lunatus* in Brazil. Legume Res 38(5):653–657

Athar M, Johnson DA (1996) Influence of drought on competition between selected *Rhizobium meliloti* strains and naturalized soil rhizobia in alfalfa. Plant Soil 184:231–241

Bakhoum N, Ndoye F, Kane A et al (2012) Impact of rhizobial inoculation on *Acacia senegal* (L.) Willd. growth in greenhouse and soil functioning in relation to seed provenance and soil origin. World J Microbiol Biotechnol 28:2567–2579

Bakhoum N, Le Roux C, Diouf D et al (2014) Distribution and diversity of rhizobial populations associated with *Acacia senegal* (L.) Willd. provenances in Senegalese arid and semiarid regions. Open J For 4(2):136–143

Bala A, Giller KE (2007) Relationships between rhizobial diversity and host legume nodulation and nitrogen fixation in tropical ecosystems. Nutr Cycl Agroecosyst 76:2–3

Bala A, Murphy PJ, Osunde AO, Giller KE (2003) Nodulation of tree legumes and the ecology of their native rhizobial populations in tropical soils. Appl Soil Ecol 22:211–223

Bano A, Batool R, Dazzo F (2010) Adaptation of chickpea to desiccation stress is enhanced by symbiotic rhizobia. Symbiosis 50:129–133

Bansal M, Kukreja K, Suneja S, Dudeja SS (2014) Symbiotic effectivity of high temperature tolerant mungbean (*Vigna radiata*) rhizobia under different temperature conditions. Int J Curr Microbiol App Sci 3(12):807–821

Benson O, Beatrice A, Regina N et al (2015) Morphological, genetic and symbiotic characterization of root nodule bacteria isolated from Bambara groundnuts (*Vigna subterranea* L. Verdc) from soils of Lake Victoria basin, western Kenya. J Appl Biol Biotechnol 3(1):1–10

Bhattacharjee S, Sharma GD (2015) Effect of Arbuscular mycorrhizal fungi (AM fungi) and Rhizobium on the nutrient uptake of pigeon pea plant. Int J Adv Res 3(8):833–836

Bogino P, Banchio E, Rinaudi L et al (2006) Peanut (*Arachis hypogaea*) response to inoculation with *Bradyrhizobium* sp. in soils of Argentina. Ann Appl Biol 148:207–212

Bouhmouch I, Souad-Mouhsine B, Brhada F, Aurag J (2005) Influence of host cultivars and *Rhizobium* species on the growth and symbiotic performance of *Phaseolus vulgaris* under salt stress. J Plant Physiol 162:1103–1113

Boukhatem ZF, Domergue O, Bekki A et al (2012) Symbiotic characterization and diversity of rhizobia associated with native and introduced acacias in arid and semi-arid regions in Algeria. FEMS Microbiol Ecol 80:534–547

Casteriano AV (2014) Physiological mechanisms of desiccation tolerance in Rhizobia. PhD thesis, University of Sydney. Retrieved from http://hdl.handle.net/2123/10423

Chibeba AM, de Fátima Guimarães M, Brito OR, Nogueira MA et al (2015) Co-inoculation of soybean with *Bradyrhizobium* and *Azospirillum* promotes early nodulation. Am J Plant Sci 6:1641–1649

Chriki-Adeeb R, Chriki A (2016) Estimating divergence times and substitution rates in Rhizobia. Evol Bioinf Online 12:87–97

Costa RCL, Lobato AKS, Silveira JAG, Laughinghouse HD (2011) ABA-mediated proline synthesis in cowpea leaves exposed to water deficiency and rehydration. Turk J Agric For 35:309–317

Cummings SP, Gyaneshwar P, Vinuesa P et al (2009) Nodulation of *Sesbania* species by *Rhizobium* (*Agrobacterium*) strain IRBG74 and other rhizobia. Environ Microbiol 11(10):2510–2525

Cytryn ED, Sangurdekar DP, Streeter JG et al (2007) Transcriptional and physiological responses of *Bradyrhizobium japonicum* to desiccation-induced stress. J Bacteriol 189:6751–6762

Dakora FD, Keya SO (1997) Contribution of legume nitrogen fixation to sustainable agriculture in Sub-Saharan Africa. Soil Biol Biochem 29:809–817

Davranova N, Egamberdieva D, Ismatov Z, Wirth S (2013) Impact of crop management practice on soil microbial populations in a semi arid soil of Uzbekistan. J Soil Water 2:921–927

Denison RF, Kiers ET (2004) Why are most rhizobia beneficial to their plant hosts, rather than parasitic? Microbes Infect 6(13):1235–1239

Dilworth M, Howieson J, Reeve W et al (2001) Acid tolerance in legume root nodule bacteria and selecting for it. Animal Prod Sci 41(3):435–446

Diouf D, Samba-Mbaye R, Lesueur D et al (2007) Genetic diversity of *Acacia seyal* Del. Rhizobial populations indigenous to Senegalese soils in relation to salinity and pH of the sampling sites. Microbial Ecol 54:553–566

Doignon-Bourcier F, Willems A, Coopman R et al (2000) Genotypic characterization of *Bradyrhizobium* strains nodulating small Senegalese legumes by 16S-23SrRNA intergenic gene spacers and amplified fragment length polymorphism fingerprint analyses. Appl Environ Microbiol 66:3987–3997

Domínguez-Fererras A, Pérez-Arnedo R, Becker A et al (2006) Transcriptome profiling reveals the importance of plasmid pSymB for osmoadaptation of *Sinorhizobium meliloti*. J Bacteriol 188:7617–7625

Dudeja SS, Sheokand S, Kumari S (2012) Legume root nodule development and functioning under tropics and subtropics: perspectives and challenges. Legume Res 35(2):85–103

Egamberdieva D, Shurigin V, Gopalakrishnan S, Sharma R (2014) Growth and symbiotic performance of chickpea (*Cicer arietinum*) cultivars under saline soil conditions. J Biol Chem Res 31 (1):333–341

Egamberdieva D, Abdiev A, Khaitov B (2015) Synergistic interactions among root associated bacteria, rhizobia and chickpea under stress conditions. In: Azooz MM, Ahmad P (eds) Plant environment interaction: responses and approaches to mitigate stress. Wiley, Hoboken, pp 250–261

Fagg CW, Stewart JL (1994) The value of *Acacia* and *Prosopis* in arid and semi-arid environments. J Arid Environ 27:3–25

Fall D, Diouf D, Ourarhi M et al (2008) Phenotypic and genotypic characteristics of *Acacia Senegal* (L.) Willd. root-nodulating bacteria isolated from soils in the dryland part of Senegal. Lett Appl Microbiol 47:85–97

Feng J, Kessler DA, Ben-Jacob E et al (2014) Growth feedback as a basis for persister bistability. Proc Natl Acad Sci USA 111(1):544–549

Figueiredo MVB, Vilar JJ, Burity HA, França FP (1999) Alleviation of water stress effects in cowpea by *Bradyrhizobium spp.* inoculation. Plant Soil 207:67–75

Figueiredo MVB, Burity HA, Martinez CR, Chanway CP (2008) Alleviation of drought stress in common bean (*Phaseolus vulgaris* L.) by co-inoculation with *Paenibacillus polymyxa* and *Rhizobium tropici*. Appl Soil Ecol 40:182–188

Fita A, Rodríguez-Burruezo A, Boscaiu M et al (2015) Breeding and domesticating crops adapted to drought and salinity: a new paradigm for increasing food production. Front Plant Sci 6:978. doi:10.3389/fpls.2015.00978

Fujihara S (2009) Biogenic amines in rhizobia and legume root nodules. Microbes Environ 24 (1):1–13

Fujishige NA, Kapadia NN, De Hoff PL et al (2006) Investigations of *Rhizobium* biofilm formation. FEMS Microbiol Ecol 56:195–205

Fujishige NA, Lum MR, De Hoff PL et al (2008) *Rhizobium* common *nod* genes are required for biofilm formation. Mol Microbiol 67:504–595

Fujita H, Aoki S, Kawaguchi M (2014) Evolutionary dynamics of nitrogen fixation in the legume–rhizobia symbiosis. PLoS One 9(4):e93670. doi:10.1371/journal.pone.0093670

Garg N, Baher N (2013) Role of arbuscular mycorrhizal symbiosis in proline biosynthesis and metabolism of *Cicer arietinum* L. (chickpea) genotypes under salt stress. J Plant Growth Regul 32:767–778

Gaunt MW, Turner SL, Rigottier-Gois L et al (2001) Phylogenies of *atpD* and *recA* support the small subunit rRNA-based classification of rhizobia. Int J Syst Evol Microbiol 51(6):2037–2048

Gautam R, Singh SK, Sharma V (2015) Suppression of soil-borne root pathogens of arid legumes by *Sinorhizobium saheli*. SAARC J Agric 13(1):63–74

González JE, Marketon MM (2003) Quorum sensing in nitrogen-fixing rhizobia. Microbiol Mol Biol Rev 67:574–592

Gorbushina AA, Kort R, Schulte A et al (2007) Life in Darwin's dust: intercontinental transport and survival of microbes in the nineteenth century. Environ Microbiol 9:2911–2922

Graham P (2008) Ecology of the root nodule bacteria of legumes. In: Dilworth M, James E, Sprent J, Newton W (eds) Nitrogen fixing leguminous symbioses. Springer, Dordrecht, pp 23–58

Graham PH, Vance CP (2000) Nitrogen fixation in perspective: an overview of research and extension needs. Field Crop Res 65:93–106

Hassen AI, Bopape FL, Trytsman M (2014) Nodulation study and characterization of rhizobial microsymbionts of forage and pasture legumes in South Africa. World J Agric Res 2(3):93–100

Haukka K, Lindström K, Young PW (1996) Diversity of partial 16S rRNA sequences among and within strains of African rhizobia isolated from *Acacia* and *Prosopis*. Syst Appl Microbiol 19:352–359

Hayat S, Hayat Q, Alyemeni MN, Wani AS, Pichtel J, Ahmad A (2012) Role of proline under changing environments. A review. Plant Signal Behav 7(11):1456–1466

Hirsch AM (2010) How Rhizobia survive in the absence of a legume host, a stressful world indeed. In: Seckbach J, Grube M (eds) Symbioses and stress: joint ventures in biology, cellular origin, life in extreme habitats and astrobiology, vol 17, pp 375–391. © Springer Science+Business Media B.V. doi:10.1007/978-90-481-9449-0_18

Howieson J, Ballard R (2004) Optimising the legume symbiosis in stressful and competitive environments within southern Australia—some contemporary thoughts. Soil Biol Biochem 36(8):1261–1273

Hungria M, Vargas MA (2000) Environmental factors affecting N2 fixation in grain legumes in the tropics, with an emphasis on Brazil. Field Crop Res 65(2):151–164

Hussain MB, Zahir ZA, Asghar HN et al (2014) Can catalase and exopolysaccharides producing rhizobia ameliorate drought stress in wheat? Int J Agric Biol 16:3–13
Janda JM, Abbott SL (2007) 16S rRNA gene sequencing for bacterial identification in the diagnostic laboratory: pluses, perils, and pitfalls. J Clin Microbiol 45(9):2761–2764
Jenkins MB, Virginia RA, Jarrel WM (1989) Ecology of fast growing and slow-growing mesquite-nodulating rhizobia in Chihuahua and Sonoran desert ecosystems. Soil Sci Soc Am J 53:543–549
Jha PK, Nair S, Gopinathan MC, Babu CR (1995) Suitability of rhizobia inoculated wild legumes *Argyrolobium flaccidum*, *Astragalus graveolens*, *Indigofera gangetica* and *Lespedeza stenocarpa* in providing a vegetational cover in an unreclaimed limestone quarry. Plant Soil 177:139–149
Jindal SK, Singh M, Pancholy A, Kackar NL (2000) Performance of *Acacia senegal* (L.) Willd. accessions for tree height at rocky rangelands of the Thar desert. J Arid Environ 45:111–118
Khaitov B, Allanov K, Izbosarov B et al (2014) The impact of tillage and crop rotation on yield and soil quality under arid soil conditions. J Biol Chem Res 31(2):1117–1126
Khaitov B, Kurbonov A, Abdiev A, Adilov M (2016) Effect of chickpea in association with *Rhizobium* to crop productivity and soil fertility. Eurasian J Soil Sci 5(2):105–112
Khbaya B, Neyra M, Normand P et al (1998) Genetic diversity and phylogeny of rhizobia that nodulate *Acacia* spp. in Morocco assessed by analysis of rRNA genes. Appl Environ Microbiol 64:4912–4917
Krol E, Becker A (2014) Rhizobial homologs of the fatty acid transporter FadL facilitate perception of long-chain acyl-homoserine lactone signals. Proc Natl Acad Sci USA 111(29):10702–10707
Kulkarni S, Nautiyal CS (2000) Effects of salt and pH stress on temperature-tolerant *Rhizobium* sp. NBRI330 nodulating *Prosopis juliflora*. Curr Microbiol 40(4):221–226
Kulkarni S, Surange S, Nautiyal CS (2000) Crossing the limits of Rhizobium existence in extreme conditions. Curr Microbiol 41(6):402–409
Lafay B, Burdon JJ (1998) Molecular diversity of rhizobia occurring in native shrubby legumes in Southeastern Australia. Appl Environ Microbiol 64:3989–3997
Laranjo M, Oliveira S (2011) Tolerance of *Mesorhizobium* type strains to different environmental stresses. Antonie Van Leeuwenhoek 99:651–662
Laranjo M, Alexandre A, Oliveira S (2014) Legume growth-promoting rhizobia: an overview on the *Mesorhizobium* genus. Microbiol Res 169(1):2–17
Lema KA, Willis BL, Bourne DG (2012) Corals form characteristic associations with symbiotic nitrogen-fixing bacteria. Appl Environ Microbiol 78(9):3136–3144
Lindstrom K, Zahran HH (1993) Lipopolysaccharide pattern in SDS-PAGE of rhizobia that nodulate leguminous trees. FEMS Microbiol Lett 107:327–330
Lira Junior MA, Lima AST, Arruda JRF, Smith DL (2005) Effect of root temperature on nodule development of bean, lentil, and pea. Soil Biol Biochem 37:235–239
Liu J, Wang ET, Chen WX (2005) Diverse rhizobia associated with woody legumes *Wisteria sinensis*, *Cercis racemosa* and *Amorpha fruticosa* grown in the temperate zone of China. Syst Appl Microbiol 28:465–477
Lobato AKS, Costa RCL, Oliveira NCF et al (2009) Responses of the pigments and carbon metabolism in *Vigna unguiculata* cultivars submitted to water deficit. Res J Biol Sci 4:593–598
Lodwig EM, Poole PS (2003) Metabolism of *Rhizobium* bacteroids. Crit Rev Plant Sci 22 (1):37–38
Lorenzo P, Rodríguez-Echeverría S, González L, Freitas H (2010) Effect of invasive *Acacia dealbata* Link on soil microorganisms as determined by PCR-DGGE. Appl Soil Ecol 44:245–251
Maatallah J, Berraho E, Sanjuan J, Lluch C (2002) Phenotypic characterization of rhizobia isolated from chickpea (*Cicer arietinum*) growing in Moroccan soils. Agronomie 22:321–329
Mabrouk Y, Belhadj O (2012) Enhancing the biological nitrogen fixation of leguminous crops grown under stressed environments. Afr J Biotechnol 11(48):10809–10815
Maia J, Scotti MR (2010) Growth of *Inga vera* Willd. subsp. *affinis* under rhizobia inoculation. RC Suelo Nutr Veg 10(2):139–149

Masutha TH, Muofhe ML, Dakora FD (1997) Evaluation of N2 fixation and agroforestry potential in selected tree legumes for sustainable use in South Africa. Soil Biol Biochem 29:993–998

McIntyre HJ, Davis H, Hore TA, Miller SH et al (2007) Trehalose biosynthesis in *Rhizobium leguminosarum* bv. *trifolii* and its role in desiccation tolerance. Appl Environ Microbiol 73 (12):3984–3992

Mhadhbi H, Chihaoui S, Mhamdi R et al (2011) A highly osmotolerant rhizobial strain confers a better tolerance of nitrogen fixation and enhances protective activities to nodules of *Phaseolus vulgaris* under drought stress. Afr J Biotechnol 10(22):4555–4563

Mhamdi R, Jebara M, Aouani ME et al (2000) Phenotypic characterization of common bean (*Phaseolus vulgaris*) nodulating rhizobia in Tunisian soil. Mediterranean conference of rhizobiology, workshop on symbiotic nitrogen fixation for Mediterranean areas, Montpellier, France, 9–13 July 2000

Mishra BK, Yadav V, Vishal MK, Kant K (2013) Physiological and molecular characterization of clusterbean [*Cyamopsis tetragonoloba* (L.) Taub] rhizobia isolated from different areas of Rajasthan, India. Legume Res 36(4):299–305

Morgan JAW, Bending GD, White PJ (2005) Biological costs and benefits to plant-microbe interactions in the rhizosphere. J Exp Bot 56:1729–1739

Morón B, Soria-Díaz ME, Ault J et al (2005) Low pH changes the profile of nodulation factors produced by *Rhizobium tropici* CIAT899. Chem Biol 12(9):1029–1040

Mouradi M, Farissi M, Bouizgaren A et al (2016) Effects of water deficit on growth, nodulation and physiological and biochemical processes in *Medicago sativa*-rhizobia symbiotic association. Arid Land Res Manag 30(2):193–208

Muller D, Okoro CE (2004) Production and marketing of gum arabic, NGARA Publication, series 2. FAO and ITC, Nairobi, Roma, Geneva, p 81

Munns R (2002) Comparative physiology of salt and water stress. Plant Cell Environ 25:239–250

Mus F, Crook MB, Garcia K et al (2016) Symbiotic nitrogen fixation and challenges to extending it to non-legumes. Appl Environ Microbiol. doi:10.1128/AEM.01055-16

Nadeem SM, Ahmad M, Zahir ZA et al (2014) The role of mycorrhizae and plant growth promoting rhizobacteria (PGPR) in improving crop productivity under stressful environments. Biotechnol Adv 32(2):429–448

Nandal K, Sehrawat AR, Yadav AS, Vashishat RK et al (2005) High temperature induced changes in exopolysaccharides, lipopolysaccharides and protein profile of heat resistant mutants of Rhizobium sp. (*Cajanus*). Microbiol Res 160:367–373

Nelson MS, Sadowsky MJ (2015) Secretion systems and signal exchange between nitrogen-fixing rhizobia and legumes. Front Plant Sci 6:491. doi:10.3389/fpls.2015.00491

Pancholy A, Singh SK, Jindal SK, Pathak R (2011) Genetic characterization of plant growth promoting rhizobacteria of two prominent leguminous trees of western Rajasthan. J Trop Agric 49(1–2):131–134

Patel JB (2001) 16S rRNA gene sequencing for bacterial pathogen identification in the clinical laboratory. Mol Diagn 6(4):313–321

Pathak R (2015a) Introduction. In: Pathak R (ed) Clusterbean: physiology, genetics and cultivation. Springer Science + Business Media, Singapore, pp 1–11

Pathak R (2015b) Physiology and abiotic stresses. In: Pathak R (ed) Clusterbean: physiology, genetics and cultivation. Springer Science + Business Media, Singapore, pp 107–124

Peoples MB, Herridge DF, Ladha JK (1995) Biological dinitrogen fixation: an efficient source of nitrogen for sustainable agriculture production. Plant Soil 174:3–28

Peoples MB, Gault RR, Scammell GJ et al (1998) Effect of pasture management on the contribution of fixed N to the N economy of ley-farming systems. Aust J Agric Res 49:459–474

Perret X, Staehelin C, Broughton WJ (2000) Molecular basis of symbiotic promiscuity. Microbiol Mol Biol Rev 64:180–201

Prescott LM, Harley JP, Klein AD (1996) Microbiology. McGraw Hill, New York, NY

Rajasekar M, Rabert GA, Manivannan P (2015) Triazole induced changes on biochemical and antioxidant metabolism of *Zea mays* L. (Maize) under drought stress. J Plant Stress Physiol 1 (1):35–42

Rasanen LA, Lindstrom K (2003) Effects of biotic and abiotic constraints on the symbiosis between rhizobia and the tropical leguminous tress *Acacia* and *Prosopis*. Indian J Exp Biol 41:1142–1159

Rasanen LA, Sprent JI, Lindström K (2001) Symbiotic properties of *Sinorhizobia* isolated from *Acacia* and *Prosopis* nodules in Sudan and Senegal. Plant Soil 235:193–210

Requena N, Perez-Solis E, Azcon-Aguilar C et al (2001) Management of indigenous plant–microbe symbioses aids restoration of desertified ecosystems. Appl Environ Microbiol 67:495–498

Rinaudi L, Fujishige NA, Hirsch AM et al (2006) Effects of nutritional and environmental conditions on *Sinorhizobium meliloti* biofilm formation. Res Microbiol 157:867–875

Robleto EA, Scupham AJ, Triplett EW (1997) Trifolitoxin production in *Rhizobium etli* strain CE3 increases competitiveness for rhizosphere colonization and root nodulation of *Phaseolus vulgaris* in soil. Mol Plant Microbe Interact 10:228–233

Rodríguez-Echeverría S (2010) Rhizobial hitchhikers from down under: invasional meltdown in a plant-bacteria mutualism? J Biogeogr 37:1611–1622

Roshetko JM (2001) Agroforestry species and technologies: a compilation of the highlights and factsheets published by NFTA and FACT Net 1895-1999. A publication of Winrock International, Morrilton, pp 1–232

Sadowsky MJ (2005) Soil stress factors influencing symbiotic nitrogen fixation. In: Werner D, Newton WE (eds) Nitrogen fixation research in agriculture, forestry, ecology and the environment. Springer, Dordrecht, pp 89–102

Salvagiotti F, Cassman KG, Specht JE et al (2008) Nitrogen uptake, fixation and response to fertilizer N in soybeans: a review. Field Crop Res 108(1):1–13

Sarr A, Neyra M, Houeibib MA et al (2005) Rhizobial populations in soils from natural *Acacia senegal* and *Acacia nilotica* forests in Mauritania and the Senegal river valley. Microbial Ecol 50:152–162

Schwieger F, Tebbe CC (2000) Effect of field inoculation with *Sinorhizobium meliloti* L33 on the composition of bacterial communities in rhizospheres of a target plant (*Medicago sativa*) and a non-target plant (*Chenopodium album*) – linking of 16S rRNA gene-based single-strand conformation polymorphism community profiles to the diversity of cultivated bacteria. Appl Environ Microbiol 66:3556–3565

Serraj R, Sinclair TR, Purcell LC (1999) Symbiotic N2 fixation response to drought. J Exp Bot 50:143–155

Singh SK, Pancholy A, Jindal SK, Pathak R (2011) Effect of plant growth promoting rhizobia on seed germination and seedling traits in *Acacia senegal*. Ann For Res 54(2):161–169

Slattery JF, Pearce DJ, Slattery WJ (2004) Effects of resident rhizobial communities and soil type on the effective nodulation of pulse legumes. Soil Biol Biochem 36(8):1339–1346

Sobti S, Belhadj HA, Djaghoubi A (2015) Isolation and characterization of the native Rhizobia under hyper-salt edaphic conditions in Ouargla (southeast Algeria). Energy Procedia 74:1434–1439

Stafford RE, Lewis CR (1980) Nodulation in inoculated and non-inoculated Kinman Guar. Texas A and M University of Agricultural Research and Extension Centre, Texas

Stanley NR, Lazazzera BA (2004) Environmental signals and regulatory pathways that influence biofilm formation. Mol Microbiol 52:917–924

Straub PF, Shearer G, Reynolds PHS et al (1997) Effect of disabling bacteroid proline catabolism on the response of soybeans to repeated drought stress. J Exp Bot 48:1299–1307

Suarez R, Wong A, Ramirez M, Barraza A et al (2008) Improvement of drought tolerance and grain yield in common bean by overexpressing trehalose-6-phosphate synthase in rhizobia. Mol Plant Microbe Interact 21:958–966

Tan ZY, Wang ET, Peng GX et al (1999) Characterization of bacteria isolated from wild legumes in the north-western regions of China. Int J Syst Bacteriol 49:1457–1469

Tate RL (1995) Soil microbiology (symbiotic nitrogen fixation). Wiley, New York, pp 307–333
Thrall PH, Bever JD, Slattery JF (2008) Rhizobial mediation of Acacia adaptation to soil salinity: evidence of underlying trade-offs and tests of expected pattern. J Ecol 96(4):746–755
Tiana CF, Zhoub YJ, Zhanga YM et al (2012) Comparative genomics of rhizobia nodulating soybean suggests extensive recruitment of lineage-specific genes in adaptations. Proc Natl Acad Sci USA 109(22):8629–8634
Tighe SW, De Lajudie P, Dipietro K et al (2000) Analysis of cellular fatty acids and phenotypic relationships of *Agrobacterium*, *Bradyrhizobium*, *Mesorhizobium*, *Rhizobium* and *Sinorhizobium* species using the Sherlock microbial identification system. Int J Syst Evol Microbiol 50:787–801
Tripathi LK, Thomas T, Singh VJ et al (2015) Effect of nitrogen and phosphorus application on soil nutrient balance in chickpea (*Cicer arietinum* L.) cultivation. Green Farm 6(2):319–322
Van Berkum P, Beyene D, Eardly BD (1996) Phylogenetic relationships among *Rhizobium* species nodulating the common bean (*Phaseolus vulgaris* L.). Int J Syst Bacteriol 46:240–244
Větrovský T, Baldrian P (2013) The variability of the 16S rRNA gene in bacterial genomes and its consequences for bacterial community analyses. PLoS One 8(2):e57923
Vriezen JAC, deBruijn FJ, Nüsslein K (2006) Desiccation responses and survival of *Sinorhizobium meliloti* USDA 1021 in relation to growth phase, temperature, chloride and sulfate availability. Lett Appl Microbiol 42:172–178
Vriezen JAC, deBruijn FJ, Nüsslein K (2007) Responses of rhizobia to desiccation in relation to osmotic stress, oxygen, and temperature. Appl Environ Microbiol 73:3451–3459
Wadisirisuk P, Danso SKA, Hardarson G et al (1989) Influence of *Bradyrhizobium japonicum* location and movement on nodulation and nitrogen fixation in soybeans. Appl Environ Microbiol 55(7):1711–1716
Wang ET, Rogel MA, Garcia-de los Santos A et al (1999) *Rhizobium etli* bv. *Mimosae*, a novel biovar isolated from *Mimosa affinis*. Int J Syst Bacteriol 49:1479–1491
Wang D, Yang S, Tang F, Zhu H (2012) Symbiosis specificity in the legume–rhizobial mutualism. Cell Microbiol 14(3):334–342
Wange SS (1989) Response of groundnut (*Arachis hypogaea* L.) to inoculation with *Rhizobium* strains isolated from wild arboreal legumes. J Appl Microbiol Biotechnol 5:135–141
Wani SP, Rupela OP, Lee KK (1995) Sustainable agriculture in the semi-arid tropics through biological nitrogen fixation in grain legumes. Plant Soil 174:29–49
Werner D, Newton WE (eds) (2005) Nitrogen fixation in agriculture, forestry, ecology, and the environment. Springer, Dordrecht, p 347
Willems A (2006) The taxonomy of rhizobia: an overview. Plant Soil 287:3–14
Yang J, Kloepper JW, Ryu CM (2009) Rhizosphere bacteria help plants tolerate abiotic stress. Trends Plant Sci 14:1–4
Yanni YG, Rizk RY, Corich V et al (1997) Natural endophytic association between *Rhizobium leguminosarum* bv. *trifolii* and rice roots and assessment of its potential to promote rice growth. Plant Soil 194:99–114
Younesi O, Baghbani A, Namdari A (2013) The effects of *Pseudomonas fluorescence* and *Rhizobium meliloti* co-inoculation on nodulation and mineral nutrient contents in alfalfa (*Medicago sativa*) under salinity stress. Int J Agric Crop Sci 5(14):1500–1507
Zahran HH (1997) Chemotaxonomic characterization of some fast-growing rhizobia nodulating leguminous trees. Folia Microbiol 42:367–380
Zahran HH (1999) *Rhizobium*-Legume symbiosis and nitrogen fixation under severe conditions and in an arid climate. Microbiol Mol Biol Rev 63(4):968–989
Zahran HH (2001) Rhizobia from wild legumes: diversity, taxonomy, ecology, nitrogen fixation and biotechnology. J Biotechnol 91:143–153
Zahran HH (2009) Enhancement of rhizobia–legumes symbioses and nitrogen fixation for crops productivity improvement. In: Khan MS et al (eds) Microbial strategies for crop improvement. Springer, Berlin, Heidelberg, pp 227–254

Zahran HH (2011) Condition for successful rhizobium-legume symbiosis saline environment. Biol Fertil Soils 12:73–80

Zahran HH, Sprent JI (1986) Effects of sodium chloride and polyethylene glycol on root hair infection and nodulation of *Vicia faba* L. plants by *Rhizobium leguminosarum*. Planta 167:303–309

Zahran HH, Abdel-Fattah M, Ahmad MS, Zaki AY (2000) Analysis of phenotypic relations, cellular fatty acids and cross nodulation of some root-nodule bacteria isolated from wild legumes in Egypt. Mediterranean conference of rhizobiology, workshop on symbiotic nitrogen fixation for Mediterranean areas, Montpellier, France, 9–13 July 2000

Zahran HH, Abdel-Fattah M, Ahmad MS, Zaki AY (2003) Polyphasic taxonomy of symbiotic rhizobia from wild leguminous plants growing in Egypt. Folia Microbiol 48:510–520

Zahran HH, Marin-Manzano MC, Sanchez-Raya AJ et al (2007) Effects of salt stress on the expression of *NHX*-type ion transporters in *Medicago intertexta* and *Melilotus indicus* plants. Physiol Plant 131:122–130

Zahran HH, Abdel-Fattah M, Yasser MM et al (2012) Diversity and environmental stress responses of rhizobial bacteria from Egyptian grain legumes. Aust J Basic Appl Sci 6 (10):571–583

Zakhia F, Jeder H, Willems A et al (2006) Diverse bacteria associated with root nodules of spontaneous legumes in Tunisia and first report for nif H-like gene within the genera Microbacterium and Starkeya. Microbial Ecol 51:375–393

Zeghari K, Aurag J, Khbaya B et al (2000) Phenotypic characteristics of rhizobia isolates nodulating *Acacia* species in the arid and Saharan regions of Morocco. Lett Appl Microbiol 30:351–357

Zhang XP, Karsisto M, Harper R et al (1991) Diversity of *Rhizobium* bacteria isolated from the root nodules of leguminous trees. Int J Syst Bacteriol 41:104–113

Zhao Z, Williams SE, Schuman GE (1997) Renodulation and characterization of *Rhizobium* isolates from cicer milkvetch (*Astragalus cicer* L.). Biol Fertil Soils 25:169–174

Zou N, Dort PJ, Marcar NE (1995) Interaction of salinity and rhizobial strains on growth and N2 fixation by *Acacia ampliceps*. Soil Biol Biochem 27:409–413

Chapter 6
Rhizobium in Rice Yield and Growth Enhancement

Kalaivani K. Nadarajah

6.1 Introduction

As a staple diet and an important food crop in most parts of the world, rice cultivation faces issues with increasing world population, stagnancy of land for agriculture, and various biotic and abiotic stresses that reduce yield (Hossain and Fischer 1995). Hence, it is crucial to increase yield capacity through varietal and improvement on cultivation methods. Enhanced seedling emergence and plant growth and development are required for improved rice yield. Efficient nutrient uptake and utilization ensures good growth and yield. Rice utilizes nitrate as its source of nitrogen in flood and anaerobic state. While rice farmers have been trying to increase yield through external application of fertilizers, more recent studies in rice-growing countries have shown that rice growth can be enhanced through the application of plant growth-promoting rhizobacteria that increase the capabilities of plants to absorb nutrients from soil (Ayyadurai et al. 2006). PGPRs have been utilized in increasing or improving seedling vigor, germination, and development. In recent years, inoculating seeds with rhizobacteria has been applied as a means of improving microbial soil population. This practice has resulted in promotion of crop yield through the excretion of biologically active compounds that increases seedling germination, vigor, and protection against non-beneficial microbes. There has been an increase in interest of the role of soil microbes and its role as beneficial microbe in non-legume plants (Gutiérrez-Zamora and Martínez-Romero 2001; Yanni et al. 2001).

This growth-enhancing rhizobacteria were classified according to their relationship with the roots such as (1) rhizospheric bacteria, (2) rhizoplane bacteria,

K.K. Nadarajah (✉)
School of Environmental and Natural Resource Sciences, Universiti Kebangsaan Malaysia, Bangi, Malaysia
e-mail: vani@ukm.edu.my

A.P. Hansen et al. (eds.), *Rhizobium Biology and Biotechnology*, Soil Biology 50,
DOI 10.1007/978-3-319-64982-5_6

(3) endophytic bacteria, and (4) specialized structure bacteria. Another form of classification based on Vessey (2003), clustered groups (1)–(3) as extracellular PGPR (ePGPR) while (4) was classified as intracellular PGPR (iPGPR). Examples of the ePGPR are Bacillus, Serratia, Erwinia, Pseudomonas, Caulobacter, Micrococcus, Chromobacterium, Arthrobacter, and Agrobacterium, while iPGPR includes Azorhizobium, Allorhizobium, Bradyrhizobium, Mesorhizobium, Rhizobium, and Sinorhizobium. The information obtained at the molecular level with regards to the symbiotic relationship between Rhizobium-legume has provided sufficient basis into the role of this organism in rhizobium–rice interactions (Mia et al. 2005). Initial studies into the rhizobium–rice interaction implicated the role of this organism in modifying the root architecture and thus leading to better vegetative and reproductive growth (Yanni et al. 2001). However, the ability of PGPRs is not only limited to biologically fixing nitrogen (BNF) in plants, but extends to other mechanisms that jointly contribute towards growth, development, and the yield of crops.

Studies conducted on these microorganisms have shown that exudates from these microorganisms affect roots and hence improve nutrient uptake, resulting in overall improvement in rice yield and growth (Gopalakrishnan et al. 2015; Perrine-Walker et al. 2007). In a study conducted by Yanni and Dazzo (2010), *Rhizobium leguminosarum trifolii* was able to increase rice yield by 10–45% through exudate and plant root interactions. ePGPR and iPGPR are implicated in promotion of plant growth through nitrogen fixation, mineralization, phytohormone, siderophore production, disease resistance, and abiotic stress management. An extensively studied exudate from this group of organisms is indole acetic acid (IAA) which has been reported to trigger germination. The *Rhizobium* spp. has also been shown to produce a range of phytohormones such as gibberellins (GA) and auxin (AUX) (Atzorn et al. 1988). Microbes such as Azotobacter, Acetobacter, and *Herbaspirillum* spp. are able to synthesize GA, AUX, CK, and IAA, all of which have a role to play in the plant growth and developmental process (Salmeron et al. 1990; Lugtenberg and Kamilova 2009; Bhattacharyya and Jha 2012).

These organisms are currently being researched in non-leguminous crops such as rice (Mehboob et al. 2012). More and more strains of rhizobacteria are being discovered in rice environment or being introduced from the root systems of other organisms into the rice root systems. Current efforts are being directed towards understanding how these organisms may contribute towards yield enhancement in rice and other cereals and in understanding the mechanisms involved in non-legume rhizobia interactions. Understanding the organisms, the mechanism and the genes involved in this interaction will better serve the application of this organism in the field and towards sustainable agriculture. This chapter will provide information on the rhizobium–non-legume interaction, the role of this organism in rice, the mechanism and application of this group of organism in rice, and the synergism involved in this plant–microbe interaction.

6.2 Rhizobium and Non-legumes

Due to the high N requirement of cereals for optimal growth and yield, agriculturist and scientists have initiated studies to look into the potential of BNF in fulfilling these needs (Gutiérrez-Zamora and Martínez-Romero 2001). In the past decade, there has been interest in utilizing this group of beneficial organisms in assisting with symbiotic BNF in cereals (Khush and Bennet 1992). Research conducted on the colonization of leguminous and non-leguminous plants have shown that a similar strategy is employed by rhizobia in colonizing non-leguminous roots as in legumes. Nodulation can be induced in rice and other cereal crops by Rhizobia. One such example is the colonization of the non-leguminous Paraponia roots with rhizobia that resulted in the development of root hair curling and infection thread in the roots as in legumes. The developmental changes in roots enabled the establishment of N_2 fixing symbiotic nodules with rhizobia. In the recent years, it has been revealed that the signaling pathways involved in mycorrhizal symbiosis of land plants were also present in nodule symbiosis (Bender et al. 1987).

Initially, diazotrophic organisms were studied for their ability to enhance growth. It was later determined that the growth enhancement evident with diazotrophic organisms was a consequence of other non-BNF bacterial products which results in improved growth and yield in plants (Dobbelaere et al. 2001). This associative group of organisms, however, releases only a small portion of its fixed nitrogen as most of it is utilized in its development. The endophytic diazotrophs are capable of colonizing roots of non-leguminous plants and reducing N_2. Strains of bacteria such as Azospirillum, Herbasprillum, Rhizobium, Klebsiella, and Acetobacter have been known to colonize roots of maize, rice, and other cereal crops (Bellone et al. 1997). The colonization of the interior root system by these endophytes protects them from competition or inhibitory effects of microorganisms within the rhizosphere as well as to provide a more efficient means of exchanging metabolic substances between microbes and hosts. In these past years, research has shown that endophytes do have the ability to transfer fixed N_2 to their host plants (James et al. 2000). This has been seen through the endophytic interaction of Rhizobium to fix and transfer N_2 to leguminous (*Pisum sativa, Vichia faba,* and *Phaesolus vulgaris*) and non-leguminous (*Oryza sativa, Zea mays, Triticum aestivum*) plants.

Diazotrophic endophytes such as *Azoarces* sp strain BH72, *R. leguminosarum, Herbasprillum seropedicae,* and *Klebsiella pneumoniae* colonize the root arenchymic and cortex tissues of cereals and grass-like crops (Reinhold and Hurek 1988). The vascular tissues are ideal for endophytes to colonize due to low O_2 and allocation of photosynthate. The inoculation of non-legumes, especially cereals with diazotrophs results in intercellular establishment of these bacteria within the root system leading to endophytic N_2 fixation for promotion of growth in crops.

6.3 Rhizobium in Rice

Studies conducted on soil in rice fields have observed a high level of diversity in N_2 fixing bacteria population (James et al. 2000). In the late 1990s, Yanni et al. (1997) isolated *R. leguminosarum* bv *trifolii* from clover in rice-growing regions of the Nile. Crop rotation of clover and rice in the fields resulted in higher crop yield. The high levels of fixed nitrogen in the soil was kept constant through the mineralization of the N rich crop residues by *R. leguminosarum* bv *trifolii*. Field trials and growth chamber experiments further established the role of these isolates to promote shoot, root, and seedling vigor. In addition, rhizobia such as Bradyrhizobium and Azorhizobium are efficient nitrogen fixers in wild and cultivated rice, respectively (Engelhard et al. 2000). Therefore, the presence of rhizobial endophytes in rice may increase productivity through nitrogen fixation and enhanced absorption of nutrients from soil (McCully 2001). Various studies have looked at the extent of colonization by rhizobia under laboratory conditions and their effects on rice seedling growth under different environmental conditions. Studies have shown that the rice–rhizobia interaction vary from variety to variety due to the variation perhaps in root exudates and also the difference in soil ecology (Yanni et al. 2001; Chaintreuil et al. 2000; Dazzo et al. 2000; Perrine et al. 2001).

The process of colonization extends from the rhizosphere into the apoplastic and intercellular regions before making its way to the vessels (James et al. 2000) where the main colonization happens. Through various laboratory techniques, the route of entry taken by the bacteria has been studied to understand the mode of infiltration and colonization (Prayitno et al. 1999; Chaintreuil et al. 2000; Verma et al. 2004; Perrine-Walker et al. 2007). The endophytic organisms have been reported to actively colonize root and are able to dominate the root surroundings through perhaps a mechanism similar to the rhizobia-legume quorum sensing (Verma et al. 2004). The bacteria colonize intercellular spaces in the cortex through the clumps of rhizobia at rice root surface and emerging lateral roots (Reddy et al. 1997, Dazzo et al. 2000; Prayitno et al. 1999; Yanni et al. 2001; Chaintreuil et al. 2000). The infectivity of rice roots by Rhizobia results in the disruption of the cytoplasmic membrane (Reddy et al. 1997) evoking a localized plant defense response (Reddy et al. 2000). As a result of the colonization of cereal roots, there is an increase in levels of phenolic substances in the plant tissue, which activates stress response *in vivo* (Pieterse et al. 2002). The presence of phenolic compounds within the host post infiltration is an indication that the rhizobium is being circulated within the host and thence leading to a defense response.

Certain natural occurring rhizobium like *Azorhizobium* spp. and *Azospirillum* spp. can enter directly into the intercellular region of rice lateral roots through cuts or wounds (Cocking et al. 1994; Jain and Gupta 2003). In addition to being able to infect the lateral roots, some strains are able to infect the rice roots via their root hairs. Through GFP labeling it was demonstrated that rhizobium colonized rice roots through the formation of clumps along the root's grooves or lateral roots and root tips (Dazzo et al. 2000). The bacteria attach to the root zone in a supine and polar orientation (Yanni et al. 2001). *Azorhizobium caulinodans* use the region between the epidermal and xylem tissue to enter the root system of cereals. The endosymbionts colonizing the xylem may provide a non-nodular niche for nitrogen fixation in rice and other non-leguminous crops (Cocking 2000). The effect of Rhizobia on the increase of biomass and yield in rice has been observed with the utilization of strains such as *Rhizobium* sp. (Sb16) and *Corynebacterium* sp.(Sb26). Further *Bradyrhizobium* when applied in rice grown gnobiotically improved on rice yield (Bhattacharjee et al. 2008).

Yanni et al. (2001) in their study observed that *R. leguminsarum* bv *trifolii* produced degrading enzymes that lyased cell walls and facilitated colonization of the rice roots. Induction of nodular structures in rice has been generated through treatment of seedling with Rhizobia in the presence of an enzyme mix containing cellulose and pectolyase in the presence of sugars (mannitol) (McCully 2001). The degrading enzyme mix had made it possible for Rhizobia to colonize the root and create the elongated nodular structures. In these root systems, nitrogenase was at low levels. However, the ability to generate nodules in non-legumes has resulted in studies expanding into utilization of this group in nitrogen fixation of other cereal crops (Al-Mallah et al. 1989, 1990). In addition to the degrading enzymes, Gough et al. (1996) reported a role for flavonoid and naringenin in colonization of non-legume roots by *Azorhizobium* sp. This process in rice is nod-gene-independent and nonspecific enabling any Rhizobium to invade and colonize the root epidermal cells (Perrine et al. 2001). In addition, rice root exudates did not activate the expression of nodulation genes in various rhizobia. Further experiments conducted with the transgenic MtENOD12 rice line exhibited Nod factors that were activated in a tissue-specific manner (Reddy et al. 2000). From these findings we are able to conclude that the signal transduction in ENOD gene expression is partially conserved in rice (Reddy et al. 2000). This pattern of colonization by rhizobia on rice plants has also been observed in plants treated with a synthetic auxin, 2, 4-dichlorophenoxyacetic acid (2,4-D). 2, 4-D induced the formation of "pseudonodules" or modified root outgrowths (Ridge et al. 1993; Rolfe et al. 1997). This type of root structure can also be induced by auxin-producing rhizobia (Reddy et al. 2000). By using the *A. caulidonans* ORS571::GUS marked strain, intercellular association was observed and occasionally some intracellular occupancy was found in apparently dying epidermal cells (Rolfe et al. 1997). Hussain et al. (2009) reported that in an experiment where *Rhizobium phaseoli* (A2, A3, S17, N8), *Mesorhizobium ciceri* (CRI-28, CRI-31, CRI-32, CRI-38) and *R. leguminosarum* (LSI-23, LSI-26, LSI-29, LSI-30) were obtained from nodules of leguminous crops and applied to rice, strains LS1-29 and A2 showed the best yield and growth statistics with improved N, P, and K content in rice.

Although both the legume and non-legume systems show similarities in the entry through colonization of root hairs or invasion of cracks, the *Sym* that is involved in symbiosis of mycorrhiza and rhizobia in legumes has no role in non-legume systems (Perrine et al. 2007). This was proven through the examination of the infection process in wild-type and mutants of the *Sym* genes. The rice mutants (Os-DMI3, Os-CASTOR, and Os-CYCLOPS) showed impaired mycorrhizal symbiosis (Chen et al. 2009) implying no direct role for *Sym* in the process. The colonization is dependent on the formation of infectious threads in the rice root system. One stellar example of colonization was observed under waterlogged conditions where the epidermal fissures at lateral roots were induced to form pockets. These pockets facilitate the inter- and intracellular thread and nodule formation and hence has no requirement for the *Sym* genes which is involved in infection of root hairs and nodule organogenesis (Capoen et al. 2005). Under these growth conditions, *R. leguminosarum* bv *trifolii* R4 colonized the lateral roots (Perrine et al. 2001, 2005; Prayitno et al. 1999). The difference seen in the role of *Sym* genes is possibly due to the linear infiltration in non-legumes as opposed to thread-like invasive forms in legumes (Perrine et al. 2007). This observation supports that no Sym plasmids are required for rice root colonization (Perrine et al. 2001). The only shortcoming in this conclusion is that only one strain was used to make this observation, and hence it is impossible to conclude if this finding is strain specific.

6.4 Mechanism and Application of Rhizobium in Rice

While *Rhizobium* spp. have shown a more prominent role in increasing yield and enhancing growth in legumes. The following segments will look into the application of this group of organisms in either directly or indirectly contributing towards yield and growth enhancements in non-legumes, specifically rice (Fig. 6.1).

6.4.1 Direct Promotion

6.4.1.1 Nitrogen Fixation

Nitrogen is a significant contributor towards the increase of yield in rice. Most often N is provided as fertilizers which is only partially absorbed by the plants (30–40%) (Choudhury and Khanif 2001). To reduce waste/loss of N to environment, it has been suggested to include a BNF component (Ladha and Reddy 1995) to convert atmospheric N into plant usable nitrogen via enzymatic interactions (Wilson and Burris 1947). In current agricultural practices, however, almost 65 % of N is contributed by BNF (Bhattacharyya and Jha 2012). The diazotrophs that live in the rhizosphere utilize the carbon source in soil to grow while colonizing the roots and fixing nitrogen (Sessitsch et al. 2002). Compared to the group of organisms that colonize within the rhizosphere, the endorhizospheric organisms are more efficient at fixing nitrogen as it is not limited by inhibition or competition in the rhizosphere. Following the first report in 1989 of *Alcaligenes faecalis* colonizing intercellular regions of the root system (You and Zhou 1989), several endophytic diazotrophs

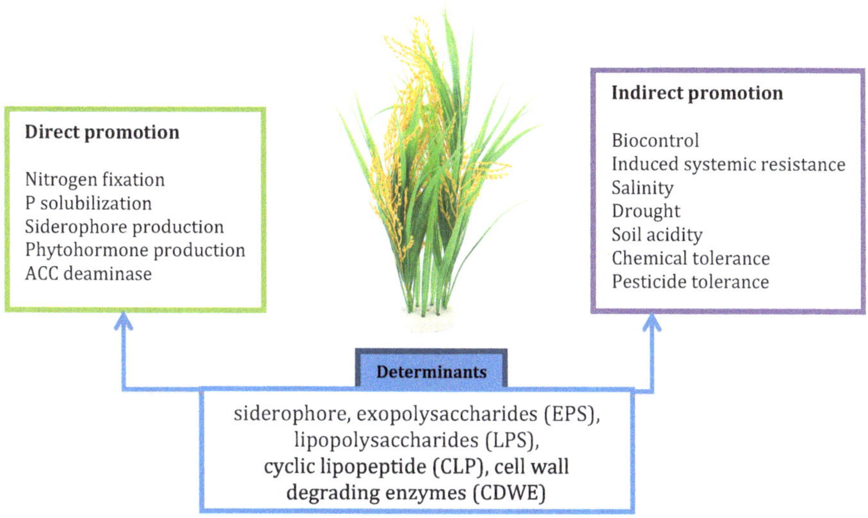

Fig. 6.1 The interaction between rhizobia and rice. The rhizobial determinants and effects on direct and indirect promotion towards yield and growth in rice.

(Azospirillum, Burkholderia, Corynebacterium, Enterobacter, and Klebsiella) were found to actively colonize the roots of wild rice.

BNF is suitable in flooded rice soils due to adequate moisture, inadequate aeration, neutral pH, and the discontinuous and heterogeneous system with respect to low redox potential. The flooded rice ecosystems provide an environment for microorganisms belonging to the aerobic, microaerophilic, facultative, and obligate anaerobic groups. Flooding also does promote biochemical processes that results in loss of nitrogen through nitrification-denitrification, leaching, volatilization, soil erosion, and other natural processes. However, microbial N_2 fixation still attributes to major source of fixed nitrogen (Ishizuka 1992). The type and population density of the nitrogen-fixing organisms in any rice plantation would depend largely on the soil as well as other ecological factors. For us to appreciate the practical relevance of this group of organism, it is essential that we study the importance of all the dominant nitrogen-fixing group of organisms in the field.

The contribution of free-living organisms such as cyanobacteria and photosynthetic bacteria in the rhizosphere of flooded soil in paddy fields is difficult to ascertain. As such aerobic heterotrophic nitrogen fixers like Azotobacter are considered more efficient fixers of N_2 in flooded soils. However, anaerobic organisms such as Clostridium, Desulfovibrio, Klebsiella, Enterobacter, and *Pseudomonas* sp. (Yoo et al. 1986; Barraquio et al. 1983) are definitely better nitrogen fixers then the above-mentioned groups. The coexistence of aerobic and anaerobic organisms in the soil is responsible for the nitrogenase activity in the soil. A major group of organisms that we find in the paddy soil are associative diazotrophs like *Azospirillum sp.*, *Pseudomonas diazotrophicus*, and *Enterobacter sp.* (Rajagopal et al. 1988). The Azospirillum—rice interactions have been studied for their potential as diazotrophic rhizocoenosis (You and Zhou 1989; Rao and Adhya 1994). Endophytic diazotrophs (e.g., *Rhizobium* spp., *Herbaspirillum* spp., and *Azoarcus* spp.) are more protected and efficient in fixation compared to those found in rhizospheric interactions. These endophytes find micro-niches within the plants to initiate their N_2 fixation by penetrating rice roots and colonizing the inter- and intracellular regions of cortex (Hurek et al. 1994). These organisms involve multifarious relationships involving hormonal effect, nitrate assimilation, and N_2 fixation, which is delicately and intricately controlled by the rice macro- and micro-environments.

6.4.1.2 Phosphate Solubilizers

Next to N, organic and inorganic P is also a growth- and development-limiting nutrient. Microbial processes result in P solubilization by acids produced and proton extrusion (Nahas 1996; Surange et al. 1995). Phosphate solubilizers like *R. leguminosarum* and *R. meliloti* produce LMW organic acids that reduce inorganic phosphorous to 2-ketogluconic acid (Deubel et al. 2000). Consequently, these organic acids bind to the cation in phosphates and convert it to the soluble form through their hydroxyl and carboxyl groups (Sagoe et al. 1998). Microbial enzymes such as acid phosphatases, phosphohydrolases, phytase, phosphonoacetate hydrolase, D-a–glycerophosphatase, and C–P lyase are essential for phosphate mineralization (Glick 2012; Skrary and Cameron 1998). Some bacterial strains, however, are able to solubilize and mineralize P and the P solubilizing tendency of these organisms are a factor that contribute towards plant growth enhancement (Khiari and Parent 2005; Tao et al. 2008). Phosphate solubilizing microbe/bacteria (PSM/PSB) solubilize P at a higher rate than fungi and the main strains identified for this purpose are the bacteria from genera Rhizobium, Pseudomonas, Bacillus, and Enterobacter (Whitelaw 2000).

Phosphorus is a crucial component in aerobic rice cultivation where in the event of 30–70% lesser water, phosphorus binds to Fe and Al in acidic and aerobic soils resulting in a problem with phosphorus availability (Bouman et al. 2005, 2006). PSMs when inoculated into the soil may assist with enhancing the efficiency of utilizing the naturally or synthetically produced P resources. In addition to improving P acquisition in P deficient soils, PSMs also suppress disease and hence contribute towards sustainable aerobic rice production (Salimpour et al. 2010). Currently in addition to *R. leguminosarum* and *R. meliloti*, isolates that have shown good improvement in P uptake are *Pseudomonas putida*, *Pseudomonas fluorescens*, and *Pseudomonas aeruginosa*. All these strains have been shown to also suppress disease and induce systemic resistance in non-legumes (Saikia et al. 2006).

6.4.1.3 Siderophore Formation

In soil prone to flooding, the anaerobic and acidic state of the soil increases ferric (Fe^{3+}) ion reduction to ferrous (Fe^{2+}) (Stein et al. 2009). In aerobic state, however, the Fe supply is limited for all forms of life (Lemanceau et al. 2009). pH, redox potential, and the availability of other mineral nutrients affect the Fe ion content in the soil. Microorganisms that produce siderophores can overcome this limited supply of iron in soil. Early studies conducted by Yanni et al. (2001) did not detect any siderophores on CAS agar, and hence the role of siderophores in Rhizobium–rice interaction was inconclusive. However, other research groups have studied various strains of Rhizobium (*R. meliloti, R. leguminosarum bv. phaseoli, R. leguminosarum bv. trifolii, R. leguminosarum bv. viciae, R. tropici*) and reported siderophore production in all these isolates. Some of these isolates have been found in the root system or the area surrounding rice rhizosphere (Antoun et al. 1998; Arora et al. 2001; Carson et al. 2000; Chabot et al. 1996; Rajkumar et al. 2010). In addition to *Rhizobium* spp., genera such as Enterobacter and Burkholderia have been reported to produce high levels of siderophores in rice roots (Souza et al. 2013, 2014). Siderophores produced have been linked to alleviation from heavy metal stress, iron uptake, and disease resistance.

6.4.1.4 Phytohormone Production

Phytohormones are substances produced in micromolar concentration by a large number of bacteria. Patten and Glick (1996) reported that a large percentage (80%) of rhizospheric bacteria produce IAA. Amongst the known producers of IAA are *R. leguminosarum, R. japonicum, R. meliloti, R. lupine, R. trifolii,* and *R. phaseoli* (Afzal and Bano 2008; Antoun et al. 1998; Biswas et al. 2000a, b; Boiero et al. 2007; Chi et al. 2010; Chandra et al. 2007; Dazzo et al. 2005; Naidu et al. 2004; Senthilkumar et al. 2009; Yanni et al. 2001; Weyens et al. 2009). IAA enhances growth and development by improving shoot/root growth and seedling vigor. It increases root surface area and thus improves nutrient absorption. As a result of this, the roots exude chemicals into the soil supporting further microbial population and root interaction contributing to pathogenesis and phyto-stimulation (Glick 2012). This hormone is essentially important in nodule formation. Molla et al. (2001) had previously reported that inoculation of rice roots with Rhizobium increased IAA and gibberellic acid (GA) in rice varieties. *Rhizobium* strain E10, E11, IRBG74, and *Bradyrhizobium* sp. IRBG271 in rice reported elevated IAA levels (Biswas et al. 2000a, b). These strains also showed an increase in N, P, K, and Fe intake into rice plants. Following this report, the efficiency of these strains in producing IAA at high levels was examined where the study showed a dependence on tryptophan for higher IAA production. Tryptophan is required for production of IAA and strain E10 was more efficient at conversion of tryptophan to IAA in rice (Yanni et al. 2001).

Besides IAA, GA and cytokinins (CK) are also produced by various Rhizobium strains (Boiero et al. 2007; Senthilkumar et al. 2009) in rice. GA is involved in plant cell elongation and seed germination and is produced by a large number of rhizospheric microbes such as Rhizobium and *S. meliloti* (Boiero et al. 2007). As in the other phytohormones, CK is responsible for cell division and root development. Senthilkumar et al. (2009) in studying the effect of plant growth promoters reported Rhizobium strains as potent producers of CK. *Rhizobium* sp. and *B. japonicum* have been reported to produce abscisic acid (ABA) when colonizing plant root systems (Boiero et al. 2007; Dobbelaere et al. 2003). ABA is transported through xylem and phloem to stimulate root growth, inhibit shoot growth and induce proteinase inhibitors and thence the activation of the defense (Davies 1995; Mauseth 1991). In addition to the above, Rhizobia produce other biomolecules like vitamins and lumichrome that enhance plant growth, development, and yield in rice and other plants (Matiru and Dakora 2004).

6.4.1.5 ACC Deaminase

Bacteria that produce high levels of ACC are known to inhibit ethylene levels in plants (Glick 2014). 1-aminocyclopropane-1-carboxylic acid (ACC) deaminase plays a key role in plant development where it produces alpha ketobutyrate and NH_3 from ACC. Therefore, inoculating plants with ACC deaminase-producing rhizobia will reduce plant ethylene level and increase root length. ACC deaminase producers such as *R. hedysari, R. japonicum, R. leguminosarum* bv *viciae* and *R. gallicum* have longer root with the ability to handle heavy metal, pathogen, drought, salinity, and radiation tolerance (Duan et al. 2009; Hafeez et al. 2008; Ma et al. 2003a, b, 2004; Okazaki et al. 2004; Uchiumi et al. 2004). A study by Bhattacharjee et al. (2012) focused on the colonizing, chemotaxis, growth-promoting ability of *R. leguminosarum* bv. *trifolii* SN10 in various rice varieties in India. This microbial culture resulted in enhanced IAA and ACC deaminase level providing efficient biofertilizer potential in rice crop production. The presence of IAA and AA deaminase changed root architecture, resulting in improved shoot growth, nodulation, mineral uptake, and nitrogen fixation (Glick 2012).

6.4.2 *Indirect Growth Promotion*

6.4.2.1 Biocontrol

The biocontrol of PGP organisms has always been attributed to various mechanisms such as the production of antimicrobial agents, cell wall degrading enzymes, siderophores, and competition for nutrients (Nadarajah 2016). *Rhizobium* spp. have been known to generate growth properties through solubilization and mineralization, stress management and disease resistance (Biswas et al. 2000a, b; Dakora

2003; Dobbelaere et al. 2003). The rhizobial associations with cereal or grass-like crops can be produced without any nodule-like structures. However, the interactions between graminaceous plants and Rhizobium vary from plant to plant and environment to environment.

Burr and Reid (1994) reported that *R. leguminosarum* bv *viciae* was able to reduce *Rhizoctonia solani* and *Fusarium spp.* spp. infections in both leguminous and non-leguminous plants. Sheath blight disease, caused by *R. solani* in rice, has been successfully inhibited by *R. leguminosarum* bv *phaseoli* RRE6 and *R. leguminosarum* bv *trifolii* ANU843 (Chandra et al. 2007; Mishra et al. 2006). Studies conducted using strains such as *R. leguminosarum bv. trifolii, R. trifolii, R. leguminosarum bv. viciae, R. meliloti,* and *R. vietnamiensis* implicated determinants such as antibiotics and cell wall degrading enzymes as main inhibitors of the phytopathogens (Bardin et al. 2004; Chandra et al. 2007; Ozkoc and Deliveli 2001; Shaukat and Siddqui 2003; Siddiqui and Mahmood 2001; Siddiqui et al. 1998, 2000).

Increasing crop productivity through application of Rhizobia as biocontrols and biofertilizers is one way of increasing income of poor farmers. This technology has been shown to enhance nutrient absorption (P, K, Ca, Mg, and Fe) and at the same time induce systemic resistance within rice plants. Therefore, further research needs to be conducted in understanding how Rhizobia are able to influence nutrient uptake and plant defense mechanisms within rice.

6.4.2.2 Induced Systemic Resistance

Various researchers have reported on the role of Rhizobia in the stimulation of induced systemic resistance (ISR). Their role has been identified in the inhibition of soil-borne pathogenic diseases as well as in the reduction of nematode infestations. The trigger of this immune system is accomplished through the intricate yet complex interaction between various bacterial exudates and compounds and the activation of signal transduction pathways within the plant systems. Most often these pathways are either salicylic acid (SA) dependent or SA independent. As rice has been reported to contain high levels of endogenous SA, the induction of ISR in rice is dependent more on jasmonate (JA) and ethylene (ETH)-dependent pathways. Organisms such as *R. leguminosarum* bv *trifolii*, *R. leguminosarum* bv *phaseoli*, and *R. etli* have been reported to produce biostimulators that are able to induce ISR in plants (Mishra et al. 2006; Peng et al. 2002; Singh et al. 2006; Yanni et al. 2001). *R. leguminosarum* bv *trifolii* ANU843 and *R. leguminosarum* bv *phaseoli* RRE6 produce phenolic acids such as gallic, ferulic, and cinnamic in rice. The production of these phenolic compounds induces systemic resistance and therefore provides protection against pathogenic stresses. In certain cases, the presence of the entire organisms is not necessary in inducing SR. There have been reports that cellular components of Rhizobium can induce ISR through LPS, CLP, and various other derivatives (Lugtenberg and Kamilova 2009; Nadarajah 2016).

6.4.2.3 Rhizobia in Abiotic Resistance

PGPRs have been proven effective in assisting plants cope with stresses in varying environments. Native or indigenous microbes have been selected and studied in their ability to address biotic and abiotic stresses due to their tolerance to these factors (Mrabet et al. 2005). Some of the stresses facing rice plantations are drought, soil salinity, acid or alkali soils, and chemical stress. Each of these factors can affect rice yield as well as affect the microbial population. The response of Rhizobium in legumes has been extensively studied. However in non-legume systems, similar abilities of Rhizobium to alleviate stress have been reported. The ability of Rhizobium and Bradyrhizobium to moderate abiotic stresses has been reviewed in Kulkarni and Nautiyal (2000).

6.4.2.4 Drought Stress

Global warming has resulted in various consequences such as drought and salinization. High temperatures have resulted in altered nodulation efficiencies and reduction in colonization by rhizobia. Rhizobia exposed to hot and dry environments have shown reduced effectiveness in enhancing yield and growth although certain strains are able to tolerate extreme temperatures. Though not all Rhizobia isolates are efficient in arid or semiarid conditions to increase growth and yield, some have shown remarkable positive attributes which makes these isolates a beneficial group of organisms that should be included into sustainable agriculture of rice.

While studies conducted on *R. phaseoli and R. leguminosarum* bv *phaseoli* have shown reduced efficiency in crop nodulation, some of these organisms are known to have adaptive attributes which allows them to cope with stresses through production of proteins such as LPS, EPS, and heat shock proteins (Nandal et al. 2005). Rhizobia are able to withstand arid climates through improved nutrient and water holding capacity in the rhizosphere as a consequence of secreted EPS and catalases. *R. phaseoli* (MR-2), *R. leguminosarum* (LR-30) and *M. ciceri* (CR-30 and CR-39) were able to increase yield and growth in drought prone areas through the production of determinants. One possible reason behind the efficiency of these strains may lie in the ability to produce IAA, which enhances plant root length, and increase water acquisition efficiencies (Hussain et al. 2015).

6.4.2.5 Salt Stress

Salinity is another problem faced by arid and semiarid land. The presence of salt in soil reduces the efficiency of nutrient uptake. In addition, salinity also affects the process of nodulation as in drought. Species of rhizobium, such as *R. meliloti* and *R. fredii* (Zhang et al. 1991), are salt tolerant while most remain sensitive

(*R. leguminosarum*; Chien et al. 1992). The ability to withstand salt stress is facilitated by LPS, protein profiles, and EPS in cells. Salt stress is regulated by several gene families in *Rhizobium* spp. (*R. etli, R. tropici*). As in drought, these organisms are able to withstand soil salinity through the production of chemicals such as IAA, GA, ABA, and CK that promote an increase in root length, root surface area, and nutrient uptake (Egamberdieva and Kucharova 2009). In certain cases, the production of CK together with antioxidants has resulted in the accumulation of ABA which eliminates reactive oxygen species.

Treatment of plants with determinants such as EPS has been reported to increase plant water and salinity resistance due to improvement is soil architecture (Sandhya et al. 2009). In addition to EPS which has the ability to reduce plant absorption of Na+, the production of certain phytohormones such as ABA at high levels has the ability to increase tolerance to salt stress (Naz et al. 2009). It was also reported that rhizobacterial organisms such as Rhizobium that live in extreme conditions such as salt stress and salinity eventually build tolerance to these environments and are able to adapt and function in the capacity as PGPs. In Egypt, an experiment conducted on reclaimed land from the sea showed improved efficacy in rice yield and growth when *R. leguminosarum* bv *trifolii* was applied. This indicates that the higher yield observed in the salinity stress area may be alleviated by the endophytic rhizobial interactions. Similar findings have been observed in pigeon pea with *Bradyrhizobium* spp. and *Rhizobium loti* in chickpea. Hence, it may be beneficial to rice farmers to utilize these organisms especially in areas prone to stresses such as salinity and drought (Yanni and Dazzo 2010, 2015).

6.4.2.6 Soil Acidity

Low pH has its consequence on yield. As in the above stresses, the high proton content in soil also affects the colonization of the roots by beneficial microbes. The low pH results in a drop in calcium and phosphates in the soil which tends to cause crop failure. While acidity may inhibit some strains of soil bacteria, Azorhizobium, Rhizobium, and Bradyrhizobium have been shown to be acid tolerant. As in salinity and drought, determinants such as EPS or polyamines/glutathiones help with acid tolerance. *R. tropici* recruited glutathione while *R. leguminosarum* bv *trifolii* accumulated K and P to facilitate acid tolerance (Muglia et al. 2007; Watkin et al. 2003).

6.4.2.7 Heavy Metal Resistance

Heavy metal negatively impacts the growth of plants and microbes within the environment. In past years, the approach towards handling this heavy metal contamination is called bioremediation. Certain microorganisms have specific pathways that enable them to utilize heavy metals and reduce heavy metal contamination in the environment. These organisms will enable growth of heavy metal free plants despite the presence of heavy metal in their surroundings. Heavy metal individually or in combination adversely affects the genetic diversity and nodulation in *Rhizobium* sp. by affecting the activity of the nod genes (Stan et al. 2011). Determinants such as EPS and LPS have both contributed towards heavy metal resistance in *Rhizobium* spp. (Liu et al. 2001). In addition to the identification of determinants involved, Lakzian et al. (2002) in their research mentioned the role of plasmids in relation to tolerance towards heavy metal. Rhizobium species such as *R. etli, R. meliloti, R. leguminosarum bv. trifolii, R. leguminosarum bv. viciae, B. japonicum,* and *Bradyrhizobium* sp. have been identified as heavy metal-tolerant strains (Kinkle et al. 1994). These microorganisms were able to reduce the toxic heavy metals to nontoxic forms in the soil.

6.4.2.8 Synergism in Rhizobial Colonization

Studies performed on the effect of Rhizobium co-inoculated with mycorrhizae have shown better results than observed when *Rhizobium* spp. were used solely on rice. This indicates that the interaction of both microorganisms and their exudates with those of rice roots have resulted in better absorption of nutrients and thus better yield and growth. Research has shown that numerous PGPs are able to work together with other organisms such as Bacillus, Pseudomonas, Azospirillum, Streptomyces, and Enterobacter species in improving growth in legumes. Similarly, current work has been directed towards the synergistic effect of these microbes and *Rhizobium* spp. towards direct or indirect effects in yield and growth in rice. *Rhizobium* spp. when co-inoculation with the above-mentioned organisms increased phytohormones, vitamins, N_2 fixation, and siderophore production (Cassan et al. 2009; Akhtar et al. 2012; Elkoca et al. 2008). In addition to the factors that directly affect the growth and yield of crops, these organisms have shown influence on inhibiting phytopathogens such as *Fusarium oxysporum* and *R. solani* in rice (Nadarajah 2016). Collectively researchers have shown that co-inoculation shows better performance compared to single inoculum in managing both biotic and abiotic stresses.

6.5 Conclusion

The complexity of plant–microbe interactions, particularly in associative relationships, poses further stiff challenges in working out possible exploitation strategies. The major limitation is the energy diversion and budgeting for an effective and efficient management of biological nitrogen fixation associated with rice. Operation of several mechanisms may occur in determining the extent of associative response of *Rhizobium* spp. on plant growth and yield. Probably, the additive response of the active mechanisms could be responsible for bringing out the overall associative benefits. Thus, a better understanding is necessary of the mechanisms that contribute to better associative relationship between *Rhizobium* spp. and non-legumes, in this case rice. Understanding the rhizobial–rice interaction will enable a judicious management of water, organic matter, and agrochemicals in rice cultivation. Again, large variation will be seen in different strains of Rhizobia, and this interaction is more complex when we include the rice genotype, soil condition, climate, and agricultural management practices employed. Continuous identification of Rhizobia which are able to colonize and contribute positively to rice is essential in addition to understanding the mechanisms that are at play in rhizobia-rice-environment. Therefore, the way forward is to utilize modern developments and fully exploit the technological advancements in understanding and manipulating the associative relationship between Rhizobium–rice. It is, however, too early to predict immediate major advances in genetic manipulation and development of genetically engineered super strains with exceptional capabilities for adoption in the rhizosphere. The knowledge gained so far is too limited to effect a consistent positive interaction between plant and bacteria, let alone the thrust on commercial exploitation of microbial technology, for maximizing the yields.

References

Afzal A, Bano A (2008) Rhizobium and phosphate solubilizing bacteria improve the yield and phosphorus uptake in wheat (*Triticum aestivum* L.). Int J Agric Biol 10:85–88. 07-092/MFA/2008/10–1–85–88

Akhtar N, Qureshi MA et al (2012) Influence of Azotobacter and IAA on symbiotic performance of Rhizobium and yield parameters of lentil. J Agric Res 50:361–372

Al-Mallah MK, Davey MR et al (1989) Formation of nodular structures on rice seedlings by rhizobia. J Exp Bot 40:473–478. doi:10.1007/BF00011323

Al-Mallah MK, Davey MR et al (1990) Nodulation of oilseed rape (*Brassica napus*) by rhizobia. J Exp Bot 41:1567–1572. doi:10.1093/jxb/41.12.1567

Antoun H, Beauchamp CJ et al (1998) Potential of Rhizobium and Bradyrhizobium species as plant growth promoting rhizobacteria on non-legumes: effects on radish (*Raphanus sativus* L.). Plant Soil 204:57–67. doi:10.1023/A:1004326910584

Arora NK, Kang SC et al (2001) Isolation of siderophore producing strains of *Rhizobium meliloti* and their biocontrol potential against *Macrophomina phaseolina* that causes charcoal rot of groundnut. Curr Sci 81:673–677

Atzorn R, Crozier A et al (1988) Production of gibberellins and indole-3-acetic acid by *Rhizobium phaseoli* in relation to nodulation of *Phaseolus vulgaris* roots. Planta 175:532–538. doi:10.1007/BF00393076

Ayyadurai N, Ravindra NP et al (2006) Isolation and characterization of a novel banana rhizosphere bacterium as fungal antagonist and microbial adjuvant in micro propagation of banana. J Appl Microbiol 100:926–937. PMID:16629993

Bardin SD, Huang HC et al (2004) Biological control of Pythium damping-off of pea and sugar beet by *Rhizobium leguminosarum bv. viceae*. Can J Bot 82:291–296

Barraquio WL, Ladha JK et al (1983) Isolation and identification of N_2-fixing Pseudomonas associated with wetland rice. Can J Microbiol 29:867–873. PMID:6418364

Bellone CH, De Bellone SDVC et al (1997) Cell colonization and infection thread formation in sugar cane roots by *Acetobacter diazotrophicus*. Soil Biol Biochem 29:965–967. doi:10.1016/S0038-0717(96)00219-2

Bender GL, Nayudu M et al (1987) Early infection events in the nodulation of the non-legume *Paraponia andersonii* by Bradyrhizobium. Plant Sci 51:285–293. doi:10.1016/0168-9452(87) 90205-6

Bhattacharjee RB, Singh A et al (2008) Use of nitrogen fixing bacteria as biofertiliser for non-legumes: prospects and challenges. Appl Microbiol Biotechnol 80:199–209. PMID:18600321

Bhattacharjee RB, Jourand P et al (2012) Indole acetic acid and ACC deaminase-producing *Rhizobium leguminosarum* bv. trifolii SN10 promote rice growth, and in the process undergo colonization and chemotaxis. Biol Fertil Soils 48:173–182. doi:10.1007/s00374-011-0614-9

Bhattacharyya PN, Jha DK (2012) Plant growth-promoting rhizobacteria (PGPR): emergence in agriculture. World J Microbiol Biotechnol 28:1327–1350. PMID:22805914

Biswas JC, Ladha JK et al (2000a) Rhizobial inoculation improves nutrient uptake and growth of lowland rice. Soil Sci Soc Am J 64:1644–1650. doi:10.2136/sssaj2000.6451644x

Biswas JC, Ladha JK et al (2000b) Rhizobial inoculation influences seedling vigor and yield of rice. Agron J 92:880–886. doi:10.2134/agronj2000.925880x

Boiero L, Perrig D et al (2007) Phytohormone production by three strains of *Bradyrhizobium japonicum* and possible physiological and technological implications. Appl Microbiol Biotechnol 74:874–880. PMID:17136369

Bouman BAM, Peng S et al (2005) Yield and water use of irrigated tropical aerobic rice systems. Agric Water Manag 74:87–105. doi:10.1016/j.agwat.2004.11.007

Bouman BAM, Yang XG et al (2006) Performance of aerobic rice varieties under irrigated conditions in North China. Field Crops Res 97:53–65. doi:10.1016/j.fcr.2005.08.015

Burr JJ, Reid CL (1994) Biological control of grape crown gall with nontumarigenic *Agrobacterium vitis* strain Fe/5. Am J Enol Vitric 45:213–219

Capoen W, Goormachtig S et al (2005) SrSymRK: a plant receptor essential for symbiosome formation. Proc Natl Acad Sci USA 102:10369–10374. doi:10.1073/pnas.0504250102. PMID:16006516

Carson KC, Meyer JM et al (2000) Hydroxamate siderophore of root nodule bacteria. Soil Biol Biochem 32:11–21. doi:10.1016/S0038-0717(99)00107-8

Cassan F, Perrig D et al (2009) *Azospirillum brasilense* Az39 and *Bradyrhizobium japonicum* E109, inoculated singly or in combination, promote seed germination and early seedling growth in corn (*Zea mays* L.) and soybean (*Glycine max* L.). Eur J Soil Biol 45:28–35. doi10.1016/j.ejsobi.2008.08.005

Chabot R, Antoun H et al (1996) Growth promotion of maize and lettuce by phosphate solubilizing *Rhizobium leguminosarum bv. phaseoli*. Plant Soil 184:311–321. doi:10.1077/BF00010460

Chaintreuil C, Giraud E et al (2000) Photosynthetic bradyrhizobia are natural endophytes of the African wild rice *Oryza breviligulata*. Appl Environ Microbiol 66:5437–5447. doi:10.1128/AEM.66.12.5437-5447.2000

Chandra S, Choure K et al (2007) Rhizosphere competent *Mesorhizobium loti* MP6 induces root hair curling, inhibits *Sclerotinia sclerotiorum* and enhances growth of Indian mustard (*Brassica campestris*). Braz J Microbiol 38:128–130. doi:10.1590/S1517-83822007000100026

Chen C, Fan C, Gao M et al (2009) Antiquity and function of CASTOR and POLLUX, the twin ion channel-encoding genes key to the evolution of root symbioses in plants. Plant Physiol 149:306–317. doi:10.1104/pp.108.131540. PMID:18978069

Chi F, Yang P et al (2010) Proteomic analysis of rice seedlings infected by *Sinorhizobium meliloti* 1021. Proteomics 10:1861–1874. PMID:20213677

Chien CT, Chien, J et al (1992) Characterization of salt-tolerant and salt-sensitive mutants of *Rhizobium leguminosarum biovar viciae* strain C1204b FEMS. Microbiol Lett 90:135–140. PMID:1537541

Choudhury ATMA, Khanif YM (2001) Evaluation of effects of nitrogen and magnesium fertilization on rice yield and fertilizer nitrogen efficiency using 15N tracer technique. J Plant Nutr 24:855–871. doi:10.1081/PLN-100103778

Cocking EC (2000) Helping plants get more nitrogen from air. Eur Rev 8(2):193–200. doi:10.1017/S1062798700004762

Cocking EC, Webser G et al (1994) Nodulation of non-legume crops. A new look. Agro-Food-Industry Hi-Tech, January/February, pp 21–24

Dakora FD (2003) Defining new roles for plant and rhizobial molecules in sole and mixed plant cultures involving symbiotic legumes. New Phytol 158:39–49. doi:10.1046/j.1469-8137.2003.00725.x

Davies PJ (1995) Plant hormones: physiology, biochemistry, and molecular biology. Kluwer Academic Publishers, London, pp 6–7

Dazzo FB, Yanni YG et al (2000) Progress in multinational collaborative studies on the beneficial association between *Rhizobium leguminosarum bv. trifolii* and rice. In: Ladha JK, Reddy PM et al (eds) The quest for nitrogen fixation in rice. IRRI, Los Banos, pp 167–189

Dazzo FB, Yanni YG et al (2005) Recent studies on the *Rhizobium* cereal association. In: Wang YP, Lin M, Tian ZX, Elmericj C, Newton WE (eds) Biological nitrogen fixation: sustainable agriculture and the environment. Proceedings of the 14th international nitrogen fixation congress. Springer, Dordrecht, pp 379–380

Deubel A, Gransee A et al (2000) Transformation of organic rhizodeposits by rhizoplane bacteria and its influence on the availability of tertiary calcium phospate. J Plant Nutr Soil Sci 163 (4):387–392. ISSN:1436-8730. doi:10.1002/1522-2624(200008)163:4<387::AID-JPLN387>3.0.CO;2-K

Dobbelaere S, Croomenborghs A et al (2001) Responses of agronomically important crops to inoculation with Azospirillum. Aust J Plant Physiol 28:871–879. doi:10.1071/PP01074

Dobbelaere S, Vanderleyden J et al (2003) Plant growth promoting effects of diazotrophs in the rhizosphere. Crit Rev Plant Sci 22:107–149. doi:10.1080/713610853

Duan J, Muller KM et al (2009) 1-Aminocyclopropane-1carboxylate (ACC) deaminase gene in Rhizobium from Southern Saskatchewan. Microbial Ecol 57:423–436. PMID:18548183

Egamberdieva D, Kucharova Z (2009) Selection for root colonising bacteria stimulating wheat growth in saline soils. Biol Fertil Soils 45:563–571

Elkoca E, Kantar F et al (2008) Influence of nitrogen fixing and phosphorus solubilizing bacteria on the nodulation, plant growth and yield of chickpea. J Plant Nutr 31:157–171. doi:10.1080/01904160701742097

Engelhard M, Hurek T et al (2000) Preferential occurrence of diazotrophic endophytes, *Azoarcus spp*., in wild rice species and land races of *Oryza sativa* in comparison with modern races. Environ Microbiol 2:131–141. PMID:11220300

Glick BR (2012) Plant growth-promoting bacteria: mechanisms and applications. Scientifica Article ID:963401. doi:10.6064/2012/963401

Glick BR (2014) Bacteria with ACC deaminase can promote plant growth and help to feed the world. Microbiol Res 169:30–39. doi:10.1016/j.micres.2013.09.009

Gopalakrishnan S, Sathya A et al (2015) Plant growth promoting rhizobia: challenges and opportunities. Biotech 5:355–377. doi:10.1007/s13205-014-0241-x

Gough C, Webster G et al (1996) Specific flavonoids stimulate intercellular colonization of nonlegumes by *Azorhizobium caulinodans*. In: Stacey G, Mullin B, Gresshoff PM (eds) Biology of plant microb interactions. International Society for Molecular Plant-Microbe Interactions, Minnesota, pp 409–415

Gutiérrez-Zamora ML, Martínez-Romero E (2001) Natural endophytic association between *Rhizobium etli* and maize (*Zea mays* L.). J Biotechnol 91:117–126. PMID:11566384

Hafeez FY, Hassan Z et al (2008) *Rhizobium leguminosarum bv. viciae* strain LC–31: analysis of novel bacteriocin and ACC-deaminase gene(s). In: Dakora FD, Chimphango SBM, Valentine AJ, Elmerich C, Newton WE (eds) Biological nitrogen fixation: towards poverty alleviation through sustainable agriculture. Springer, Dordrecht, pp 247–248

Hossain M, Fischer KS (1995) Rice research for food security and sustainable development in Asia: achievements and future challenges. GeoJournal 35(3):286–298. doi:10.1007/BF00989136

Hurek TB, Reinhold-Hurek M et al (1994) Root colonization and systemic spreading of *Azoarcus sp*. strain BH72 in grasses. J Bacteriol 176:1913–1923

Hussain MB, Mehboob I et al (2009) Potential of *Rhizobium spp.* for improving growth and yield of rice (*Oryza sativa* L.). Soil Environ 28(1):49–55
Hussain A, Shah ST et al (2015) Effect of IAA on in vitro growth and colonization of Nostoc in plant roots. Front Plant Sci 5:6–46. doi:10.3389/fpls.2015.00046. eCollection
Ishizuka J (1992) Trends in biological nitrogen fixation research and application. Plant Soil 141:197–209. doi:10.1007/BF00011317
Jain V, Gupta K (2003) The flavonoid naringen enhances intercellular colonization of rice roots by *Azorhizobium caulinodans*. Biol Fertil Soils 38:119–123. doi:10.1007/s00374-003-0599-0
James EK, Gyaneshwar P et al (2000) In: Ladha JK, Reddy PM (eds) The quest for nitrogen fixation in rice. IRRI, Manila, pp 119–140
Khiari L, Parent LE (2005) Phosphorus transformations in acid light-textured soils treated with dry swine manure. Can J Soil Sci 85(1):75–87. doi:10.4141/S03-049
Khush GS, Bennet J (1992) Nodulation and nitrogen fixation rice: potential and prospect. International Rice Research Institute Press, Mannila, p 136
Kinkle BK, Sadowsky MJ et al (1994) Tellurium and selenium resistance in rhizobia and its potential use for direct isolation of *Rhizobium meliloti* from soil. Appl Environ Microbiol 60:1674–1677. PMID:PMC201536
Kulkarni S, Nautiyal CS (2000) Effects of salt and pH stress on temperature tolerant *Rhizobium sp.* NBRI330 nodulating *Prosopis juliflora*. Curr Microbiol 40:221–226. PMID:10688689
Ladha JK, Reddy PM (1995) Extension of nitrogen fixation to rice – necessity and possibilities. GeoJournal 35:363–372
Lakzian A, Murphy P et al (2002) *Rhizobium leguminosarum bv. viciae* populations in soils with increasing heavy metal contamination: abundance, plasmid profiles, diversity and metal tolerance. Soil Biol Biochem 34:519–529. doi:10.1016/S0038-0717(01)00210-3
Lemanceau P, Expert D et al (2009) Role of iron in plant-microbe interactions. Adv Bot Res 51:491–549. doi:10.1016/S0065-2296(09)51012-9
Liu Y, Lam MC et al (2001) Adsorption of heavy metals by EPS of activated sludge. Water Sci Technol 43:59–66. PMID:11381973
Lugtenberg B, Kamilova F (2009) Plant growth promoting rhizobacteria. Ann Rev Microbiol 63:541–556. PMID:19575558
Ma W, Guinel FC et al (2003a) The *Rhizobium leguminosarum bv. viciae* ACC deaminase protein promotes the nodulation of pea plants. Appl Environ Microbiol 69:4396–4402. PMID:12902221
Ma W, Sebestianova S et al (2003b) Prevalence of 1-aminocyclopropaqne-1-carboxylate in deaminase in Rhizobiaum sp. Antonie Van Leeuwenhoek 83:285–291. doi:10.1023/A:1023360919140
Ma W, Charles TC et al (2004) Expression of an exogenous 1 aminocyclopropane-1-carboxylate deaminase gene in *Sinorhizobium meliloti* increases its ability to nodulate alfalfa. Appl Environ Microbiol 70:5891–5897. PMID:15466529
Matiru VN, Dakora FD (2004) Potential use of rhizobial bacteria as promoters of plant growth for increased yield in landraces of African cereal crops. Afr J Biotechnol 3(1):1–7
Mauseth JD (1991) Botany: an introduction to plant biology. Saunders, Philadelphia, pp 348–415
McCully ME (2001) Niches for endophytes in crop plants: a plant biologist view. Aust J Plant Physiol 28:983–990
Mehboob I, Naveed M et al (2012) Potential of rhizobia for sustainable production of non-legumes. In: Ashraf M, Öztürk M, Ahmad M, Aksoy A (eds) Crop production for agricultural improvement. Springer, Netherlands, pp 659–704
Mia MAB, Shamsuddin ZH et al (2005) High-yielding and quality banana production through plant growth promoting rhizobacterial inoculation. Fruits 60:179–185
Mishra RPN, Singh RK et al (2006) Rhizobium-mediated induction of phenolics and plant growth promotion in rice (*Oryza sativa* L.). Curr Microbiol 52:383–389. PMID:16586021

Molla AH, Shamsuddin ZH et al (2001) Mechanism of root growth and promotion of nodulation in vegetable soybean by *Azospirillum brasilense*. Commun Soil Sci Plant Anal 32:2177–2187. doi:10.1081/CSS-120000276

Mrabet M, Mhamdi R et al (2005) Competitiveness and symbiotic effectiveness of a *R. gallicum* strain isolated from root nodules of *Phaseolus vulgaris*. Eur J Agron 22:209–216. doi:10.1016/j.eja.2004.02.006

Muglia CI, Grasso DH et al (2007) *Rhizobium tropici* response to acidity involves activation of glutathione synthesis. Microbiology 153:1286–1296. PMID:17379738

Nadarajah K (2016) Induced systemic resistance in rice. In: Choudhary KD, Varma A (eds) Microbial-mediated induced systemic resistance in plants. Springer, Singapore, pp 103–124. doi:10.1007/978-981-10-0388-2_7

Nahas E (1996) Factors determining rock phosphate solubilization by microorganism isolated from soil. World J Microbiol Biotechnol 12:18–23. doi:10.1007/BF00327716

Naidu VSGR, Panwar JDS et al (2004) Effect of synthetic auxins and *Azorhizobium caulinodans* on growth and yield of rice. Ind J Microbiol 44:211–213

Nandal K, Sehrawat AR et al (2005) High temperature-induced changes in exo-polysaccharides, lipopolysaccharides and protein profile of heat-resistant mutants of *Rhizobium sp.* (Cajanus). Microbiol Res 160:367–373. PMID:16255141

Naz I, Bano A, Tamoor-ul-Hassan (2009) Isolation of phytohormones producing plant growth promoting rhizobacteria from weeds growing in Khewra salt range, Pakistan and their implication in providing salt tolerance to *Glycine max* L. Afr J Biotechnol 8(21):5762–5766

Okazaki S, Sugawara M et al (2004) *Bradyrhizobium elkanii rtxC* gene is required for expression of symbiotic phenotypes in the final step of rhizobitoxine biosynthesis. Appl Environ Microbiol 70:535–541. doi:10.1128/AEM.70.1.535-541.2004

Ozkoc I, Deliveli MH (2001) In vitro inhibition of the mycelial growth of some root rot fungi by *Rhizobium leguminosarum* biovar phaseoli isolates. Turk J Biol 25:435–445

Patten CL, Glick BR (1996) Bacterial biosynthesis of indole-3-acetic acid. Can J Microbiol 42:207–220. PMID:8868227

Peng S, Biswas JC et al (2002) Influence of rhizobial inoculation on photosynthesis and grain yield of rice. Argon J 94:925–929. doi:10.2134/agronj2002.9250

Perrine FM, Prayitno J et al (2001) Rhizobium plasmids are involved in the inhibition or stimulation of rice growth and development. Aust J Plant Physiol 28:923–937

Perrine FM, Hocart CH et al (2005) Plasmid associated genes in the model micro-symbiont *Sinorhizobium meliloti* 1021 affect the growth and development of young rice seedlings. Environ Microbiol 7:1826–1838. PMID:16232297

Perrine-Walker FM, Prayitno J et al (2007) Infection process and the interaction of rice roots with rhizobia. J Exp Bot 58:3343–3350. doi:10.1093/jxb/erm181. PMID:17925300

Pieterse CMJ, Van Wees SCM et al (2002) Signaling in rhizobacteria-induced systemic resistance in *Arabidopsis thaliana*. Plant Biol (Stuttgart) 4:535–544. doi:10.1055/s-2002-35441

Prayitno J, Stefaniak J et al (1999) Interactions of rice seedlings with bacteria isolated from rice roots. Aust J Plant Physiol 26:521–535. doi:10.1071/PP98090

Rajagopal BS, Belay N et al (1988) Isolation and characterization of methanogenic bacteria from rice paddies. FEMS Microbiol Ecol 53:153–158

Rajkumar M, Ae N et al (2010) Potential of siderophore-producing bacteria for improving heavy metal phytoextraction. Trends Biotechnol 28:142–149. PMID:20044160

Rao VR, Adhya TK (1994) Bacterial nitrogen fixation associated with rice ecosystem. In: Kannaiyan S (ed) Rice management biotechnology. Associated Publishing Co., New Delhi, pp 321–327. ISBN:81-85211-39-6

Reddy PM, Ladha JK et al (1997) Rhizobial communication with rice roots: induction of phenotypic changes, mode of invasion and extent of colonization. Plant Soil 194:81–98. doi:10.1023/A:1004243915997

Reddy PM, Hernandez-Oane RJ et al (2000) Exploring the genetic potential of rice for forming symbiotic associations with rhizobia. In: Pedrosa FO, Hungria M, Yates MG, Newton WE (eds) Nitrogen fixation: from molecules to crop productivity. Kluwer Academic Publishers, Dordrecht, pp 331–332. doi:10.1007/0-306-47615-0_176

Reinhold B, Hurek T (1988) Location of diazotrophs in the root interior with special attention to the Kallar grass association. Plant Soil 110:259–268

Ridge RW, Ride KM et al (1993) Nodule-like structures induced on the roots of rice seedlings by addition of the synthetic auxin 2,4-dichlorophenoxyacetic acid. Aust J Plant Physiol 20:705–717. doi:10.1071/PP9930705

Rolfe BG, Djordjevic MA et al (1997) Root morphogenesis in legumes and cereals and the effect of bacterial inoculation on root development. Plant Soil 194:131–144

Sagoe CIT, Ando K et al (1998) Relative importance of protons and solution calcium concentration in phosphate rock dissolution by organic acids. Soil Sci Plant Nutr 44:617–625

Saikia R, Kumar R et al (2006) *Pseudomonas aeruginosa* inducing rice resistance against *Rhizoctonia solani*: production of salicylic acid and peroxidases. Folia Microbiol 51 (5):375–380. doi:10.1007/BF02931579

Salimpour S, Khavazi K et al (2010) Enhancing phosphorous availability to canola (*Brassica napus* L.) using P solubilizing and sulfur oxidizing bacteria. Aust J Crop Sci 4(5):330–334

Salmeron V, Martinez-Toledo MV et al (1990) Nitrogen fixation and production of auxins gibberellins and cytokinins by an *Azotobacter chrococcum* strain isolated from the root of *Zea mays* in the presence of insoluble phosphate. Chemosphere 20:417–422. doi:10.1016/0045-6535(90)90072-2

Sandhya V, Ali SZ et al (2009) Alleviation of drought stress effects in sunflower seedlings by exopolysaccharides producing *Pseudomonas putida* strain P45. Biol Fertil Soil 46:17–26. doi:10.1007/s00374-009-0401-z

Senthilkumar M, Madhaiyan M et al (2009) Intercellular colonization and growth promoting effects of *Methylobacterium sp.* with plant-growth regulators on rice (*Oryza sativa* L. CvCO-43). Microbiol Res 164:92–104. doi:10.1016/j.micres.2006.10.007

Sessitsch A, Reiter B et al (2002) Cultivation independent population analysis of bacterial endophytes in three potato varieties based on eubacterial and Actinomycetes specific PCR of 16S rRNA genes. FEMS Microbiol Ecol 39:23–32. doi:10.1111/j.1574-6941.2002.tb00903.x

Shaukat SS, Siddqui IA (2003) The influence of mineral and carbon sources on biological control of charcoal rot fungus, *Macrophomina phaseolina* by fluorescent pseudomonads in tomato. Lett Appl Microbiol 36:392–398. PMID:12753248

Siddiqui ZA, Mahmood I (2001) Effects of rhizobacteria and root symbionts on the reproduction of *Meloidogyne javanica* and growth of chickpea. Bioresour Technol 79:41–45. PMID:11396906

Siddiqui IA, Ehteshamul-Haque S et al (1998) Effect of rhizobia and fungal antagonists in the control of root infecting fungi on sunflower and chickpea. Pak J Bot 30:279–286

Siddiqui IA, Ehteshamul-Haque S et al (2000) Effect of urea on the efficacy of *Bradyrhizobium sp.* and *Trichoderma harzianum* in the control of root infecting fungi in mungbean and sunflower. Sarhad J Agric 16:403–406

Singh RK, Mishra RPN et al (2006) Isolation and identification of natural endophytic rhizobia from rice (*Oryza sativa* L.) through rDNA PCR-RFLP and sequence analysis. Curr Microbiol 52:345–349. PMID:16586025

Skrary FA, Cameron DC (1998) Purification and characterization of a *Bacillus licheniformis* phosphatase specific for D-alphaglycerphosphate. Arch Biochem Biophys 349:27–35. PMID:9439579

Souza R, Beneduzi A et al (2013) The effect of plant growth-promoting rhizobacteria on the growth of rice (*Oryza sativa* L.) cropped in southern Brazilian fields. Plant Soil 366:585–603. doi:10.1007/s11104-012-1430-1

Souza R, Meyer J et al (2014) Characterization of plant growth-promoting bacteria associated with rice cropped in iron-stressed soils. Ann Microbiol 65:951–964. doi:10.1007/s13213-014-0939-3

Stan V, Gament E et al (2011) Effects of heavy metal from polluted soils on the Rhizobium diversity. Not Bot Hort Agrobot Cluj 39:88–95. doi:10.15835/nbha3916081

Stein RJ, Duarte GL et al (2009) Distinct physiological responses of two rice cultivars subjected to iron toxicity under field conditions. Ann Appl Biol 154:269–277. doi:10.1111/j.1744-7348.2008.00293.x

Surange S, Wollum AGN et al (1995) Characterization of Rhizobium from root nodules of leguminous trees growing in alkaline soils. Can J Microbiol 43:891–894
Tao G, Tian S et al (2008) Phosphate solubilizing and mineralizing abilities of bacteria isolated from soils. Pedosphere 18:515–523
Uchiumi T, Oowada T et al (2004) Expression islands clustered on symbiosis island of *Mesorhizobium loti* genome. J Bacteriol 186:2439–2448. PMID:15060047
Verma JP, Yadav J et al (2004) Evaluation of plant growth promoting activities of microbial strains and their effect on growth and yield of chickpea (*Cicer arietinum* L.) in India. Soil Biol Biochem 70:33–37. doi:10.1016/j.soilbio.2013.12.001
Vessey KJ (2003) Plant growth promoting rhizobacteria as biofertilizers. Plant Soil 255:571–586. doi:10.1023/A:1026037216893
Watkin ELJ, O'Hara GW et al (2003) Physiological responses to acid stress of an acid-soil tolerant and an acid-soil sensitive strain of *Rhizobium leguminosarum biovar trifolii*. Soil Biol Biochem 35:621–624. doi:10.1016/S0038-0717(03)00012-9
Weyens N, van der Lelie D et al (2009) Phytoremediation: plant-endophyte partnerships take the challenge. Curr Opin Biotechnol 20:248–254. PMID:19327979
Whitelaw MA (2000) Growth promotion of plants inoculated with phosphate solubilizing fungi. Adv Agron 69:99–151. doi:10.1016/S0065-2113(08)60948-7
Wilson PW, Burris RH (1947) The mechanism of biological nitrogen fixation. Bacteriol Rev 11 (1):41–73. PMCID:PMC440909
Yanni YG, Dazzo FB (2010) Enhancement of rice production using endophytic strains of *Rhizobium leguminosarum bv. trifolii* in extensive field inoculation trials within the Egypt Nile delta. Plant Soil 336:129–142. doi:10.1007/s11104-010-0454-7
Yanni YG, Dazzo FB (2015) Occurrence and ecophysiology of the natural endophytic Rhizobium–Rice Association and Translational Assessment of its biofertilizer performance within the Egypt Nile Delta. In: de Bruijn FJ (ed) Biological nitrogen fixation. Wiley, Hoboken, NJ. doi:10.1002/9781119053095.ch111
Yanni YG, Rizk RY et al (1997) Natural endophytic association between *Rhizobium leguminosarum bv. trifolii* and rice roots and assessments of its potential to promote rice growth. Plant Soil 194:99–114. doi:10.1023/A:1004269902246
Yanni YG, Rizk RY et al (2001) The beneficial plant growth promoting association of *Rhizobium leguminosarum bv. trifolii* with rice roots. Aust J Plant Physiol 28:845–870. doi:10.1071/PP01069
Yoo ID, Fujii T et al (1986) Dinitrogen fixation of rice-Klebsiella associations. Crop Sci 26:297–301. doi:10.2135/cropsci1986.0011183X002600020018x
You CB, Zhou FY (1989) Non-nodular endorhizospheric nitrogen fixation in wetland rice. Can J Microbiol 35:403–408
Zhang XP, Karsisto M et al (1991) Diversity of Rhizobium bacteria isolated from the root nodules of leguminous trees. Int J Syst Evol Bacteriol 41:104–113

Chapter 7
Plant Growth-Promoting *Rhizobium*: Mechanisms and Biotechnological Prospective

Anita Patil, Ankit Kale, Gaurav Ajane, Rubina Sheikh, and Surendra Patil

7.1 Introduction

The use of microbial agents for improving agriculture productivity depends on soil and plant health. Usually, the rhizospheric soil, inhabited and influenced by plant roots, is rich in nutrients, due to accumulation of amino acids, organic acid, fatty acids, phenols, plant growth regulators, sterols, sugars, and vitamins released as exudates, secretion, and deposition (Gopalakrishnan et al. 2015). The accumulation of simple and complex natural matter results in enrichment of soil (10–100-fold). Microbial flora includes bacteria, fungus, and algae along with protozoa, among which rhizospheric bacteria significantly influenced the plant growth. Rhizospheric bacteria can be further categorized according to their proximity and association with roots: (1) bacteria, which live near to root surfaces (rhizosphere); (2) group of bacteria colonizing the root surfaces (rhizoplane); (3) group of bacteria entering inside and residing in root tissues, inhabiting spaces between cortical cells (endophytes); and (4) group of bacteria living inside cells in specialized root structures known as root nodules.

The bacterial group belonging to these classes are referred to as plant growth-promoting rhizobacteria (PGPR). Bacteria belonging to categories 1–3 are further classified as extracellular plant growth-promoting rhizobacteria (ePGPR) and category 4 as intracellular PGPR (iPGPR). The ePGPR includes the genera *Bacillus, Pseudomonas, Erwinia, Caulobacter, Serratia, Arthrobacter, Micrococcus,*

A. Patil (✉) • A. Kale • G. Ajane • R. Sheikh
Department of Biotechnology, Sant Gadge Baba Amravati University, Amravati, Maharashtra 444602, India
e-mail: anitapatil@sgbau.ac.in

S. Patil
College of Horticulture, Dr. Panjabrao Deshmukh Krishi Vidyapeeth, Akola, Maharashtra 444104, India

A.P. Hansen et al. (eds.), *Rhizobium Biology and Biotechnology*, Soil Biology 50,
DOI 10.1007/978-3-319-64982-5_7

Flavobacterium, Chromobacterium, Agrobacterium, and *Hyphomicrobium*, whereas iPGPR includes the genera *rhizobium, Bradyrhizobium, Sinorhizobium, Azorhizobium, Mesorhizobium*, and *Allorhizobium* (Gopalakrishnan et al. 2015). They are reported as the nonpathogenic soil-borne microorganisms which can promote plant growth, yield, and increased disease resistance. As the plant growth promotion considered being the results of improved and balance nutrient mobilization, along with hormone and metabolite production by plant growth-promoting rhizobia. They are the soil bacteria inhabiting around/on the root surface and are directly or indirectly involved in plant growth promotion in normal and stressed conditions.

The increased disease suppression can occur through microbial antagonistic mechanisms or the induction of systemic resistance (ISR) or systemic acquired resistance (SAR) in plants. Due to the use of PGPR, the global demand and dependence on hazardous agricultural chemicals, which disturbs the agro-ecosystem balance, were reduced drastically. The known species of *Rhizobium* (*Rhizobium, MesoRhizobium, BradyRhizobium, AzoRhizobium, AlloRhizobium*, and *SinoRhizobium*) have been widely used for effective establishment of the nitrogen-fixing symbiosis with leguminous crop plants (Bottomley and Maggard 1990). *Rhizobium* spp. are gram-negative soil bacteria that have a profound scientific and agronomic significance due to their ability to establish nitrogen-fixing symbiosis with leguminous plants, which is of major importance in the maintenance of soil fertility (Somasegaran and Hoben 1994). *Rhizobium* promotes growth by direct and indirect mechanisms (Tables 7.1 and 7.2).

7.2 Direct Promotions

7.2.1 Nitrogen Fixation

The various biochemical reactions of BNF occurred through symbiotic association of N_2-fixing microorganisms with legumes that convert atmospherical elemental nitrogen (N_2) into ammonia (NH_3). Rhizobia are soil bacteria that colonize legume roots and induce nodules in which atmospheric nitrogen is converted into plant-available compounds. The number and diversity of indigenous rhizobia in the rhizosphere depend on a number of abiotic and biotic factors and proximity to other organisms (Karas et al. 2015). Various *Rhizobium* species, including *Mesorhizobium, Bradyrhizobium, Azorhizobium, Allorhizobium*, and *Sinorhizobium*), are in intimate symbiotic association with leguminous plants due to the chemotactic response to flavonoid metabolites released as signals by host plant. Such behavior results in the induction and expression of nodulation (nod) genes in *Rhizobium* species and leads to specific lipo-chitooligosaccharide signals (LCO), which trigger mitotic cell division and lead to the formation of nodules (Matiru and Dakora 2004). The nodulation on leguminous plants depends upon

Table 7.1 Rhizobia as plant growth promoters—direct mechanisms

Rhizobium sp./Growth promoting traits	Activity	References
N_2 fixation		
Bradyrhizobium sp. (vigna)RM8	Enhanced the nodule numbers, leghemoglobin, yield with high protein content along with shoot, root, and soil nitrogen	Wani et al. (2007a)
Mesorhizobium sp. RC3	Higher dry matter accumulation, more number of nodules, yield with high protein content and enhanced shoot, root, and soil nitrogen	Wani et al. (2008)
Rhizobium sp. RP5	More dry matter accumulation, more nodule, with high yield and protein content (P)	Wani et al. (2007b)
Rhizobium leguminosarum strain MRP1	Enhanced growth, nodulation, and leghemoglobin content, increased N2 and P, high yield and seed protein content	Ahemad and Khan (2010a)
Mesorhizobium strain MRC4	Significant increase in nodulation and leghemoglobin content, along with higher shoot and root nitrogen and phosphate content	Ahemad and Khan (2009a, 2010c)
Siderophore production		
B. Japonicum	Siderophore production	Wittenberg et al. (1996)
R. ciceri	Siderophore production	Berraho et al. (1997)
Rhizobium BICC 651	Produced a catechol siderophore to acquire iron under iron-poor condition	Datta and Chakrabartty (2014)
Rhizobium meliloti	Siderophore-producing strains and act as potential biocontrol agent against *Macrophomina phaseolina* that causes charcoal rot of groundnut Siderophore production from "Stem nodule of *Aeschynomene indica*" (weed legume)	Ghorpade and Gupta (2016)
Rhizobium nepotum	Siderophore production for plant growth	Naik and Dubey (2011)
Phytohormone production		
Mesorhizobium ciceri	IAA production	Wani et al. (2007c)
Rhizobium leguminosarum	IAA production	Dey et al. (2004)
Rhizobium leguminosarum	Cytokinin	Noel et al. (1996)

(continued)

Table 7.1 (continued)

Rhizobium sp./Growth promoting traits	Activity	References
PHB production		
B. japonicum	*nif*H, *nif*DK structural gene responsible for nitrogenase activity to fix and produce massive PHB accumulates	Hahn et al. (1984)
Rhizobium elti, Pseudomonas stutzeri	Production of poly-β-hydroxybutyric acid (PHB)	Belal (2013)
Sinorhizobium leguminosarum bv. viciae, R. leguminosarum bv. leguminosarum	Produces polyhydroxy butyrate (PHB) in sludge and in industrial wastewater	Rebah et al. (2009)
Rhizobium ORS571	Large amounts of PHB are induced under conditions of oxygen limitation	Stam et al. (1986)
Mesorhizobium spp.	Exopolysaccharide secretion	Ahemad and Khan (2009a)
Phosphate solubilization		
Mesorhizobium mediterraneum	Enhance growth and phosphate content in chickpea plant	Peix et al. (2001)
Rhizobium and *Bradyrhizobium*	P solubilization, produce high level of acid phosphatases, reduce pH of medium	Abd-Alla (1994)
R. leguminosarum *R. meliloti*	Production of 2-ketogluconic acid with P-solubilizing ability	Halder and Chakrabarty (1993)
Heavy metal mobilization		
(*Rhizobium* RL9)	Increase growth, nodulation, nitrogen, leghemoglobin yield in lentil plant against Pb and Ni metals	Wani and Khan (2012, 2013)
R. leguminosarum	Enhance plant growth and biomass in maize against Pb	Hadi and Bano (2010)
S. meliloti	Enhance biomass in black medic against Cu	
ACC deaminase		
R. japonicum, B. elkani, M. loti, R. leguminosarum, Sinorhizobium spp.	Produce high level of ACC deaminase	Subramanium et al. (2015)
R. leguminosarum bv. *trifolii* SN10	Produces indole acetic acid and ACC deaminase which enhances rice growth	Philippe et al. (2012)

diverse factors such as plant–bacterial symbiont compatibility, physical and chemical composition of soil, and presence of differing bioactive molecules, viz., flavonoids, polysaccharides, and hormones associated with them (Hayat et al. 2010). Rhizobial infection occurs when bacteria enter into the root in a host-controlled manner and are then trapped inside the cavity of curling roots (Fig. 7.1).

The N_2 fixation process is carried out by enzyme, the nitrogenase complex (Kim and Rees 1994), which is a two-component metalloenzyme consisting of

Table 7.2 Rhizobia as plant growth promoters—indirect mechanisms

Rhizobium species/Growth promoting traits	Activity	References
Biocontrol		
R. leguminosarum bv. trifolii, R. leguminosarum bv. viciae, R. meliloti, R. trifolii	Secretion of antibiotics and cell wall-degrading enzymes that inhibit phytopathogens	Chandra et al. (2007), Siddiqui and Mahmoud (2001), Siddiqui et al. (1998, 2000)
P. fluorescens and *S. meliloti*	Biocontrol agents to suppress pathogens in Alfalfa	Villacieros et al. (2003)
B. japonicum, R. meliloti, and R. leguminosarum	Biocontrol against pathogens such as *Macrophomina phaseolina, Rhizoctonia solani, Fusarium solani* of Okra and sunflower	Ehteshamul-Haque and Ghaffar (1993), Ozkoc and Deliveli (2001), Siddiqui and Shaukat (2003)
Induce systemic resistance		
Rhizobial strain RH 2	Defense-related enzymes, *viz*., L-phenylalanine ammonia lyase (PAL), peroxidase (POX), and polyphenol oxidase (PPO) level, get increased which decreases the production of 1,3-glucanase and polymethyl galacturonase by the pathogen	Dutta et al. (2008)
Rhizobium leguminosarum bv. *viceae* FBG05	Induction of systemic resistance in faba bean (*Vicia faba* L.) against bean yellow mosaic potyvirus (BYMV)	Elbadry et al. (2006)
Rhizobium etli G12	*Rhizobium* etli G12 reduces early root infection by the potato cyst nematode *Globodera pallida*	Hasky-Gunther et al. (1998)
Rhizobium strain	Systemic resistance (ISR) is induced in bean (*Phaseolus vulgaris* L.) mediated by rhizobacteria against bean rust caused by *Uromyces appendiculatus*	Osdaghi et al. (2009)
Production of metabolites (volatile and nonvolatile antibiotics)		
R. leguminosarum bv. trifolii, R. leguminosarum bv. viciae, R. meliloti, R. trifolii	Secretion of antibiotics and cell wall-degrading enzymes that inhibit phytopathogens	Chandra et al. (2007), Ozkoc and Deliveli (2001), Siddiqui and Shaukat (2003), Siddiqui and Mahmoud (2001), Siddiqui et al. (1998, 2000)
HCN production		
Mesorhizobium sp.	HCN production	Wani et al. (2008)
Mesorhizobium loti MP6	HCN hydrocyanic acid production along with siderophore, IAA, enhances the seed and plant growth	Chandra et al. (2007)

(continued)

Table 7.2 (continued)

Rhizobium species/Growth promoting traits	Activity	References
Rhizobium species	HCN production	Abd-Alla (1994), Tank and Saraf (2010)
Bradyrhizobium sp.	IAA, HCN, ammonia, siderophores, exopolysaccharides	Ahemad and Khan (2011c, d, e, 2012b)
Lytic enzymes		
Rhizobium stain	Produce enzymes including chitinases, cellulases, ß-1,3 glucanases, proteases, and lipases that can lyse a portion of the cell walls of many pathogenic fungi	Frankowski et al. (2001), Kim et al. (2008), Singh et al. (1999)
Abiotic stress		
R. tropici co-inoculated with Paenibacillus polymyxa	Enhancement of plant height, increase in shoot dry weight and nodule number (drought stress)	Figueiredo et al. (2008)
Mesorhizobium spp.	Overproduction of 60 kDa unknown protein (temperature stress)	Rodrigues et al. (2006)
Rhizobium phaseoli	Overcome the adverse effect of salinity in the presence of tryptophan, increase nodulation and yield	Zahir et al. (2010)
R. loti and *Bradyrhizobium*	*R. loti* multiplied at pH 4.5, but *Bradyrhizobium* strains failed to multiply at that pH	Cooper et al. (1985)
R. tropici, R. meliloti, and R. loti	*R. tropici* and *R. loti* are moderately acid tolerant and *R. meliloti* is very sensitive to acid stress	Vlassak and Vandurleyden (1997), Tiwari et al. (1992), Brockwell et al. (1991)
Rhizobial strain	Acid-tolerant alfalfa-nodulating strains of rhizobia, isolated from acidic soils, were able to grow at pH 5.0 and formed nodules in alfalfa with a low rate of nitrogen fixation	Del Papa et al. (1999)
Bradyrhizobium	The fast-growing strains of rhizobia are less tolerant to acid pH than slow-growing strains of *Bradyrhizobium*	Graham et al. (1994)
R. meliloti	Mutant strains of *R. meliloti are* competitive with naturalized alfalfa rhizobia and symbiotically effective under drought stress	Athar and Johnson et al. (1996)

(continued)

Table 7.2 (continued)

Rhizobium species/Growth promoting traits	Activity	References
Heavy metal stress		
Rhizobium sp.	Greater accumulation of HM in nodules than roots and shoots	Younis (2007)
Bradyrhizobium RM8	Enhance growth performance	Wani et al. (2007a, b)
R. leguminosarum	Enhance plant growth and biomass	Hadi and Bano (2010)
Pesticide tolerance		
Rhizobium MRP1	Enhanced biomass (Herbicide Quizalafo-p-ethyl)	Ahemad and Khan (2010a, b)
Rhizobium MRL3	Leghemoglobin content, root and shoot N, root and shoot P, seed yield, and seed protein (Herbicide Clodinafop)	Ahemad and Khan (2010a, b)
Rhizobium MRP1	Concentration-dependent progressive decline in PGP substances except exopolysaccharides Fungicide Hexaconazole)	Ahemad and Khan (2011a, 2012a)
Rhizobium strain MRL3	Exploited as a bio-inoculant to augment the efficiency of lentil exposed to insecticide-stressed soil insecticidal)	Ahemad and Khan (2011a, b)

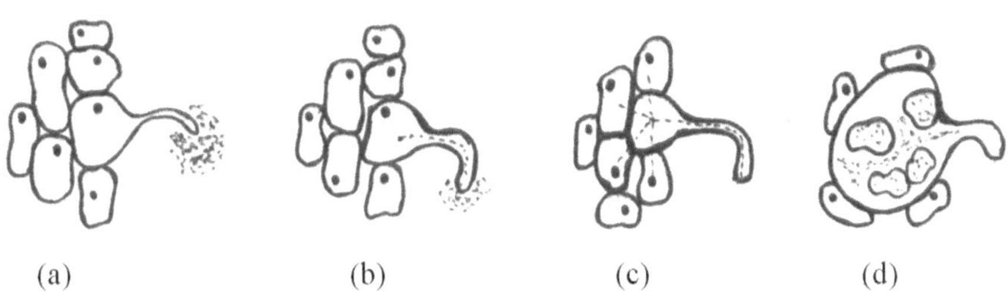

Fig. 7.1 (**a**) Rhizobial infection to root, (**b**) trapping of bacteria to root curlings, (**c**) formation of infection thread by which *Rhizobium* reaches base of root, and (**d**) development of nodule primordium in the cortex of root into a nodule

(1) dinitrogenase reductase (iron protein) and (2) dinitrogenase (with metal cofactor). Usually, dinitrogenase reductase provides electrons with high reducing powers, while dinitrogenase uses these electrons to reduce N_2 to NH_3. Further based on metal cofactor, three different N-fixing systems are classified into Mo-nitrogenase, (b) V-nitrogenase, and (c) Fe-nitrogenase.

The *nif* genes responsible for N_2 fixation are found in both the symbiotic and free-living systems. The *nif gene* includes the structural genes, involved in the activation of Fe protein, Fe–Mo cofactor synthesis, electron donation, and few regulatory genes essential for functioning of enzymes. In rhizobia, symbiotic activation of *nif* genes is dependent on the low oxygen level, which is regulated by a set of genes called fix-genes (Kim and Rees 1994). The N_2 fixation is a high-energy demanding process, which is supposed to require 16 moles of ATP for each mole of reduced nitrogen (Glick 2012). Thus, if the bacterial carbon resources can be directed toward oxidative phosphorylation, it results in the synthesis of ATP required by legume plants.

7.2.2 Siderophore Formation

The bacteria acquire iron by the secretion of low-molecular mass iron chelators referred to as siderophores, which have high association constants for complexing iron. Most of the siderophores are water soluble and can be divided into extracellular and intracellular siderophores. Generally, rhizobacteria differ regarding the siderophore cross-utilizing ability; some are proficient in using siderophores of the same genus (homologous siderophores), while others could utilize those produced by other rhizobacteria of different genera (heterologous siderophores). Plants assimilate iron from bacterial siderophores by different mechanisms, for instance, chelate and release of iron, the direct uptake of siderophore–Fe complexes, or a ligand exchange reaction (Schmidt 1999). Numerous studies of the plant growth promotion vis-a-vis siderophore-mediated Fe uptake as a result of siderophore producing rhizobacterial inoculations have been reported (Rajkumar et al. 2010; Ahemad et al. 2014). Siderophores act as solubilizing agent for iron in limiting conditions and can also form a stable complex with heavy metals, viz., Al, Cd, Pb, Zn along with radionuclides U and Np (Neubauer et al. 2000). Thus, the binding of bacterial siderophores to metal increases its solubility and can make it available to plants, which can help to alleviate the stress.

7.2.3 Phytohormone Production

Symbiotic and non-symbiotic bacteria can promote plant growth directly by the production of plant hormones (Dobbelaere et al. 2003). The rhizospheric bacteria possess the ability to synthesize and release auxins as secondary metabolites, which are further used by plants for developmental processes and in defense response (Patten and Glick 1996). *Rhizobium leguminosarum* were reported to produce growth hormone indole-3-acetic acid in rice associated with significant growth-promoting effects as inoculants on rice seedlings (Biswas et al. 2000). *Mesorhizobium loti* MP6 associated with *Brassica* along with IAA was reported to produce chrome-azurol, siderophore, and hydrocyanic acid, enhance germination, and increase vegetative growth and yield (Chandra et al. 2007).

The bacteria belonging to *Rhizobium* have been shown to produce auxins via indole-3-acetamide formation, and genes controlling IAA production have been reported (Ahemad and Khan 2011a, b). However, the synthesis of IAA by *Rhizobium* spp. in the presence and absence of tryptophan has been demonstrated (Wani et al. 2007b). The IAA produced by rhizobacteria increases the root surface area and length, which provides higher access to soil nutrients. In turn, IAA also loosened root walls to facilitate more root exudates, which support the growth of rhizosphere bacteria (Glick 2012). IAA affects plant physiology by plant cell division, extension, rate of xylem development, adventitious root formation, pigment formation, photosynthesis, etc.; thus, rhizobacterial IAA can act as effector molecules in plant–microbial interaction in pathogenesis and phytostimulation (Spaepen and Vanderleyden 2011). Rhizobia influence crop growth and development by changing the physiological status (Glick and Bashan 1997) and morphological characteristics of inoculated roots (Yanni et al. 1997).

Rhizobium strains are also reported as the potent producers of cytokinins during their establishment (Senthilkumar et al. 2008), which stimulate cell division and root development and root hair formation (Frankenberger and Arshad 1995). *Rhizobium* as PGPR is supposed to produce gibberellins (Boiero et al. 2007). Gibberellins are phytohormones (GA1–GA89) which are responsible for stem elongation and leaf expansion. It promoted bolting of the plants, parthenocarpy in fruits, increase in fruit size, breaking of tuber dormancy, and sex expression of flowers. *Rhizobium* sp. and *B. japonicum* were reported to produce abscisic acid (Boiero et al. 2007), which stimulates the stomatal closure, inhibits shoot growth, promotes root growth, increases storage proteins, and produces proteinase inhibitors essential to provide pathogen defense and counteract with gibberellins (Mauseth 1991).

7.2.4 PHB Production

The carbon storage polymer poly-β-hydroxybutyrate (PHB) is a potential biodegradable alternative to plastics, which plays a key role in the cellular metabolism of many bacterial species. Most species of rhizobia synthesize PHB, but not all species accumulate it during symbiosis with legumes. The ability to accumulate PHB during symbiosis appears to be dependent on the physiology of the nodule formed by the host plant. Two major types of root nodules are formed in the rhizobia–legume symbiosis: (1) determinate nodules, which do not possess a persistent meristem and instead form a spherical-shaped structure, and (2) indeterminate nodules, which possess a continuous meristem resulting in a long, cylindrical structure (Hadri et al. 1998). *PhbB* and *PhbC* are key enzymes in the anabolic arm of the PHB cycle and are encoded on the *S. meliloti* chromosome. Both *phbB* and *phbC* mutants of *S. meliloti* strain Rm1021 are deficient in the ability to produce succinoglycan, resulting in dry, non-mucoid colonies when grown under carbon-rich conditions; this phenotype is not observed in PHB degradation mutants (Aneja et al. 2004).

7.2.5 Phosphate Solubilization

Phosphorus (P), the second important plant growth-limiting nutrient after nitrogen, is abundantly available in soils in both organic and inorganic forms. The P is required for differing metabolic processes, viz., energy transfer, signal transduction, biosynthesis of biomolecules, and plant physiology. Majority of P is unavailable due to its fixation with various elements in soil, thus remaining unavailable to plants. The phosphate-solubilization potential of *Rhizobium* (e.g., *Rhizobium*/*Bradyrhizobium*) was associated with the production of 2-ketogluconic acid and reduction of pH of the medium (Halder and Chakrabarty 1993). The ability of rhizobia to solubilize both organic and inorganic P has been exploited for increasing the yield of plants. The plant absorbs P in soluble forms, monobasic (H_2O_4) and diabasic (HPO_4^{2-}) ions, which is available by release of mineral dissolving compounds, e.g., organic acids anions, protons, hydroxyl ions, CO_2, liberation of extracellular enzymes, and then in turn release of P during substrate degradation (Sharma et al. 2013).

7.2.6 Synthesis of ACC Deaminase Enzyme

Usually, ACC deaminase production is reported in rhizospheric bacteria that can colonize the plant root (Belimov et al. 2001). Ethylene is a potent growth regulator in plants, which regulates ripening, promotes adventitious root, and stimulates germination by breaking seed dormancy (Esashi 1991). As higher ethylene concentration is toxic to plants (inhibits root elongation), the PGPR reduces its concentration by the activity of enzyme 1-aminocyclopropane-1-carboxylate (ACC) deaminase, which hydrolyzes ACC, the precursor of ethylene in plants (Yang and Hoffman 1984). The end product of this hydrolysis, ammonia and α-ketobutyrate, can be used by rhizobia/bacterium as sole sources of nitrogen and carbon essential for their growth (Klee et al. 1991; Gopalakrishnan et al. 2015). The various strains of rhizobia, such as *R. Leguminosarum* bv. *viciae*, *R. hedysari*, *R. japonicum*, *R. gallicum*, *B. japonicum*, *B. elkani*, *M. Loti*, and *S. meliloti*, were known to produce ACC deaminase (Gopalakrishnan et al. 2015). It has been confirmed that IAA producing bacteria are reported to produce high levels of ACC, which inhibit ethylene levels reported to promote plant growth, enhanced rhizobial nodulation, and mineral uptake (Glick 2012).

7.3 Indirect Promotions

The ability of biocontrol bacteria to indirectly promote plant growth has been the source of considerable interest, both in terms of (i) types of mechanisms used by the biocontrol bacteria and (ii) commercial use of such bacteria instead of chemical pesticides. In fact, these two objectives are largely complementary and are environment-friendly approach (Lugtenberg and Kamilova 2009). Besides induced resistance in plants, rhizobacteria are also known to be involved in an indirect mechanism by acting as biocontrol agents (Glick 2012). During their growth in rhizosphere, they compete for nutrients and niche exclusion. Induced systemic resistance (ISR) and antifungal metabolite (antibiotics) production are the predominant methods for controlling pathogenic or nonpathogenic competitors.

Biocontrol is a process through which a living organism limits the growth or propagation of undesired organisms or pathogens. Several rhizobial strains are reported to have the biocontrol properties. Hence, usage of these strains against soil-borne pathogens can lead to potential control. The mechanisms of biocontrol by rhizobia include competition for nutrients (Arora et al. 2001), production of antibiotics (Bardin et al. 2004; Chandra et al. 2007; Deshwal et al. 2003a), production of enzymes to degrade cell walls (Ozkoc and Deliveli 2001), and production of siderophores (Carson et al. 2000; Deshwal et al. 2003b).

7.3.1 Competition for Nutrient and Space

The indigenous rhizobia represent the most vigorous competition encountered by inoculants. *Rhizobium* is an unusual organism in that no resting stage is known, and thus, it is inoculated into soil in its vegetative stage. Consequently, after establishment in soil, *Rhizobium* encounters microbial competition from predators, antagonists, inhibitors, and competitors for space, nutrients, and growth substances produced by host plant or available in soil. *Rhizobium* is a facultative organism. It can survive and multiply in soil in the complete absence of vegetation (Brockwell 1963); it can grow in rhizosphere of many plant species (Rovira 1961; and once inside the nodule, it grows fast and can form population analogous to pure culture due to enormous growth). Once it colonizes the soil, *Rhizobium* can be established as nodulating and permanent strain.

7.3.2 Induced Systemic Resistance

PGPB can trigger a phenomenon in plants known as ISR similar to SAR essential to activate their defense mechanisms in response to infection by a broad range of pathogens and insect herbivores (Pieterse et al. 2009a, b). ISR-positive plants react faster and more strongly to pathogenic attack by inducing several defense mechanisms. ISR is not targeted toward any specific pathogens, but it is effective at controlling diseases caused by pathogens. Present in rhizosphere, ISR involves the production of jasmonate and ethylene signaling within the plant, which stimulate the host plant's defense responses (Verhagen et al. 2004). Besides ethylene- and jasmonate-induced signals, other bacterial molecules such as the *O*-antigenic side chain of the bacterial outer membrane proteins, lipopolysaccharide, flagellar proteins, pyoverdine, chitin, ββ-glucans, cyclic lipopeptide surfactants, and salicylic acid have all been reported to act as signals for the ISR.

Various rhizobial species are reported to induce systemic resistance in plants by producing bio-stimulatory agents, including *R. etli*, *R. leguminosarum* bv. *Phaseoli*, and *R. leguminosarum* bv. *trifolii* (Yanni et al. 2001; Peng et al. 2002; Singh et al. 2006; Mishra et al. 2006). Even the individual cellular components of the bacterium rhizobia are reported to induce ISR, viz., lipopolysaccharides, flagella, cyclic lipopeptides, homoserine lactones, acetoin, and butanediol (Lugtenberg and Kamilova 2009). ISR is involved in priming for enhanced defense, rather than direct activation of resistance by systemic immunity elicited by beneficial microbes maintained over prolonged periods. ISR is associated with microbial antagonism in the rhizosphere; altered plant–insect interactions enrich their microbiome that provides protection against diseases that promote plant health. ISR-inducing beneficial microbes must also produce elicitors that are dependable for the onset of systemic immunity. ISR is supposed to be the result of a long-distance signaling mechanism that in rhizobial and mycorrhizal symbiosis is responsible for autoregulating the colonization density of the symbionts (Staehelin et al. 2011; Pieterse et al. 2012) as to balance the costs and benefits of mutualism.

7.3.3 Production of Metabolites (Volatile and Nonvolatile)

Phytopathogenic microorganisms are a major threat to sustainable agriculture which decrease yield and soil health and have adverse effects on environment and harmful effects on human health (Gupta et al. 2015). PGPR's capacity to colonize and inhibit certain root zone microflora suggests that they have great potential for altering the environment of rhizosphere beneficial for plant growth due to secretion of volatile metabolites, viz., antibiotics (Kloepper and Schroth 1981) and diffusible metabolites, i.e., lytic enzymes. The strains including *R. Leguminosarum* bv. *trifolii*, *R. leguminosarum* bv. *viciae*, *R. meliloti*, *R. trifolii*, *S. meliloti*, and *B. japonicum* have been reported to secrete antibiotics and cell wall-degrading enzymes that can inhibit the phytopathogens (Bardin et al. 2004; Siddiqui et al. 2000).

7.3.3.1 Antibiotics

PGPR produces antibiotics inhibiting the growth of "saprophytic pathogens" associated in root zones (Suslow et al. 1980). PGPR can develop resistance to specific antibiotics due to increased use of these strains; thus, combination of biocontrol strains that synthesize one or more antibiotics is recommended (Compant et al. 2005).

Rhizobia produce a narrow-spectrum peptide antibiotic, trifolitoxin (TFX), which assessed microbial diversity changes in the rhizosphere of bean plants (Robleto et al. 1998). The secretion of peptide antibiotic trifolitoxin (TFX) by *R. Leguminosarum* bv. *trifolii* T24 was reported to control disease. *B. Japonicum* reported to produce rhizobiotoxin directly protect soybean crop against *M. Phaseolina* (Chakraborty et al. 1984). Bacteriocin is produced by 13 of 27 strains of *R. japonicum* and 4 of 15 cowpea rhizobia; its in vitro production was highly irregular and depended on culture conditions (Roslycky 1967).

The two types of bacteriocins produced by *R. leguminosarum* are small and medium bacteriocins (Hirsch 1979). The small bacteriocin can diffuse through cellophane and is heat labile and resistant to proteolytic enzymes, whereas the medium one is unable to diffuse through cellophane. It is heat labile and resistant to proteolytic enzymes. Bacteriocins are bactericidal substances produced by bacteria and are active against bacteria of the same or closely related species (Tagg et al. 1976; Salto et al. 1979). Bacteriocins produced by *Rhizobium* spp. have been characterized as phagelike (Schwinghaner et al. 1973), protease-sensitive, or protease-resistant (Schurter et al. 1979) substances. They possess restricted antimicrobial activity. The production and primary characterization of an antimicrobial substance (AMS) with a broad activity spectrum produced by *Rhizobium trifolii* IARI and of a bacteriocin-like substance (BLS) produced by *R. trifolii* Rel-1 (Joseph et al. 1983). These AMS are equally similar to those produced by *R. japonicum* (Gross and Vidaver 1978) and *R. trifolii* (Schwinghamer 1971). These bacteriocins are dialyzable and resistant to heat and proteolytic enzymes.

7.3.3.2 Hydrogen Cyanide Production

HCN, a secondary metabolite produced by several PGPR strains, has deleterious effects on their growth. The rhizospheric microorganisms have been known to protect their host plants by producing HCN, which protects their host but is inhibitory to several phytopathogens. Rhizobia are relatively less efficient in HCH production, as only 12.5 and 3% strains were found to be HCN producers (Beauchamp et al. 1991; Antoun et al. 1998). The production of metabolites such as HCN along with phenazines, pyrrolnitrin, viscoinamide, and tensin by rhizobia has been reported as biocontrol mechanisms (Bhattacharyya and Jha 2012).

As reported, HCN is a powerful inhibitor of metal enzymes, such as copper-containing cytochrome C oxidases, and is highly toxic to all aerobic microorganisms at picomolar concentrations. HCN first inhibits the electron transport and energy supply and leads to death of the organisms. It seems to inhibit functioning of enzymes and natural receptor's reversible mechanism of inhibition (Corbett 1974), and it is also known to inhibit the action of cytochrome oxidase (Gehring et al. 1993). The different bacterial genera have shown to produce HCN, including species of *Alcaligenes*, *Aeromonas*, *Bacillus*, *Pseudomonas*, and *Rhizobium* (Devi et al. 2007; Ahmad et al. 2008).

7.3.3.3 Lytic Enzyme Production

Many microorganisms produce and release *lytic enzymes* that can hydrolyze a wide variety of polymeric compounds, including chitin, proteins, cellulose, hemicellulose, and DNA. Expression and secretion of these enzymes by different microbes result in the suppression of plant pathogen activities directly. The involvement of *Rhizobium* enzymes that degrade plant cell wall polymers is a key step through the infection process in root nodule symbiosis. The production of lytic enzymes such as chitinase, β-1,3 glucanase, protease, and lipase which lyse the pathogenic fungal and bacterial cell walls had been reported in rhizobia (Gopalakrishnan et al. 2015).

R. leguminosarum biovar trifolii during infection of white clover roots leading to development of the root nodule symbiosis is the passage of the bacteria across the root hair wall (Sahlman and Fahraeus 1963; Napoli and Hubbell 1975). This rigid assemblage of plant polysaccharides and glycoproteins constitutes a barrier to host specificity (Al-Mallah et al. 1987). Various hypotheses have been proposed to explain how this event occurs: (1) rhizobia redirect growth through the root hair wall from the tip to the localized site of infection and cause invagination rather than penetration of the root hair wall, forming the tubular structure of the infection thread (Nutman 1956); (2) homologous *Rhizobium* strains induce the host plant to produce polygalacturonases, which soften the root hair wall at the site of infection and thus allow the bacteria to penetrate between microfibrils to the cell membrane and initiate an infection thread (Ljunggren and Fahraeus 1961); (3) wall-degrading enzymes produce a localized degradation that completely traverses the root hair wall, allowing direct penetration by the bacteria (Hubbell 1981). The strongest evidence for the involvement of wall hydrolysis in the *R. leguminosarum* bv. *trifolii*–white clover infection process involves wall hydrolysis (Callaham and Torrey 1981). Rhizobial infection of legumes is a delicately balanced process, in which wall-degrading enzymes are involved; their production may be restricted to account for slow, localized penetration without destruction of the root hair and subsequent abortion of the infection process (Hubbell 1981). The role of lytic enzymes in the infection of legumes by *Rhizobium* species has been confirmed to be involved pectinolytic (Prasuna and Ali 1987), cellulolytic (Morales et al. 1984), and hemicellulolytic enzymes.

7.4 Abiotic Stress Resistance of Rhizobia

PGPR as stress relievers has been recommended and is the best option for developing stress-tolerant crops with minimized costs and environmental hazards. In the *Rhizobium*–legume symbiosis, the process of N_2 fixation is strongly related to the physiological state of the host plant. During BNF, competitive and local rhizobial strain is not expected to express its full capacity due to limiting factors (e.g., salinity, soil pH, nutrient deficiency, mineral toxicity, soil nitrate, soil temperature, heavy metals and biocides temperature extremes, insufficient or excessive soil moisture, inadequate photosynthesis, plant diseases, and grazing) (Thies et al. 1995; Zahran 1999).

The most problematic environments for rhizobia are marginal lands with low rainfall, extremes of temperature, acidic soils of low nutrient status, and poor water-holding capacity. *Rhizobium* and *Bradyrhizobium* species vary in their tolerance to major environmental factors as they possess some key tolerance mechanism/pathways against certain stress factor. The best option for developing stress-tolerant crops with minimized production costs and environmental hazards can be the use of PGP microbes as stress relievers and might therefore open new applications for a sustainable agriculture.

7.4.1 Salt and Osmotic Stresses

The legume–*Rhizobium* symbiosis and nodule formation are sensitive to salt or osmotic stress as it inhibits the initial step's symbioses. Soybean root hairs showed little curling or deformation when inoculated with *B. japonicum* in the presence of 170 mM NaCl, and nodulation was completely suppressed by 210 mM NaCl (Tu 1981). The reduction of N_2-fixing activity leads to a reduction in respiration of the nodules, and a reduction in cytosolic protein production, specifically leghemoglobin, by nodules, leads to the decline of dry weight and N_2 content in the shoot (Cordovilla et al. 1995). The salt-induced distortions in nodule structure could also be reasons behind the decline of the N2 fixation rate and photosynthetic activity under salt stress (Georgiev and Atkias 1993).

The genera *Rhizobium* and *Bradyrhizobium* are more salt tolerant than their legume hosts; they show marked variation in salt tolerance. Growth of *R. meliloti* was tolerant of 300–700 mM NaCl (Sauvage et al. 1983). Strains of *R. leguminosarum* have been reported to be tolerant to NaCl concentrations up to 350 mM NaCl in broth culture (Breedveld et al. 1991). *Rhizobium* strains from *Vigna unguiculata* were tolerant to NaCl up to 5.5%, which is equivalent to about 450 mM NaCl (Mpepereki et al. 1997).

Rhizobia utilized the mechanism of osmotic adaptation in which intracellular accumulation of low-molecular-weight organic solutes called osmolytes, which counteract the dehydration effect of low water activity through the medium but not to interfere with macromolecular structure or function. In the presence of high levels of salt (up to 300–400 mM NaCl), the levels of intracellular free glutamate and/or K1 were greatly increased (sometimes up to sixfold in a few minutes) in cells of *R. Meliloti*, *R. fredii*, *Sinorhizobium fredii*, and rhizobia from the woody legume *Leucaena leucocephala*. K1 strictly controls Mg21 flux during osmotic shock (Zahran 1999).

An osmolyte, *N*-acetylglutaminyl-glutamine amide, accumulates in cells of *R. meliloti* dependent upon the level of osmotic stress (Smith et al. 1994). The disaccharide trehalose plays a role in osmoregulation higher levels in cells of *R. leguminosarum* (Breedveld et al. 1991) and peanut rhizobia (Ghittoni and Bueno 1996) under the increasing osmotic pressure of hyper salinity. The disaccharides sucrose and ectoine act as energy source/chemical mediators and were used as osmoprotectants for *Sinorhizobium meliloti* (Gouffi et al. 1999). The intracellular accumulation glycine betaine increases more in the salt-tolerant strains of *R. meliloti* than in sensitive strains (Smith et al. 1988). These osmoprotective substances may play a significant role for the maintenance of nitrogenase activity in bacteroids under salt stress. When externally provided, glycine betaine and choline enhance the growth of *Rhizobium tropici*, *S. meliloti*, *S. fredii*, *R. galegae*, and *Mesorhizobium loti* (Boncompagini et al. 1999). The content of polyamines, e.g., homospermidine, increases in salt-tolerant cells and acid-tolerant strains of *R. fredii* (Fujihara and Yoneyama 1993) and is supposed to maintain the intracellular pH and repair the ionic imbalance caused by osmotic stress.

7.4.2 Extremes of Temperature (Hot/Cold)

The rhizobia, for which the optimum temperature range for growth is 28–31 °C, and many are unable to grow at 37 °C (Zahran 1999). Temperature affects root hair infection, bacteroid differentiation, nodule structure, and nitrogen fixation. These processes usually function over a range of ~5 °C, but this differs between legumes and is obviously dependent on the environment the rhizobia naturally occupy (Zahran 1999).

Temperature stress is generally divided into two classes: heat shock and cold shock. The heat-shock response is very similar to the acid stress response. Heat shock proteins (HSPs), viz., chaperones and proteases formed, contribute to heat tolerance by conferring heat protection on the bacteria but do not alter the internal temperature on the cell (Yura et al. 2000). The rhizobia possess so many HSPs in comparison to other bacteria; it may be, so they can bring about an immediate response in times of heat stress, minimizing damage caused *R. leguminosarum* which contains at least three copies of the HSP gene cpn60 that encode for Cpn60 (or GroEL) (Wallington and Lund 1994). The Cpn60 protein interacts with another protein called Cpn10 (or GroES) encoded by cpn10, and a copy of a cpn10 gene is upstream of at least two of the cpn60 genes. A superfamily of at least six small

HSPs, one of which is essential for symbiosis, has also been located throughout the *Rhizobium*, though initially in *B. japonicum* (Natera et al. 2000).

Cold shock effects with a loss of membrane and cytosol fluidity and with the stabilization of secondary structures of RNA/DNA lead to a decrease in the efficiency of central dogma followed by low-temperature adaptation that allows continued growth at low temperatures (Panoff et al. 1997). Cold shock response also leads to the production of many cold shock proteins (CSPs) mainly chaperones and proteases (Phadtare et al. 2000). The CSP chaperones are primarily used to bind to RNA/DNA to prevent stabilization and allow translation and transcription to proceed as usual (Phadtare et al. 2000). A CspA homologue is present in *S. meliloti* and is induced following a temperature downshift from 30 to 15 °C, along with the three rRNA (rrn) operons. Both HSPs and CSPs have been shown to be induced by other stresses, as part of a cross-protection, and by the NolR regulator, which is more associated with the nodulation process (Chen et al. 2000).

7.4.3 pH Stress

Rhizobium displays varying degrees of pH resistance as measured by its ability to grow in neutral or slightly acidic soil (Zahran 1999). Some mutants of *R. leguminosarum* have been reported to be able to grow at a pH 18 and as low as 4.5. *S. meliloti* are viable only down to pH 5.5 (Foster 2000); *S. fredii* can grow well between pH 4 and 9.5 and able to successfully nodulate in legumes (Richardson and Simpson 1989).

Rhizobium contributed to acid tolerance by producing acid shock proteins (ASPs) which do not alter the internal pH of the cell (Foster 1993). There are two main types of ASPs: chaperones and proteases. Chaperones are proteins that either bind to other proteins, preventing them from misfolding, or can also repair proteins that have already misfolded as a result of the acidic conditions (Foster 2000). Proteases break down any misfolded proteins that the chaperones cannot save (Foster 2000). About 20 genes have been identified in *R. leguminosarum* that are specific to the acid stress response in rhizobia and are termed act genes (acid tolerance) (Kurchak et al. 2001).

In *S. meliloti*, genes actR and actS encode for the regulator and sensor in acid shock response (Tiwari et al. 1996b). ActS is the membrane-bound product of acts that, on detection of external acidity, activates ActR (product of actR) via phosphorylation. ActR then goes on to activate the transcription of other acid response genes within the bacterium (Tiwari et al. 1996b), and research on *S. meliloti* has shown that calcium (Tiwari et al. 1996a) and in *R. tropici* glutathione (Riccillo et al. 2000) can also play a key role in acid tolerance. The thiol forms a complex with the reactive protonated species, thus removing their effect over the bacterial cells. Acid shock has also been shown to induce the pH-regulated repressor (PhrR) protein (Reeve et al. 1998). *Rhizobium* that produces greater amounts of exopolysaccharides (EPS) is able to survive in acidic conditions more successfully

(Cunningham and Munns 1984). *R. leguminosarum* bv. *trifolii* has been reported to colonize soil and produce nodulation at a higher frequency in alkaline conditions up to pH 11.5 (Zahran 1999). Homospermidine, a polyamine, accumulates in *B. japonicum* in alkaline conditions, although its function is unknown (Fujihara and Yoneyama 1993).

7.4.4 Oxidative Stress

The stress is caused by increased levels of superoxide anions (O_2^-), hydrogen peroxide (H_2O_2), or hydroxyl radicals ($HO^{\bullet}$). These reactive species, which can be generated by exposure to radiation, metals, and redox-active drugs, can lead to the damage of all cellular components (Storz and Zheng 2000). *Rhizobium* overcomes this stress in order to undergo symbiosis with legumes (Santos et al. 2001). *S. meliloti* contains three genes that encode for catalases, katA, katB, and katC (Sigaud et al. 1999). KatA is involved in protecting free-living cells from oxidative stress, while KatB and KatC are required for cells to successfully bypass plant defense systems and undergo the nodulation process (Jamet et al. 2003). Oxidative shock has also been shown to induce the PhrR repressor protein (Reeve et al. 1998). *Rhizobium* cells have been shown to be resistant to oxidative shock as part of a cross-protection and by the NolR regulator (Chen et al. 2000). Glutathione has also been shown to contribute to the oxidative stress response in *R. tropici*, in the same way as it does in acid tolerance, though it is unknown how (Riccillo et al. 2000). Perhaps the thiol forms a complex with the reactive oxygen species, thus removing their effect over the bacterial cells.

7.4.5 Metal Stress

Metal ions usually cause oxidative stress by Fenton's reaction in bacterial cell and lead to expression of genes to a specific metal, such as nickel (Singh et al. 2001). The response in terms of high intercellular carbohydrates and large cell inclusions increases the resistance of *R. leguminosarum* to cadmium, copper, nickel, and zinc (Zahran 1999). The production of thiols counteracts against the heavy metal-induced oxidation and is supposed to bind to the metal ions, forming a complex, and prevents cell damage by inactivating the ion's redox potential in toxicity caused by cadmium, gold, mercury, and lead (Singh et al. 2001).

7.5 Rhizobia Association with Non-legumes

Report suggests the beneficial PGPR of rhizobia beneficial for legumes and non-legumes (Antoun et al. 1998; Yanni et al. 1997). The rhizobial association with non-leguminous plants such as maize, rice, wheat, lettuce, and radishes may be strong or weak; these associations may be at rhizosphere, inside plant tissue (endophytic), and upper plant part (phyllospheric).

These rhizobia are capable of colonizing the roots of non-legumes; this interaction produces phytohormones, siderophores, and HCN. For the better symbiotic association, both non-legumes exude amino acids, vitamins, organic acids, enzymes, nucleotides, sugars, and plant metabolites (Rovira 1956), whereas rhizobia exudate nutrient sources and perform PGPR activity. In cereals–legumes crop rotation systems, inoculation of the preceding cereal crop with *Rhizobia* and *Bradyrhizobia* increases nodule volume, the dry weight of shoots, number of pods, and the final yield. *B. japonicum*, *R. leguminosarum*, *S. meliloti*, and *Arctic rhizobia* are some of the examples of bacterial species, which participate with legumes and non-legume plants. A number of reports available suggest that rhizobia can colonize roots of non-leguminous plants and are able to survive in the internal tissue system.

7.6 Plant Tissue Culture and *Rhizobium* Symbiosis

Rhizobium is always one of the foremost examples of nitrogen-fixing bacteria in natural conditions. Nowadays, new approaches are arising looking toward the *Rhizobium* applications in tissue culture, including legume symbiosis; these required best conditions for effective rhizobial infection with callus for organogenesis (Holsten et al. 1971). This interaction provides a test system for studying various facts related to legume symbiosis with minimal inference from plant influence. Since the last 3–4 decades, different works have done on *Rhizobium* role in tissue culture study. The presence of *Rhizobium* considered for the similar activity as to supply nitrogen to the growing plants in plant tissue culture. Nitrogenase activity has been studied with respect to root, stem, and leaf through culture using different strains of *Rhizobia*. The medium free from supplements and hormones like nitrate, 2, 4-D, kinetin, etc., shows the rooting from the *Rhizobia*-infected callus, whereas untreated plants remained undifferentiated (Rao 1976). The morphological changes which accompany the onset of nitrogenase activity in callus tissue were found to parallel closely the changes observed in intact nodule systems.

7.6.1 Establishment of Symbiosis

This symbiotic association can be established *in vitro* between *Rhizobium* and cultured plant cell or tissue. For the successful association plant, cultured cells are grown on the solid media surface provided with the low level of inorganic nitrogen and then inoculated with *Rhizobium* at log phase. The whole system is cost-effective and provides multiple replicates of the samples. The same medium is to be used throughout the experiment to avoid disturbances in the growth of cells. The change in acetylene level confirms the association of plant and bacteria, which can be done by nitrogenase assay. This assay can be recorded within 3 weeks.

Relatively little is known regarding the factors controlling infection or the development of nitrogenase in the nitrogen-fixing symbiosis between leguminous plants and bacteria. The sensitive acetylene reduction assay technique for the detection of nitrogenase activity (Hardy et al. 1968) and the demonstration that symbiosis can be established between *Rhizobium* and plant cell tissue cultures in vitro (Holsten et al. 1971) allow a novel approach to study these problems.

Various attempts have been shown in plant tissue culture derived from legumes and non-legumes of successful induction of nitrogenase activity in *Rhizobium* (Child and Larue 1974; Child 1975). Some experiments are shown below: (1) Fusion of legumes and non-legumes protoplast, and the hybrid plants have the ability to associate with *Rhizobium*; (2) forced association of N_2-fixing bacteria with non-legume tissue culture, and possible regeneration; (3) induced transfer of nitrogen-fixing bacteria into protoplast; and (4) transfer of *nif* gene in non-legumes and plant regeneration. The infection process took place in a liquid nutrient medium containing growth promoters. After some days, the cells were transferred to a similar medium lacking with growth promoters, to allow the establishment of nitrogenase activity. As it is very difficult to form symbiosis between *Rhizobium* and suspension culture cells in conventional vessels, the first established symbiosis in callus culture on solid medium is reported on Gamborg's B5 and B5c media (Gamborg 1970).

7.7 Genetic Engineering of Nif

Nif gene is present in symbiotic *Rhizobia* species and free-living bacteria like *Klebsiella pneumonia*. Cloning of Nif gene has been achieved in various examples. *Nif* of *K. Pneumonia* contains seven operons, including cluster of 15 genes working together. However, the gene technology can be used to obtain more efficient *Rhizobium*–legume symbiosis, which is of agro-industrial use.

Transfer of *Nif* gene (isolated from *K. pneumonia*) in non-nitrogen-fixing organism, including bacteria and cereals and other plants, is also now possible (Hardy and Havelka 1975; Dixon et al. 1979). In this way, recombinant plasmid containing *Nif* gene can be transformed, and these protoplasts containing *Nif* gene will regenerate in new plant which will be able to fix atmospheric nitrogen. Another interesting method by phage-mediated gene transfer in plants is also explained (Doy et al. 1973).

Induction of tumor in plants using *A. tumefaciens* is a well-established method (Lippincott and Lippincott 1975; Kado 1976); this tumor is resultant of transfer of T-DNA of *A. tumefaciens* in the plants (Schell et al. 1976). Ti plasmid can be manipulated in *Rhizobium* thus. The bacteria get the ability to induce tumor in plants without losing their ability to induce tumor (Van Larebeke et al. 1977). One recent study explains the intergenic transfer of Ti plasmid and nodulating plasmid between *A. tumefaciens* and *Rhizobium* (Brenner et al. 2005).

Rhizobium possesses large plasmids; it is explained that *Nif* gene might be present on these plasmids; thus, the possibilities arise of transferring *Nif* gene from *Rhizobium* to *A. tumefaciens*, which may lead to transfer of *Nif* gene in Dicots as well. *Agrobacterium* and *Rhizobium* possessed closed relationship that is already confirmed by 16s rRNA analysis (Fred et al. 2007).

In recent studies, it is found that *A. tumefaciens* as a natural genetic engineer is now available for transfer of gene in plants. Rhizobia have an open source, better, safer, more environmental friendly, and fewer restrictions in plant biotechnology as compared to *A. tumefaciens*. Now new transgenic can be generated using binary vector carried by rhizobia. Several methods have been available for transfer of plasmid DNA in rhizobia, including conjugation and electroporation; transformation and transduction are used to transfer DNA into rhizobia species. It has been suggested that some species of *Rhizobium*, including *SinoRhizobiumm meliloti*, have sufficient transformation efficiency tested on monocots and dicots (Broothaerts et al. 2005). Now researchers are looking toward interaction between host plants and Rhizobia for more exploration to these fields, i.e., "Rhizobia-mediated transformation" (Patel and Sinha 2011).

Acknowledgement The authors would like to thank the Department of Biotechnology, Sant Gadge Baba Amravati University, Amravati (M.S), India, for providing the research facilities and Ms. Grishma Shinde for the drawing included in chapter.

Conflict of Interest The author has no conflict of interest.

References

Abd-Alla MH (1994) Solubilization of rock phosphates by *Rhizobium* and *BradyRhizobium*. Folia Microbiol 39:53–56

Ahemad M, Khan MS (2009) Effect of insecticide-tolerant and plant growth promoting Meso*Rhizobium* on the performance of chickpea grown in insecticide stressed alluvial soils. J Crop Sci Biotechnol 12:213–222

Ahemad M, Khan MS (2010a) Growth promotion and protection of lentil (*Lens esculenta*) against herbicide stress by *Rhizobium* species. Ann Microbiol 60:735–745

Ahemad M, Khan MS (2010b) Influence of selective herbicides on plant growth promoting traits of phosphate solubilizing *Enterobacter asburiae* strain PS2. Res J Microbiol 5:849–857

Ahemad M, Khan MS (2011a) Insecticide-tolerant and plant-growth-promoting *Rhizobium* improves the growth of lentil (*Lens esculentus*) in insecticide-stressed soils. Pest Manag Sci 67(4):423–429

Ahemad M, Khan MS (2011b) Toxicological assessment of selective pesticides towards plant growth promoting activities of phosphate solubilizing *Pseudomonas aeruginosa*. Acta Microbiol Immunol Hung 58:169–187

Ahemad M, Khan MS (2011c) Assessment of plant growth promoting activities of rhizobacterium *Pseudomonas putida* under insecticide-stress. Microbiol J 1:54–64

Ahemad M, Khan MS (2011d) Effect of pesticides on plant growth promoting traits of greengram-symbiont, *Bradyrhizobium* sp. strain MRM6. Bull Environ Contam Toxicol 86:384–388

Ahemad M, Khan MS (2011e) Ecotoxicological assessment of pesticides towards the plant growth promoting activities of Lentil (*Lens esculentus*)-specific *Rhizobium* sp. strain MRL3. Ecotoxicology 20:661–669

Ahemad M, Khan MS (2012a) Effect of fungicides on plant growth promoting activities of phosphate solubilizing *Pseudomonas putida* isolated from mustard (*Brassica campestris*) rhizosphere. Chemosphere 86:945–950

Ahemad M, Khan MS (2012b) Ecological assessment of biotoxicity of pesticides towards plant growth promoting activities of pea (*Pisum sativum*)-specific *Rhizobium* sp. strain MRP1. Emirates J Food Agric 24:334–343

Ahmad F, Ahmad I, Khan MS (2008) Screening of free-living rhizospheric bacteria for their multiple plant growth promoting activities. Microbiol Res 163:173–181

Ahemad M, Kibret M (2014) Mechanisms and applications of plant growth promoting rhizobacteria: current prospective. J King Saud Univ Sci 26:1–20

Al-Mallah MK, Davey MR, Cocking E (1987) Enzymatic treatment of clover root hairs removes a barrier to *Rhizobium*-host specificity. Nat Biotechnol 512:1319–1322

Aneja P, Dai M, Lacorre DA (2004) Heterologous complementation of the exopolysaccharide synthesis and carbon utilization phenotypes of *Sinorhizobium meliloti* RM1021 polyhydroxyalkanoate synthesis mutants. FEMS Microbiol Lett 239:277–283

Antoun H, Beauchamp CJ, Goussard N et al (1998) Potential of *Rhizobium* and *Bradyrhizobium* species as plant growth promoting rhizobacteria on non-legumes: effects on radishes (*Rhaphanus sativus* L.). Plant Soil 204:57–67

Arora NK, Kang SC, Maheshwari DK (2001) Isolation of siderophore-producing strains of *Rhizobium meliloti* and their biocontrol potential against *Macrophomina phaseolina* that causes charcoal rot of groundnut. Curr Sci 81(6):673–677

Athar M, Johnson DA (1996) Nodulation biomass production and nitrogen fixation in alfalfa under drought. J Plant Nutr 19:85–199

Bardin SD, Huang HC, Pinto J et al (2004) Biological control of Pythium damping-off of pea and sugar beet by *Rhizobium leguminosarum* bv. *viceae*. Can J Bot 82:291–296

Beauchamp CJ, Dion P, Kloepper JW, Antoun H (1991) Physiological characterization of opine-utilizing rhizobacteria for traits related to plant growth-promoting activity. Plant Soil 132:273–279

Belal EB (2013) Production of polyhydroxybutyric acid (PHB) by *Rhizobium elti* and *Pseudomonas stutzeri*. Curr Res J Biol Sci 5(6):273–284

Belimov AA, Safronova VI, Sergeyeva TA et al (2001) Characterization of plant growth promoting rhizobacteria isolated from polluted soils and containing 1-aminocyclopropane-1-carboxylate deaminase. Can J Microbiol 47:642–652

Berraho EL, Lesueur D, Diem HG, Sasson A (1997) Iron requirement and siderophore production in *Rhizobium ciceri* during growth on an iron-deficient medium. World J Microbiol Biotechnol 13:501–510

Bhattacharyya PN, Jha DK (2012) Plant growth-promoting rhizobacteria (PGPR): emergence in agriculture. World J Microbiol Biotechnol 28:1327–1350

Biswas JC, Ladha JK, Dazzo FB (2000) Rhizobial inoculation improves nutrient uptake and growth of lowland rice. Soil Sci Soc Am J 64:1644–1650

Boiero L, Perrig D, Masciarelli O (2007) Phytohormone production by three strains of *Bradyrhizobium japonicum* and possible physiological and technological implications. Appl Microbiol Biotechnol 74:874–880

Boncompagini EM, Osters M, Poggi M et al (1999) Occurrence of choline and glycine betaine uptake and metabolism in the family Rhizobiaceae and other roles in osmoprotection. Appl Environ Microbiol 65:2072–2077

Bottomley PJ, Maggard SP (1990) Determination of viability within serotypes of a soil population of *Rhizobium leguminosarum* bv. *trifolii*. Appl Environ Microbiol 56:533–540

Breedveld MW, Zevenhuizen LPTM, Zehnder AJB (1991) Osmotically-regulated trehalose accumulation and cyclic beta-1,2-glucan excreted by *Rhizobium leguminosarum* bv. *trifolii* TA-1. Arch Microbiol 156:501–506

Brenner JD, Kreig NR, Staley JT (2005) Bergeys manual of systematic bacteriology, vol 2. Springer, New York, pp 324–354

Brockwell J (1963) Studies of occurrence of *Rhizobium trifolii in* the New England region, New South Wales. Fld Sten Rec Div PI Ind CSIRO (Aust) 2:59–70

Brockwell J, Pilka A, Holliday RA (1991) Soil pH is a major determinant of the numbers of naturally-occurring *Rhizobium meliloti* in non-cultivated soils of New South Wales. Aust J Exp Agric 31:211–219

Broothaerts W, Mitchell HJ, Weir B et al (2005) Gene transfer to plants by diverse species of bacteria. Nature 433(7026):629–633

Callaham DA, Torrey JG (1981) The structural basis for infection of root hairs of *Trifolium repens* by *Rhizobium*. Can J Bot 59(9):1647–1664

Carson KC, Meyer JM, Dilworth MJ (2000) Hydroxamate siderophore of root nodule bacteria. Soil Biol Biochem 32:11–21

Chakraborty T, Montenegro MA, Sanyal SC et al (1984) Cloning of enterotoxin gene from *Aeromonas hydrophila* provides conclusive evidence of production of a cytotonic enterotoxin. Infect Immun 46:435–441

Chandra S, Choure K, Dubey RC, Maheshwari DK (2007) Rhizosphere competent *Mesorhizobium loti* MP6 induces root hair curling, inhibits *Sclerotinia sclerotiorum* and enhances growth of Indian mustard (*Brassica campestris*). Braz J Microbiol 38:128–130

Chen H, Higgins J, Kondorosi E et al (2000) Identification of nolR-regulated proteins in *Sinorhizobium meliloti* using proteome analysis. Electrophoresis 21:3823–3832

Child JJ (1975) Nitrogen fixation by a *Rhizobium* sp. in association with non-leguminous plant cell cultures. Nature 253:350–351

Child JJ, Larue TA (1974) A simple technique for the establishment of nitrogenase in soybean callus culture. Plant Physiol 53:88–90

Compant S, Reiter B, Sessitsch A et al (2005) Endophytic colonization of *Vitis vinifera* L. by plant growth-promoting bacterium *Burkholderia* sp. strain 45. Ps J N. Appl Environ Microbiol 71:1685–1693

Cooper JE, Wood M, Bjourson AJ (1985) Nodulation of *Lotus pedunculatus* in acid rooting solution by fast-and slow-growing rhizobia. Soil Biol Biochem 17:487–492

Corbett JR (1974) The biochemical mode of action of pesticides. Academic Press, Inc, New York, p 330

Cordovilla MP, Ocana A, Ligero F et al (1995) Salinity effects on growth analysis and nutrient composition in four grain legumes-*Rhizobium* symbiosis. J Plant Nutr 18:1595–1609

Cunningham SD, Munns DN (1984) The correlation of the exopolysaccharide production and acid-tolerance in *Rhizobium*. Soil Sci Soc Am J 48:1273–1276

Datta B, Chakrabartty PK (2014) Siderophore biosynthesis genes of *Rhizobium* sp. isolated from *Cicer arietinum* L. 3 Biotech 4:391–401

Del Papa MF, Balague LJ, Sowinski SC et al (1999) Isolation and characterization of alfalfa-nodulating rhizobia present in acidic soils of central Argentina and Uruguay. Appl Environ Microbiol 65:1420–1427

Deshwal VK, Dubey RC, Maheshwari DK (2003a) Isolation of plant growth promoting strains of (*Bradyrhizobium arachis*) sp. With biocontrol potential against *Macrophomina phaseolina* causing charcoal rot of peanut. Curr Sci 84:443–444

Deshwal VK, Pandey P, Kang SC et al (2003b) Rhizobia as a biological control agent against soil borne plant pathogenic fungi. Ind J Exp Biol 41:1160–1164

Devi MK, Banu AR, Gnanaprabhal GR (2007) Purification, characterization of alkaline protease enzyme from native isolate *Aspergillus niger* and its compatibility with commercial detergents. Indian J Sci Technol 1:7

Dey R, Pal KK, Bhatt DM et al (2004) Growth promotion and yield enhancement of peanut (*Arachis hypogaea* L.) by application of plant growth-promoting rhizobacteria. Microbiol Res 159:371–394

Dixon R, Cannon F, Kondorosi A (1979) Construction of a P-plasmid carrying nitrogen fixation genes from *Klebsiella pneuinorziae*. Nat Lond 260:268–271

Dobbelaere S, Vanderleyden J, Okon Y (2003) Plant growth promoting effects of diazotrophs in the rhizosphere. Crit Rev Plant Sci 22:107–149

Doy CH, Gresshoff PM, Rolfe BG (1973) Biological and molecular evidence for the transgenosis of genes from bacteria to plant cells. Proc Natl Acad Sci USA 70(3):723–726

Dutta S, Mishra AK, Dileep Kumar BK (2008) Induction of systemic resistance against fusarial wilt in pigeon pea through interaction of plant growth promoting rhizobacteria and rhizobia. Soil Biol Biochem 40(2):452–461

Elbadry M, Taha RM, Eldougdoug KA et al (2006) Induction of systemic resistance in faba bean (*Vicia faba* L.) to bean yellow mosaic potyvirus (BYMV) *via* seed bacterization with plant growth promoting rhizobacteria. J Plant Dis Prot 113(6):247–251

Esashi Y (1991) Ethylene and seed germination. In: Matto AK, Suttle JC (eds) The plant hormone ethylene. CRC Press, Boca Raton, FL, pp 133–157

Ehteshamul-Haque S, Ghaffar A (1993) Use of rhizobia in the control of root rot diseases of sunflower, okra, soybean and mungbean. J Phytopathol 138:157–163

Figueiredo MVB, Burity HA, Martinez CR et al (2008) Alleviation of water stress effectsin common bean (*Phaseolus vulgaris* L.) by co-inoculation *Paenibacillus* × *Rhizobium tropici*. Appl Soil Ecol 40:182–188

Foster JW (1993) The acid tolerance response of *Salmonella typhimurium* involves transient synthesis of key acid shock proteins. J Bacteriol 175:1981–1987

Foster JW (2000) Microbial responses to acid stress. In: Storz G, Hengge-Aronis R (eds) Bacterial stress response. ASM Press, Washington, DC, pp 99–115

Frankenberger WT, Arshad M (1995) Phytohormones in soil: microbial production and function. Dekker, New York, p 503

Frankowski J, Lorito M, Scala F et al (2001) Purification and properties of two chitinolytic enzymes of *Serratia plymuthica* HRO-C48. Arch Microbiol 176(6):421–426

Fred EB, Baldwinn IL, McCoy E (2007) Root nodule bacteria and leguminous plants. University of Wisconsin Press, Madison

Fujihara S, Yoneyama T (1993) Effects of pH and osmotic stress on cellular polyamine contents in the soybean rhizobia *Rhizobium fredii* p220 and *Bradyrhizobium japonicum* A 1017. Appl Environ Microbiol 59:1104–1109

Gamborg OL (1970) The effects of amino acids and ammonium on the growth of plant cells in suspension culture. Plant Physiol 45:372–375

Gehring WJ, Goss B, Coles MG, Meyer DE, Donchin E (1993) A neural system for error-detection and compensation. Psychol Sci 4:385–390

Georgiev GI, Atkias CA (1993) Effects of salinity on N_2 fixation, nitrogen metabolism and export and diffusive conductance of cowpea root nodules. Symbiosis 15:239–255

Ghittoni NE, Bueno MA (1996) Changes in the cellular content of trehalose in four peanut rhizobia strains cultured under hypersalinity. Symbiosis 20:117–127
Ghorpade VM, Gupta SG (2016) Siderophore production by *Rhizobium nepotum* isolated from "stem nodule of *Aeschynomene indica*". Int J Adv Res Biol Sci 3:7
Glick BR (2012) Plant growth-promoting bacteria: mechanisms and applications. Scientifica 2012:15 p. Hindawi Publishing Corporation
Glick BR, Bashan Y (1997) Genetic manipulation of plant growth-promoting bacteria to enhance biocontrol of phytopathogens. Biotechnol Adv 15:353–378
Gopalakrishnan S, Sathya A, Vijayabharathi R et al (2015) Plant growth promoting rhizobia: challenges and opportunities. 3 Biotech 5(4):355–377
Gouffi K, Pica N, Pichereau V et al (1999) Disaccharides as a new class of nonaccumulated osmoprotectants for *Sinorhizobium meliloti*. Appl Environ Microbiol 65:1491–1500
Graham PH, Draeger K, Ferrey ML et al (1994) Acid pH tolerance in strains of *Rhizobium* and *Bradyrhizobium*, and initial studies on the basis for acid tolerance of *Rhizobium tropici* UMR1899. Can J Microbiol 40:198–207
Gross DC, Vidaver AK (1978) Bacteriocin-like substances produced by *Rhizobium japonicum* and other slow-growing rhizobia. Appl Environ Microbiol 36:936–943
Gupta G, Parihar SS, Ahirwar NK, Snehi SK, Singh V (2015) Plant growth promoting rhizobacteria (PGPR): current and future prospects for development of sustainable agriculture. J Microb Biochem Technol 7:096–102
Hadi F, Bano A (2010) Effect of diazotrophs (*Rhizobium* and Azatobactor) on growth of maize (*Zea mays* L.) and accumulation of lead (PB) in different plant parts. Pak J Bot 42:4363–4370
Hadri A, Spaink H, Bisseling T et al (1998) Diversity of root nodulation and rhizobial infection processes. In: Spaink AKHP, Hooykaas PJJ (eds) The Rhizobiaceae: molecular biology of model plant-associated bacteria. Kluwer, Dordrecht
Hahn ML, Meyer D, Studer B (1984) Insertion and deletion mutations within the nif region of *Rhizobium japonicum*. Plant Mol Biol 3:159–168
Halder AK, Chakrabarty PK (1993) Solubilization of inorganic phosphate by *Rhizobium*. Folia Microbiol 38:325–330
Hardy RWF, Havelka UD (1975) Nitrogen fixation research: a key to world food. Science 188:633–643
Hardy RWF, Holsten RD, Jackson EK et al (1968) The acetylene-ethylene assay for N2 fixation: laboratory and field evaluation. Plant Physiol 43:1185–1207
Hasky-Gunther K, Hoffmann-Hergarten S, Sikora RA (1998) Resistance against the potato cyst nematode *Globodera pallida* systemically induced by the rhizobacteria *Agrobacterium radiobacter* (G12) and *Bacillus sphaericus* (B43). Fundam Appl Nematol 21:511–515
Hayat R, Ali S, Amara U et al (2010) Soil beneficial bacteria and their role in plant growth promotion: a review. Ann Microbiol 60:579–598
Hirsch PR (1979) Plasmid-determined Bacteriocin production by *Rhizobium leguminosarum*. J Gen Microbiol 113:219–228
Holsten RD, Bu-Rn-S RC, Hardy RWF et al (1971) Establishment of symbiosis between *Rhizobium* and plant cells *in vitro*. Nature 232:173–176
Hubbell DH (1981) Legume infection by *Rhizobium*: a conceptual approach. Bioscience 31:832–837
Jamet A, Sigaud S, Van de Sype G et al (2003) Expression of the bacterial catalase genes during *Sinorhizobium meliloti-Medicago sativa* symbiosis and their crucial role during the infection process. Mol Plant Microbe Interact 16:217–225
Joseph MV, Desai JD, Desai AJ (1983) Microbiology production of antimicrobial and Bacteriocin-like substances by *Rhizobium trifolii*. Appl Environ Microbiol 45(2):532–535
Kado CI (1976) The tumor-inducing substance of *Agrobacterium tumefaciens*. Annu Rev Phytopathol 14:265–308

Karas MA, Turska-Szewczuk A, Trapska D et al (2015) Growth and survival of *Mesorhizobium loti* inside acanthamoeba enhanced its ability to develop more nodules on *Lotus corniculatus*. Microb Ecol 70(2):566–575

Kim J, Rees DC (1994) Nitrogenase and biological nitrogen fixation. Biochemistry 332:389–397

Kim YC, Jung H, Kim KY et al (2008) An effective biocontrol bioformulation against Phytophthora blight of pepper using growth mixtures of combined chitinolytic bacteria under different field conditions. Eur J Plant Pathol 120(4):373–382

Klee HJ, Hayfor MB, Kretzmer KA et al (1991) Control of ethylene synthesis by expression of a bacterial enzyme in transgenic tomato plants. Plant Cell 3:1187–1193

Kloepper JW, Schroth MN (1981) Plant growth promoting rhizobacteria and plant growth under gnotobiotic conditions. Phytopathology 71:642–644

Kurchak ON, Provorov NA, Simarov BV (2001) Plasmid pSym1-32 of *Rhizobium leguminosarum* bv. *viceae* controlling nitrogen fixation activity, effectiveness of symbiosis, competitiveness and acid tolerance. Russ J Gen 37:1025–1031

Lippincott JA, Lippincott BB (1975) The genus Agrobacterium and plant tumorigenesis. Annu Rev Microbiol 29:377–405

Ljunggren H, Fahraeu G (1961) The role of polygalacturonase in root-hair invasion by nodule bacteria. J Gen Microbiol 26:521

Lugtenberg B, Kamilova F (2009) Plant-growth-promoting rhizobacteria. Annu Rev Microbiol 63:541–556

Matiru VN, Dakora FD (2004) Potential use of rhizobial bacteria as promoters of plant growth for increased yield in landraces of African cereal crops. Afr J Biotechnol 3(1):1–7

Mauseth JD (1991) Botany: an introduction to plant biology. Saunders, Philadelphia, pp 348–415

Mishra RPN, Singh RK, Jaiswal HK et al (2006) *Rhizobium*-mediated induction of phenolics and plant growth promotion in rice (*Oryza sativa* L.). Curr Microbiol 52:383–389

Morales VM, Martinez-Molina E, Hubbell DH (1984) Cellulase production by *Rhizobium*. Plant Soil 80:407–415

Mpepereki S, Makonese F, Wollum AG (1997) Physiological characterization of indigenous rhizobia nodulating *Vigna unguiculata* in Zimbabwean soils. Symbiosis 22:275–292

Naik MM, Dubey SK (2011) Lead-enhanced siderophore production and alteration in cell morphology in a Pb-resistant *Pseudomonas aeruginosa*. strain 4EA. Curr Microbiol 62:409–414

Napoli CA, Hubbell DH (1975) Ultrastructure of *Rhizobium*-induced infection threads in clover root hairs. Appl Microbiol 30:1003–1009

Natera SHA, Guerreiro N, Djordjevic MA (2000) Proteome analysis of differentially displayed proteins as a tool for the investigation of symbiosis. Mol Plant Microbe Interact 13:995–1009

Neubauer U, Furrer G, Kayser A et al (2000) Siderophores, NTA, and citrate: potential soil amendments to enhance heavy metal mobility in phytoremediation. Int J Phytoremediation 2:353–368

Noel TC, Sheng C, Yost CK et al (1996) *Rhizobium leguminosarum* as a plant growth promoting rhizobacterium: direct growth promotion of canola and lettuce. Can J Microbiol 42:279–283

Nutman PS (1956) The influence of the legume in root nodule symbiosis. Biol Rev 31:109–151

Osdaghi E, Shams-Bakhsh M, Alizadeh A (2009) Induced systemic resistance (ISR) in bean (*Phaseolus vulgaris* L.) mediated by rhizobacteria against bean rust caused by *Uromyces appendiculatus* under greenhouse and field conditions. Phytopathol Plant Prot 42 (11):1079–1087

Ozkoc I, Deliveli MH (2001) In vitro inhibition of the mycelial growth of some root rot fungi by *Rhizobium leguminosarum* bv. *phaseoli* isolates. Turk J Biol 25:435–445

Panoff JM, Corroler D, Thammavongs B et al (1997) Differentiation between cold shock proteins and cold acclimation proteins in a mesophilic gram-positive bacterium, *Enterococcus faecalis* JH2-2. J Bacteriol 179:4451–4454

Patel U, Sinha S (2011) Rhizobia species: a boon for "plant genetic engineering". Indian J Microbiol 51(4):521–527

Patten CL, Glick BR (1996) Bacterial biosynthesis of indole-3-acetic acid. Can J Microbiol 42:207–220

Peix A, Rivas-Boyero AA, Mateos PF (2001) Growth promotion of chickpea and barley by a phosphate solubilizing strain of *Mesorhizobium mediterraneum* under growth. Soil Biol Biochem 33:103–110

Peng GX, Tan ZY, Wang ET et al (2002) Identification of isolates from soybean nodules in Xinjiang Region as *Sinorhizobium xinjiangense* and genetic differentiation of *S. xinjiangense* from *Sinorhizobium fredii*. Int J Syst Evol Microbiol 52:457–462

Phadtare S, Yamanaka K, Inouye M (2000) The cold shock response. In: Storz G, Hengge-Aronis R (eds) Bacterial stress response. ASM Press, Washington, DC, pp 33–45

Philippe R, Dreyfus B, Singh A et al (2012) Indole acetic acid and ACC deaminase-producing *Rhizobium leguminosarum* bv. *trifolii* SN10 promote rice growth, and in the process undergo colonization and chemotaxis. Biol Fertil Soils 482:173–182

Pieterse CMJ, Leon-Reyes A, Van der Ent S et al (2009a) Networking by small-molecule hormones in plant immunity. Nat Chem Biol 5(5):308–316

Pieterse CMJ, Reyes AL, Vander-Ent S, Van Wees SCM (2009b) Networking by small-molecule hormones in plant immunity. Nat Chem Biol 55:308–316

Pieterse CMJ, Van der Does D, Zamioudis C et al (2012) Hormonal modulation of plant immunity. Annu Rev Cell Dev Biol 28:489–521

Prasuna P, Ali SS (1987) Detection and characterization of two thermally reactive pectinases in cultures of *Rhizobium*. Indian J Exp Biol 25:632–633

Rajkumar M, Ae N, Prasad MNV et al (2010) Potential of siderophore-producing bacteria for improving heavy metal phytoextraction. Trends Biotechnol 28:142–149

Rao VR (1976) Nitrogenase activity in *Rhizobium* associated with leguminous and nonleguminous tissue cultures. Plant Sci Lett 6:77–83

Rebah F, Prevost D, Tyagi R et al (2009) Poly-β-hydroxybutyrate production by fast-growing rhizobia cultivated in sludge and in industrial wastewater. Appl Biochem Biotechnol 1581:155–163

Reeve WG, Tiwari RP, Wong CM et al (1998) The transcriptional regulator gene phrR in *Sinorhizobium meliloti* WSM419 is regulated by low pH and other stresses. Microbiology 144:3335–3342

Riccillo PM, Muglia CJ, De Bruijn FJ et al (2000) Glutathione is involved in environmental stress responses in *Rhizobium tropici*, including acid tolerance. J Bacteriol 182:1748–1753

Richardson AE, Simpson RJ (1989) Acid-tolerance and symbiotic effectiveness of *Rhizobium trifolii* associated with a *Trifolium subterraneum* L.-based pasture growing in an acid soil. Soil Biol Biochem 21:87–95

Robleto EA, Borneman J, Triplett EW (1998) Effects of bacterial antibiotic production on Rhizosphere microbial communities from a culture-independent perspective. Appl Environ Microbiol 64(12):5020–5022

Rodrigues C, Laranjo M, Oliveira S (2006) Effect of heat and pH stress in the growth of chickpea mesorhizobia. Curr Microbiol 53:1–7

Roslycky EB (1967) Bacteriocin production in the rhizobia bacteria. Can J Microbiol 13:431–432

Rovira AD (1956) Plant root excretions in relation to the rhizosphere effect. III. The effect of root exudate on the numbers and activity of microorganisms in the soil. Plant Soil 7:209–217

Rovira AD (1961) *Rhizobium* numbers in the rhizospheres of red clover and paspalum in relation to soil treatment and the numbers of bacteria and fungi. Aust J Agric Res 12:77–83

Sahlman K, Fahraeus G (1963) An electron microscope study of root hair infection by *Rhizobium*. J Gen Microbiol 33:425–427

Salto H, Watanabe T, Tomloka H (1979) Purification, properties and cytotoxic effect of a bacteriocin from *Mycobacterium smegmatis*. Antimicrob Agents Chemother 15:504–509

Santos R, Herouart D, Puppo A et al (2001) Critical protective role of bacterial superoxide dismutase in *Rhizobium*-legume symbiosis. Mol Microbiol 38:750–759

Sauvage D, Hamelia J, Lacher F (1983) Glycine betaine and other structurally related compounds improve the salt tolerance of *Rhizobium meliloti*. Plant Sci Lett 31:291–302

Schell J, Van Montagu M, De Picker A et al (1976) Crowngall: bacterial plasmids as oncogenic elements for eukaryotic cells. In: Rubinstein I (ed) Molecular biology of plants. Symposium University of Minnesota, St.-Paul

Schmidt W (1999) Mechanisms and regulation of reduction-based iron uptake in plants. New Phytol 141:1–26

Schurter W, Abderhalden MK, Lelsinger TH (1979) Glaucescin, a bacteriocin-like substance from *Streptomyces glaucescens*. J Gen Microbiol 113:243–253

Schwinghamer EA (1971) Antagonism between strains of *Rhizobium trifolii* in culture. Soil Biol Biochem 3:355–363

Schwinghaner EA, Pankurst CE, Whitfeld PR (1973) Phage-like bacteriocin of *Rhizobium trifolii*. Can J Microbiol 19:359–368

Senthilkumar M, Madhaiyan M, Sundaram SP et al (2008) Induction of endophytic colonization in rice (*Oryza sativa* L.) tissue culture plant *by Azorhizobium caulinodans*. Biocontrol Lett 30:1477–1487

Sharma SR, Rao NK, Gokhale TS et al (2013) Isolation and characterization of salt tolerant rhizobia native to the desert soils of United Arab Emirates. Emirates J Food Agric 25(2):102

Siddiqui ZA, Mahmoud I (2001) Effects of rhizobacteria and root symbionts on the reproduction of *Meloidogyne javanica* and growth of chickpea. Bioresour Technol 79:41–45

Siddiqui IA, Shaukat SS (2003) Plant species, host age and host genotype effects on *Meloidogyne incognita* biocontrol by *Pseudomonas fluorescens* strain CHAO and its genetically-modified derivatives. J Phytopathol 151:231–238

Siddiqui IA, Ehteshamul-Haque S, Ghaffar A (1998) Effect of rhizobia and fungal antagonists in the control of root infecting fungi on sun flower and chickpea. Pak J Bot 30:279–286

Siddiqui IA, Ehteshamul-Haque S, Zaki MJ et al (2000) Effect of urea on the efficacy of *Bradyrhizobium* sp. and *Trichoderma harzianum* in the control of root infecting fungi in mungbean and sunflower. Sarhad J Agric 16:403–406

Sigaud S, Becquet V, Frendo P et al (1999) Differential regulation of two divergent *Sinorhizobium meliloti* genes for HPII-like catalases during free-living growth and protective role of both catalases during symbiosis. J Bacteriol 181:2634–2639

Singh PP, Shin YC, Park CS et al (1999) Biological control of *Fusarium wilt* of cucumber by Chitinolytic bacteria. Phytopathology 89(1):92–99

Singh S, Kayastha AM, Asthana RK et al (2001) Response of *Rhizobium leguminosarum* to nickel stress. World J Microbiol Biotechnol 17:667–672

Singh RK, Mishra RPN, Jaiswal HK et al (2006) Isolation and identification of natural endophytic rhizobia from rice (*Oryza sativa* L.) through rDNA PCR-RFLP and sequence analysis. Curr Microbiol 52:345–349

Smith LT, Pocard JA, Bernard T et al (1988) Osmotic control of glycine betaine biosynthesis and degradation in *Rhizobium meliloti*. J Bacteriol 170:3142–3149

Smith LT, Smith GM, D'souza MR et al (1994) Osmoregulation in *Rhizobium meliloti*: mechanism and control by other environmental signals. J Exp Zool 268:162–165

Somasegaran P, Hoben HJ (1994) Handbook for Rhizobia. Springer, Berlin

Spaepen S, Vanderleyden J (2011) Auxin and plant-microbe interactions. Cold Spring Harb Perspect Biol 3(4)

Staehelin C, Xie ZP, Illana A et al (2011) Long-distance transport of signals during symbiosis: are nodule formation and mycorrhization autoregulated in a similar way? Plant Signal Behav 6:372–377

Stam H, Van Verseveld HW, De Vries W, Stouhamer AH (1986) Utilization of poly-3-hydroxybutyrate in free-living cultures of *Rhizobium* ORS571. FEMS Microbiol Lett 35:215–220

Storz G, Zheng M (2000) Oxidative stress. In: Storz G, Hengge-Aronis R (eds) Bacterial stress response. ASM Press, Washington, DC, pp 47–59

Subramanium G, Sathya A, Vijayabharathi R, Varshney RK, Gowda CLL, Krishnamurthy L (2015) Plant growth promoting rhizobia: challenges and opportunities. Biotech 5(4):355–377
Suslow TV, Schroth MN, Isaka M (1980) Application of a rapid method for gram differentiation of plant pathogenic and saprophytic bacteria without staining. Phytopathology 72:917–918
Tagg JR, Daani AS, Wannamaker LW (1976) Bacteriocins of gram-positive bacteria. Bacteriol Rev 40:722–756
Tank N, Saraf M (2010) Salinity-resistant plant growth promoting rhizobacteria ameliorates Sodium chloride stress on tomato plants. J Plant Interact 5:51–58
Thies JE, Woomer PL, Singleton PW (1995) Enrichment of *Bradyrhizobium* spp. populations in soil due to cropping of the homologous host legume. Soil Biol Biochem 27:633–636
Tiwari RP, Reeve WG, Glenn AG (1992) Mutation conferring acid sensitivity in the acid tolerant strains *Rhizobium meliloti* WSM419 and *Rhizobium leguminosarum* biovar *viciae* WSM 710. FEMS Microbiol Lett 100:107–112
Tiwari RP, Reeve WG, Dilworth MJ et al (1996a) An essential role for actA in acid tolerance of *Rhizobium meliloti*. Microbiology 142:601–610
Tiwari RP, Reeve WG, Dilworth MJ et al (1996b) Acid tolerance in *Rhizobium meliloti* strain WSM419 involves a two-component sensor-regulator system. Microbiology 142:1693–1704
Tu JC (1981) Effect of salinity on *Rhizobium*-root hair interaction, nodulation and growth of soybean. Can J Plant Sci 61:231–239
Van Larebeke N, Genetello C, Hernalsteens JP et al (1977) The transfer of Ti plasmids between Agrobacterium strains by mobilization with the conjugative plasmid Rp4. Mol Gen Genet 152:119–124
Verhagen BWM, Glazebrook J, Zhu T et al (2004) The transcriptome of rhizobacteria-induced systemic resistance in Arabidopsis. Mol Plant Microbe Interact 17(8):895–908
Villacieros M, Power B, Sanchez-Contreras M et al (2003) Colonization behaviour of *Pseudomonas fluorescens* and *Sinorhizobium meliloti* in the alfalfa (*Medicago sativa*) rhizosphere. Plant Soil 251:47–54
Vlassak KM, Vandurleyden J (1997) Factors influencing nodule occupancy by inoculant rhizobia. Crit Rev Plant Sci 16:163–229
Wallington EJ, Lund PA (1994) *Rhizobium leguminosarum* contains multiple chaperonin (cpn60) genes. Microbiology 140:113–122
Wani PA, Khan MS (2013) Screening of multimetal and antibiotic resistant isolates and their plant growth promoting activity. Pak J Biol Sci 17:206–212
Wani PA, Khan MS, Zaidi A (2007a) Co-inoculation of nitrogen fixing and phosphate solubilizing bacteria to promote growth, yield and nutrient uptake in chickpea. Acta Agron Hung 55:315–323
Wani PA, Khan MS, Zaidi A (2007b) Effect of metal tolerant plant growth promoting *Bradyrhizobium* sp. (vigna) on growth, symbiosis, seed yield and metal uptake by green gram plants. Chemosphere 70:36–45
Wani PW, Khan MS, Zaidi A (2007c) Synergistic effects of the inoculation with nitrogen fixing and phosphate solubilizing rhizobacteria on the performance of field grown chickpea. J Plant Nutr Soil Sci 170:283–287
Wani PW, Khan MS, Zaidi A (2008) Chromium-reducing and plant growth-promoting Mesorhizobium improves chickpea growth in chromium-amended soil. Biotechnol Lett 30:159–163
Wani PW, Khan MS (2012) Bioremediaiton of lead by a plant growth promoting Rhizobium species RL9. Bacteriol J 2:66–78
Wittenberg JB, Wittenberg BA, Day DA et al (1996) Siderophore bound iron in the peribacteroid space of soybean root nodules. Plant Soil 178:161–169
Yang SF, Hoffman NE (1984) Ethylene biosynthesis and its regulation in higher plants. Annu Rev Plant Physiol 35:155–189

Yanni YG, Rizk RY, Corich V et al (1997) Natural endophytic association between *Rhizobium leguminosarum* bv. *trifolii* and rice roots and assessment of its potential to promote rice growth. Plant Soil 194:99–114

Yanni YG, Rizk RY, El-Fattah FKA et al (2001) The beneficial plant growth-promoting association of *Rhizobium leguminosarum* bv. *trifolii* with rice roots. Aust J Plant Physiol 28:845–870

Younis M (2007) Responses of *Lablab purpureus-Rhizobium* symbiosis to heavy metals in pot and field experiments. World J Agric Sci 3:111–122

Yura T, Kanemori M, Morita MT (2000) The heat shock response: regulation and function. In: Storz G, Hengge-Aronis R (eds) Bacterial stress response. ASM Press, Washington, DC, pp 3–18

Zahir ZA, Shah MK, Naveed M et al (2010) Substrate dependent auxin production by *Rhizobium phaseoli* improves the growth and yield of *Vigna radiata* L. under salt stress conditions. J Microbiol Biotechnol 20:1288–1294

Zahran HH (1999) *Rhizobium*-legume symbiosis and nitrogen fixation under severe conditions and in an arid climate. Microbiol Mol Biol Rev 63(4):968–989

Chapter 8
Recent Trends in Identification and Molecular Characterization of Rhizobia Species

Pranay Jain and Ram Kumar Pundir

8.1 Introduction

Agricultural sustainability may represent the greatest encumbrance to increasing food production. On the other hand, as a component of sustainability, replacement of chemical fertilizers by bio-fertilizers has the potential to lower costs for farmers, to increase yields, and to mitigate greenhouse-gas emissions and pollution of water and soil. Rhizobia and plant growth-promoting rhizobacteria (PGPR) have been broadly used in agriculture. Sustainability probably represents the greatest challenge to increase food production. The agricultural sector is forced to adopt new technologies dynamically to maintain high yields—without clearing new land for agriculture—and to minimize degradation of land that is occurring worldwide. Since the Green Revolution, the use of chemical fertilizers has played a key role in increasing yields; however, costs are often a major limitation to farmers in developing and poor countries, whereas, for developed countries, pollution of water and soil by fertilizers and greenhouse-gas emissions are sources of concern. Rhizobial inoculants have been applied to legume crops as bio-fertilizers for over half a century (Okon and Labandera-Gonzalez 1994; Bashan and Bashan 2005; Hungria et al. 2005).

Rhizobia have been widely used in agricultural systems for enhancing the ability of legumes to fix atmospheric nitrogen (Teaumroong and Boonkerd 1998). Nitrogen was known to be an essential nutrient for plant growth and development. Intensive

P. Jain (✉)
Department of Biotechnology, University Institute of Engineering and Technology,
Kurukshetra University, Kurukshetra, Haryana, India
e-mail: drpranayjain@gmail.com

R.K. Pundir
Department of Biotechnology, Ambala College of Engineering and Applied Research,
Devsthali, Mithapur, Ambala, Haryana, India

A.P. Hansen et al. (eds.), *Rhizobium Biology and Biotechnology*, Soil Biology 50,
DOI 10.1007/978-3-319-64982-5_8

farming practices that accomplish high yields need chemical fertilizers, which are not only cost-effective but also may create environmental problems. Nitrogen is essential in plant cells for synthesis of enzymes, proteins, chlorophyll, DNA, and RNA, thus essential for plant growth and production of food and feed (Matiru and Dakora 2004). Nitrogen is the most limiting nutrient for the growth of leguminous plants like common beans, soya beans, cow peas, and garden peas because that present in the soil cannot support growth (Howieson and Committee 2007).

The extensive use of chemical fertilizers in agriculture is currently under debate due to environmental concern and fear for consumers' health. Consequently, there has recently been a growing level of interest in environmentally friendly sustainable agricultural practices and organic farming systems (Rigby and Caceres 2001; Lee and Song 2007). Increasing and extending the role of bio-fertilizers such as *Rhizobium* would decrease the need for chemical fertilizers and reduce adverse environmental effects (Ogutcu et al. 2008).

The rhizobia, which are widely used in agricultural systems, are represented by 7 genera containing about 40 species as *Alphaproteobacteria: Allorhizobium, Azorhizobium, Bradyrhizobium, Mesorhizobium, Rhizobium, Sinorhizobium* (Wei et al. 2002), and a species in the genus *Methylobacterium* (Sy et al. 2001). Recently, symbiotic nitrogen-fixing species have also been defined among the genera *Burkholderia* and *Cupriavidus* within the beta subclass of proteobacteria (Moulin et al. 2001). The diversity of the rhizobia is however not clear, particularly considering the large number of leguminous species and their wide geographical distribution (Wei et al. 2002). Since rhizobia are taxonomically very diverse (Wolde-Meskel et al. 2004), efficient strain classification methods are needed to identify genotypes displaying such as superior nitrogen-fixation capacity (Sikora et al. 2002). Molecular techniques have helped to develop easy and quick methods to microbial characterization including works distinguish genera, species, and even strains (Schneider and De Brujin 1996; Giongo et al. 2008). The polymerase chain reaction (PCR) and the use of primers corresponding to consensus repetitive sequences scattered in the eubacteria genome, such as enterobacterial repetitive intergenic consensus (ERIC) and enterobacterial repetitive sequences (BOX) can create highly characteristic patterns when distinguished in agarose gels, providing well separation on strain level (Adiguzel 2006). ERIC sequences are highly protected among rhizobia genomes, and they were used to select and classify different rhizobia strains in population works and to evaluate the environmental effect in defined populations (Giongo et al. 2008). Recently, wild legumes and their symbionts have drawn the attention of ecologist because of their tolerance to extreme environmental conditions such as severe drought, salinity, and elevated temperatures. For rhizobial inoculants, a molecular dialogue between the host plant and the bacterium results in root nodulation and nitrogen fixation, involving plant flavonoids and bacterial nodulation (Nod) factors, identified as lipochitooligosaccharides (LCOs) (Ferguson et al. 2010); however, the roles of other molecules, such as those related to type-III secretion systems and exopolysaccharides (EPSs) (Downie 2010) have also been emphasized.

Many researchers have focused on the genetic diversity of *Rhizobium* isolated from several countries around the world (Mutch et al. 2003; Moschetti et al. 2005; Shamseldin et al. 2009). However the taxonomy of *rhizobia* is very diverse (Wolde-Meskel et al. 2004), molecular techniques based on the PCR provided easy and quick methods to microbial characterization (Shoukry et al. 2013). The 16S rRNA gene sequencing is an excellent tool for molecular characterization of the different isolates of *Rhizobium* (Ismail et al. 2013).

Due to their considerable agricultural and environmental significance, *Rhizobium* species have been extensively studied. During the last decades, the assessment of diversity within rhizobial natural population in various regions of the world has received increased attention. The development of numerous molecular genetic methods and other serological techniques has been greatly contributed to these investigations. The availability of several sensitive and accurate PCR-based genotyping method (Jensen et al. 1993) has enabled the differentiation among closely related bacterial strains and detection of a higher rhizobial diversity than previously considered. Consequently, the taxonomy of root- and stem-nodulating bacteria has been deeply changed in recent years.

8.2 Approaches for Identification of Rhizobia

Rhizobia are Gram-negative soil bacteria capable of inducing formation of nodules in the leguminous plants in which atmospheric nitrogen is reduced to ammonia. This mutualistic relationship between rhizobia and legumes is the most important biological mechanism for providing nitrogen to the plants as an alternative to the energy expensive ammonia fertilizer (Freiberg et al. 1997). Inoculation of leguminous seeds with the selected rhizobial strains is being widely practiced to ameliorate the plant yield by enhanced root nodulation and nitrogen uptake of the plant (Babic et al. 2008). Due to their paramount environmental and agricultural significance, these legume symbionts are being extensively characterized. Recently, the assessment of diversity within rhizobial natural populations in various regions of the world has received increased attention.

8.2.1 Culture Characteristics

In a combined approach of phenotypic and genotypic characterization, Rai et al. (2012) obtained 28 indigenous rhizobial isolates from different chickpea growing regions in peninsular and northern India and analyzed their diversity. The field isolates were compared to two reference strains TAL 620 and UPM-Ca142 representing *Mesorhizobium ciceri* and *M. mediterraneum,* respectively. Phenotypic markers such as resistance to antibiotics, tolerance to salinity, temperature, pH, phosphate solubilization ability, growth rate, and also symbiotic efficiency showed considerable diversity among rhizobial isolates. Their phenotypic patterns showed adaptations of rhizobial isolates to abiotic stresses such as heat and salinity. Two salt-tolerant strains (1.5% NaCl by T1 and T4) with relatively high symbiotic efficiency and two P-solubilizing strains (66.7 and 71 μg/ml by T2 and T5) were identified as potential bioinoculants. Molecular profiling by 16S ribosomal DNA restriction fragment length polymorphism (RFLP) revealed three clusters at 67% similarity level. Further, the isolates were differentiated at intraspecific level by 16S rRNA gene phylogeny. Results by these workers assigned all the chickpea rhizobial field isolates to belong to three different species of *Mesorhizobium* genus. 46% of the isolates grouped with *Mesorhizobium loti* and the rest were identified as *M. ciceri* and *M. mediterraneum*, the two species which have been formerly described as specific chickpea symbiont. This was the first report on characterization of chickpea-nodulating rhizobia covering soils of both peninsular and northern India.

Naz et al. (2009) aimed to isolate and characterize PGPR (Rhizobia) from rhizosphere (EC: 2300 μS/cm; pH: 8.6) of four halophytes: *Sonchus arvensis* L., (sow thistle), *Solanum surratense* Burm. F., (yellow berried night shade), *Lactuca dissecta* D. Don., (wild lettuce), and *Chrysopogon aucheri* (Boiss.) Stapf (golden beard grass) collected from Khewra Salt Range and compared with *Rhizobium* isolate from *S. surratense* Burm. F. of arid soil (EC: 210 μS/cm; pH: 7.9) of Attock (treated as control). The isolates were identified and characterized on the basis of colony morphology and biochemical traits viz. Gram staining, catalase and oxidase tests, and carbon and nitrogen source utilization pattern. The survival efficiency of isolates was measured in culture (colony forming unit/g soil). The genetic diversity among the isolates assessed by RAPD-DNA fingerprinting and PCR was done for the presence of 16S rRNA gene. On the basis of carbon/nitrogen source utilization patterns, *Rhizobium* isolates placed in five different groups and were designated as Rkh1, Rkh2, Rkh3, Rkh4, and Rak5 but random amplified polymorphic DNA (RAPD) tests categorized the isolates into two clusters. The RAPD results were further analyzed by MVSP software; similarity matrix was measured and converted into dendrogram using UPGMA clustering method.

A study was undertaken by Wagh et al. (2015) to investigate the occurrence of nitrogen-fixing bacteria (NFB) from soil and root nodule of Nashik area. Four soil samples and two root nodule samples were collected randomly to estimate microbial population which used plate count method. The study characterized NFB strains isolated from leguminous plant species. The characterization of isolated cultures was done through colony morphology analysis, cellular morphology and biochemical properties which included Gram staining, catalase test, methyl red test, Voges Proskauer test and citrate utilization and nitrate reduction pattern. Isolation of DNA was done with the modified CTAB method. The isolated DNA was subjected to Agarose gel electrophoresis and observed under UV light. The presence of nifH check by using PCR which gave 700 bps amplicon in 03 isolates. These isolates could be useful to produce efficient bio-fertilizers for agriculture.

Zhang et al. (1991) studied on the diversity of *Rhizobium* bacteria isolated from the root nodules of leguminous trees. 60 rhizobial strains isolated from the root nodules of *Acacia senegal* and *Prosopis chilensis* in Sudan were compared with

37 rhizobia isolated from woody legumes in other regions and with 25 representatives of recognized *Rhizobium* species by performing a numerical analysis of 115 phenotypic characteristics. Cultures were grown to log phase in YEM agar or broth before inoculation. The strains were then streaked onto YEM agar plates and several tests like hydrolysis of urea, precipitation of calcium glycerophosphate, reduction of nitrate, production of melanin, utilization of carbon sources were performed as well as resistance to intrinsic heavy metals and antibiotics and tolerance of NaCl were also determined.

Suliasih and Widawati (2005) investigated the occurrence of NFB from soil samples of Wamena Biological Garden (WbiG). Eleven soil samples were collected randomly to estimate microbial population which used plate count method. During their work, yeast extract mannitol agar (YEMA) was used for growing *Rhizobium* and Mannitol Ashby agar medium for isolating *Azotobacter* and Okon medium for *Azospirillum*. The number of bacterial colony was estimated after 7 days of incubation at room temperature and then were identified following the methods of *Bergey's Manual of Systematic Bacteriology*.

Khan et al. (2008) reported the isolation and identification of nitrogen-fixing microorganisms during the seedling (30 days after seed sowing) stage of rice (BR 10) rhizosphere soil grown in Non-calcareous grey flood plain soil of Bangladesh. Four individual strains were microbiologically identified based on the selection criteria, and it was found out that their biochemical tests were strictly similar to *Enterobacter spp.*, for strain-1, *Klebsiella spp.* for strain-2, *Bacillus spp.* for strain-3, and *Azospirillum spp.* for strain-4. They were anaerobic in nature.

Messaoud et al. (2014) isolated and characterized phenotypically the rhizobial strains from the soils belonging to the Meknes-Tafilalet region in order to select strains that were able to nodulate *Bituminaria bituminosa*. Samples from 23 different sites belonging to the Meknes-Tafilalet region were collected in order to select rhizobial strains that are able to nodulate *B. bituminosa*. The morphological, cultural, and phenotypic parameters of isolated strains were studied. The phenotypic characteristics included colony morphology, growth speed, tolerances to temperature, salt, and pH. The results highlighted the important biodiversity of the isolated rhizobial strains and opened opportunities for the development of new bio-fertilizer.

8.2.2 Physiological and Biochemical Approaches

Shoukry et al. (2013) obtained eight locally isolates of *Rhizobium* sp. from different soil locations were characterized and determined of their nodulation efficiency. The obtained results exhibited that all the isolated strains were *R. leguminosarium* bio *viciae* and the eight isolates produced the highest mean of nodules per plants which reached (104 nodules) for isolate RL8. The obtained results after salt tolerance and antibiotic response of the *R. leguminosarium* strains showed that the isolate No. RL7 was the superior strain for salt tolerance. The following strain for salt tolerance was the isolate (RL2). The high growth rate of the *R. leguminosarium* strains could be considered as an indicator of salt tolerance. Moreover, the isolated strains (RL3, RL4, and RL7) showed the highest level of antibiotic resistance since they were resistant to five antibiotics.

In a study carried out by L'taief et al. (2007), several phenotypic markers were used to determine the biodiversity of rhizobial strains nodulating *Cicer arietinum* L. in various areas of Tunisia. They included symbiotic traits, the use of 21 biochemical substrates, and tolerance to salinity and pH. Numeric analysis of the phenotypic characteristics showed that the 48 strains studied fell into three distinct groups.

The investigation was carried out by Mishra et al. (2013) who isolated bacteria-nodulating cluster bean from the areas of arid and semiarid regions of Rajasthan to identify effective and competitive strains tolerant to various abiotic stresses such as temperature, pH, and salinity. A total of 15 rhizobium isolates from cluster bean nodules were characterized on the basis of cultural analysis and screened for physiological traits. Most isolates were tolerant to pH between 6.0 and 8.0, NaCl concentration between 0.5 and 3% and temperature between 37 and 42 °C. These rhizobial isolates were characterized by RAPD to estimate their relationship on molecular basis and compared with their tolerance to various abiotic stresses.

Park et al. (2005) isolated and characterized diazotrophic growth-promoting bacteria from rhizosphere of agricultural crops of Korea. Burk's nitrogen-free semisolid and solid medium was used throughout the study and the pH of the medium was adjusted to 7 ± 0.1. Physiological and biochemical characters of the bacterial isolates were examined according to methods described in *Bergey's Manual of Systematic Bacteriology*. Gram reaction was performed as per standard procedures and tests like plate assays and fatty acid analysis were also done.

In a study by Singh et al. (2013), root-nodulating bacteria were isolated and characterized from the root nodules of *Sesbania sesban* leguminous plants growing in regions of Mumbai and its suburban areas. A total of 17 isolates isolated on YEMA medium. These isolates were further studied for their morphological characters and biochemical characterization along with one reference culture (NCBI-TUR1). Out of 17, morphologically six Rhizobium strains were rod-shaped, Gram-negative, and mucous producing. These isolates were unable to grow in the presence of 0.1% methylene blue and lactose. With the help of biochemical characterization, it was confirmed that those all six isolates were *Rhizobium* species. These isolates were studied for different salt concentration range from 5 to 9.0%, and culture shows less growth as the concentration of salt increased. All isolates grow at pH 6.0–11.0 but none of the isolates grow at pH 12.0. The optimum physical parameters for the growth of fast-growing rhizobia were found in pH between 7.0 and 8.0 and 28 °C temperature. BIOLOG test was performed in order to understand the nutrient requirement and utilization pattern of *Rhizobium* species. The goal of isolation of *Rhizobium* species associated with *Sesbania sesban* sample would be the assessment of rhizobial genetic diversity. The tolerance to high salinity, pH, and their survival in such harsh environmental conditions make these rhizobial isolates valuable to improve the productivity of the leguminous plants cultivated under extreme environments.

Mirza et al. (2001) isolated nitrogen fixing, phytohormone-producing bacteria from sugarcane and their beneficial effects on the growth of micropropagate sugarcane plantlets. For isolation, serial dilutions of the bacterial growth in the semisolid medium in ARA-positive vials were spread on LB agar plates and incubated at 30 °C for 24–48 h. Colonies appearing on plates were picked and streaked on fresh LB agar plates. All the different types of colonies were again inoculated in N-free semisolid media and were assayed for confirmation of acetylene reduction activity. Physiological and biochemical tests were performed using the QTS-20 miniaturized identification system (DESTO Laboratories, Karachi, Pakistan). Oxidation fermentation test and catalase test were also performed for the identification of the isolates.

Holguin et al. (1992) worked on the isolation of new diazotrophic bacteria, *Listonella anguillarum* and *Vibrio campbellii,* and one non-nitrogen-fixing bacterium, *Staphylococcus sp.,* from the rhizosphere of mangrove trees. The cellular morphology of the pure isolates was determined with light microscopy (Zeiss). Species identification was done by FAME analysis through gas chromatography of cell fatty acid methylesters that have a chain length between 9 and 18 carbons long. During their trials, it was found that *Staphylococcus sp.,* indicates interaction with the above two diazotrophic bacteria and results in increase or decrease in the nitrogen-fixing capacity of the two diazotrophs.

A total of 251 bacteria were isolated from the surface-sterilized roots of 11 legumes except *Lathyrus odoratus* (Ozawa et al. 2003). Thirty one isolates of these bacteria showed ARA of 2.6–450 nmol/h/culture when grown in the JNFb media. 16S rRNA gene sequence analysis and physiological characteristics of the 31 isolates showed that the isolates were *Agrobacterium radiobacter, A. tumefaciens, Azospirillum lipoferum, Bradyrhizobium elkanii, Burkholderia cepacia, Frateuria aurantia, Klebsiella oxytoca, K. pneumonia, Rhizobium gallicum, R. sp., Starkeya novella*, and *Xantobacter flavus.*

Prabudoss and Stella (2009) isolated *Gluconacetobacter diazotrophicus* from sugar-rich crops like sugarcane (root, stem bud, and leaves), sweet potato, pine apple, and wild cane. Nitrogen-fixing efficiency of the isolates was evaluated by using acetylene reduction activity following the standard procedure. It was found out that the nitrogen-fixing ability of the isolated strains were comparatively high from that of the reference strains, indicating the superiority of the isolates.

Thirty nodule isolates from bean (*Phaseolus vulgaris* L.) grown in Eskißehir, Turkey were studied by Kucuk et al. (2006) for their physiological and biochemical characteristics. Most isolates produced abundant extracellular polysaccharides, tolerated high salt concentration (5% NaCl), grew at a temperature of 42 °C, and synthesized melanin. They were able to grow at pHs ranging from 3.5 to 9.0. The majority of the isolates showed an intrinsic resistance to the antibiotics chloramphenicol (20 and 50 μg/ml), erythromycin (30 μg/ml), kanamycin (10 μg/ml), and streptomycin (40, 80, and 100 μg/ml).

Hassen et al. (2014) evaluated nodulation of bacterial strains isolated from the root nodules of indigenous and exotic forage legumes. The nodulation authentication trial was conducted following the Koch's postulate experiment under glasshouse condition and revealed that all bacterial strains were root nodule microsymbionts of the forage legumes from which they were initially isolated. Nodulation and improved growth of the legumes was achieved by the tested strains with statistically significant ($p = 0.05$) increase in plant biomass and nodule number in comparison with the un-inoculated controls. To elucidate their identity and phylogenetic relatedness, the effective strains were selected and characterized by means of the 16S ribosomal RNA sequence analysis. The analysis confirmed that the isolates nodulating *Macrotyloma axillare*, *Desmodium uncinatum*, *Indigofera spicata* var. *spicata*, and *Stylosanthes gracilis* predominantly belong to the genus *Bradyrhizobium*. *Vigna unguiculata* and *Vigna* sp. were nodulated by strains belonging to members of the genus *Bradyrhizobium*, *Sinorhizobium*, and *Rhizobium*.

An attempt was made by Ahmed and Abdelmageed (2015) to evaluate the diversity of 16 *Rhizobium leguminosarum* bv. *viceae* strains isolated from different schemes in Shendi area, Sudan. Morphological and cultural characteristics were performed viz. colony morphology, Gram staining, and motility. Biochemical and physiological tests include acid–base production, oxidase and catalase tests were carried out. The effects of antibiotics on the growth of *Rhizobium* strains on YEMA media were tested using measurement of diameters of the growth inhibition zones. Growth of pure rhizobial isolates on (YEM) medium having variable range of pH (5.5–8.5) and different concentrations of NaCl (0.5–6.6%) were recorded. The isolates studied were motile, Gram-negative, and rod-shaped and catalase- and oxidase-positive bacteria. Regardless the location of isolation, *Rhizobium* strains tested showed significant differences ($p < 0.05$) in their sensitivity to the antibiotics. Strain SHUOS1F34, SHUMAF6, and SHUGF37 were the most sensitive strains whereas strain SHUJ15F2, SHUSSF4, and SHUR2F36 were the most tolerant ones to almost all antibiotics tested. With the exception of strain SHUNOF35, which tolerate high pH values up to 8.5, the growth rate of all strains increased steadily with increasing pH from 5.5 reaching the maximum at pH 6.5–7.5 and then declined to 8.5. In all the tested strains, the growth rate decreased with increasing salt concentration from 0.5 up to 6%.

The diversity of rhizobia associated with introduced and native *Acacia* species in Algeria was investigated from soil samples collected across seven districts distributed in arid and semiarid zones by Boukhatem et al. (2012). The in vitro tolerances of rhizobial strains to NaCl and high temperature in pure culture varied greatly regardless of their geographical and host plant origins but were not correlated with the corresponding edaphoclimatic characteristics of the sampling sites, as clearly demonstrated by principal component analysis. Based on 16S rRNA gene sequence comparisons, the 48 new strains isolated were ranked into 10 phylogenetic groups representing five bacterial genera, namely, *Ensifer, Mesorhizobium, Rhizobium, Bradyrhizobium*, and *Ochrobactrum*. *Acacia saligna*, an introduced species, appeared as the most promiscuous host because it was efficiently nodulated with the widest diversity of rhizobia taxa including both fast-growing ones, *Rhizobium, Ensifer*, and *Mesorhizobium*, and slow-growing *Bradyrhizobium*. The five other *Acacia* species studied were associated with fast-growing bacterial taxa exclusively.

8.2.3 Nucleic Acid Hybridization and Sequencing

The variability in the effectiveness of native *Rhizobium* isolates even on a single cultivar of a legume crop and gives the impression that the nitrogen-fixing ability of *Rhizobium* could be improved either by strain selection or by genetic manipulation. Since the nitrogen-fixing ability is expressed only in symbiotic association, it is not possible to find out whether the restriction on the bacterial gene expression is due to the bacterial genome or the plant. Among fast-growing rhizobia, on the basis of physiological properties and nucleic acid hybridization studies, a cluster could be identified grouping strains of *R. leguminosarum*, *R. phaseoli*, and *R. trifolii*, which is called the *R. legurninosarum* cluster, whereas strains of *R. meliloti* form a separate cluster (Gibbins and Gregory 1972). Recent genetic evidence has confirmed this separation in two clusters (Kondorosi et al. 1980).

The genetic diversity of ten rhizobial isolates (*R. leguminosarum*) isolated from root nodules of broad beans (*Vicia faba* L.) growing in ten locations in Egypt were investigated by Ismail et al. (2013) using 16S rRNA gene partial sequence. The average genetic distance among the studied isolates was low (0.193) with the lowest genetic distance between isolates collected from South Sinai and Zefta and the highest genetic distance between North Sinai and Quesna isolates. The studied isolates formed two main groups based on cluster analyses and principal coordinate analysis. The grouping pattern of the isolates in both analyses was independent of their geographic location. Further, the isolation-by-distance analysis showed no correlation between genetic and geographic distance of the studied isolates ($r = 0.118$, $p = 0.71$). The results suggested that the genetic diversity of Egyptian rhizobia across the studied locations was very low, probably due to the narrow genetic background of Egyptian rhizobia.

A Gram-negative, nonmotile, fast-growing, rod-shaped, bacterial strain VKLR-01 T was isolated by Kesari et al. (2013) from root nodules of *Pongamia* that grew optimal at 28 °C, pH 7.0 in the presence of 2% NaCl. Isolate VKLR-01 exhibited higher tolerance to the prevailing adverse conditions such as those of salt stress, elevated temperatures, and alkalinity. Strain VKLR-01 T consisted of the major cellular fatty acid as $C_{18:1}\omega 7c$ (65.92%). Strain VKLR-01 T was found to be a nitrogen fixer using the acetylene reduction assay and PCR detection of a *nif*H gene. On the basis of phenotypic, phylogenetic distinctiveness and molecular data (16S rRNA, *rec*A, and *atp*D gene sequences, G + C content, DNA–DNA hybridization, etc.), strain VKLR-01 T = (MTCC 10513 T = MSCL 1015 T) was considered to represent a novel species of the genus *Rhizobium* for which the name *Rhizobium pongamiae* sp. nov. was proposed.

de Freitas et al. (2014) determined the characteristics of native rhizobia isolates from nodules of *Mimosa tenuiflora* and *Mimosa paraibana* grown in pots with soils collected under Caatinga vegetation and compared the restriction ribosomal DNA profiles of the isolates with those of 16 reference strains. All plants formed abundant indeterminate nodules and all nodule isolates formed fast-growing colonies. No colony altered the medium to an alkaline reaction and most of them produced low or medium amounts of extracellular polysaccharides. White and creamy colonies predominated among the isolates but orange and green colonies were present. Differences among the isolates from the *Mimosa* species tested were indicated by the greater phenotypic diversity of those obtained from *M. tenuiflora*. The analysis of the 16S rDNA gene suggested that the isolates from *M. tenuiflora* and *M. paraibana* were closely related and closer to β-rhizobia than to α-rhizobia. However, the similarity with all the tested β-rhizobia reference strains was relatively low which suggested that the isolates might belong to different bacteria species.

8.2.4 PCR Fingerprinting Technologies

For molecular characterization of the rhizobial strains, various types of PCR technologies could be utilized. Suitable technique should be used out of the several PCR techniques such as RAPD analysis, RFLP analysis, amplified ribosomal DNA restriction analysis (ARDRA) analysis, or 16S rDNA sequencing. PCR-based fingerprinting techniques, such as terminal restriction fragment length polymorphism (T-RFLP), denaturing gradient gel electrophoresis (DGGE) and single strand conformation polymorphism (SSCP), have been widely used in the study of rhizobial communities. In general, fingerprinting techniques rely on the amplification of 16S rRNA gene fragments by PCR, but 16S rRNA gene copy number per genome vary from 1 up to 15 or more copies depending on the bacterial species. The numbers of rRNA gene copies are related to the life strategy of bacteria; taxa with low copy numbers and inhabit low nutrient environment (Kang et al. 2010).

The quantitative PCR or qPCR is a molecular technique widely used for detection and quantification of specific genes and their expression from DNA and RNA samples from various environments. It is a sensitive technique allowing detection of the signal produced by DNA fragment amplification in real time during each cycle of the PCR reaction. This technique could provide important insight into the distribution of specific rhizobial genes in the rhizosphere and bulk soils (Sørensen et al. 2009) because it is not only used to detect and quantify 16S rRNA genes but also functional genes involved in relevant processes in the rhizosphere, such as nutrient cycling and phytopathogen biocontrol.

A study was done by Al-Judy and Majeed (2013) where ten of rhizobial isolates and strain studied were either local isolate from chickpea root nodules or non-local (Syrian and Turkish) obtained from ICARDA. These isolates were identified and characterized on the basis of colonies morphology and biochemical tests including Gram staining, catalase and oxidase tests. The genetic diversity among the isolates was assessed by RAPD-PCR fingerprinting by using five primers. The RAPD result showed high ability to detect genetic polymorphism in Rhizobia and have the ability to generate unique bands (marker) especially in Shiekhan 3(10)bands Mosle(8)bands isolates that were isolated from chickpea plants.

Oraon and Singh (2013) studied diversity of *Rhizobium* spp. in agricultural lands of Madhya Pradesh. Physicochemical properties of soil were studied using standard methods while molecular methods used to study diversity within *Rhizobium* species. Further, population analysis of *Rhizobium* species in relation to genetic diversity was carried out using 16S rDNA-RFLP PCR. *Rhizobium* were identified and genetically by determining the %G + C content of the whole genome, followed by restriction enzyme (Mbo I, Hap II, Taq I, Msp I, Cfo I, Nde II, Dde I, Rsa I) treatment of PCR amplified product of 16S rDNA segment was performed. The sequences recognized by the restriction enzymes are distributed at variable intervals in the genome of an organism and also vary in number. The separation carried out by electrophoresis (1.6–2% agarose gel) resulted in specific banding pattern differing within as well as among different species.

Molecular diversity studies of 19 rhizobia isolates from chickpea were conducted by Yadav et al. (2013) using simple sequence repeats (SSR) and 16S rDNA-RFLP markers. Phenotypic characterization with special reference to salinity and pH tolerance was performed. These isolates were identified as different strains of *Mesorhizobium, Rhizobium, Bradyrhizobium*, and *Agrobacterium*. Twenty SSR loci of *M. ciceri* distributed across the other rhizobial genome clearly differentiated 19 rhizobial isolates. Analogous clustering supported the results of 16S rDNA sequence-based phylogeny. Analysis of the 16S rDNA sequences from *M. ciceri* strains revealed that nucleotide variables (signature sites) were located at 20 different positions; most of them were present in the first 820 bp region from 5′ terminal. Interestingly, 14 signature sites were located in two main regions, the variable region V1 (nt 527–584), and variable region V2 (nt 754–813). The secondary structure and minimal free energy were determined in these two regions.

In a study carried out by Suneja et al. (2016), the normal nodulating chickpea cultivar (HC5) and revertant of non-nodulating cultivar ICC 4993 NN designated as ICC 4993 (R) were used to study and characterize the rhizobia infecting both cultivars. On the basis of growth characteristic and nodulation, 43 rhizobial isolates from revertant of non-nodulating cultivar and 8 rhizobial isolates from normal nodulating cultivar were selected. Heterogeneity of the rhizobia infecting both of the cultivars was estimated by ERIC as well as RFLP analysis of 16S rDNA sequence. Based on the presence of different ERIC profiles, rhizobial isolates from cv. ICC4993 (R) formed eight different clusters and those from cv. HC5 formed three clusters at 80% similarity. A combined dendrogram of all the mesorhizobial isolates from the two cultivars showed two clusters at 70% similarity and eight subclusters at 80% similarity level. Similarly, RFLP patterns showed that rhizobial isolates from cv. ICC4993 (R) formed 11 clusters while those from cv. HC5 formed two clusters at 80% similarity. A combined dendrogram of mesorhizobial isolates from the two cultivars formed 12 clusters at 80% level of similarity. Using both methodologies, heterogeneity (if any) of mesorhizobia-nodulating cvs. ICC4993 (R) and HC5 could not be ascertained. Further sequencing of partially amplified 16S rDNA of three rhizobial isolate from cv. ICC4993 (R) and one from cv. HC5 showed more than 98% similarity with *Mesorhizobium muleiense* and *Mesorhizobium mediterraneum*. The phylogenetic analysis of 16S rRNA partial sequence revealed 11 monophyletic clades. The isolates NN78 and HC 1065 were clustered along with *M. mediterraneum* strain PECA20 while NNs13 and NN90 formed a separate cluster.

The study carried out by Prasad (2014) established a phylogenetic relationship between four Rhizobia species isolated from different plant nodules by RAPD marker. The genomic DNA of good quality without any degradation was successfully isolated from Rhizobia. In total four Rhizobia isolates were studied for their polymorphism at molecular level. Out of four random primers three primers, namely, OPZ 8, 9, and 10 produced clear banding patterns. From the electrophoretic banding pattern, cluster analysis was carried out using frequency similarity coefficient. The results of this study indicated that RAPD provided a high degree of discrimination between the strains.

Ogutcu et al. (2009) conducted a study to determine the phenotypic and genotypic differences in *R. leguminosarum* subsp. *ciceri* strains isolated from perennial wild chickpeas (*Cicer anatolicum*) from high altitudes (2000–2500 m) in mountains of Erzurum, Eastern Anatolia, Turkey. In this study, rep-PCR (ERIC-, REP-, and BOX-PCR) fingerprinting methods were used for the genotypic characterization and phylogenetic analysis of *R. leguminosarum subsp. cicero* strains isolated from perennial wild chickpeas. The results showed a high intraspecies diversity among the strains in terms of rep-PCR (ERIC-, REP-, and BOX-PCR) profiles.

In a study, Shamseldin et al. (2005) recovered 12 rhizobial isolates from nodules of common bean (*P. vulgaris*) grown in two different locations of Egyptian soils. The most effective strains for nodule formation and nitrogen fixation were selected. Strain specificity with the bean cultivars Saxa, Canoca, and Giza 6 from Germany, Colombia, and Egypt were studied. The strains were characterized by ARDRA of 16S and 23S rDNA, plasmid DNA content, and 16S rDNA sequencing. A high degree of genetic diversity was observed among the strains used. The strains were separated into three genotype groups. Genotype A was displayed by seven isolates classified as *Rhizobium etli*, while genotype B was displayed by a single isolate, classified as *R. gallicum*. Genotype C included four isolates which were unable to renodulate *P. vulgaris*, which were related to *Agrobacterium tumefaciens*. Single strains were further characterized by specific physiological tests and measurements such as acetylene reduction activity, nodule/root biomass ratio, and shoot and root fresh weight.

Toolarood et al. (2012) studied the genetic diversity of 48 rhizobia isolated from root nodules of alfalfa, cultivated in different regions of Iran, was studied by RFLP analysis of PCR-amplified intergenic region (IGS) and 16 s rRNA gene. Analysis of the intergenic region between 16S and 23S rDNAs (IGS) showed a considerable diversity within these microsymbionts. At the similarity of 70%, these rhizobia were clustered into four groups: I, II, III, and IV. Two genera, *Sinorhizobium* and *Agrobacterium,* were identified among the isolates by PCR-RFLP of 16S rRNA gene.

Costa et al. (2014) evaluated the diversity of rhizobial isolates obtained from root nodules of pigeon pea plants grown at the eastern edge of the Brazilian Pantanal. The bacterial isolates were isolated from root nodules from field-growing pigeon pea grown in two rural settlements of the Aquidauana municipality. The bacterial isolates were characterized phenotypically by means of cultural characterization, intrinsic antibiotic resistance (IAR), salt and high incubation temperature tolerance, and amylolytic and cellulolytic activities. The molecular characterization of the bacterial isolates was carried out using ARDRA and Box-PCR techniques. In addition, the symbiotic performance of selected rhizobial isolates was evaluated in a greenhouse experiment using sterile substrate. The molecular fingerprinting of these bacterial isolates also showed a highly diverse collection, with both techniques revealing <25% similarity among bacterial isolates. The results obtained in this study indicated the presence of a highly diversified rhizobial community nodulating the pigeon pea at the eastern edge of the Brazilian Pantanal.

In one study, Orel et al. (2016) collected crown gall-affected grapevine samples from major vineyards, located in different Turkish provinces. One hundred and three bacterial strains were obtained from 88 vineyards and 18 grapevine varieties; they were tumorigenic when inoculated in tobacco, sunflower, and *Datura stramonium* plants and were identified as *Rhizobium vitis* using biochemical and physiological tests as well as PCR and specific primers. Nineteen *R. vitis* strains presented a number of anomalous biochemical and physiological characters. PCR and opine-specific primers revealed the presence of octopine/cucumopine-type plasmid in 82 *R. vitis* strains, nopaline-type plasmids in 18 strains, and vitopine-type plasmids in three strains. Clonal relationship of strains was determined using pulsed field gel electrophoresis following digestion of genomic DNA with the restriction endonuclease *Pme*I. The greatest genetic diversity was found for the strains from Denizli, Ankara, and Nevşehir provinces. Nopaline and vitopine types of *R. vitis* were detected for the first time in Turkey.

Reinhardt et al. (2008) isolated and identified 14 strains of NFB from different agricultural plant species after performing the culture characteristics tests and molecular characterization. The strains were characterized by RAPD, ARDRA, and 16S rDNA sequence analysis. Out of 14 strains 13 were assigned to known groups of nitrogen-fixing bacteria, including organisms from the genera *Azospirillum*, *Herbaspirillum*, *Pseudomonas*, and *Enterobacteriaceae*. Remaining one strain was grouped with *Acidovorax avenae*, but with low similarity and phenotypic results were inconclusive.

In a study by Sankhla et al. (2015), the phenotypic as well as genetic diversity of 20 root nodule bacterial strains isolated from root nodules of *Crotalaria medicagenia* growing in Thar Desert of India were investigated. All bacterial isolates were fast growing and highly diverged in their phenotypic characteristics such as salt and pH tolerance. All isolates distributed into three groups based on ARDRA pattern while formed 11 groups on the basis RAPD patterns, which indicates high genetic diversity among them. The 16S rDNA sequencing and BLAST result of seven isolates suggested that microsymbionts of *C. medicagenia* belong to the only *Ensifer* genus. On the basis of phylogenetic analysis of 16S rRNA gene sequences, these *Ensifer* strains closely related to old world rhizobia (*E. kostiensis*, *E. saheli*, *E. terangae*) as well as new world rhizobia (*E. mexicanus*, *E. americanus*), but formed new lineages, thus these are novel strains of *Ensifer*. It was suggested that in the alkaline soil of the Thar Desert *C. medicagenia* was nodulated by diverse *Ensifer* species.

Sessistsch et al. (1997) found that *P. vulgaris* L. (common bean) was nodulated by rhizobia in the fields around the Seibersdorf laboratory despite the fact that common bean was not been grown for a long time. Using PCR analysis with repetitive primers, plasmid profiles, nifH profiles, PCR-RFLP analysis of the 16S rRNA gene and of the 16S rRNA–23S rRNA intergenic spacer and the nodulation phenotype, two well-differentiating groups could be distinguished. One group showed high similarity to *Rhizobium* sp. R602sp, isolated from common bean in France, while the other showed the same characteristics as *R. etli*. The researchers detected little variation in the symbiotic regions but found higher diversity when using approaches targeting the whole genome. Many isolates obtained in the study might have diverged from a limited number of strains; therefore, the Austrian isolates showed high saprophytic and nodulation competence in that particular soil.

Saeki et al. (2010) demonstrated various experimental approaches to characterization of soybean-nodulating rhizobial communities in relation to host genotype and geographical distribution which included using environmental DNA, including DGGE, terminal RFLP (T-RFLP) analysis, and automated ribosomal intergenic spacer analysis (ARISA), targeting 16S rDNA, the 16S–23S rDNA ITS region, and other genomic and RNA sequences. The study highlighted the diversity and geographical distribution of indigenous soybean-nodulating bradyrhizobia in Japan and suggested that bradyrhizobial communities occupy different niches from north to south determined by environmental factors such as temperature and host-plant diversity. These results were, however, based on limited numbers of isolates from nodules. For further advances in rhizobial ecology, a direct method should be developed to characterize the rhizobial ecology of indigenous rhizobia in relation to interactions with host soybean cultivars. In particular, rhizobial communities in the soil should be compared with soybean-nodulating rhizobial communities to clarify ecological interactions among host plant, rhizobia, and environmental factors, such as temperature.

Silva et al. (2012) characterized rhizobia isolated from the root nodules of cowpea (*V. unguiculata*) plants cultivated in Amazon soils samples by means of ARDRA and sequencing analysis to know their phylogenetic relationships. The 16S rRNA gene of rhizobia was amplified by PCR using universal primers Y1 and Y3. The amplification products were analyzed by the restriction enzymes *Hinf*I, *Msp*I, and *DdeI* and also sequenced with Y1, Y3, and six intermediate primers. The clustering analysis based on ARDRA profiles separated the Amazon isolates in three subgroups, which formed a group apart from the reference isolates of *Bradyrhizobium japonicum* and *B. elkanii*. The clustering analysis of 16S rRNA gene sequences showed that the fast-growing isolates had similarity with *Enterobacter*, *Rhizobium*, *Klebsiella*, and *Bradyrhizobium* and all the slow-growing clustered close to *Bradyrhizobium*.

Genetic diversity in rhizobial strains was studied by Sajjad et al. (2008) using RAPD markers. The strains isolated, using dilution plate method, from nodules of lentil plant grown at different sites of Punjab, Pakistan were used in the study.

Slow- and fast-growing colonies of rhizobial isolates were selected, isolated, and purified by streaking. About 10 ml of broth culture of each isolate was used for DNA extraction. PCR was performed using decamer oligonucleotide primers to study DNA polymorphism among strains. Cluster analysis divided the strains into two distinct groups A and B. The data showed that only the strains L-5, L-10, L-22, and S-26 were able to solubilize soil phosphates.

A survey of native legume *Rhynchosia minima* was conducted by Tak et al. (2014) at various sites/villages of district Jodhpur, Nagaur, Barmer, Bikaner, and Jaisalmer of arid region of western Rajasthan in the months of September to November during post-monsoon periods. Rhizobia trapping experiments were also performed with rhizospheric soil collected from various sites in arid regions of Thar Desert. The nodules in *R. minima* were found to be indeterminate with bark and lenticels on the surface. More than 80 bacterial strains were isolated from *R. minima* and around 57 bacterial isolates were purified and characterized at phenotypic, biochemical, and molecular level. Bacteria isolates were screened for salt (NaCl) and pH tolerance. Genetically diverse bacteria were grouped on the basis of DNA fingerprinting like ARDRA and RAPD using RPO1 primer. On the basis of ARDRA and RAPD pattern, selected root nodule bacteria were characterized by partial 16S rRNA gene sequences and identified by closest match in BLAST. Phylogenetic analysis reveals that *Ensifer*sp is the most competent nodulating bacteria in this native legume growing in alkaline soil of Thar Desert. 16S rRNA gene NJ tree showed a separate clade of novel *Ensifer* sp. diversifying from old world rhizobia *Ensifer arboris* TTR 38 T (Z78204) and *Ensifer saheli* LMG 7837 T (X68390).

The diversity of a collection of 21 bradyrhizobial isolates from Lima bean (*Phaseolus lunatus* L.) was assayed by Ormeno-Orrillo et al. (2006) using molecular methods. Moderately high to high genetic diversity was revealed by multilocus enzyme electrophoresis (MLEE) analysis of seven enzyme loci and genomic fingerprints with ERIC and BOX primers. Two groups with differences in growth rate were found among the isolates and their differentiation as two divergent bradyrhizobial lineages was supported by PCR-RFLP of the rpoB gene and sequence analysis of the 16S rDNA and dnaK genes. Isolates with slow growth (SG) were identified as Bradyrhizobium yuanmingense, while extra-slow growing isolates (ESG) constitute a new lineage different from all described Bradyrhizobium species. Three distinct symbiotic genotypes were detected among Lima bean bradyrhizobia by PCR-RFLP and sequence analysis of the nifH and nodB genes. One genotype was found in the ESG lineage and two in *B. yuanmingense*. Another symbiotic genotype was detected in *B. yuanmingense* isolated from Lespedeza plants. The identified bradyrhizobial lineages constituted sympatric species effectively nodulating Lima bean on the coast of Peru.

El-Fiki (2006) used RAPD fingerprinting for strain identification and the assessment of genetic diversity within a field population of *Rhizobium* (*Bradyrhizobium archus*, *B. japonicum*, and *R. leguminosarum* bv. *Trifolii*). Total genomic DNAs from different field isolates were amplified using two different arbitrary primers. Different band patterns were obtained for all strains. Cluster analysis showed the relationship of *R. leguminosarum* bv. *Trifolii* with *B. archus* (69%) and *B. japonicum*

(63%). The results indicated that RAPD is a very discriminative and efficient method for differentiating and studying genetic diversity of *Rhizobium* strains.

The study was conducted by Boakye et al. (2016) to assess the characteristics and diversity of the rhizobia that nodulate some prominent tree legumes in three soils of Ghana. Five introduced and/or indigenous tree legumes were initially assessed for nodulation in three Ghanaian soils. After 12 weeks of growth in nursery pots the 200 rhizobial strains isolated from their nodules were characterized culturally, metabolically, and phenotypically. Sixty of these isolates were selected randomly and their genotypic characteristics determined using PCR-RFLP of 16S rRNA and intergenic spacer (IGS) genes. Each tree legume was nodulated by isolates classified as fast or very fastgrowers or by isolates classified as slow- or very slowgrowers with 54% of all the 200 isolates belonging to fast or very fastgrowers. Morphologically, 85% of the colonies formed on YEMA were wet and gummy while 70% were acid tolerant, i.e., they were able to grow at a pH of 3.5. Combined restriction of the 16S rRNA genes of the 60 rhizobial isolates with five restriction enzymes clearly distinguished seven different clusters at 80% similarity level. The majority of *A. lebbeck* isolates were distinct from those of the Acacias and *L. leucocephala*. The *M. thonningii* isolates were related to *L. leucocephala* isolates. Simple PCR of the ITS DNA provided several distinct band sizes indicating great variation among the isolates and restriction of the ITS with three different enzymes did not yield many further differences. Molecular techniques revealed a great diversity among the rhizobia that nodulate tree legumes in the tropics, and this may explain why many introduced and/or indigenous trees are able to form nodules with indigenous rhizobia in this region.

A total of 40 bacterial isolates from the root nodules of *Caragana microphylla* growing in desert soil in Ningxia, China, were analyzed for genetic diversity and phylogenetic position by Dai et al. (2012). These isolates were classified into seven types of 16S ribosomal DNA (rDNA) using PCR-RFLP analysis. They were grouped into four clades, *Rhizobium-Agrobacterium*, *Sinorhizobium*, *Phyllobacterium*, and *Bradyrhizobium*, when the phylogenies of 16S rDNA, *recA*, and *atpD* genes were applied. Phylogenetic analysis showed that the tree generated from the 16S rDNA sequencing agreed with that produced from the *recA* and *atpD* genes. By analyzing phylogenetic relationship using the three loci, the isolates in the branches of *Phyllobacterium* and *Sinorhizobium* could be identified as *P. brassicacearum* and *S. meliloti*. The isolates in the branch of *Rhizobium–Agrobacterium* were the most abundant microsymbiont of *C. microphylla* and were designated *R. leguminosarum*, *R. galegae*, *R. alamii*, and *A. tumefaciens*. Two isolates with low sequence similarity to the known species of *Bradyrhizobium* might be novel species in this genus.

Paffetti et al. (1996) investigated the genetic diversity of 96 *Rhizobium meliloti* strains isolated from nodules of four *Medicago sativa* varieties from distinct geographic areas and planted in two different northern Italian soils. The 96 isolates, which were phenotypically indistinguishable, were analyzed for DNA polymorphism with the following three methods: (i) an RAPD method, (ii) an RFLP analysis of the 16S–23S ribosomal operon spacer region, and (iii) an RFLP analysis of a 25-kb region of the p*Sym* plasmid containing *nod* genes. Although the bacteria which were studied constituted a unique genetic population, a considerable level of genetic diversity was found. The analysis of molecular variance (AMOVA) method was used to estimate the variance among the RAPD patterns. The results indicated that there was significant genetic diversity among strains nodulating different varieties.

Abi-Ghanem et al. (2013) collected isolates of *R. leguminosarum* from several pea fields in Washington, examine genetic diversity among these isolates and several commercial isolates of *R. leguminosarum*, and compare genetically distinct isolates for their ability to fix N in a range of pea hosts. Seventy-nine isolates were collected from pea root from four un-inoculated pea fields. Sequence-related amplified polymorphism (SRAP) markers generated by PCR were used to discriminate among isolates. Isolates fell into 17 clusters with robust bootstrap support values. Nearly half of the isolates fell into a single large cluster, but smaller clusters were also detected for isolates from all four-field locations. The majority of commercial isolates fell into a distinct cluster. Four genetically distinct isolates were compared for their efficiency in fixing N in a greenhouse experiment. Host plant variety effects were significant for plant biomass due to N fixation and also for the quantity of N fixed per variety. Significant effects of *R. leguminosarum* isolates were observed for the quantity of N fixed per isolate, plant biomass, and the quantity of N per plant.

In a study carried out by Loureiro et al. (2007), soybean nodules were collected from 12 sites in the State of Mato Grosso, in the Brazilian Cerrados, where both exotic soybean [*Glycine max* (L.) Merrill] and bradyrhizobial strains have been introduced from 1 to 18 years before. All soils were originally devoid of rhizobia capable of effectively nodulating soybean and varied in terms of chemical and physical properties, inoculation procedures, and cropping systems. Rhizobial genetic diversity was assessed on 240 isolates by rep-PCR fingerprinting with BOX primer, and indices of diversity (abundance-based coverage estimator and traditional and modified Shannon indices) were applied to the profiles obtained. The genetic diversity was much greater than expected, as after the introduction of a maximum of four strains, up to 13 profiles were identified, some sharing many similar bands with the inoculant strains, but others quite distinct from the putative parental genotypes. The increase in the number of rep-PCR profiles could be attributed to genetic variability due to the stressful tropical environmental conditions, but also indicated that indigenous rhizobia became capable of nodulating the host legume. After the third year of cropping with the host legume, inoculation did not affect rhizobial diversity. A high content of clay decreased diversity in comparison with that seen in a sandy soil, probably due to reduced aeration. Diversity was higher under the no-tillage system when compared to the conventional tillage management, highlighting the importance of maintaining crop residues in tropical soils.

Wei et al. (2008) characterized 29 rhizobial isolates from root nodules of the wild legumes *Astragalus, Lespedeza,* and *Hedysarum* growing in the north-western region of China, by numerical taxonomy, RFLP, and sequencing of PCR-amplified 16S rDNA genes, and cross-nodulation with selected legume species. Based on the results from numerical taxonomy, the isolates could be divided into two main groups

(Clusters 1 and 2) and some single isolates at 82% similarity. Cluster 1 contained six isolates from *Astragalus, Lespedeza,* and *Hedysarum* spp. Cluster 2 consisted of nine isolates from *Astragalus* and *Hedysarum* species. The phylogenetic analysis based on 16S rRNA gene sequences showed that SH199, representing cluster 1, belonged to the *Rhizobium–Agrobacterium* group, and SH290B, representing cluster 2, was closely related to *R. galegae* and *R. huautlense*.

Distribution and diversity of rhizobial strains associated with *A. senegal* (L.) Willd. in relation.

to seed provenances in soils from arid (Dahra) and semiarid (Goudiry) zones of Senegal were investigated by Bakhoum et al. (2014). PCR-RFLP performed on 16S–23S rDNA intergenic spacer (IGS) of nodule crude extracts revealed a high genetic diversity of rhizobial strains, which was higher in the semiarid region than in the arid region. The distribution of rhizobial populations was influenced by soil physical and chemical characteristics and by *A. senegal* provenances as shown by the analysis of correspondence. In contrast, the phenotypic diversity of rhizobial strains was not correlated with the soil origin. The phylogenetic tree (performed by the maximum likelihood algorithm) of IGS 16S–23S sequences showed that most of the rhizobial strains nodulating *A. senegal* were closely related to *Mesorhizobium plurifarium*. Our results showed that rhizobial taxa associated with *A. senegal* were mainly distributed according to soil physical and chemical characteristics and *A. senegal* provenances. A large subset of *A. senegal* root-nodulating bacteria had high diversity that correlated with the most favorable environmental conditions.

In a study carried out by Pandey et al. (2004), diversity of rhizobia recovered from five medicinal legumes, *Trigonella foenum graecum*, *Abrus precatorius*, *Mucuna pruriens*, *Melilotus officinalis,* and *Vicia angustifolia* was investigated. Nine bacterial strains isolated on YEMA and showing tolerance to 2% NaCl were analyzed along with reference strains, *B. japonicum* SB102, *Sinorhizobium meliloti* 102F 34, and *R. gallicum* R602spT using restriction patterns produced by amplified DNA coding for 16S rDNA (ARDRA) with two enzymes *Hae*III and *Msp*I and were placed in six genotypes. Four isolates from *Trigonella*, i.e., PP1, PP2, PP3, and PP4 were placed in two genotypes: one genotype was closely related to *S. meliloti* 102F 34 and the other to *B. japonicum* SB 102. Genetic diversity was also assessed by repetitive PCR using BOX primers, wherein all the isolates were placed in five genotypes. Based on repetitive PCR, isolates from nodules of *Trigonella* were placed in single genotype. Nitrogen-fixing ability of the isolates was confirmed by amplification of 781 bp *nif*H fragment in five isolates, PP1, PP2, PP3, PP4, and PP9.

8.2.5 Serological Techniques

Serological techniques have been used in the study of rhizobia for strain identification, ecological investigation of serological relatedness of strains, and their antigenic composition (Graham 1976). The techniques have also been used to identify some organisms depending on their cells immune response to foreign organism that enters their body (Sadowsky 1983). The technique applies agglutination, immuno-diffusion, and immuno-fluorescence techniques in investigation of rhizobia cells (Kapoor and Dudeja 1995). Agglutination reaction has been used to assess the serological relatedness of strains and species of rhizobia (Ahmad et al. 1981). The studies conducted in Hawaii to examine serological relatedness of 25 strains of slow-growing *Rhizobia japonicum* by agglutination identified six somatic serogroups (Koontz and Faber 1961). Raposeiras et al. (2006) reported that SLA 2.2 native rhizobia strain and CIAT 899 commercial strains are competitive strain for bean inoculation in soils with low fertility and reduced rhizobia population. Gao et al. (2004) reported that strain 042B could form nodules and fix nitrogen to both alfalfa and soybeans with nodule occupancy ranging from 82 to 90% while that of strain USDA110 ranging from 78 to 46%.

Bizarro et al. (2011) reported that 27/75 isolates from soybeans were similar to original strain with strong correlation obtained in their genetic variability. Immuno-diffusion is another technique used extensively to investigate the serological relationships between various strains and species of *Rhizobium* (Amarger 2001). It has the resolving power in distinguishing between antigenically identical and closely related but not identical strains (Dudman 1971). The studies for immuno-diffusion of 62 fast-growing strains of lotus rhizobia indicated that while fast and slowgrowers shared no common somatic antigen, internal antigen were shared by fast-growing strains (Sadowsky 1983). Fluorescent Antibody (FA) is among the most used technique for direct examination and identification of rhizobia strains in the culture media, nodules, and direct enumeration of specific strains from the soil (Crozat et al. 1987). The technique is essential because it needs only small amount of antigen and antibody and is the only technique capable for the study of rhizobia in situ (Assmus et al. 1997). Enzyme-linked immunosorbent assay (ELISA) is another technique mostly used for identification of bacteria in the soil or in plants. It uses antibodies and color change to identify a substance. Moawad et al. (2004) assessed the competition for nodulation using FA technique and reported that Phaseolus 163 inoculant strain occupied 30–40% in both soils and 38–50% of nodules on Bronco cultivar and at least 50% of the nodules on the Bronco were occupied by native rhizobia.

8.2.6 Microarrays

DNA microarrays are widely used for transcriptome analysis, single-nucleotide polymorphism and mutation detection, resequencing, comparative genomics, and identification of bacterial species (Lockhart and Winzeler 2000). However, although DNA microarray technology holds promise for microbial ecology and diagnosis, few microarray studies have been conducted to detect the presence of particular genes in biological or environmental samples. The analysis of transcriptome profiles of rhizobial strains by microarrays could give information on gene expression involved in the synthesis of several signals to control the bacterial activity (Wu et al. 2011).

Bontemps et al. (2005) used a particularly well-suited microarray that consisted of the nodulation gene *nodC*, which is shared by phylogenetically distant rhizobia. 41mer and 50mer oligonucleotides featuring the nucleotide diversity of two highly conserved regions of the NodC protein were spotted on glass slides and cross hybridized with the radioactive-labeled target genomic DNA under low-stringency conditions. Statistical analysis of the hybridization patterns allowed the detection of known, as well as new, *nodC* sequences and classified the rhizobial strains accordingly. The microarray was successfully used to type the *nodC* gene directly from legume nodules, thus eliminating the need of cultivation of the endosymbiont. This approach could be extended to a panel of diagnostic genes and constitute a powerful tool for studying the distribution of genes of interest in the environment, as well as for bacteria identification.

vanPuyvelde et al. (2011) studied the transcriptome of *Azospirillum brasilense* demonstrating that auxin indole-3-acetic acid is a signal molecule affecting its arsenal of transport proteins and cell surface proteins. However, microarray analysis relies on known genes from bacterial species; however, unknown genes are not detected.

Peng et al. (2014) investigated the differential transcriptomes of *Mesorhizobium huakuii* 7653R 7653R bacteroids and free-living cells using RNA-Seq and microarrays. The two approaches identified several thousand differentially expressed genes. The most prominent up-regulation occurred in the symbiosis plasmids, meanwhile gene expression is concentrated to a set of genes (clusters) in bacteroids to fulfill corresponding functional requirements. The results suggested that the main energy metabolism is active while fatty acid metabolism is inactive in bacteroid and that most of genes relevant to cell cycle are down-regulated accordingly. For a global analysis, the researchers reconstructed a protein–protein interaction (PPI) network for 7653R and integrated gene expression data into the network using cytoscape. A highly interconnected subnetwork, with function enrichment for nitrogen fixation, was found, and a set of hubs and previously uncharacterized genes participating in nitrogen fixation were identified.

8.2.7 Biosensors

Biosensors are defined as bacterial cells harboring a reporter gene, which is usually a fluorescence marker such as a green fluorescent protein (GFP) cassette expression (Sørensen et al. 2009). This system allows detection of activity and colonization of rhizobia at the single cell level in rhizosphere microsites or inside the plant roots by epifluorescent and confocal microscopy.

Bacteria of the genus *Bradyrhizobium* are able to establish a symbiotic relationship with peanut (*Arachis hypogaea*) root cells and to fix atmospheric nitrogen by converting it to nitrogenous compounds. Quorum sensing (QS) is a cell–cell communication mechanism employed by a variety of bacterial species to coordinate behavior at a community level through regulation of gene expression. The QS process depends on bacterial production of various signaling molecules, among which the *N*-acylhomoserine lactones (AHLs) are most commonly used by Gram-negative bacteria. Some previous reports have shown the production of QS signaling molecules by various rhizobia, but little is known regarding mechanisms of communication among peanut-nodulating strains. Nievas et al. (2012) identified and characterized QS signals produced by peanut-nodulating bradyrhizobial strains and to evaluate their effects on processes related to cell interaction. Detection of AHLs in 53 rhizobial strains was performed using the biosensor strains *A. tumefaciens* NTL4 (pZLR4) and *Chromobacterium violaceum* CV026 for AHLs with long and short acyl chains, respectively. None of the strains screened were found to produce AHLs with short acyl chains, but 14 strains produced AHLs with long acyl chains. These 14 AHL-producing strains were further studied by quantification of β-galactosidase activity levels (AHL-like inducer activity) in NTL4 (pZLR4). Strains displaying moderate to high levels of AHL-like inducer activity were subjected to chemical identification of signaling molecules by high-performance liquid chromatography coupled to mass spectrometry (LC-MS/MS). For each AHL-producing strain, we found at least four different AHLs, corresponding to *N*-hexanoyl-DL-homoserine lactone (C6), *N*-(3-oxodecanoyl)-L-homoserine lactone (3OC10), *N*-(3-oxododecanoyl)-L-homoserine lactone (3OC12), and *N*-(3-oxotetradecanoyl)-L-homoserine lactone (3OC14). Biological roles of 3OC10, 3OC12, and 3OC14 AHLs were evaluated in both AHL-producing and -non-producing peanut-nodulating strains. Bacterial processes related to survival and nodulation, including motility, biofilm formation, and cell aggregation, were affected or modified by the exogenous addition of increasing concentrations of synthetic AHLs. Their results clearly demonstrate the existence of cell communication mechanisms among bradyrhizobial strains symbiotic of peanut. AHLs with long acyl chains appear to be signaling molecules regulating important QS physiological processes in these bacteria.

Salome et al. (2009) described an electrochemical method for the determination of the nitrate and nitrite reductase activities of *Rhizobium japonicum*. The advantage of the method lied in the use of whole cells for the analysis and the team developed this protocol for the assay of NO. The results obtained were comparable to the spectrophotometric Griess assay. As the method is based on electrochemical reduction, the commonly interfering biological components like ascorbic acid, uric acid, dopamine, etc. could not interfere with the analysis. This method could be extended to the fabrication of biosensors for nitrate and nitrite using the same principle.

8.2.8 Proteomics

Proteomics is a high-throughput technology that has been used to investigate a wide range of biological aspects including phylogenetic, molecular divergence studies, plant responses to different stresses, detailed studies on the structural components, and biochemical pathways involved in symbiotic nitrogen fixation. Approaches, such as transcriptome, proteome, and metabolome analysis in both symbionts, promise to reveal much more detail about the metabolic flows in the nitrogen-fixing nodule or even to description the novel unknown aspects (Khatoon et al. 2012).

In a study, Natera et al. (2000) identified root nodule proteins in *Melilotus alba* during 12 days after inoculation by *S. meliloti*, including *S. meliloti* and bacteroid proteins. Proteins involved in nodule formation and regulated by auxin have also been identified in *Medicago truncatula* infected by *S. meliloti* (van Noorden et al. 2007).

Extracellular proteome of *R. etli* strain during different growth stages was described by Meneses et al. (2010). Their results revealed that secretome of *R. etli* consists of actively secreted proteins, which mostly are extracellular enzymes (mostly degradation enzymes) and proteins that bind nutrients and extracellular appendages, and proteins that have functions in the cytosol and are not actively secreted but may be released into the culture medium. Function of many identified proteins in extracellular proteome is still unknown.

To analyze the nodule organogenesis in legumes at the protein level in a time-course study with soybean over the first 48 h, Salavati et al. (2012) coupled 2-D gel electrophoresis with quantitative RT-PCR to analyze isolated proteins at different time points from infected soybean root hairs at both transcriptional and translational levels. Analysis of 56 proteins revealed the differential expression of plant proteins associated with important events, such as metabolism, cell signaling, and disease/defense response. The formation of infected legume nodules capable of fixing nitrogen requires the bacteria to activate two plant programs: one leading to nodule morphogenesis and the other leading to nodule infection.

Proteomic studies in combination with transcriptomics studies such as quantitative RT-PCR can advance symbiosis analysis to a new level (Resendis-Antonio et al. 2011). In combination with the genome sequencing, proteomics has been recently become a powerful investigation of the most detailed physiological events in plant, animal, and microorganisms (Thibivilliers et al. 2009).

While remarkable progress in proteomic study of symbiosis has been made in model plants, a quite advancement in developing proteomic approaches in other crops has been reached. The biggest obstacle to these proteomic applications is the scarcity of well-annotated protein databases and sequences of proteins. Although some techniques such as de novo sequencing and proteogenomics recompense this paucity, there is still an urgent need to expand and curate plant protein databases. Many existing databases, including Soybean, *Medicago,* and rice proteome database should be expanded and integrated in the future (Sun et al. 2009).

It is assumed that the development and improvement of techniques, such as metagenomics, metaproteomics, and metatranscriptomics, will provide more accurate evaluation of the activities and compositions of microbial communities in rhizospheres than classical molecular techniques, generating new questions about the roles and functions of these microbial communities (Sørensen et al. 2009).

8.2.9 Metagenomics, Metaproteomics, and Metatranscriptomics

Metagenomics (environmental genomics) is the genomic analysis of microorganisms by direct extraction and cloning of DNA from an assemblage of microorganisms. The development of metagenomics stemmed from the ineluctable evidence that as-yet-uncultured microorganisms represent the vast majority of organisms in most environments on earth. This evidence was derived from analyses of 16S rRNA gene sequences amplified directly from the environment, an approach that avoided the bias imposed by culturing and led to the discovery of vast new lineages of microbial life (Niedringhaus et al. 2011).

In order to study and evaluate the richness, distribution and activity of rhizobial communities in bulk and rhizosphere soils, it is important to understand the ecological functions of each species. Modern molecular techniques have shown that bacterial diversity of bulk and rhizosphere soil is much greater than was predicted. Soil metagenome study of 16S rRNA gene and ITS1 region using next generation sequencing or second-generation sequencing technologies have revealed that 1 g soil sample may contain 33,346 bacterial and archaeal OTUs (Mendes et al. 2011), 3320 fungal OTUs (Schmidt et al. 2013), 145–200 of fungal OTUs and 300 archaea OTUs (Pires et al. 2012). Both Roche 454 and Illumina platforms have been used to address the bulk and rhizosphere soils. Roche 454 pyrosequencing platform produces long read length (<450 bp) and high consensus accuracy more than Illumina platform (Unno 2014). Uroz et al. (2010) by 454 pyrosequencing compared the bacterial diversity of oak rhizosphere and bulk soil, finding that *Proteobacteria, Acidobacteria, Actinobacteria,* and *Bacteroidetes* were the dominant taxa.

Metraproteomics provides a direct measure of proteins present in an environmental sample such as soil, offering information about the functional roles of soil microorganism, such as biogeochemical processes, degradation, or bioremediation processes (Bastida et al. 2012). Nevertheless, numerous metaproteomics studies have revealed the diversity of proteins that are expressed by the interactions between plants and soil microbial communities.

Metatranscriptomics involves the characterization of a set of messenger RNA (mRNA) (transcripts) produced in all cells, which would provide insight into the metabolic processes of a microbial community (deMenezes et al. 2012). Consequently, metatranscriptomics analysis has the potential to discover novel genes and functions, allowing identification of active community members in both bulk and rhizosphere soils, and to correlate them with their metabolic activities (Kim et al. 2014). However, metatranscriptomic approaches have not been widely used in the rhizosphere, probably due to the instability of mRNAs and difficulties in their extraction from complex ecosystems. Among the more notable methodological challenges are their short half-lives, difficulties in the separation of mRNA from other RNA types (i.e., tRNA, rRNA, miRNA) and interference from humic compounds that co-extract with nucleic acids from soil (Simon and Daniel 2011). In addition, few studies have applied metagenomics, metaproteomics, and metatranscriptomics due also to the difficulties and expense related to simultaneous extraction of nucleic acids and proteins from soil samples. Moreover, the majority of studies in bulk and rhizosphere soils are mainly focused on bacteria, demonstrating the need for further studies to obtain further insights into the molecular ecology of other microorganisms present in rhizosphere microbiome, such as fungi, archaea, microalgae, and protozoa.

8.2.10 Conclusions and Future Prospects

An important bacterial group in the rhizosphere is defined as PGPR, which are able to promote the growth, nutrient uptake, and pathogen biocontrol in plants (Mendes et al. 2011). The most abundant groups of bacteria which potentially can promote plant growth are *Actinobacteria, Firmicutes, Proteobacteria (Alphaproteobacteria, Betaproteobacteria, Gammaproteobacteria) and Bacteroidetes* and particularly the genera *Rhizobium*, *Azospirillum*, *Burkholderia*, *Pseudomonas*, and *Enterobacter*. During the last few decades, a wide variety of molecular techniques have been developed and used as valuable tools for the study of diversity and function of bacteria in the rhizosphere. However, the biases of each molecular technique must be considered and evaluated during their application in the study of rhizobacteria.

Diversity in rhizobium has been revealed by many studies, and almost all of the data reported previously indicate that there is a high level of genetic diversity in these bacteria. An assessment of the genetic diversity and genetic relationships among strains could provide valuable information about bacterial genotypes that are well adapted to a certain environment. The advances in soil molecular and post-genomic techniques have and will continue to improve understanding of the compositions and activities of rhizobial communities, to target the rare or low abundance rhizobacterial populations in the symbiotic relationships, and to predict in situ responses, activities, and growth of rhizobial communities.

Acknowledgement The authors are grateful to Hon'ble Vice-Chancellor, Kurukshetra University, Kurukshetra for proving necessary infrastructure for carrying out research and literature survey. The authors also acknowledge their gratitude to the Director, University Institute of Engineering and Technology, Kurukshetra University, Kurukshetra and Chairman, Ambala College of Engineering and Applied Research, Devsthali, Ambala, Haryana for providing infrastructural facility.

References

Abi-Ghanem R, Smith JL, Vandemark GJ (2013) Diversity of *Rhizobium leguminosarum* from pea fields in Washington state. ISRN Soil Sci 2013:1–7

Adiguzel A (2006) Molecular characterization of thermophilic bacteria isolated from water samples taken from various thermal plants. PhD Thesis, Ataturk University, Graduate School at Natural and Applied Sciences, Erzurum, Turkey

Ahmad MH, Eaglesham ARJ, Hassouna S (1981) Examining serological diversity of "cowpea" rhizobia by the ELISA technique. Arch Microbiol 130:281–287

Ahmed THM, Abdelmageed MS (2015) Diversity of *Rhizobium leguminosarum* bv. Viceae strains isolated from different schemes in Shendi area. Ext J Appl Sci 3(1):1–10

Al-Judy NJ, Majeed RE (2013) Morphological, biochemical and molecular characterization of ten rhizobial bacteria isolates. Iraqi J Sci 54(2):280–287

Amarger N (2001) Rhizobia in the field. Adv Agron 73:109–168

Assmus B, Schloter M, Kirchhof G, Hutzler P, Hartmann A (1997) Improved *in situ* tracking of rhizosphere bacteria using dual staining with fluorescence-labeled antibodies and rRNA-targeted oligonucleotides. Microb Ecol 33:32–40

Babic KH, Schauss K, Hai B, Sikora S, Reazepovic S, Radl V, Schloter M (2008) Influence of different *Sinorhizobium meliloti* inocula on abundance of genes involved in nitrogen transformation in the rhizosphere of alfalfa (*Medicago sativa* L.). Environ Microbiol 10 (11):2922–2930. doi:10.1111/j.1462-2920.2008.01762.x

Bakhoum N, Roux CL, Diouf D, Kane A, Ndoye F, Fall D, Duponnois R, Noba K, Sylla SN, Galiana A (2014) Distribution and diversity of rhizobial populations associated with *Acacia senegal* (L) wild. Provenances in Senegalese arid and semiarid regions. Open J For 4(2):136–143

Bashan Y, Bashan LE (2005) Plant growth promoting. In: Hillel D (ed) Encyclopedia of soils in the environment, 1st edn. Elsevier, Oxford, pp 103–115

Bastida F, Algora C, Hernández T, García C (2012) Feasibility of a cell separation–proteomic based method for soils with different edaphic properties and microbial biomass. Soil Biol Biochem 45:136–138

Bizarro MJ, Giongo A, Vargas LK, Roesch LFW, Gano KA, De Sá ELS, Selbach PA (2011) Genetic variability of soybean Bradyrhizobia populations under different soil managements. Biol Fertil Soil 47:357–362

Boakye EY, Lawson IYD, Danso SKA, Offei SK (2016) Characterization and diversity of rhizobia nodulating selected tree legumes in Ghana. Symbiosis 69:89–99

Bontemps C, Golfier G, Gris-Liebe C, Carrere S, Talini L, Boivin-Masson C (2005) Microarray based detection and typing of *Rhizobium* nodulation gene nodC: potential of DNA arrays to diagnose biological functions of interest. Appl Environ Microbiol 71(12):8042–8048

Boukhatem ZF, Domergue O, Bekki A, Merabet C, Sekkour S, Bouazza F, Duponnois R, de Lajudie P, Galiana A (2012) Symbiotic characterization and diversity of rhizobia associated with native and introduced acacias in arid and semi-arid regions in Algeria. FEMS Microbiol Ecol 80:534–547

Costa FM, Schiavo JA, Brasil MS, Leite J, Xavier GR, Fernandes PI Jr (2014) Phenotypic and molecular fingerprinting of fast growing rhizobia of field grown pigeonpea from the eastern edge of the Brazilian Pantanal. Genet Mol Res 13(1):469–482

Crozat Y, Cleyet-Marel JC, Corman A (1987) Use of the fluorescent antibody technique to characterize equilibrium survival concentrations of *Bradyrhizobium japonicum* strains in soil. Biol Fertil Soil 4:85–90

Dai J, Liu X, Wang Y (2012) Genetic diversity and phylogeny of rhizobia isolated from *Caragana microphylla* growing in desert soil in Ningxia, China. Genet Mol Res 11(3):2683–2693

de Freitas ADS, Borges WL, de Morais Andrade MM, Sampaio EVSB, de Rosália e Silva Santos CE, Passos SR, Xavier GR, Mulato BM, do Carmo Catanho Pereira de Lyra5 M (2014) Characteristics of nodule bacteria from *Mimosa* spp grown in soils of the Brazilian semiarid region. Afr J Microbiol Res 8(8):788–796

deMenezes A, Clipson N, Doyle E (2012) Comparative metatranscriptomics reveals widespread community responses during phenanthrene degradation in soil. Environ Microbiol 14:2577–2588

Downie JA (2010) The roles of extracellular proteins, polysaccharides and signals in the interactions of rhizobia with legume roots. FEMS Microbiol Rev 34:150–170

Dudman W (1971) Antigenic analysis of *Rhizobium japonicum* by immunodiffusion. Appl Microbiol 21:973–985

El-Fiki AA (2006) Genetic diversity in rhizobia determined by random amplified polymorphic DNA analysis. J Agric Soc Sci 2(1):1–4

Ferguson BJ, Indrasumunar A, Hayashi S, Lin MH, Lin YH, Reid DE, Gresshoff PM (2010) Molecular analysis of legume nodule development and autoregulation. J Integr Plant Biol 52:61–76

Freiberg C, Fellay R, Bairoch A, Broughton WJ, Rosenthal A, Perret X (1997) Molecular basis of symbiosis between *Rhizobium* and legumes. Nature 387:394

Gao J-L, Turner SL, Kan FL, Wang ET, Tan ZY, Qiu YH, Gu J, Terefework Z, Young JPW, Lindström K (2004) *Mesorhizobium septentrionale* sp. nov. and *Mesorhizobium temperatum* sp. nov., isolated from *Astragalus adsurgens* growing in the northern regions of China. Int J Syst Evol Microbiol 54:2003–2012

Gibbins AM, Gregory KF (1972) Relatedness among *Rhizobium* and *Agrobacterium* species determined by three methods of nucleic acid hybridization. J Bacteriol 111:129–141

Giongo A, Ambrosini A, Vargas LK, Freire JRJ, Bodanese-Zanettini MH, Passaglia LMP (2008) Evaluation of genetic diversity of bradyrhizobia strains nodulating soybean [*Glycine max* (L.) Merrill] isolated from south Brazilian fields. Appl Soil Ecol 38:261–269

Graham P (1976) Identification and classification of root nodule bacteria. Symbiotic Nitrogen Fixation Plants 7:99

Hassen AI, Bopape FL, Trytsman M (2014) Nodulation study and characterization of rhizobial microsymbionts of forage and pasture legumes in South Africa. World J Agric Res 2(3):93–100

Holguin G, Guzman MA, Bashan Y (1992) Two new nitrogen-fixing bacteria from the rhizosphere of mangrove trees: their isolation, identification and *in vitro* interaction with rhizosphere *Staphylococcus* sp. FEMS Microbial Ecol 101:207–216

Howieson J, Committee GRP (2007) Technical issues relating to agricultural microbial genetic resources (AMiGRs), including their characteristics, utilization, preservation and distribution: draft information paper

Hungria M, Loureiro MF, Mendes IC, Campo RJ, Graham PH (2005) Inoculant preparation, production and application. In: Newton WE, Werner W, Newton WE (eds) Nitrogen fixation: origins, applications and research progress, Nitrogen fixation in agriculture, forestry, ecology and the environment, vol IV. Springer, Dordrecht, Amsterdam, pp 223–254

Ismail M, El-Zanatay AM, Eissa RA, Hewedy OA (2013) Genetic diversity of *Rhizobium leguminosarum* as revealed by 16SrRNA gene sequence. Am Eurasian J Agric Environ Sci 13(6):797–801

Jensen MA, Webster JA, Straus N (1993) Rapid identification of bacteria on the basis of polymerase chain reaction-amplified ribosomal DNA spacer polymorphisms. Appl Environ Microbiol 59:945–952

Kang YJ, Cheng J, Mei LJ, Hu J, Piao Z, Yin SX (2010) Multiple copies of 16S rRNA gene affect the restriction patterns and DGGE profile revealed by analysis of genome database. Microbiol 79:655–662

Kapoor KK, Dudeja SS (1995) Ecology of legume root nodule bacteria. In: Mishra PC, Behera N, Senapati BK, Guru BC (eds) Advances in ecology and environmental sciences. Ashish Publishing House, New Delhi, pp 17–33

Kesari V, Ramesh AM, Rangan L (2013) *Rhizobium pongamiae* sp. nov. from root nodules of *Pongamia pinnata*. Biomed Res Int Article ID:165198, 9 p. doi:10.1155/2013/165198, 2013, 1

Khan HR, Mohiuddin M, Rahman M (2008) Enumeration, isolation and identification of nitrogen-fixing bacterial strains at seedling stage in rhizosphere of rice grown in non-calcareous grey flood plain soil of Bangladesh. J Fac Environ Sci Technol Okayama Univ 13:97–101

Khatoon A, Rehman S, Salavati A, Komatsu S (2012) A comparative proteomics analysis in roots of soybean to compatible symbiotic bacteria under flooding stress. Amino Acids 43:2513–2525

Kim Y, Wegner C-E, Liesack W (2014) Soil metatrascriptomic. In: Nannipieri P, Pietramellara G, Renella G (eds) Omics in soil science. Caister Academic Press, Norfolk, pp 63–93

Kondorosi A, Vincze E, Johnston AWB, Beringer JE (1980) A comparison of three *Rhizobium* linkage maps. Mol Gen Genet 178:403–408

Koontz FP, Faber JE (1961) Somatic antigens of *Rhizobium japonicum*. Soil Sci 91:228–232

Kucuk C, Kivanc M, Kinaci E (2006) Characterization of *Rhizobium* sp. isolated from bean. Turk J Biol 30:127–132

L'taief B, Sifi B, Gtari M, Zaman-Allah M, Lachaal M (2007) Phenotypic and molecular characterization of chickpea rhizobia isolated from different areas of Tunisia. Can J Microbiol 53(3):427–434

Lee JY, Song SH (2007) Evaluation of groundwater quality in coastal areas: implications for sustainable agriculture. Environ Geol 52:1231–1242

Lockhart DJ, Winzeler EA (2000) Genomics, gene expression and DNA arrays. Nature 405:827–836

Loureiro M, Kaschuk G, Alberton O, Hungria M (2007) Soybean [*Glycine max* (L.) Merrill] rhizobial diversity in Brazilian Oxisols under various soil, cropping and inoculum managements. Biol Fertil Soils 43:665–674

Matiru VN, Dakora FD (2004) Potential use of rhizobial bacteria as promoters of plant growth for increased yield in landraces of African cereal crops. Afr J Biotechnol 3:1–7

Mendes R, Kruijt M, de Bruijn I, Dekkers E, van der Voort M, Schneider JHM, Piceno YM, DeSantis TZ, Andersen GL, Bakker P, Raaijmakers J (2011) Deciphering the rhizosphere microbiome. Science 1097:1097–1100

Meneses N, Mendoza-Hernández G, Encarnación S (2010) The extracellular proteome of *Rhizobium etli* CE3 in exponential and stationary growth phase. Proteome Sci 8:51

Messaoud BB, Aboumerieme I, Nassiri L, El-Fahime E, Ibijbijen J (2014) Phenotypic and genotypic characteristics of rhizobia isolated from Meknes-Tafilalet soils and study of their ability to nodulate *Bituminaria bituminosa*. Br Microbiol Res J 4(4):405–417

Mirza MS, Ahmad W, Latif F, Haurat J, Bally R, Normand P, Kauser AM (2001) Isolation, partial characterization and the effect of plant growthpromoting bacteria (PGPB) on micro-propagated sugarcane *in vitro*. Plant Soil 237:47–54

Mishra BK, Yadav V, Vishal MK, Kant K (2013) Physiological and molecular characterization of clusterbean [*Cyamopsis tetragonaloba* (L.) Taub.] rhizobia isolated from different areas of Rajasthan, India. Legume Res 36(4):299–305

Moawad H, Abd El-Rahim WM, Abd El-Haleem D (2004) Performance of *Phaseolus* bean rhizobia in soils from the major production sites in the Nile Delta. C R Biol 327:445–453

Moschetti G, Peluso AL, Protopapa A, Anastasio M, Pepe O et al (2005) Use of nodulation pattern, stress tolerance, nodC amplification, RAPDPCR and RFLP-16S rDNA analysis to discriminate genotypes of *Rhizobium leguminosarum biovar viciae*. Syst Appl Microbiol 28:619–631

Moulin L, Munive A, Dreyfus B, Biovin-Masson C (2001) Nodulation of legumes by members of the bold beta-subclass of Proteobacteria. Nature 411:948–950

Mutch LA, Tamimi SM, Young JPW (2003) Genotypic characterization of rhizobia nodulating *Vicia faba* from soils of Jordan: a comparison with UK isolates. Soil Biol Biochem 35:709–714

Natera SHA, Guerreiro N, Djordjevic MA (2000) Proteome analysis of differentially displayed proteins as a tool for the investigation of symbiosis. Mol Plant-Microbe Interact 13:995–1009

Naz I, Bano A, Ul-Hassan T (2009) Morphological, biochemical and molecular characterization of rhizobia from halophytes of Khewra salt range and attock. Pak J Bot 41(6):3159–3168

Niedringhaus TP, Milanova D, Kerby MB, Snyder MP, Barron AE (2011) Landscape of next-generation sequencing technologies. Anal Chem 83:4327–4341

Nievas F, Bogino P, Sorroche F, Giordano W (2012) Detection, characterization and biological effect of quorum sensing signaling molecules in peanut-nodulating bradyrhizobia. Sensors 12:2851–2873

Ogutcu H, Algur OF, Elkoca E, Kantar F (2008) The determination of symbiotic effectiveness of rhizobium strains isolated from wild chickpea collected from high altitudes in Erzurum. Turk J Agric For 32:241–248

Ogutcu H, Adiguzel A, Gulluce M, Karadayi M, Sahin F (2009) Molecular characterization of *Rhizobium strains* isolated from wild chickpeas collected from high altitudes in Erzurum-Turkey. Rom Biotechnol Lett 14(2):4294–4300

Okon Y, Labandera-Gonzalez CA (1994) Agronomic applications of Azospirillum: an evaluation of 20 years worldwide field inoculation. Soil Biol Biochem 26:1591–1601
Oraon V, Singh K (2013) Studies on molecular characterization of rhizobium spp. isolates from agricultural soil of M.P. Int J Adv Agric Sci Technol 1(1):27–34
Orel DC, Karagoz A, Durmaz R, Ertunc F (2016) Phenotypic and molecular characterization of *Rhizobium vitis* strains from vineyards in Turkey. Phytopathol Mediterr 55(1):4–53
Ormeno-Orrillo E, Vinuesa P, Zuniga-Davila D, Martinez-Romero E (2006) Molecular diversity of native bradyrhizobia isolated from lima bean (*Phaseolus lunatus* L) in Peru. Syst Appl Microbiol 29:253–262
Ozawa T, Ohwaki A, Okumura K (2003) Isolation and characterization of diazotrophic bacteria from the surface-sterilized roots of some legumes. Sci Rep Grad Sch Agric Biol Sci Osaka Pref Univ 55:29–36
Paffetti D, Scotti C, Gnocchi S, Fancelli S, Bazzicalupo M (1996) Genetic diversity of an Italian *Rhizobium meliloti* population from different *Medicago sativa* varieties. Appl Environ Microbiol 62(7):2279–2285
Pandey P, Sahgal M, Maheshwari DK, Johri BN (2004) Genetic diversity of rhizobia isolated from medicinal legumes growing in the sub-Himalayan region of Uttaranchal. Curr Sci 86 (1):202–207
Park M, Kim C, Yang J, Lee H, Shin W, Kim S, Sa T (2005) Isolation and characterization of diazotrophic growth promoting bacteria from rhizosphere of agricultural crops of Korea. Microbiol Res 160:127–133
Peng J, Hao B, Liu L, Wang S, Ma B, Yang Y, Xie F, Li Y (2014) RNA-Seq and microarrays analyses reveal global differential transcriptomes of *Mesorhizobium huakuii* 7653R between bacteroids and free living cells. PLoS One 9(4):e93626. doi:10.1371/journal.pone.0093626
Pires ACC, Cleary DFR, Almeida A (2012) Denaturing gradient gel electrophoresis and barcoded pyrosequencing reveal unprecedented archaeal diversity in mangrove sediment and rhizosphere samples. Appl Environ Microbiol 78:5520–5528
Prabudoss V, Stella D (2009) Isolation and nitrogen fixing efficiency of a novel diazotroph *Gluconacetobacter diazotrophicus* associated with different sugar rich crops. Glob J Env Res 3(2):96–98
Prasad MP (2014) Determination of genetic diversity of rhizobium species isolated from root nodules and DNA fingerprinting by RAPD. Int J Adv Biotechnol Res 5(2):101–105
Rai R, Dash PK, Mohanpatra T, Singh A (2012) Phenotypic and molecular characterization of indigenous rhizobia nodulating chickpea in India. Ind J Exp Biol 50:340–350
Raposeiras R, Marriel IE, Muzzi MRS, Paiva E, Pereira Filho IA, Carvalhais LC, Sá NMHD (2006) Rhizobium strains competitiveness on bean nodulation in cerrado soils. Pesq Agrop Brasileira 41:439–447
Reinhardt EL, Ramos PL, Manfio GP, Barbosa HR, Pavan C, Moreira-Filho CA (2008) Molecular characterization of nitrogen-fixing bacteria isolated from Brazilian agricultural plants at Sao Paulo state. Braz J Microbiol 39:414–422
Resendis-Antonio O, Hernández M, Salazar E, Contreras S, Batallar GM, Mora Y et al (2011) Systems biology of bacterial nitrogen fixation: high-throughput technology and its integrative description with constraint-based modeling. BMC Syst Biol 5:120. doi:10.1186/1752-0509-5-120
Rigby D, Caceres D (2001) Organic farming and the sustainability of agricultural systems. Agric Syst 68:21–40
Sadowsky MJ (1983) Physiological, serological, and plasmid characterization of fast-growing Rhizobia that nodulate soybeans. Master's Thesis, University of Hawaii, Honolulu, p 40
Saeki Y, Ozumi S, Yamamoto A, Umehara Y, Hayashi M, Sigua GC (2010) Changes in population occupancy of bradyrhizobia under different temperature regimes. Microbes Environ 25:309–312
Sajjad M, Malik TA, Arshad M, Zahir ZA, Yusuf F, Rahman SU (2008) PCR studies on genetic diversity of rhizobial strains. Int J Agric Biol 10:505–510

Salavati A, Bushehri AAS, Taleei A, Hiraga S, Komatsu S (2012) A comparative proteomic analysis of the early response to compatible symbiotic bacteria in the roots of a supernodulating soybean variety. J Proteome 75:819–832
Salome JP, Amutha R, Jagannathan P, Josiah JJM, Berchmans S, Yegnaraman V (2009) Electrochemical assay of the nitrate and nitrtite reductase activities of *Rhizobium japonicum*. Biosens Bioelectron 24:3487–3491
Sankhla IS, Meghwal RR, Tak N, Tak A, Gehlot HS (2015) Phenotypic and molecular characterization of microsymbionts associated with *Crotalaria medicagenia*: a native legume of the Indian Thar desert. Plant Arch 15(2):1003–1010
Schmidt PA, Bálint M, Greshake B, Bandow C, Römbke J, Schmitt I (2013) Llumina metabarcoding of a soil fungal community. Soil Biol Biochem 65:128–132
Schneider M, De Brujin FJ (1996) Rep-PCR mediated genomic fingerprinting of rhizobia and computer-assisted phylogenetic patterns analysis. World J Microbiol Biotechnol 12:163–174
Sessistsch A, Hardarson G, Akkermans ADL, De Vos WM (1997) Characterization of *Rhizobium etli* and other *Rhizobium* spp. that nodulate *Phaseolus vulgaris* L. in an Austrian soil. Mol Ecol 6:601–608
Shamseldin AAU, Vinusesa P, Thierfelder H, Werner D (2005) *Rhizobium etli* and *Rhizobium gallicum* nodulate *Phaseolus vulgaris* in Egyptian soils and display cultivar dependent symbiotic efficiency. Symbiosis 38:145–161
Shamseldin A, El-Saadani M, Sadowsky MJ, Sun An C (2009) Rapid identification and discrimination among Egyptian genotypes of *Rhizobium leguminosarum bv. viciae* and *Sinorhizobium meliloti* nodulating faba bean (*Vicia faba* L.) by analysis of nodC, ARDRA, and rDNA sequence analysis. Soil Biol Biochem 41:45–53
Shoukry AA, Khattab AA, Abon-Ellail M, El-shabrawy H (2013) Molecular and biochemical characterization of new *Rhizobium leguminosorum* bio viciae strains isolated from different located of Egypt. J Appl Sci Res 9(11):5864–5877
Sikora S, Dedzepovic S, Bradic M (2002) Genomic fingerprinting of *Bradyrhizobium japonicum* isolates by RAPD and rep-PCR. Microbiol Res 157:213–219
Silva FV, Simoes-Araujo JL, Silva JP Jr, Xavier GR, Rumjanek NG (2012) Genetic diversity of rhizobia isolates from Amazon soils using cowpea (*Vigna unguiculata*) as trap plant. Braz J Microbiol 43(2):682–691
Simon C, Daniel R (2011) Metagenomics analyses: past and future trends. Appl Environ Microbiol 77:1153–1161
Singh NK, Luthra U, Desai N (2013) Phenotypic and genotypic characterization of rhizobium species isolated from the root nodules of Sesbania Sesban found in Mumbai and its suburban areas. Ind J Appl Res 3(7):60–67
Sørensen J, Haubjerg Nicolaisen M, Ron E, Simonet P (2009) Molecular tools in rhizosphere microbiology from single-cell to whole-community analysis. Plant Soil 321:483–512
Sun Q, Zybailov B, Majeran W, Friso G, Olinares PD, van Wijk KJ (2009) PPDB, the plant proteomics database at Cornell. Nucleic Acids Res 37:D969–D974
Suneja P, Piplani S, Dahiya P, Dudeja SS (2016) Molecular characterization of rhizobia from revertants of non-nodulating cultivar and normal cultivar of chickpea. J Agric Sci Technol 18:763–773
Sy A, Giraud E, Jourand P, Garcia N, Willems A, De Lajudie P, Prin Y, Neyra M, Gillis M, Boivin-Masson C, Dreyfus B (2001) *Methylotrophic Methylobacterium* bacteria nodulate and fix nitrogen in symbiosis with legumes. J Bacteriol 183:214–220
Tak A, Sankhla IS, Meghwal RR, Tak N, Gehlot HS (2014) Molecular characterization of rhizobia associated with legume *Rhyncosia minima* native to arid region of Thar desert. Indo Glob J Pharm Sci 4(3):138
Teaumroong N, Boonkerd N (1998) Detection of *Bradirhizobium* spp. and *B. japonicum* in Thailand by primer-based technology and direct DNA extraction. Plant Soil 204:127–134

Thibivilliers S, Joshi T, Campbell KB, Scheffler B, Xu D, Cooper B et al (2009) Generation of *Phaseolus* Vulgaris ESTs and investigation of their regulation upon *Uromyces appendiculatus* infection. BMC Plant Biol 9:46. doi:10.1186/1471-2229-9-46

Toolarood AS, Alikhani HA, Salehi G, Asadi-Rahmani H, Khawazi K, Poorbabaee AA, Lindstrom K (2012) Molecular diversity of rhizobia isolated from root nodules of alfalfa evaluated by analysis of IGS and 16SrRNA. Ann Biol Res 3(5):2058–2063

Unno T (2014) Bioinformatic suggestions on MiSeq-based microbial community analysis. J Mol Microbiol Biotechnol 25:765. doi:10.4014/jmb.1409.09057

Uroz S, Buée M, Murat C, Frey-Klett P, Martin F (2010) Pyrosequencing reveals a contrasted bacterial diversity between oak rhizosphere and surrounding soil. Environ Microbiol Rep 2:281–288

van Noorden GE, Kerim T, Goffard N, Wiblin R, Pellerone FI, Rolfe BG et al (2007) Overlap of proteome changes in *Medicago truncatula* in response to auxin and *Sinorhizobium meliloti*. Plant Physiol 144:1115–1131

vanPuyvelde S, Cloots L, Engelen K, Das F, Marchal K, Vanderleyden J, Spaepen S (2011) Transcriptome analysis of the rhizosphere bacterium *Azospirillum brasilense* reveals an extensive auxin response. Microb Ecol 61:723–728

Wagh DS, Shermale RN, Mahure BV (2015) Isolation and characterization of nitrogen fixing bacteria from agricultural rhizosphere. IOSR J Agric Vet Sci 8(6):4

Wei GH, Wang ET, Tan ZY, Zhu ME, Chen WX (2002) *Rhizobium indigoferae* sp. nov. and *Sinorhizobium kummerowiae* sp. nov. respectively isolated from *Indigofera* spp. and *Kummerowia stipulacea*. Int J Syst Evol Microbiol 52:2231–2239

Wei GH, Zhang ZX, Chen C, Chen WM, Ju WT (2008) Phenotypic and genetic diversity of rhizobia isolated from nodules of the legume genera *Astragalus, Lespedeza* and *Hedysarum* in northwestern China. Microbiol Res 163:651–662

Suliasih, Widawati S (2005) Isolation and identification of phosphate solubilizing and nitrogen fixing bacteria from soil in Wamena biological garden, Jayawijaya, Papua. Biodiversitas 6:175–177

Wolde-Meskel E, Terefework Z, Lindstrom K, Frostegard A (2004) Metabolic and genomic diversity of rhizobia isolated from field standing native and exotic woody legumes in southern Ethiopia. Syst Appl Microbiol 27:603–611

Wu L, Wang H, Zhang Z, Lin R, Zhang Z, Lin W (2011) Comparative metaproteomic analysis on consecutively *Rehmannia glutinosa* monocultured rhizosphere soil. PLoS One 6:1–12

Yadav A, Singh AL, Rai GK, Singh M (2013) Assessment of molecular diversity in chickpea (*Cicer arietinum* L) rhizobia and structural analysis of 16S rDNA sequences from *Mesorhizobium ciceri*. Pol J Microbiol 62(3):253–262

Zhang X, Harper R, Karsisto M, Lindstrom K (1991) Diversity of *Rhizobium* bacteria isolated from the root nodules of leguminous trees. Int J Syst Bacteriol 41:104–113

Chapter 9
Genetic Construction of Stable Rhizobial Genotypes for Improved Symbiotic Nitrogen Fixation

Dharmesh Harwani, Jyotsna Begani, and Jyoti Lakhani

9.1 Genetic Approaches for Improved Symbiotic Nitrogen Fixation

Plant symbioses with nitrogen-fixing rhizobia have great ecological and agricultural importance as the source of available nitrogen. The main advantage of biological nitrogen fixation (BNF) is the increase in yield potentials without the use of chemical nitrogen fertilizers and with the consequential decrease in pollution (Freiberg et al. 1997; Stephens and Rask 2000; Vance 2001). The symbiosis of plants with rhizobia is a promising model for genetic manipulations to improve the efficiency of symbiotic nitrogen fixation as it is well studied at morphological, physiological, molecular, and genetic levels. A significant amount of practical and fundamental knowledge on the biology of the rhizobia has been gathered over the years. However, due to the difficulty of examining particular bacterial genotype in the background of huge numbers of heterogeneous microbiota, most studies on the molecular ecology of rhizobia have been conceded predominantly in the last decade. The study of the establishment of rhizobial genotype introduced into natural soils, their rhizospheric colonization, nodular occupancy, and putative transformation of genetic traits all necessitate the use of appropriately tagged stable strains for their unequivocal recognition in a biologically diverse niche. During symbiosis, explicit sets of both bacteria and plant genes are expressed, establishing the basis for the differentiation process. Nitrogen is fixed by rhizobia inside the root nodules that develop and function due to the complex genetic communications between symbiotic partners. Reduction of nitrogen into ammoniac form is

D. Harwani (✉) • J. Begani
Department of Microbiology, Maharaja Ganga Singh University, Bikaner, India
e-mail: dharmesh@mgsubikaner.ac.in

J. Lakhani
Department of Computer Science, Maharaja Ganga Singh University, Bikaner, India

A.P. Hansen et al. (eds.), *Rhizobium Biology and Biotechnology*, Soil Biology 50,
DOI 10.1007/978-3-319-64982-5_9

catalyzed by nitrogenase enzyme synthesized by differentiated bacteroids within specialized membrane compartments known as symbiosomes. During symbiosis, the host plant expresses set of nodule-specific genes and hence proteins for the development of nodule structures, rapid absorption of fixed nitrogen, and an effectual energy supply to bacteroids (Spaink et al. 1998). An extensive analysis of genetic polymorphism in rhizobial strains enables us to characterize the genetic potential to be used in genotyping for improvement of symbiotic nitrogen fixation. In order to plan improvement strategies based on the genetic modification for the development of stable rhizobial genotypes, molecular analysis of genes involved in symbiosis, competitiveness, and stress response is of major importance. Being the main producers of biologically fixed nitrogen in many terrestrial ecosystems, the legumes should be inoculated with appropriate rhizobial strain for the sustainable agricultural systems. And one of the major approaches for improvement of symbiotic nitrogen fixation is the selection of competitive and stable rhizobial genotype (Thompson 1988; Provorov and Tikhonovich 2003; Tikhonovich and Provorov 2007). Using the methods of genetic engineering, rhizobial strains with improved symbiotic activity have already been reported (Sharypova et al. 1992; Rengel 2002; Sessitsch et al. 2002). The methods of engineering rhizobial strains with high nitrogen-fixing activity include activation and introduction of effective gene systems that control key stages of symbiotic nitrogen fixation and inactivation of negative regulators. Therefore in the following pages, brief description about rhizobial genomes, symbiotic genes, *nif* genes, *nod* genes, stress genes, and other genes involved in nitrogen fixation is also presented.

9.2 Biological Nitrogen Fixation

The nitrogen-fixing symbiosis between rhizobia and legumes is categorized as a mutualistic symbiosis in which rhizobia are fed and sheltered by the plants and legumes obtain combined nitrogen provided by rhizobia. BNF is a natural process by which atmospheric nitrogen (N_2) is reduced to ammonia (NH_3) (Lindström and Mousavi 2010). The symbiosis is mostly regulated by accessory genes, which are often in rhizobia located on transmissible elements such as plasmids and symbiotic islands. In contrast to the essential genes that are carried by chromosome, the accessory genes are dispensable for the rhizobia. Accessory genes encode various characters of bacteria, for example, pathogenicity, antibiotic resistance, and toxins and in rhizobia accessory gene regulate symbiotic elements. Protein coding accessory genes confer ecological adaptation to bacteria, it could be that they might have been acquired independently and evolved separately from core genes. And because they are positioned on transmissible elements, they are highly receptive to horizontal gene transfer (HGT) (Ochman and Moran 2001; Finan 2002; Martens et al. 2007; Harrison et al. 2010; Vinuesa 2010; Lindstrom et al. 2015). Rhizobia possess two important sets of genes, *nod* and *nif*, for the BNF process. The nod genes are accessory genes to rhizobia, while nif genes can also be found in other bacteria

(Haukka et al. 1998). The initial step of nodule development and bacterial invasion in symbioses is regulated by Nod factors encoded by a large number of nodulation (*nod*) genes (Suominen 2000; Perret et al. 2000; Broughton et al. 2000; D'Haeze and Holsters 2002; Osterman 2015). A set of *nif* genes encode the core subunits of the nitrogenase enzyme complex in rhizobia (Franche et al. 2009; Lindstrom et al. 2015). From an evolutionary perspective, there are different hypotheses about the phylogeny of *nod* and *nif* genes. Some studies proposed that the phylogeny of nod is congruent with the phylogeny of the host plant (Dobert et al. 1994; Thomas et al. 1995) and the phylogeny of *nifH* is similar to 16S rRNA (Ueda et al. 1995). Few studies have shown that HGT and vertical gene transfer might dictate the evolution of *nod* and *nif* genes (Haukka et al. 1998; Laguerre et al. 2001; Bailly et al. 2007; Menna and Hungria 2011; Lindstrom et al. 2015).

9.3 The Family Rhizobiaceae, Rhizobia, and *Rhizobium*

The family Rhizobiaceae Conn 1938 belongs to the order Rhizobiales of the class Alphaproteobacteria. Rhizobia is a generic name for a wide range of bacteria mostly fixing nitrogen in symbiosis with legume host plants. A single bacterial genus, *Rhizobium* was present until 1982. At present, rhizobia are distributed in the classes Alphaproteobacteria and Betaproteobacteria of the phylum Proteobacteria (Garrity et al. 2005; Sprent 2008). Alphaproteobacterial rhizobia are accommodated in the families Bradyrhizobiaceae, Brucellaceae, Hyphomicrobiaceae, Methylobacteriaceae, Phyllobacteriaceae, and Rhizobiaceae of the order Rhizobiales. The genera *Agrobacterium, Allorhizobium, Aminobacter, Azorhizobium, Bradyrhizobium, Devosia, Mesorhizobium, Methylobacterium, Microvirga, Ochrobactrum, Phyllobacterium, Rhizobium, Shigella*, and *Sinorhizobium* belong to the alpha subphylum of Proteobacteria. Burkholderia, Cupriavidus, and Herbaspirillum belong to the families Burkholderiaceae and Oxalobacteraceae of the class Betaproteobacteria (Lindström and Mousavi 2010; Carro et al. 2012). In the year 1888, Beijerinck used *Bacillus radicicola* for the bacteria isolated from nodules of different legumes. It was Frank who named these microorganisms as *Rhizobium* with the type species of the genus as *R. leguminosarum* in 1889. This species was originally depicted as *Schinzia leguminosarum*. Based on cross-inoculation groups, *R. leguminosarum, R. trifolii, R. phaseoli, R. meliloti*, and *R. japonicum* were described in the genus (Fred et al. 1932). In the year 1980, there were only six species in the genus *Rhizobium*. Interestingly, the number of *Rhizobium* species has been increased from 16 (2006) to 56 (2014) and 15 new species have been described in 2015. For the distinction of fast-and slow-growing rhizobia, *Rhizobium japonicum* has been transferred to the genus Bradyrhizobium (Jordan 1982). Several new generic names have been described for rhizobia; however, the genus *Rhizobium* contained around 40% species of rhizobia by 2013 (Lindstrom et al. 2015).

9.4 Complete Genomes of Rhizobia

The investigation of complete genomes of rhizobia has improved our knowledge on symbiotic and stress genes (Downie and Young 2001). The genes involved in symbiosis can be located on symbiotic plasmids, as in *S. meliloti* (Barloy-Hubler et al. 2000; Finan et al. 2001), *R. etli* (González et al. 2003) and *Mesorhizobium amorphae* (Wang et al. 1999) or on the chromosome as "symbiotic island" of low G +C content (Downie and Young 2001) in *Mesorhizobium loti* (Sullivan et al. 1995) and *B. japonicum* (Kaneko et al. 2002b). The chromosomal location has also been suggested for rhizobia of chickpea (Cadahía et al. 1986). Acquirement and deletion of Sym plasmids is a dynamic process, which plays a major role in the evolution of rhizobia (Nakamura et al. 2004). The first complete sequence of the rhizobial genome has been described for *M. loti* strain MAFF303099 (Kaneko et al. 2000a, b). Immediately after this, the complete sequence of *S. meliloti* strain 1021 was published (Capela et al. 1999; Barloy-Hubler et al. 2000; Finan et al. 2001). The complete genome of *B. japonicum* strain USDA110 was released in 2002 (Barloy-Hubler et al. 2001; Kaneko et al. 2002a, b). The genome sequence of *R. leguminosarum* bv. viciae strain 3841 is available at http://www.sanger.ac.uk/Projects/R_leguminosarum/. All strains of *R. leguminosarum* have many large plasmids, but the copy number and size of plasmids vary among strains. The several numbers of plasmids discriminate *R. leguminosarum* from the other rhizobia for which complete genome sequences have been published. Several symbiotic plasmids and islands from diverse rhizobial species have also been sequenced (Freiberg et al. 1997; González et al. 2003; Sullivan et al. 2002). Research on whole genome sequence studies of *S. meliloti* 1021 (Guo et al. 2003) and *Rhizobium* sp. NGR234 (Mavingui et al. 2002) has shown that the organization of rhizobial genomes can be highly dynamic creating different genomic rearrangements via homologous recombination between repeated DNA sequences. The accessibility of complete genome sequences has revealed that lateral gene transfer and recombination are crucial components in the evolution of genomes of bacteria (van Berkum et al. 2003). In addition, the ability of bacteria to inhabit new environments and to act in response to different selective pressures can be explained by the acquirement of novel genes by HGT instead of gene modification through the accumulation of point mutations (Francia et al. 2004). The transfer of symbiotic signals in soil and the formulation of new Sym plasmids by genetic recombination could result in a heterogeneous population with elevated adaptability to interact and nodulate diverse legumes (Soberón-Chávez et al. 1991).

9.5 Symbiotic Genes

The symbiotic genes responsible for the establishment of an effective symbiosis are divided into nitrogen fixation genes, *nif* and *fix* (Kaminski et al. 1998), which are involved in BNF and nodulation genes, *nod*, *nol*, and *noe* (Downie 1998), responsible for nodulation (van Rhijn and Vanderleyden 1995; Freiberg et al. 1997). A number of studies have shown that reasonably a small number of genes are required for nodulation of legumes (Long 1989; van Rhijn and Vanderleyden 1995). Composite events of gene conscription in combination with duplication and lateral gene transfer contribute to the spread of symbiotic capabilities among rhizobia (Moulin et al. 2004).

9.6 Nodulation Genes

A complex and dynamic molecular interaction is required for nodule formation between the plant host and micro-symbiont. The commencement of symbiosis is arbitrated by an exchange of diffusible signals (Caetano-Anollés 1997). Flavonoids appear to be the most imperative plant exudates for the symbiosis (Perret et al. 2000) because they direct the rhizobia to the rhizosphere by chemotaxis so as to enable them to discriminate their host (Hirsch et al. 2001). The expression of nodulation genes together with the NodD protein has been induced by flavonoids or isoflavonoids (van Rhijn and Vanderleyden 1995). The genetic control that determines the production of lipo-chitooligosaccharides (LCOs) by rhizobia involves nodulation genes known as Nod factors. Nod factors act as specific signal molecules and induce early responses such as root hair deformation and cortical cell division in legume hosts (Cullimore et al. 2001). Structural nodulation genes encoding Nod factors can be classified into two categories, the common and the host-specific genes (*hsn*). In addition to that genotype-specific nodulation (*gsn*) genes have also been described. These genes are accountable for the nodulation of explicit plant genotypes within a legume species. The *nodABC* genes are conserved structurally and functionally and more often are the component of a single operon (van Rhijn and Vanderleyden 1995). The lipo-chitooligosaccharide backbone is produced in rhizobia under the control of single copy genes *nodA* (acyl transferase), *nodB* (deacetylase), and *nodC* (*N*-acetylglucosaminyl transferase) (Downie 1998). NodA differs in its fatty acid specificity, thus contributing to the rhizobial host range (Roche et al. 1996). The *nodI* and *nodJ* genes are positioned downstream of *nodC* and appear to be part of the same operon (van Rhijn and Vanderleyden 1995). They encode proteins belonging to a bacterial inner membrane transport system of small molecules (Vázquez et al. 1993). The *hsn* genes are dedicated to determining the host range and mutations in these genes result in alteration of host range (van Rhijn and Vanderleyden 1995). The *nodF* and *nodG* genes encode acyl carrier proteins and *nodE* encodes an aceto-acetylsynthase (Sharma et al. 1993). The *nodP*, *nodQ*, and *nodH* genes are implicated in the alteration of the Nod factor (Roche et al. 1991). The majority of *nod* genes have a conserved promoter sequence known as the nod box (Freiberg et al. 1997). The activation of other nod genes is NodD dependent. This is the only nodulation gene that is constitutively expressed even in non-symbiotic bacteria (Long 1989).

9.7 Nitrogen-Fixing Genes

The *nifA* gene product, the nitrogenase complex is transcribed under specific environmental conditions under low-oxygen tension (Batut and Boistard 1994). The *nifHDK* genes encode structural proteins of the nitrogenase enzyme and *nifENB* genes encode enzymes implicated in the synthesis of the nitrogenase Fe-Mo co-factor. The *nifSWX* genes encode proteins of anonymous functions and are required for nitrogenase activity (Brencic and Winans 2005). The *fix* genes correspond to a heterogeneous class which includes genes implicated in the development and metabolism of bacteroids. The *fixL*, *fixJ*, and *fixK* genes encode regulatory proteins. The *fixL* and *fixJ* genes belong to prokaryotic two-component signal transduction system (Agron and Helinski 1995). The sensor FixL activates FixJ by phosphorylation which induces the expression of the regulatory *fixK* and *nifA* genes, products of which regulate transcription of the majority of nitrogen fixation genes (Luyten and Vanderleyden 2000). Bacteroids with mutations in *fixLJ* are impaired in their development (Vasse et al. 1990). The *fixABCX* genes code for an electron transport chain to nitrogenase, mutations in which completely eliminate nitrogen fixation in *S. meliloti* and *B. japonicum*. The *fixGHIS* gene products are envisaged to be trans-membrane proteins (Fischer 1994). The membrane-bound cytochrome oxidase that is required for respiration of the rhizobia in low-oxygen tension is coded by *fixNOQP* genes (Delgado et al. 1998).

9.8 Stress Genes

Ecological conditions may act as restrictive factors to the establishment and maintenance of the effective symbiosis and thus BNF. Various stress factors like salt and osmotic stress, soil moisture deficiency, temperature extremes, soil acidity/sodicity, nutrient deficiency, and soil amelioration can affect adversely rhizobial efficiency (Zahran 1999). Rhizobia show an induced synthesis of several heat shock proteins (Hsps) like chaperons and proteases when experiencing the sudden increase in growth temperature (Nakamura et al. 2004). Chaperons are implicated in the proper folding of denatured proteins whereas for the degradation of irreversibly damaged proteins proteases are required. These two types of Hsps are also essential during normal growth. (Münchbach et al. 1999; Nocker et al. 2001). The GroEL which is the most intensively studied stress-related proteins is expressed constitutively, and it encodes a chaperonin (Govezensky et al. 1991; Fischer et al. 1993) and is required for the assembly of a functional nitrogenase (Govezensky et al. 1991; Fischer et al. 1999) and for the correct folding of the regulatory protein NodD (Govezensky et al. 1991; Fischer et al. 1993, 1999; Ribbe and Burgess 2001). Rhizobia demonstrate calcium concentration dependent and adaptive acid tolerance response (Dilworth et al. 2001). The adaptive tolerance has been shown to necessitate de novo protein synthesis during adaptation to acid stress (O'Hara and Glenn 1994). Using Tn5 mutagenesis, *gusA* fusions and proteome analysis, genes crucial for growth at low pH like *actA, actP, exoR, actR*, and *actS* have been identified (Glenn et al. 1999). Thus, the rhizobia that have been exposed to sublethal acid stress will have relatively enhanced survival chances in soils with low pH, than rhizobia that have been grown at neutral pH's (Rickert et al. 2000). An osmo adaptive response is induced in rhizobia under salt stress, which is exemplified by the repression of biosynthetic flagella and pilin genes *flaA, flaB, flaC, flaD, pilA*, chemotaxis genes *cheY1, cheW3, mcpX, mcpZ* and by the overexpression of genes involved in the surface polysaccharide biosynthesis *exoN, exoY, exsI* (Rüberg et al. 2003).

9.9 Rhizobial Genetic Hubs

In order to improve BNF both host and symbiont genetic resources involved in fixation process must be assessed and manipulated. The host-associated rhizobial populations are of special interest as comprising the genetic polymorphism and symbiotically superior strains. The rhizobial population obtained from the genetic hub of the host plant is of vital value. Within these hubs, because of the diverse and variable population, the distinctive rhizobial genotypes may be obtained which can be valuable for the construction of commercially superior strains (Lie et al. 1987). The stable rhizobial strains must be endowed with a set of genetically controlled traits such as high levels of nitrogen-fixing activity and symbiotic competence are of most imperative. Under field conditions, the introduction of superior rhizobia is often restricted by the highly competitive native strains, therefore, the genetic improvement of rhizobia should not be restricted to these traits (Vlassak and Vanderleyden 1997). The native strains more often possess low nitrogen-fixing activity but are well adapted to the given niche and compete with the introduced strains for the legume nodulation. Consequently, special attention is needed to genetically construct the stable rhizobial strains possessing the combination of high nitrogen fixation activity and competence properties (Onishchuk and Simarov 1996).

9.10 Methods to Introduce Genetic Variations in Rhizobia

It has been a challenge for researchers working with rhizobia to develop stable genotypes that can encourage higher levels of nitrogen fixation in. This absolute rationale of strain improvement might be achieved by genetic engineering. An essential requirement for genetic improvement of rhizobial species is the accessibility of an efficient gene transfer system. Traditional transformation methods have been developed for rhizobia (Selvaraj and Iyer 1981; Bullerjahn and Benzinger 1982; Kiss and Kálmán 1982; Courtois et al. 1988). These methods are restricted to plasmid vectors carrying the *mob* gene (Garg et al. 1999). As a consequence, gene transfer to rhizobia has mainly been feasible through conjugation with *Escherichia coli* (Johnston et al. 1978). Electro-transformation protocols have also been developed for rhizobia (Garg et al. 1999; Hayashi et al. 2000) which yields much higher transformation efficiencies than conventional methods. Genetically modified rhizobia have been constructed for their stable and useful phenotypes and introduced into agricultural fields (Selbitschka et al. 1995). These useful genotypes can be monitored after their introduction into the soil and their impact on the resident population can be assessed (Amarger 2002). Marker genes such as transposons or genes conferring antibiotic or mercury resistance fused with reporter genes such as *gusA*, *luc*, and *lacZ* have been engineered in rhizobia to study the survival, persistence, and spread of genetically modified bacteria in the field condition (Amarger 2002). Genetic modifications have been introduced in rhizobia aimed at improving the traits such as competitiveness with the indigenous population and BNF. Development of *Rhizobium* strains with improved symbiotic properties has also been achieved by random DNA amplification (RDA). The new strategy has been defined for the development of rhizobia through the selection of preferred properties without the requirement to identifying genes involved in the process (Mavingui et al. 1997).

9.11 Strategies to Improve Stable Rhizobial Genotypes

9.11.1 Introduction of the Additional Copies of dct *Genes*

To enhance nitrogenase activity of bacteria, one of the proficient ways is to improve energy supply of bacteroids with dicarboxylic acids. This transport is regulated by succinate permease DctA, synthesized by specific regulators DctBD. DctBD is encoded by *dctA* gene which activates *dctA* transcription in the presence of dicarboxylic acids. Nonspecific regulators NifA and NtrA involved in activation of nitrogenase synthesis are also activated. Overexpression of these genes has been demonstrated to confer the host a significant rise in nitrogen-fixing activity in vitro (Rastogi et al. 1992; Bosworth et al. 1994; Jording et al. 1994). However, thus obtained recombinants because of to their instability in field conditions cannot be introduced immediately (Mc clung 2000), but indeed they can provide a platform to study genetical and physiological factors limiting nitrogen fixation. *S. meliloti* genotypes with an extra copy of *nifA* and *dct* genes were engineered to inoculate alfalfa, under field conditions of nitrogen limitation, low endogenous rhizobial competitors and sufficient moisture, lead to an increase in plant yields (Bosworth et al. 1994). On the other hand, inoculations of two varieties of soybean with strains of *B. japonicum* with an extra copy of *nifA* were not observed with increase yield (Ronson et al. 1990).

9.11.2 Inactivation of Negative Regulators of Symbiosis

It has been observed that the symbiotic efficiency can be enhanced in *Rhizobium loti* by curing some cryptic plasmids (Pankhurst et al. 1986) and by Tn5 insertions in *S. meliloti* into a range of chromosomal and plasmid genes (Sharypova et al. 1994). It is suggesting a possible way to improve the rhizobial strains by suppressing genetic factors responsible for a negative regulation of gene expression pertaining to symbiosis. These mentioned factors were first detected in *M. loti* on the cryptic plasmid of 240 MDa, deletion of which augments both efficiency of symbiosis and competitiveness (Pankhurst et al. 1986). It has been established that a number of hereditary factors are negatively regulating symbiosis such as Tn5-mutants of *Sinorhizobium meliloti* (Plazinski 1981; Sharypova et al. 1994). The primary structure of these gene (*eff*) regulators was examined, and it was found that none of these were directly associated with nitrogenase function (Sharypova et al. 1994; Sharypova and Simarov 1995). Transport of sugars into bacterial cells is regulated by these genes, and inactivation of these genes were observed to increase the rate of dicarboxylic acids assimilation in rhizobia. After inactivation of genes encoding adenylyl cyclase, a parallel consequence is observed (Sharypova et al. 1998), which is due to catabolite repression, preventing consumption of many carbon compounds. Consequently, the investigation of *eff* genes has revealed that efficiency of symbiosis can be enhanced by increasing the nitrogen-fixing activity as well as by optimizing the functions accountable for rhizobial compatibility with the host plant.

9.11.3 Genetic Modification of Competitiveness (cmp) Genes

Another factor essential for the efficiency of symbiosis along with activation of nitrogenase system is the invasion of engineered rhizobia into plant nodules. It depends on multiple *cmp* genes encoding competitiveness which are located in rhizobia genome including plasmids and chromosomes (Fisher 1994; Brewin et al. 1983; Onishchuk and Simarov 1995). A few *cmp* genes carry out tasks such as growth rate, resistance to antibiotics or phages, and molecular structure of cell surface essential for rhizobial survival in the rhizosphere. Nonetheless, genetic analysis revealed that there is no direct association between competitiveness and nitrogen-fixing activity. *Bradyrhizobium japonicum* with the mutation in *nif* genes and thus unable to fix nitrogen exhibits competitiveness analogous to the parental strain (Hahn and Studer 1986), at the same time the highly competitive strains of *B. japonicum* serogroup 123 have significantly lower nitrogen-fixing activity (Devine and Kuykendall 1996). The above observed data signify no correlation between competitiveness and genetic control of nitrogen-fixing activity clearly indicate the significance of combining the factors providing essentiality of these traits in rhizobial genotypes. *R. leguminosarum* bv. viciae has been observed to carry Sym plasmid (270 kbp) which controls high nitrogen-fixing activity and competitiveness as well as acid tolerance (Kurchak et al. 2001). *S. meliloti* possess *nfe* locus located in plasmids (150–200 kbp) essential to express competitiveness which can easily transform nearby population. Expression of numerous *cmp* genes was studied after their transformation in rhizobia strains with high nitrogen-fixing activity (Sanjuan and Olivares 1991).

*9.11.4 Introduction of Genes Involved in Trifolitoxin (*tfx*) Synthesis*

The approach to introducing genes involved in the biosynthesis of trifolitoxin (*tfx*), an antibiotic (oligopeptide consisting of 10 amino acids) to which native rhizobia are susceptible, can be used to increase the nodulation competitiveness of rhizobia under field conditions (Robleto et al. 1998). A comprehensive research has been carried out on rhizobia *tfx* genes (Triplett 1990). Transfer of *tfx* genes encoding the potent bacteriocin has been demonstrated to improve competitiveness in the rhizobia strains (Triplett and Sadowsky 1992). These genes were initially detected in TA1 strain, which exhibits the inactive Fix^- symbiosis forms with clover and at the same time simultaneous inoculation with nitrogen-fixing strains; it obstructs them from penetration in root nodules. Transformation of *tfx* genes in nitrogen-fixing rhizobia strains belonging to clover has been observed to elevate competitiveness at the same time trifolitoxine production had no influence on nitrogenase activity. Additionally, transfer of these genes in rhizobia of bean has led to the production of trifolitoxine which in turn augment rhizobial capacity to compete for inoculation and establishment (Triplett 1990; Robleto et al. 1998).

9.11.5 Protoplast Fusion

To enhance nodulation efficiency of Rhizobia, protoplast plays an imperative role. Protoplast fusion is a valuable technology that is capable of improving the genetic traits of Gram positive and Gram negative bacteria as well as nodulation efficiencies (Hotchkiss and Gabor 1980; Attallah and Abd-El-Aal 2007). Protoplasts of two feeble strains of *Rhizobium* Rt11 and Rt12 and one competent strain (RtAI) when fused together, result in 1.93–5.67 fold increase in nodulation number relative to that of wild type strains (Sabir and El-Bestawy 2009). The capability to form nitrogen-fixing nodules is species specific (Morris and Djordjevic 2006) at the same time the effectiveness to produce nodules is determined by plant host (Miller et al. 2007). Using inappropriate strains or due to some environmental conditions, the phenotype with high nodulation might be unsuccessful (Mhadhbi et al. 2008). Fusion of the protoplasts of *Frankia* with *Streptomyces griseofuscus* (fast-growing actinomycete) has led to the production of fast-growing nitrogen-fixing actinomycete (Prakash and Cummings 1988). A number of efforts have been made to transform the *nif* genes to protoplasts of non-leguminous plants (Shanmugam and Valentine 1975). Entire cells of nitrogen-fixing *Azotobacter vinelandii* has been demonstrated to induce fungus (*Rhizopogon*) plants forming mycorrhiza in *Pinus radiate* and a result petite nitrogen fixation has been observed to occur by mycelia of the modified fungus (Pandey 1978). In addition to that *Rhizobium* strain belonging to cowpea produce nodules on roots of non-leguminous tree *Trema aspera* (Trinick 1973) but due to the lack of leg-hemoglobin they are unable to fix nitrogen (Dilworth 1974). Inoculation of *Burkholderia* sp. into Rice seedlings has been shown to provide high nitrogen assimilation to rice through associative nitrogen fixation (Baldani et al. 2000).

9.11.6 Inter-Species Transformation of Genetic Traits

A plasmid PJB5JI transfer to *Rhizobium* sp. has been shown to transform mutants of *Rhizobium leguminosarum* (lacking the ability to fix nitrogen) from Fix^- to Fix^+ phenotype (Johnston et al. 1978). A conjugative plasmid in *R. trifolli* strain with genes for nodulation and nitrogen fixation, when transferred to *A. tumefaciens* has been found to initiate nodulation in clover but cannot contribute to the process of nitrogen fixation (Hooykaas et al. 1981). Soybean line (T201; non nodulating) can be nodulated by inoculation of 2,4-D and has been observed to fix nitrogen when infected with *B. japonicum* (Akao et al. 1991). Transfer of the gene *dnf1-1* from *M. truncatula* having indeterminate nodules to *Lotus japonicus* with determinate nodules has been observed to form symbiosome with highly differentiated bacteroids (van de Velde et al. 2010). Expression of Cg12 promoter reporter gene fusions (transgene) in *Casuarina glauca* has been elucidated to begin at the early stage when infected by *Frankia* (Svistoonoff et al. 2003). Cg12-reporter gene fusions when introduced in the legume *M. truncatula*, the expression remained as similar as observed in *Mesorhizobium meliloti* during the nodulation process (Svistoonoff et al. 2004). It clearly revealed that in cells infected by symbiotic bacteria, signaling cascade independent of Nod factors is activated distinctively.

9.11.7 Masking Nitrogenase

The protein leg-hemoglobin is protected from the inhibitory action of oxygen by enzyme nitrogenase. To protect the nitrogenase from oxygen activity, the genes encoding these proteins can be isolated and transferred to other nitrogen-fixing systems so as (Beringer and Hirsch 1984). Nitrogenase activity is associated with the hydrogenase activity and thus requires more energy. If the evolved hydrogen is further reduced to water, releasing electrons further saves the energy. Many nitrogen-fixing bacteria possess uptake hydrogenase consisted of two subunits: HupS and HupL. It would be valuable to introduce it along with the nif genes into hosts possessing no uptake hydrogenase system (Sajid et al. 1992).

9.12 Genetic Manipulations in Other Microorganisms for Improved Nitrogen Fixation

The subunits of nitrogenase from unlike nitrogen-fixing rhizobia can be mixed to produce the functional system (Emerich and Burris 1978). Structural genes found in nitrogen-fixing species are conserved in nature and due to the gene transfer distribution occurs. The microorganisms are modified in the host so that they release NH_4^+ directly to the plants before assimilation of the fixed nitrogen (Peters et al. 1982). The nitrogen-fixing bacteria *K. pneumoniae* resembles closely to non-nitrogen-fixing *E. coli*. The genes from these two bacterial species could be transferred in either of the organisms. *K. pneumoniae* that are deficient in fixing nitrogen (Nif^- mutants) are positioned between genes for histidine biosynthesis (*his*) and shikimik acid uptake (*shi A*). The *his* and *nif* loci can be transferred from *K. pneumonia* strain to an *E. coli* strain which requires histidine as a substrate. *E. coli* cells that have become prototroph to histidine have acquired the ability to fix nitrogen. The conjugative plasmid pRDI with *nif* and *his* genes can be transferred to other bacterial genome (Dixon and Kahn 2004). The repressor of nitrogen fixation, *nifL* gene can be knocked out which allows constitutive expression of *nif* promoter mediated by *nifA* and *ntrC* gene products (Beringer and Hirsch 1984). Several attempts have also been made to introduce the *nif* genes in eukaryotic cells. Eukaryotes have mono-cistronic mRNAs with a binding site at 5′ end; therefore, it is necessary to fuse the coding sequence of *nif* genes to the promoters of eukaryotes to produce a suitable ribosome binding site at 5′ end for full expression. In *Clamydomonas reinhardtii*, the enzymes responsible for chlorophyll biosynthesis share structural and functional homology with nitrogenase. In *C. reinhardtii*, the gene products of *chlL*, *chlN*, and *chlB* are analogous to the subunits of nitrogenase but the sequence identity comparison is highest between *nifH* and *chlL*. Thus, the *nifH* gene product can be activated by *chlL* without any extra prerequisite of genes and in addition to that *nifH* gene can functionally substitute *chlL* (Cheng 2008). In yeast *Saccharomyces cerevisiae*, the expression of *nif* genes has yet not been reported. The *nif* genes in *S. cerevisiae* are unable to express due to several reasons. The promoters could initiate transcription of the enzymes at specific physiological requirements (Beringer and Hirsch 1984). *Cyanobacteria* can also be used to generate new symbiotic forms in plants. In rice roots, the associative competence of symbiotic *Nostoc* strains have been studied and were observed to increase nitrogen fixation (Nilsson et al. 2002, 2005). A lot of progress has been made to introduce useful genetic traits from Rhizobia into another organism to improve BNF but it is still a major challenge as there is an uncertainty whether the physiology of host would accommodate and inherit these changes stably.

9.13 Conclusion

Recent progress in the understanding of symbiotic nitrogen fixation may possibly represent alternative new possibilities for engineering stable rhizobial genotypes. Understanding the molecular mechanism of BNF could have highly significant agronomic implications in reducing the utilization of nitrogen fertilizers. In addition to that, improved understanding of genetic makeup of the rhizobia could lead to more sustainable exploitation of stable nitrogen fixation. Rhizobia possess a distinct plasticity of the genome because of the unusually high amount of insertion elements and repeated DNA sequences and hence the genetic stability of rhizobia is highly important. Despite a great deal of present knowledge about the genetics of symbiotic nitrogen fixation and strain development, most of the commercial inoculants of rhizobia are native strains, competent and best suited to a given niche, instead of rhizobial genotypes with genetic modifications. But indeed, the prospects to analyze and combine functional genomics to develop stable rhizobial genotypes opens the way to identify and manipulate a large number of genes implicated in BNF process at the level of complete genetic circuit instead of a single gene. The significance of BNF for sustainable agricultural systems is huge and current progress in rhizobial genome projects produces an enormous amount of data on the existence and diversity of rhizobial species. Consequently, the relevance of available genomic data and novel tools to characterize symbiotic genes in rhizobia formulates new methods in genetic engineering to improve nitrogen fixation. The genetically modified rhizobia are released in the farmer's fields and thus this plasticity is of a meticulous concern because in symbiosis the population-dependent selective forces may disseminate rare recombinant genotypes frequently in nearby population. However by using RecA mutants that have no recombination function but do not differ from $RecA^+$ genotypes in nitrogen-fixing activity, the peril of releasing these modified rhizobial genotypes may be reduced. Nonetheless, engineering stable and improved rhizobial genotypes is a complex method but serious attempts are required to fill the gaps of our present knowledge. Conclusively, the above-mentioned observations clearly reveal that it is possible to improve symbiotic effectiveness and BNF through genetic manipulations of rhizobial strains. Current advancement on the knowledge of the molecular will certainly provide in the near future genetically improved, stable rhizobial genotypes.

References

Agron PG, Helinski DR (1995) Symbiotic expression of *Rhizobium meliloti* nitrogen fixation genes is regulated by oxygen. In: Hoch JA, Silhavy TJ (eds) Two-component signal transduction. ASM Press, Washington, DC, pp 275–287

Akao S, Nakata S, Yoneyama T (1991) Formation of nodules on non-nodulating soybean T201 after treatment with 2,4-dichlorophenoxyacetate. Plant Soil 138:207–212

Amarger N (2002) Genetically modified bacteria in agriculture. Biochimie 84:1061–1072

Attallah AG, Abd-El-Aal SKH (2007) Interspecific protoplast fusion between *Streptococcus lactis* strains. Res J Agric Biol Sci 3(6):572–576

Bailly X, Olivieri I, Brunel B, Cleyet-Marel J, Béna G (2007) Horizontal gene transfer and homologous recombination drive the evolution of the nitrogen-fixing symbionts of Medicago species. J Bacteriol 189:5223–5236

Baldani VLD, Baldani JI, Dobereiner J (2000) Inoculation of rice plants with the endophytic diazotrophs *Herbaspirillum seropedicae* and *Burkholderia* spp. Biol Fertil Soils 30:485–491

Barloy-Hubler F et al (2000) High-resolution physical map of the *Sinorhizobium meliloti* 1021 pSyma megaplasmid. J Bacteriol 182:1185–1189

Barloy-Hubler F, Lelaure V, Galibert F (2001) Ribosomal protein gene cluster analysis in eubacterium genomics: homology between *Sinorhizobium meliloti* strain 1021 and *Bacillus subtilis*. Nucleic Acids Res 29:2747–2756

Batut J, Boistard P (1994) Oxygen control in *Rhizobium*. Antonie Van Leeuwenhoek 66:129–150

Beringer JE, Hirsch PR (1984) Genetic engineering and nitrogen fixation. Biotechnol Genet Eng Rev 1:65–88

Bosworth AH, Williams MK, Albrecht KA, Kwiatkowski R, Beynon J, Hankinson TR, Ronson CW, Cannon F, Wacek TJ, Triplett EW (1994) Alfalfa yield response to inoculation with the recombinant strains of *Rhizobium meliloti* with an extra copy of *dctABD* and/or modified *nifA* expression. Appl Environ Microbiol 60:3815–3832

Brencic A, Winans SC (2005) Detection of and response to signals involved in host microbe interactions by plant-associated bacteria. Microbiol Mol Biol Rev 69:155–194

Brewin NJ, Wood EA, Young JP (1983) Contribution of the symbiotic plasmid to the competitiveness of *Rhizobium leguminosarum*. J Gen Microbiol 129:2973–2977

Broughton WJ, Jabbouri S, Perret X (2000) Keys to symbiotic harmony. J Bacteriol 182: 5641–5652

Bullerjahn GS, Benzinger RH (1982) Genetic transformation of *Rhizobium leguminosarum* by plasmid DNA. J Bacteriol 150:421–442

Cadahía E, Leyva A, Ruiz-Argüeso T (1986) Indigenous plasmids and cultural characteristics of rhizobia nodulating Chickpeas (*Cicer arietinum* L.). Arch Microbiol 146:239–244

Caetano-Anollés G (1997) Molecular dissection and improvement of the nodule symbiosis in legumes. Field Crop Res 53:47–68

Capela D, Barloy-Hubler F, Gatius MT, Gouzy J, Galibert F (1999) A high-density physical map of *Sinorhizobium meliloti* 1021 chromosome derived from bacterial artificial chromosome library. Proc Natl Acad Sci USA 96:9357–9362

Carro L, Rivas R, León-Barrios M, González-Tirante M, Velázquez E, Valverde A (2012) *Herbaspirillum canariense* sp. nov., *Herbaspirillum aurantiacum* sp. nov. and *Herbaspirillum soli* sp. nov., isolated from volcanic mountain soil, and emended description of the genus *Herbaspirillum*. Int J Syst Evol Microbiol 62:1300–1306

Cheng Q (2008) Perspectives in biological nitrogen fixation research. J Integr Plant Biol 50(7): 784–796

Courtois J, Courtois B, Guillaume J (1988) High-frequency transformation of *Rhizobium meliloti*. J Bacteriol 170:5925–5927

Cullimore JV, Ranjeva R, Bono J-J (2001) Perception of lipo-chitooligosaccharidic Nod factors in legumes. Trends Plant Sci 6:24–30

D'Haeze W, Holsters M (2002) Nod factor structures, responses, and perception during initiation of nodule development. Glycobiology 12:79–105

Delgado MJ, Bedmar EJ, Downie JA (1998) Genes involved in the formation and assembly of rhizobial cytochromes and their role in symbiotic nitrogen fixation. Adv Microb Physiol 40: 191–231

Devine TE, Kuykendall LD (1996) Host genetic control of symbiosis in soybean (*Glycine max* L.). Plant Soil 186:173–187

Dilworth MJ (1974) Dinitrogen fixation. Annu Rev Plant Physiol 25:81

Dilworth MJ, Howieson JG, Reeve WG, Tiwari RP, Glenn AR (2001) Acid tolerance in legume root nodule bacteria and selecting for it. Aust J Exp Agric 41:435–446

Dixon R, Kahn D (2004) Genetic regulation of biological nitrogen fixation. Nat Rev Microbiol 2: 621–631

Dobert RC, Breil BT, Triplett E (1994) DNA sequence of the common nodulation genes of *Bradyrhizobium elkanii* and their phylogenetic relationship to those of other nodulating bacteria. MPMI Mol Plant Microbe Interact 7:564–572

Downie JA (1998) Functions of rhizobial nodulation genes. In: Spaink HP, Kondorosi A, Hooykaas PJ (eds) The rhizobiaceae molecular biology of model plant-associated bacteria. Kluwer Academic Publishers, Dordrecht, pp 387–402

Downie JA, Young JPW (2001) The ABC of symbiosis. Nature 412:597–598

Emerich DW, Burris RH (1978) Complementary functioning of the component proteins of nitrogenase from several bacteria. J Bacteriol 134:936–943

Finan TM (2002) Evolving insights: symbiosis islands and horizontal gene transfer. J Bacteriol 184:2855–2856

Finan TM et al (2001) The complete sequence of the 1,683-kb pSymB megaplasmid from the N_2-fixing endosymbiont *Sinorhizobium meliloti*. Proc Natl Acad Sci USA 98:9889–9894

Fischer HM (1994) Genetic regulation of nitrogen fixation in rhizobia. Microbiol Rev 58:352–286

Fischer HM, Babst M, Kaspar T, Acuña G, Arigoni F, Hennecke H (1993) One member of a groESL-like chaperonin multigene family in *Bradyrhizobium japonicum* is co-regulated with symbiotic nitrogen fixation genes. EMBO J 12:2901–2912

Fischer HM, Schneider K, Babst M, Hennecke H (1999) GroEL chaperonins are required for the formation of a functional nitrogenase in *Bradyrhizobium japonicum*. Arch Microbiol 171:279–289

Fisher HM (1994) Genetic regulation of nitrogen fixation in rhizobia. Microbiol Rev 58:352–386

Franche C, Lindström K, Elmerich C (2009) Nitrogen-fixing bacteria associated with leguminous and non-leguminous plants. Plant Soil 321:35–59

Francia MV, Varsaki A, Garcillán-Barcia MP, Latorre A, Drainas C, de la Cruz F (2004) A classification scheme for mobilization regions of bacterial plasmids. FEMS Microbiol Rev 28: 79–100

Fred EB, Baldwin IL, McCoy E (1932) Root nodule bacteria and leguminous plants. U Madison Libraries Parallel Press. http://digicoll.library.wisc.edu/cgibin/HistSciTech/HistSciTech-idx?type=header&id=HistSciTech.RootNodule&isize=M

Freiberg C, Fellay R, Bairoch A, Broughton WJ, Rosenthal A, Perret X (1997) Molecular basis of symbiosis between *Rhizobium* and legumes. Nature 387:394–401

Garg B, Dogra RC, Sharma PK (1999) High-efficiency transformation of *Rhizobium leguminosarum* by electroporation. Appl Environ Microbiol 65:2802–2804

Garrity G, Bell J, Lilburn T (2005) Class I. Alphaproteobacteria class. nov. In: Brenner D et al (eds) Bergey's manual of systematic bacteriology, Part C, vol 2. Springer, New York, pp 1–574

Glenn AR et al (1999) Acid tolerance in root nodule bacteria. In: Bacterial response to pH. Wiley, Chichester, pp 112–130

González V et al (2003) The mosaic structure of the symbiotic plasmid of *Rhizobium etli* CFN42 and its relation to other symbiotic genome compartments. Genome Biol 4:R36

Govezensky D, Greener T, Segal G, Zamir A (1991) Involvement of GroEL in *nif* gene regulation and nitrogenase assembly. J Bacteriol 173:6339–6346

Guo XW et al (2003) Natural genomic design in *Sinorhizobium meliloti*: novel genomic architectures. Genome Res 13:1810–1817

Hahn M, Studer D (1986) Competitiveness of nif – *Bradyrhizobium japonicum* mutant against the wild type strain. FEMS Microbiol Lett 33:43–148

Harrison PW, Lower RPJ, Kim NKD, Young JPW (2010) Introducing the bacterial 'chromid': not a chromosome, not a plasmid. Trends Microbiol 18:141–148

Haukka K, Lindström K, Young JP (1998) Three phylogenetic groups of *nodA* and *nifH* genes in *Sinorhizobium* and *Mesorhizobium* isolates from leguminous trees growing in Africa and Latin America. Appl Environ Microbiol 64:419–426

Hayashi M, Maeda Y, Hashimoto Y, Murooka Y (2000) Efficient transformation of *Mesorhizobium huakuii* subsp rengei and *Rhizobium* species. J Biosci Bioeng 89:550–553

Hirsch AM, Lum MR, Downie JA (2001) What makes the rhizobia-legume symbiosis so special? Plant Physiol 127:1484–1492

Hooykaas PJJ, Van Brussel AAN, Den-Dulk-Ras H, Van Slogteren GMS, Scchilperoort RA (1981) Sym plasmid of *Rhizobium trifolii* expressed in different rhizobial species and *Agrobacterium tumefaciens*. Nature 291:351–353

Hotchkiss RD, Gabor MH (1980) Biparental products of bacterial protoplast fusion showing unequal parental chromosome expression. Proc Natl Acad Sci USA 77:3553–3557

Johnston AWB, Beynon JL, Buchanan-Wollaston AV, Setchell SM, Hirsh PR, Beringer JE (1978) High frequency transfer of nodulating ability between strains and species of *Rhizobium*. Nature 276:634–636

Jordan DC (1982) Transfer of *Rhizobium japonicum* Buchanan 1980 to *Bradyrhizobium* gen. nov., a genus of slow-growing, root nodule bacteria from leguminous plants. Int J Syst Evol Microbiol 32:136–139

Jording D, Uhde C, Schmidt R, Pühler A (1994) The C4-dicarboxylate transport system of *Rhizobium meliloti* and its role in nitrogen fixation during symbiosis with Alfalfa (*Medicago sativa*). Experientia 10:874–883

Kaminski PA, Batut J, Boistard P (1998) A survey of symbiotic nitrogen fixation by rhizobia. In: Spaink HP, Kondorosi A, Hooykaas PJ (eds) The Rhizobiaceae molecular biology of model plant-associated bacteria. Kluwer Academic Publishers, Dordrecht, pp 432–460

Kaneko T et al (2000a) Complete genome structure of the nitrogen-fixing symbiotic bacterium *Mesorhizobium loti* (supplement). DNA Res 7:381–406

Kaneko T et al (2000b) Complete genome structure of the nitrogen-fixing symbiotic bacterium *Mesorhizobium loti*. DNA Res 7:331–338

Kaneko T et al (2002a) Complete genomic sequence of nitrogen-fixing symbiotic bacterium *Bradyrhizobium japonicum* USDA110 (supplement). DNA Res Int J Rapid Publ Rep Genes Genomes 9:225–256

Kaneko T et al (2002b) Complete genomic sequence of nitrogen-fixing symbiotic bacterium *Bradyrhizobium japonicum* USDA110. DNA Res Int J Rapid Publ Rep Genes Genomes 9: 189–197

Kiss GB, Kálmán Z (1982) Transformation of *Rhizobium meliloti* 41 with plasmid DNA. J Bacteriol 150:465–447

Kurchak ON, Provorov NA, Simarov BV (2001) Plasmid pSym1-32 *Rhizobium leguminosarum* bv. viceae controlling nitrogen fixation activity, effectiveness of symbiosis, competitiveness and acid tolerance. Genetika 37:1225–1232

Laguerre G, Nour SM, Macheret V, Sanjuan J, Drouin P, Amarger N (2001) Classification of rhizobia based on *nodC* and *nifH* gene analysis reveals a close phylogenetic relationship among *Phaseolus vulgaris* symbionts. Microbiology 147:981–993

Lie TA, Goktan M, Engin M, Pijnenborg J, Anlarsal E (1987) Co-evolution of the legume-*Rhizobium* association. Plant Soil 100:171–181

Lindström K, Mousavi SA (2010) *Rhizobium* and other N-fixing symbioses. Wiley, Chichester

Lindstrom K, Amsalu Aserse A, Mousavi SA (2015) Evolution and taxonomy of nitrogen-fixing organisms with emphasis on rhizobia. In: Biological nitrogen fixation. Wiley, Chichester, pp 21–38

Long SR (1989) *Rhizobium*-legume nodulation: life together in the underground. Cell 56:203–214

Luyten E, Vanderleyden J (2000) Survey of genes identified in *Sinorhizobium meliloti* spp., necessary for the development of an efficient symbiosis. Eur J Soil Biol 36:1–26

Martens M, Delaere M, Coopman R, De Vos P, Gillis M, Willems A (2007) Multilocus sequence analysis of Ensifer and related taxa. Int J Syst Evol Microbiol 57:489–503

Mavingui P, Flores M, Romero D, Martínez-Romero E, Palacios R (1997) Generation of *Rhizobium* strains with improved symbiotic properties by random DNA amplification (RDA). Nat Biotechnol 15:564–569

Mavingui P et al (2002) Dynamics of genome architecture in *Rhizobium* sp. strain NGR234. J Bacteriol 184:171–176

Mc Clung G (2000) Commercialization of a genetically modified symbiotic nitrogen fixer, *Sinorhizobium meliloti*. Mitt Biol Bundesanst Land Forstwirtsch 380:100–106

Menna P, Hungria M (2011) Phylogeny of nodulation and nitrogen-fixation genes in *Bradyrhizobium*: supporting evidence for the theory of monophyletic origin, and spread and maintenance by both horizontal and vertical transfer. Int J Syst Evol Microbiol 61:3052–3067

Mhadhbi H, Jebara M, Zitoun A, Limam F, Aouani ME (2008) Symbiotic effectiveness and response to mannitol-mediated osmotic stress of various chickpea–rhizobia associations. World J Microbiol Biotechnol 24(7):1027–1035

Miller LD, Yost CK, Hynes MF, Alexandre G (2007) The major chemotaxis gene cluster of *Rhizobium leguminosarum* bv. viciae is essential for competitive nodulation. Mol Microbiol 63:348–362

Morris AC, Djordjevic MA (2006) The *Rhizobium leguminosarum* biovar trifolii ANU794 induces novel developmental responses on the subterranean clover cultivar Woogenellup. Mol Plant Microbe Interact 19:471–479

Moulin L, Béna G, Boivin-Masson C, Stepkowski T (2004) Phylogenetic analyses of symbiotic nodulation genes support vertical and lateral gene co-transfer within the *Bradyrhizobium* genus. Mol Phylogenet Evol 30:720–732

Münchbach M, Nocker A, Narberhaus F (1999) Multiple small heat shock proteins in rhizobia. J Bacteriol 181:83–90

Nakamura Y, Kaneko T, Tabata S (2004) RhizoBase: the genome database for rhizobia. Kasuza DNA Research Institute. http://www.kazusa.or.jp/rhizobase/index.html

Nilsson M, Bhattacharya J, Rai AN, Bergman B (2002) Colonization of roots of rice (*Oryza sativa*) by symbiotic Nostoc strains. New Phytol 156:517–525

Nilsson M, Ransmussen U, Bergman B (2005) Competition among symbiotic cyanobacterial *Nostoc* strains forming artificial associations with rice (*Oryza sativa*). FEMS Microbiol Lett 245: 139–144

Nocker A, Krstulovic NP, Perret X, Narberhaus F (2001) ROSE elements occur in disparate rhizobia and are functionally interchangeable between species. Arch Microbiol 176:44–51

O'Hara GW, Glenn AR (1994) The adaptive acid tolerance response in root-nodule bacteria and *Escherichia coli*. Arch Microbiol 161:286–292

Ochman H, Moran NA (2001) Genes lost and genes found: evolution of bacterial pathogenesis and symbiosis. Science 292:1096–1099

Onishchuk OP, Simarov BN (1995) Genetic diversity of nodulation competitiveness in nodule bacteria and its use in breeding. Genetika 31:293–303

Onishchuk OP, Simarov BV (1996) Genes controlling nodulation competitiveness of nodule bacteria. Russ J Genet 32:1157–1166

Osterman J (2015) Molecular factors and genetic differences defining symbiotic phenotypes of *Galega spp.* and *Neorhizobium galegae* strains. Dissertations University of Helsinki 9/2015

Pandey KK (1978) Novel techniques of gene transfer and plant improvement: an appraisal of transformation in eukaryotes. New Phytol 81:685–704

Pankhurst CE, Macdonald PE, Reeves JM (1986) Enhanced nitrogen fixation and competitiveness for nodulation of *Lotus pedunculatus* by a plasmid-cured derivative of *Rhizobium loti*. J Gen Microbiol 132:2321–2328

Perret X, Staehelin C, Broughton WJ (2000) Molecular basis of symbiotic promiscuity. Microbiol Mol Biol Rev 64:180–201

Peters GA, Calvert HE, Kaplaw D, Ito O, Toia RE (1982) The Azolla-Anabaena symbiosis: morphology, physiology and use. Israel J Bot 31:305–323

Plazinski J (1981) Tn5-inherited mutant strain of *Rhizobium meliloti* with a highly increased ability to fix nitrogen for Lucerne. Microbiol Lett 18:137–142

Prakash RK, Cummings B (1988) Creation of novel nitrogen-fixing actinomycetes by protoplast fusion of Frankia with streptomyces. Plant Mol Biol 10:281–289

Provorov NA, Tikhonovich IA (2003) Genetic resources for improving nitrogen fixation in legume-rhizobia symbiosis. Genet Res Crop Evol 50:89–99

Rastogi V, Labes M, Finan T, Watson R (1992) Over-expression of the *dctA* gene in *Rhizobium meliloti*: effect on transport of C4 dicarboxylates and symbiotic nitrogen fixation. Can J Microbiol 38:555–562

Rengel Z (2002) Breeding for better symbiosis. Plant Soil 245:147–162

Ribbe MW, Burgess BK (2001) The chaperone GroEL is required for the final assembly of the molybdenum-iron protein of nitrogenase. Proc Natl Acad Sci USA 98:5521–5525

Rickert AA, Soria MA, Correa OS (2000) The adaptive acid response in *Mesorhizobium* sp. World J Microbiol Biotechnol 16:475–480

Robleto EA, Kmiecek K, Oplinger ES, Nienhuis J, Triplett EW (1998) Trifoliotoxin production increases nodulation competitiveness of *Rhizobium etli* CE3 under agricultural conditions. Appl Environ Microbiol 64:2630–2633

Roche P et al (1991) Molecular basis of symbiotic host specificity in *Rhizobium meliloti* – *nodH* and *nodPQ* genes encode the sulfation of lipo-oligosaccharide signals. Cell 67:1131–1143

Roche P et al (1996) The common *nodABC* genes of *Rhizobium meliloti* are host-range determinants. Proc Natl Acad Sci USA 93:15305–15310

Ronson CW et al (1990) Field release of genetically-engineered *Rhizobium meliloti* and *Bradyrhizobium japonicum* strains. In: Gresshoff PM, Roth LE, Stacey G, Newton WE (eds) Nitrogen fixation: achivements and perspectives. Chapman and Hall, New York, pp 397–403

Rüberg S et al (2003) Construction and validation of a *Sinorhizobium meliloti* whole genome DNA microarray: genome-wide profiling of osmoadaptive gene expression. J Biotechnol 106: 255–268

Sabir JSM, El-Bestawy (2009) Enhancement of nodulation by some arid climate strains of *Rhizobium leguminosarum* biovar trifolii using protoplast fusion. World J Microbiol Biotechnol 25: 545–552

Sajid GM, Oberg SG, Campbell WF (1992) Detection of uptake hydrogenase activity in *Rhizobium meliloti* in symbiosis with *Medicago sativa*. Arid Soil Res Rehabil 6(3):201–205

Sanjuan J, Olivares L (1991) Multicopy plasmids carrying the *Klebsiella pneumonia* nifA gene enhance *Rhizobium meliloti* nodulation competitiveness in Alfalfa. Mol Plant Microbe Interact 4:365–369

Selbitschka W et al (1995) Construction and characterization of a *Rhizobium leguminosarum* biovar viciae strain designed to assess horizontal gene transfer in the environment. FEMS Microb Lett 128:255–263

Selvaraj G, Iyer VN (1981) Genetic transformation of *Rhizobium meliloti* by plasmid DNA. Gene 15:279–283

Sessitsch A, Howieson JG, Perret X, Antoun H, Martinez-Romero E (2002) Advances in *Rhizobium* research. Crit Rev Plant Sci 21:323–378

Shanmugam KT, Valentine RC (1975) Molecular biology of nitrogen fixation. Science 187:919

Sharma PK, Kundu BS, Dogra RC (1993) Molecular mechanism of host-specificity in legume *Rhizobium* symbiosis. Biotechnol Adv 11:741–779

Sharypova LA Simarov BV (1995) Identification of genes affecting symbiotic effectiveness of *Rhizobium meliloti*. In Tikhonovich IA et al (eds) Nitrogen fixation: fundamentals and applications. Dordrecht, pp 371–376

Sharypova LA, Pretorius-Güth IM, Simarov BV, Pühler A (1992) Genetic improvement of *Rhizobium* strains. In: Hong GF (ed) The nitrogen fixation and its research in China. Berlin, pp 266–285

Sharypova LA, Onishchuk OP, Chesnokova ON, Fomina-Eshenko JG, Simarov BV (1994) Isolation and characterization of *Rhizobium meliloti* Tn5 mutants showing enhanced symbiotic effectiveness. Microbiology 140:463–470

Sharypova LA, Yurgel SN, Keller M, Simarov BV, Pühler A, Becker A (1998) The eff-482 locus of *Sinorhizobium meliloti* CXM1-105 that influences symbiotic effectiveness consists of three genes encoding an endoglucanase, a transcriptional regulator and an adenylate cyclase. Mol Gen Genet 261:1032–1044

Soberón-Chávez G, Nájera R, Espín G, Moreno S (1991) Formation of *Rhizobium phaseoli* symbiotic plasmids by genetic recombination. Mol Microbiol 5:909–916

Spaink H, Kondorosi A, Hooykaas PJJ (1998) The Rhizobiaceae. Kluwer Acad Publishers, Dordrecht, p 566

Sprent JI (2008) 60 Ma of legume nodulation. What's new? What's changing? J Exp Bot 59: 1081–1084

Stephens JHG, Rask HM (2000) Inoculant production and formulation. Field Crop Res 65: 249–258

Sullivan JT, Patrick HN, Lowther WL, Scott DB, Ronson CW (1995) Nodulating strains of *Rhizobium loti* arise through chromosomal symbiotic gene transfer in the environment. Proc Natl Acad Sci USA 92:8985–8989

Sullivan JT et al (2002) Comparative sequence analysis of the symbiosis island of *Mesorhizobium loti* strain R7A. J Bacteriol 184:3086–3095

Suominen L (2000) Molecular biology of symbiotic interactions between *Galega orientalis* and *Rhizobium galegae* Dissertations University of Helsinki 29/2000

Svistoonoff S, Laplaze L, Auguy F, Runions J, Duponnois R, Haseloff J, Franche C, Didier B (2003) cg12 expression is specifically linked to infection of root hairs and cortical cells during *Casuarina glauca* and *Allocasuarina verticillata* actinorhizal nodule development. Mol Plant Microbe Interact 16:600–607

Svistoonoff S, Laplaze L, Liang J, Ribeiro A, Gouveia MC, Auguy F, Fevereiro P, Franche C, Didier B (2004) Infection-related activation of the cg12 promoter is conserved between actinorhizal and legume–rhizobia root nodule symbioses. Plant Physiol 136:3191–3197

Thomas PM, Golly KF, Virginia RA, Zyskind JW (1995) Cloning of nod gene regions from mesquite rhizobia and bradyrhizobia and nucleotide sequence of the *nodD* gene from mesquite rhizobia. Appl Environ Microbiol 61:3422–3429

Thompson JA (1988) Selection of *Rhizobium* strains. In: Beck DP, Materon LA (eds) Nitrogen fixation by legumes in mediterranean agriculture. Kluwer Acad Publishers, Dordrecht, pp 207–223

Tikhonovich A, Provorov NA (2007) Cooperation of plants and microorganisms: new approaches to construction of ecologically sustainable agrosystems. Usp Sovr Boil 127:339–357

Trinick MJ (1973) Symbiosis between *Rhizobium* and the non-legume *Trema aspera*. Nature 244: 459

Triplett EV (1990) Construction of symbiotically effective strain of *Rhizobium leguminosarum* bv. trifolii with increased nodulation competitiveness. Appl Environ Microbiol 56:98–103

Triplett EW, Sadowsky ME (1992) Genetics of competition for nodulation of legumes. Annu Rev Microbiol 46:399–428

Ueda T, Suga Y, Yahiro N, Matsuguchi T (1995) Remarkable N_2-fixing bacterial diversity detected in rice roots by molecular evolutionary analysis of *nifH* gene sequences. J Bacteriol 177:1414–1417

van Berkum P, Terefework Z, Paulin L, Suomalainen S, Lindström K, Eardly BD (2003) Discordant phylogenies within the *rrn* loci of rhizobia. J Bacteriol 185(2988):2998

van de Velde W, Zehirov G, Szatmari A, Debreczeny M, Ishihara H, Kevei Z, Farkas A, Mikulass K, Nagy A, Tiricz H, Satiat-Jeunemaître B, Alunni B, Bourge M, Kucho K, Abe M, Kereszt A, Maroti G, Uchiumi T, Kondorosi E, Mergaert P (2010) Plant peptides govern terminal differentiation of bacteria in symbiosis. Science 327:1122–1126

van Rhijn P, Vanderleyden J (1995) The Rhizobium-plant symbiosis. Microbiol Rev 59:124–142

Vance CP (2001) Symbiotic nitrogen fixation and phosphorous acquisition. Plant nutrition in the world of declining renewable resources. Plant Physiol 127:390–397

Vasse J, de Billy F, Camut S, Truchet G (1990) Correlation between ultra structural differentiation of bacteroids and nitrogen fixation in alfalfa nodules. J Bacteriol 172:4295–4306

Vázquez M, Santana O, Quinto C (1993) The NodI and NodJ proteins from *Rhizobium* and *Bradyrhizobium* strains are similar to capsular polysaccharide secretion proteins from gram-negative bacteria. Mol Microbiol 8:369–377

Vinuesa P (2010) Multilocus sequence analysis and bacterial species phylogeny estimation. In: Oren A, Papke RT (eds) Molecular phylogeny of microorganisms. Caister Academic Press, Norfolk, pp 41–64

Vlassak KM, Vanderleyden J (1997) Factors influencing nodule occupancy by inoculant rhizobia. Crit Rev Plant Sci 16:163–229

Wang ET, van Berkum P, Sui XH, Beyene D, Chen WX, Martínez-Romero E (1999) Diversity of rhizobia associated with *Amorpha fruticosa* isolated from Chinese soils and description of *Mesorhizobium amorphae* sp. nov. Int J Syst Bacteriol 49:51–65

Zahran HH (1999) *Rhizobium*-legume symbiosis and nitrogen fixation under severe conditions in an arid climate. Microbiol Mol Biol Rev 63:968–989

Chapter 10
Hierarchical Clustering-Based Algorithms and In Silico Techniques for Phylogenetic Analysis of Rhizobia

Jyoti Lakhani, Ajay Khuteta, Anupama Choudhary, and Dharmesh Harwani

10.1 Introduction

Evolution can be defined as the development of a species by divergence of it from other pre-existing species. The driving force behind evolution is natural selection in which "unfit" forms are eliminated through changes of environmental conditions or sexual selection so that only the fittest are selected (Darwin 1859). Mutation is the mechanism behind the evolution that occurs spontaneously to provide the biological diversity within a population. The development of bioinformatics tools and various in silico methods has provided very useful and fast methods to perform phylogenetic analysis. Two types of methods are most commanly used for it: distance based and character based. The distance-based methods include unweighted paired group method with arithmetic mean (UPGMA) (Murtagh 1984), minimum evolution method (ME) (Rzhetsky and Nei 1993), neighbour joining (NJ) (Saitou and Nei 1987), and Fitch–Margoliash method (FM) (Fitch and Margoliash 1967). The character-based method derives trees that optimize the distribution of the actual data pattern for each character. The most commonly used character-based methods include Maximum Parsimony (MP) method (Sober 1983) and Maximum Likelihood (ML) method (Felsenstein 1981). The criteria to

J. Lakhani
Department of Computer Science, Poornima University, Jaipur, India

Department of Computer Science, Maharaja Ganga Singh University, Bikaner, India

A. Khuteta
Department of Computer Science, Poornima University, Jaipur, India

A. Choudhary
Department of Computer Science, Keen College, Bikaner, India

D. Harwani (✉)
Department of Microbiology, Maharaja Ganga Singh University, Bikaner, India
e-mail: dharmesh@mgsubikaner.ac.in

A.P. Hansen et al. (eds.), *Rhizobium Biology and Biotechnology*, Soil Biology 50,
DOI 10.1007/978-3-319-64982-5_10

compare different tree-building methods are computational speed, consistency of estimated topology, statistical consistency of phylogenetic trees, probability of obtaining the correct topology, and reliability of estimated branch length (Roy et al. 2014). According to the computational speed, the NJ method is the superior one from other tree-building methods which are currently in use. This method can handle a large number of sequences with bootstrap tests with ease. If no bias is applied during the estimation of distance through substitution NJ, ME methods are found consistent for estimating trees but MP is often inconsistent. ML methods, on the other hand, have the additional advantage of being more flexible in choosing the evolutionary model. But this method is lengthy and time consuming (Roy et al. 2014). This chapter is a compressive survey on phylogenetic analysis of rhizobia at molecular level. The contributions of few authors who have used hierarchical clustering to assess rhizobial phylogeny have been summarized. The chapter is divided into three sections which include the introduction to the basics and process of molecular phylogenetic analysis, a brief discussion on various hierarchical algorithms and finally, a detailed discussion on different in silico phylogenetic analysis tools to study evolution and phylogeny in rhizobia has been presented.

10.2 Molecular Phylogenetic Analysis

Molecular phylogenetic analysis is the study of relationship among organisms using molecular markers such as DNA or protein sequences. The dissimilarity between two sequences has been caused by mutations during the course of time. The methods in molecular phylogenetic analysis make assumptions about the processes of molecular evolution over time and the accuracy of predicted evolutionary events are tested using in silico simulations. The results of these methods are hypothetical evolutionary trees or phylogenetic trees. Phylogenetic trees are dendograms representing evolutionary divergence between two sequences. There are several types of evolutionary trees such as rooted trees also called cladograms, unrooted trees, or phenogram. The process of generation of a hypothetical phylogenetic tree is called phylogenetic reconstruction. Phylogenetic reconstruction is a probability-based statistical model to make assumptions about the process of nucleotide or amino acid substitution during the timeline in question. There are several types of probabilistic models also which are known as evolutionary models. Evolutionary models describe the different probabilities of the change from one nucleotide or amino acid to other, with the aim of correcting for unseen changes along the phylogeny. The most common models of DNA evolution are Jukes–Cantor (JC or JC69) (Jukes and Cantor 1969), Kimura2 Parameters (K2P or K80) (Kimura 1980), Felsenstien (F81) (Felsenstein 1981) and Hasegawa, Kishino, Yano (HKY85) (Hasegawa et al. 1985), T92 (Tamura 1992), TN93 model (Tamura and Nei 1993), GTR: Generalised time-reversible (Tavaré 1986), *etc*. The common amino acid replacement models are point accepted mutation (PAM) (Dayhoff et al. 1978), mtREV, JTT, WAG, BLOSUM62 (BLOck SUbstitution Matrix), Yang, etc. Apart from evolutionary models, alignment of the sequences is also a prerequisite for phylogenetic tree construction. There are several multiple sequence alignment methods available such as ClustalW, Muscle, and NAST. A phylogenetic tree is constructed using distance matrix by examining the closeness of sequences in order to combine them. There are several methods used in literature for constructing phylogenetic trees such as UPGMA, neighbour-joining, maximum parsimony, maximum likelihood, and Baysian analysis.

10.3 Basics of Phylogeny

A phylogeny is a graphical representation that provides a hypothesis of how organisms are related at evolutionary level. The relationships are not expressed as per cent sequence similarity, but time since they share a common ancestor. Phylogenetic trees are a primary tool used in evolutionary biology and are used to interpret the timing and order of evolutionary events. Charles Darwin has used tree for the first time to represent phylogeny. Figure 10.1 is the only figure in Charles Darwin's book Origin of Species by Natural Selection (1859) depicting evolutionary history. Some modern applications of phylogeny include analysis of changes that have occurred during the evolution in order to create tree of life of for various organisms, phylogenetic relationships among genes predicting similar functions in order to detect orthologues, detecting changes in rapidly changing sequences, etc.

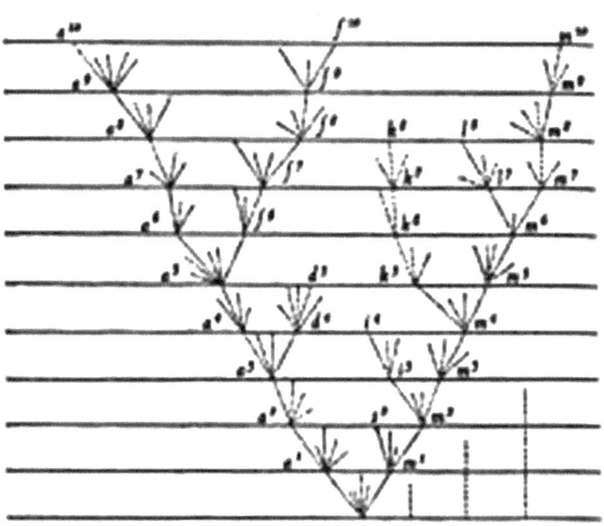

Fig. 10.1 First use of phylogenetic tree to show the evolutionary history of an organism (Origin of Species by Natural Selection 1859)

To display phylogenetic trees, two fundamental forms are used such as rooted trees and unrooted trees. The root of a tree represents the common ancestor of all depicted organisms. All trees need not to be rooted, but rooting does help to interpret tree. Trees are rooted with the inclusion of an outgroup, a taxon known a priori to be the most distant taxon to the group under study. The tips of a tree are referred to as external nodes which typically represent living or extant taxa and ancestors are represented by internal (ancestral) nodes. The phylogenetic topology is the patterns of branch length and splitting depict evolution, diversification, and relatedness. Topology illustrates the history of cladogenesis (splitting of branches as a result of diversification) and anagenesis (change within lineages such as mutation or substitution). In general, diversification events should be dichotomous (one lineage splits into two); however, trees may not be completely dichotomous. Polytomies are common when one computes a consensus tree (a topology that agrees with those found in several trees). These are trees that are generated from bootstrap analysis with many replicates (the fusion of multiple high scoring trees that should be considered as candidates). Lengths illustrate divergence in the characters used to construct the phylogeny (substitutions in DNA sequence). To infer the evolutionary history of an organism, different molecular markers such as DNA, RNA, and protein sequences are used. DNA or protein sequences from homologous (orthologous) genes or proteins from different organisms have been aligned using sequence alignment algorithms. Sequence alignments are arrangements of multiple DNA or protein sequences that tend to minimize the number of gaps and mismatches if an alignment is done judiciously. Hence, sequence alignment is a major tool in construction of a phylogenetic tree. There are three methods for constructing phylogenetic trees: maximum parsimony, distance measure, and maximum likelihood. Maximum parsimony is employed when the evolutionary distances between taxa are relatively short and assumes the rate of mutation among all sequences are equal. Maximum parsimony is based on Fitch's algorithm which is a bottom-up dynamic programming framework for evaluating the parsimony of a given tree and treats each sequence locus as independent of the rest.

Maximum likelihood is often used to construct trees for publication, with the cost of time-consuming processing and is most sensitive when working sequences spanning large evolutionary distances. Maximum likelihood is a robust method that outperforms alternative methods such as parsimony and distance methods (UPGMA) but it is computationally very intensive; therefore, it is slow on most computers. The popular phylogenetic maximum likelihood algorithms are PHYLIP, RAxML, genetic algorithm for rapid likelihood inference (GARLI), PHYML, etc. Statistical support for a phylogenetic tree has performed by a bootstrap analysis. Distance methods are often used to generate a starting tree for the maximum likelihood method and are important to understand the functionality of these three methods in detail in order to construct an approximate real tree of evolution. Distance methods aim to identify the tree that minimizes sequence divergence. The idea behind this approach is that the minimum sequence divergence minimizes evolution. These methods do not utilize an alignment during the tree search; instead they use a pairwise distance matrix. Distance matrix can be computed by determining the proportion of nucleotides that differ between all pairs.

Distance method is a stepwise process which includes five basic steps—alignment of sequences, computation of pairwise distances between sequences, applying evolutionary correction, construction of tree (Hierarchical Clustering) and evaluating tree, and selecting the best one. There are several sequence alignment tools available such as ClustalW, Muscle, and NAST. The simplest method to find pairwise dissimilarity is Hamming distance which can find number of mismatches. Hamming distance does not take into account the likelihood of one amino acid to other. These problems can be addressed by assigning these sequences a number in order to associate with each possible alignment. The scoring scheme is a set of rules which assigns the alignment score to any given alignment of two sequences. The scoring scheme is residue based: it consists of residue substitution scores, minus penalties for gaps. The alignment score is the sum of substitution scores and gap penalties. Point accepted mutation (PAM matrices) and Blocks Substitution Matrix (BLOSUM) are substitution matrices for amino acid alignment. Different versions of PAM and BLOSUM Substitution Matrix are given in Table 10.1 (Source NCBI).

Given the computed distance matrix from above, we could construct a tree. However, how do we know that multiple mutations haven't occurred at the same locus? Multiple substitutions can be caused by enough evolutionary time, high mutation rates, action of positive natural selection. It is quite possible homologous nucleotide positions have undergone multiple substitutions. To generate distance values that correct for multiple hits, one can perform the Jukes–Cantor correction or the Kimura 2-paramter model. Jukes–Cantor correction assumes that all types of mutations/substitutions occur at the same rate. Kimura two-parameter model corrects for multiple hits, giving differential weight to transitions and transversions. In the next step, we can construct tree using hierarchical clustering. UPGMA is the most popular hierarchical clustering algorithm used in the research to construct a single rooted phylogenetic tree. The basic assumption of UPGMA is that distance from any node to leaf will be the same for all common descendants and there is a constant rate of evolution. Two sequences with shortest evolutionary distance between them are assumed to have been the last to diverge. UPGMA is very computationally efficient and provides a good starting point for more sophisticated phylogenetic analysis. However, some issues with UPGMA are that it is very sensitive to unequal evolutionary rates and clustering only works if data is ultrametric (the evolutionary rate is the same for all branches).

Table 10.1 Different versions of PAM and BLOSUM substitution matrix

Query length	Substitution matrix	Gap cost
<35	PAM-30	(9,1)
35–50	PAM-70	(10,1)
50–85	BLOSUM -80	(10,1)
85	BLOSUM-62	(10,1)

Source: https://www.ncbi.nlm.nih.gov/blast/html/sub_matrix.html

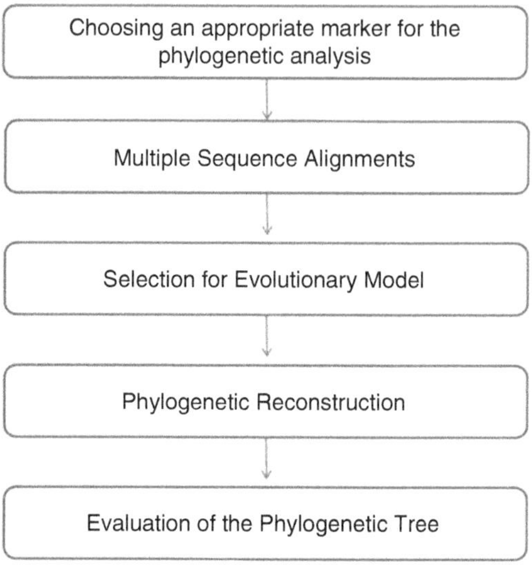

Fig. 10.2 The construction of a phylogenetic tree

10.4 Phylogenetic Tree Construction Using Hierarchical Clustering Algorithms and Tools

When talking about phylogenetic analysis, hierarchical clustering algorithms are unignorable. Given a set of sequences, hierarchical clustering algorithms, cluster these sequences and seek to build a hierarchy of clusters based on the differences. These algorithms work behind the construction of phylogenetic tree (Fig. 10.2).

Two different types of hierarchical algorithms are available in literature—agglomerative and divisive strategies. Agglomerative hierarchical clustering is a bottom-up approach where each sequence is considered as a cluster in its own. These singleton clusters merge with other clusters when one moves up in hierarchy. On the other hand, divisive hierarchical clustering algorithm is a top-down approach in which all sequences start in one cluster and splits are performed as one moves down in hierarchy. The results of both these hierarchical clustering are dendrograms representing phylogenetic trees.

10.5 Hierarchical Clustering Algorithms

UPGMA (Unweighted Pair-Group Method using arithmetic Averages) is probably the most popular hierarchical algorithm for computational biology. D'haeseleer has used UPGMA for gene expression analysis and Liu and Rost have used it for protein sequence clustering. UPGMA was used for gene ontology (GO) by Ashburner et al. and classifies genes into hierarchies of biological processes and molecular functions. ProtoNet was used to build a hierarchy of protein sequences from sequence similarities. This way UPGMA can be used for a variety of phylogenetic analysis. UPGMA has been used as a phylogenetic tree construction tool for rhizobia number of researches (Blažinkov et al. 2007; Abdel-Aziz et al. 2008; Faisal et al. 2009; Dourado et al. 2009; Jurelevicius et al. 2010; Lyra et al. 2013; Jia et al. 2015; Hassen et al. 2014; Baginsky et al. 2015). The other algorithms for hierarchical clustering that are not very popular such as AGNES, DIANA, BIRCH, ROCK, Chameleon, and CURE but have also been referred in this chapter.

10.6 Hierarchical Clustering Tools

Besides hierarchical algorithms, other hierarchical clustering tools for evolutionary study of rhizobia are also available in literature. R package is a statistical tool having a variety of functions related to sequence analysis (Bontemps et al. 2005; Vercruysse et al. 2011; Knief et al. 2011; Tian et al. 2012; McGinn et al. 2016). Another tool is SPSS that is basically a statistical tool but have some plugins available for phlogenetic study. SPSS was used by Ba et al. (2002) for phygenetic study of rhizobia. Similarly, GeneSpring 7.3.1 was used by Koch et al. (2010). Other tools and packages that are available for phylogenetic tree construction are Cluster 3.0, ELKI, Octave, Orange, SCaVis, Scikit-learn, Weka, and CrimeStat. There are several evidences of using hierarchical clustering for phylogenetic tree creation in literature but the name of the algorithm has not been authors (Mathur and Tuli 1990; Frédéric Ampe et al. 2003; Korner et al. 2003; Bontemps et al. 2005; Capoen et al. 2007; Brechenmacher et al. 2008; Schuller et al. 2012; Choi and Yun 2016).

10.7 Phylogenetic Tools Used for Rhizobial Research (1990–1999)

Phylogenetic analysis of rhizobia and agrobacteria was performed by Willems and Collins (1993) using 16s RNA gene sequences obtained from EMBL Data Library. Tools used for pairwise sequence analysis and phylogenetic tree construction have been discussed in Table 10.2. Results of phylogenetic analysis suggested that the genera *Bradyrhizobium* and *Azorhizobium* belong to distinct phylogenetic lineages, and there is evidence of intermixing of *Rhizobium* and *Agrobacterium* species in subgroups. Phylogenetic relationships among *Rhizobium* species for nodulating the common bean (*Phaseolus vulgaris* L.) was determined by Berkum et al. in 1996. A direct sequencing of amplified 16s ribosomal DNA genes was performed. Tools used for alignment of sequences, creation, and analysis of phylogenetic trees have been discussed in Table 10.2. As a result, four clusters were formed—cluster 1 with

Table 10.2 The phylogenetic tools used for rhizobial research (1990–1999)

Species	Sequence	Database used	Tools/Program used	Purpose	Algorithm/coefficient/ method/parameter used	Author
A. clevelandensis, *A. felis*, *A. tumefaciens*, *B. bacillifomis*, *B. denitrificans*, etc.	16S rRNA gene sequences	EMBL Data Library	Genetics Computer Group Sequence Analysis package V.7.01	Sequence similarities for pairwise alignments	Not mentioned	Willems and Collins (1993)
			DNAPARS and DNABOOT of the Phylogeny Inference Package	Unrooted phylogenetic tree	Parsimony and bootstrap methods insertions/deletions of more than 1 base length	
Rhizobium species nodulating the common Bean (*Phaseolus vulgaris* L.)	16S rRNA	Not mentioned	SEQBOOT, DNADIST, FITCH, and CONSENSE	Alignment and analysis of sequences	Similarity maximum 99.8% to minimum 97.1% with 3 and 41 nucleotide differences	Berkum et al. (1996)
			DRAWTREE and RETREE	Construction and analysis of phylogenetic trees	Jukes–Cantor model and Fitch–Margoliash method	
			Neighbour Program of Felsenstein's Phylip 3.5	Phylogenetic relationships	Neighbour-joining algorithm	
			RETREE	To reroot the constructed tree	Not mentioned	
Not mentioned	SSU rRNA sequences	Not mentioned			Neighbour-joining	Young and Haukka (1996)

Mesorhizobium tianshanense and related rhizobia	rDNA, 16s rRNA	EMBL, GenBank, and DDBJ data libraries	DNADIST of PHYLIP version 3.572	Infer similarities between sequences	Jukes–Cantor coefficient Deletions and insertions of more than one base length	Tan et al. (1997)
			NEIGHBOUR	Create dendrogram	Neighbour-joining method	
			DRAWTREE	Draw unrooted tree	Not mentioned	
Rhizobium etli and other *Rhizobium* spp	16s rRNA, 16s rRNA–23s rRNA intergenic spacer	Not mentioned	SAHN	Generate dendrograms	Not mentioned	Sessitsch et al. (1997)
A. tumefaciens	16S rRNA and 16S-23S rRNA spacer	EMBL	Phylo-Win	For phylogenetic analysis	Neighbour-joining with Kimura and parsimony methods Bootstrapping with 1000 replicates	Khbaya et al. (1998)
			NJplot	Phylogenetic tree	Not mentioned	
			PILEUP	Alignment of 16s and 23s RNA sequences	Not mentioned	
			CLUSTALW	Phylogenetic tree	Not mentioned	
Mesorhizobium huakuii and *Rhizobium galegae*	*nodB*, *nodC*, GSII 16S rRNA	GenBank	CLUSTALW	Multiple alignments	Gonnet distance matrix	Yang et al. (1999)
			TREEVIEW	Visualize phylogenetic tree	Bootstrap values at the branch points and scale bar. 0.01 substitutions per site	
			PAUP, version 3.1.1	Infer phylogenetic tree	Maximum parsimony	
			MEGA	Neighbour-joining analyses	Kimura's two-parameter method nucleotide distances bootstrapping (100 replicates)	

Rhizobium leguminosarum bv. trifolii, *R. leguminosarum bv. viciae*, and *R. leguminosarum bv. phaseoli*. Cluster 2 and cluster 3 which comprises *Rhizobium etli* and *Rhizobium tropici*, and cluster 4 contained a single bean-nodulating strain (Berkum et al. 1996). Genetic and phylogenetic study of four *Rhizobium* genera was performed by Young and Haukka (1996). Phylogenietic tree of rhizobia and some related bacteria was created by the neighbour-joining method from SSU rRNA sequences and subdivided rhizobia into three genera: *Rhizobium*, *Bradyrhizobium*, and *Azorhizobium* that lie in distinct branches of subdivision of the *Proteobacteria* that contains many non-rhizobial bacterial species. Results revealed that the common rhizobial ancestor does not contain genes for legume nodules but procured by phylogenetically distinct bacteria in course of evolution. In essence, nitrogen fixation genes are often linked to nodulation genes, but it need not to have the same evolutionary history. Tan and colleagues have studied the phylogenetic relationships of *Mesorhizobium tianshanense* with other related rhizobia (Tan et al. 1997). The details of phylogenetic tools used for the study have been given in Table 10.2. A clear difference was appeared between *M. tianshanense* cluster and *Rhizobium* cluster for SDS-PAGE.

The DNA–DNA relatedness between type strain of *M. Tianshanense* and type or reference strain of *Mesorhizobium loti*, *M. huakuii*, *M. ciceri*, and *M. Mediterraneum* ranged from 4.4 to 43.8%. Phylogenetic analysis based on the 16s rRNA gene sequences showed that *M. tianshunense* was closely related to the *Mesorhizobium* but distinguished from the other four species in this branch. These results further confirmed that these bacteria constitute a distinct rhizobial species (Tan et al. 1997). The characterization of *R. etli* and other *Rhizobium* spp. was performed by Sessitsch et al. (1997) using PCR analysis with repititive primers that nodulate *P. vulgaris* in Australian soil. The plasmid profiles, *nifH* profiles, PCR-RFLP analysis of 16s rRNA gene, and of the 16s rRNA–23s rRNA intergenic spacer and nodulation phenotypes were analysed. Dendograms were generated using SAHN and results suggested that *Phaselous vulgaris* strain found in Austria were derived from rhizobia obtaining in Mesoamerica (Sessitsch et al. 1997). The genetic diversity and phylogeny of 40 rhizobia that nodulating four Acacia species viz. *A. Gummifera*, *A. Raddiana*, *A. Cyanophylla*, and *A. Horrid* from Morocco were analysed by Khbaya et al. (1998) using rRNA and 16S–23S rRNA spacer by PCR with RFLP analysis. Tools used for phylogenetic analysis are discussed in Table 10.2. 16s RNA analysis identified three clusters out of which two belonging to *Sinorhizobium meliloti* and *Sinorhizobium fredii*. The third cluster was *Rhizobium galegae* that is closely related to the *Agrobacterium tumefaciens* species whose phylogenetic position was determined with respect to other rhizobia and agrobacteria using PCR-RFLP with nine restriction enzymes of 23s rRNA genes of 42 rhizobial and agrobacterial strains retrieved from the EMBL database. As a result, 27 and 32 different restriction patterns were found for 16s and 23s RNA which were aligned using PILEUP and a phylogenetic tree was constructed using CLUSTALW. The 16S analysis of *R. galegae* formed a sub-group on the *Agrobacterium* branch, but in the 23s analysis, they are part of the *Rhizobium* branch (Khbaya et al. 1998).

The *nod* gene of the *Mesorhizobium huakuii* and *R. galegae* was studied by a, b-unsaturated *N*-acyl substitutions (Yang et al. 1999). The in silico tools used for this analysis are discussed in Table 10.2. The benchmarking of the evolutionary dynamics of symbiotic and housekeeping loci of the genetic coherence of rhizobial lineages was performed by isolating 47 rhizobial strains from nodules of 13 genera of the temperate herbaceous *Papilionoideae* across several continents. Analysis showed that each locus subdivides strains into genera *Rhizobium*, *Sinorhizobium*, and *Mesorhizobium*. In contrast to the previous study, results indicate a lack of lateral transfer across major chromosomal subdivisions and a significant incongruence of *nod* and GSII phylogenies within rhizobial subdivisions which strongly suggests horizontal transfer of *nod* genes among congenerics (Yang et al. 1999).

10.8 Phylogenetic Tools Used for Rhizobial Research (2000–2010)

A study of nitrogen-fixing nodules of *Ensifer adhaerens* harbouring *R. tropici* symbiotic plasmids was performed (Rogel et al. 2001). The ribosomal fingerprinting was performed digesting PCR products with 16S rRNA gene restriction enzyme *Hinf*I, *Msp*I, *Rsa*I, *Hha*I, *Sau*3A1, and *Dde*I with primers fD1 and rD1 from *E. adhaerens* transconjugants. The details of in silico analysis are given in Table 10.3. Results indicated that *E. adhaerens* is related to *Sinorhizobium* spp. *E. Adhaerens* did not nodulate *P. vulgaris* (bean) or *Leucaena leucocephala*, but with symbiotic plasmids from *R. tropici*, it formed nitrogen-fixing nodules on both hosts. A close relationship among *P. vulgaris* symbionts was revealed on classifying a collection of 83 rhizobial strains based on *nodC* and *nifH* genes in 23 recognized species distributed in the genera *Rhizobium*, *Sinorhizobium*, *Mesorhizobium* and *Bradyrhizobium*, as well as unclassified rhizobia from various host legumes. Irrespective of 16S rRNA-based classification, phylogenetic trees revealed that *nodC* and *nifH* were similar but incongruence in some cases suggested that genetic rearrangements have occurred in course of evolution. This is an indication of lateral genetic transfer across *Rhizobium* and *Sinorhizobium* genera that played a role in diversification and in structuring of population of rhizobia (Rogel et al. 2001).

Velázquez et al. (2005) worked on the coexistence of symbiosis and pathogenicity-determining genes in *Rhizobium rhizogenes* strains that enabled them to induce nodules and tumours or hairy roots in plants. The in silico tools are discussed in Table 10.3. *Rhizobium* sequence analysis of 12 rhizobial species was performed using 16S rRNA and *dnaK* genes (Table 10.3) (Eardly et al. 2005). The discordance between 16S rRNA and *dnaK* phylogenies was tested with the incongruence length difference (ILD) test. As a result, two groups of related species were identified by neighbour-joining and maximum parsimony analysis. One group consisted of *M. loti* and *Mesorhizobium ciceri*, and the other group consisted of *Agrobacterium rhizogenes*, *R. tropici*, *R. etli*, and *R. leguminosarum*. Although

Table 10.3 The phylogenetic tools used for rhizobial research (2000–2010)

Species	Sequence	Database used	Tools/Program used	Purpose	Algorithm/coefficient/method/parameter used	Author
Rhizobium tropici	16S rRNA, *nodC*, *nifH*	Not mentioned	FITCH of PHYLIP	Generate phylogenetic tree	Distance matrix	Rogel et al. (2001)
			ClustalW	Sequence alignment	Jukes and Cantor method	
			Bisance software	Amplification of *nodC* and *nifH* fragments	Amplification of up to 930 and 780 bp	
			Phylip (Felsenstein 1989	Generate and infer phylogenetic trees	Neighbour-joining, Kimura's two-parameter method, and maximum likelihood	
			Protdist program of Phylip	Phylogenetic tree of *nodC* and *nifH* proteins	Dayhoff PAM distance matrix	
			SEQBOOT and consense programs of PHYLIP	Create neighbour-joining tree	Bootstrap analysis	
Rhizobium rhizogenes		GenBank	BLAST	Sequence comparison	Not mentioned	Velázquez et al. (2005)
			ClustalW	Sequence alignment	Not mentioned	
			MEGA2	Phylogenetic trees	Neighbour-joining method and bootstrap analysis Kimura's two-parameter method to find distances based on 1000 resamplings	

Rhizobium galegae	16S rRNA and *dnaK* Genes	Not mentioned	ClustalW	Alignment of sequences	A two-step process the IUB DNA weight matrix and (for protein sequences) the PAM 250 protein weight matrix	Eardly et al. (2005)
			CodonAlign 2.0	Nucleotide sequence alignment	DnaK amino acid sequence alignment	
			MEGA version 2.1	Neighbour-joining phylogenetic tree creation	Neighbour-joining algorithm Jukes–Cantor distances	
				Maximum parsimony trees	Heuristic min-mini tree search option search factor of 2	
				Bootstrap analysis	Analysing Bootstrap confidence levels 1000 permutations of the data sets	
Not mentioned	Not mentioned	Not mentioned	WebPHYLIP	Plot trees	Not mentioned	Zhang et al. (2007)
			ClustalW	Pairwise alignment	Default settings	
Brazilian *Rhizobium tropici* strains	16S rRNA	Not mentioned	ClustalX version 1.83	Multiple sequence alignments	Not mentioned	Pinto et al. (2007)
			MEGA version 3.1	Generate phylogenetic trees (16S rRNA phylogeny)	Neighbour-joining algorithm and K2P distance model default parameters, *Azospirillum brasilense* as an outgroup	
					Bootstrap analysis 2000 samplings	

(continued)

Table 10.3 (continued)

Species	Sequence	Database used	Tools/Program used	Purpose	Algorithm/coefficient/method/parameter used	Author
Thirteen *Rhizobium legumnosarum* bv. viciae	DNA	Not mentioned	BLAST	Alignment of homologous proteins	JGI locus tags Ne0441 to Ne0457	Blažinkov et al. (2007)
			UPGMA	Hierarchical cluster analysis to construct a dendrogram	Not mentioned	
			BLAST	Sequence matching	Not mentioned	
			MultAlin TCoffee SeaView	Multiple alignments and manual editing of sequences	Not mentioned	
			Gblocks	Extract unambiguously aligned sequence blocks	Default parameters	
			ProtTest 1.3	Select the best model of protein evolution	Substitution matrices—WAG, RtREV, and Blosum62	
			PAL2NAL	Convert amino acid alignments to nucleotide alignments	Gblocks	
			PHYML 2.4.4	Maximum likelihood analyses	HKY and GTR models of protein and nucleotide evolution	
				Nonparametric analysis	Bootstrap analysis 100 replicates	
				Approximate likelihood ratio test	Used as branch support measures	
Different 30, 17, 25 species	16S rRNA and protein sequences of NifH, LuxA, and LuxS	Not mentioned	GeneBee, ClustalW, and Phylip	Phylogenetic analysis	Cladograms, phylograms, and unrooted radial trees are generated	Chaphalkar and Salunkhe (2010)

bootstrap support for the placement of the remaining six species varied, *A. tumefaciens*, *A. rubi*, and *A. vitis* were consistently associated in the same sub-cluster. The three other species included were *R. galegae*, *S. meliloti*, and *Brucella ovis*. The placement of *R. galegae* was the least consistent in this study. It was placed flanking the *A. rhizogenes-Rhizobium* cluster in the *dnaK* nucleotide sequence trees. On the other hand, it was placed with the other three *Agrobacterium* species in the 16S rRNA and the DnaK amino acid trees. An effort to explain the inconsistent placement of *R. Galegae* was performed by examining the polymorphic site distribution patterns among the various species. The similarity in localized runs of nucleotide sequence was an evident and suggesting that the *R. galegae* genes are chimeric. These results provide a tenable explanation for the phylogenetic placement of *R. galegae*, and they also illustrate a potential pitfall in the use of partial sequences for species identification (Eardly et al. 2005).

An attempt was performed for monophyletic clustering and characterization of protein families of *M. tuberculosis*, *Rhizobium sp.*, *E. coli*, *H. pylori*, *Synechocystis sp.*, *M. thermoautotrophicum*, *A. aeolicus*, *B. burgdorferi*, *P. horikoshii*, *T. pallidum*, *B. subtilis*, *M. jannaschii*, *H. influenzae*, and *A. fulgidus* was made (Zhang et al. 2007) (Table 10.3). A polyphasic characterization of Brazilian *R. tropici* strains effective in fixing N_2 with common bean (*P. vulgaris* L.) was done (Pinto et al. 2007). Phylogenetic analysis was performed using tools indicated in Table 10.3. The results have shown that the trend of a group of monophyletic proteins might be characterized by a normal distribution, while the strength and variability of this trend can be described by the sample mean and variance of the observed correlation coefficients after a suitable transformation. Genotypic characterisation of indigenous *R. leguminosarum* was performed (Blažinkov et al. 2007). Thirteen *R. leguminosarum bv. viciae* strains were isolated from continental part of Croatia and were analysed using two DNA fingerprinting methods, Randomly Amplified Polymorphic DNA (RAPD-PCR) and Repetitive Extragenomic Palindromic-PCR (REP-PCR). The UPGMA algorithm was used to perform hierarchical cluster analysis and to construct a dendrogram. An evolution and functional characterization of the RH50 gene from the ammonia-oxidizing bacterium *Nitrosomonas europaea* was performed. For phylogenetic analysis, various tools are used that are discussed in Table 10.3. Analysis with nonparametric bootstrap analysis and an approximate likelihood ratio test, both methods resulted in similar grouping of strains. Cluster analysis of REP and RAPD-PCR profiles showed significant differences among *R. leguminosarum bv. viciae* isolates. These results suggested the presence of adapted indigenous *R. leguminosarum bv. viciae* strains, probably with higher competitive ability, whose symbiotic properties were evaluated (Blažinkov et al. 2007).

Phylogenetic analysis of nitrogen-fixing and quorum-sensing bacteria was performed (Chaphalkar and Salunkhe 2010). Protein sequences of NifH (nitrogenase reductase), LuxA (Luciferase alpha subunit), and LuxS (Sribosyl homocysteine lyase) from 30, 17, and 25 species of bacteria were aligned, respectively. Phylogenetic analyses on the basis of 16S rRNA was performed using GeneBee, ClustalW, and PHYLIP. Further details are given in Table 10.3. Phylogenetic trees were constructed in the form of cladograms, phylograms, and unrooted radial trees. According to the results obtained, the most highly evolved group of organisms with respect to their nitrogenase reductase protein is that of *Desulfovibrio vulgaris* and *Chlorobium phaeobacteriodes*. *Bacillus thuringiensis* and *Bacillus subtilis* hold the most highly evolved forms of LuxS protein. The motif pattern analysis between *Bradyrhizobium japonicum* and *R. leguminosarum* NifH protein sequence shows that there may be quorum-sensing mediated gene regulation in host bacterium interaction (Chaphalkar and Salunkhe 2010).

10.9 Phylogenetic Tools Used for Rhizobial Research (2011–2016)

The genetic diversity of rhizobia-nodulating lentil (*Lens culinaris*) in Bangladesh was performed by phylogenetic analysis of housekeeping genes (16S rRNA, *recA*, *atpD*, and *glnII*) and nodulation genes (*nodC*, *nodD*, and *nodA*) of 36 bacterial isolates from 25 localities across the country (Rashid et al. 2012). BioEdit, Mega, and MrBayes were used for alignment and tree construction and analysis (Table 10.4). Results indicated that most of the isolates (30 out of 36) were related to *R. etli* and *R. leguminosarum*. Only 30 isolates were able to re-nodulate lentil under laboratory conditions. The protein-coding housekeeping genes of the lentil-nodulating isolates showed 89.1–94.8% genetic similarity to the corresponding genes of *R. etli* and *R. leguminosarum*. The same analyses showed that they split into three distinct phylogenetic clades (Rashid et al. 2012).

A characterization of rhizobia-nodulating *Galega officinalis* and *Hedysarum coronarium* was performed (Liu et al. 2012). The study indicated that these species of New Zealand form effective nodules with *R. galegae* and *R. Sullae* only. The sequence analysis of 16S rRNA and housekeeping genes and plant nodulation tests were carried out. Only *R. galegae* strains were isolated from *G. officinalis* and selected strains induced effective nodules when re-inoculated onto the host plant. *Agrobacterium vitis*, *R. galegae*, and *R. sullae* strains were isolated from nodules of *H. coronarium*, but only *R. sullae* induced effective nodules on this plant. For phylogenetic analyses, DNA sequences were aligned and Maximum Likelihood (ML) trees were constructed with 1000 bootstrap replications using MEGA5 software (Table 10.4). Model test was performed and the best model was selected for each gene. The models of evolution used for 16S rRNA, *atpD*, and *recA* were T92+G+I, T92+I, and T92+G, respectively. Results from this study concur with previous reports on their high degree of specificity in relation to their rhizobial symbionts. *Mesorhizobium* spp. known to nodulate New Zealand native legumes were not found in the nodules of *G. officinalis* and *H. coronarium*. However, further work, which included cross-nodulation tests with native rhizobia and sampling of both legumes at various sites, would confirm the specificity of these legumes in New Zealand (Liu et al. 2012). A discovery of a new beta-proteobacterial

Table 10.4 The phylogenetic tools used for rhizobial research (2011–2016)

Species	Sequence	Database used	Tools/Program used	Purpose	Algorithm/coefficient/method/parameter used	Author
Rhizobia-nodulating lentil (*Lens culinaris*) in Bangladesh	Housekeeping genes (16S rRNA, *recA*, *atpD*, and *glnII*) and nodulation genes (*nodC*, *nodD*, and *nodA*)	36 bacterial isolates from 25 localities across the country	BioEdit	Multiple alignment	Not mentioned	Rashid et al. (2012)
			MEGA version 5	*p*-distance	Not mentioned	
				Phylogenetic tree creation and analysis	Neighbour-joining (NJ) algorithm and maximum likelihood Kimura two-parameter model (K2P)	
				Bootstrap Analysis	Bootstrap support with 1000 replicates	
				Tree construction	All trees rooted with Brady*rhizobium* as outgroup Trees sample = every 500 generations burn in = first 4000 samples(discarded)	
			MrBayes version 3.1.2	Phylogenetic inference	Bayesian Inference (BI), runs = two independent, generations = 8,000,000, Markov chains = 4	
Rhizobium galegae and *R. Sullae*	16S rRNA and housekeeping genes and DNA		MEGA5	DNA sequences were aligned and maximum likelihood (ML) trees	Maximum likelihood 1000 bootstrap replications	Liu et al. (2012)

(continued)

Table 10.4 (continued)

Species	Sequence	Database used	Tools/Program used	Purpose	Algorithm/coefficient/method/parameter used	Author
New Beta-*Rhizobium*-nodulating *Parapiptadenia rigida* (Benth.)	*nifH* and 16S rRNA genes	47 isolates	Greengenes program using the NAST alignment tool	Nucleotide alignments of 16S rRNA	Manually edited	Taulé et al. (2012)
			CLUSTALW version 1.8	Nucleotide alignments of the *nifH*, *nodA*, and *nod* sequences		
			MEGA4	Phylogenetic trees	Neighbour-joining algorithm Kimura two-parameter substitution model, 1000 bootstrap replications for bootstrap consensus tree	
			Psi-BLAST	T3SS core protein sequences	With the *P. syringae pv phaseolicola* 1448a T3SS-2 gene cluster coding frames	
Rhizobium pongamiae sp. from root nodules of Pongamia pinnata	16S rRNA, *rec*A, and *atp*D genes	GenBank	BLASTN	Compare sequences	Not mentioned	Kesari et al. (2013)
			ClustalW2	Multiple sequence alignment	Not mentioned	
			MEGA 4.0	Phylogenetic trees	Bootstrap analysis 1000 resamplings	
					Neighbour-joining method Kimura-2 model	

Rhizobia from *Arachis hypogaea* L.	Not mentioned	Not mentioned	NTSYS pc version 2.01	Similarity matrix	Not mentioned	Lyra et al. (2013)
			UPGMA	Cluster analysis	Genetic distances Simple matching coefficient (SM)	
				Dendrograms	SAHN method	
			MUSCLE	Protein alignments	Not mentioned	
			PHYLIP	To construct phylogeny	Not mentioned	
Rhizobium leguminosarum bv. Trifolii	Not mentioned	Not mentioned	MEGA, version 5.05	Phylogenetic analyses	Maximum likelihood method General Time Reversible model	Reeve et al. (2013)
					Bootstrap analysis 500 replicates	
Rhizobium grahamii	CCGE502 genome	Not mentioned	JSpecies	Sequence comparison	Not mentioned	Althabegoiti et al. (2014)
			CLUSTALX version 1.83	Multiple sequence alignments	Not mentioned	
			BioEdit	Multiple sequence alignments	Not mentioned	
			ProtTest 2.4	Best fit models of evolution for each gene	Akaike information criterion	
			PhyML 3	Maximum likelihood phylogenies	Subtree pruning and regrafting moves	
				Shimodaira–Hasegawa-like approximate likelihood ratio test	Tree nodes	

(continued)

Table 10.4 (continued)

Species	Sequence	Database used	Tools/Program used	Purpose	Algorithm/coefficient/method/parameter used	Author
Rhizobia isolated from nodules of *Centrolobium paraense*	Not mentioned	Not mentioned	Mega 5.05	Phylogenetic analysis	Neighbour-joining method	Baraúna et al. (2014)
Rhizobium phaseoli and one S. americanum	*rpoB* sequences	Not mentioned	ClustalW	Sequence alignment	Not mentioned	Mora et al. (2014)
			PHYLIP	Infer phylogeny	Not mentioned	
			NJplot	Generate trees	Not mentioned	
Narrow-host-range bacteriophages that infect *Rhizobium etli*		Nonredundant (nr) GenBank and Phage Orthologous Group (POG)-10 database	BLASTX	Sequence alignment	MCL algorithm against the terminases of *R. etli* phages	Santamaría et al. (2014)
			Phred/Phrap/Consed software package	DNA sequencing and assemble reads	Not mentioned	
			Glimmer (version 3.0)	ORFs prediction	Not mentioned	
			ARTEMIS	Annotate genome sequences	With the help of BlastX	
			InterProScan	Searches for putative conserved domains	Against (POG)-10 database	
			MAUVE	Additional comparisons	Conserved blocks among the phage genomes	

Narrow-host-range bacteriophages that infect *Rhizobium* etli	Twenty rhizobial strains isolated from the root nodules of soybean (*Glycine max* L.) from Egypt	16S rDNA, nifH, nodA	DNASTAR	Sequence assembly	Not mentioned	Youseif et al. (2014)
			BLASTN	Sequence similarity searches	Not mentioned	
			ClustalW version 1.8	Align sequences	Not mentioned	
			PHYLIP	Phylogenetic analysis	Neighbour-joining (NJ) method 1000 bootstrap replication	
Native rhizobia-nodulating *Phaseolus lunatus*	DNA, 16S rRNA	Fourteen isolates of rhizobia	BLAST	Preliminary species assignment		Araujo et al. (2015)
			DNAMan version 4.0	Pairwise comparisons	Optimal alignment option; k-tuple = 2, gap penalty = 7, gap open = 10, and gap extension = 5	
			ClustalW	Alignment of nucleotide sequences	Not mentioned	
			MEGA v. 6.0.	Generate and infer phylogenetic tree	Neighbour-joining (NJ) algorithm and maximum likelihood (ML) methods Kimura two-parameter distance correction model; evaluated bootstrap support for each node using 1000 replicates	

(continued)

Table 10.4 (continued)

Species	Sequence	Database used	Tools/Program used	Purpose	Algorithm/coefficient/method/parameter used	Author
Rhizobium from nodulating beans grown in Mediterranean climate soils of Chile	DNA	GenBank	UPGMA	Cluster analysis and dendrograms creation	Not mentioned	Baginsky et al. (2015)
			CLUSTALX	Sequence alignment	Eight sequences from Chile and 24 from Genbank	
			Mesquite 2.75	Visual inspection of sequences	Not mentioned	
			MEGA5.2	Create and infer phylogenetic trees	Neighbour-joining and maximum likelihood	
			Model test	Select evolutionary model	Clades with 1000 bootstrap replicates	
			Tree View	Visualize phylogenetic trees		
Rhizobia isolated from 3 Tunisian wild legume species of the genus sulla	16S rRNA gene and ITS region sequences		BLASTN	Construct two data sets(from *Agrobacterium* and *Rhizobium*)	First data set—20 16S rRNA sequences second data set contained 21 ITS seq	Chriki-Adeeb and Chriki (2015)
			ClustalX version 2.0.10	Alignment of data sets	1513 and 1636 nucleotide positions	

			MrBayes program V3.2	Create baysian phylogenetic tree	Best-fit model of nucleotide substitution HKY substitution model	
					Bayesian MCMC method; generations = 1 million matrix = HKYmodel parameters = (gamma shape and proportion invariant) sample trees = every 500 generations (default value)	
Rhizobium leguminosarum	Not mentioned	Not mentioned	SPLITSTREE v. 4.11	Create neighbour-nets	Uncorrected *p*-distances function	Kumar et al. (2015)
				Pairwise homoplasy index test	Applied to each of the 100 genes with 5% significance level	
			FASTTREE	Maximum likelihood analyses	Gamma–gtr option	
				Create ML tree	100-gene alignment FASTTREE with 100 bootstrap replicates	
			PHYML	ML phylogeny	Best-fit model of nucleotide substitution	
			MODELTEST in TOPALI v. 2	Find best-fit model	Not mentioned	
			CONSEL	Congruence test	*p*, 0.05: incongruent	
			R package PHYLCON	Infer phylogenetic trees	Heatmaps to display *p*-values of SH test	

(continued)

Table 10.4 (continued)

Species	Sequence	Database used	Tools/Program used	Purpose	Algorithm/coefficient/method/parameter used	Author
Rhizobium sullae	16S rRNA, recA, nodD, and nifH genes	Not mentioned	Muscle	Multiple nucleotide sequence alignments	Not mentioned	Aliliche et al. (2016)
			MEGA version 6	Phylogenetic analysis	Maximum likelihood methods Bootstrap analyses using 1000 replicates branching point = C70% bootstrap value	
Rhizobium vitis	Transcriptional profiles of *Rhizobium vitis*	Not mentioned	Hierarchical clustering	Cluster analysis in tree creation	Euclidean distances normalized significant genes	Choi and Yun (2016)
			Avadis Prophetic Ver. 3.3	Analyse patterns of expressed changes	Not mentioned	

Rhizobium strains was performed in (Taulé et al. 2012), which was able to efficiently nodulate *Parapiptadenia rigida (Benth.) Brenan.*

A collection of Angico-nodulating isolates was obtained and 47 isolates were selected for genetic studies. According to entero-bacterial repetitive intergenic consensus PCR patterns and RFLP analysis of their *nifH* and 16S rRNA genes, the isolates could be grouped into seven genotypes, including the genera *Burkholderia*, *Cupriavidus*, and *Rhizobium*, among which the *Burkholderia* genotypes were the predominant group. Details of the tools used for this study was given in Table 10.4. The bootstrap consensus tree inferred from 1000 replicates is taken to represent the evolutionary history of the amino acid sequences analysed. Branches corresponding to partitions reproduced in $<50\%$ bootstrap replicates are collapsed. The percentage of replicate trees in which the associated taxa clustered together in the bootstrap test (1000 replicates) has been shown next to the branches. The tree is drawn to scale, with branch lengths in the same units as those of the evolutionary distances used to infer the phylogenetic tree. The evolutionary distances were computed using the Poisson correction method and are in the units of the number of amino acid substitutions per site. All positions containing alignment gaps and missing data were eliminated in pairwise sequence comparisons. Phylogenetic studies of *nifH*, *nodA*, and *nodC* sequences from the *Burkholderia* and the *Cupriavidus* isolates indicated a close relationship of these genes with those from beta-proteobacterial rhizobia (beta-rhizobia) rather than from alpha-proteobacterial rhizobia (alpha-rhizobia). In addition, nodulation assays with representative isolates showed that while the *Cupriavidus* isolates were able to effectively nodulate *Mimosa pudica*, the Burkholderia isolates produced white and ineffective nodules on this host (Taulé et al. 2012). *Rhizobium pongamiae sp. from root nodules of Pongamia pinnata* was studied in (Kesari et al. 2013). Phylogenetic analysis of sequences of 16S rRNA, *rec*A, and *atp*D genes was performed using tools discussed in Table 10.4. Phenotypic and molecular study of rhizobia isolated from nodules of peanut (*Arachis hypogaea* L.) grown in Brazilian Spodosols (Pernambuco State) was performed (Lyra et al. 2013). A total of 22 bacterial strains were isolated from nodules of seven peanut varieties. Refer Table 10.4 for details. The genome sequence of the clover-nodulating *Rhizobium leguminosarum bv. trifolii* strain TA1 was analysed (Table 10.4) (Reeve et al. 2013). A little information about the phylogeny of the isolates was found by the analysis of the phenotypic characteristics-colony morphology and IAR. A great diversity of these rhizobia and the presence of new species were revealed by using compilation of phenotypic and molecular characteristics.

The genome sequence and transfer properties of *Rhizobium grahamii* was studied (Althabegoiti et al. 2014). The *Genome* sequence was obtained from *R. grahamii* CCGE502 type strain isolated from *Dalea leporina* in Mexico. It comprises one chromosome and two extrachromosomal replicons (ERs), pRgrCCGE502a and pRgrCCGE502b, and a plasmid integrated in the CCGE502 chromosome. Several analysis tools were used for phylogenetic study. Details of these tools are presented in Table 10.4. The analysis showed variable degrees of nucleotide identity and gene content conservation in *R. grahamii* CCGE502 replicons as compared to *R. mesoamericanum* genomes. The extrachromosomal replicons from *R. grahamii* were similar to those found in other related *Rhizobium* species. A limited similarity was observed in *R. grahamii* CCGE502 symbiotic plasmid and megaplasmid in distant *Rhizobium* species. The set of conserved genes in *R. grahamii* are highly expressed in *R. phaseoli* on plant roots. This was an indication of its role in root colonization. The diversity and nitrogen fixation efficiency of rhizobia isolated from nodules of *Centrolobium paraense* was studied (Baraúna et al. 2014). Soil samples were collected from four sites of the Roraima Cerrado, Brazil and used to cultivate *C. paraense* in order to obtain nodules. The results revealed that *C. paraense* is able to nodulate with different *Rhizobium* species and *Bradyrhizobium* isolates had the highest symbiotic efficiency on *C. Paraense* and showed a contribution similar to the nitrogen treatment, some of which have not yet been described. The nitrogen-fixing rhizobial strains were isolated from non-inoculated bean plants. Total nine isolates were obtained which belong to the *Rhizobium* and *Sinorhizobium* groups. The strains showed several large plasmids, except for a *Sinorhizobium americanum* isolate (Table 10.4) (Mora et al. 2014). Fourteen narrow-host-range bacteriophages that infect *R. etli* were isolated from rhizosphere soil of bean plants from agricultural lands in Mexico using an enrichment method (Santamaría et al. 2014). The complete genome of nine phages of size varied from 43 to 115 kb was obtained. Four phages were resistant to several restriction enzymes. A large proportion of open reading frames of these phage genomes (65–70%) consisted of hypothetical and orphan genes. Refer Table 10.4 for details of in silico tools used in this study. Authors have classified these phages into four genomic types on the basis of their genomic similarity, gene content, and host range and proposed that these bacteriophages correspond to novel species (Santamaría et al. 2014).

Twenty rhizobial strains isolated from the root nodules of soybean (*Glycine max* L.) were collected from diverse agro-climatic and soil conditions in Egypt (Youseif et al. 2014). The strains were characterized using a polyphasic approach, including nodulation pattern, phenotypic characterization, 16S rDNA sequencing, *nifH* and *nodA* symbiotic genes sequencing, and REP-PCR fingerprinting. Please refer Table 10.4 for details. The complete sequencing of 16S rRNA demonstrated that native soybean-nodulating rhizobia are phylogenetically related to *Bradyrhizobium*, *Ensifer*, and *Rhizobium* (syn. *Agrobacterium*) genera. The study of tolerance ability to environmental stresses revealed that local strains survived in a wide pH ranges (pH 5–11) and a few of them tolerated high acidic conditions (pH 4). *Agrobacterium* strains were identified as the highest salt tolerant and were survived under 6% NaCl; however *Ensifer* strains were the uppermost heat tolerant and can grow at 42°C. The DNA and the 16S rRNA gene of 14 isolates of rhizobia-nodulating *Phaseolus lunatus* from Brazil were extracted and sequenced using primers fD1 and rD1 (Araujo et al. 2015). Phylogenetic study was performed using tools discussed in Table 10.4. More than 50% of strains studied were positioned in the *Bradyrhizobium* clade and one strain was positioned in the *R. etli*/*Rhizobium phaseoli* clade. Two strains were grouped within the *R. tropici* group and three strains, ISOL16, ISOL21, and ISOL27 represent new lineages. This is a clear indication of that there is a high species diversity of rhizobia-nodulating *P. lunatus* in Northeast Brazil, including potential new species. To study the genetic diversity of *Rhizobium* from nodulating beans grown in a Mediterranean climate soils of Chile, the genetic similarity among the PCR-RFLP patterns was performed (Baginsky et al. 2015). The phylogenetic analysis tools used in this study have been presented in Table 10.4. The bayesian phylogenetic analysis of rhizobia of the genus *Sulla* was performed on three Tunisian wild legume species (Chriki-Adeeb and Chriki 2015). The phylogenetic relatedness and substitution rates of 16S rRNA gene and ITS region sequences were analysed by using a relaxed-clock program (Multidivtime) (Table 10.4). The results indicate that Bayesian inferred trees were congruent and showed a clear split between *Agrobacterium* and *Rhizobium* species. The ITS region evolutionary rate was 15-fold higher than the 16S rRNA gene rate, suggesting that the ITS region represented an appropriate molecular marker for inferring phylogenies and divergence times in bacteria. Phylogeny of genospecies of *R. leguminosarum* that are not ecologically coherent was studied by (Kumar et al. 2015). Phylogenetic trees were constructed using either neighbour-net or maximum likelihood (ML) methods. A molecular phylogenetic analysis of *Rhizobium sullae* isolated from Algerian *Hedysarum flexuosum* was performed by (Aliliche et al. 2016) using 16S rRNA, *recA*, *nodD*, and *nifH* genes (Table 10.4). Choi and Yun have analysed transcriptional profiles of *Rhizobium vitis*. Complete linkage hierarchical clustering based on the Euclidean distances of samples was performed using the normalized significant genes. The patterns of expressed changes were analysed for groups using the Avadis Prophetic Ver. 3.3 software (Choi and Yun 2016).

10.10 Conclusion

A number of hierarchical clustering-based algorithms and in silico techniques have been used by researchers for phylogenetic analysis of rhizobia. These popular tools include Blast, Blastn, and BioEdit for pairwise sequence alignment; Muscle, TCofee, ClustalW, and ClustalX for multiple sequence alignment; Phylip tools for phylogenetic inference such as Drawgram to plot rooted tree, DrawTree to draw unrooted tree, consensus to compute consensus tree; MrBayes for Bayesian inference of phylogeny of *Rhizobium*; Mega—a complete package for sequence alignment and phylogenetic inference and UPGMA—a hierarchical algorithm for creating evolutionary tree. We hope the information content from this chapter will help emerging researchers to perform further empirical study to understand rhizobial phylogeny in more details.

References

Abdel-Aziz RA, Al-Barakah FN, Al-Asmary HM (2008) Genetic identification and symbiotic efficiency of *Sinorhizobium meliloti* indigenous to Saudi Arabian soils. Afr J Biotechnol 7: 2803–2809

Aliliche et al (2016) Molecular phylogenetic analysis of *Rhizobium sullae* isolated from Algerian *Hedysarum flexuosum*. Antonie van Leeuwenhoek 109:897–906

Althabegoiti MJ, Ormeño-Orrillo E, Lozano L, Tejerizo GT, Rogel MA, Mora J, Martínez-Romero E (2014) Characterization of *Rhizobium grahamii* extrachromosomal replicons and their transfer among rhizobia. BMC Microbiol 14:6

Araujo ASF, Lopes ACA, Gomes RLF, Beserra Junior REA, Antunes JEL, Lyra MCCP, Figueiredo MVB (2015) Diversity of native rhizobia-nodulating *Phaseolus lunatus* in Brazil. Legume Res 38(5):653–657

Ba S, Willems A, Lajudie PD, Roche P, Jeder H, Quatrini P, Neyra M, Ferro M, Promé JC, Gillis M, Boivin-Masson C, Lorquin J (2002) Symbiotic and taxonomic diversity of *Rhizobia* isolated from *Acacia tortilis* subsp. *raddiana* in Africa. Syst Appl Microbiol 25:130–145

Baginsky et al (2015) Genetic diversity of *Rhizobium* from nodulating beans grown in a variety of Mediterranean climate soils of Chile. Arch Microbiol 197:419–429

Baraúna AC, Silva K, Pereira GMD, Kaminski PE, Perin L, Zilli JE (2014) Diversity and nitrogen fixation efficiency of rhizobia isolated from nodules of *Centrolobium paraense*. Pesq Agropec Bras 49:296–305

Berkum PV, Beyene D, Eardly BD (1996) Phylogenetic Relationships among *Rhizobium* species nodulating the common bean (*Phaseolus vulgaris* L.). Internationjaolu rnaolf systematibca cteriologjyan 46:240–244

Blažinkov M, Sikora S, Uher D, Maćešić D, Redžepović S (2007) Genotypic characterisation of indigenous *Rhizobium leguminosarum* bv. *viciae* field population in Croatia. Agric Conspec Sci 72:153–158

Bontemps C, Golfier G, Gris-Liebe C, Carrere S, Talini L, Boivin-Masson C (2005) Microarray-based detection and typing of the *Rhizobium* nodulation gene nodC: potential of DNA arrays to diagnose biological functions of interest. Appl Environ Microbiol 71:8042–8048

Brechenmacher et al (2008) Transcription profiling of *Soybean* nodulation by *Bradyrhizobium japonicum*. Mol Plant Microbe Interact 21:631–645

Capoen W, Den Herder J, Rombauts S, Gussem JD, Keyser AD, Holsters M, Goormachtig S (2007) Comparative transcriptome analysis reveals common and specific tags for root hair and crack-entry invasion in *Sesbania rostrata*. Plant Physiol 144:1878–1889

Chaphalkar A, Salunkhe N (2010) Phylogenetic analysis of nitrogen-fixing and quorum sensing bacteria. Int J Bioinf Res 2:17–32

Choi YJ, Yun HK (2016) Transcriptional profiles of *Rhizobium vi*tis-inoculated and salicylic acid-treated 'Tamnara' grapevines based on microarray analysis. J Plant Biotechnol 43:37–48

Chriki-Adeeb R, Chriki A (2015) Bayesian phylogenetic analysis of rhizobia isolated from root-nodules of three Tunisian wild legume species of the genus Sulla. J Phylogen Evol Biol 3:149

Darwin C (1859) On the origin of species by means of natural selection, or the preservation of favoured races in the struggle for life. John Murray, London

Dayhoff MO, Schwartz RM, Orcutt BC (1978) A model of evolutionary change in proteins. Atlas Protein Seq Struct 5:345–352

Dourado AC, Alves PIL, Tenreiro T, Ferreira EM, Tenreiro R, Fareleira P, Crespo MTB (2009) Identification of *Sinorhizobium* (*Ensifer*) medicae based on a specific genomic sequence unveiled by M13-PCR fingerprinting. Int Microbiol 12:215–225

Eardly BD, Nour SM, Berkum PV, Selander RK (2005) Rhizobial 16S rRNA and dnaK genes: mosaicism and the uncertain phylogenetic placement of *Rhizobium galegae*. Appl Environ Microbiol 71:1328–1335

Faisal T, Farooq J, Vessey K (2009) Genetic diversity of *Bradyrhizobium japonicum* within soybean growing regions of the north-eastern Great Plains of North America as determined by REP-PCR and ERIC-PCR profiling. Symbiosis 48:131–142

Felsenstein J (1981) Evolutionary trees from DNA sequences: a maximum likelihood approach. J Mol Evol 17:368–376

Felsenstein J (1989) PHYLIP – phylogeny inference package (version 3.2). Cladistics 5:164–166

Fitch WM, Margoliash E (1967) Construction of phylogenetic trees. Science 155:279–284

Frédéric Ampe et al (2003) Transcriptome analysis of *Sinorhizobium meliloti* during symbiosis. Genome Biol 4:R15

Hasegawa M, Kishino H, Yano T (1985) Dating of human-ape splitting by a molecular clock of mitochondrial DNA. J Mol Evol 22(2):160–174

Hassen et al (2014) Nodulation study and characterization of Rhizobial microsymbionts of forage and pasture legumes in South Africa. World J Agri Res 2(3):93–100

Jia et al (2015) Identification and classification of Rhizobia by matrix-assisted laser desorption/ionization time-of-flight mass spectrometry. J Proteomics Bioinf 8(6):98–107

Jukes TH, Cantor CR (1969) Evolution of protein molecules. Academic Press, New York, pp 21–132

Jurelevicius et al (2010) Polyphasic analysis of the bacterial community in the rhizosphere and roots of *Cyperus rotundus* L. grown in a petroleum-contaminated soil. J Microbiol Biotechnol 20(5):862–870

Kesari et al (2013) *Rhizobium pongamiae sp. nov.* from root nodules of *Pongamia pinnata*. Hindawi Publishing Corporation. BioMed Res Int 2013:65198

Khbaya et al (1998) Genetic diversity and phylogeny of Rhizobia that nodulate *Acacia spp.* in morocco assessed by analysis of rRNA genes. Appl Environ Microbiol 64:4912–4917

Kimura M (1980) A simple method for estimating evolutionary rates of base substitutions through comparative studies of nucleotide sequences. J Mol Evol 16:111–120

Knief et al (2011) Metaproteogenomic analysis of microbial communities in the phyllosphere and rhizosphere of rice. ISME J 6(7):1378–1390

Koch M et al (2010) Rhizobial adaptation to hosts, a new facet in the legume root-nodule symbiosis. MPMI 23:784–790

Korner H et al (2003) Phylogeny of the bacterial superfamily of Crp-Fnr transcription regulators: exploiting the metabolic spectrum by controlling alternative gene programs. FEMS Microbiol Rev 792:1–34

Kumar et al (2015) Bacterial genospecies that are not ecologically coherent: population genomics of *Rhizobium leguminosarum*. Open Biol 5(1):140133

Liu et al (2012) Characterisation of rhizobia nodulating *Galega officinalis* (goat's rue) and *Hedysarum coronarium* (sulla). N Z Plant Prot 65:192–196

Lyra et al (2013) Phenotypic and molecular characteristics of rhizobia isolated from nodules of peanut (*Arachis hypogaea* L.) grown in Brazilian Spodosols. Afr J Biotechnol 12:2147–2156

Mathur M, Tuli R (1990) Cluster analysis of genes for nitrogen fixation from diazatrophs. J Genet 69:67–78

McGinn et al (2016) *Trifolium* species associate with a similar richness of soil-borne mutualists in their introduced and native ranges. J Biogeogr. doi:10.1111/jbi.12690

Mora et al (2014) Nitrogen-fixing rhizobial strains isolated from common bean seeds: phylogeny, physiology, and genome analysis. Appl Environ Microbiol 80:5644–5654

Murtagh F (1984) Complexities of hierarchical clustering algorithms: the state of the art. Comput Stat Q 1:101–113

Pinto et al (2007) Polyphasic characterization of Brazilian *Rhizobium tropici* strains effective in fixing N2 with common bean (*Phaseolus vulgaris* L.). Soil Biol Biochem 39:1851–1864

Rashid et al (2012) Genetic diversity of rhizobia nodulating lentil (*Lens culinaris*) in Bangladesh. Syst Appl Microbiol 35:98–109

Reeve et al (2013) Genome sequence of the clover-nodulating *Rhizobium leguminosarum bv. trifolii* strain TA1. Stand Genomic Sci 9:243–253

Rogel et al (2001) Nitrogen-fixing nodules with *Ensifer adhaerens* harboring *Rhizobium tropici* symbiotic plasmids. Appl Environ Microbiol 67:3264–3268
Roy SS, Dasgupta R, Bagchi A (2014) A review on phylogenetic analysis: a journey through modern era. Comput Mol Biosci 4:39–45
Rzhetsky A, Nei M (1993) Theoretical foundation of the minimum-evolution method of phylogenetic inference. Mol Biol Evol 10:1073–1095
Saitou N, Nei M (1987) The neighbor-joining method: a new method for reconstructing phylogenetic trees. Mol Biol Evol 4:406–425
Santamaría et al (2014) Narrow-host-range bacteriophages that infect *Rhizobium etli* associate with distinct genomic types. Appl Environ Microbiol 80:446–454
Schuller et al (2012) Computer-based annotation of putative AraC/XylS-family transcription factors of known structure but unknown function. J Biomed Biotechnol 2012:103132
Sessitsch et al (1997) Characterization of *Rhizobium etli* and other *Rhizobium* spp. that nodulate *Phaseolus vulgaris L.* in an Australian soil. Mol Ecol 6:601–608
Sober E (1983) Parsimony in systematics: philosophical issues. Annu Rev Ecol Syst 14:335–357
Tamura K (1992) Estimation of the number of nucleotide substitutions when there are strong transition-transversion and G+C content biases. Mol Biol Evol 9:678–687
Tamura K, Nei M (1993) Estimation of the number of nucleotide substitutions in the control region of mitochondrial DNA in humans and chimpanzees. Mol Biol Evol 10:512–526
Tan Z-Y et al (1997) Phylogenetic and genetic relationships of *Mesorhizobium tianshanense* and related Rhizobia. Int J Syst Bacteriol 47:874–879
Taulé et al (2012) New betaproteobacterial *Rhizobium* strains able to efficiently nodulate *Parapiptadenia rigida* (Benth.) Brenan. Appl Environ Microbiol 78(6):1692–1700
Tavaré S (1986) Some probabilistic and statistical problems in the analysis of DNA sequences. Lect Math Life Sci Am Math Soc 17:57–86
Tian CF, Zhou YJ, Zhang YM et al (2012) Comparative genomics of rhizobia nodulating soybean suggests extensive recruitment of lineage-specific genes in adaptations. Proc Natl Acad Sci USA 109:8629–8634
Velázquez et al (2005) The coexistence of symbiosis and pathogenicity-determining genes in *Rhizobium rhizogenes* strains enables them to induce nodules and tumors or hairy roots in plants. MPMI 18:1325–1332
Vercruysse et al (2011) Stress response regulators identified through genome-wide transcriptome analysis of the (p) ppGpp-dependent response in *Rhizobium etli*. Genome Biol 12:R17
Willems, Collins (1993) Phylogenetic analysis of *Rhizobia* and *Agrobacteria* based on 16s rRNA gene sequences. Internatiojnoaulr naolf systematbiacc teriologya 43:305–313
Yang G-P et al (1999) Structure of the *Mesorhizobium huakuii* and *Rhizobium galegae* Nod factors: a cluster of phylogenetically related legumes are nodulated by rhizobia producing Nod factors with a,b-unsaturated N-acyl substitutions. Mol Microbiol 34:227–237
Young JPW, Haukka KE (1996) Diversity and phylogeny of rhizobia. New Phytol 8:133
Youseif et al (2014) Phenotypic characteristics and genetic diversity of rhizobia nodulating soybean in Egyptian soils. Eur J Soil Biol 60:34–43
Zhang J et al (2007) Monophyletic clustering and characterization of protein families. J Integr Bioinf 4:67

Chapter 11
Species Diversity of Rhizobia

A. Tak, P. Gehlot, R. Pathak, and S.K. Singh

11.1 Introduction

The nitrogen-fixing bacteria that are capable of nodulating legumes are collectively called as rhizobia. The symbiosis between the legume family (Leguminosae/ Fabaceae) and diverse rhizobia is an important biological process, in which nodules are produced on plant roots or, in some cases, on stems where the rhizobia are transformed into bacteroid and fix atmospheric nitrogen into ammonia (Peix et al. 2015b). Rhizobia are able to elicit 20,000 species belonging to 750 genera of Leguminosae family for N-fixing symbiosis. *Parasponia* (family Ulmaceae) is the the only non-legume plant nodulated by rhizobia (Lewin et al. 1987). Actually, the term rhizobia referred to the members of genus *Rhizobium* has been usually used for all the bacteria that are capable of nodulation and nitrogen fixation in association with legumes. Rhizobia are phenotypically heterogeneous assemblage of Gram-negative, aerobic, non-sporulating, rod-shaped soil bacteria belonging to the α-proteobacteria (Young and Haukka 1996) and β-proteobacteria (Chen et al. 2003a).

The symbiosis between rhizobia and legume depends on the specificity and effectiveness of rhizobia which requires a series of the expression of different genes by the bacterium and the host plant. The genes required for nodule formation (*nod*) and for nitrogen fixation (*fix* and *nif* genes) in rhizobial symbiosis with the host legume are located either on plasmids or symbiosis islands in the chromosomes. These symbiotic genes, in species of *Cupriavidus, Rhizobium, Ensifer, and Mesorhizobium amorphae* are found on sym-plasmids (Wang et al., 1999b; Galibert

A. Tak • P. Gehlot (✉)
Department of Botany, JNV University, Jodhpur 342001, India
e-mail: drpg73@rediffmail.com

R. Pathak • S.K. Singh
Central Arid Zone Research Institute, Jodhpur 342005, India

A.P. Hansen et al. (eds.), *Rhizobium Biology and Biotechnology*, Soil Biology 50,
DOI 10.1007/978-3-319-64982-5_11

et al., 2001; Young et al. 2006) while in *Azorhizobium caulinodans, Bradyrhizobium* spp., and *Mesorhizobium loti* are located on symbiotic islands in the chromosome flanked by insertion sequences (Sullivan et al., 1995; Kaneko et al., 2000; Lee et al. 2008; Kaneko et al. 2011).

Specific flavonoids released by legume roots act as chemoattractants for the rhizobial symbiont, and they also activate the expression of rhizobial *nod* genes, responsible for the synthesis of nod factors (lipochitin-oligosaccharides) that are receptors for the plant flavonoid signal (Gough and Cullimore 2011; Oldroyd 2013). The rhizobial nod genes play a very important role in the determination of host specificity, infection, and nodulation and interchange signals between the plant and bacteria (Denarie et al. 1996). Legumes release several flavonoids, some of which may be specific to a particular Rhizobium. After the recognition of rhizobia by the plant, several molecules are involved in the attachment of bacteria to the roots and are classified into different families according to their carbohydrate recognition domains (Vandamme and Coenye 2004). The rhizobia enter through 'crack entry' or through the root hairs. The infection threads in the form of tubular structures allow the invasion of the root hairs and the underlying cortical cells by the rhizobia. Once bacteria enter into plant roots, they are transformed into bacteroids and carry out the nitrogenase-mediated nitrogen fixation (Rees et al. 2005).

The nitrogenase produced by the bacteroids is oxygen sensitive and therefore need a micro-aerophilic environment to be active (Ott et al. 2005). When nitrogen fixation is carried out within the nodules, they have a pink colour due to the expression of leghaemoglobin, indicating an efficient symbiosis. While white colour nodules are indicative of an inefficient symbiosis as occurs in some of non-classical rhizobial species such as *Phyllobacterium trifolii* that formed typical, but ineffective nodules in *Trifolium repens* (Valverde et al. 2005). The symbiotic nitrogen fixation is ecologically and agriculturally important (Denarie et al. 1996) and is crucial for the provision of nitrogen in the plant world (Allen and Allen 1981). Loss of nutrients from the soil through leaching or volatilization is a natural processes and replacement of these nutrient is essential for the sustainable ecosystems (Boddey et al. 2000). Recycling of nitrogen through natural processes, i.e. symbiotic nitrogen fixation is considered as the most appropriated method for the long-term management of nutrients. Brockwell et al. (1995) stated that legumes account for approximately 40% of total nitrogen fixation.

11.2 History of Rhizobial Taxonomy

The first pure culture of root nodule bacteria was isolated from leguminous plant and named as *Bacillus radicicola* (Beijerinck 1888). Later, this nitrogen-fixing bacterium was renamed to Rhizobium with one species as *Rhizobium leguminosarum* (Frank 1889). Traditionally, all rhizobial species were included in a single genus, *Rhizobium* in the family *Rhizobiaceae* (Conn 1938). The newly identified species were named according to their legume host they nodulate viz.,

R. phaseoli nodulating *Phaseolus*, *R. trifolii* nodulating *Trifolium* (Dangeard 1926), *R. japonicum* nodulating *Glycine* (Buchanan 1955), and *R. lupini* nodulating *Lupinus* (Eckhardt et al. 1931). After the discovery of a new fast-growing species *R. fredii*, nodulating *Glycine max* (previously reported to be nodulated with slow-growing *R. japonicum*) rhizobia have been divided into fast-growing *Rhizobium* and slow-growing *Bradyrhizobium* (Jordan 1982). The relatedness of *Rhizobium*, *Agrobacterium*, and their distinction between fast- and slow-growing rhizobia were demonstrated on the basis of diversified morphological, nutritional, metabolic, serological, and simple DNA characteristical studies (Graham 1964).

Introduction of numerical taxonomy resulted in identification of a new fast-growing genus *Sinorhizobium* within family Rhizobiaceae (Chen et al. 1988). In *Bergey's Manual of Systematic Bacteriology* (1984), the family Rhizobiaceae was composed of the rhizobia including genera *Rhizobium*, *Bradyrhizobium*, *Agrobacterium*, and *Phyllobacterium* (Jordan 1984). The introduction of DNA–DNA, DNA–rRNA hybridizations, rRNA cataloguing, rDNA sequencing revealed more diversity among the rhizobia and their relationships with other groups of bacteria and led to the gradual increase in the number of genera (Woese et al. 1984). Two genera, root nodulating *Allorhizobium* and non-nodulating *Agrobacterium*, were reclassified into genus *Rhizobium* (Young et al. 2001) due to their similarity with *Rhizobium*. Thus, genus *Rhizobium* includes both symbiotic and non-symbiotic/plant-pathogenic strains. *Sinorhizobium* was proved to be closer of previously described non-nodulating *Ensifer adhaerens* (Casida 1982) and reclassified into *Ensifer*. A number of nitrogen fixating isolates having symbiotic genes *nod*- and *nif* genes and the ability to nodulate legumes were also identified which were phylogenetically outside the traditional groups of rhizobia. These were *Methylobacterium*, *Devosia*, *Ochrobactrum*, and *Phyllobacterium* reported similar to those of rhizobia under the group of alpha proteobacteria. Subsequently, some more entrants viz., *Shinella*, *Aminobacter*, and *Microvirga* in rhizobial group were also reported (Laranjo et al. 2014)

Taxonomy of root nodulating bacteria was further extended from root nodulation alpha proteobacteria to beta proteobacteria after report of *Ralstonia taiwanensis* (now renamed *Cupriavidus taiwanensis*) nodulating *mimosa* spp. in Taiwan (Chen et al. 2001) and root nodulating *Burkholderia* spp. from South Africa and French Guiana (Moulin et al. 2001). The presence of the common nodulation *nodABC* genes phylogenetically related to those found in classic rhizobia in *Burkholderia* supported the hypothesis of lateral gene transfer in the rhizosphere crossing the boundary between classes alpha and beta proteobacteria (Bontemps et al. 2010). Occurrence of nodulating rhizobia in gamma proteobacteria has also been reported from plant *Robinia pseudoacacia* by a strain of *Pseudomonas* (Shiraishi et al. 2010). Benhizia et al. (2004) observed nodule-inducing gamma proteobacteria in *Hedysarum* sp. after isolation of *Enterobacter* and *Pseudomonas* instead of any rhizobial species from the nodule of the plant. More recently, legumes from tribe Trifoliate were reported to be nodulated by a sporulating Gram-positive Firmicutes *Paenibacillus sepulcri* (Latif et al. 2013).

Indeed, these all reports of new rhizobia need to be validated by analysing symbiotic genes *nifH, nodA, nodD* as well as their divergence using adequate techniques and also by koch's postulates using *gfp* tagged bacteria to include these bacteria as rhizobia (Balachandar et al. 2007; Peix et al. 2015a, b). Nutrients rich and protective niche inside nodule attract a wide variety of nonsymbiotic bacteria to colonize plants opportunistically (Sprent 2009). This might result in isolation of fast-growing non-rhizobial contaminants from root nodules instead of rhizobia.

11.3 Impact of Molecular Techniques on Rhizobial Taxonomy

Until 1970, phenotypic characterization was essentially performed to study the bacterial diversity and taxonomy on the basis of cultural and morphological properties including shape, size, surface characteristics and pigmentation, cell wall staining, salt and pH range, temperature tolerance, growth rate, pathogenic/symbiotic characters, serological relatedness, intrinsic antibiotic resistance, and bacteriophage resistance (Schwinghamer and Dudman 1980). In the first edition of the *Bergey's Manual of Determinative Bacteriology* in 1923, bacteria were described on the basis of phenotypes and included only two rhizobial genera (*Bradyrhizobium* and *Rhizobium*). However, at the beginning of the twentieth century, the characterization and identification of bacterial cultures has been started with the help of various biochemical and physiological parameters (Buchanan 1955), and these profiles have been widely used to differentiate rhizobial species.

The rhizobial taxonomy has been revolutionized after the development of molecular techniques, such as sequencing and phylogenetic analysis of the 16S rRNA gene (Woese et al. 1984) which is applied as the universal marker gene for basic evolutionary analysis of both culturable and non-culturable bacteria. Novel nitrogen-fixing symbionts in genera *Methylobacterium, Burkholderia, Ralstonia (Cupriavidus), Ochrobactrum, Devosia, and Phyllobacterium* have been discovered by 16S rDNA sequence analysis (Chen et al. 2001, 2005, 2006; Sy et al. 2001; Van Berkum and Eardly 2002; Rivas et al. 2002; Ngom et al. 2004; Valverde et al. 2005). However, due to high level of sequence conservation, the application of the 16S rRNA gene as a phylogenetic marker is insufficient for species level resolution. To delineate new species, 16S rRNA gene phylogeny and DNA–DNA hybridization (DDH) analysis was considered as one of the best approaches for several decades. A bacterial species are considered to belong to the same species that show approximately more than 70% DNA–DNA similarity values and/or less than a 5% difference in the melting temperature of their DNA–DNA hybrids (Wayne et al. 1987).

The protein-coding genes are alternative phylogenetic markers to discriminate closely related species (Stackebrandt et al. 2002). This method was introduced by Gevers et al. (2005) as multi locus sequence analysis (MLSA). Genes often analysed using this method within rhizobia includes *atpD* and *recA* (Gaunt et al. 2001), *glnA*, *glnB* (Wernegreen and Riley 1999; Turner and Young 2000), *dnaK* (Stępkowski et al. 2003), and *gltA* (Hernández-Lucas et al. 2004). MLSA has been successfully used to interpret taxonomic status and relationships among species of *Bradyrhizobium* (Vinuesa et al. 2008; Rivas et al. 2009; Nzoué et al. 2009), *Ensifer* (Martens et al. 2007, 2008), and *Mesorhizobium* (Degefu et al. 2011). Several study for species descriptions by whole-genome Average Nucleotide Identity ANI and/or in silico DDH have recently been published (López-Guerrero et al. 2012; Dall'Agnol et al. 2013, 2014; Delamuta et al. 2013).

11.4 Present Status of Rhizobial Taxonomy

The current taxonomy of rhizobia reveals their wider diversity at the genus, species, and intra-species levels having 176 nodulating species in 15 genera (Figs. 11.1 and 11.2). Generic diversity of rhizobia includes *Rhizobium, Neorhizobium, Ensifer* (formerly *Sinorhizobium*), *Mesorhizobium, Bradyrhizobium, Azorhizobium, Aminobacter, Microvirga, Phyllobacterium, Methylobacterium, Ochrobactrum, Devosia,* and *Shinella* from α-proteobacteria while *Burkholderia*/*Paraburkholderia* and *Cupriavidus* from β-proteobacteria subclass (Peix et al. 2015b) (Table 11.1).

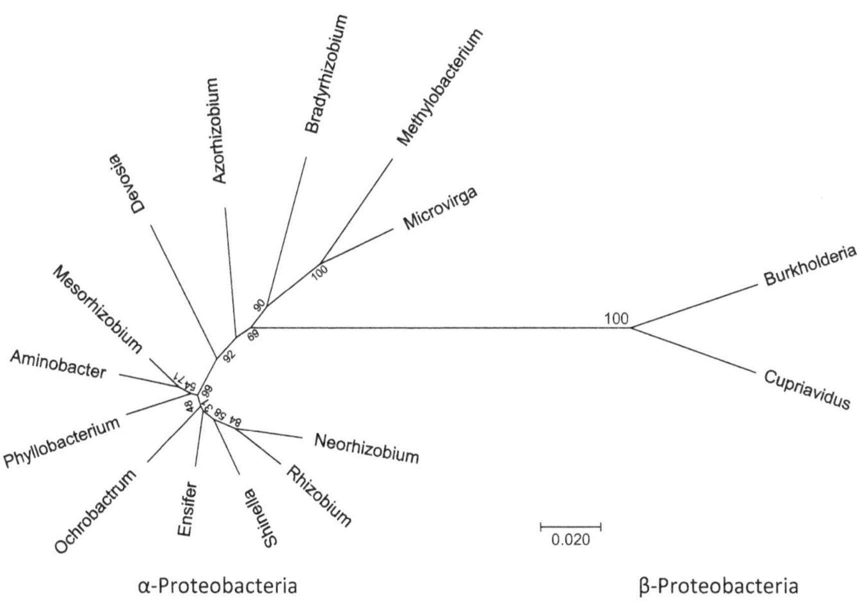

Fig. 11.1 Phylogenetic tree showing diverse rhizobia genera

Fig. 11.2 The neighbour-joining phylogenetic tree based on 16S rRNA gene sequences of diverse rhizobial species. The tree was constructed using MEGA version 7.0 with default parameters, K2P distance model and the Neighbour-Joining algorithm. The type strains are shown by T at the end. R, *Rhizobium*; N, *Neorhizobium*; E, *Ensifer*; M, *Mesorhizobium*; B, *Bradyrhizobium*; A, *Azorhizobium*; Am, *Aminobacter*; P, *Phyllobacterium*; O, *Ochrobactrum*; D, *Devosia*; S, *Shinella*; Bu, *Burkholderia*; and C, *Cupriavidus*

11.4.1 Alpha-Rhizobia

The rhizobial species described so far in alpha proteobacteria are very diverse and positioned in four distinct taxonomic branches: *Rhizobium-Ensifer* (*Sinorhizobium*), *Mesorhizobium, Azorhizobium,* and *Bradyrhizobium,* and these taxa are phylogenetically entangled with non-symbiotic bacteria.

Rhizobium

Since the identification of genus *Rhizobium* as legume nodulating symbiotic nitrogen fixer (Frank 1889), it has undergone several taxonomic revisions and led to the

Table 11.1 Current status of rhizobial species diversity

Class	Order	Family	Genus	No. of species[a]
Alpha proteobacteria	Rhizobiales	*Rhizobiaceae*	*Rhizobium*	50
			Neorhizobium	3
			Ensifer (*Sinorhizobium*)	17
			Shinella	1
		Phyllobacteriaceae	*Mesorhizobium*	40
			Phyllobacterium	2
			Aminobacter	1
		Bradyrhizobiaceae	*Bradyrhizobium*	35
		Xanthobacteraceae	*Azorhizobium*	2
		Methylobacteriaceae	*Methylobacterium*	1
			Microvirga	4
		Hyphomicrobiaceae	*Devosia*	1
		Brucellaceae	*Ochrobactrum*	2
Beta proteobacteria	Burkholderiales	Burkholderiaceae	*Burkholderia*	15
			Cupriavidus	2

[a]Excluding non-nodulating species

division of the genus *Rhizobium* into several genera including *Rhizobium*, *Mesorhizobium*, and *Sinorhizobium* (now *Ensifer*). A list of valid and published nodulating *Rhizobium* species is presented in Table 11.2. de Lajudie et al. (1998a) proposed the name *Allorhizobium* with single species *Allorhizobium undicola* isolated from nodules of *Neptunia natans*, for a monospecific outlying branch from the Agrobacterium–Rhizobium cluster on the basis of 16S rRNA gene. *Agrobacterium* is a genus containing plant-pathogenic as well as nonpathogenic species closely related to Rhizobium. Many species of *Agrobacterium* are intermingled with *Rhizobium* in phylogenetic tree. Therefore, Young et al. (2001) proposed that all members of the genera *Agrobacterium* and *Allorhizobium* must be included in the genus *Rhizobium*. The genus *Rhizobium* currently includes both symbiotic and plant-pathogenic strains.

The placement of genus *Agrobacterium*, among the nitrogen-fixing bacteria and the unclear position of *Rhizobium galegae* has remained a matter of debate. Mousavi et al. (2014) studied the phylogenetic relationships of members of *Rhizobiaceae* with specific emphasis on the taxa included in *Agrobacterium* and the *R. galegae* and related taxa and observed that *R. galegae*, *R. vignae*, *R. huautlense*, and *R. alkalisoli* formed a separate clade. On the basis of these findings, they proposed the name *Neorhizobium* as a new genus and suggested that the taxonomic status of several taxa could be resolved by the creating more novel genera.

Table 11.2 List of nodulating *Rhizobium* species

Species	Host	References
R. acidisoli	*Phaseolus vulgaris*	Román-Ponce et al. (2016)
R. alamii	*Medicago ruthenica*	Berge et al. (2009)
R. altiplani	*Mimosa pudica*	Barauna et al. (2016)
R. anhuiense	*Vicia faba, Pisum sativum*	Zhang et al. (2015)
R. azibense	*Phaseolus vulgaris*	Mnasri et al. (2014)
R. bangladeshense	*Lens culinaris*	Rashid et al. (2015)
R. binae	*Lens culinaris*	Rashid et al. (2015)
R. calliandrae	*Calliandra grandiflora*	Rincón-Rosales et al. (2013)
R. cauense	*Kummerowia stipulacea*	Liu et al. (2012)
R. ecuadorense	*Phaseolus vulgaris*	Ribeiro et al. (2015)
R. etli	*Phaseolus vulgaris*	Segovia et al. (1993)
R. fabae	*Vicia faba*	Tian et al. (2008)
R. favelukesii	*Medicago sativa*	Tejerizo et al. (2016)
R. freirei	*Phaseolus vulgaris*	Dall'Agnol et al. (2013)
R. gallicum	*Phaseolus vulgaris*	Amarger et al. (1997)
R. giardinii	*Phaseolus vulgaris*	Amarger et al. (1997)
R. grahamii	*Dalea leporina, Leucaena leucocephala, Clitoria ternatea*	López-López et al. (2012)
R. hainanense	*Desmodium sinuatum*	Chen et al. (1997)
R. herbae	*Astragalus membranaceus, Oxytropis cashemiriana*	Ren et al. (2011b)
R. indigoferae	*Indigofera* spp.,	Wei et al. (2002)
R. jaguaris	*Calliandra grandiflora*	Rincón-Rosales et al. (2013)
R. laguerreae	*Vicia faba*	Saïdi et al. (2014)
R. leguminosarum	*Pisum sativum*	Frank (1879, 1889), Ramírez-Bahena et al. (2008)
R. lentis	*Lens culinaris*	Rashid et al. (2015)
R. leucaenae	*Leucaena leucocephala, Phaseolus vulgaris*	Ribeiro et al. (2012)
R. loessense	*Astragalus* spp.	Wei et al. (2003)
R. lusitanum	*Phaseolus vulgaris*	Valverde et al. (2006)
R. mayense	*Calliandra grandiflora*	Rincón-Rosales et al. (2013)
R. mesoamericanum	*Phaseolus vulgaris, Macroptilium atropurpureum, Vigna unguiculata, Mimosa pudica*	López-López et al. (2012)
R. mesosinicum	*Albizia julibrissin, Kummerowia* spp., *Dalbergia* spp.	Lin et al. (2009)

(continued)

Table 11.2 (continued)

Species	Host	References
R. miluonense	*Lespedeza chinensis*	Gu et al. (2008)
R. mongolense	*Medicago ruthenica*	van Berkum et al. (1998)
R. multihospitium	*Halimodendron halodendron*, *Lotus frondosus*, *Caragana jubata*, *Vicia hirsuta*	Han et al. (2008b)
R. oryzae	*Oryza sativa* (endophytic), *Phaseolus vulgaris*, *Glycine max*	Peng et al. (2008)
R. pakistanensis	*Arachis hypogaea*	Khalid et al. (2014)
R. paranaense	*Phaseolus vulgaris*	Dall'Agnol et al. (2014)
R. phaseoli	*Phaseolus vulgaris*	Dangeard et al. (1926), Ramírez-Bahena et al. (2008)
R. pisi	*Pisum sativum*	Ramírez-Bahena et al. (2008)
R. sophorae	*Sophora flavescens*	Jiao et al. (2015a)
R. sophoriradicis	*Sophora flavescens*	Jiao et al. (2015a)
R. sphaerophysae	*Sphaerophysa salsula*	Xu et al. (2011)
R. sullae	*Hedysarum coronarium*	Squartini et al. (2002)
R. taibaishanense	*Kummerowia striata*	Yao et al. (2012)
R. tibeticum	*Trigonella archiducis-nicolai*	Hou et al. (2009)
R. tropici	*Phaseolus vulgaris*, *Leucaena leucocephala*	Martínez-Romero et al. (1991)
R. tubonense	*Oxytropis glabra*	Zhang et al. (2011)
R. undicola	*Neptunia natans*	de Lajudie et al. (1998a), Young et al. (2001)
R. vallis	*Phaseolus vulgaris*, *Mimosa pudica*, *Indigofera spicata*	Wang et al. (2010)
R. vignae	*Vigna radiata*, *Desmodium microphyllum*, *Astragalus* spp.	Ren et al. (2011a)
R. yanglingense	*Coronilla varia*, *Gueldenstaedtia multiflora*, *Amphicarpaea trisperma*	Tan et al. (2001)

Note: *R. helanshanense* (Qin et al. 2011) isolated from root nodule of *Spaherophysa salsula* is not validly published

Neorhizobium

The genus *Neorhizobium* was recently proposed by Mousavi et al. (2014) to the *Rhizobium* clade previously known as the *R. galegae* complex. Three Rhizobium species *R. alkalisoli*, *R. galegae*, and *R. huautlense* were renamed as *Neorhizobium*. Mousavi et al. (2014) also proposed to combine *R. vignae* with *N. galegae* but ANI values between the former species and *N. galegae* strains were lower than 91%, indicating that *R. vignae* could not be included in the *N. galegae* species as those authors suggested and must therefore be referred to as *N. vignae*. Total three species have been classified under this genus (Table 11.3).

Table 11.3 List of nodulating *Neohizobium* species

Species	Host	References
N. alkalisoli	*Caragana intermedia*	Lu et al. (2009a), Mousavi et al. (2014)
N. galegae	*Galega orientalis, Galega officinalis*	Lindström (1989), Mousavi et al. (2014)
N. huautlense	*Sesbania herbacea*	Wang et al. (1998), Mousavi et al. (2014)

Ensifer

The genus name *Ensifer* (formerly known as *Sinorhizobium*) was proposed in by Chen et al. (1988) for the fast-growing soybean rhizobia *R. fredii* to rename as *Sinorhizobium fredii* along with a new species, *S. xinjiangense* on the basis of numerical taxonomy. This new genus was controversial at first since genetic evidence was not presented (Jarvis et al. 1992). Later, phylogenetic data were presented to support *Sinorhizobium* as a monophyletic clade branching out from the large *Agrobacterium–Rhizobium* group and *R. meliloti* was also transferred to *Sinorhizobium* as *S. meliloti* by de Lajudie et al. (1994). He also proposed two new species, *S. saheli* and *S. terangae*. The controversy with genus *Sinorhizobium* started again as previously described non-nodulating bacteria *E. adhaerens* (Casida 1982) was found to be phylogenetic member of the *Sinorhizobium* lineage. Young (2003) proposed the transfer of *Sinorhizobium* to the genus *Ensifer (earlier heterotypic synonym).* Willems et al. (2003) proposed the conservation of *Sinorhizobium adhaerens* over *E. adhaerens* to avoid confusion in the literature and in databases. The Judicial Commission of the International Committee on Systematics of Prokaryotes denied the request of conservation of name *Sinorhizobium* (Lindstrom and Young 2009). The genus *Ensifer* currently consists of 17 species of nodulating rhizobia with two non-nodulating species (Table 11.4).

Mesorhizobium

The genus *Mesorhizobium* is characterized by intermediate growth rate in between the fast-and slow-growing rhizobia. This genus was separated from *Rhizobium, Agrobacterium,* and *Sinorhizobium* by Jarvis et al. (1997). He proposed a new genus *Mesorhizobium* for five rhizobial species *R. loti, R. huakuii, R. ciceri, R. mediterraneum, and R. tianshanense* which were diverse from *Rhizobium* and *Sinorhizobium* on the basis of comparative 16S rDNA sequence data, growth rate, and distinct fatty acid profile. At present, the genus *Mesorhizobium* contains 41 valid species (Table 11.5) in which 40 species are rhizobial with one non-rhizobial species *M. thiogangeticum.*

Bradyrhizobium

The genus *Bradyrhizobium* was created to separate slow-growing legume nodulating N-fixing bacteria from fast-growing *Rhizobium* and a single species, *B. japonicum*, was proposed for symbionts of soybean (Jordan 1982). This genus belongs to a monophyletic group within the α-proteobacteria capable of living in symbiotic and endophytic associations with legumes and non-legumes. In 16S

Table 11.4 List of nodulating *Ensifer species* (formerly *Sinorhizobium*)

Species	Host	References
E. americanus	*Acacia* spp.	Toledo et al. (2003), Wang et al. (2013c)
E. arboris	*Acacia senegal*, *Prosopis chilensis*	Nick et al. (1999), Young (2003)
E. fredii	*Glycine max*	Scholla and Elkan (1984), Chen et al. (1988), Young (2003)
E. garamanticus	*Argyrolobium uniflorum*, *Medicago sativa*	Merabet et al. (2010)
E. glycinis	*Glycine max*, *Astragalus mongholicus*	Yan et al. (2016)
E. kostiensis	*Acacia senegal*, *Prosopis chilensis*	Nick et al. (1999), Young (2003)
E. kummerowiae	*Kummerowia stipulacea*	Wei et al. 2002, Young (2003)
E. medicae	*Medicago truncatula*	Rome et al. (1996), Young (2003)
E. meliloti	*Medicago sativa*	Dangeard (1926), de Lajudie et al. (1994), Young (2003)
E. mexicanus	*Acacia angustissima*	Lloret et al. (2007)
E. numidicus	*Argyrolobium uniflorum*, *Lotus creticus*	Merabet et al. (2010)
E. psoraleae	*Psoralea corylifolia*, *Sesbania cannabina*	Wang et al. (2013c)
E. saheli	*Sesbania* spp.	de Lajudie et al. (1994), Young (2003)
E. sesbaniae	*Sesbania cannabina*, *Medicago lupulina*	Wang et al. (2013c)
E. sojae	*Glycine max*	Li et al. (2011)
E. terangae	*Acacia* spp., *Sesbania* spp.	de Lajudie et al. (1994), Young (2003)
E. xinjiangensis	*Glycine max*	de Lajudie et al. (1994), Young (2003)

Note: *E. adhaerens* and *E. morelense* are non-nodulating species in genus *Ensifer*

rRNA gene phylogeny, all the *Bradyrhyzobium* species were clustered in two distinct groups (Yao et al. 2014). Group I includes *B. japonicum, B. betae, B. liaoningense, B. canariense, B. cytisi, and B. yuanmingense* and other species, while Group II strains are related to *Bradyrhizobium elkanii*, *B. pachyrhizi,* and *B. jicamae*. The genus *Bradyrhizobium* currently consists of 35 rhizobial and 4 non-rhizobial species (Table 11.6). The non-rhizobial species are *B. betae*, *B. iriomotense*, *B. denitrificans*, and *B. oligotrophicum.*

Azorhizobium

Dreyfus et al. (1988) isolated and characterized novel rhizobia from stems nodules of *Sesbania rostrate* growing in Africa and proposed a new genus *Azorhizobium* with single species *A. caulinodans* in family *Rhizobiaceae*. Currently, the genus *Azorhizobium* consists of two nodulating rhizobial species *A. dobereinereae* and *A. caulinodans isolated from Sesbania* sp. (De Souza Moreira et al. 2006; Dreyfus et al. 1988) and one nonrhizobial species *A. oxalatiphilum.*

Table 11.5 List of rhizobial *Mesorhizobium* species

Species	Host	References
M. abyssinicae	*Acacia abyssinica*	Degefu et al. (2013)
M. acacia	*Acacia melanoxylon*	Zhu et al. (2015)
M. albiziae	*Albizia kalkora*	Wang et al. (2007)
M. alhagi	*Alhagi sparsifolia*	Chen et al. (2010)
M. amorphae	*Amorpha fruticosa*	Wang et al. (1999a)
M. australicum	*Biserrula pelecinus*	Nandasena et al. (2009)
M. calcicola	*Sophora longicarinata*	de Meyer et al. (2016)
M. camelthorni	*Alhagi sparsifolia*	Chen et al. (2011)
M. cantuariense	*Sophora longicarinata*	de Meyer et al. (2015)
M. caraganae	*Caragana* spp.	Guan et al. (2008)
M. chacoense	*Prosopis alba*	Velázquez et al. (2001)
M. ciceri	*Cicer arietinum*	Nour et al. (1994), Jarvis et al. (1997)
M. erdmanii	*Lotus corniculatus*	Martínez-Hidalgo et al. (2015)
M. gobiense	*Astragalus filicaulis*, *Lotus* spp., *Oxytropis glabra*	Han et al. (2008a)
M. hawassense	*Sesbania sesban*	Degefu et al. (2013)
M. huakuii	*Astragalus sinicus*	Chen et al. (1991), Jarvis et al. (1997)
M. Jarvis	*Lotus corniculatus*	Martínez-Hidalgo et al. (2015)
M. kowhaii	*Sophora microphylla*	de Meyer et al. (2016)
M. loti	*Lotus* spp.	Jarvis et al. (1982, 1997)
M. mediterraneum	*Cicer arietinum*	Nour et al. (1995), Jarvis et al. (1997)
M. metallidurans	*Anthyllis vulneraria*	Vidal et al. (2009)
M. muleiense	*Cicer arietinum*	Zhang et al. (2012a)
M. newzealandense	*Sophora prostrata*	de Meyer et al. (2016)
M. opportunistum	*Biserrula pelecinus*	Nandasena et al. (2009)
M. plurifarium	*Acacia* spp., *Prosopis juliflora*, *Chamaecrista ensiformis*, *Leucaena* spp.	de Lajudie et al. (1998b)
M. qingshengii	*Astragalus sinicus*	Zheng et al. (2013)
M. robiniae	*Robinia pseudoacacia*	Zhou et al. (2010)
M. sangaii	*Astragalus* spp.	Zhou et al. (2013)
M. septentrionale	*Astragalus adsurgens*	Gao et al. (2004)
M. shangrilense	*Caragana* spp.	Lu et al. (2009b)
M. shonense	*Acacia abyssinica*	Degefu et al. (2013)

(continued)

Table 11.5 (continued)

Species	Host	References
M. silamurunense	*Astragalus* spp.	Zhao et al. (2012)
M. soli	*Robinia pseudoacacia*	Nguyen et al. (2015)
M. sophorae	*Sophora microphylla*	de Meyer et al. (2016)
M. tamadayense	*Anagyris latifolia*, *Lotus berthelotii*	Ramírez-Bahena et al. (2012)
M. tarimense	*Lotus frondosus*	Han et al. (2008a)
M. temperatum	*Astragalus adsurgens*	Gao et al. (2004)
M. tianshanense	*Glycyrrhiza* sp., *Sophora alopecuroides*, *Caragana polourensis*, *Halimodendron holodendron*, *Swainsonia salsula*, *Glycine* spp.	Chen et al. (1995), Jarvis et al. (1997)
M. waimense	*Sophora longicarinata*	de Meyer et al. (2015)
M. waitakense	*Sophora microphylla*	de Meyer et al. (2016)

Methylobacterium
The genus *Methylobacterium* includes pink-pigmented facultative methylotrophic bacteria. Sy et al. (2001) reported non-pigmented bacteria isolated from legume root nodules of three *Crotalaria* species, *C. glaucoides*, *C. errottetii*, and *C. podocarpa*, which was phylogenetically similar to genus *Methylobacterium* on the basis of 16S RNA gene. Jourand et al. (2004) reviewed and characterized these isolates as *Methylobacterium nodulans* sp. nov.

Devosia
The *Devosia* genus currently contains only a single rhizobial species, *D. neptuniae*. The fast-glowering rhizobial strains isolated from aquatic legume *N. natans* in India which were provisionally called *Rhizobium* sp. on the basis of its growth on YMA medium (Subba-Rao et al. 1995). Subsequently, Rivas et al. (2003) confirmed that these bacterial strains belong to a new species of genus *Devosia* and named *D. neptuniae* on the basis of 16S rRNA gene sequence.

Ochrobactrum
Ochrobactrum was reported from nodules of *Acacia mangium* without any information of their symbiotic genes (Ngom et al. 2004). Later, Trujillo et al. (2005) found a novel species (*O. lupini*) of this genus carrying symbiotic genes and able to nodulate *Lupinus*. The *Ochrobactrum* genus currently contains two rhizobial species viz., *O. cytisi* found on host *Cytisus scoparius* (Zurdo-Piñeiro et al. 2007) and *O. lupini* found on *Lupinus albus* (Trujillo et al. 2005).

Phyllobacterium
The genus *Phyllobacterium* was originally proposed by Knösel (1962) for bacteria isolated from leaf nodules of tropical ornamental plants. The genus contains ten species of which six were isolated from root nodules of legumes, including

Table 11.6 List of rhizobial *Bradirhizobium* species

Species	Host	References
B. arachidis	*Arachis hypogaea*	Wang et al. (2013b)
B. canariense	*Chamaecytisus proliferus*	Vinuesa et al. (2005)
B. cytisi	*Cytisus villosus*	Chahboune et al. (2011)
B. daqingense	*Glycine max*	Wang et al. (2013a)
B. diazoefficiens	*Glycine max*	Delamuta et al. (2013)
B. elkanii	*Glycine max*	Kuykendall et al. (1992)
B. embrapense	*Desmodium heterocarpon*	Delamuta et al. (2015)
B. erythrophlei	*Erythrophleum fordii*	Yao et al. (2015)
B. ferriligni	*Erythrophleum fordii*	Yao et al. (2015)
B. ganzhouense	*Acacia melanoxylon*	Lu et al. (2014)
B. guangdongense	*Arachis hypogaea*	Li et al. (2015)
B. guangxiense	*Arachis hypogaea*	Li et al. (2015)
B. huanghuaihaiense	*Glycine max*	Zhang et al. (2012b)
B. icense	*Phaseolus lunatus*	Durán et al. (2014a)
B. ingae	*Inga laurina*	da Silva et al. (2014)
B. japonicum	*Glycine max*	Kirchner (1896); Jordan (1982)
B. jicamae	*Pachyrhizus erosus*	Ramírez-Bahena et al. (2009)
B. kavangense	*Vigna unguiculata Vigna subterranea*	Grönemeyer et al. (2015b)
B. lablabi	*Arachis hypogaea, Lablab purpureus*	Chang et al. (2011)
B. liaoningense	*Glycine max*	Xu et al. (1995)
B. lupini	*Lupinus angustifolius*	Peix et al. (2015a)
B. manausense	*Vigna unguiculata*	Silva et al. (2014)
B. neotropicale	*Centrolobium paraense*	Zilli et al. (2014)
B. ottawaense	*Glycine max*	Yu et al. (2014)
B. pachyrhizi	*Pachyrhizus erosus*	Ramírez-Bahena et al. (2009)
B. paxllaeri	*Phaseolus lunatus*	Durán et al. (2014a)
B. retamae	*Retama sphaerocarpa, R. monosperma*	Guerrouj et al. (2013)
B. rifense	*Cytisus villosus*	Chahboune et al. (2012)
B. stylosanthis	*Stylosanthes* spp.	Delamuta et al. (2016)
B. subterraneum	*Arachis hypogaea, Vigna subterranea*	Grönemeyer et al. (2015a)
B. tropiciagri	*Neonotonia wightii*	Delamuta et al. (2015)
B. valentinum	*Lupinus mariae-josephae*	Durán et al. (2014b)
B. vignae	*Vigna unguiculata, Vigna subterranea, Arachis hypogaea*	Grönemeyer et al. (2016)
B. viridifuturi	*Centrosema* spp., *Acacia* spp.	Ferraz Helene et al. (2015)
B. yuanmingense	*Lespedeza cuneata*	Yao et al. (2002)

P. trifolii from *Trifolium* and *Lupinus* (Valverde et al. 2005), *P. leguminum* from *Argyrolobium uniflorum* and *Astragalus algerianus* (Mantelin et al. 2006), *P. loti* from *Lotus corniculatus* (Sánchez et al. 2014), *P. endophyticum* from *Phaseolus vulgaris* (Flores-Félix et al. 2013), *P. ifriqiyense* from *A. algerianus* and *Lathyrus numidicus* (Mantelin et al. 2006), and *P. sophorae* from *Sophora flavescens* (Jiao et al. 2015b). Only two species *P. trifolii* and *P. sophorae* were confirmed to nodulate their host plants.

Aminobacter
Aminobacter is a member of family Phyllobacteriaceae. The genus *Aminobacter* contains single rhizobial species *Aminobacter anthyllidis* isolated from root nodule of *Anthyllis vulneraria* grown in heavy metal polluted soil of mines in south of French (Maynaud et al. 2012)

Shinella
Lin et al. (2007) isolated diverse rhizobial strains from root nodule of *Kummerowia stipulacea* grown in Shandong province of China which form distinct lineage from existing rhizobia in family rhizobiaceae. The strain showed close proximity with newly formed genus *Shinella* and was named as *S. kummerowiae* (Lin et al. 2008).

Microvirga
The *Microvirga* has total nine species in family Methylobacteriaceae out of which four species *M. lotononidis, M. lupine, M. vignae,* and *M. zambiensis* (Ardley et al. 2012; Radl et al. 2014) are reported as rhizobial species.

11.4.2 Beta-Rhizobia

Rhizobial genus from the Beta-proteobacteria class are called as "beta-rhizobia" (Gyaneshwar et al. 2011). The first report of legume-nodulating "β-rhizobia" was appeared in 2001 for *Ralstonia taiwanensis* (now *Cupriavidus taiwanensis*) isolated from invasive *Mimosa* spp. in Taiwan (Chen et al. 2001) and for *Burkholderia* spp. isolated from legumes in South Africa and French Guiana (Moulin et al. 2001). Originally, the beta-rhizobia was considered to have a close affinity with the large genus *Mimosa* (Mimosoideae) and Brazil was considered as a major center of symbiotic *Burkholderia* diversity. Later, several South African endemic papilionoid legumes (*Cyclopia*, *Lebeckia*, *Rhynchosia*) were reported to be nodulated by strains of *Burkholderia* (Elliott et al. 2007; Gyaneshwar et al. 2011; de Meyer et al. 2013a, b). South Africa is now considered as centre of diversity for papilionoid-nodulating *Burkholderia* strains.

Paraburkholderia/Burkholderia
The genus *Burkholderia* is a large group of species of bacteria that inhabit a wide range of environments. Sawana et al. (2014) proposed the splitting of genus *Burkholderia* into two separate genera. The group of species comprising plant-associated species was transferred into the novel genus *Paraburkholderia* to delimit

them from *Burkholderia sensu stricto*, which comprises mainly human clinical and phytopathogenic species. Only *Burkholderia cepacia* from pathogenic *Burkholderia* was described as a nodule symbiont isolated from *Dalbergia* sp. by Rasolomampianina et al. (2005) but *nodA* and *nifH* genes were not detected on these strains. *Burkholderia* have 15 rhizobial species and most of these are already published as *Paraburkholderia* nov. comb. in the validation list of IJSEM (Table 11.7).

Cupriavidus

The genus *Cupriavidus* (previously *Ralstonia/Wautersia*), family Burkholderiaceae, order Burkholderiales, currently has two species of nodulating rhizobia, *C. necator*, and *C. taiwanensis*. Chen et al. (2001) first isolated and described *Ralstonia taiwanensis* (now *C. taiwanensis*) from the root nodules of

Table 11.7 List of rhizobial *Paraburkholderia/Burkholderia* species

Species	Host	References
B. caballeronis	*Phaseolus vulgaris*	Martínez-Aguilar et al. (2013)
P. caribensis	*Mimosa* spp.	Achouak et al. (1999), Chen et al. (2003b), Sawana et al. (2014)
P. diazotrophica	*Mimosa* spp.	Sheu et al. (2013), Sawana et al. (2014)
P. dilworthii	*Lebeckia ambigua*	de Meyer et al. (2014), Sawana et al. (2014)
P. dipogonis	*Dipogon lignosus*	Sheu et al. (2015), Sawana et al. (2014)
P. kirstenboschensis	*Hypocalyptus coluteoides, H. oxalidifolius, H. sophoroides, Virgilia oroboides*	Steenkamp et al. (2015), Sawana et al. (2014)
P. mimosarum	*Mimosa* spp.	Chen et al. (2006), Sawana et al. (2014)
P. nodosa	*Mimosa bimucronata, M. scabrella*	Chen et al. (2007), Sawana et al. (2014)
P. phenoliruptrix	*Piptadenia* spp., *Mimosa pudica*	Coenye et al. (2004), Bournaud et al. (2013), Sawana et al. (2014)
P. phymatum	*Machaerium lunatum*	Vandamme et al. (2002), Sawana et al. (2014)
P. sabiae	*Mimosa caesalpiniifolia*	Chen et al. (2008), Sawana et al. (2014)
B. rhynchosiae	*Rhynchosia ferulifolia*	de Meyer et al. (2013b)
P. sprentiae	*Lebeckia ambigua*	de Meyer et al. (2013a), Sawana et al. (2014)
P. symbiotica	*Mimosa* spp.	Sheu et al. (2012), Sawana et al. (2014)
P.deria tuberum	*Aspalathus carnosa*	Vandamme et al. (2002), Sawana et al. (2014)

Mimosa pudica and *Mimosa diplotricha*. However, its ability to nodulate host *Mimosa* and effective nitrogen fixation was confirmed later to consider it as rhizobia (Chen et al. 2003a). The taxonomy of *Ralstonia* has undergone several taxonomic revisions. The species of genus *Ralstonia* including *R. taiwanensis* were transferred to the novel genus *Wautersia* by Vaneechoutte et al. (2004). On the basis of DDH, Vandamme and Coenye (2004) suggested that *Wautersia* is a later heterotypic synonym of genus *Cupriavidus (Makkar & Casida, 1987)*. Therefore, priority was given to *Cupriavidus* against *Wautersia* to reclassify *Wautersia* as *Cupriavidus*. Another rhizobial species of *Cupriavidus*, *C. necator*, was isolated from root nodules of *P. vulgaris* and *Leucaena leucocephala* by Florentino et al. (2009) and identified a non-obligate predator of soil bacteria. da Silva et al. (2012) confirmed that these isolates possess the *nodC* and *nifH* genes and were able to nodulate five different promiscuous legume species, *Mimosa caesalpiniaefolia*, *L. leucocephala*, *Macroptilium atropurpureum*, *P. vulgaris*, and *Vigna unguiculata*.

References

Achouak W, Christen R, Barakat M, Martel M-H, Heulin T (1999) *Burkholderia caribensis* sp. nov., an exopolysaccharide-producing bacterium isolated from vertisol microaggregates in Martinique. Int J Syst Evol Microbiol 49:787–794. doi:10.1099/00207713-49-2-787

Allen ON, Allen EK (1981) The Leguminosae: a source book of characteristics, uses and nodulation. University of Wisconsin Press, Wisconsin

Amarger N, Macheret V, Laguerre G (1997) *Rhizobium gallicum* sp. nov. and *Rhizobium giardinii* sp. nov., from *Phaseolus vulgaris* nodules. Int J Syst Evol Microbiol 47:996–1006. doi:10.1099/00207713-47-4-996

Ardley JK, Parker MA, De Meyer SE, Trengove RD, O'Hara GW, Reeve WG, Yates RJ, Dilworth MJ, Willems A, Howieson JG (2012) *Microvirga lupini* sp. nov., *Microvirga lotononidis* sp. nov. and *Microvirga zambiensis* sp. nov. are alphaproteobacterial root-nodule bacteria that specifically nodulate and fix nitrogen with geographically and taxonomically separate legume hosts. Int J Syst Evol Microbiol 62:2579–2588. doi:10.1099/ijs.0.035097-0

Balachandar D, Raja P, Kumar K, Sundaram SP (2007) Non-rhizobial nodulation in legumes. Biotechnol Mol Biol Rev 2:49–57

Barauna AC, Rouws LMF, Simoes-Araujo JL, dos Reis Junior FB, Iannetta PPM, Maluk M, Goi SR, Reis VM, James EK, Zilli JE (2016) *Rhizobium altiplani* sp. nov. isolated from effective nodules on *Mimosa pudica* growing in untypically alkaline soil in Central Brazil. Int J Syst Evol Microbiol. doi:10.1099/ijsem.0.001322

Beijerinck MW (1888) Cultur des *Bacillus radicicola* aus den Knöllchen. Bot Ztg 46:740–750

Benhizia Y, Benhizia H, Benguedouar A, Muresu R, Giacomini A, Squartini A (2004) Gamma proteobacteria can nodulate legumes of the genus *Hedysarum*. Syst Appl Microbiol 27:462–468. doi:10.1078/0723202041438527

Berge O, Lodhi A, Brandelet G, Santaella C, Roncato M-A, Christen R, Heulin T, Achouak W (2009) *Rhizobium alamii* sp. nov., an exopolysaccharide-producing species isolated from legume and non-legume rhizospheres. Int J Syst Evol Microbiol 59:367–372. doi:10.1099/ijs.0.000521-0

Boddey RM, Peoples MB, Palmer B, Dart PJ (2000) Use of the N natural abundance technique to quantify biological nitrogen fixation by woody perennials. Nutr Cycl Agroecosyst 57:235–270. doi:10.1023/A:1009890514844

Bontemps C, Elliott GN, Simon MF, Dos Reis JúNior FB, Gross E, Lawton RC, Neto NE, de Fátima Loureiro M, De Faria SM, Sprent JI, James EK, Young JPW (2010) *Burkholderia* species are ancient symbionts of legumes. Mol Ecol 19:44–52. doi:10.1111/j.1365-294X.2009.04458.x

Bournaud C, de Faria SM, dos Santos JMF, Tisseyre P, Silva M, Chaintreuil C, Gross E, James EK, Prin Y, Moulin L (2013) *Burkholderia* species are the most common and preferred nodulating symbionts of the piptadenia group (tribe mimoseae). PLoS One 8:e63478. doi:10.1371/journal.pone.0063478

Brockwell J, Bottomley PJ, Thies JE (1995) Manipulation of rhizobia microflora for improving legume productivity and soil fertility: a critical assessment. Plant Soil 174:143–180. doi:10.1007/BF00032245

Buchanan RE (1955) Taxonomy. Annu Rev Microbiol 9:1–20

Casida LE Jr (1982) *Ensifer adhaerens* gen. nov., sp. nov.: a bacterial predator of bacteria in soil. Int J Syst Evol Microbiol 32:339–345. doi:10.1099/00207713-32-3-339

Chahboune R, Carro L, Peix A, Barrijal S, Velázquez E, Bedmar EJ (2011) *Bradyrhizobium cytisi* sp. nov. isolated from effective nodules of *Cytisus villosus* in Morocco. Int J Syst Evol Microbiol 61:2922–2927. doi:10.1099/ijs.0.027649-0

Chahboune R, Carro L, Peix A, Ramírez-Bahena M-H, Barrijal S, Velázquez E, Bedmar EJ (2012) *Bradyrhizobium rifense* sp. nov. isolated from effective nodules of *Cytisus villosus* grown in the Moroccan Rif. Syst Appl Microbiol 35:302–305. doi:10.1016/j.syapm.2012.06.001

Chang YL, Wang JY, Wang ET, Liu HC, Sui XH, Chen WX (2011) *Bradyrhizobium lablabi* sp. nov., isolated from effective nodules of *Lablab purpureus* and *Arachis hypogaea*. Int J Syst Evol Microbiol 61:2496–2502. doi:10.1099/ijs.0.027110-0

Chen WX, Yan GH, Li JL (1988) Numerical taxonomic study of fast-growing soybean rhizobia and a proposal that *Rhizobium fredii* be assigned to *Sinorhizobium* gen. nov. Int J Syst Evol Microbiol 38:392–397. doi:10.1099/00207713-38-4-392

Chen WX, Li GS, Qi YL, Wang ET, Yuan HL, Li JL (1991) *Rhizobium huakuii* sp. nov. isolated from the root nodules of *Astragalus sinicus*. Int J Syst Evol Microbiol 41:275–280. doi:10.1099/00207713-41-2-275

Chen WX, Wang E, Wang S, Li Y, Chen X, Li Y (1995) Characteristics of *Rhizobium tianshanense* sp. nov., a moderately and slowly growing root nodule bacterium isolated from an arid saline environment in Xinjiang, People's Republic of China. Int J Syst Evol Microbiol 45:153–159. doi:10.1099/00207713-45-1-153

Chen WX, Tan ZY, Gao JL, Li Y, Wang ET (1997) *Rhizobium hainanense* sp. nov., isolated from tropical legumes. Int J Syst Bacteriol 47:870–873. doi:10.1099/00207713-47-3-870

Chen WM, Laevens S, Lee TM, Coenye T, De Vos P, Mergeay M, Vandamme P (2001) *Ralstonia taiwanensis* sp. nov., isolated from root nodules of *Mimosa* species and sputum of a cystic fibrosis patient. Int J Syst Evol Microbiol 51:1729–1735. doi:10.1099/00207713-51-5-1729

Chen WM, James EK, Prescott AR, Kierans M, Sprent JI (2003a) Nodulation of *Mimosa* spp. by the β-proteobacterium *Ralstonia taiwanensis*. Mol Plant Microbe Interact 16:1051–1061. doi:10.1094/MPMI.2003.16.12.1051

Chen W-M, Moulin L, Bontemps C, Vandamme P, Bena G, Boivin-Masson C (2003b) Legume symbiotic nitrogen fixation by β-proteobacteria is widespread in nature. J Bacteriol 185:7266–7272. doi:10.1128/JB.185.24.7266-7272.2003

Chen W-M, James EK, Chou J-H, Sheu S-Y, Yang S-Z, Sprent JI (2005) β-Rhizobia from *Mimosa pigra*, a newly discovered invasive plant in Taiwan. New Phytol 168:661–675. doi:10.1111/j.1469-8137.2005.01533.x

Chen W-M, James EK, Coenye T, Chou J-H, Barrios E, De Faria SM, Elliott GN, Sheu S-Y, Sprent JI, Vandamme P (2006) *Burkholderia mimosarum* sp. nov., isolated from root nodules of *Mimosa* spp. from Taiwan and South America. Int J Syst Evol Microbiol 56:1847–1851. doi:10.1099/ijs.0.64325-0

Chen W-M, de Faria SM, James EK, Elliott GN, Lin K-Y, Chou J-H, Sheu S-Y, Cnockaert M, Sprent JI, Vandamme P (2007) *Burkholderia nodosa* sp. nov., isolated from root nodules of the woody Brazilian legumes *Mimosa bimucronata* and *Mimosa scabrella*. Int J Syst Evol Microbiol 57:1055–1059. doi:10.1099/ijs.0.64873-0

Chen W-M, de Faria SM, Chou J-H, James EK, Elliott GN, Sprent JI, Bontemps C, Young JPW, Vandamme P (2008) *Burkholderia sabiae* sp. nov., isolated from root nodules of *Mimosa caesalpiniifolia*. Int J Syst Evol Microbiol 58:2174–2179. doi:10.1099/ijs.0.65816-0

Chen W-M, Zhu W-F, Bontemps C, Young JPW, Wei GH (2010) *Mesorhizobium alhagi* sp. nov., isolated from wild *Alhagi sparsifolia* in north-western China. Int J Syst Evol Microbiol 60:958–962. doi:10.1099/ijs.0.014043-0

Chen W-M, Zhu W-F, Bontemps C, Young JPW, Wei G-H (2011) *Mesorhizobium camelthorni* sp. nov., isolated from *Alhagi sparsifolia*. Int J Syst Evol Microbiol 61:574–579. doi:10.1099/ijs.0.022947-0

Coenye T, Henry D, Speert DP, Vandamme P (2004) *Burkholderia phenoliruptrix* sp. nov., to accommodate the 2,4,5-trichlorophenoxyacetic acid and halophenol-degrading strain AC1100. Syst Appl Microbiol 27:623–627. doi:10.1078/0723202042369992

Conn HJ (1938) Taxonomic relationships of certain non-spore forming rods in soil. J Bacteriol 36:320–321

da Silva K, Florentino LA, da Silva KB, de Brandt E, Vandamme P, de Souza Moreira FM (2012) *Cupriavidus necator* isolates are able to fix nitrogen in symbiosis with different legume species. Syst Appl Microbiol 35:175–182. doi:10.1016/j.syapm.2011.10.005

da Silva K, Meyer SED, Rouws LFM, Farias ENC, dos Santos MAO, O'Hara G, Ardley JK, Willems A, Pitard RM, Zilli JE (2014) *Bradyrhizobium ingae* sp. nov., isolated from effective nodules of *Inga laurina* grown in Cerrado soil Amazonia, Brazil. Int J Syst Evol Microbiol 64:3395–3401. doi:10.1099/ijs.0.063727-0

Dall'Agnol RF, Ribeiro RA, Ormeño-Orrillo E, Rogel MA, Delamuta JRM, Andrade DS, Martínez-Romero E, Hungria M (2013) *Rhizobium freirei* sp. nov., a symbiont of *Phaseolus vulgaris* that is very effective at fixing nitrogen. Int J Syst Evol Microbiol 63:4167–4173. doi:10.1099/ijs.0.052928-0

Dall'Agnol RF, Ribeiro RA, Delamuta JR, Ormeño-Orrillo E, Rogel MA, Andrade DS, Martínez-Romero E, Hungria M (2014) *Rhizobium paranaense* sp. nov., an effective N_2-fixing symbiont of common bean (*Phaseolus vulgaris* L.) with broad geographical distribution in Brazil. Int J Syst Evol Microbiol 64:3222–3229. doi:10.1099/ijs.0.064543-0

Dangeard P-A (1926) Recherches sur les tubercules radicaux des légumineuses, 1st edn. Ed. du botaniste, Paris

de Lajudie P, Willems A, Pot B, Dewettinck D, Maestrojuan G, Neyra M, Collins MD, Dreyfus B, Kersters K, Gillis M (1994) Polyphasic taxonomy of rhizobia: emendation of the genus Sinorhizobium and description of *Sinorhizobium meliloti* comb. nov., *Sinorhizobium saheli* sp. nov., and *Sinorhizobium teranga* sp. nov. Int J Syst Bacteriol 44:715–733. doi:10.1099/00207713-44-4-715

de Lajudie P, Laurent-Fulele E, Willems A, Torck U, Coopman R, Collins MD, Kersters K, Dreyfus B, Gillis M (1998a) *Allorhizobium undicola* gen. nov., sp. nov., nitrogen-fixing bacteria that efficiently nodulate *Neptunia natans* in Senegal. Int J Syst Evol Microbiol 48:1277–1290. doi:10.1099/00207713-48-4-1277

de Lajudie P, Willems A, Nick G, Moreira F, Molouba F, Hoste B, Torck U, Neyra M, Collins MD, Lindström K, Dreyfus B, Gillis M (1998b) Characterization of tropical tree rhizobia and description of *Mesorhizobium plurifarium* sp. nov. Int J Syst Bacteriol 48:369–382. doi:10.1099/00207713-48-2-369

de Meyer SE, Cnockaert M, Ardley JK, Maker G, Yates R, Howieson JG, Vandamme P (2013a) *Burkholderia sprentiae* sp. nov., isolated from *Lebeckia ambigua* root nodules. Int J Syst Evol Microbiol 63:3950–3957. doi:10.1099/ijs.0.048777-0

de Meyer SE, Cnockaert M, Ardley JK, Trengove RD, Garau G, Howieson JG, Vandamme P (2013b) *Burkholderia rhynchosiae* sp. nov., isolated from *Rhynchosia ferulifolia* root nodules. Int J Syst Evol Microbiol 63:3944–3949. doi:10.1099/ijs.0.048751-0

De Meyer SE, Cnockaert M, Ardley JK, Van Wyk B-E, Vandamme PA, Howieson JG (2014) *Burkholderia dilworthii* sp. nov., isolated from Lebeckia ambigua root nodules. Int J Syst Evol Microbiol 64:1090–1095. doi:10.1099/ijs.0.058602-0

De Meyer SE, Wee Tan H, Heenan PB, Andrews M, Willems A (2015) *Mesorhizobium waimense* sp. nov. isolated from *Sophora longicarinata* root nodules and *Mesorhizobium cantuariense* sp. nov. isolated from *Sophora microphylla* root nodules. Int J Syst Evol Microbiol 65:3419–3426. doi:10.1099/ijsem.0.000430

De Meyer SE, Tan HW, Andrews M, Heenan PB, Willems A (2016) *Mesorhizobium calcicola* sp. nov., *Mesorhizobium waitakense* sp. nov., *Mesorhizobium sophorae* sp. nov., *Mesorhizobium newzealandense* sp. nov. and *Mesorhizobium kowhaii* sp. nov. isolated from *Sophora* root nodules. Int J Syst Evol Microbiol 66:786–795. doi:10.1099/ijsem.0.000796

de Souza Moreira FM, Cruz L, Miana de Faria S, Marsh T, Martínez-Romero E, de Oliveira Pedrosa F, Maria Pitard R, Peter W, Young J (2006) *Azorhizobium doebereinerae* sp. Nov. microsymbiont of *Sesbania virgata* (Caz.) Pers. Syst Appl Microbiol 29:197–206. doi:10.1016/j.syapm.2005.09.004

Degefu T, Wolde-meskel E, Frostegård Å (2011) Multilocus sequence analyses reveal several unnamed *Mesorhizobium* genospecies nodulating *Acacia* species and *Sesbania sesban* trees in Southern regions of Ethiopia. Syst Appl Microbiol 34:216–226. doi:10.1016/j.syapm.2010.09.006

Degefu T, Wolde-meskel E, Liu B, Cleenwerck I, Willems A, Frostegård Å (2013) *Mesorhizobium shonense* sp. nov., *Mesorhizobium hawassense* sp. nov. and *Mesorhizobium abyssinicae* sp. nov., isolated from root nodules of different agroforestry legume trees. Int J Syst Evol Microbiol 63:1746–1753. doi:10.1099/ijs.0.044032-0

Delamuta JRM, Ribeiro RA, Ormeño-Orrillo E, Melo IS, Martínez-Romero E, Hungria M (2013) Polyphasic evidence supporting the reclassification of *Bradyrhizobium japonicum* group Ia strains as *Bradyrhizobium diazoefficiens* sp. nov. Int J Syst Evol Microbiol 63:3342–3351. doi:10.1099/ijs.0.049130-0

Delamuta JRM, Ribeiro RA, Ormeño-Orrillo E, Parma MM, Melo IS, Martínez-Romero E, Hungria M (2015) *Bradyrhizobium tropiciagri* sp. nov. and *Bradyrhizobium embrapense* sp. nov., nitrogen-fixing symbionts of tropical forage legumes. Int J Syst Evol Microbiol 65:4424–4433. doi:10.1099/ijsem.0.000592

Delamuta JRM, Ribeiro RA, Araújo JLS, Rouws LFM, Zilli JÉ, Parma MM, Melo IS, Hungria M (2016) *Bradyrhizobium stylosanthis* sp. nov., comprising nitrogen-fixing symbionts isolated from nodules of the tropical forage legume *Stylosanthes* spp. Int J Syst Evol Microbiol 66:3078–3087. doi:10.1099/ijsem.0.001148

Denarie J, Debelle F, Promé J-C (1996) *Rhizobium* lipo-chitooligosaccharide nodulation factors: signaling molecules mediating recognition and morphogenesis. Annu Rev Biochem 65:503–535

Dreyfus B, Garcia J-L, Gillis M (1988) Characterization of *Azorhizobium caulinodans* gen. nov., sp. nov., a stem-nodulating nitrogen-fixing bacterium isolated from *Sesbania rostrata*. Int J Syst Evol Microbiol 38:89–98

Durán D, Rey L, Mayo J, Zúñiga-Dávila D, Imperial J, Ruiz-Argüeso T, Martínez-Romero E, Ormeño-Orrillo E (2014a) *Bradyrhizobium paxllaeri* sp. nov. and *Bradyrhizobium icense* sp. nov., nitrogen-fixing rhizobial symbionts of Lima bean (*Phaseolus lunatus* L.) in Peru. Int J Syst Evol Microbiol 64:2072–2078. doi:10.1099/ijs.0.060426-0

Durán D, Rey L, Navarro A, Busquets A, Imperial J, Ruiz-Argüeso T (2014b) *Bradyrhizobium valentinum* sp. nov., isolated from effective nodules of *Lupinus mariae-josephae*, a lupine endemic of basic-lime soils in Eastern Spain. Syst Appl Microbiol 37:336–341. doi:10.1016/j.syapm.2014.05.002

Eckhardt MM, Baldwin IL, Fred EB (1931) Studies of the root-nodule organism of Lupinus. J Bacteriol 21:273–285

Elliott GN, Chen W-M, Bontemps C, Chou J-H, Young JPW, Sprent JI, James EK (2007) Nodulation of *Cyclopia* spp. (Leguminosae, Papilionoideae) by *Burkholderia tuberum*. Ann Bot 100:1403–1411. doi:10.1093/aob/mcm227

Ferraz Helene LC, Marçon Delamuta JR, Augusto Ribeiro R, Ormeño-Orrillo E, Antonio Rogel M, Martínez-Romero E, Hungria M (2015) *Bradyrhizobium viridifuturi* sp. nov., encompassing nitrogen-fixing symbionts of legumes used for green manure and environmental services. Int J Syst Evol Microbiol 65:4441–4448. doi:10.1099/ijsem.0.000591

Florentino LA, Guimarães AP, Rufini M, da Silva K, de Moreira FMS (2009) *Sesbania virgata* stimulates the occurrence of its microsymbiont in soils but does not inhibit microsymbionts of other species. Sci Agric 66:667–676. doi:10.1590/S0103-90162009000500012

Flores-Félix J-D, Carro L, Velázquez E, Valverde Á, Cerda-Castillo E, García-Fraile P, Rivas R (2013) *Phyllobacterium endophyticum* sp. nov., isolated from nodules of *Phaseolus vulgaris*. Int J Syst Evol Microbiol 63:821–826. doi:10.1099/ijs.0.038497-0

Frank B (1879) Ueber die Parasiten in den Wurzelanschwillungen der Papilionaceen. Bot Ztg 37:394–399

Frank B (1889) Ueber die Pilzsymbiose der Leguminosen. Bull Akad Wiss Erakau 7:332–346

Galibert F, Finan TM, Long SR, Pühler A, Abola P, Ampe F, Barloy-Hubler F, Barnett MJ, Becker A, Boistard P, Bothe G, Boutry M, Bowser L, Buhrmester J, Cadieu E, Capela D, Chain P, Cowie A, Davis RW, Dréano S, Federspiel NA, Fisher RF, Gloux S, Godrie T, Goffeau A, Golding B, Gouzy J, Gurjal M, Hernandez-Lucas I, Hong A, Huizar L, Hyman RW, Jones T, Kahn D, Kahn ML, Kalman S, Keating DH, Kiss E, Komp C, Lelaure V, Masuy D, Palm C, Peck MC, Pohl TM, Portetelle D, Purnelle B, Ramsperger U, Surzycki R, Thébault P, Vandenbol M, Vorhölter F-J, Weidner S, Wells DH, Wong K, Yeh K-C, Batut J (2001) The composite genome of the legume symbiont *Sinorhizobium meliloti*. Science 293:668–672. doi:10.1126/science.1060966

Gao J-L, Turner SL, Kan FL, Wang ET, Tan ZY, Qiu YH, Gu J, Terefework Z, Young JPW, Lindström K, Chen WX (2004) *Mesorhizobium septentrionale* sp. nov. and *Mesorhizobium temperatum* sp. nov., isolated from *Astragalus adsurgens* growing in the northern regions of China. Int J Syst Evol Microbiol 54:2003–2012. doi:10.1099/ijs.0.02840-0

Gaunt MW, Turner SL, Rigottier-Gois L, Lloyd-Macgilp SA, Young JP (2001) Phylogenies of *atpD* and *recA* support the small subunit rRNA-based classification of rhizobia. Int J Syst Evol Microbiol 51:2037–2048. doi:10.1099/00207713-51-6-2037

Gevers D, Cohan FM, Lawrence JG, Spratt BG, Coenye T, Feil EJ, Stackebrandt E, Van de Peer Y, Vandamme P, Thompson FL, Jean S (2005) Re-evaluating prokaryotic species. Nat Rev Microbiol 3:733–739

Gough C, Cullimore J (2011) Lipo-chitooligosaccharide signaling in endosymbiotic plant-microbe interactions. MPMI 24:867–878. doi:10.1094/MPMI-01-11-0019

Graham PH (1964) The application of computer techniques to the taxonomy of the root-nodule bacteria of legumes. J Gen Microbiol 35:511–517

Grönemeyer JL, Chimwamurombe P, Reinhold-Hurek B (2015a) *Bradyrhizobium subterraneum* sp. nov., a symbiotic nitrogen-fixing bacterium from root nodules of groundnuts. Int J Syst Evol Microbiol 65:3241–3247. doi:10.1099/ijsem.0.000403

Grönemeyer JL, Hurek T, Reinhold-Hurek B (2015b) *Bradyrhizobium kavangense* sp. nov., a symbiotic nitrogen-fixing bacterium from root nodules of traditional Namibian pulses. Int J Syst Evol Microbiol 65:4886–4894. doi:10.1099/ijsem.0.000666

Grönemeyer JL, Hurek T, Bünger W, Reinhold-Hurek B (2016) *Bradyrhizobium vignae* sp. nov., a nitrogen-fixing symbiont isolated from effective nodules of Vigna and Arachis. Int J Syst Evol Microbiol 66:62–69. doi:10.1099/ijsem.0.000674

Gu CT, Wang ET, Tian CF, Han TX, Chen WF, Sui XH, Chen WX (2008) *Rhizobium miluonense* sp. nov., a symbiotic bacterium isolated from *Lespedeza* root nodules. Int J Syst Evol Microbiol 58:1364–1368. doi:10.1099/ijs.0.65661-0

Guan SH, Chen WF, Wang ET, Lu YL, Yan XR, Zhang XX, Chen WX (2008) *Mesorhizobium caraganae* sp. nov., a novel rhizobial species nodulated with *Caragana* spp. in China. Int J Syst Evol Microbiol 58:2646–2653. doi:10.1099/ijs.0.65829-0

Guerrouj K, Ruíz-Díez B, Chahboune R, Ramírez-Bahena M-H, Abdelmoumen H, Quiñones MA, El Idrissi MM, Velázquez E, Fernández-Pascual M, Bedmar EJ, Peix A (2013) Definition of a novel symbiovar (sv. retamae) within *Bradyrhizobium retamae* sp. nov., nodulating *Retama sphaerocarpa* and *Retama monosperma*. Syst Appl Microbiol 36:218–223. doi:10.1016/j.syapm.2013.03.001

Gyaneshwar P, Hirsch AM, Moulin L, Chen W-M, Elliott GN, Bontemps C, Estrada-de los Santos P, Gross E, dos Reis FB, Sprent JI, Young JPW, James EK (2011) Legume-nodulating betaproteobacteria: diversity, host range, and future prospects. Mol Plant Microbe Interact 24:1276–1288. doi:10.1094/MPMI-06-11-0172

Han TX, Han LL, Wu LJ, Chen WF, Sui XH, Gu JG, Wang ET, Chen WX (2008a) *Mesorhizobium gobiense* sp. nov. and *Mesorhizobium tarimense* sp. nov., isolated from wild legumes growing in desert soils of Xinjiang, China. Int J Syst Evol Microbiol 58:2610–2618. doi:10.1099/ijs.0.2008/000125-0

Han TX, Wang ET, Wu LJ, Chen WF, Gu JG, Gu CT, Tian CF, Chen WX (2008b) *Rhizobium multihospitium* sp. nov., isolated from multiple legume species native of Xinjiang, China. Int J Syst Evol Microbiol 58:1693–1699. doi:10.1099/ijs.0.65568-0

Hernández-Lucas I, Rogel-Hernández MA, Segovia L, Rojas-Jiménez K, Martínez-Romero E (2004) Phylogenetic relationships of rhizobia based on citrate synthase gene sequences. Syst Appl Microbiol 27:703–706

Hou BC, Wang ET, Li Y, Jia RZ, Chen WF, Gao Y, Dong RJ, Chen WX (2009) *Rhizobium tibeticum* sp. nov., a symbiotic bacterium isolated from *Trigonella archiducis-nicolai* (Širj.) Vassilcz. Int J Syst Evol Microbiol 59:3051–3057. doi:10.1099/ijs.0.009647-0

Jarvis BDW, Downer HL, Young JPW (1992) Phylogeny of fast-growing soybean-nodulating rhizobia supports synonymy of *Sinorhizobium* and *Rhizobium* and *assignment* to *Rhizobium fredii*. Int J Syst Evol Microbiol 42:93–96 doi:10.1099/00207713-42-1-93

Jarvis BDW, Pankhurst CE, Patel JJ (1982) *Rhizobium loti*, a new species of legume root nodule bacteria. Int J Syst Bacteriol 32:378–380

Jarvis BDW, Van Berkum P, Chen WX, Nour SM, Fernandez MP, Cleyet-Marel JC, Gillis M (1997) Transfer of *Rhizobium loti*, *Rhizobium huakuii*, *Rhizobium ciceri*, *Rhizobium mediterraneum*, and *Rhizobium tianshanense* to *Mesorhizobium* gen. nov. Int J Syst Evol Microbiol 47:895–898. doi:10.1099/00207713-47-3-895

Jiao YS, Yan H, Ji ZJ, Liu YH, Sui XH, Wang ET, Guo BL, Chen WX, Chen WF (2015a) *Rhizobium sophorae* sp. nov. and *Rhizobium sophoriradicis* sp. nov., nitrogen-fixing rhizobial symbionts of the medicinal legume *Sophora flavescens*. Int J Syst Evol Microbiol 65:497–503. doi:10.1099/ijs.0.068916-0

Jiao YS, Yan H, Ji ZJ, Liu YH, Sui XH, Zhang XX, Wang ET, Chen WX, Chen WF (2015b) *Phyllobacterium sophorae* sp. nov., a symbiotic bacterium isolated from root nodules of *Sophora flavescens*. Int J Syst Evol Microbiol 65:399–406. doi:10.1099/ijs.0.067017-0

Jordan DC (1982) NOTES: transfer of *Rhizobium japonicum* Buchanan 1980 to *Bradyrhizobium* gen. nov., a genus of slow-growing, root nodule bacteria from leguminous plants. Int J Syst Evol Microbiol 32:136–139. doi:10.1099/00207713-32-1-136

Jordan DC (1984) Family III. Rhizobiaceae. Bergey's Man Syst Bacteriol 1:234–242

Jourand P, Giraud E, Bena G, Sy A, Willems A, Gillis M, Dreyfus B, de Lajudie P (2004) *Methylobacterium nodulans* sp. nov., for a group of aerobic, facultatively methylotrophic, legume root-nodule-forming and nitrogen-fixing bacteria. Int J Syst Evol Microbiol 54:2269–2273. doi:10.1099/ijs.0.02902-0

Kaneko T, Nakamura Y, Sato S, Asamizu E, Kato T, Sasamoto S, Watanabe A, Idesawa K, Ishikawa A, Kawashima K, Kimura T, Kishida Y, Kiyokawa C, Kohara M, Matsumoto M, Matsuno A, Mochizuki Y, Nakayama S, Nakazaki N, Shimpo S, Sugimoto M, Takeuchi C,

Yamada M, Tabata S (2000) Complete genome structure of the nitrogen-fixing symbiotic bacterium *Mesorhizobium loti*. DNA Res 7:331–338. doi:10.1093/dnares/7.6.331

Kaneko T, Maita H, Hirakawa H, Uchiike N, Minamisawa K, Watanabe A, Sato S (2011) Complete genome sequence of the soybean symbiont *Bradyrhizobium japonicum* strain USDA6T. Genes 2:763–787

Khalid R, Zhang YJ, Ali S, Sui XH, Zhang XX, Amara U, Chen WX, Hayat R (2014) *Rhizobium pakistanensis* sp. nov., isolated from groundnut (*Arachis hypogaea*) nodules grown in rainfed Pothwar, Pakistan. Antonie Van Leeuwenhoek 107:281–290. doi:10.1007/s10482-014-0326-x

Kirchner O (1896) Die wurzelknöllchen der sojabohne. Beitrage Zur Biol Pflanz 7:213–224

Knösel D (1962) Prüfung von bakterien auf Fähigkeit zur Sternbildung. Zentralbl Bakteriol Parasitenk Infecktionskr Hyg Abt 2:79–100

Kuykendall LD, Saxena B, Devine TE, Udell SE (1992) Genetic diversity in *Bradyrhizobium japonicum* Jordan 1982 and a proposal for *Bradyrhizobium elkanii* sp. nov. Can J Microbiol 38:501–505. doi:10.1139/m92-082

Laranjo M, Alexandre A, Oliveira S (2014) Legume growth-promoting rhizobia: an overview on the *Mesorhizobium* genus. Microbiol Res 169(1):2–17

Latif S, Khan S, Naveed M, Mustafa G, Bashir T, Mumtaz AS (2013) The diversity of Rhizobia, Sinorhizobia and novel non-Rhizobial *Paenibacillus* nodulating wild herbaceous legumes. Arch Microbiol 195:647–653. doi:10.1007/s00203-013-0914-6

Lee KB, Backer PD, Aono T, Liu CT, Suzuki S, Suzuki T, Kaneko T, Yamada M, Tabata S, Kupfer DM, Najar FZ, Wiley GB, Roe B, Binnewies TT, Ussery DW, D'Haeze W, Herder JD, Gevers D, Vereecke D, Holsters M, Oyaizu H (2008) The genome of the versatile nitrogen fixer *Azorhizobium caulinodans* ORS571. BMC Genomics 9:1–14. doi:10.1186/1471-2164-9-271

Lewin A, Rosenberg C, Meyer ZAH, Wong CH et al (1987) Multiple host-specificity loci of the broad host-range Rhizobium sp. NGR234 selected using the widely compatible legume *Vigna unguiculata*. Plant Mol Biol 8:447–459

Li QQ, Wang ET, Chang YL, Zhang YZ, Zhang YM, Sui XH, Chen WF, Chen WX (2011) *Ensifer sojae* sp. nov., isolated from root nodules of *Glycine max* grown in saline-alkaline soils. Int J Syst Evol Microbiol 61:1981–1988. doi:10.1099/ijs.0.025049-0

Li YH, Wang R, Zhang XX, Young JPW, Wang ET, Sui XH, Chen WX (2015) *Bradyrhizobium guangdongense* sp. nov. and *Bradyrhizobium guangxiense* sp. nov., isolated from effective nodules of peanut. Int J Syst Evol Microbiol 65:4655–4661. doi:10.1099/ijsem.0.000629

Lin DX, Man CX, Wang ET, Chen WX (2007) Diverse rhizobia that nodulate two species of Kummerowia in China. Arch Microbiol 188:495–507. doi:10.1007/s00203-007-0271-4

Lin DX, Wang ET, Tang H, Han TX, He YR, Guan SH, Chen WX (2008) *Shinella kummerowiae* sp. nov., a symbiotic bacterium isolated from root nodules of the herbal legume *Kummerowia stipulacea*. Int J Syst Evol Microbiol 58:1409–1413. doi:10.1099/ijs.0.65723-0

Lin DX, Chen WF, Wang FQ, Hu D, Wang ET, Sui XH, Chen WX (2009) *Rhizobium mesosinicum* sp. nov., isolated from root nodules of three different legumes. Int J Syst Evol Microbiol 59:1919–1923. doi:10.1099/ijs.0.006387-0

Lindström K (1989) *Rhizobium galegae*, a new species of legume root nodule bacteria. Int J Syst Evol Microbiol 39:365–367. doi:10.1099/00207713-39-3-365

Lindstrom K, Young JPW (2009) International committee on systematics of prokaryotes subcommittee on the taxonomy of agrobacterium and rhizobium: minutes of the meeting, 31 August 2008 Gent, Belgium. Int J Syste Evol Microbiol 59:921–922

Liu TY, Li Y Jr, Liu XX, Sui XH, Zhang XX, Wang ET, Chen WX, Chen WF, Puławska J (2012) *Rhizobium cauense* sp. nov., isolated from root nodules of the herbaceous legume *Kummerowia stipulacea* grown in campus lawn soil. Syst Appl Microbiol 35:415–420. doi:10.1016/j.syapm.2012.08.006

Lloret L, Ormeño-Orrillo E, Rincón R, Martínez-Romero J, Rogel-Hernández MA, Martínez-Romero E (2007) *Ensifer mexicanus* sp. nov. a new species nodulating *Acacia angustissima* (Mill.) Kuntze in Mexico. Syst Appl Microbiol 30:280–290. doi:10.1016/j.syapm.2006.12.002

López-Guerrero MG, Ormeño-Orrillo E, Velázquez E, Rogel MA, Acosta JL, Gónzalez V, Martínez J, Martínez-Romero E (2012) *Rhizobium etli* taxonomy revised with novel genomic data and analyses. Syst Appl Microbiol 35:353–358. doi:10.1016/j.syapm.2012.06.009

López-López A, Rogel-Hernández MA, Barois I, Ortiz Ceballos AI, Martínez J, Ormeño-Orrillo E, Martínez-Romero E (2012) *Rhizobium grahamii* sp. nov., from nodules of *Dalea leporina, Leucaena leucocephala* and *Clitoria ternatea*, and *Rhizobium mesoamericanum* sp. nov., from nodules of *Phaseolus vulgaris*, siratro, cowpea and *Mimosa pudica*. Int J Syst Evol Microbiol 62:2264–2271. doi:10.1099/ijs.0.033555-0

Lu YL, Chen WF, Han LL, Wang ET, Chen WX (2009a) *Rhizobium alkalisoli* sp. nov., isolated from *Caragana intermedia* growing in saline-alkaline soils in the north of China. Int J Syst Evol Microbiol 59:3006–3011. doi:10.1099/ijs.0.007237-0

Lu YL, Chen WF, Wang ET, Han LL, Zhang XX, Chen WX, Han SZ (2009b) *Mesorhizobium shangrilense* sp. nov., isolated from root nodules of *Caragana* species. Int J Syst Evol Microbiol 59:3012–3018. doi:10.1099/ijs.0.007393-0

Lu JK, Dou YJ, Zhu YJ, Wang SK, Sui XH, Kang LH (2014) *Bradyrhizobium ganzhouense* sp. nov., an effective symbiotic bacterium isolated from *Acacia melanoxylon* R. Br. nodules. Int J Syst Evol Microbiol 64:1900–1905. doi:10.1099/ijs.0.056564-0

Makkar NS, Casida LE (1987) *Cupriavidus necator* gen. nov., sp. nov.; a nonobligate bacterial predator of bacteria in soil. Int J Syst Evol Microbiol 37:323–326. doi:10.1099/00207713-37-4-323

Mantelin S, Saux MF-L, Zakhia F, Béna G, Bonneau S, Jeder H, de Lajudie P, Cleyet-Marel J-C (2006) Emended description of the genus Phyllobacterium and description of four novel species associated with plant roots: *Phyllobacterium bourgognense* sp. nov., *Phyllobacterium ifriqiyense* sp. nov., *Phyllobacterium leguminum* sp. nov. and *Phyllobacterium brassicacearum* sp. nov. Int J Syst Evol Microbiol 56:827–839. doi:10.1099/ijs.0.63911-0

Martens M, Delaere M, Coopman R, De Vos P, Gillis M, Willems A (2007) Multilocus sequence analysis of *Ensifer* and related taxa. Int J Syst Evol Microbiol 57:489–503. doi:10.1099/ijs.0.64344-0

Martens M, Dawyndt P, Coopman R, Gillis M, De Vos P, Willems A (2008) Advantages of multilocus sequence analysis for taxonomic studies: a case study using 10 housekeeping genes in the genus *Ensifer* (including former *Sinorhizobium*). Int J Syst Evol Microbiol 58:200–214. doi:10.1099/ijs.0.65392-0

Martínez-Aguilar L, Salazar-Salazar C, Méndez RD, Caballero-Mellado J, Hirsch AM, Vásquez-Murrieta MS, los Santos PE (2013) *Burkholderia caballeronis* sp. nov., a nitrogen fixing species isolated from tomato (*Lycopersicon esculentum*) with the ability to effectively nodulate *Phaseolus vulgaris*. Antonie Van Leeuwenhoek 104:1063–1071. doi:10.1007/s10482-013-0028-9

Martínez-Hidalgo P, Ramírez-Bahena MH, Flores-Félix JD, Rivas R, Igual JM, Mateos PF, Martínez-Molina E, León-Barrios M, Peix Á, Velázquez E (2015) Revision of the taxonomic status of type strains of *Mesorhizobium loti* and reclassification of strain USDA 3471T as the type strain of *Mesorhizobiumerdmanii* sp. nov. and ATCC 33669T as the type strain of *Mesorhizobiumjarvisii* sp. nov. Int J Syst Evol Microbiol 65:1703–1708. doi:10.1099/ijs.0.000164

Martínez-Romero E, Segovia L, Mercante FM, Franco AA, Graham P, Pardo MA (1991) *Rhizobium tropici*, a novel species nodulating *Phaseolus vulgaris* L. beans and *Leucaena* sp. trees. Int J Syst Evol Microbiol 41:417–426. doi:10.1099/00207713-41-3-417

Maynaud G, Willems A, Soussou S, Vidal C, Mauré L, Moulin L, Cleyet-Marel J-C, Brunel B (2012) Molecular and phenotypic characterization of strains nodulating *Anthyllis vulneraria* in mine tailings, and proposal of *Aminobacter anthyllidis* sp. nov., the first definition of Aminobacter as legume-nodulating bacteria. Syst Appl Microbiol 35:65–72. doi:10.1016/j.syapm.2011.11.002

Merabet C, Martens M, Mahdhi M, Zakhia F, Sy A, Roux CL, Domergue O, Coopman R, Bekki A, Mars M, Willems A, de Lajudie P (2010) Multilocus sequence analysis of root nodule isolates from *Lotus arabicus* (Senegal), *Lotus creticus*, *Argyrolobium uniflorum* and *Medicago sativa* (Tunisia) and description of *Ensifer numidicus* sp. nov. and *Ensifer garamanticus* sp. nov. Int J Syst Evol Microbiol 60:664–674. doi:10.1099/ijs.0.012088-0

Mnasri B, Liu TY, Saidi S, Chen WF, Chen WX, Zhang XX, Mhamdi R (2014) *Rhizobium azibense* sp. nov., a nitrogen fixing bacterium isolated from root-nodules of *Phaseolus vulgaris*. Int J Syst Evol Microbiol 64:1501–1506. doi:10.1099/ijs.0.058651-0

Moulin L, Munive A, Dreyfus B, Boivin-Masson C (2001) Nodulation of legumes by members of the β-subclass of Proteobacteria. Nature 411:948–950

Mousavi SA, Österman J, Wahlberg N, Nesme X, Lavire C, Vial L, Paulin L, de Lajudie P, Lindström K (2014) Phylogeny of the *Rhizobium–Allorhizobium–Agrobacterium* clade supports the delineation of *Neorhizobium* gen. nov. Syst Appl Microbiol 37:208–215. doi:10.1016/j.syapm.2013.12.007

Nandasena KG, O'Hara GW, Tiwari RP, Willems A, Howieson JG (2009) *Mesorhizobium australicum* sp. nov. and *Mesorhizobium opportunistum* sp. nov., isolated from *Biserrula pelecinus* L. in Australia. Int J Syst Evol Microbiol 59:2140–2147. doi:10.1099/ijs.0.005728-0

Ngom A, Nakagawa Y, Sawada H, Tsukahara J, Wakabayashi S, Uchiumi T, Nuntagij A, Kotepong S, Suzuki A, Higashi S, Abe M (2004) A novel symbiotic nitrogen-fixing member of the *Ochrobactrum* clade isolated from root nodules of *Acacia mangiu*. J Gen Appl Microbiol 50:17–27

Nguyen TM, Pham VHT, Kim J (2015) *Mesorhizobium soli* sp. nov., a novel species isolated from the rhizosphere of *Robinia pseudoacacia* L. in South Korea by using a modified culture method. Antonie Van Leeuwenhoek 108:301–310. doi:10.1007/s10482-015-0481-8

Nick G, de Lajudie P, Eardly BD, Suomalainen S, Paulin L, Zhang X, Gillis M, Lindström K (1999) *Sinorhizobium arboris* sp. nov. and *Sinorhizobium kostiense* sp. nov., isolated from leguminous trees in Sudan and Kenya. Int J Syst Evol Microbiol 49:1359–1368. doi:10.1099/00207713-49-4-1359

Nour SM, Fernandez MP, Normand P, Cleyet-Marel JC (1994) *Rhizobium ciceri* sp. nov., consisting of strains that nodulate Chickpeas (*Cicer arietinum* L.). Int J Syst Evol Microbiol 44:511–522. doi:10.1099/00207713-44-3-511

Nour SM, Cleyet-Marel J-C, Normand P, Fernandez MP (1995) Genomic heterogeneity of strains nodulating Chickpeas (*Cicer arietinum* L.) and description of *Rhizobium mediterraneum* sp. nov. Int J Syst Evol Microbiol 45:640–648. doi:10.1099/00207713-45-4-640

Nzoué A, Miché L, Klonowska A, Laguerre G, de Lajudie P, Moulin L (2009) Multilocus sequence analysis of bradyrhizobia isolated from *Aeschynomene* species in Senegal. Syst Appl Microbiol 32:400–412. doi:10.1016/j.syapm.2009.06.002

Oldroyd GED (2013) Speak, friend, and enter: signalling systems that promote beneficial symbiotic associations in plants. Nat Rev Microbiol 11:252–263. doi:10.1038/nrmicro2990

Ott T, van Dongen JT, Günther C, Krusell L, Desbrosses G, Vigeolas H, Bock V, Czechowski T, Geigenberger P, Udvardi MK (2005) Symbiotic leghemoglobins are crucial for nitrogen fixation in legume root nodules but not for general plant growth and development. Curr Biol 15:531–535. doi:10.1016/j.cub.2005.01.042

Peix A, Ramírez-Bahena MH, Flores-Félix JD, Alonso de la Vega P, Rivas R, Mateos PF, Igual JM, Martínez-Molina E, Trujillo ME, Velázquez E (2015a) Revision of the taxonomic status of the species *Rhizobium lupini* and reclassification as *Bradyrhizobium lupini* comb. nov. Int J Syst Evol Microbiol 65:1213–1219. doi:10.1099/ijs.0.000082

Peix A, Ramírez-Bahena MH, Velázquez E, Bedmar EJ (2015b) Bacterial associations with legumes. Crit Rev Plant Sci 34:17–42. doi:10.1080/07352689.2014.897899

Peng G, Yuan Q, Li H, Zhang W, Tan Z (2008) *Rhizobium oryzae* sp. nov., isolated from the wild rice *Oryza alta*. Int J Syst Evol Microbiol 58:2158–2163. doi:10.1099/ijs.0.65632-0

Qin W, Deng ZS, Xu L, Wang NN, Wei GH (2011) *Rhizobium helanshanense* sp. nov., a bacterium that nodulates *Sphaerophysa salsula* (Pall.) DC. in China. Arch Microbiol 194:371–378. doi:10.1007/s00203-011-0766-x

Radl V, Simões-Araújo JL, Leite J, Passos SR, Martins LMV, Xavier GR, Rumjanek NG, Baldani JI, Zilli JE (2014) *Microvirga vignae* sp. nov., a root nodule symbiotic bacterium isolated from cowpea grown in semi-arid Brazil. Int J Syst Evol Microbiol 64:725–730. doi:10.1099/ijs.0.053082-0

Ramírez-Bahena MH, García-Fraile P, Peix A, Valverde A, Rivas R, Igual JM, Mateos PF, Martínez-Molina E, Velázquez E (2008) Revision of the taxonomic status of the species *Rhizobium leguminosarum* (Frank 1879) Frank 1889AL, *Rhizobium phaseoli* Dangeard 1926AL and *Rhizobium trifolii* Dangeard 1926AL. *R. trifolii* is a later synonym of *R. leguminosarum*. Reclassification of the strain *R. leguminosarum* DSM 30132 (=NCIMB 11478) as *Rhizobium pisi* sp. nov. Int J Syst Evol Microbiol 58:2484–2490. doi:10.1099/ijs.0.65621-0

Ramírez-Bahena MH, Peix A, Rivas R, Camacho M, Rodríguez-Navarro DN, Mateos PF, Martínez-Molina E, Willems A, Velázquez E (2009) *Bradyrhizobium pachyrhizi* sp. nov. and *Bradyrhizobium jicamae* sp. nov., isolated from effective nodules of *Pachyrhizus* erosus. Int J Syst Evol Microbiol 59:1929–1934. doi:10.1099/ijs.0.006320-0

Ramírez-Bahena MH, Hernández M, Peix Á, Velázquez E, León-Barrios M (2012) Mesorhizobial strains nodulating *Anagyris latifolia* and *Lotus berthelotii* in Tamadaya ravine (Tenerife, Canary Islands) are two symbiovars of the same species, *Mesorhizobium tamadayense* sp. nov. Syst Appl Microbiol 35:334–341. doi:10.1016/j.syapm.2012.05.003

Rashid MH, Young JPW, Everall I, Clercx P, Willems A, Santhosh Braun M, Wink M (2015) Average nucleotide identity of genome sequences supports the description of *Rhizobium lentis* sp. nov., *Rhizobium bangladeshense* sp. nov. and *Rhizobium binae* sp. nov. from lentil (*Lens culinaris*) nodules. Int J Syst Evol Microbiol 65:3037–3045. doi:10.1099/ijs.0.000373

Rasolomampianina R, Bailly X, Fetiarison R, Rabevohitra R, Béna G, Ramaroson L, Raherimandimby M, Moulin L, De Lajudie P, Dreyfus B, Avarre J-C (2005) Nitrogen-fixing nodules from rose wood legume trees (*Dalbergia* spp.) endemic to Madagascar host seven different genera belonging to α- and β-Proteobacteria. Mol Ecol 14:4135–4146. doi:10.1111/j.1365-294X.2005.02730.x

Rees DC, Akif Tezcan F, Haynes CA, Walton MY, Andrade S, Einsle O, Howard JB (2005) Structural basis of biological nitrogen fixation. Philos Trans A Math Phys Eng Sci 363:971. doi:10.1098/rsta.2004.1539

Ren DW, Chen WF, Sui XH, Wang ET, Chen WX (2011a) *Rhizobium vignae* sp. nov., a symbiotic bacterium isolated from multiple legume species. Int J Syst Evol Microbiol 61:580–586. doi:10.1099/ijs.0.023143-0

Ren DW, Wang ET, Chen WF, Sui XH, Zhang XX, Liu HC, Chen WX (2011b) *Rhizobium herbae* sp. nov. and *Rhizobium giardinii*-related bacteria, minor microsymbionts of various wild legumes in China. Int J Syst Evol Microbiol 61:1912–1920. doi:10.1099/ijs.0.024943-0

Ribeiro RA, Rogel MA, López-López A, Ormeño-Orrillo E, Barcellos FG, Martínez J, Thompson FL, Martínez-Romero E, Hungria M (2012) Reclassification of *Rhizobium tropici* type A strains as *Rhizobium leucaenae* sp. nov. Int J Syst Evol Microbiol 62:1179–1184. doi:10.1099/ijs.0.032912-0

Ribeiro RA, Martins TB, Ormeño-Orrillo E, Marçon Delamuta JR, Rogel MA, Martínez-Romero E, Hungria M (2015) *Rhizobium ecuadorense* sp. nov., an indigenous N_2-fixing symbiont of the Ecuadorian common bean (*Phaseolus vulgaris* L.) genetic pool. Int J Syst Evol Microbiol 65:3162–3169. doi:10.1099/ijsem.0.000392

Rincón-Rosales R, Villalobos-Escobedo JM, Rogel MA, Martinez J, Ormeño-Orrillo E, Martínez-Romero E (2013) *Rhizobiumcalliandrae* sp. nov., *Rhizobiummayense* sp. nov. and *Rhizobiumjaguaris* sp. nov., rhizobial species nodulating the medicinal legume *Calliandra grandiflora*. Int J Syst Evol Microbiol 63:3423–3429. doi:10.1099/ijs.0.048249-0

Rivas R, Velazquez E, Willems A, Vizcaino N, Subba-Rao NS, Mateos PF, Gillis M, Dazzo FB, Martinez-Molina E (2002) A new species of *Devosia* that forms a unique nitrogen-fixing root-nodule symbiosis with the aquatic legume *Neptunia natans* (l.f.) druce. Appl Environ Microbiol 68:5217–5222. doi:10.1128/AEM.68.11.5217-5222.2002

Rivas R, Willems A, Subba-Rao NS, Mateos PF, Dazzo FB, Kroppenstedt RM, Martínez-Molina E, Gillis M, Velázquez E (2003) Description of *Devosia neptuniae* sp. nov. that nodulates and fixes nitrogen in symbiosis with *Neptunia natans*, an aquatic legume from India. Syst Appl Microbiol 26:47–53. doi:10.1078/072320203322337308

Rivas R, García-Fraile P, Velázquez E (2009) Taxonomy of bacteria nodulating legumes. Microbiol Insights 2:51–69

Román-Ponce B, Jing Zhang Y, Soledad Vásquez-Murrieta M, Hua Sui X, Feng Chen W, Carlos Alberto Padilla J, Wu Guo X, Lian Gao J, Yan J, Hong Wei G, Tao Wang E (2016) *Rhizobium acidisoli* sp. nov., isolated from root nodules of *Phaseolus vulgaris* in acid soils. Int J Syst Evol Microbiol 66:398–406. doi:10.1099/ijsem.0.000732

Rome S, Fernandez MP, Brunel B, Normand P, Cleyet-Marel J-C (1996) *Sinorhizobium medicae* sp. nov., isolated from annual *Medicago* spp. Int J Syst Bacteriol 46:972–980. doi:10.1099/00207713-46-4-972

Saïdi S, Ramírez-Bahena M-H, Santillana N, Zúñiga D, Álvarez-Martínez E, Peix A, Mhamdi R, Velázquez E (2014) *Rhizobium laguerreae* sp. nov. nodulates *Vicia faba* on several continents. Int J Syst Evol Microbiol 64:242–247. doi:10.1099/ijs.0.052191-0

Sánchez M, Ramírez-Bahena M-H, Peix A, Lorite MJ, Sanjuán J, Velázquez E, Monza J (2014) *Phyllobacterium loti* sp. nov. isolated from nodules of *Lotus corniculatus*. Int J Syst Evol Microbiol 64:781–786. doi:10.1099/ijs.0.052993-0

Sawana A, Adeolu M, Gupta RS (2014) Molecular signatures and phylogenomic analysis of the genus *Burkholderia*: proposal for division of this genus into the emended genus *Burkholderia* containing pathogenic organisms and a new genus *Paraburkholderia* gen. nov. harboring environmental species. Evol Genomic Microbiol 5:429. doi:10.3389/fgene.2014.00429

Scholla MH, Elkan GH (1984) *Rhizobium fredii* sp. nov., a fast-growing species that effectively nodulates soybeans. Int J Syst Bacteriol 34:484–486

Schwinghamer EA, Dudman WF (1980) Methods for identifying strains of diazotrophs. In: Bergersen FJ (ed) Methods for evaluating biological nitrogen fixation. Wiley, Chichester, pp 337–366

Segovia L, Young JPW, Martínez-Romero E (1993) Reclassification of American *Rhizobium leguminosarum* biovar phaseoli type I strains as *Rhizobium etli* sp. nov. Int J Syst Evol Microbiol 43:374–377. doi:10.1099/00207713-43-2-374

Sheu S-Y, Chou J-H, Bontemps C, Elliott GN, Gross E, James EK, Sprent JI, Young JPW, Chen W-M (2012) *Burkholderia symbiotica* sp. nov., isolated from root nodules of *Mimosa* spp. native to north-east Brazil. Int J Syst Evol Microbiol 62:2272–2278. doi:10.1099/ijs.0.037408-0

Sheu S-Y, Chou J-H, Bontemps C, Elliott GN, Gross E, dos Reis Junior FB, Melkonian R, Moulin L, James EK, Sprent JI, Young JPW, Chen W-M (2013) *Burkholderia diazotrophica* sp. nov., isolated from root nodules of *Mimosa* spp. Int J Syst Evol Microbiol 63:435–441. doi:10.1099/ijs.0.039859-0

Sheu S-Y, Chen M-H, Liu WYY, Andrews M, James EK, Ardley JK, De Meyer SE, James TK, Howieson JG, Coutinho BG, Chen W-M (2015) *Burkholderia dipogonis* sp. nov., isolated from root nodules of *Dipogon lignosus* in New Zealand and Western Australia. Int J Syst Evol Microbiol 65:4716–4723. doi:10.1099/ijsem.0.000639

Shiraishi A, Matsushita N, Hougetsu T (2010) Nodulation in black locust by the gammaproteobacteria *Pseudomonas* sp. and the betaproteobacteria *Burkholderia* sp. Syst Appl Microbiol 33:269–274. doi:10.1016/j.syapm.2010.04.005

Silva FV, Meyer SED, de Araujo JLS, da Barbé TC, Xavier GR, O'Hara G, Ardley J, Rumjanek NG, Willems A, Zilli JÉ (2014) *Bradyrhizobium manausense* sp. nov., isolated from effective nodules of *Vigna unguiculata* grown in Brazilian Amazon rainforest soils. Int J Syst Evol Microbiol 64:ijs.0.061259-0. doi:10.1099/ijs.0.061259-0

Sprent JI (2009) Nodulation in a taxonomic context. In: Legume nodulation: a global perspective. Wiley-Blackwell, Hoboken, pp 1–33

Squartini A, Struffi P, Döring H, Selenska-Pobell S, Tola E, Giacomini A, Vendramin E, Velázquez E, Mateos PF, Martínez-Molina E, Dazzo FB, Casella S, Nuti MP (2002) *Rhizobium sullae* sp. nov. (formerly "*Rhizobium hedysari*"), the root-nodule microsymbiont of

Hedysarum coronarium L. Int J Syst Evol Microbiol 52:1267–1276. doi:10.1099/00207713-52-4-1267

Stackebrandt E, Frederiksen W, Garrity GM, Grimont PAD, Kämpfer P, Maiden MCJ, Nesme X, Rosselló-Mora R, Swings J, Trüper HG, Vauterin L, Ward AC, Whitman WB (2002) Report of the ad hoc committee for the re-evaluation of the species definition in bacteriology. Int J Syst Evol Microbiol 52:1043–1047

Steenkamp ET, van Zyl E, Beukes CW, Avontuur JR, Chan WY, Palmer M, Mthombeni LS, Phalane FL, Sereme TK, Venter SN (2015) *Burkholderia kirstenboschensis* sp. nov. nodulates papilionoid legumes indigenous to South Africa. Syst Appl Microbiol 38:545–554. doi:10.1016/j.syapm.2015.09.003

Stępkowski T, Czaplińska M, Miedzinska K, Moulin L (2003) The variable part of the *dnaK* gene as an alternative marker for phylogenetic studies of rhizobia and related alpha Proteobacteria. Syst Appl Microbiol 26:483–494. doi:10.1078/072320203770865765

Subba-Rao NS, Mateos PF, Baker D, Pankratz HS, Palma J, Dazzo FB, Sprent JI (1995) The unique root-nodule symbiosis between Rhizobium and the aquatic legume, *Neptunia natans* (L. f.) Druce. Planta 196:311–320. doi:10.1007/BF00201390

Sullivan JT, Patrick HN, Lowther WL, Scott DB, Ronson CW (1995) Nodulating strains of *Rhizobium loti* arise through chromosomal symbiotic gene transfer in the environment. Proc Natl Acad Sci USA 92:8985–8989

Sy A, Giraud E, Jourand P, Garcia N, Willems A, de Lajudie P, Prin Y, Neyra M, Gillis M, Boivin-Masson C, Dreyfus B (2001) Methylotrophic *Methylobacterium* bacteria nodulate and fix nitrogen in symbiosis with legumes. J Bacteriol 183:214–220. doi:10.1128/JB.183.1.214-220.2001

Tan ZY, Kan FL, Peng GX, Wang ET, Reinhold-Hurek B, Chen WX (2001) *Rhizobium yanglingense* sp. nov., isolated from arid and semi-arid regions in China. Int J Syst Evol Microbiol 51:909–914. doi:10.1099/00207713-51-3-909

Tejerizo GT, Rogel MA, Ormeño-Orrillo E, Althabegoiti MJ, Nilsson JF, Niehaus K, Schlüter A, Pühler A, Del Papa MF, Lagares A, Martínez-Romero E, Pistorio M (2016) *Rhizobium favelukesii* sp. nov., isolated from the root nodules of alfalfa (*Medicago sativa* L). Int J Syst Evol Microbiol. doi:10.1099/ijsem.0.001373

Tian CF, Wang ET, Wu LJ, Han TX, Chen WF, Gu CT, Gu JG, Chen WX (2008) *Rhizobium fabae* sp. nov., a bacterium that nodulates *Vicia faba*. Int J Syst Evol Microbiol 58:2871–2875. doi:10.1099/ijs.0.2008/000703-0

Toledo I, Lloret L, Martínez-Romero E (2003) *Sinorhizobium americanus* sp. nov., a new *Sinorhizobium* species nodulating native *Acacia* spp. in Mexico. Syst Appl Microbiol 26:54–64. doi:10.1078/072320203322337317

Trujillo ME, Willems A, Abril A, Planchuelo A-M, Rivas R, Ludeña D, Mateos PF, Martínez-Molina E, Velázquez E (2005) Nodulation of *Lupinus albus* by strains of *Ochrobactrum lupini* sp. nov. Appl Environ Microbiol 71:1318–1327. doi:10.1128/AEM.71.3.1318-1327.2005

Turner SL, Young JPW (2000) The glutamine synthetases of rhizobia: phylogenetics and evolutionary implications. Mol Biol Evol 17:309–319

Valverde A, Velázquez E, Fernández-Santos F, Vizcaíno N, Rivas R, Mateos PF, Martínez-Molina E, Igual JM, Willems A (2005) *Phyllobacterium trifolii* sp. nov., nodulating *Trifolium* and *Lupinus* in Spanish soils. Int J Syst Evol Microbiol 55:1985–1989

Valverde A, Igual JM, Peix A, Cervantes E, Velazquez E (2006) *Rhizobium lusitanum* sp. nov. a bacterium that nodulates *Phaseolus vulgaris*. Int J Syst Evol Microbiol 56:2631–2637. doi:10.1099/ijs.0.64402-0

Van Berkum P, Eardly BD (2002) The aquatic budding bacterium *Blastobacter denitrificans* is a nitrogen-fixing symbiont of *Aeschynomene indica*. Appl Environ Microbiol 68:1132–1136

van Berkum P, Beyene D, Bao G, Campbell TA, Eardly BD (1998) *Rhizobium mongolense* sp. nov. is one of three rhizobial genotypes identified which nodulate and form nitrogen-fixing symbioses with *Medicago ruthenica* [(L.) Ledebour]. Int J Syst Evol Microbiol 48:13–22. doi:10.1099/00207713-48-1-13

Vandamme P, Coenye T (2004) Taxonomy of the genus *Cupriavidus*: a tale of lost and found. Int J Syst Evol Microbiol 54:2285–2289. doi:10.1099/ijs.0.63247-0

Vandamme P, Goris J, Chen W-M, de Vos P, Willems A (2002) *Burkholderia tuberum* sp. nov. and *Burkholderia phymatum* sp. nov., nodulate the roots of tropical legumes. Syst Appl Microbiol 25:507–512. doi:10.1078/07232020260517634

Vaneechoutte M, Kämpfer P, De Baere T, Falsen E, Verschraegen G (2004) *Wautersia* gen. nov., a novel genus accommodating the phylogenetic lineage including *Ralstonia eutropha* and related species, and proposal of *Ralstonia [Pseudomonas] syzygii* (Roberts et al. 1990) comb. nov. Int J Syst Evol Microbiol 54:317–327. doi:10.1099/ijs.0.02754-0

Velázquez E, Igual JM, Willems A, Fernández MP, Muñoz E, Mateos PF, Abril A, Toro N, Normand P, Cervantes E, Gillis M, Martínez-Molina E (2001) *Mesorhizobium chacoense* sp. nov., a novel species that nodulates *Prosopis alba* in the Chaco Arido region (Argentina). Int J Syst Evol Microbiol 51:1011–1021. doi:10.1099/00207713-51-3-1011

Vidal C, Chantreuil C, Berge O, Mauré L, Escarré J, Béna G, Brunel B, Cleyet-Marel J-C (2009) *Mesorhizobium metallidurans* sp. nov., a metal-resistant symbiont of *Anthyllis vulneraria* growing on metallicolous soil in Languedoc, France. Int J Syst Evol Microbiol 59:850–855. doi:10.1099/ijs.0.003327-0

Vinuesa P, León-Barrios M, Silva C, Willems A, Jarabo-Lorenzo A, Pérez-Galdona R, Werner D, Martínez-Romero E (2005) *Bradyrhizobium canariense* sp. nov., an acid-tolerant endosymbiont that nodulates endemic genistoid legumes (Papilionoideae: Genisteae) from the Canary Islands, along with *Bradyrhizobium japonicum* bv. *genistearum, Bradyrhizobium* genospecies alpha and *Bradyrhizobium* genospecies beta. Int J Syst Evol Microbiol 55:569–575. doi:10.1099/ijs.0.63292-0

Vinuesa P, Rojas-Jiménez K, Contreras-Moreira B, Mahna SK, Prasad BN, Moe H, Selvaraju SB, Thierfelder H, Werner D (2008) Multilocus sequence analysis for assessment of the biogeography and evolutionary genetics of four *Bradyrhizobium* species that nodulate soybeans on the Asiatic continent. Appl Environ Microbiol 74:6987–6996. doi:10.1128/AEM.00875-08

Wang ET, van Berkum P, Beyene D, Sui XH, Dorado O, Chen WX, Martínez-Romero E (1998) *Rhizobium huautlense* sp. nov., a symbiont of *Sesbania herbacea* that has a close phylogenetic relationship with *Rhizobium galegae*. Int J Syst Evol Microbiol 48:687–699. doi:10.1099/00207713-48-3-687

Wang ET, Van Berkum P, Sui XH, Beyene D, Chen WX, Martínez-Romero E (1999a) Diversity of rhizobia associated with *Amorpha fruticosa* isolated from Chinese soils and description of *Mesorhizobium amorphae* sp. nov. Int J Syst Bacteriol 49:51–65. doi:10.1099/00207713-49-1-51

Wang LX, Wang Y, Pellock BJ, Walker GC (1999b) Structural characterization of the symbiotically important low-molecular-weight succinoglycan of *Sinorhizobium meliloti*. J Bacteriol 181:6788–6796

Wang FQ, Wang ET, Liu J, Chen Q, Sui XH, Chen WF, Chen WX (2007) *Mesorhizobium albiziae* sp. nov., a novel bacterium that nodulates *Albizia kalkora* in a subtropical region of China. Int J Syst Evol Microbiol 57:1192–1199. doi:10.1099/ijs.0.64363-0

Wang F, Wang ET, Wu LJ, Sui XH, Li Y, Chen WX (2010) *Rhizobium vallis* sp. nov., isolated from nodules of three leguminous species. Int J Syst Evol Microbiol 61:2582–2588. doi:10.1099/ijs.0.026484-0

Wang JY, Wang R, Zhang YM, Liu HC, Chen WF, Wang ET, Sui XH, Chen WX (2013a) *Bradyrhizobium daqingense* sp. nov., isolated from soybean nodules. Int J Syst Evol Microbiol 63:616–624. doi:10.1099/ijs.0.034280-0

Wang R, Chang YL, Zheng WT, Zhang D, Zhang XX, Sui XH, Wang ET, Hu JQ, Zhang LY, Chen WX (2013b) *Bradyrhizobium arachidis* sp. nov., isolated from effective nodules of *Arachis hypogaea* grown in China. Syst Appl Microbiol 36:101–105. doi:10.1016/j.syapm.2012.10.009

Wang YC, Wang F, Hou BC, Wang ET, Chen WF, Sui XH, Chen WX, Li Y, Zhang YB (2013c) Proposal of *Ensifer psoraleae* sp. nov., *Ensifer sesbaniae* sp. nov., *Ensifer morelense* comb.

nov. and *Ensifer americanum* comb. nov. Syst Appl Microbiol 36:467–473. doi:10.1016/j.syapm.2013.05.001

Wayne LG, Brenner DJ, Colwell RR, Grimont PAD, Kandler O, Krichevsky MI, Moore LH, Moore WEC, Murray RGE, Stackebrandt E, Starr MP, Truper HG (1987) Report of the ad hoc committee on reconciliation of approaches to bacterial systematics. Int J Syst Bacteriol 37:463–464. doi:10.1099/00207713-37-4-463

Wei GH, Wang ET, Tan ZY, Zhu ME, Chen WX (2002) *Rhizobium indigoferae* sp. nov. and *Sinorhizobium kummerowiae* sp. nov., respectively isolated from *Indigofera* spp. and *Kummerowia stipulacea*. Int J Syst Evol Microbiol 52:2231–2239. doi:10.1099/ijs.0.02030-0

Wei GH, Tan ZY, Zhu ME, Wang ET, Han SZ, Chen WX (2003) Characterization of rhizobia isolated from legume species within the genera *Astragalus* and *Lespedeza* grown in the Loess Plateau of China and description of *Rhizobium loessense* sp. nov. Int J Syst Evol Microbiol 53:1575–1583. doi:10.1099/ijs.0.02031-0

Wernegreen JJ, Riley MA (1999) Comparison of the evolutionary dynamics of symbiotic and housekeeping loci: a case for the genetic coherence of rhizobial lineages. Mol Biol Evol 16:98–113

Willems A, Fernández-López M, Muñoz-Adelantado E, Goris J, De Vos P, Martínez-Romero E, Toro N, Gillis M (2003) Description of new Ensifer strains from nodules and proposal to transfer Ensifer adhaerens Casida 1982 to Sinorhizobium as *Sinorhizobium adhaerens* comb. nov. request for an opinion. Int J Syst Evol Microbiol 53:1207–1217. doi:10.1099/ijs.0.02264-0

Woese CR, Gupta R, Hahn CM, Zillig W, Tu J (1984) The phylogenetic relationships of three sulfur dependent archaebacteria. Syst Appl Microbiol 5:97–105

Xu LM, Ge C, Cui Z, Li J, Fan H (1995) *Bradyrhizobium liaoningense* sp. nov., isolated from the root nodules of soybeans. Int J Syst Bacteriol 45:706–711

Xu L, Shi JF, Zhao P, Chen WM, Qin W, Tang M, Wei GH (2011) *Rhizobium sphaerophysae* sp. nov., a novel species isolated from root nodules of *Sphaerophysa salsula* in China. Antonie Van Leeuwenhoek 99:845–854. doi:10.1007/s10482-011-9559-0

Yan H, Yan J, Sui XH, Wang ET, Chen WX, Zhang XX, Chen WF (2016) *Ensifer glycinis* sp. nov., a rhizobial species associated with species of the genus *Glycine*. Int J Syst Evol Microbiol 66:2910–2916. doi:10.1099/ijsem.0.001120

Yao ZY, Kan FL, Wang ET, Wei GH, Chen WX (2002) Characterization of rhizobia that nodulate legume species of the genus *Lespedeza* and description of *Bradyrhizobium yuanmingense* sp. nov. Int J Syst Evol Microbiol 52:2219–2230. doi:10.1099/ijs.0.01408-0

Yao LJ, Shen YY, Zhan JP, Xu W, Cui GL, Wei GH (2012) *Rhizobium taibaishanense* sp. nov., isolated from a root nodule of *Kummerowia striata* in China. Int J Syst Evol Microbiol 62:335–341. doi:10.1099/ijs.0.029108-0

Yao Y, Wang R, Lu JK, Sui XH et al (2014) Genetic diversity and evolution of *Bradyrhizobium* populations nodulating *Erythrophleum fordii*, an evergreen tree indigenous to the southern subtropical region of China. Appl Environ Microbiol 80(19):6184–6194

Yao Y, Sui XH, Zhang XX, Wang ET, Chen WX (2015) *Bradyrhizobium erythrophlei* sp. nov. and *Bradyrhizobium ferriligni* sp. nov., isolated from effective nodules of *Erythrophleum fordii*. Int J Syst Evol Microbiol 65:1831–1837. doi:10.1099/ijs.0.000183

Young JM (2003) The genus name *Ensifer* Casida 1982 takes priority over *Sinorhizobium* Chen et al. 1988, and *Sinorhizobium morelense* Wang et al. 2002 is a later synonym of *Ensifer adhaerens* Casida 1982. Is the combination "*Sinorhizobium adhaerens*" (Casida 1982) Willems et al. 2003 legitimate? Request for an opinion. Int J Syst Evol Microbiol 53:2107–2110. doi:10.1099/ijs.0.02665-0

Young JPW, Haukka KE (1996) Diversity and phylogeny of rhizobia. New Phytol 133:87–94

Young JM, Kuykendall LD, Martinez-Romero E, Kerr A, Sawada H (2001) A revision of *Rhizobium* Frank 1889, with an emended description of the genus, and the inclusion of all species of *Agrobacterium* Conn 1942 and *Allorhizobium undicola* de Lajudie et al. 1998 as new combinations: *Rhizobium radiobacter*, *R. rhizogenes*, *R. rubi*, *R. undicola* and *R. vitis*. Int J Syst Evol Microbiol 51:89–103. doi:10.1099/00207713-51-1-89

Young JPW, Crossman LC, Johnston AW, Thomson NR, Ghazoui ZF, Hull KH, Wexler M, Curson AR, Todd JD, Poole PS, Mauchline TH, East AK, Quail MA, Churcher C, Arrowsmith C, Cherevach I, Chillingworth T, Clarke K, Cronin A, Davis P, Fraser A, Hance Z, Hauser H, Jagels K, Moule S, Mungall K, Norbertczak H, Rabbinowitsch E, Sanders M, Simmonds M, Whitehead S, Parkhill J (2006) The genome of *Rhizobium leguminosarum* has recognizable core and accessory components. Genome Biol 7:R34. doi:10.1186/gb-2006-7-4-r34

Yu X, Cloutier S, Tambong JT, Bromfield ESP (2014) *Bradyrhizobium ottawaense* sp. nov., a symbiotic nitrogen fixing bacterium from root nodules of soybeans in Canada. Int J Syst Evol Microbiol 64:3202–3207. doi:10.1099/ijs.0.065540-0

Zhang RJ, Hou BC, Wang ET, Li Y, Zhang XX, Chen WX (2011) *Rhizobium tubonense* sp. nov., isolated from root nodules of *Oxytropis glabra*. Int J Syst Evol Microbiol 61:512–517. doi:10.1099/ijs.0.020156-0

Zhang JJ, Liu TY, Chen WF, Wang ET, Sui XH, Zhang XX, Li Y, Li Y, Chen WX (2012a) *Mesorhizobium muleiense* sp. nov., nodulating with *Cicer arietinum* L. in Xinjiang, China. Int J Syst Evol Microbiol 62:2737–2742. doi:10.1099/ijs.0.038265-0

Zhang YM, Li Y, Chen WF, Wang ET, Sui XH, Li QQ, Zhang YZ, Zhou YG, Chen WX (2012b) *Bradyrhizobium huanghuaihaiense* sp. nov., an effective symbiotic bacterium isolated from soybean (*Glycine max* L.) nodules. Int J Syst Evol Microbiol 62:1951–1957. doi:10.1099/ijs.0.034546-0

Zhang YJ, Zheng WT, Everall I, Young JPW, Zhang XX, Tian CF, Sui XH, Wang ET, Chen WX (2015) *Rhizobium anhuiense* sp. nov., isolated from effective nodules of *Vicia faba* and *Pisum sativum*. Int J Syst Evol Microbiol 65:2960–2967. doi:10.1099/ijs.0.000365

Zhao CT, Wang ET, Zhang YM, Chen WF, Sui XH, Chen WX, Liu HC, Zhang XX (2012) *Mesorhizobium silamurunense* sp. nov., isolated from root nodules of *Astragalus* species. Int J Syst Evol Microbiol 62:2180–2186. doi:10.1099/ijs.0.031229-0

Zheng WT, Li Y, Wang R, Sui XH, Zhang XX, Zhang JJ, Wang ET, Chen WX (2013) *Mesorhizobium qingshengii* sp. nov., isolated from effective nodules of *Astragalus sinicus*. Int J Syst Evol Microbiol 63:2002–2007. doi:10.1099/ijs.0.044362-0

Zhou PF, Chen WM, Wei GH (2010) *Mesorhizobium robiniae* sp. nov., isolated from root nodules of *Robinia pseudoacacia*. Int J Syst Evol Microbiol 60:2552–2556. doi:10.1099/ijs.0.019356-0

Zhou S, Li Q, Jiang H, Lindström K, Zhang X (2013) *Mesorhizobiumsangaii* sp. nov., isolated from the root nodules of *Astragalus luteolus* and *Astragalus ernestii*. Int J Syst Evol Microbiol 63:2794–2799. doi:10.1099/ijs.0.044685-0

Zhu YJ, Lu JK, Chen YL, Wang SK, Sui XH, Kang LH (2015) *Mesorhizobium acaciae* sp. nov., isolated from root nodules of *Acacia melanoxylon* R. Br. Int J Syst Evol Microbiol 65:3558–3563. doi:10.1099/ijsem.0.000455

Zilli JE, Baraúna AC, da Silva K, De Meyer SE, Farias ENC, Kaminski PE, da Costa IB, Ardley JK, Willems A, Camacho NN, dos Dourado FS, O'Hara G (2014) *Bradyrhizobium neotropicale* sp. nov., isolated from effective nodules of *Centrolobium paraense* Amazonia, Brazil. Int J Syst Evol Microbiol 64:3950–3957. doi:10.1099/ijs.0.065458-0

Zurdo-Piñeiro JL, Rivas R, Trujillo ME, Vizcaíno N, Carrasco JA, Chamber M, Palomares A, Mateos PF, Martínez-Molina E, Velázquez E (2007) *Ochrobactrum cytisi* sp. nov., isolated from nodules of *Cytisus scoparius* in Spain. Int J Syst Evol Microbiol 57:784–788. doi:10.1099/ijs.0.64613-0

Chapter 12
Biotechnological Perspectives of Legume–*Rhizobium* Symbiosis

Anukool Vaishnav, Alexander P. Hansen, Pawan Kumar Agrawal, Ajit Varma, and Devendra K. Choudhary

12.1 Introduction

Soil microbial populations are involved in fundamental activities that ensure the stability and productivity of both agricultural systems and natural ecosystems. Certain cooperative microbial activities can be exploited as a low-input biotechnology to help sustainable and eco-friendly practices. Much attention is created toward biological legume–rhizobia symbiosis. In this symbiosis, bacteria fix nitrogen from the atmosphere and the process is known as biological nitrogen fixation (BNF). BNF is an efficient source of fixed N_2 and has the greatest quantitative impact on the nitrogen cycle; values commonly fall in the range 200–300 kg N ha^{-1} per year (Peoples et al. 1995). In addition to fix nitrogen, legume symbiosis has potential for reforestation and to control soil erosion. The root nodule bacteria can be used in several other biotechnological niches such as production of industrially important polysaccharides, polymers such as *poly*-hydroxy butyrate, organic acids, and antibiotics (Gopalakrishnan et al. 2015). It has been observed that rhizobia could express several plant growth-promoting characteristics like increase in the availability of plant

A. Vaishnav
ICAR-NBAIM, Kushmaur, Post Bag No. 6, Mau Nath Bhanjan, Uttar Pradesh 275101, India

A.P. Hansen
Im Erlengrund, 29, 53757 Sankt Augustin, NRW, Germany
e-mail: aphansen@me.com

P.K. Agrawal
Indian Council of Agricultural Research, National Agricultural Science Fund, Krishi Anusandhan Bhawan I, 110012 New Delhi, India

A. Varma • D.K. Choudhary (✉)
Amity Institute of Microbial Technology (AIMT), Block ‘E-3’, 4th Floor, Amity University Campus, Sector-125, Gautam Buddha Nagar, Noida 201313, Uttar Pradesh, India
e-mail: dkchoudhary1@amity.edu

A.P. Hansen et al. (eds.), *Rhizobium Biology and Biotechnology*, Soil Biology 50,
DOI 10.1007/978-3-319-64982-5_12

nutrients, biocontrol, and production of phytohormones, lipochitooligosaccharides (LCOs), lumichrome, siderophores, hydrogen cyanide (HCN), exopolysaccharides (EPS), and enzymes, which are involved in plant growth promotion and yield by direct or indirect ways. A better understanding about the rhizobia spp. and their interactions with other soil microorganisms may lead to new biotechnological approaches to improve the growth and yield of plants. This chapter presents a discussion on the *Rhizobium*–legume symbiosis and their biotechnological perspectives. The mechanism of rhizobia as plant growth-promoting rhizobacteria (PGPRs) and their interactive effects with other PGPRs and arbuscular mycorrhiza (AM) to enhance crop production have also been discussed.

12.2 Legume–Rhizobia Symbiosis: General Information

The legume symbiosis process is driven by bacteria that possess the key enzyme nitrogenase, which specifically reduces atmospheric N_2 to ammonia in the symbiotic root nodules. These bacteria belong to the genera *Rhizobium, Sinorhizobium, Bradyrhizobium, Mesorhizobium*, and *Azorhizobium* and collectively termed rhizobia (Karmakar et al. 2015). These bacteria interact with legume roots leading to the formation of N_2-fixing nodules. The symbiosis begins with the release of root exudates such as sugars, amino acids, several classes of flavonoids, and phenolic compounds (Junior et al. 2015). These compounds behave as chemo-attractant for rhizobia and act as nodulation gene inducers (Hirsch and Fujishige 2012). These exudates are continuously secreted into the rhizosphere and their concentration increases when compatible bacteria are detected by the plant (Hassan and Mathesius 2012). These compounds activate *nodABC* genes in rhizobia that are required for the synthesis of Nod factor backbone. *nodA* encodes an *N*-acyltransferase, *nodB* encodes a chitooligosaccharide deacetylase, and *nodC* encodes an *N*-acetylglucosaminyl-transferase (Mus et al. 2016). The bacterial Nod factor perception is mediated by Nod factor receptors (NFRs), which are present in plant plasma membrane. Hence, NFRs act as host determinants for symbiotic specificity. NFRs are serine/threonine kinases like receptors and contain LysM motifs in their extracellular domains (Arrighi et al. 2006). Nod factors induce curling of root hairs and allow entry of rhizobia into infection threads.

The success of the symbiotic process depends on the compatibility and effectiveness of rhizobia with their host legume. The compatibility of this symbiosis depends on a vast range of compounds secreted by both plants and bacteria. The host produced lectins have the ability to recognize and bind to specific *Rhizobium* sp. cells due to their different carbohydrate-binding specificities. For example, soybean lectin, a galactosamine-binding protein, differs from pea lectin, a Glc-/Man-binding protein, and they both differ from their *Rhizobium* sp. also (Junior et al. 2015). In addition to Nod factors, several other bacterial compounds also affect the interaction, including EPS and nodulation outer membrane proteins (NOPs) (Fraysse et al. 2003; Downie 2010). EPS is a bacterial cellular wall constituent, which is involved in both early and late stages of symbiosis. *M. loti* EPS mutants was found to fail nodule formation in

L. leucocephala (Hotter and Scott 1991). NOPs are reported to contribute in legume immune suppression during symbiosis development and modulate root cell cytoskeletal rearrangement (Gourion et al. 2015). In addition, rhizobial population also differs in the same host due to variability in soil and environmental conditions. For example, *Glycine max* is usually nodulated by *B. japonicum* globally, while in the Xinjiang region of China, *Mesorhizobium tianshanense* and *Sinorhizobium fredii* have also been recovered from this legume (Naamala et al. 2016). In another example, *Cicer arietinum* has been reported with *Mesorhizobium ciceri* and *Mesorhizobium mediterranean,* but *Sinorhizobium meliloti* was also reported from nodules of this legume under water-deficient conditions (Romdhane et al. 2009).

12.3 Biotechnological Perspectives

12.3.1 Genetic Engineering

Biotechnology embraces a wide range of genetic engineering techniques offering opportunities for researchers to increase the efficiency of BNF and reduce overall dependency on man-made forms of N fertilizer. In genetic engineering, both microsymbiont and host plant can be manipulated for increased nitrogen fixation capacity. Identification and analysis of host plant genes involved in nodule morphogenesis and functioning will be useful for genetic manipulation. On the other hand, rhizobial Nod genes are required for gene engineering (Mabrouk and Belhadj 2012).

Wild legumes in arid climate have specific traits, which may be transferred to crop legumes to improve their tolerance to the stress conditions. In addition, rhizobial strains from these wild legumes are good candidates for establishing functional symbiosis in the presence of unfavorable conditions. Mabrouk and Belhadj (2012) paid attention toward the demand of rhizobial species that could also work under stressed soil environment so that the productivity of the inoculated legumes does not suffer under derelict soils. A chromosomal DNA from the salt-tolerant *Bacillus* species was successfully transferred into *R. leguminosarum*. This rhizobial strain became salt tolerant and when inoculated with lentil, it improved plant yield and nitrogen content of soil and plant in desert soil (Talaat El-Saidi and Ali 1993). Defez et al. (2000) have successfully transferred a 10 kb DNA fragment from a wild-type strain of *Sinorhizobium* into *Rhizobium etli*, which showed multiple resistance to several antibiotics, 4% NaCl, low and high pHs, heavy metals, and high temperature. Two strains of *M. ciceri*, namely, EE-7 (salt sensitive) and G-55 (salt tolerant), were transformed with an exogenous 1-aminocyclopropane-1-carboxylate deaminase gene (*acdS*) and found to enhance shoot dry weight of plants as compared with the plants inoculated with the native strain in the presence of salt (Brígido et al. 2013).

12.4 Microbial Cooperation in the Rhizosphere

The application of appropriate rhizobia together with plant growth-promoting microorganisms is considered an effective and environment-friendly approach to increase the efficiency of the symbiotic processes and the crop yield by different mechanisms of actions under variable conditions. Multi-microbial interactions, including arbuscular mycorrhizae and PGPR, have been tested with Rhizobium spp. In such interactions, local isolates are recommended because of their physiological and genetic adaptation to the environment. These combinations are effective in improving plant development, nutrient uptake, N_2 fixation (^{15}N), or root system quality. Two types of cooperations are discussed here: (1) the cooperation between rhizobia and arbuscular mycorrhizal fungi and (2) interaction between PGPR and rhizobium.

12.5 Rhizobia and Arbuscular Mycorrhizal Fungi (AMF) Cooperation

The occurrence of AMF in nodulated legumes is universally recognized that explored the research on the tripartite symbiosis of legume–AM fungi–rhizobia from the last two decades (Barea et al. 2005). The findings of tripartite symbiosis suggested the similar patterns of evolution and interaction of both the N_2-fixing and mycorrhizal symbioses (Parniske 2000). Gianinazzi-Pearson and Dénarié (1997) hypothesized that legume–rhizobia symbiosis events have evolved from already established AM symbiosis. Most of the studies have used mycorrhiza-defective mutants and isotope ^{15}N, which allowed dissecting the common cellular and genetic programs responsible for the legume symbioses and quantify the amount of N that is fixed in that particular situation (Gollotte et al. 2002). Some AM fungi have established a specific type of symbiosis with a particular rhizobium such as *Burkholderia* genus. These bacteria have specific metabolic genes that influence AM functions (Bianciotto and Bonfante 2002). This tripartite symbiosis not only enhances N content but also improves soil fertility and quality (Requena et al. 2001). AM inoculation also improved legume–rhizobia symbiosis under stress conditions such as low water potential and salinity (Augé et al. 2001; Ruiz-Lozano 2003). For example, inoculation of AM fungi was found to protect soybean plants against the negative effects of drought stress and reduced premature nodule senescence (Porcel and Ruiz-Lozano 2004). Soliman et al. (2012) reported that the co-inoculation of *S. terangae* and AMF mitigated the salinity effect in *Acacia saligna*. They found that the co-inoculation improved nodulation, chlorophyll, carbohydrate, and proline; increased N, P, K, and Ca contents; and reduced the Na accumulation.

12.6 PGPR–Rhizobium Cooperation to Improve N_2 Fixation

PGPRs share common habitats with rhizobia in the root–soil interface. These PGPRs enhance the performance of rhizobia by suppressing/eliminating the effect of other rhizosphere strains and adverse environmental factors. *Azospirillum* is a widely recognized PGPR for its ability to improve nodulation and biomass of legumes as a co-inoculant of rhizobia (Remans et al. 2008). Many species of *Azospirillum* like *A. lipoferum*, *A. brasilense*, *A. amazonense*, *A. halopraeferens*, and *A. irakense* have been identified as co-inoculant of rhizobia (Gopalakrishnan et al. 2015). These bacteria produce plant hormones and siderophores and enhance total nutrient availability, which have been claimed as a mechanism for growth and biomass enhancement of various legumes (Wani et al. 2007; Dardanelli et al. 2008; Cassan et al. 2009). Other bacterial genera like *Bacillus, Pseudomonas, Azotobacter, Serratia*, and *Enterobacter* have also been reported as a co-inoculant of rhizobia (Naveed et al. 2015). Bano and Fatima (2009) studied the co-inoculation effect of *Rhizobium* and *Pseudomonas* on alleviation of salinity stress in maize. They observed increase uptake of Ca, P, and K and decreased leakage of electrolytes in maize. Such type of bacterial cooperations promote nodulation and biomass of various legumes via improving rhizobial colonization, number of infection sites, biocontrol of diseases, and efficient uptake of nutrients (Naveed et al. 2015).

12.7 Rhizobia as a Plant Growth Promoter

Besides nitrogen fixation, rhizobia have also been reported for plant growth promotion in legumes and non-legumes. Their associations modify the physiology and biochemistry of crop plants which enhanced plant growth under normal as well as stress conditions. Rhizobia can affect the plant growth in two different ways: directly or indirectly.

The direct growth promotion of the plant is regulated by producing plant hormones, regulating endogenous ethylene level, enhancing total available nutrient contents, and releasing other useful compounds like EPS, lumichrome, riboflavin, etc. (Gopalakrishnan et al. 2015). During rhizobial infection, ethylene was produced in infected roots and several times caused inhibition of nodulation in various legumes (Glick 2014). Elsheikh and Ibrahim (1999) have suggested the isolation and introduction of efficient rhizobial cultures with ACC deaminase to improve the nodulation status, seed quality, and legume productivity. There are several rhizobial strains including *R. japonicum*, *R. leguminosarum*, *R. hedysari*, *R. gallicum*, *B. japonicum*, *B. elkanii*, *M. loti*, and *S. meliloti* having an enzyme ACC deaminase which could reduce this stress by decreasing the level of ethylene in the host plant (Gopalakrishnan et al. 2015). The EPS producing rhizobial strains can relieve the effect of water deficit stress by altering soil properties. Sandhya et al. (2009) have reported the capability of EPS producing rhizobial strain for improving water-holding capacity of the rhizosphere by developing microaggregates and biofilm around the plant roots. In another study, rhizobia alleviated water stress by altering root morphology, carbon assimilation rate, transpiration rate, and leaf stomatal conductance in non-nodulating crops (Chi et al. 2005). Various *Rhizobium* spp. are also studied for plant growth promotion via producing multiple phytohormones such as auxins, abscisic acid, cytokinins, gibberellins, ethylene, and nitric oxide (Khalid et al. 2006; Perrine-Walker et al. 2007). In addition, *Rhizobium* spp. have been found to produce lumichrome compounds, which act as an enhancer of plant growth prior to the onset of nitrogen fixation (Cooper 2007). Gouws et al. (2012) recovered lumichrome from *Rhizobium* spp. which was found to enhance nodule number when applied to *Lotus japonicus*. *Rhizobium* spp. have the ability to sequestrate and transport iron into plant cell via siderophores and solubilize/mineralize phosphates by releasing phosphatases or organic acids in the rhizosphere (Naveed et al. 2015).

Rhizobia can benefit plant growth indirectly by several mechanisms such as antibiosis, parasitism, competition for nutrients, and induction of systemic resistance (ISR). *Rhizobium* spp., namely, *R. leguminosarum*, *S. meliloti*, and *B. japonicum*, have been found to show parasitism against fungal pathogens belonging to genera *Macrophomina*, *Rhizoctonia*, and *Fusarium* (Siddiqui et al. 2000; Özkoç and Deliveli 2001). Several studies have demonstrated that *Rhizobium* spp. enhanced defense mechanisms of plant via ISR in non-leguminous crops (Reitz et al. 2002; Mishra et al. 2006). Siderophores are also reported to inhibit a widely occurring plant pathogen, *Macrophomina phaseolina*, by chelating irons in deficient environments (Arora et al. 2001).

12.8 Bioremediation

Legumes have attracted attention for their use in metal phytostabilization. Legume plants accumulate most of the metals in their roots and show low level of metal translocation to the shoot. The activity of phytostabilization is mainly due to their attached rhizobia spp. Different rhizobial strains were reported as an efficient biosorbent for Cd^{2+}, Ba^{2+}, Zn^{2+}, Al^{3+}, Ni^{2+}, and Co^{2+} (Pajuelo et al. 2011). Several studies have reported the alleviation of different metal stress in legume plants by inoculating *Rhizobium* spp. (Ausili et al. 2002; Panigrahi and Randhawa 2010; Dary et al. 2010). Rhizobia also produced some specific compounds such as EPS and lipopolysaccharide (LPS) that chelate different metal ions in the rhizosphere. These compounds are biopolymers that possess negatively charged ligands which instantly form complexes with metal ions through electrostatic interactions (Liu et al. 2001; Sutherland 2001).

Different approaches are used to improve metal bioremediation potential of legumes. Inoculation of legume plants with metal resistant microbes including *Rhizobium*, AMF, endophytes, and other PGPR has been proved to be a promising and cost-effective technology for metal phytostabilization and allowing the re-vegetation of metal-contaminated areas (Pajuelo et al. 2011). The genetic engineering of rhizobia approach has been used to improve the legume–*Rhizobium* symbiosis for bioremediation purposes. Sriprang et al. (2002) constructed a genetically modified strain of *M. huakii* subsp. *rengei* B3 by the expression of metallothionein (MTL4) gene on the cell surface. This strain was found to accumulate 1.7-fold increase in Cd into nodules and root of *Astragalus sinicus* plants. In another study, the same strain was engineered with a phytochelatin synthase gene from *A. thaliana* (Sriprang et al. 2003).

12.9 Engineering the Legume Symbiosis into Cereals

Advances in our understanding of the rhizobium–legume infection process have given rise to different biotechnological approaches to develop symbiotic nitrogen fixation in cereals. The engineering of nitrogenase-encoding bacterial *nif* genes into plants is a direct approach for creating nitrogen fixation in cereals. A wide study on nitrogenase biosynthesis identified the common core set of genes and their products, which makes engineering strategy feasible into cereals (Rubio and Ludden 2008; Curatti and Rubio 2014). Both legumes and cereals have symbiosis signaling pathway for AMF association, but cereals are unable to form nitrogen-fixing nodules from this association. Hence, the perception of rhizobial signaling molecules provides an opportunity to engineer this pathway for recognition of rhizobia by cereal crops. In this regard, several studies performed engineering in plants to secrete specialized root exudates that specifically enhanced the compatibility of newly introduced nitrogen-fixing microbes in the rhizosphere (Oger et al. 1997; Savka and Farrand 1997; Mondy et al. 2014). In addition, Nod factor proteins (NFP) and their receptors are other targets for engineering the symbiosis in cereals. Since NFPs are required for responses to LCOs produced by AMF during associations, it suggests the importance of Nod receptor in cereal engineering (Maillet et al. 2011; den Camp et al. 2011).

12.10 Conclusions and Future Prospects

All strategies for transferring nitrogen fixation to non-legume crops have complex engineering problems. However, they have the potential to change the growing pattern of cereal crops and provide sustainable food production for the growing global population. Future developments in this field require collaborative and multidisciplinaryefforts involving researchers with diverse skills and expertise. Further studies in functional genomics will be useful to identify the genes expressed in the rhizosphere that will allow the engineering of host and symbionts for beneficial purposes.

References

Arora NK, Kang SC, Maheshwari DK (2001) Isolation of siderophore producing strains of *Rhizobium meliloti* and their biocontrol potential against *Macrophomina phaseolina* that causes charcoal rot of groundnut. Curr Sci 81:673–677

Arrighi JF, Barre A, Amor BB, Bersoult A, Soriano LC, Mirabella R, de Carvalho-Niebel F, Journet EP, Ghérardi M, Huguet T, Geurts R (2006) The *Medicago truncatula* lysine motif-receptor-like kinase gene family includes NFP and new nodule-expressed genes. Plant Physiol 142:265–279

Augé RM, Stodola AJ, Tims JE, Saxton AM (2001) Moisture retention properties of a mycorrhizal soil. Plant Soil 230:87–97

Ausili P, Borisov A, Lindblad P, Mårtensson A (2002) Cadmium affects the interaction between peas and root nodule bacteria. Acta Agric Scand Sect B Soil Plant Sci 52:8–17

Bano A, Fatima M (2009) Salt tolerance in *Zea mays* (L). following inoculation with *Rhizobium* and *Pseudomonas*. Biol Fertil Soil 45:405–413

Barea JM, Pozo MJ, Azcon R, Azcon-Aguilar C (2005) Microbial co-operation in the rhizosphere. J Exp Bot 56:1761–1778

Bianciotto V, Bonfante P (2002) Arbuscular mycorrhizal fungi: a specialised niche for rhizospheric and endocellular bacteria. A Van Leeuw 81:365–371

Brígido C, Nascimento FX, Duan J, Glick BR, Oliveira S (2013) Expression of an exogenous 1-aminocyclopropane-1-carboxylate deaminase gene in *Mesorhizobium* spp. reduces the negative effects of salt stress in chickpea. FEMS Microbiol Lett 349:46–53

Cassan F, Perrig D, Sgroy V, Masciarelli O, Penna C, Luna V (2009) *Azospirillum brasilense* Az39 and *Bradyrhizobium japonicum* E109, inoculated singly or in combination, promote seed germination and early seedling growth in corn (*Zea mays* L.) and soybean (*Glycine max* L.). Eur J Soil Biol 45:28–35

Chi F, Shen SH, Cheng HP, Jing YX, Yanni YG, Dazzo FB (2005) Ascending migration of endophytic rhizobia from roots to leaves, inside rice plants and assessment of benefits to rice growth physiology. Appl Environ Microbiol 71:7271–7278

Cooper JE (2007) Early interactions between legumes and rhizobia: disclosing complexity in a molecular dialogue. J Appl Microbiol 103:1355–1365

Curatti L, Rubio LM (2014) Challenges to develop nitrogen-fixing cereals by direct *nif*-gene transfer. Plant Sci 225:130–137

Dardanelli MS, de Cordoba FJ, Espuny MR, Carvajal MA, Díaz ME, Serrano AM, Okon Y, Megías M (2008) Effect of *Azospirillum brasilense* coinoculated with *Rhizobium* on *Phaseolus vulgaris* flavonoids and Nod factor production under salt stress. Soil Biol Biochem 40:2713–2721

Dary M, Chamber-Pérez MA, Palomares AJ, Pajuelo E (2010) "In situ" phytostabilisation of heavy metal polluted soils using *Lupinus luteus* inoculated with metal resistant plant-growth promoting rhizobacteria. J Hazard Mater 177:323–330

Defez R, Senatore B, Camerini D (2000) Genetically modified rhizobia as a tool to improve legume growth in semi-arid conditions. In: Mediterranean Conference of rhizobiology workshop on symbiotic nitrogen fixation for Mediterranean area

den Camp RO, Streng A, De Mita S, Cao QQ, Polone E, Liu W, Ammiraju JSS, Kudrna D, Wing R, Untergasser A et al (2011) LysM type mycorrhizal receptor recruited for rhizobium symbiosis in nonlegume *Parasponia*. Science 331:909–912

Downie JA (2010) The roles of extracellular proteins, polysaccharides and signals in the interactions of rhizobia with legume roots. FEMS Microbiol Rev 34:150–170

Elsheikh EA, Ibrahim KA (1999) The effect of *Bradyrhizobium* inoculation on yield and seed quality of guar (*Cyamopsis tetragonoloba* L.). Food Chem 65:183–187

Fraysse N, Couderc F, Poinsot V (2003) Surface polysaccharide involvement in establishing the rhizobium–legume symbiosis. FEBS J 270:1365–1380

Gianinazzi-Pearson V, Dénarié J (1997) Red carpet genetic programmes for root endosymbioses. Trends Plant Sci 2:371–372

Glick BR (2014) Bacteria with ACC deaminase can promote plant growth and help to feed the world. Microbiol Res 169:30–39

Gollotte A, Brechenmacher L, Weidmann S, Franken P, Gianinazzi-Pearson V (2002) Plant genes involved in arbuscular mycorrhiza formation and functioning. In: Mycorrhizal technology in agriculture. Birkhäuser, Basel, pp 87–102

Gopalakrishnan S, Sathya A, Vijayabharathi R, Varshney RK, Gowda CL, Krishnamurthy L (2015) Plant growth promoting rhizobia: challenges and opportunities. 3 Biotech 5:355–377

Gourion B, Berrabah F, Ratet P, Stacey G (2015) Rhizobium–legume symbioses: the crucial role of plant immunity. Trends Plant Sci 20:186–194

Gouws L, Botes E, Wiese AJ, Trenkamp S, Torres-Jerez I, Tang Y, Hills PN, Usadel B, Lloyd JR, Fernie A, Kossmann J (2012) The plant growth promoting substance, lumichrome, mimics starch and ethylene-associated symbiotic responses in lotus and tomato roots. Front Plant Sci 3:120

Hassan S, Mathesius U (2012) The role of flavonoids in root–rhizosphere signalling: opportunities and challenges for improving plant–microbe interactions. J Exp Bot 63:3429–3444

Hirsch AM, Fujishige NA (2012) Molecular signals and receptors: communication between nitrogen-fixing bacteria and their plant hosts. In: Biocommunication of plants. Springer, Berlin, pp 255–280

Hotter GS, Scott DB (1991) Exopolysaccharide mutants of *Rhizobium loti* are fully effective on a determinate nodulating host but are ineffective on an indeterminate nodulating host. J Bacteriol 173:851–859

Junior L, Nascimento LRSA, Fracetto GGM (2015) Legume-rhizobia signal exchange: promiscuity and environmental effects. Front Microbiol 6:945

Karmakar K, Rana A, Rajwar A, Sahgal M, Johri BN (2015) Legume-rhizobia symbiosis under stress. In: Plant microbes symbiosis: applied facets. Springer, India, pp 241–258

Khalid A, Arshad M, Ahmad Zahir Z (2006) Phytohormones. In: Biological approaches to sustainable soil systems. CRC Press, Boca Raton, pp 207–220

Liu Y, Lam MC, Fang HHP (2001) Adsorption of heavy metals by EPS of activated sludge. Water Sci Technol 43:59–66

Mabrouk Y, Belhadj O (2012) Enhancing the biological nitrogen fixation of leguminous crops grown under stressed environments. Afr J Biotechnol 11:10809–10815

Maillet F, Poinsot V, Andre O, Puech-Pages V, Haouy A, Gueunier M, Cromer L, Giraudet D, Formey D, Niebel A et al (2011) Fungal lipochitooligosaccharide symbiotic signals in arbuscular mycorrhiza. Nature 469:58–63

Mishra RP, Singh RK, Jaiswal HK, Kumar V, Maurya S (2006) Rhizobium-mediated induction of phenolics and plant growth promotion in rice (*Oryza sativa* L.). Curr Microbiol 52:383–389

Mondy S, Lenglet A, Beury-Cirou A, Libanga C, Ratet P, Faure D, Dessaux Y (2014) An increasing opine carbon bias in artificial exudation systems and genetically modified plant rhizospheres leads to an increasing reshaping of bacterial populations. Mol Ecol 23:4846–4861

Mus F, Crook MB, Garcia K, Costas AG, Geddes BA, Kouri ED, Paramasivan P, Ryu MH, Oldroyd GE, Poole PS, Udvardi MK (2016) Symbiotic nitrogen fixation and the challenges to its extension to nonlegumes. Appl Environ Microbiol 82:3698–3710

Naamala J, Jaiswal SK, Dakora FD (2016) Microsymbiont diversity and phylogeny of native *Bradyrhizobia* associated with soybean (*Glycine max* L. Merr.) nodulation in South African soils. Syst Appl Microbiol 39:336–344

Naveed M, Mehboob I, Hussain MB, Zahir ZA (2015) Perspectives of rhizobial inoculation for sustainable crop production. In: Plant microbes symbiosis: applied facets. Springer, India, pp 209–239

Oger P, Petit A, Dessaux Y (1997) Genetically engineered plants producing opines alter their biological environment. Nat Biotechnol 15:369–372

Özkoç İ, Deliveli MH (2001) In vitro inhibition of the mycelial growth of some root rot fungi by *Rhizobium leguminosarum* biovar phaseoli isolates. Turk J Biol 25:435–445

Pajuelo E, Rodríguez-Llorente ID, Lafuente A, Caviedes MÁ (2011) Legume–rhizobium symbioses as a tool for bioremediation of heavy metal polluted soils. In: Biomanagement of metal-contaminated soils. Springer, Netherlands, pp 95–123

Panigrahi DP, Randhawa GS (2010) A novel method to alleviate arsenic toxicity in alfalfa plants using a deletion mutant strain of *Sinorhizobium meliloti*. Plant Soil 336:459–467

Parniske M (2000) Intracellular accommodation of microbes by plants: a common developmental program for symbiosis and disease? Curr Opin Plant Biol 3:320–328

Peoples MB, Herridge DF, Ladha JK (1995) Biological nitrogen fixation: an efficient source of nitrogen for sustainable agricultural production? Plant Soil 174:3–28

Perrine-Walker FM, Gartner E, Hocart CH, Becker A, Rolfe BG (2007) Rhizobium-initiated rice growth inhibition caused by nitric oxide accumulation. Mol Plant Microb Interact 20:283–292

Porcel R, Ruiz-Lozano JM (2004) Arbuscular mycorrhizal influence on leaf water potential, solute accumulation, and oxidative stress in soybean plants subjected to drought stress. J Exp Bot 55:1743–1750

Reitz M, Oger P, Meyer A, Niehaus K, Farrand SK, Hallmann J, Sikora RA (2002) Importance of the O-antigen, core-region and lipid A of rhizobial lipopolysaccharides for the induction of systemic resistance in potato to *Globodera pallida*. Nematol 4:73–79

Remans R, Ramaekers L, Schelkens S, Hernandez G, Garcia A, Reyes JL, Mendez N, Toscano V, Mulling M, Galvez L, Vanderleyden J (2008) Effect of *Rhizobium–Azospirillum* coinoculation on nitrogen fixation and yield of two contrasting *Phaseolus vulgaris* L. genotypes cultivated across different environments in Cuba. Plant Soil 312:25–37

Requena N, Perez-Solis E, Azcón-Aguilar C, Jeffries P, Barea JM (2001) Management of indigenous plant-microbe symbioses aids restoration of desertified ecosystems. Appl Environ Microbiol 67:495–498

Romdhane SB, Trabelsi M, Aouani ME, De Lajudie P, Mhamdi R (2009) The diversity of rhizobia nodulating chickpea (*Cicer arietinum*) under water deficiency as a source of more efficient inoculants. Soil Biol Biochem 41:2568–2572

Rubio LM, Ludden PW (2008) Biosynthesis of the iron-molybdenum cofactor of nitrogenase. Annu Rev Microbiol 62:93–111

Ruiz-Lozano JM (2003) Arbuscular mycorrhizal symbiosis and alleviation of osmotic stress. New perspectives for molecular studies. Mycorrhiza 13:309–317

Sandhya VZ, Grover M, Reddy G, Venkateswarlu B (2009) Alleviation of drought stress effects in sunflower seedlings by the exopolysaccharides producing *Pseudomonas putida* strain GAP-P45. Biol Fertil Soil 46:17–26

Savka MA, Farrand SK (1997) Modification of rhizobacterial populations by engineering bacterium utilization of a novel plant-produced resource. Nat Biotechnol 15:363–368

Siddiqui IA, Ehteshamul-Haque S, Zaki MJ, Ghaffar A (2000) Effect of urea on the efficacy of *Bradyrhizobium* sp. and *Trichoderma harzianum* in the control of root infecting fungi in mungbean and sunflower. Sarhad J Agric 16:403–406

Soliman AS, Shanan NT, Massoud ON, Swelim DM (2012) Improving salinity tolerance of *Acacia saligna* (Labill.) plant by arbuscular mycorrhizal fungi and *Rhizobium* inoculation. Afr J Biotechnol 11:1259–1266

Sriprang R, Hayashi M, Yamashita M, Ono H, Saeki K, Murooka Y (2002) A novel bioremediation system for heavy metals using the symbiosis between leguminous plant and genetically engineered rhizobia. J Biotechnol 99:279–293

Sriprang R, Hayashi M, Ono H, Takagi M, Hirata K, Murooka Y (2003) Enhanced accumulation of Cd2+ by a *Mesorhizobium* sp. transformed with a gene from *Arabidopsis thaliana* coding for phytochelatin synthase. Appl Environ Microbiol 69:1791–1796

Sutherland IW (2001) Exo-polysaccharides in biofilms, flocs and related structure. Water Sci Technol 43:77–86

Talaat El-Saidi M, Ali AM (1993) Growing different field crops under high salinity levels and utilization of genetically engineered Rhizobia and Azotobacter salt drought tolerant strains. Towards the rational use of high salinity tolerant plants. Part of the Tasks for vegetation science book series (TAVS), vol 28, pp 59–65

Wani PA, Khan MS, Zaidi A (2007) Synergistic effects of the inoculation with nitrogen-fixing and phosphate-solubilizing rhizobacteria on the performance of field-grown chickpea. J Plant Nutr Soil Sci 170:283–287

Chapter 13
Exopolysaccharide from Rhizobia: Production and Role in Symbiosis

M. Senthil Kumar, K. SwarnaLakshmi, and K. Annapurna

13.1 Introduction

Symbiotic nitrogen fixation (SNF) is the signature feature of legumes in which the microsymbiont collectively called as rhizobia can reduce atmospheric nitrogen (N_2) into ammonia; otherwise, N_2 is metabolically unavailable to higher plants. The fixed nitrogen is generally used for plant growth or the excess of fixed nitrogen is released into the rhizosphere for improving soil fertility. Hence SNF have a significant impact on sustainable agriculture. The rhizobial diversity is enormous due to their wide geographical distribution, diverse hosts, and niches they occupy all over the globe. Rhizobia are Gram-negative bacteria belonging to class alpha-beta-, and gamma-proteobacteria, including species of the Rhizobiaceae, Phyllobacteriaceae, Methylobacteriaceae, Brucellaceae, Hyphomicrobiaceae, Bradyrhizobiaceae, Burkholderiaceae, and Pseudomonadaceae families. Host specificity exists in the process of SNF. The specificity of rhizobium for a legume host plant is determined by the exchange of molecules between both symbiotic partners. Each step of establishment of symbiosis is tightly controlled through a complex network of signaling cascades. Among them, plants liberate flavonoids into the rhizospheric region that upregulate rhizobial genes responsible for nodule formation. Rhizobia produce a variety of extracellular polymeric substances (EPSs), from simple glycans to complex heteropolymers. The secretion of EPS by rhizobia is associated with the invasion process and bacteroid and nodule development, as well as being a response to environmental stresses. There are different types of surface polysaccharides such as lipopolysaccharides, capsular polysaccharides, and neutral

M. Senthil Kumar
ICAR—Indian Institute of Pulses Research, Basic Science, Kanpur, India

K. SwarnaLakshmi • K. Annapurna (✉)
ICAR—Indian Agricultural Research Institute, New Delhi 110012, India
e-mail: kannapurna@iari.res.in

A.P. Hansen et al. (eds.), *Rhizobium Biology and Biotechnology*, Soil Biology 50,
DOI 10.1007/978-3-319-64982-5_13

and acidic polysaccharides found in rhizobia. The production of symbiotically active polysaccharides may also provide stress adaptability to rhizobial strains against changing environmental conditions. This chapter focuses on different kinds of polysaccharides produced by rhizobia, their genetics and biosynthesis, as well as their biological role on effective symbiosis.

13.2 Polysaccharides from Rhizobium

Rhizobia synthesize different classes of polysaccharides that are involved in establishment of functional symbiosis with host legumes (Donot et al. 2012). They include cell surface and secreted glycans like Nod factors or LCOs, extracellular polysaccharides (EPSs), lipopolysaccharides (LPSs), K-antigens, glycolipids, and cyclic glucans. Presence of surface molecules with specific structure on cell wall can be recognized by surface receptors from the plant and determine host specificity. However, the term exopolysaccharides is used for polysaccharides with little or no cell association (Becker and Pühler 1998a, b). Cyclic beta-(1-2)-glucan is localized in periplasmic space of rhizobia and reported to play an important role in osmotic adaptation (Breedveld et al. 1993). Lipopolysaccharides (LPS) containing lipid-A, a core polysaccharide, and repeating *O*-side antigen polysaccharides are anchored in bacterial outer membrane. This section discusses the various polysaccharides produced by rhizobia and their biological functions.

13.2.1 Nod Factors

All rhizobia produce complex mixtures of structurally diverse Nod factors. With the exception of Nod from *Sinorhizobium fredii* USDA191 (Bec-Ferte et al. 1996), all others consist an oligosaccharide backbone of β-1,4-linked *N*-acetyl-D-glucosamine and fatty acyl group attached to the nitrogen of nonreducing saccharide. Nod factors are often called lipo-chitin oligosaccharides (LCOs) due to their resemblance to oligosaccharide backbone of chitin. Structural differences in the Nod factors are a result of the following variations:

1. Number of *N*-acetyl-D-glucosamine units. LCOs of rhizobia generally contain three to six *N*-acetyl-D-glucosamine units. However, *M. loti* produces a dimeric LCO species (Olsthoorn et al. 1998).
2. Presence or absence of strain-specific substituents, indicated as R1–R9 (Fig. 13.1). *R. leguminosarum* bv. *viciae* strains contain only an acetyl substituent at position R4, while *S. fredii* NGR234 contains many modifications.

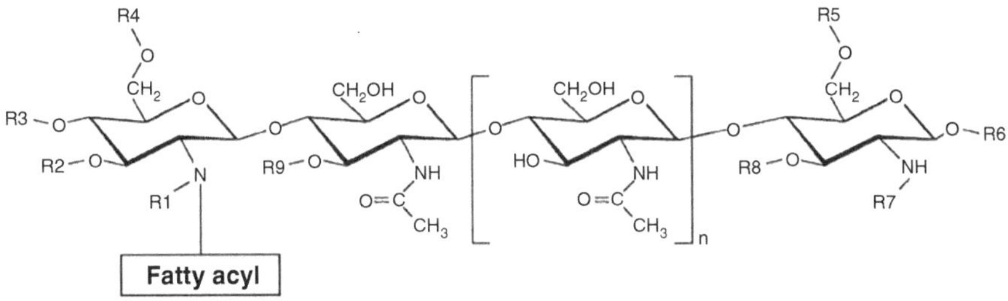

Fig. 13.1 Structure of Nod factors produced by rhizobia. R-groups stands for hydrogen (R1), hydroxy (R2, R3, R4, R5, R6, R8, and R9), and acetyl (R7)

3. Structure of the fatty acyl moiety. LCOs can contain one of a broad variety of fatty acyl groups that also occur commonly as moieties of the phospholipids.
4. Presence or absence of special α,β-unsaturated fatty acyl moieties. LCOs of *S. meliloti*, *R. leguminosarum* biovars *viciae* and *trifolii*, *R. galegae*, and *M. huakuii* possess α,β-unsaturated fatty acyl moieties.

Nod factors act at nanomolar concentrations and induce many early molecular and physiological changes and other responses that are related to root hair infection process in the legume host plant. NFs are recognized by host plant receptors with LysM extracellular domains which are also critical in the recognition of fungi during the mutualistic mycorrhiza interaction in *Parasponia andersonii*. Discovery of mycorhization factor (Myc factor) as a LCO suggests that the Rhizobium NF perception system evolved from the ancient mycorrhizal symbiosis. Nod factors also play a major role in the determination of host specificity as single mutations in the NF receptors are sufficient to change specificity of the interaction at the species level. Three best examples for correlating the structure of NOD factor with host specificity are as follows: (a) presence of sulfuryl substituent in the Nod factors of *S. meliloti* is essential for host-specific nodulation of *Medicago sativa* and prevents nodulation on other host plants such as *Vicia sativa* (Lerouge et al. 1990); (b) *O*-acetyl substituent in Nod factors of *R. leguminosarum* bv. *viciae* TOM and A1 is essential for cultivar-specific nodulation of pea (Firmin et al. 1993; Ovtsyna et al. 1998); and (*c*) fucosyl substituent in the Nod factors of many rhizobia is essential for determining a broad host range (López-Lara et al. 1996).

Furthermore, modifications such as the carbamoyl or acetyl groups at R4 and the methyl group at R1 of nonreducing terminus are important for a broad host range (Berck et al. 1999; Corvera et al. 1999; Hanin et al. 1997; Pacios Bras et al. 2000; Pueppke and Broughton 1999). Occurrence of an α,β-unsaturated fatty acyl moiety is correlated with the capacity to nodulate the leguminous species belonging to the Galegeae tribe that form an indeterminate nodule (Hadri et al. 1998).

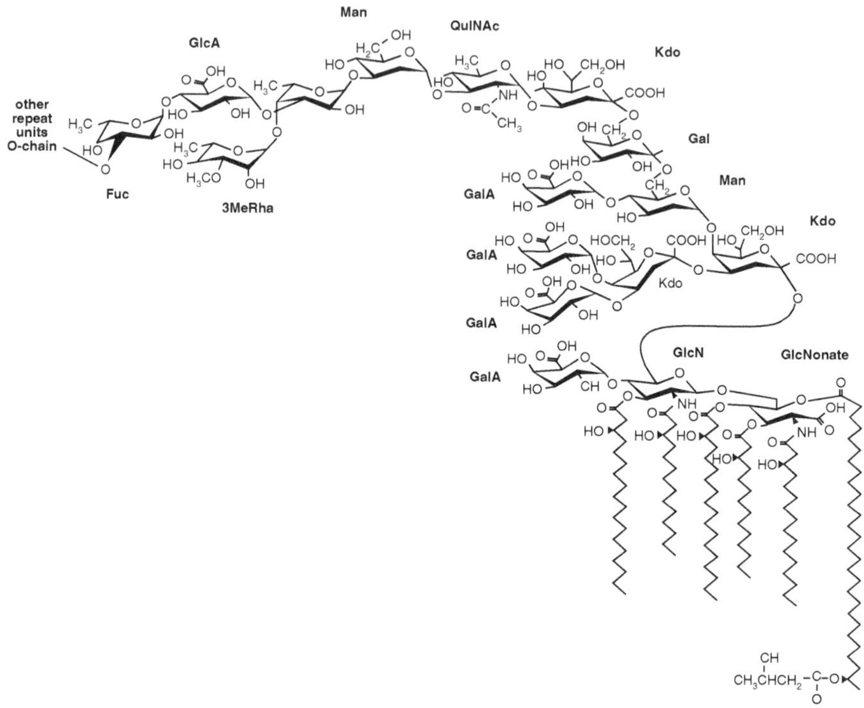

Fig. 13.2 Chemical structure of lipopolysaccharides of rhizobia

13.2.2 Lipopolysaccharides and K-Antigens

Rhizobial LPSs and K-antigens are tightly linked to the cell surface and often have saccharide like Kdo (3-deoxy-D-manno-2-octulosonic acid). However, rhizobial K-antigens are structurally very distinct from LPSs; especially K antigens do not always contain Kdo, and lipid anchors have not been found at all, whereas LPSs posses them. The most complete structure of LPS (Fig. 13.2) from *R. etli* containing lipid A, core chain, and repeat unit of the *O*-antigen chain has been reported (Forsberg and Carlson 1998). LPSs of various rhizobia are highly variable, especially for *O*-antigen, but also in their core region and the lipidA moiety (Kannenberg et al. 1998). Occurrence of the very long-chain hydroxyl fatty acids, such as 27OH-C28:0 (Hollingsworth and Carlson 1989), was exclusively reported in the LPSs and Nod factors of the β-proteobacteria (Bhat et al. 1991a, b). LPS is essential for the survival of rhizobia under all growth conditions, which makes their study very difficult through developing mutants. The fact that all non-pleiotropic LPS mutants are able to infect plant tissue to some degree indicates that LPS is not specifically involved in the initial steps of the symbiosis up to root hair infection.

LPS seems to play a more apparent role in the later stages of root nodule invasion, release from the infection thread, and symbiosome development. The fact that LPSs of *R. leguminosarum* bv. *trifolii* promoted infection thread formation in clover but not with the LPS from heterologous rhizobia indicated the host-specific features of LPS. Microscopic studies of responses of plants inoculated with LPS mutants have indicated that rhizobial LPS is involved in suppressing a host-plant defense response (Perotto et al. 1994), possibly in analogy with a role for the LPS of plant pathogens (Schoonejans et al. 1987). K-antigens of *S. meliloti* are also involved in suppressing a host-plant defense response, and they can functionally replace EPS biosynthesis in symbiosis (Campbell et al. 1998).

13.2.3 Cyclic Glucans

Cyclic glucans of *Rhizobium* and *Sinorhizobium* are linked solely by α-(1,2) glycosidic bonds with degrees of polymerization ranging from 17 to 25 (*R. leguminosarum*) or 17–40 (*S. meliloti*). Species of *Bradyrhizobium* produce cyclic glucans containing both *β*-(1,3) and β-(1,6) glycosidic linkages with the degree of polymerization ranging from 10 to 13 glucose residues with branched structure (Rolin et al. 1992). Cyclic β(1,2) glucans of *S. meliloti* are charged by the addition of anionic substituents like phosphoglycerol (Breedveld and Miller 1998), while cyclic glucans of *Bradyrhizobium* spp. are uncharged but contain the zwitterionic substituent phosphocholine (Rolin et al. 1992).

NdvB protein with high molecular weight (HMW) of 319 kDa is required to form a covalent intermediate with the glucan backbone during biosynthesis cyclic β-(1,2) glucans in *Sinorhizobium* and *Rhizobium* (Zorreguieta and Ugalde 1986). A close relative of NdvB is required for the biosynthesis of β-(1,3)–β-(1,6)-linked cyclic glucan in *Bradyrhizobium* spp. NdvC has been identified for its involvement in the formation of the β-(1,6) linkages (Bhagwat et al. 1999). The secretion of cyclic glucans to the periplasm (during logarithmic growth) and the extracellular environment (stationary growth) is mediated by the NdvA protein, which is the ABC component of a type 1 secretion system (Figs. 13.3, 13.4 and 13.5).

Impaired growth of defective mutants for cyclic glucan in hypo-osmotic media and mutational studies and production of a large amount of cyclic glucans in nodules where osmotic environment is relatively high indicated their protective role against hypo-osmolarity (Gore and Miller 1993). Ability of cyclic glucan to form inclusion complexes with hydrophobic molecules suggests that cyclic glucans can serve as a means of transport for signal molecules into the plant tissues (Morris et al. 1991). It was evidenced by the increased solubility of legume-derived flavonoids and Nod factors in the presence of cyclic glucans and cyclic dextrans, respectively (Schlaman et al. 1997).

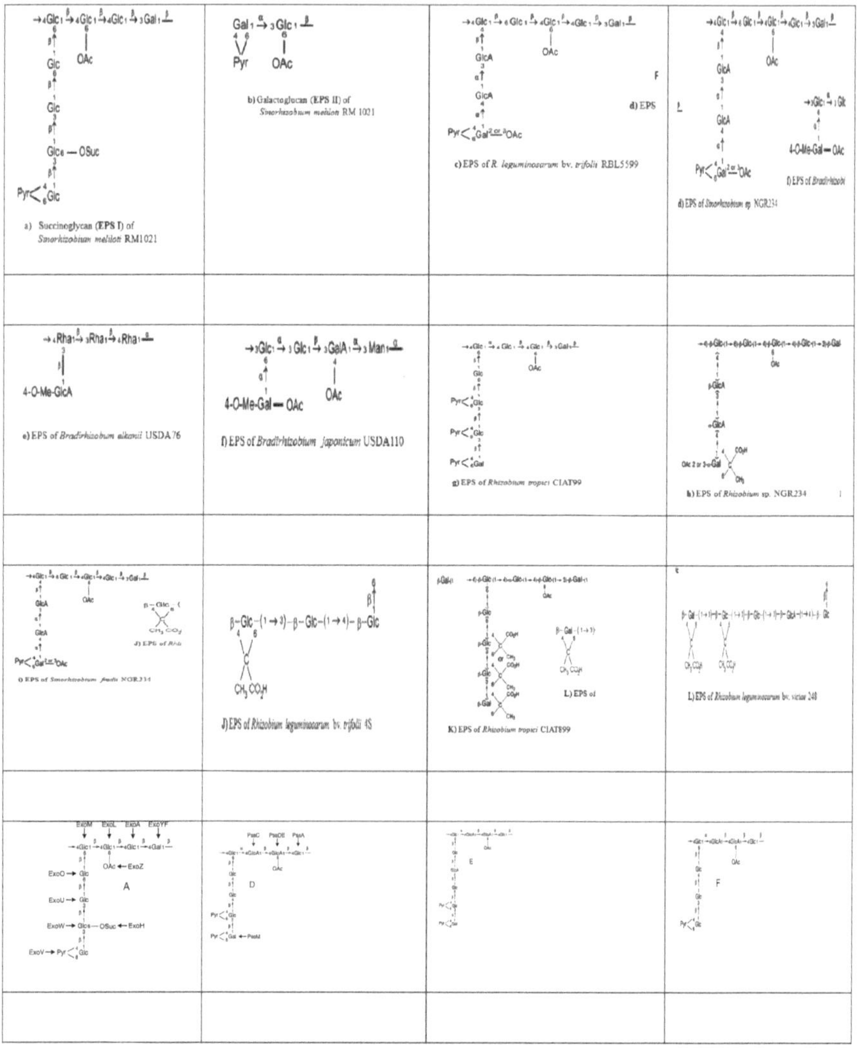

Fig. 13.3 Chemical structure of rhizobial exopolysaccharides (EPSs)

13.3 Structural Features of EPS from Rhizobia

Bacterial EPSs are generally constituted by monosaccharides and non-carbohydrate substituents (such as acetate, pyruvate, succinate, and phosphate) and classified into homo-polysaccharides and heteropolysaccharides (Donot et al. 2012). Components most commonly found in EPS are monosaccharides such as pentoses (D-arabinose and D-xylose), hexoses (D-glucose, D-galactose, D-mannose, D-allose), desoxyhexoses (L-rhamnose and L-fucose), amino sugars (D-glucosamine and D-galactosamine), or uronic acids (D-glucuronic acids and D-galacturonic acids). The linkages most

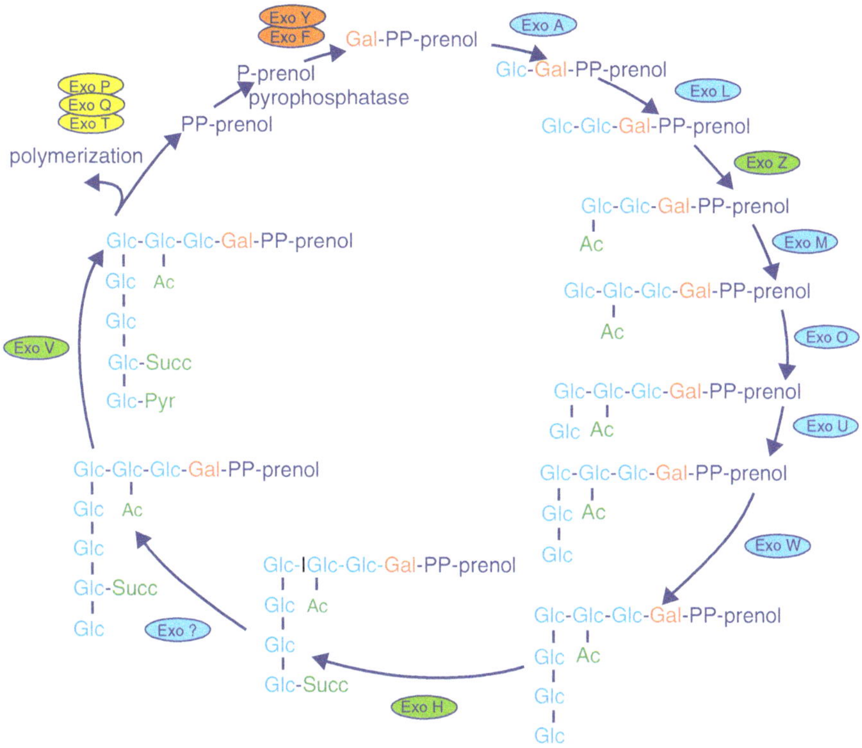

Fig. 13.4 Pathway for the assembly of repeating unit of EPS I in *S. meliloti* (REF). (i) Sugar transferases, engaged in transfer of precursors onto lipid carrier (*orange* and *blue*); (ii) modifying enzymes, decorating the unit with non-sugar moieties (*green*); and (iii) proteins involved in EPS assembly and export (*yellow*). Abbreviations used: *Glc* Glucose; *Gal* Galact; *Ac* Acetate; *Pyr* Pyruvate, *Succ* Succinate

commonly found between monosaccharides are 1,4-β- or 1,3-β-linkages in the backbones having strong rigidity and 1,2-α- or 1,6-α-linkages in the more flexible ones. The linkage and composition of monomers of rhizobial EPS are listed in Table 13.1. The physical properties of polysaccharides are deeply influenced by the nature and the way the monomers are arranged together and by the assemblage of single polymer chains (Silvi et al. 2013). EPSs of rhizobia are species as well as strain specific that varies in the (i) composition of monosaccharides (D-glucose, D-galactose, D-mannose, L-rhamnose, D-glucuronic, and D-galacturonic acids) and non-carbohydrate moieties (acetyl, pyruvyl, succinyl, and hydroxyl-butanoyl groups) (Skorupska et al. 2006; Downie 2010; Janczarek and Skorupska 2011), (ii) linkage of subunit, (iii) repeating unit size, and (iv) degree of polymerization.

The structural features of EPS repeating units of several rhizobial strains of *R. leguminosarum*, *S. meliloti*, *B. japonicum*, *B. elkanii*, *S. fredii* NGR234, *R. tropici* CIAT899, and *R. tropici* SEMIA 4080 were well established. The EPSs produced by several rhizobial strains are classified into two major types, mainly

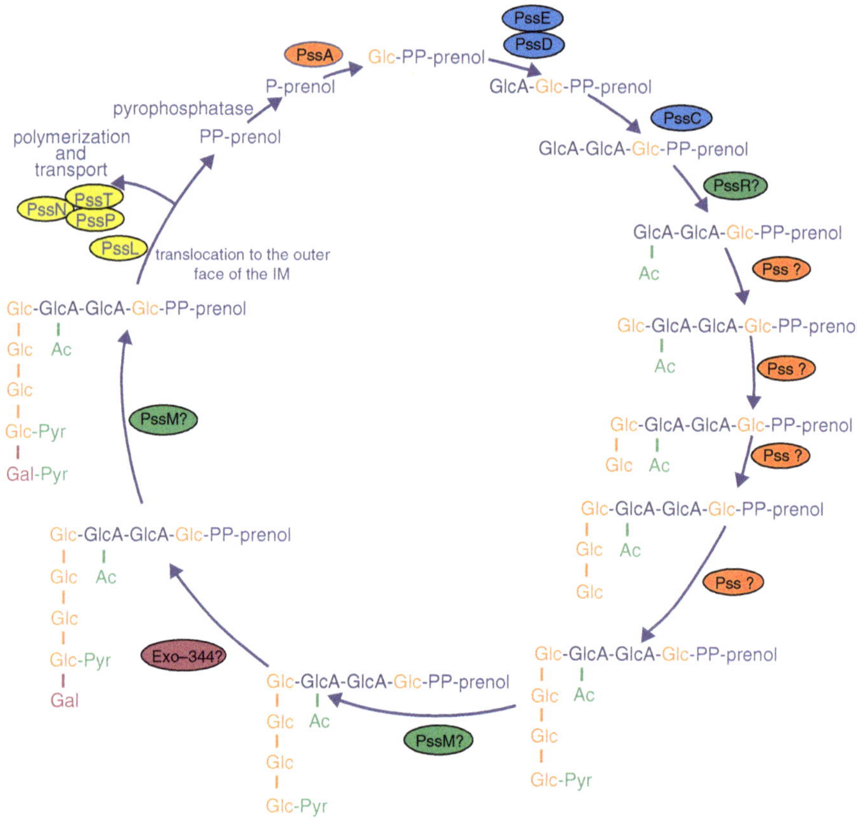

Fig. 13.5 Biosynthesis of EPS repeating unit and polymerization in *Rhizobium leguminosarum*. (i) Sugar transferases, engaged in transfer of precursors onto lipid carrier (*orange* and *blue*); (ii) modifying enzymes, decorating the unit with non-sugar moieties (*green*); and (iii) proteins involved in EPS assembly and export (*yellow*). Abbreviations used: *Glc* Glucose; *GlcA* Glucuronic acid; *Gal* Galactose; *Ac Acetate*; *Pyr* Pyruvate; *IM* inner membrane

succinoglycan (EPS I) and galactoglucan (EPS II). Succinoglycan is composed of octasaccharide repeating units containing galactose and glucose residues with molar ratio of 1:7, joined by glycosidic linkages (β-1,3, β-1,4, and β-1,6), whereas galactoglucan is a polymer of disaccharide repeating unit and joined by α-1,3 and β-1,3 glycosidic bonds (Her et al. 1990; Zevenhuizen 1997). EPSs I and II are secreted as both HMW consisting of hundreds to thousands of repeating units and low molecular weight (LMW) that represents monomers, dimers, and trimers in the case of EPS I and oligomers (8–40) in the case of EPS II (Gonzalez et al. 1996, 1998; Wang et al. 1999).

Table 13.1 Linkage and composition of monomers in EPS produced by *Rhizobium* spp.

Name of rhizobia	EPS structure	Monomer composition (%)	References
R. leguminosarum 128c53	→4Glc → α4GlcA → β4GlcA → β4Glc → β6Glc ← β4Glc ← βGlc ← βGlc (4–6)Pyr ← β3Gla(4–6)Pyr	Galactosyl, glucosyl, glucuronasyl and pyruvyl	
R. leguminosarum 128c63	→4Glc → α4GlcA → β4GlcA → β4Glc → β6Glc ← β4Glc ← βGlc ← βGlc (4–6)Pyr ← β3Gla(4–6)Pyr	Galactosyl, glucosyl, glucuronasyl and pyruvyl	
R. trifolii NA30	→ 4Glc → α4GlcA → β4GlcA → β4Glc → β6Glc ← β4Glc ← βGlc ← βGlc (4–6)Pyr ← β3Gla(4–6)Pyr	Galactosyl, glucosyl, glucuronasyl and pyruvyl	
R. trifolii 0403	→ 4Glc → α4GlcA → β4GlcA → β4Glc → β6Glc ← β4Glc ← βGlc ← βGlc (4–6)Pyr ← β3Gla(4–6)Pyr	Galactosyl, glucosyl, glucuronasyl and pyruvyl	
R. leguminosarum bv. *trifolii* 4S	β-Glc-(1 → 3)-β-Glc-(1 → 4)-β-Glc(1 → 6)β → (4,6)-C-CH_2-CO_2H	Galactosyl, glucosyl, glucuronasyl and pyruvyl	
R. trifolii 0403	ND	Glucose:galactose:glucuronic acid = 5:1:0.9	
R. meliloti SU47	4,6-*O*-(1-carboxyethylidene)-α-o-Galp1 → 3(X-O-Ac)-β-o-Glcp1 → 3	1,3,5-tri-*O*-acetyl-2,4,6-tri-o-methylglucitol and pental-o-acetyl-2-mono-o-ethylgalactitol galactose pyruvate ketal group	
R. trifolii TA-1	Cyclic β-(1,2)-glucans	Glucans	

(continued)

Table 13.1 (continued)

Name of rhizobia	EPS structure	Monomer composition (%)	References
Rhizobium sp. NGR234	β-Glc-(1–6)-β-Glc(1–6)-β-(1–4)-β-Glc(1–4)-β(1–3)-βGal(1)-β(1–4)-GlcA (1–3)α-GlcA(1–4)α-(4–6) PyrGal-2,3-*o*-actyl	Galactosyl, glucosyl, glucuronasyl and pyruvyl	
R. meliloti	β-4Glc(1–4)-β-Glc(1–4)-β-Glc(1–3)-β-Gal(1–6)-β-Glc(1–6)-β-Glc(1–3)-β-Glc (1–3)-Glc-(4–6)Pyr	Galactosyl, glycosyl, glucuronasyl and pyruvyl	
S. meliloti RM 1021 EPS II	→ 3Gal → α(1,3)Glc-β(1,6)OAc → (4,6)-C-CH_3-CO_2H	Galactose and glucose	Her et al. (1990)
R. leguminosarum bv. *viciae* 248	β-Gla-(1 → 3)-β-Glc-(1 → 3)-β-Glc(1 → 3)β-GlcA-(1 → 4)-β-Glc(1 → 6)-β → [(4,6)-C-CH_3-$CO_2H]_2$	Galactose, glucose and glucuronasyl	
R. leguminosarum biovar *trifoli* TA-1	Cyclic β-(1,2)-glucans	Glucans	
S. fredii USDA205	[(→ 3)-α-o-Galp-(1 → 5)-α-o-Kdop-(2 →)]n, [−2-O-MeManp → β-Kdo–]n	Xylase, mannose, glucose and Kdo in a molar ratio of 1:1:1:5	
S. fredii USDA257	[(→ 3)-β-o-Manp-(1 → 5)-β-o-Kdop(2 →)]n, [(→ 3)-β-o-2-O-MeManp-(1 → 5)-β-o-Kdop-[2 →]]n	Xylase, mannose, glucose and Kdo in a molar ratio of 1:1:1:5	
S. meliloti RM 1021 EPS I	→ 4Glcβ → 6GlcOAc → β(1,4)Glc → β(1,3)Gal-β → 4Glcβ(1,6) ← βGlc (1,3) ← βGlc6-OSucc ← β(1,3)Glc(4,6)o-Co_2H-CH_3	Succinoglycan with glycosidic linkage	
Rhizobium sp.	ND	Mannose:galactose:glucose 5.79:19.69:74.52	
S. meliloti AK631	[−β-GlcA → Pse5N (β-OH-But)7NAc–]n	Kdo(3-deoxy-o-manno-octulosonic acid)	Campbell et al. (1998)
S. meliloti NGR185	[–β-GlcNAc → β-Kdo–]n	Glucosyl and Kdo	
S. fredii USDA208	[–α-Gal → β-Kdo–]n	Galactosyl and Kdo	
S. fredii USDA201	[–α-Gal → β-Kdo → α-2-O-MeHex → β-Kdo–]n	Galactosyl and Kdo (2-metyo-hexo)	

Sinorbizobium sp. NGR234	[–β-Glc → α-Pse5Nac7NAc–]n	Glucosyl	
S. fredii HH303	[Rha, GalA]n	Rhamnose with glucuronasyl	
S. fredii HH103	[–7(3OH Bu)-Pse–]n	5-acetamido-3,5,7,9-tetrademy-7-[(*R*)-and (*S*)-3-hydroxybutyramido]-l-glycero-1-manno-nanulosonic acid = 3:1	
S. meliloti	–4Glcβ-1,4-Glcβ-1,4Glcβ-1,3Galβ-1Glcβ-1,3-Glcβ-1,3-Glcβ-1,6-Glc-β-1,6-(side chain)	Galactose and reducing glucose	Wang et al. (1999)
Rhizobium sp.	ND	Arabinose:xylose: rhamnose = 11.73:23.68:64.59	
Rhizobium sp.	ND	Arabinose:xylose: rhamnose = 14.7:23.6:61.7	
Rhizobium sp.	ND	Arabinose:xylose: rhamnose = 12.0:23.8:64.2	
B. japonicum 2143	ND	Man:Glu:Gal:GalA = 1:2:1:1	
Rhizobium sp. TAL1145	ND	Glucose:galactose = 2:1	
Rhizobium	ND	Arabinose:galactose:glucose:rham-nose:xylose	
		1.47:4.62:6.30:26.90:60.71	
Rhizobium sp. strain KYGT207	(→ 4)-β-ManAp-(1 → 4)-β-Glcp-(1 → 4)-βGalp-(1 → 3 → 1)β-Glcp	Glucose:galactose:mannuronic acid = 2:1:1	
S. meliloti RM1021	ND	Galactose:Glucose = 1:7	

(continued)

Table 13.1 (continued)

Name of rhizobia	EPS structure	Monomer composition (%)	References
R. leguminosarum bv. *trifolii* RI242	ND	Glucose:glucuronic acid: galactose = 4.8:1.8:1.0	Janczarrek (2011)
Rhizobium sp. strain PM25	ND	Xylose:arabinose:mannose 0.1:0.8:99.1	
Rhizobium sp.	ND	Glucose and galactose	
R. sullae	Cyclic-(1,2)-glucans	Glucose, galactose and fucose	
R. undicola strain N37	ND	Galactose:mannose = 94.17:5.83	

13.3.1 Structural Features of EPS from Sinorhizobium

Symbiotic exopolysaccharide of *S. meliloti* is succinoglycan (EPS I) that contains an octasaccharide repeating unit modified with acetyl, succinyl, and pyruvyl substituents. EPS I can be polymer of high or LMW, composed of monomers, dimers, and trimers. Also, the repeating unit carries one to two succinyl groups located at the C-6 position of the seventh sugar residue and a pyruvyl group linked to the eighth sugar residue through a 4,6-ketal linkage. Galactoglucan (EPS II) of *S. meliloti* that can mediate infection thread formation on *M. sativa* at a low efficiency is a disaccharide repeating unit modified with acetyl and pyruvyl substituents.

13.3.2 Structural Features of EPS from Rhizobium

EPS of *R. leguminosarum* is composed of octasaccharide repeating units which contain D-glucose, D-galactose, and D-glucuronic acid residues in a molar ratio 5:1:2, additionally modified with *O*-acetyl and pyruvyl groups (Breedveld et al. 1993). Succinoglycan type EPS of *Rhizobium* sp. NGR234 is formed by repeated units containing one galactose and seven glucose molecules linked by β-1,3, β-1,4, and β-1,6 linkages, containing residues of succinyl, acetyl, and pyruvyl (Becker and Pühler 1998a, b). Acidic EPS synthesized by *Rhizobium* sp. NGR234 were composed of glucosyl, galactosyl, glucuronosyl, and 4,6-pyruvylated galactosyl residues with glycosidic linkages β-1,3, β-1,4, β-1,6, α-1,3, and α-1,4 (Staehelin et al. 2006). The same strain also synthesized another form of EPS, consisting alternated units of glucose and galactose with α-1,3 and β-1,3 linkages and containing residues of acetyl and pyruvyl. EPS of *Rhizobium* sp. strain B isolated from nodules of alfalfa contain high amounts of glucose and rhamnose (1:2) and traces of 2-deoxy-D-arabino-hexuronic acid (Guentas et al. 2001). Chemical structure of EPS repeating units produced by *R. leguminosarum* and *R. etli* is presented in Table 13.2. The pattern of non-carbohydrate modifications of EPS is strain specific as well as influenced by bacterial growth phase and culture medium. Castellane et al. (2015) classified EPS into five groups based on ester type determined from the 13C NMR spectra (Table 13.3). The first group of EPS contained acetate only (*Mesorhizobium loti* LMG6125 and *M. huakuii* LMG14107). A second group of EPS consisted of succinate only (*Sinorhizobium kostiense* LMG19227). The EPS of strain *M. plurifarium* LMG11892 contained acetate and pyruvate (group III), whereas the strain *Rhizobium giardini* bv. *giardini* H152T produced EPS which contained pyruvate and succinate (group IV). The EPS belonging to group V (*Rhizobium mongolense* LMG19141) contained all three esters. Non-carbohydrate modifications located in the side chain of the EPS units proved to be very important for the signaling properties of EPS in the symbiosis (Ivashina and Ksenzenko 2012; Janczarek et al. 2014).

Table 13.2 Structure of EPS repeating unit produced by *R. leguminosarum* and *R. etli*

	Repeating unit structure	Strains
Backbone chain	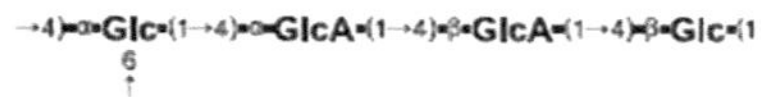	All strains
Side chains	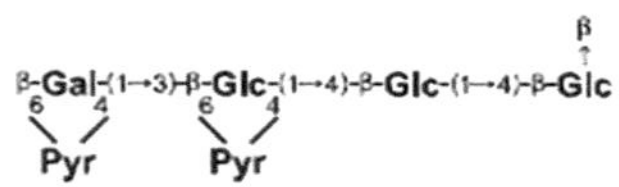	*Rlv*: VF39, 3841, LPR1, 128c53, 128c63; *Rlt*: TA1, LPR5, ANU843, NA30, 0403; *Re* CFN42; *Rlp*: LPR49, 127K36; *Rhizobium* sp. GRH2
	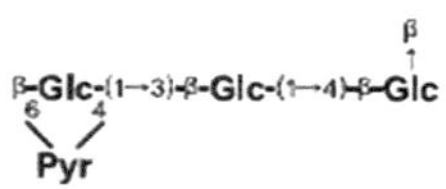	*Rlt* 4S
	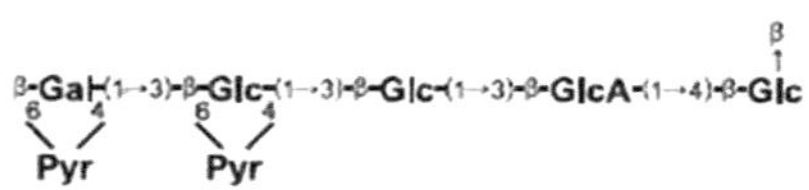	*Rlv* 248
		*Rlp* 127K44
	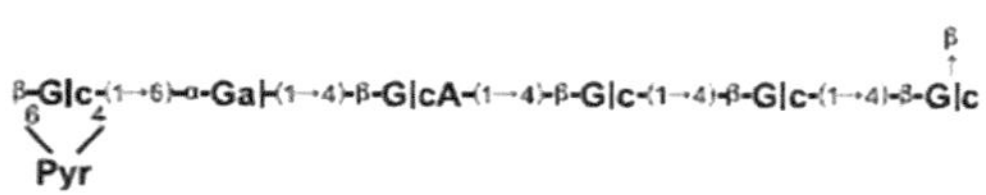	*Rlp* 127K38
		*Rlp* 127K87

Note: Abbreviations: *Glc* Glucose; *GlcA* Glucuronic acid; *Gal* Galactose; *Pyr* Ketal pyruvate group

Table 13.3 Classification of EPS based on ester type

Groups	Ester type	Rhizobia	NMR signal and functional groups
Group-1	Acetate only	*Mesorhizobium loti* LMG6125 *M. huakuii* LMG14107	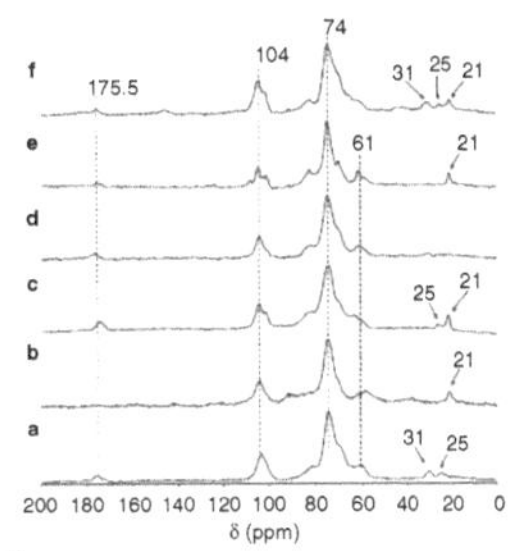 ^{13}CNMR spectrum of the exopolysaccharides produced by: (a) *Rhizobium giardini* bv. *giardini* H152^{T}, (b) *Mesorhizobium loti* LMG6125, (c) *Mesorhizobium plurifarium* LMG11892, (d) *sinorhizobium* (= *Ensifer*) *kostiense* LMG19227, (e) *Mesorhizobium huakuii* LMG14107, and (f) *Rhizobium mongolense* LMG19141. • The methyl signal of acetate at 21 ppm • The methyl signal of pyruvate at 25 ppm • The methylene signal of succinate at 31 ppm
Group-2	Succinate only	*Sinorhizobium kostiense* LMG19227	
Group-3	Acetate Pyruvate	*M. plurifarium* LMG11892	
Group-4	Pyruvate Succinate	*Rhizobium giardini* bv. *giardini* H152T	
Group-5	Acetate, Succinate, Pyruvate	*Rhizobium mongolense* LMG19141	

13.4 Genetics of EPS Production

Complex pathway of EPS starts with the synthesis of precursors for sugar nucleotides and non-carbohydrate donors followed by sequential assembly of the repeating unit on polyprenyl lipid carriers, their modification, polymerization, and export outside of the cell. Genes required for the biosynthesis of EPS in *Mesorhizobium* and *Sinorhizobium* form large clusters on the chromosome or megaplasmids (Kaneko et al. 2000; Finan et al. 2001). The gene clusters encode the following proteins, viz., (i) enzymes involved in the biosynthesis of nucleotide sugar precursors, (ii) enzymes involved in modifying EPS with non-sugar decorations, (iii) transferases involved in the assembly of EPS repeating unit, and (iv) proteins engaged in the polymerization and export of the growing EPS chain onto the cell surface (Glucksmann et al. 1993a, b; Whitfield and Paiment 2003). Biosynthesis and regulation of succinoglycan (EPS I) as well as galactoglucan (EPS II) were extensively studied in *S. meliloti*, while our understanding on acidic EPS production in *R. leguminosarum* is limited.

Specific glycosyltransferases are involved in the sequential transfer of precursors and nucleotide diphosphosugars to a growing polysaccharide chains that are attached to undecaprenol diphosphate. The repeating unit is formed at the inner leaflet of the cytoplasmic membrane, and polymerization of individual repeating units takes place at the periplasmic face of the inner membrane (IM) after they have been flipped across the IM due to Wzx-like translocase or "flippase" activity. Polymerization is coupled to export of the growing polymer to the cell surface and engages Wzy-like polymerase and Wzc-like inner membrane-periplasmic auxiliary protein (MPA) with an ABC module that controls the chain length of the growing heteropolymers (Whitfield and Paiment 2003). Outer membrane auxiliary protein (OMA) is involved in the completion of translocation process by forming a channel in the outer membrane to facilitate the growing polysaccharide to reach the cell surface (Paulsen et al. 1997).

13.4.1 EPS Biosynthesis in Sinorhizobium

Multipartite genome of *S. meliloti* possesses three replicons: a chromosome (3.65 Mb) and two megaplasmids: pSymA (1.35 Mb) and pSymB (1.68 Mb). The gene cluster required for the biosynthesis of EPS I (*exo*/*exs*) is organized in several operons of megaplasmid 2 (pSymB) (Charles and Finan 1991). Analysis of *S. meliloti* genome sequence indicated that only 2 out of 11 regions engaged in polysaccharide biosynthesis were previously recognized on pSymB (Becker et al. 1993a, b). The genes involved in the biosynthesis of EPS I in *S. meliloti* are listed in Table 13.4.

Precursors for the biosynthesis of EPS I are produced by the proteins encoded by exoC, exoB, and exoN. *exoC* encodes a phosphoglucomutase that catalyzes transformation of glucose- 6-phosphate into glucose-1-phosphate. *exoB* encodes for the UDP-glucose-4-epimerase that converts UDP-glucose into UDP-galactose. A protein encoded by *exoN* gene displays UDP-glucose pirophosphorylase activity. Assembly of the repeating unit is initiated by galactosyltransferase encoded by *exo*Y. *exoF* gene encodes a protein that is needed for addition of galactose to the lipid carrier. The subsequent addition of glucose residues is carried out by a complex of glucosyltransferases encoded by *exoA, exoL, exoM, exoO, exoU*, and *exoW* genes (Müller et al. 1993; Reuber and Walker 1993a, b).

Transmembrane protein with succinyl transferase activity is encoded by *exoH* in *S. meliloti* that is involved in the addition of non-sugar residues that is crucial for the polymerization and secretion of succinoglycan. A transferase encoded by *exoZ* gene is involved in addition of acetyl residues, while *exoV* is responsible for addition of pyruvyl residues. Acetyl and succinyl modifications of EPS I influence the susceptibility of the polysaccharide to cleavage by these glycanases and production of LMW EPS 1.

Polymerization of the succinoglycan repeating units and secretion of the polymer depend on the proteins encoded by the *exoPQT* genes (Glucksmann et al. 1993a). ExoP of *S. meliloti* is an autophosphorylating protein tyrosine kinase that catalyzes the formation of dimers of octasaccharide units of EPS I and forms a complex with ExoQ and ExoT proteins which participate in the secretion of succinoglycan (Niemeyer and Becker 2001). It was evidenced that ExoQ protein is indispensable for high-molecular weight (HMW) EPS I biosynthesis, while ExoT

Table 13.4 Genes involved in biosynthesis of EPS in *Sinorhizobium meliloti*

Gene	Encoded protein	Functional role	Biochemical/phenotypic changes in defective mutants
EPS I of *S. meliloti*			
*exo*C	Phosphoglucomutase	Glucose- 6-phosphate into glucose-1-phosphate	Synthesis of EPS I and other polymers—EPS II, LPS, and β-glucans are blocked
*exo*B	UDP-glucose-4-epimerase	UDP-glucose into UDP-galactose	
*exo*N	UDP-glucose pyrophosphorylase	–	Decrease in EPS I production
exoY	Galactosyltransferase	Assembly of the repeating unit	Synthesis of succinoglycan is blocked. Mutant cannot initiate the formation of infection threads and become symbiotically defective
*exo*F	–	Addition of galactose to the lipid carrier	Completely abolish succinoglycan production and resulted in mutants that formed Fix-nodules
*exo*A *exo*L *exo*M	Complex of Glucosyltransferases	Subsequent addition of glucose residues	Mutations in *exoF, exoA*, *exoL*, and *exoM* genes were shown to completely abolish succinoglycan production and resulted in mutants that formed Fix-nodules
exoU *exoW*	Complex of Glucosyltransferases	Subsequent addition of glucose residues	*exoU* and *exoW* mutants produced no detectable amounts of EPS I and were not able to infect alfalfa nodules
exoO	Complex of Glucosyltransferases	Subsequent addition of glucose residues	Defective mutants of *exoO* produced large amounts of insoluble carbohydrate material consisting of polymerized four-sugar subunits
*exo*H	Transmembrane protein with succinyltransferase activity	–	Defective mutants of *exo*H produced symbiotically nonfunctional HMW EPSI that lacked the succinyl modification. Root hair curling was delayed; infection threads aborted in the nodule cortex and produced ineffective nodules with no intracellular bacteria or bacteroids

(continued)

Table 13.4 (continued)

Gene	Encoded protein	Functional role	Biochemical/phenotypic changes in defective mutants
*exo*Z	Transferase	Addition of acetyl residues	An *exoZ* mutant, which produces succinoglycan without the acetyl modification, forms nitrogen-fixing nodules on plants, but it exhibits a reduced efficiency in the initiation and elongation of infection threads
*exo*V	–	–	Defective mutants accumulate units lacking pyruvyl residues which is crucial for the polymerization and secretion of succinoglycan
*exo*P	Tyrosine kinase	Autophosphorylating protein catalyzes the formation of dimers of octasaccharide units of EPS I and forms a complex with ExoQ and ExoT	–
*exo*Q *exo*T	–	ExoQ protein is indispensable for high-molecular-weight (HMW) EPS I biosynthesis: ExoT is responsible for producing low-molecular-weight (LMW) EPS, i.e., trimers and tetramers of the basic subunit [23, 41]. ExoPQT forms a complex that helps in secretion of succinoglycan [67]	Mutants in *exoPQT* do not synthesize succinoglycan but accumulate octasaccharides acylated, succinylated, and pyruvylated to various extents. ExoQ protein is indispensable for the biosynthesis of HMW fraction of EPS I
*exs*A	Homologues to ABC transporters	Important for the transport of HMW EPS I	*exsA* mutant secreted both LMW and HMW forms of succinoglycan in almost equal amounts
*exo*K	β-1, 3-1, 4-glucanase	Cleavage of HMW succinoglycan by endoglycanases: LMW was secreted by PrsDE secretion system	Acetyl and succinyl modifications of EPS I influence the susceptibility of the polysaccharide to cleavage by glycanases
*exs*H	Succinoglycan depolymerase		
EPS II of *S. meliloti*			
*exp*A7 *exp*A8 *exp*A9 *exp*A10	–	Biosynthesis of nucleotide diphosphosugar precursors for formation of dTDP-rhamnose	–
*exp*A2 *exp*E2	β-Glucosyltransferases	–	–

(continued)

Table 13.4 (continued)

Gene	Encoded protein	Functional role	Biochemical/phenotypic changes in defective mutants
*exp*A3 *exp*C *exp*E4 *exp*E7	Galactosyltransferases	–	–
expE1	–	Secreted protein with some similarity to NodO protein of *R. leguminosarum* bv. *viciae* [71]. It binds to calcium ions	–
*exp*D1	ABC transporter	Secretion of ExpE1. They are homologous to PrtD/PrtE secretion system of *Erwinia chrysanthemi*	*expD1* and *expD2* mutants were shown to be blocked in EPS II synthesis and secretion
*exp*D2	Membrane fusion protein (MFP)		

is responsible for producing low-molecular-weight (LMW) EPS (Reuber and Walker 1993a, b). ExsA protein of *S. meliloti* is homologous to ABC transporters and is involved in the transport of HMW EPS I. Symbiotically active, low-molecular-weight EPS I is produced in *S. meliloti* by a specific biosynthetic pathway, but it can also result from a cleavage of HMW succinoglycan by endoglycanases: ExoK (β-1,3-1,4-glucanase) and ExsH (succinoglycan depolymerase), the latter of which is secreted by PrsDE secretion system (York and Walker 1997).

Biosynthesis of EPS II in *S. meliloti* is mediated through 23 kb *exp* gene cluster localized on pSymB plasmid and is separated from *exo*/*exs* cluster by about 200 kb. Biosynthesis of nucleotide diphosphosugar precursors depends on the activity of ExpA7, ExpA8, ExpA9, and ExpA10 proteins, which are involved in the formation of dTDP-rhamnose. The intermediate in this synthesis dTDP-glucose serves as the donor of glucose in EPS II synthesis in contrast to UDP-glucose which is a precursor of glucose in EPS I synthesis. Other genes in the cluster were established for their involvement in polymerization of sugars (β-glucosyltransferases ExpA2 and ExpE2, galactosyl transferases ExpA3, ExpC, ExpE4, and ExpE7), export (ExpD1-ABC transporter; ExpD2-MFP-membrane fusion protein) of EPS II, and the regulation of *exp* gene expression (Becker et al. 1997). EPS II synthesis and secretion was blocked in defective mutants of *expD1* and *expD2* (Becker et al. 1997; Moreira et al. 2000).

13.4.2 EPS Biosynthesis in Rhizobium leguminosarum

Rhizobium leguminosarum comprises two biovars *viciae* and *trifolii* that differ in their host specificity and is a close relative of *Rhizobium etli* (formerly the third biovar—*phaseoli*). The genome of *R. leguminosarum* consists of the chromosome and 1–10 megaplasmids. *R. leguminosarum* bv. *viciae* consists of a circular chromosome of 5 Mb and *six* plasmids: pRL12 (870 kb), pRL11 (684 kb), pRL10 (488 kb), pRL9 (352 kb), and pRL8 (147 kb). *Rhizobium leguminosarum* bv. *Trifolii* TA1 consists of 7.3 Mb genome with five replicons via a chromosome and four plasmids: pRTA1d (800 kb), pRTA1c (650 kb), pRTA1b (600 kb), and pRTA1a (500 kb) (Król et al. 2005). Multi-cistronic operon having a core set of genes required for the assembly of the repeating units (*pssEDCFGHIJS*), its modification (*pssKMR*), polymerization (*pssL*), and processing (*pssW*) of EPS was identified in *Rlv* VF39 (Sadykov et al. 1998).

EPS biosynthetic clusters carry genes involved in the biosynthesis of nucleotide precursors. The genes involved in the biosynthesis of EPS in *R. leguminosarum* are summarized in Table 13.5. *exoB* gene of *R. leguminosarum* bv. *trifolii* encodes a protein showing 80% identity to the UDP-glucose 4-epimerase of *S. meliloti* that is involved in the biosynthesis of UDP-galactose, the donor of galactose residues for different heteropolysaccharides in rhizobia (Canter Cremers et al. 1990). *exo5* encodes UDP-glucose dehydrogenase that is responsible for oxidation of UDP-glucose to UDP-glucuronic acid (Kereszt et al. 1998). *pssA* gene encodes for glucosyl-IP-transferase that initiates the biosynthesis of EPS in *R. leguminosarum* by the transferring UDP-glucose to the lipid carrier attached to the cytoplasmic membrane of *R. leguminosarum* bv. *trifolii*, *viciae*, and *R. etli*. *pssD* and *pssE* genes of both *R. leguminosarum* biovars possess glucuronosyl transferase activity that catalyzes the addition of a glucuronic acid residue (van Workum et al. 1997; Król et al. 1998). *pssC* encodes a glucuronosyl-β-1,4-glucuronosyltransferase for the addition of the second glucuronic acid residue (van Workum et al. 1997; Król et al. 1998; Sadykov et al. 1998; Pollock et al. 1998). Subsequent steps of acidic EPS synthesis were poorly studied in R. leguminosarum, although the genes *pssF*, *pssG*, *pssH*, *pssI*, *pssJ*, and *pssS* encoding putative glycosyltransferases and *pssR* and *pssM* genes predicted to encode EPS modifying enzymes were identified in *R. leguminosarum* bv. *viciae* (Sadykov et al. 1998)

pssT, *pssN*, and *pssP* genes are responsible for the formation of secretion system involved in assembly and export of EPS in *R. leguminosarum* bv. *trifolii* TA1. PssT is an integral inner membrane protein and *pssT* mutant overproduced EPS with the degree of polymerization slightly increased when compared to the wild-type strain (Mazur et al. 2003). PssN protein turned out to be similar to outer membrane auxiliary (OMA) proteins (Mazur et al. 2001). PssP is similar to membrane-periplasmic auxiliary (MPA) proteins involved in the synthesis of HMW CPS and EPS (Paulsen et al. 1997). Genetic organization of the *pss* gene clusters of *R. leguminosarum* is shown in Fig. 13.6.

In *R. leguminosarum* bv. *viciae*, *plyA* and *plyB* genes encode glycanases. *plyA* mutation did not affect EPS processing, while *plyB* mutant was characterized by a significant increase in culture viscosity. *pssV-E* operon was found in all *R. leguminosarum* and *R. etli* genomes, and 9 out of the 15 genes named as *pss* genes from this operon have orthologs in both biovars of *R. leguminosarum* and *R. etli* genomes. In addition, the same gene name abbreviation was assigned to six genes (*pssA*, *pssB*, *pssN*, *pssO*, *pssP*, and *pssT*) localized in other operons. The new sets of genes identified from Rlt WSM2304, Re CFN42, Re CNPAF512, and Re

Table 13.5 Genes involved in biosynthesis of EPS in *Rhizobium leguminosarum*

Gene	Code for	Role	Biochemical/phenotypic changes in defective mutants
exoB	80% identity to the UDP-glucose 4-epimerase of *S. meliloti*	Biosynthesis of an UDP-galactose, which is the donor of galactose residues for different heteropolysaccharides in rhizobia	Exopolysaccharide lacking galactose and the mutant was almost unable to invade plant cells and induced abnormal root nodules
exo5	Functional and structural homology to UDP-glucose dehydrogenase of *S. meliloti*	Oxidation of UDP-glucose to UDP-glucuronic acid	–
pssA	Glucosyl-IP-transferase	Transfer of an UDP-glucose to the lipid carrier attached to the cytoplasmic membrane	Non-mucoid phenotype that induces non-nitrogen-fixing nodules on pea, vetch, and clover
pssD	Glucuronosyl-(β-1,4)-glucosyl transferase	Addition of a glucuronic acid residue	Non-mucoid phenotype that induces non-nitrogen-fixing nodules on pea, vetch, and clover
pssE			
pssC	Glucuronosyl-β-1,4-glucuronosyltransferase	Addition of second glucuronic acid residue	*pssC* mutant still synthesized EPS, although less than half the amount of the parental strain, and induced nodules infected with bacteria able to fix nitrogen on clover [80]
pssF, *pssG*, *pssH*, *pssI*, *pssJ* and *pssS*	Putative glycosyltransferases	–	–
pssR and *pssM*	Modifying enzymes identified in *R. leguminosarum* bv. *viciae*	–	–
pssT	Integral inner membrane protein similar in its topology to Wzy polymerase	–	–
pssN	Outer membrane auxiliary (OMA) proteins	–	–

(continued)

Table 13.5 (continued)

Gene	Code for	Role	Biochemical/phenotypic changes in defective mutants
pssP	PssP is similar to membrane-periplasmic auxiliary (MPA) proteins involved in	Synthesis of HMW CPS and EPS	Deletion of entire *pssP* gene led to a non-mucoid non-nitrogen-fixing mutant
pssL	Secondary structure of this protein has similarity with Wzx-type flippases	Specific *O*-antigen translocation from the inner to outer leaflet of the cytoplasmic membrane	–
plyA *plyB*	Glycanases	–	*plyA* mutation did not affect EPS processing, while *plyB* mutant was characterized by a significant increase in culture viscosity

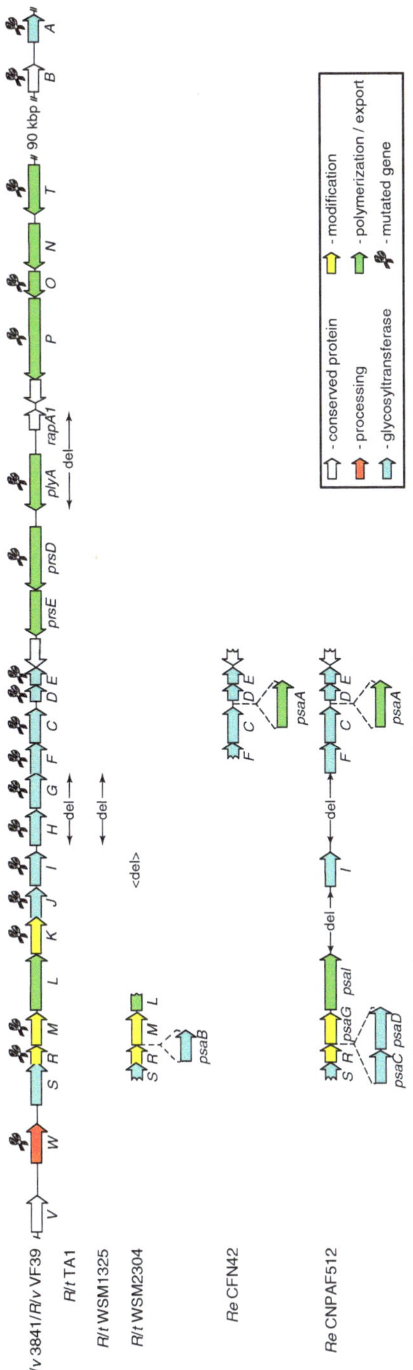

Fig. 13.6 Gene arrangement in Pss-I cluster of *Rhizobium leguminosarum* and *R. etli*

Table 13.6 Genes controlling *poly*s*accharide repeating unit *a*ssembly for EPS biosynthesis in *R. leguminosarum* and *R. etli*

Gene	Predicted function	Existing gene names in *R. leguminosarum* and *R. etli*			
		Rlt WSM 2304	Re CFN42	Re CNPAF512	Re CIAT652
*psa*A	*O*-antigen ligase	Rleg2_0274	RHE_CH03224	RHECNPAF_4 30080	RHECIAT_CH 0003464
*psa*B	GT family-2	Rleg2_2965	None	None	None
*psa*C	GT family-2	None	None	RHECNPAF_4 30069	RHECIAT_CH 0003456
*psa*D	GT family-1	None	None	RHECNPAF_4 30070	RHECIAT_CH 0003457
*psa*E	GT family-2	None	None	None	RHECIAT_CH 0003458
*psa*F	Polysaccharide pyruvyl transferase	None	None	None	RHECIAT_CH 0003464
*psa*G	Polysaccharide pyruvyl transferase	None	None	RHECNPAF_4 30071	None
*psa*I	Polysaccharide biosynthesis protein	None	None	RHECNPAF_4 30072	RHECIAT_CH 0003459

CIAT 652 are designated as *psa* (*p*oly*s*accharide repeating unit *a*ssembly) and summarized in Table 13.6.

13.5 Biological Role of Rhizobial EPS in Symbiosis

The biological roles of rhizobial EPS are postulated based on the experimental evidence observed at different stages of symbiotic interactions between host legumes with rhizobial mutants having altered gene expression. These include the involvement in early steps of legume–rhizobia symbiosis such as attachment of rhizobia on root hairs/surface, structural role in the infection thread formation, release of bacteria from infection threads, bacteroid development, suppression of plant defense responses, and protection against plant antimicrobial compounds and environmental stresses. The importance of this polysaccharide in the symbiosis was confirmed in several non-EPS producing strains of *Sinorhizobium meliloti* and *R. leguminosarum* bvs. *trifolii* and *viciae*, which were symbiotically defective due to induction of empty or almost uninfected nodules on the respective host plants, being a result of aborted infection thread elongation within the peripheral cells of the developing nodule (Ivashina and Ksenzenko 2012).

13.5.1 EPS Is Essential for Bacterial Attachment to Root Hairs

Successful recognition of appropriate rhizobial cells leads to attachment of rhizobial cell and formation of biofilm on the root surface and root hairs of host plant. Rhizobial cell attachment process has been distinguished into two as primary and secondary attachment. Primary attachment of bacterial cells to the root hair tip can be established via plant lectins, secreted at the root hair tip, which recognize specific polysaccharide structures present on the surface of the symbiotic bacteria. EPS plays an essential role in electrophoretic mobility of rhizobial cells, and their effective colonization depends on mobility as well as its acidic nature of the bacterial cell surface (Ciesla et al. 2016). EPS may also enhance the chance of adhesion of bacteria to the tip of growing root hairs. After initial attachment, rhizobial cells aggregate around the root hair surface and form biofilm-like structures. Rhizobial strains producing large amounts of EPS were characterized by biofilm formation that enhanced bacterial cell to better adaptation against stressed environment (Fujishige et al. 2006). *R. leguminosarum* bv. *trifolii* strain Rt24.2 attached with high efficiency recorded higher number of bacteria attached on root surface in comparison with its *pss*A and *ros*R defective mutants. On the other hand, EPS overproducing mutants via Rt24.2 (pBA1) and Rt24.2 (pBR1) showed more efficient attachment in comparison to the wild-type bacterial cells on clover root. The above results confirmed the crucial role of EPS in attachment and biofilm formation (Figs. 13.7 and 13.8).

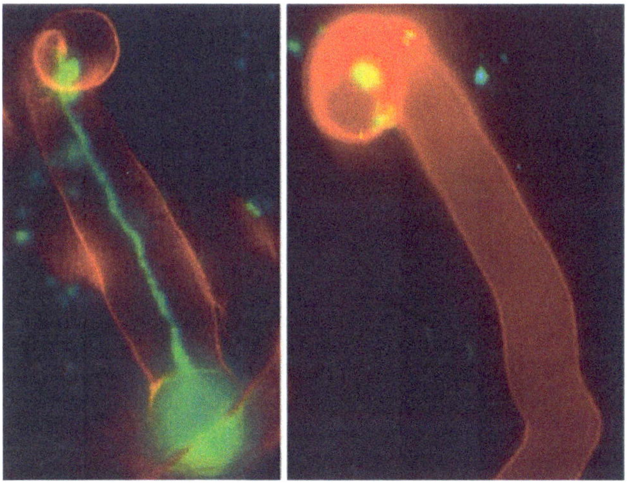

Fig. 13.7 Infection of root hair cell by *Sinorhizobium meliloti*. Fully extended infection thread in root hair cell infected by wild-type *S. meliloti* (**a**) and failure of infection thread extension in cells infected with *exo*Y mutants (**b**)

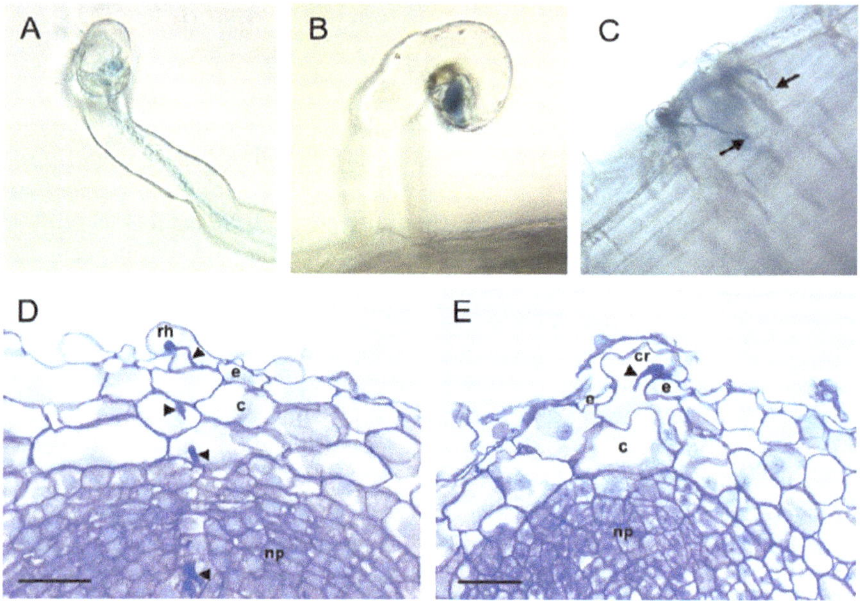

Fig. 13.8 Infection of *Vicia sativa* subsp. nigra by wild and mutant strains of *Rhizobium leguminosarum*. Infection of elongated root hair by wild-type RBL5523 (**a**), curling of elongated root hair with no infection thread induced by EPS-deficient mutant RBL5833 (**b**), abortive infection threads induced by EPS- and cellulose-deficient mutant RBL5973 (**c**, **e**), infections by cellulose-deficient mutant RBL5760 originates from a curl in a short pidermal root hair (**d**)

Secondary attachment of rhizobium on root surface is called "firm" attachment, since removal of attached bacteria at this stage is difficult (Ausmees et al. 1999). Cellulose fibrils on bacterial surface play a role in the firm attachment of the bacteria to the root hair. Cellulose-deficient mutant of *R. leguminosarum* such as RBL5760 has been reported to lack the formation of cap-like bacterial aggregates on the root hair tip. Instead, incubation of these strains with plant roots showed attachment of single bacterial cells on root hairs and the root surface. EPS-deficient mutant strains (RBL5833 and RBL5808) resulted in persistent flocculation of rhizobia due to constitutive expression of cellulose fibrils on the bacterial surface in comparison with cellulose-deficient bacteria. EPS prevents bacterial agglutination by masking the cellulose fibrils in the root hair curl. Nodule formation was arrested at the primordium stage in plants inoculated with EPS-deficient strains via RBL5833 due to cellulose-mediated agglutination of the bacterial cells in the root hair curl. Inoculation of EPS defective mutant RBL5833 has also been reported to severely reduce the number of infection sites on *V. sativa* roots when compared with wild-type-inoculated roots and suggested the role of EPS on enhancing primary attachment to the tip of growing root hairs as well as for infecting emerging epidermal root hairs by cellulose-deficient strains.

Cellulose deficiency of mutant RBL5760 (CF−:EPS+) does not affect nodule number or delay nodule initiation in *V. sativa* subsp. *nigra* and nodules were

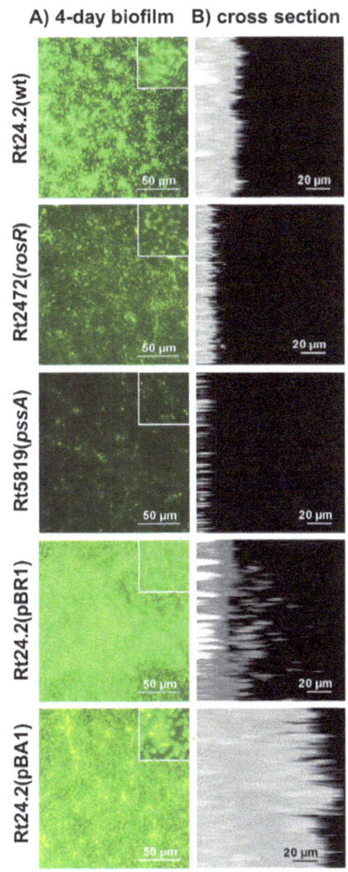

Fig. 13.9 Structure of biofilms formed by the *R. leguminosarum* bv. *trifolii* wild-type strain 24.2 and its mutants

elongated and pink colored, an indication of nitrogen fixation. However, 95% of infection threads were originated from infection sites localized on the epidermal surface, while wild strain RBL5523 produced majority of infection threads from a curled tip of an elongated root hair. RBL5973 (CF^-:EPS^-)-inoculated root sections revealed that this EPS- and cellulose-deficient strain infects the roots via cortical root hairs. Continuous Nod factor production by these bacteria is likely to induce polarized elongation of cortical cells, since cortical root hairs are mainly found on roots after application of Nod factors (van Spronsen et al. 1994). Restoring cellulose production through complementation with *cel*E containing plasmid pMP4698 also restored the infection of elongated root hairs to levels observed with wild-type RBL5523. The results clearly demonstrated that EPS and CF determine the site of colonization and place of origin of infection threads during nodulation process (Figs. 13.9 and 13.10).

Roots inoculated with EPS defective mutant strains like RBL5973 (CF−: EPS−), RBL5833 (CF+:EPS−), and RBL5808 (CF+:EPS−) formed abortive infection threads originated from infection sites on the root surface (Fig. 13.10). Infection sites and infection threads were not observed in elongated root hairs.

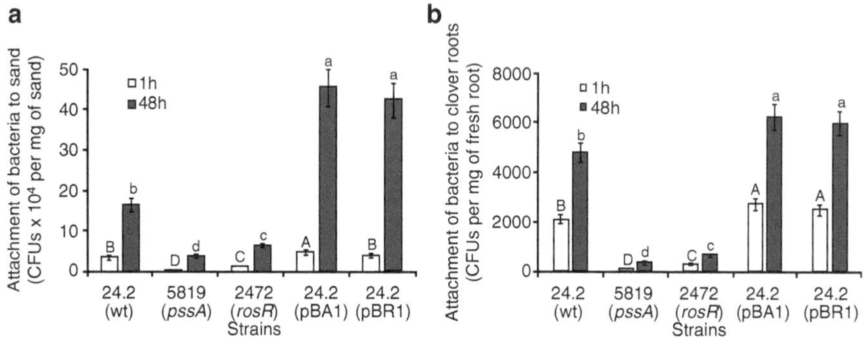

Fig. 13.10 Attachment of *R. leguminosarum* bv. *trifolii* wild type and its mutants on sand (**a**) and clover roots (**b**)

Infection threads initiated from these infection sites aborted in the first or second cortical cell layer, concomitant with an early arrest in nodule development. Nodules remained small, white, and uninfected when roots were observed for several weeks. The appearance of small uninfected nodules suggests that infection of the cortex is a prerequisite for (young) nodule formation. Abortion of the RBL5973 (CF−:EPS−)-induced infection threads before entry into the nodule primordium demonstrates the importance of EPS production for infection thread elongation. It is not clear whether infection thread extension is dependent on the presence of the succinyl substituent of succinoglycan or on the production of low-molecular-weight (trimer, dimer, and monomer) forms of succinoglycan. If succinoglycan has a role in signaling to the plant, perhaps the low-molecular-weight forms can interact more readily with the plant cell membrane.

13.5.2 EPS Is a Determinant of Host-Plant Specificity in Nodulation

Rhizobia that form indeterminate type nodules in *Vicia, Medicago, Pisum*, or *Trifolium* are reported to produce EPS for tight root hair curling, proper infection thread formation, bacteria release, bacteroid development, and the effective nodulation (van Workum et al. 1998; Rolfe et al. 1996; Pellock et al. 2000). Restoring symbiotic efficiency in *exo* defective mutants of *S. meliloti* by the addition of picomolar quantities of trimer fraction of the EPS I or EPS II fraction containing 15–20 units indicated that low-molecular-weight EPS may act as a signaling molecule during invasion process (Wang et al. 1999; Battisti et al. 1992; Gonzalez et al. 1996). In the case of *R. leguminosarum* bv. *trifolii*, purified EPS fractions restored the nodulation of *exo* mutants (Djordjevic et al. 1987). Fix^- nodules were formed in *V. sativa* only on roots infected with rhizobia producing identical (*R. leguminosarum* bv. *viciae* and bv. *trifolii*) or similar EPS (*R. leguminosarum* and *R. tropici*). As EPS from nonhomologous rhizobial strains or structurally changed homologous EPS could not compensate for symbiotic deficiency, it was concluded that EPS structure could be one of determinants of the host specificity at early stages of root infection. These observations supported the hypothesis that host-specific infection is dependent on EPS structure (Laus et al. 2005). However, nodule initiation in *V. sativa* by heterologous rhizobial strains after acquisition of pSym plasmid from *R. leguminosarum* bv. *viciae* indicated that infection of root tissue can occur regardless of EPS structure, and Nod factor is the only determinant of the host specificity (Laus et al. 2004, 2005). *R. leguminosarum* bv. *viciae* producing *S. meliloti* Nod factor successfully infected alfalfa transgenic for pea lectin despite the different EPS structure (van Rhijn et al. 2001). The controversy on the role of EPS on host specificity is not yet resolved.

13.5.3 EPS Is Involved in the Evasion of Plant Defense Response

Plants have evolved defense mechanisms like production of antimicrobial compounds, phytoalexins, reactive oxygen species, etc., to protect themselves from biotic as well as abiotic stresses. Similarly, plant pathogens and symbiotic bacteria have also evolved mechanisms to avoid plant defense system for effective colonization. Surface polysaccharides such as EPS, CPS, LPS, and glucan produced by rhizobia play important roles to overcome host defense mechanisms (D'Haeze and Holsters 2004). Structural features of exopolysaccharides are critical for suppression of host defense responses (Pellock et al. 2000). Changes in the structure of particular surface polysaccharides generally result in an increased sensitivity to host antimicrobial compounds. EPS I defective mutants of *S. meliloti* elicited noninfected pseudonodules and induced plant defense response on *M. sativa*. Cortical cells of pseudonodules were abnormally thick and encrusted with autofluorescent phenolic compounds compared to wild-type nodules. Cell walls and wall apposition contained callose. Low-molecular-weight EPS I added to alfalfa cell cultures suppressed the alkalinization induced by yeast elicitor, while heterologous EPS or HMW EPS I failed to suppress alkalinization (Niehaus et al. 1996). These data indicated that LMW EPS I is a specific suppressor of plant defense system in the case of *S. meliloti–M. sativa* symbiosis. Structural changes in the EPS of *exoB* mutant of *Bradyrhizobium japonicum* can induce soybean nodules in which significant amounts of phytoalexin–glyceollin accumulated (Parniske et al. 1994). This antimicrobial compound normally accumulates during infection of soybean by pathogenic *Phytophthora megasperma* (Schmidt et al. 1992). In *Azorhizobium caulinodans–Sesbania rostrata* symbiosis, mutants deficient in EPS production were blocked at an early stage of invasion. EPS of *A. caulinodans* is required as a diffusion barrier protecting bacteria against toxic H_2O_2 generated by the host. The establishment of functional symbiosis probably depends on the suppression of plant defense mechanisms.

13.5.4 EPS Is Essential for Cell Attachment and Biofilm Formation on Abiotic Surfaces

Rhizobia have to survive long periods of time under soil conditions when the host plant is not available. Biofilm forming ability is considered as one of the survival strategy, and EPSs play a significant role in biofilm formation as an essential component of the biofilm matrix (Koo et al. 2013). The cells of *pss*A mutant of *R. leguminosarum* bv. *trifolii* strain Rt5819pssA completely lost its EPS production trait and produced immature/irregular pseudo-biofilm with a depth of 12.5 μm, while the wild-type strain Rt24.2 produced regular biofilm with a depth 43 μm (Janczarek et al. 2015 PS). Adhesion of *ros*R mutant strain Rt2472rosR was significantly impaired and an immature biofilm with the maximal depth 21.6 μm was formed. A strain Rt24.2 (pBA1) carrying multiple *pss*A copies overproduced EPS (156% of wild-type strain) and developed densely packed biofilm with three-fold greater depth than that formed by the wild type. Survival of bacteria in the biofilms formed by the individual strains was established and presented as a ratio of live to dead cells. Majority of wild-type bacteria cells were alive (alive/dead ratio = 49), while decrease in cell viability was the highest in the *pss*A mutant, which does not produce any amount of EPS (a ratio of 1.68). This indicates that the lack of proper amounts of EPS significantly reduced survival of the cells. This suggests that larger amounts of EPS secreted by the bacteria into the environment enable them to form biofilm with an appropriate organization faster and survive better in this specific ecological niche. Similarly, wild-type bacteria exhibited high efficiency in attachment to sand particles, since 3.4×10^4 cells/mg of sand were attached after 1 h and 16.5×10^4 cells within 48 h post-inoculation. In contrast, the *ros*R mutant showed a decreased ability to adhere to this material, since the numbers of the cells attached after 1- and 48-h incubation were 33.5 and 38.4%, respectively, of those attached by the wild-type strain. While *pss*A mutant totally lost the ability of attachment and biofilm formation on this surface, cells adherent to sand particles accounted only for 7.6% of those detected for the control strain. EPS overproducing strains via Rt24.2 (pBA1) and Rt24.2 (pBR1) strains exhibited significantly higher efficiency in adhesion. Hence, rhizobial EPS is very important for successful and efficient adhesion of the bacteria to root or sand surfaces available in the environment.

13.6 Future Aspects for Research

Extracellular polysaccharides (EPS) are species-specific complex carbohydrate polymers of rhizobia that are involved in successful development of symbiosis with legume hosts. Several putative roles have been considered for EPS synthesis such as specific signaling in the root invasion process, inhibition of plant defense response, and electrophoretic mobility of rhizobial cells. EPS is indispensable compound for the initiation and propagation of infection threads, bacterial release from the infection threads, and development of bacteroids (Ivashina and Ksenzenko 2012) in host plants that produce indeterminate type nodules. New development of molecular methods should be explored to advance our understanding on the biosynthesis, regulation, and secretion of exopolysaccharides. Future research should enlighten the mechanisms of EPSs' action as signaling molecules in the initiation and development of symbiosis. Despite the massive and chronic infection of nodule tissues, rhizobium–legume interactions are plant beneficial for N-requirement. Successful symbiotic development depends on the ability to actively suppress plant innate immunity that also provides an opportunity for infection by pathogenic organisms, while allowing infection by the compatible symbiont may have been a selective driving force that led to mechanisms of rhizobium host specificity. Revealing molecular network involved in the plant recognition of host-specific rhizobia and suppression of host immunity will be the key to manipulate ecological relationships in the context of agricultural systems. Studies indicated that EPS of *R. tropici* can be successfully utilized as alternative vehicles for inoculation as they promote symbiotic efficiency, growth, and productivity in cowpea co-inoculated with *Bradyrhizobium* sp., *Paenibacillus graminis*, and *P. durus*. Commercial production of EPS from rhizobia may be considered highly promising unexplored sources of microbial polysaccharides for industrial applications and soil-stabilizing agents as none of the rhizobia has been shown to be pathogenic. This may represent a potential opportunity for the bio-inoculant producing industries as best alternative activity during the non-crop seasons.

References

Ausmees N, Jonsson H, Höglund S, Ljunggren H, Lindberg M (1999) Structural and putative regulatory genes involved in cellulose synthesis in *Rhizobium leguminosarum* bv. *trifolii*. Microbiology 145:1253–1262

Battisti L, Lara JC, Leigh JA (1992) Specific oligosaccharide form of the *Rhizobium meliloti* exopolysaccharide promotes nodule invasion in alfalfa. Proc Natl Acad Sci USA 89:5625–5629

Bec-Ferte MP, Krishnan HB, Savagnac A, Pueppke SG, Promé J-C (1996) *Rhizobium fredii* synthesizes an array of lipooligosaccharides, including a novel compound with glucose inserted into the backbone of the molecule. FEBS Lett 393:273–279

Becker A, Pühler A (1998a) Specific amino acid substitutions in the proline-rich motif of the *Rhizobium meliloti* ExoP protein result in enhanced production of low-molecular-weight succinoglycan at the expense of high-molecular-weight succinoglycan. J Bacteriol 180(2):395–399

Becker A, Pühler A (1998b) Production of exopolysaccharides. Kluwer Academic Publishers, Oegstgeest, pp 97–118

Becker A, Kleickmann A, Keller M, Arnold W, Pühler A (1993a) Identification and analysis of the *Rhizobium meliloti exoAMONP* genes involved in exopolysaccharide biosynthesis and mapping of promoters located on the *exoHKLAMONP* fragment. Mol Gen Genet 241:367–379

Becker A, Kleickmann A, Kuster H, Keller M, Arnold W, Pühler A (1993b) Analysis of the *Rhizobium meliloti* genes *exoU*, *exoV*, *exoW*, *exoT*, and *exoI* involved in exopolysaccharide biosynthesis and nodule invasion: *exoU* and *exoW* probably encode glucosyltransferases. Mol Plant Microbe Interact 6:735–744

Becker A, Rüberg S, Kuster H, Roxlau AA, Keller M, Ivashina T, Cheng HP, Walker GC, Pühler A (1997) The 32-kilobase exp gene cluster of *Rhizobium meliloti* directing the biosynthesis of galactoglucan: genetic organization and properties of the encoded gene products. J Bacteriol 179:1375–1384

Berck S, Perret X, Quesada-Vincens D, Promé J-C, Broughton WJ, Jabbouri S (1999) NolL of *Rhizobium* sp. strain NGR234 is required for *O*-acetyltransferase activity. J Bacteriol 181:957–964

Bhagwat AA, Mithofer A, Pfeffer PE, Kraus C, Spickers N et al (1999) Further studies of the role of cyclic β-glucans in symbiosis: an NdvC mutant of *Bradyrhizobium japonicum* synthesizes cyclodecakis-(1→3)-β-glucosyl. Plant Physiol 119:1057–1064

Bhat UR, Carlson RW, Busch M, Mayer H (1991a) Distribution and phylogenetic significance of 27-hydroxy-octacosanoic acid in lipopolysaccharides from bacteria belonging to the α-2 subgroup of Proteobacteria. Int J Syst Bacteriol 41:213–217

Bhat UR, Mayer H, Yokota A, Hollingworth RI, Carlson RW (1991b) Occurrence of lipid A variants with 27-hydroxy-octacosanoic acid in lipoloysaccharides from members of the family of Rhizobiaceae. J Bacteriol 173:2155–2159

Breedveld MW, Miller KJ (1998) Cell-surface β-glucans. In: The Rhizobiaceae: molecular biology of model plant-associated bacteria. Kluwer Academic Publishers, Dordrecht, pp 81–96

Breedveld MW, Cremers HC, Batley M, Posthumus MA, Zevenhuizen LP, Wijffelman CA, Zehnder AJ (1993) Polysaccharide synthesis in relation to nodulation behavior of *Rhizobium leguminosarum*. J Bacteriol 175:750–757

Campbell GRO, Reuhs BL, Walker GC (1998) Different phenotypic classes of *Sinorhizobium meliloti* mutants defective in synthesis of K antigen. J Bacteriol 180:5432–5436

Canter Cremers HCJ, Batley M, Redmond JW, Eydems L, Breedveld MW, Zevenhuizen LPTM, Pees E, Wijffelman CA, Lugtenberg BJJ (1990) *Rhizobium leguminosarum exoB* mutants are deficient in the synthesis of UDP-glucose 4′-epimerase. J Biol Chem 265:21122–21127

Castellane TCL, Otaboni AMMB, Lemos GM (2015) Characterization of exopolysaccharides produced by rhizobia species. Rev Bras Ciênc Solo 39:1566–1575

Charles TC, Finan TM (1991) Analysis of a 1600-kilobase *Rhizobium meliloti* megaplasmid using defined deletions generated *in vivo*. Genetics 127:5–20

Ciesla J, Kopycinska M, Lukowska M, Bieganowski A, Janczarek M (2016) Surface properties of wild type *Rhizobium leguminosarum* bv. *trifolii* strain 24.2 and its derivatives with different extracellular polysaccharide content. PLoS One 11(10):e0165080. doi:10.1371/journal.pone.0165080

Corvera A, Promé D, Promé J-C, Martinez-Romero E, Romero D (1999) The *nolL* gene from *Rhizobium etli* determines nodulation efficiency by mediating the acetylation of the fucosyl residue in the nodulation factor. Mol Plant Microbe Interact 12:236–246

D'Haeze W, Holsters M (2004) Surface polysaccharides enable bacteria to evade plant immunity. Trends Microbiol 12:555–561

Djordjevic SP, Chen H, Batley M, Redmond JW, Rolfe BG (1987) Nitrogen fixation ability of exopolysaccharide synthesis mutants of *Rhizobium* sp. strain NGR234 and *Rhizobium trifolii* is restored by addition of homologous exopolysaccharides. J Bacteriol 169:53–60

Donot F, Fontana A, Baccou JC, Schorr-Galindo S (2012) Microbial exopolysaccharides: main examples of synthesis, excretion, genetics and extraction. Carbohydr Polym 87:951–962

Downie JA (2010) The roles of extracellular proteins, polysaccharides and signals in the interactions of rhizobia with legume roots. FEMS Microbiol Rev 34:150–170

Finan TM, Weidner S, Wong K, Buhrmester J, Chain P, Vorholter FJ, Hernandez-Lucas I, Becker A, Cowie A, Gouzy J, Golding B, Pühler A (2001) The complete sequence of the 1, 683-kb pSymB megaplasmid from the N2-fixing endosymbiont *Sinorhizobium meliloti*. Proc Natl Acad Sci USA 98:9889–9894

Firmin JL, Wilson KE, Carlson RW, Davies AE, Downie JA (1993) Resistance to nodulation of cv Afghanistan peas is overcome by *nodX* which mediates an *O*-acetylation of the *Rhizobium leguminosarum* lipooligosaccharide nodulation factor. Mol Microbiol 10:351–360

Forsberg LS, Carlson RW (1998) The structures of the lipopolysaccharides from *Rhizobium etli* strains CE358 and CE359. The complete structure of the core region of *R. etli* lipopolysaccharides. J Biol Chem 273:2747–2757
Fujishige NA, Kapadia NN, De Hoff PL, Hirsch AM (2006) Investigations of Rhizobium biofilm formation. FEMS Microbiol Ecol 56:195–206
Glucksmann MA, Reuber TL, Walker GC (1993a) Family of glycosyl transferases needed for the synthesis of succinoglycan by *Rhizobium meliloti*. J Bacteriol 175:7033–7044
Glucksmann MA, Reuber TL, Walker GC (1993b) Genes needed for the modification, polymerization, export, and processing of succinoglycan by *Rhizobium meliloti:* a model for succinoglycan biosynthesis. J Bacteriol 175:7045–7055
Gonzalez JE, Reuhs B, Walker GC (1996) Low molecular weight EPS II of *Rhizobium meliloti* allows nodule invasion in *Medicago sativa*. Proc Natl Acad Sci USA 93:8636–8641
Gonzalez JE, Semino CE, Wang LX, Castellano-Torres LE, Walker GC (1998) Biosynthetic control of molecular weight in the polymerization of the octasaccharide subunits of succinoglycan, a symbiotically important exopolysaccharide of *Rhizobium meliloti*. Proc Natl Acad Sci USA 95:13477–13482
Gore RS, Miller KJ (1993) Cyclic β-1,6-1,3 glucans are synthesized by *Bradyrhizobium japonicum* bacteroids within soybean (*Glycine max*) root nodules. Plant Physiol 102:191–194
Guentas L, Pheulpin P, Michaud P, Heyraud A, Gey C, Courtois B, Courtois J (2001) Structure of a polysaccharide from a *Rhizobiu*m species containing 2-deoxy-β-D-arabino-hexuronic acid. Carbohydr Res 332(2):167–173
Hadri A-E, Spaink HP, Bisseling T, Brewin NJ (1998) Diversity of root nodulation and rhizobial infection processes. In: The Rhizobiaceae: molecular biology of model plant-associated bacteria. Kluwer Academic Publishers, Dordrecht, pp 347–360
Hanin M, Jabbouri S, Quesada VD, Freiberg C, Perret X et al (1997) Sulphation of *Rhizobium* sp. NGR234 Nod factors is dependent on *noeE,* a new host specificity gene. Mol Microbiol 24:1119–1129
Her GR, Glazebrook J, Walker GC, Reinhold VN (1990) Structural studies of a novel exopolysaccharide produced by a mutant of *Rhizobium meliloti* strain Rm 1021. Carbohydr Res 198:305–312
Hollingsworth RI, Carlson RW (1989) 2,7-hydroxyoctacosanoic acid is a major structural fatty acyl component of the lipopolysaccharide of *Rhizobium trifolii* ANU 843. J Biol Chem 264:9300–9303
Ivashina TN, Ksenzenko VN (2012) Exopolysaccharide biosynthesis in *Rhizobium leguminosarum* from genes to functions. In: Karunaratne DN (ed) The complex world of polysaccharides. InTech, Rijeka, pp 99–127
Janczarek M, Skorupska A (2011) Modulation of rosR expression and exopolysaccharide production in *Rhizobium leguminosarum* bv. *trifolii* by phosphate and clover root exudates. Int J Mol Sci 12:4132–4155
Janczarek M, Kamila R, Anna M, Jarosław G, Marta PS (2014) Signal molecules and cell-surface components involved in early stages of the legume–Rhizobium interactions. Appl Soil Ecol 85:94–113
Janczarek M, Rachwał K, Cieśla J, Ginalska G, Bieganowski A (2015) Production of exopolysaccharide by *Rhizobium leguminosarum* bv. *trifolii* and its role in bacterial attachment and surface properties. Plant Soil 388:211–227
Kaneko T, Nakamura Y, Sato S, Asamizu E, Kato T, Sasamoto S, Watanabe A, Idesawa K, Ishikawa A, Kawashima K, Kimura T, Kishida Y, Kiyokawa C, Kohara M, Matsumoto M, Matsuno A, Mochizuki Y, Nakayama S, Nakazaki N, Shimpo S, Sugimoto M, Takeuchi C, Yamada M, Tabata S (2000) Complete genome structure of the nitrogen-fixing symbiotic bacterium *Mesorhizobium loti*. DNA Res 7:331–338
Kannenberg EL, Reuhs BL, Forsberg LS, Carlson RW (1998) Lipopolysaccharides and K-antigens: their structures, biosynthesis, and functions. In: The Rhizobiaceae: molecular biology of model plant-associated bacteria. Kluwer Academic Publishers, Dordrecht, pp 120–154

Kereszt A, Kiss E, Rheus BL, Carlson RW, Kondorosi A, Putnoky P (1998) Novel *rkp* gene clusters of *Sinorhizobium meliloti* involved in capsular polysaccharide production and invasion of the symbiotic nodule: the *rkpK* gene encodes a UDP-glucose dehydrogenase. J Bacteriol 180:5426–5431

Koo H, Falsetta ML, Klein MI (2013) The exopolysaccharide matrix: a virulence determinant of cariogenic biofilm. J Dent Res 92:1065–1073

Król J, Wielbo J, Mazur A, Kopciñska J, £otocka B, Golinowski W, Skorupska A (1998) Molecular characterization of *pss-CDE* genes of *Rhizobium leguminosarum* bv. *trifolii* strain TA1: *pssD* mutant is affected in exopolysaccharide synthesis and endocytosis of bacteria. Mol Plant Microbe Interact 11:1142–1148

Król J, Mazur A, Marczak M, Skorupska A (2005) Mapping of the *Rhizobium leguminosarum* bv. *trifolii* TA1 genome. In: Kuusiene S (ed) Abstract book of the first baltic region symposium and postgraduate course: agro-biotechnology focused on root-microbe systems: 20–27 May 2005; Kounas, Lithuania. Kaunas, pp 33–34

Laus MC, Logman TJ, Van Brussel AA, Carlson RW, Azadi P, Gao MY, Kijne JW (2004) Involvement of *exo5* in production of surface polysaccharides in *Rhizobium leguminosarum* and its role in nodulation of *Vicia sativa* subsp. *nigra*. J Bacteriol 186:6617–6625

Laus MC, van Brussel AAN, Kijne JW (2005) Exopolysaccharide structure is not a determinant of host specificity in nodulation of *Vicia sativa* roots. Mol Plant Microbe Interact 18:1123–1129

Lerouge P, Roche P, Faucher C, Maillet F, Truchet G et al (1990) Symbiotic host specificity of *Rhizobium meliloti* is determined by a sulphated and acylated glucosamine oligosaccharide signal. Nature 344:781–784

López-Lara IM, Blok-Tip L, Quinto C, Garcia ML, Stacey G et al (1996) NodZ of *Bradyrhizobium* extends the nodulation host range of *Rhizobium* by adding a fucosyl residue to nodulation signals. Mol Microbiol 21:397–408

Mazur A, Krol JE, Skorupska A (2001) Isolation and sequencing of *Rhizobium leguminosarum* bv. *trifolii pssN*, *pssO* and *pssP* genes encoding the proteins involved in polymerization and translocation of exopolysaccharide. DNA Seq 12:1–12

Mazur A, Król J, Marczak M, Skorupska A (2003) Membrane topology of PssT, the transmembrane protein component of the type I exopolysaccharide transport system in *Rhizobium leguminosarum* bv. *trifolii strain* TA1. J Bacteriol 185:2503–2511

Moreira LM, Becker JD, Pühler A, Becker A (2000) The *Sinorhizobium meliloti* ExpE1 protein secreted by a type I secretion system involving ExpD1 and ExpD2 is required for biosynthesis or secretion of the exopolysaccharide galactoglucan. Microbiology 146:2237–2248

Morris VJ, Brownsey GJ, Chilvers GR, Harris JE, Gunning AP, Stevens BJH (1991) Possible biological roles for *Rhizobium leguminosarum* extracellular polysaccharide and cyclic glucans in bacteria-plant interactions for nitrogen fixing bacteria. Food Hydrocoll 5:185–188

Müller P, Keller M, Weng WM, Quandt J, Arnold W, Pühler A (1993) Genetic analysis of the *Rhizobium meliloti exoYFQ* operon: ExoY is homologous to sugar transferases and ExoQ represents a transmembrane protein. Mol Plant Microbe Interact 6:55–65

Niehaus K, Baier R, Becker A, Pühler A (1996) Symbiotic suppression of the *Medicago sativa* defense system—the key of *Rhizobium meliloti* to enter the host plant? In: Stacey G, Mullin B, Gresshoff PM (eds) Biology of plant-microbe interactions. ISMPI, St. Paul, pp 349–352

Niemeyer D, Becker A (2001) The molecular weight distribution of succinoglycan produced by *Sinorhizobium meliloti* is influenced by specific tyrosine phosphorylation and ATPase activity of the cytoplasmic domain of the ExoP protein. J Bacteriol 183:5163–5170

Olsthoorn MMA, López-Lara IM, Petersen BO, Bock K, Haverkamp J et al (1998) Novel branched Nod factor structure results from α-(1→3) fucosyl transferase activity: the major lipo-chitin oligosaccharides from *Mesorhizobium loti* strain NZP2213 bear an α-(1→3) fucosyl substituent on a nonterminal backbone residue. Biochemistry 37:9024–9032

Ovtsyna AO, Geurts R, Bisseling T, Lugtenberg BJJ, Tikhonovich IA, Spaink HP (1998) Restriction of host range by the *sym2* allele of Afghan pea is non-specific for the type of modification at the reducing terminus of nodulation signals. Mol Plant Microbe Interact 11:418–422

Pacios Bras C, Alberich Jordà M, Wijfjes AHM, Harteveld M, Stuurman N et al (2000) A *Lotus japonicus* nodulation system based on heterologous expression of the fucosyl transferase NodZ and the acetyl transferase NolL in *Rhizobium leguminosarum*. Mol Plant Microbe Interact 13:475–479

Parniske M, Schmidt PE, Kosch K, Müller P (1994) Plant defense response of host plants with determinate nodules induced by EPS defective *exoB* mutants of *Bradyrhizobium japonicum*. Mol Plant Microbe Interact 7:631–638

Paulsen IT, Beness AM, Saier MH Jr (1997) Computer-based analyses of the protein constituents of transport systems catalyzing export of complex carbohydrates in bacteria. Microbiology 143:2685–2699

Pellock BJ, Cheng HP, Walker GC (2000) Alfalfa root nodule invasion efficiency is dependent on *Sinorhizobium meliloti* polysaccharides. J Bacteriol 182:4310–4318

Perotto S, Brewin NJ, Kannenberg EL (1994) Cytological evidence for a host defense response that reduces cell and tissue invasion in pea nodules by lipopolysaccharide-defective mutants of *Rhizobium leguminosarum* strain 3841. Mol Plant Microbe Interact 7:99–112

Pollock TJ, van Workum WAT, Thorne L, Mikolajczak MJ, Yamazaki M, Kijne JW, Armentrout RW (1998) Assignment of biochemical functions to glycosyl transferase genes which are essential for biosynthesis of exopolysaccharides in *Sphingomonas* strain S88 and *Rhizobium leguminosarum*. J Bacteriol 180:586–593

Pueppke SG, Broughton WJ (1999) *Rhizobium* sp. strain NGR234 and *R. fredii* USDA257 share exceptionally broad, nested host ranges. Mol Plant Microbe Interact 12:293–318

Reuber TL, Walker GC (1993a) Biosynthesis of succinoglycan, a symbiotically important exopolysaccharide of *Rhizobium meliloti*. Cell 74:269–280

Reuber TL, Walker GC (1993b) The acetyl substituent of succinoglycan is not necessary for alfalfa nodule invasion by *Rhizobium meliloti* Rm1021. J Bacteriol 175:3653–3655

Rolfe BG, Carlson RW, Ridge RW, Dazzo RW, Mateos FB, Pankhurst CE (1996) Defective infection and nodulation of clovers by exopolysaccharide mutants of *Rhizobium leguminosarum* bv. *trifolii*. Aust J Plant Physiol 23:285–303

Rolin DB, Pfeffer PE, Osman SF, Szwergold BS, Kappler F, Benesi AJ (1992) Structural studies of a phosphocholine substituted β-(1, 3); (1, 6) macrocyclic glucan from *Bradyrhizobium japonicum* USDA 110. Biochim Biophys Acta 1116:215–225

Sadykov MR, Ivashina TV, Kanapin AA, Shliapnikov MG, Ksenzenko VN (1998) Structure-functional organization of exopolysaccharide biosynthetic genes in *Rhizobium leguminosarum* bv. *viciae* VF39. Mol Biol 32:797–804

Schlaman HRM, Gisel AA, Quaedvlieg NEM, Bloemberg GV, Lugtenberg BJJ et al (1997) Chitin oligosaccharides can induce cortical cell division in roots of *Vicia sativa* when delivered by ballistic microtargeting. Development 124:4887–4893

Schmidt PE, Parniske M, Werner D (1992) Production of the phytoalexins glyceollin I by soybean roots in response to symbiotic and pathogenic infection. Bot Acta 105:18–25

Schoonejans E, Expert D, Toussaint A (1987) Characterization and virulence properties of *Erwinia chrysanthemi* lipopolysaccharide-defective, phi EC2-resistant mutants. J Bacteriol 169:4011–4017

Silvi S, Barghini P, Aquilanti A, Juarez-Jimenez B, Fenice M (2013) Physiologic and metabolic characterization of a new marine isolate (BM39) of *Pantoea* sp. producing high levels of exopolysaccharide. Microb Cell Fact 12:10–21

Skorupska A, Janczarek M, Marczak M, Mazur A, Król J (2006) Rhizobial exopolysaccharides: genetic control and symbiotic functions. Microb Cell Fact 5:1–19

Staehelin C, Forsberg LS, D'Haeze W, Gao MY, Carlson RW, Xie ZP, Pellock BJ, Jones KM, Walker GC, Streit WR, Broughton WJ (2006) Exo-oligosaccharides of *Rhizobium* sp. strain NGR234 are required for symbiosis with various legumes. J Bacteriol 188:6168–6178

van Rhijn P, Fujishige NA, Lim PO, Hirsch AM (2001) Sugar-binding activity of pea lectin enhances heterologous infection of transgenic alfalfa plants by *Rhizobium leguminosarum* biovar *viciae*. Plant Physiol 126:133–144 van Spronsen PC, Bakhuizen R, van Brussel AAN, Kijne JW (1994) Cell wall degradation during infection thread formation by the root nodule bacterium *Rhizobium leguminosarum* is a two-step process. Eur J Cell Biol 64:88–94

van Workum WAT, Canter Cremers HCJ, Wijfies AHM, van der Kolk C, Wijffelman CA, Kijne JW (1997) Cloning and characterization of four genes of *Rhizobium leguminosarum* bv. *trifolii* involved in exopolysaccharide production and nodulation. Mol Plant Microbe Interact 10:290–301

van Workum WAT, van Slageren S, van Brussel AAN, Kijne JW (1998) Role of exopolysaccharides of *Rhizobium leguminosarum* bv. *viciae* as host plant-specific molecules required for infection thread formation during nodulation of *Vicia sativa*. Mol Plant Microbe Interact 11:1233–1241

Wang L-X, Wang Y, Pellock BJ, Walker GC (1999) Structural characterization of the symbiotically important low-molecular-weight succinoglycan of *Sinorhizobium meliloti*. J Bacteriol 181:6788–6796

Whitfield C, Paiment A (2003) Biosynthesis and assembly of Group 1 capsular polysaccharides in *Escherichia coli* and related extracellular polysaccharides in other bacteria. Carbohydr Res 338:2491–2502

York GM, Walker GC (1997) The *Rhizobium meliloti exoK* gene and *prsD/prsE/exsH* genes are components of independent degradative pathways which contribute to production of low molecular-weight succinoglycan. Mol Microbiol 25:117–134

Zevenhuizen LPTM (1997) Succinoglycan and galactoglucan. Carbohydr Polym 33:139–144

Zorreguieta A, Ugalde R (1986) Formation in *Rhizobium* and *Agrobacterium* spp. of a 235 kilodalton protein intermediate in β-D(1–2) glucan synthesis. J Bacteriol 167:947–951

Chapter 14
Nitrogenase (a Key Enzyme): Structure and Function

Devendra K. Choudhary and Ajit Varma

14.1 Introduction

Sustainable agriculture involves designing farm system employing nature as a model. Sustainable agriculture has currently to cope with serious threats that compromise the food security for a human population under continuous growth, all these exacerbated by climate change. Some of these include the loss of usable land through overuse, deforestation, and poor irrigation practices, which have led to desertification and salinization of soils, especially in dry lands. Approaches currently being taken to face this situation come from the development of stress-tolerant crops, e.g., by genetic modification or breeding traits from wild plants. Genetic engineering has been proposed as the solution to these problems through a rapid improvement of crops. Crop genetic modification has generated a great public concern regarding their potential threats to the environmental and public health. As a consequence, legislation of several countries has restricted their use in agriculture. On the other hand, exotic libraries from wild plants for clever plant breeding could overcome the problem of narrowed genetic variability of today's high-yield crops. Plant breeding driven by selection marker has also been a major breakthrough. However, these approaches have met limited success, probably because stress tolerance involves genetically complex processes and the ecological and evolutionary mechanisms responsible for stress tolerance in plants are poorly defined (Choudhary et al. 2011).

The present world population of seven billion is expected to reach ten billion by the middle of the twenty-first century due to the high growth rate, in developing countries. By 2050, there is a need to produce about 70% more food to feed world's

D.K. Choudhary (✉) • A. Varma
Amity Institute of Microbial Technology (AIMT), Block 'E-3', 4th Floor, Amity University Campus, Sector-125, Gautam Buddha Nagar, Noida 201303, Uttar Pradesh, India
e-mail: dkchoudhary1@amity.edu; devmicro@rediffmail.com

A.P. Hansen et al. (eds.), *Rhizobium Biology and Biotechnology*, Soil Biology 50,
DOI 10.1007/978-3-319-64982-5_14

population (Glick 2014). With more than 20,000 different plant species, legumes are the third largest family of higher plants. Legumes are a pivotal constituent of the ecosystem and sustainable agriculture worldwide and are of immense importance for providing food to the ever-growing world's population. Legumes are also a significant source of food and are grown on a large scale in the arid and semiarid area of the world; India ranks first in the world as legume producer and consumer.

Legumes are belonging to the genera and species of the family *Fabaceae* or *Leguminosae* (with about 700 genera and 18,000 species) in the order Fabales. Legume crops can be divided into four major classes, namely, (i) food legumes (*Vicia faba*, *Glycine max*, *Phaseolus*, *Cajanus*, *Vigna radiata*, *Cicer arietinum*, etc.), (ii) fodder legumes (*Lablab*, *Centrosema*, *Stylosanthes*, *Desmodium*, etc.), (iii) green manure legumes (*Mucuna*, *Crotalaria*, *Tephrosia*, *Canavalia*, etc.), and (iv) tree legumes/multipurpose trees (*Leucaena*, *Sesbania*, *Calliandra*, *Pterocarpus*, *Acacia*, *Gliricidia*, *Senna*, etc.), and divided into two groups on the basis of their habitat to grow in different seasons, namely, cool season food legumes and warm or tropical season food legumes. The cool season food legumes include faba bean (*V. faba*), lentil (*Lens culinaris*), lupins (*Lupinus* spp.), dry pea (*Pisum sativum*), chickpea (*C. arietinum*), grass pea (*Lathyrus sativus*), and common vetch (*Vicia sativa*) crops. On the other hand, the warm or tropical season food legumes include pigeon pea (*Cajanus cajan*), cowpea (*Vigna unguiculata*), soybean (*G. max* L.), mung bean (*V. radiata* L.), and urad bean (*Vigna mungo*) crops; these are mainly grown in hot and humid climatic environment. Tropical food legume crops are most popular in different parts of the world, such as soybean, cowpea, mung bean, and urad bean, and are mainly grown in India, the USA, and African countries, especially in different states of India. Legumes provide a sustainable agriculture and the maintenance of the adequate fertility of the soil. These include fixing atmospheric nitrogen (N_2); improving soil structural characteristics; encouraging beneficial microorganisms; deep-rooted perennial legumes reducing the risk of groundwater contamination by nitrate and the development of dry land salinity, due to their ability to grow and extract water all year round; and the reclamation and revegetation of degraded or cleared lands (Chaer et al. 2011). Based on these attributes, legumes are one of the most promising component of the Climate Smart Agriculture concept. Legumes rank third after cereals and oilseeds in world production and have major effects on the environment and animal and human health. Legumes are a primary source of protein and provide around one-third (20–40%) of all dietary protein and produce secondary metabolic compounds that can protect the plant against pathogens and pests (Kragt and Robertson 2014).

Nitrogen is one of the essential nutrients for plants, and it is also a growth limiting factor for agricultural ecosystem. Plants cannot use atmospheric N directly; hence, this form of N needs to change into another form to be available for the plants, such as nitrate (NO_3^-) and ammonium (NH_4^+). BNF through rhizobium legume symbiosis is a well-known mechanism employed by PGPB to fix atmospheric nitrogen. PGPB convert atmospheric nitrogen to ammonia, a form that can be used up by plants (Franche et al. 2009; Bhattacharyya and Jha 2012). These bacteria contain enzyme complex nitrogenase that fixes atmospheric nitrogen to ammonia. Both endophytes and epiphytic bacteria are capable of increasing the nitrogen content of stressed soil, thus increasing the amount of the macronutrient available for plant uptake and possibly preventing or correcting nitrogen deficiency symptoms in plants under abiotic stresses (Franche et al. 2009). Hence, BNF is considered as an important trait of PGPB as it directly provides nitrogen to the plant for their growth.

Agriculture has a long history of research targeted at understanding how to improve the effectiveness of root symbionts, viz., rhizobia and mycorrhiza. A promising approach has been employed to understand how natural selection regulates changes in mutualistic interactions (Denison et al. 2003). A descriptive knowledge of basic evolutionary processes can be employed to develop agricultural management practices that favor the most effective symbionts. Mutually beneficial interactions between plant and associated rhizospheric microorganisms are ubiquitous which is important for ecosystem functioning. Symbiotic nitrogen fixation by bacteria, e.g., *Rhizobium, Bradyrhizobium, Mesorhizobium, Sinorhizobium*, and *Azorhizobium* spp., which are collectively known as rhizobia, or by *Frankia* spp. is the major N input to many natural and agricultural ecosystems in the root nodules of legumes or actinorhizal plants, respectively. Among them, several PGPB have been commercialized, namely, *Agrobacterium radiobacter*, *A. lipoferum*, *A. brasilense*, *B. fimus*, *B. pumilus*, *B. subtilis* var. *amyloliquefaciens*, *Burkholderia cepacia*, *P. fluorescens*, *P. macerans*, *P. syringae*, *Serratia*, *Streptomyces lydicus*, various *Rhizobia* spp., etc. (Glick 2012).

In addition, mycorrhizal fungi supply their host plants with mineral nutrients, viz., P, and other benefits. Several rhizospheric microorganisms cause severe infection to roots and so-called root pathogens that can be suppressed by *Pseudomonas fluorescens* after colonization of the roots, thereby improving plant health (Denison et al. 2003). Plant-mediated mineralization for nutrient acquisition in agro-ecosystem would reduce the potential for nutrient losses because of tight coupling between net mineralization of N and P and plant uptake in the rhizosphere. Microorganisms and their products in the rhizosphere react to the many metabolites that are released by plant roots in a variety of positive, negative, and neutral ways. Such interactions can influence plant growth and development, change nutrient dynamics, and alter plant's susceptibility to disease and abiotic stresses. Overall, the general rhizosphere effect could help the plant by maintaining the recycling of nutrients through the production of hormones that help provide resistance to microbial diseases and to aid tolerance to toxic compounds. This benefit can either persist or be lost in well-fertilized agricultural soils where nutrients are readily available to plants and symbionts that reduce growth (Morgan et al. 2005).

Legumes are simultaneously one of the largest families of crop plants occupying nearly all terrestrial biomes (Table 14.1).

The unusual flower structure, podded fruits, and the ability of the 88.0% species to form root nodules with compatible rhizobacteria define the legumes (Graham and Vance 2003). The wide use of legumes as food crops, forages, and green manures is mainly associated with their ability to establish symbiotic associations

Table 14.1 Legumes with their common and scientific name along with their important uses

Common name	Scientific name	Uses
Garden pea	*Pisum sativum*	Pulse
Chick pea (Gram)	*Cicer arietinum*	Pulse
Pigeon Pea (Arhar)	*Cajanus cajan*	Pulse
Lentil (Masur)	*Lens culinaris*	Pulse
Soybean	*Glycine max*	Pulse, oil
Imli	*Tamarindus indica*	Fruit pulp is eaten
Babul	*Acacia nilotica subsp indica*	Good source of gum, fuel, and timber
Khejri	*Prosopis cineraria*	Good source of timber and fuel, pods are used as vegetable, leaves are used as fodder
Black gram (Urad)	*Vigna mungo*	Pulse, dietary protein with high protein content
Green gram (Mung bean)	*Vigna radiate*	Pulse, provide essential amino acids
Moth bean	*Vigna aconitifolia*	Pulse, source of dietary proteins
Jangali moth	*Vigna trilobata*	Seeds are good source of protein
Field bean (Bankla)	*Vicia faba*	Vegetable
Cowpea (Lobia)	*Vigna unguiculata*	Vegetable
Cluster bean (Guar)	*Cyamopsis tetragonoloba*	Vegetable
Jack bean	*Canavalia ensiformis*	Vegetable
Groundnut	*Arachis hypogaea*	Oil
Fenugreek	*Trigonella foenumgreacum*	Seeds are used in various medicines, given to cattle
Guar	*Cyamopsis tetragonoloba*	Plant is used as green manure, pods used as vegetables, grains are given to cattle and used against swellings
Shisham	*Dalbergia sissoo*	Valuable timber
Neel	*Indigofera argentea*	Yield dye
Neel	*Indigofera tinctoria*	Yield dye
Rijaco	*Medicago sativa*	Used as cattle feed

with stem- and root-nodulating nitrogen (N_2)-fixing bacteria, which are collectively referred to as rhizobia. Rhizobia are of particular interest due to their symbiotic association with members of Leguminosae (Saleena et al. 2001), which is the second largest family of flowering plants. Recent information indicates that about

3000 bacterial taxa are capable of nodulating 400 taxa, while information is lacking for more than 40% of the genera (http://www.ildis.org).

Nitrogen being an essential component of proteins, nucleic acids, and other nitrogen compounds is considered as one of the vital component of living system. PGPB have the capacity to fix atmospheric dinitrogen by forming nodule in roots and provide nitrogen to plant in the form of ammonia. The bacteria responsible for nitrogen fixation are called diazotrophs. The members of the alpha and beta subgroup of the phylum proteobacteria are the main rhizobial bacteria associated with legumes (Bomfeti et al. 2011). PGPB can fix nitrogen symbiotically or non-symbiotically. Symbiotic N_2 fixation accounts for nearly 65% of the total biologically fixed nitrogen (Rajwar et al. 2013). Symbiotic N_2 fixation occurs in *Azotobacter* spp., *Bacillus* spp., *Beijerinckia* spp., etc. (Bhattacharyya and Jha 2012), whereas non-symbiotic nitrogen fixation occurs in free-living diazotrophs, *Azospirillum* (Bashan and de-Bashan 2010), *Pseudomonas* (Mirza et al. 2006), and *Burkholderia* (Estrada-De Los Santos et al. 2001).

Rhizobia are known to suppress the population of soil pathogens in agricultural and natural ecosystem, viz., a strain of *Bradyrhizobium japonicum* can cause up to a 75% decrease in sporulation of *Phytophthora megasperma*, 65% in *Pythium ultimum*, 47% in *Fusarium oxysporum*, and 35% in *Ascochyta imperfecta*. From an agricultural point of view, the most significant interactions are those of the Fabaceae–*Rhizobium* spp./*Bradyrhizobium* spp. root nodule symbioses (Squartini 2003). Recent work on root nodule bacteria has demonstrated that this interaction is not restricted to *Rhizobium*/*Bradyrhizobium* but includes N_2-fixing strains of *Ralstonia, Burkholderia*, and *Methylobacterium* that have been recovered from the nodules of several tropical Fabaceae. The plant–bacteria association has been commercially exploited wherein seed and soil inoculants of rhizobia are employed for many crops that include soybean, bean, peanut, and clover (Deaker et al. 2004).

14.2 Nitrogenase: Structure and Function

Diazotrophs contain nitrogenase enzyme complex that is mainly involved in nitrogen fixation. This enzyme system consists of three subunits, and it is regulated by a complex system of multiple genes: Nitrogenase 1 (classic), encoded by *nif* gene that shows iron and molybdenum; Nitrogenase 2, which is encoded by *vnf* gene and exhibits vanadium; and Nitrogenase 3, which is encoded by *anf* gene and has an iron (Fig. 14.1) (Yang et al. 2014). Some novel nitrogenases had been discovered in *Streptomyces thermoautotrophicus* (Zhao et al. 2006) and in *Rhodopseudomonas palustris* (Li et al. 2005). PGPB accelerate nodulation and increase nitrogen fixation activity in soybean (Dashti et al. 1998), in *Phaseolus* (Figueiredo et al. 2008), and many other legumes (Divito and Sadras 2014).

Among biogeochemical cycles, nitrogen fixation has been considered an important process that helps in shaping the fertility of an ecosystem. Codispoti et al. (2001) described a need for suitable restraints on rates of nitrogen fixation that has

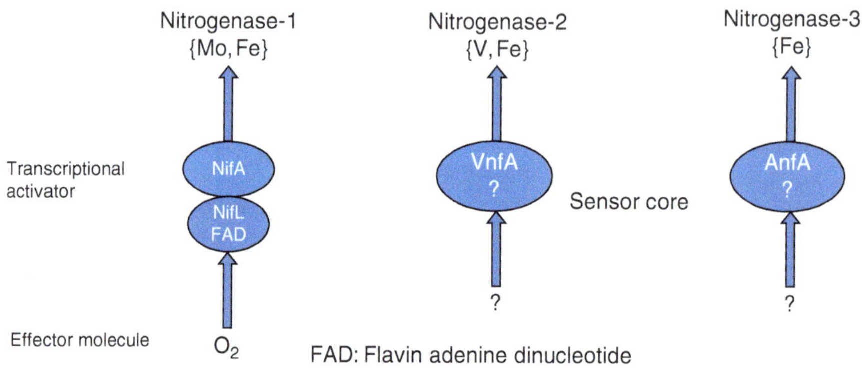

Fig. 14.1 A schematic representation of three-nitrogenase system

urged surveys into new destinations for nitrogen fixation along with novel nitrogen fixers. Based on previous reports, biologically mediated nitrogen fixation is catalyzed by an enzyme nitrogenase that exists in three different isozymes and deploy either Mo, Fe-only, or V at the active site (Robson et al. 1986). Besides having an established Mo-nitrogenase, some of the diazotrophs encode an additional Fe-only nitrogenase, V-nitrogenase, or both. Because of their low occurrence and productivity compared with established nitrogenases, these isoforms of nitrogenases are usually regarded as "backup" enzymes and used only when Mo is not accessible (Eady and Robson 1984).

tructurally nitrogenase is encoded by operons *nifHDK* (Mo-nitrogenases), *anfHDK* (Fe-only nitrogenases), and *vnfHDK* (V-nitrogenase) wherein alternative nitrogenases similarly involve *anf/vnfG* (Waugh et al. 1995). Gaby and Buckley (2011) described diversity of established Mo-nitrogenases that has been studied extensively by employing PCR primers targeting *nifH* wherein sequences detected that thought to belong to alternative nitrogenases (*anfH, vnfH*) (Farnelid et al. 2013). Young (2005) reported that *nif/anf/vnfH* genes inappropriately do not encode the region that harbors the metal center and not considered finally indicative for the type of isozyme. Recently, Tan et al. (2009) surveyed *nif/anf/vnfH* genes in the environment and concluded that alternative nitrogenase diversity has mainly been untouched. Upon sequencing, genomes of taxonomically diverse diazotrophs genes for alternative nitrogenases have been recognized (Oda et al. 2008; Dos Santos et al. 2012). In addition, microbial strains have been recovered from soils, wood chips, mangrove sediments, termite hindgut, and lichen cyanobionts with expression of alternative nitrogenases Nitrogenase:alternative nitrogenases (Betancourt et al. 2008; Noda et al. 1999; Hodkinson et al. 2014) together with mesocosm soil experiments amended with vanadium (Bellenger et al. 2014). The isotopic acetylene reduction assay (ISARA) technique has been deployed to characterize alternative nitrogenases in Sippewissett Marsh that discriminates between established and alternative N_2 fixation by measuring ^{13}C isotopes (Zhang et al. 2016).

Based on published report, the distribution of nitrogen fixation genes in bacterial and archaeal genomes is sporadic and intricated by horizontal gene transfers (Boyd and Peters 2013). According to Dos Santos et al. (2012), microbes with alternative nitrogenases also encoded established Mo-nitrogenases and genes for alternate nitrogenase were reported in α-, γ-, and δ/ε-proteobacteria. Interestingly, no alternative nitrogenase sequences have been recovered from the β-proteobacteria. As such, genome sequencing efforts should continue to reveal organisms with alternative nitrogenases and provide a broader understanding of the taxonomic distribution of these enzymes (Noda et al. 1999; Dos Santos et al. 2012; Zhang et al. 2016).

14.3 PCR Amplification of N_2-Fixing bacteria

Genetic diversity of bacteria is being analyzed increasingly by PCR-based genomic fingerprinting methods. As more knowledge is acquired and isolates from unexplored legumes are studied, new species are discovered and former species rectified. Due to improved methods of characterization, the classification of rhizobia has undergone drastic changes and the phylogenetic analysis of the family Rhizobiaceae and related genera has been upgraded (Young et al. 2001). Molecular tools for the identification of bacteria were used and 16S rRNA gene analysis was intensively used to understand the phylogenetic relationships. Bacterial phylogenetic classification is based on sequence analysis of the SSU 16S rRNA molecule or its genes. Given the conservation of 16S rRNA gene, at least 99% similarity seems to be a commonly accepted score for identification (Drancourt et al. 2000). Homology tree based on sequence alignment of 16S rDNA of bacterial isolates permitted rapid phylogenetic analysis. However, strains isolated from different geographic locations shared similar DNA homology. Phylogenetic analysis on the basis of 16S rDNA sequences provided better understanding in evaluation of genetic diversity of rhizobacteria isolated from same and different ecological niche; phylogenetic analysis of 500 bp of terminal region of 16S rDNA from cultivated strain has been found to show existence of large bacterial diversity (Hunter-Cerva 1998). Researchers extensively applied the restriction fragment length polymorphism (RFLP) analysis of PCR-amplified 16S rRNA gene for identification of rhizobia, and thereby, several novel species have been reported during the last decade (Wang et al. 2002). Applying these techniques, *Allorhizobium undicola* and all species of *Agrobacterium* have been reassigned to the genus *Rhizobium* (Young et al. 2001). Pandey et al. (2005) characterized PGPR isolates as *Burkholderia* from root nodules of *Mimosa* species using 16S rDNA gene analysis. Similarly based on the sequencing of the 16S rRNA gene, *Bacillus thuringiensis* KR-1, *Enterobacter asburiae* KR-3, and *Serratia marcescens* KR-4 were characterized as non-rhizobial

PGPR isolates from Nodules of Kudzu (*Pueraria thunbergiana*) (Selvakumar et al. 2008). Partially identified diazotrophic PGPR isolates from traditional Indian rice cultivars through amplification of *nifH* gene and sequencing of 16S rDNA gene. Binde et al. (2009) used rep-PCR fingerprinting and sequencing of 16s rDNA for taxonomic identification of 54 elite commercial rhizobial strains used as rhizobial inoculants in Brazil. Taghavi et al. (2009) used restriction analysis and sequencing of amplified 16S rRNA gene for identification and characterization of the endophytic bacteria exhibiting beneficial effects on the growth and development of Poplar trees (a non-legume plant).

Pandey et al. (2004) applied rep-PCR fingerprinting along with amplified ribosomal DNA restriction analysis (ARDRA) and amplification of *nifH* gene for identification of genetic diversity of rhizobia from medicinal legumes growing in sub-Himalayan region of Uttarakhand (India). Solano et al. (2006) applied PCR-RAPD analysis and 16S rDNA sequencing for screening and identification of isolates to improve the growth of *Cistus ladanifer* seedlings for reforestation of degraded Mediterranean ecosystems. Santillana et al. (2008) characterized diversity of rhizobial isolates exhibiting different RAPD profiles from *V. faba* and *P. sativum* in Peru based on *rrs, atpD, recA* genes and 16S–23S intergenic sequence (IGS) analysis. Phylogenetic analysis based on the 16S rRNA gene sequences showed that the novel strains formed a subclade in the genus *Rhizobium* together with *Rhizobium galegae*, *Rhizobium huautlense*, and *Rhizobium alkalisoli*, with 99.8% gene sequence similarity between the strains. The improvement of molecular biology-based approaches will be fundamental for analyzing microbial diversity and community structure and to predict responses to microbial inoculation/processes in the environment ("ecological engineering").

Molecular tools for the identification of bacteria were used, and 16S rRNA gene analysis was intensively used to understand the phylogenetic relationships. Bacterial phylogenetic classification is based on sequence analysis of the SSU 16S rRNA molecule or its genes. Over 20,000 SSU RNA gene sequences have now been deposited in specialist r-RNA databases such as the rRNA Database Project (RDP). Given the conservation of 16S rRNA gene, at least 99% similarity seems to be a commonly accepted score for identification. Homology tree based on sequence alignment of 16S rDNA of bacterial isolates permitted rapid phylogenetic analysis. However, strains isolated from different geographic locations shared similar DNA homology. Phylogenetic analysis on the basis of 16S rDNA sequences provided better understanding in evaluation of genetic diversity of rhizobacteria isolated from same and different ecological niche; phylogenetic analysis of 500 bp of terminal region of 16S rDNA from cultivated strain has been found to show existence of large bacterial diversity (Hunter-Cerva 1998).

Researchers extensively applied the RFLP analysis of PCR-amplified 16S rRNA gene for identification of rhizobia, and thereby, several novel species have been reported during the last decade. Applying these techniques, *A. undicola* and all species of *Agrobacterium* have been reassigned to the genus *Rhizobium* (Young et al. 2001). Pandey et al. (2005) characterized PGPR isolates as *Burkholderia* from root nodules of *Mimosa* species using 16S rDNA gene analysis. Selvakumar et al. (2008) identified nitrogen-fixing *Sinorhizobium meliloti* from *Medicago laciniata* on the basis of PCR-RFLP analyses of 16S rDNA and the intergenic spacer (IGS) sequence between 16S and 23S rDNA regions. Similarly based on the sequencing of the 16S rRNA gene, *B. thuringiensis* KR-1, *E. asburiae* KR-3, and *S. marcescens* KR-4 were characterized as non-rhizobial PGPR isolates from Nodules of Kudzu (*P. thunbergiana*). Jha et al. (2009) partially identified diazotrophic PGPR isolates from traditional Indian rice cultivars through amplification of *nifH* gene and sequencing of 16S rDNA gene. Binde et al. (2009) used rep-PCR fingerprinting and sequencing of 16s rDNA for taxonomic identification of 54 elite commercial rhizobial strains used as rhizobial inoculants in Brazil. Recently, Taghavi et al. (2009) used restriction analysis and sequencing of amplified 16S rRNA gene for identification and characterization of the endophytic bacteria exhibiting beneficial effects on growth and development of Poplar trees (a non-legume plant).

14.4 Role of Benign Nitrogen Fixers

Microorganisms represent a substantial portion of the standing biomass in terrestrial ecosystem that contributes to the regulation of C sequestration, N availability and losses, and P dynamics. Microbial biomass P turnover is rapid which is approximately twice as fast as C, suggesting the potential for microbial P pools to support plant P requirements (Kouno et al. 2002). Heterotrophs in soils with larger plant species diversity convert a greater proportion of metabolized C to biomass (Aoyama et al. 2000). The intentional management of the microbial community to enhance N retention in soils makes it possible to characterize abundance and activity of microbial functional groups. Denitrifiers in agricultural soils are more sensitive to O_2 levels that produce a greater proportion of N_2O compared to denitrifiers recovered from an early successional plant community. The rate of denitrification and the proportion of N_2O to N_2 produced affect the denitrifier community composition (Cavigelli and Robertson 2001). There is an increasing interest in understanding the cooperative activities among microbial populations because of current public concerns about the adverse effect of agrochemicals and how do they affect AESs when applied in agricultural soils (Lucy et al. 2004). Two types of interactions in the rhizosphere are recognized mainly wherein one is based on dead plant material (the detritus-based interactions), and other involves living plant roots. Both types of interactions are relevant to agronomy and ecology. Microbial activity in the rhizosphere affects rooting pattern and the supply of available nutrients to plants, thereby modifying the quality and quantity of root exudates. The specific structure and diversity of the rhizosphere bacterial community varies between plant species and over time, and the different root zones present on the same plant can support distinct bacterial communities that reflect on the qualitative and quantitative differences in root exudation (Gryndler 2000).

Some PGPRs can improve nodulation and N_2 fixation in legume plants (Lucas-García et al. 2004). Research on the mechanisms by which PGPR enhance nodule formation implicates their production of plant hormones among the co-inoculation benefits. For example, Chebotar et al. (2001) demonstrated that some *Pseudomonas* strains, but not all, increased nodule number and acetylene reduction in soybean plants inoculated with *B. japonicum*. The possibility that metabolites other than phytohormones, such as siderophores, phytoalexins, and flavonoids, might enhance nodule formation has also been proposed (Lucas-García et al. 2004). Inoculation of phosphate-solubilizing bacteria (PSB) enhanced nodulation and N_2 fixation (^{15}N) by alfalfa plants, in parallel with an increase in the P content of plant tissues. It is therefore thought that an improvement in P nutrition of the plant resulting from the presence of PSB was responsible for increased nodulation and N_2 fixation, as it is well known that these processes are P dependent (Barea et al. 2005). In a recent study, it was demonstrated that PGPR isolated from a Cd-contaminated soil increased the nodulation of clover plants growing in this soil (Vivas et al. 2005). One explanation for this effect may be that the PGPR accumulated Cd and therefore reduced solution Cd concentrations and Cd uptake by plants and rhizobia, thereby preventing Cd toxicity and enabling nodulation. In addition, an increase in soil enzymatic activities (phosphatase, β-glucosidase, dehydrogenase) and of auxin production around PGPR-inoculated roots could also be involved in the PGPR effect on nodulation.

New paradigms for sustainable crop improvement are currently arising. The above approaches do not consider the fact that plants in ecosystems have developed natural symbiotic associations for at least 400 million years (Krings et al. 2007) with a broad diversity of microbial symbionts. It is a well-accepted view that symbiotic legumes benefit companion and subsequent plant species in intercrop and rotation system. Rhizobia (species of *Rhizobium, Bradyrhizobium, Azorhizobium, Allorhizobium, Sinorhizobium*, and *Mesorhizobium*) produce chemical molecules that influence plant development including phytohormones, lipo-chito-oligosaccharides, Nod factors, lumichrome, riboflavin, and H_2 evolved by nitrogenase. Nod factors stimulate seed emergence, promote plant growth, and increase grain yield when they reside in the soil. From an agricultural point of view, the most significant interactions are those of the Fabaceae–*Rhizobium* spp./ *Bradyrhizobium* spp. root nodule symbioses (Squartini 2003). Recent work on root nodule bacteria has demonstrated that this interaction is not restricted to *Rhizobium*/ *Bradyrhizobium* but includes N_2-fixing strains of *Ralstonia, Burkholderia*, and *Methylobacterium* that have been recovered from the nodules of several tropical Fabaceae. The plant–bacteria association has been commercially exploited wherein seed and soil inoculants of rhizobia are employed for many crops that include soybean, bean, peanut, and clover (Deaker et al. 2004).

Symbiosis between legumes and rhizobia is of considerable environmental and agricultural importance since it is responsible for most of the atmospheric nitrogen fixed on land (Graham and Vance 2003). Among the 19,000 species described so far, only a small proportion has been studied for their nodulation ability. The legume biodiversity is concentrated in tropical regions, while most studies are on cultivated leguminous plants from temperate region wherein several symbionts capable of forming nodules and fixing nitrogen in legume roots have been documented and grouped under α and β subclass of Proteobacteria, which include *Methylobacterium nodulans* (Sy et al. 2001), *Blastobacter denitrificans, Devosia* sp. (Rivas et al. 2002), *Ochrobactrum lupini* (Trujillo et al. 2005), *Agrobacterium* like strains (Mhamdi et al. 2005), *Phyllobacterium trifolii* (Valverde et al. 2005), *Herbaspirillum lusitanum* (Valverde et al. 2003), *Ralstonia taiwanensis* (renamed as *Cupriavidus taiwanensis*) (Chen et al. 2001), *Burkholderia tuberum, Burkholderia phymatum* (Vandamme et al. 2002), and *B. cepacia* (Rasolomampianina et al. 2005) and a few γ-proteobacteria (Benhizia et al. 2004). The legume host preferred by these non-rhizobial proteobacteria possesses high diversity (Balachandar et al. 2007).

14.5 Conclusions

The plant-associated habitat is a dynamic environment in which many factors may affect the structure and species composition of the bacterial communities that colonize plant tissues. Some of these factors are seasonal changes, plant tissue, plant species and cultivar, soil type, and interaction with other beneficial or pathogenic microorganisms. An understanding of the structure and species composition of plant-associated bacterial populations is fundamental to understanding how plant-associated biological processes are influenced by environmental factors and, consequently, has important biotechnological implications. Plant growth and development cannot be adequately described without acknowledging microbial interactions.

References

Aoyama M, Angers DA, N'Dayegamiye A, Bissonnette N (2000) Metabolism of ^{13}C-labeled glucose in aggregates from soils with manure application. Soil Biol Biochem 32:295–300

Balachandar D, Raja P, Kumar K, Sundaram SP (2007) Non-rhizobial nodulation in legumes. Biotechnol Mol Biol Rev 2(2):049–057

Barea JM, Pozo MJ, Azcón R, Azcón-Aguilar C (2005) Microbial co-operation in the rhizosphere. J Exp Bot 56:1761–1778

Bashan Y, de-Bashan LE (2010) How the plant growth-promoting bacterium *Azospirillum* promotes plant growth—a critical assessment. In: Sparks DL (ed) Advances in agronomy, vol 108. Elsevier, Academic Press, Oxford, pp 77–136

Bellenger JP, Xu Y, Zhang X, Morel FMM, Kraepiel AML (2014) Possible contribution of alternative nitrogenases to nitrogen fixation by asymbiotic N2-fixing bacteria in soils. Soil Biol Biochem 69:413–420. doi:10.1016/j.soilbio.2013.11.015

Benhizia Y, Benhizia H, Benguedouar A, Muresu R, Giacomini A, Squartini A (2004) Gamma proteobacteria can nodulate legumes of the genus *hedysarum*. Syst Appl Microbiol 27:462–468

Betancourt DA, Loveless TM, Brown JW, Bishop PE (2008) Characterization of diazotrophs containing Mo-independent nitrogenases, isolated from diverse natural environments. Appl Environ Microbiol 74:3471–3480. doi:10.1128/AEM.02694-07

Bhattacharyya PN, Jha DK (2012) Plant growth-promoting rhizobacteria (PGPR): emergence in agriculture. World J Microbiol Biotechnol 28:1327–1350

Binde DR, Menna P, Bangel EV, Barcellos FG, Hungria M (2009) rep-PCR fingerprinting and taxonomy based on the sequencing of the 16S rRNA gene of 54 elite commercial rhizobial strains. Appl Microbiol Biotechnol. doi:10.1007/s00253-009-1927-6

Bomfeti CA, Florentino LA, Guimarães AP, Cardoso PG, Guerreiro MC, Moreira FMS (2011) Exopolysaccharides produced by the symbiotic nitrogen-fixing bacteria of Leguminosae. Rev Bras Ciênc Solo 35:657–671

Boyd ES, Peters JW (2013) New insights into the evolutionary history ofbiologicalnitrogenfixation. Front Microbiol 4:201. doi:10.3389/fmicb.2013.00201

Cavigelli MA, Robertson GP (2001) Role of denitrifier diversity in rates of nitrous oxide consumption in a terrestrial ecosystem. Soil Biol Biochem 33:297–310

Chaer GM, Resende AS, de Balieiro FC, Boddey RM (2011) Nitrogen-fixing legume tree species for the reclamation of severely degraded lands in Brazil. Tree Physiol 31:139–149

Chebotar VK, Asis CA, Akao S (2001) Production of growth-promoting substances and high colonization ability of rhizobacteria enhance the nitrogen fixation of soybean when inoculated with *Bradyrhizobium japonicum*. Biol Fertil Soils 34:427–432

Chen WM, Laevens S, Lee TM, Coenye T, de Vos P, Mergeay M, Vandamme P (2001) *Ralstonia taiwanensis* sp. nov. isolated from root nodules of *Mimosa* species and sputum of a cystic fibrosis patient. Int J Syst Evol Microbiol 51:1729–1735

Choudhary DK, Sharma KP, Gaur RK (2011) Biotechnological perspectives of microbes in agro-ecosystems. Biotechnol Lett 33:1905–1910

Codispoti L, Brandes JA, Christensen J, Devol A, Naqvi S, Paerl HW et al (2001) The oceanic fixed nitrogen and nitrous oxide budgets: moving targets as we enter the anthropocene? Sci Mar 65:85–105. doi:10.3989/scimar.2001.65s285

Dashti N, Zhang F, Hynes R, Smith DL (1998) Plant growth promoting rhizobacteria accelerate nodulation and increase nitrogen fixation activity by field grown soybean [*Glycine max* (L.) Merr.] under short season conditions. Plant Soil 200:205–213

Deaker R, Roughley RJ, Kennedy IR (2004) Legume seed inoculation technology—a review. Soil Biol Biochem 36:1275–1288

Denison RF, Bledsoe C, Kahn M, O'Gara F, Simms EL, Thomashow LS (2003) Cooperation in the rhizosphere and the "free rider" problem. Ecology 84(4):838–845

Divito GA, Sadras VO (2014) How do phosphorus, potassium and sulphur affect plant growth and biological nitrogen fixation in crop and pasture legumes? A metaanalysis. Field Crop Res 156:161–171

Dos Santos PC, Fang Z, Mason SW, Setubal JC, Dixon R (2012) Distribution of nitrogen fixation and nitrogenase-like sequences amongst microbial genomes. BMC Genomics 13:162. doi:10.1186/1471-2164-13-162

Drancourt M, Bollet C, Carlioz A, Martelin R, Gayral JP, Raoult D (2000) 16S ribosomal DNA sequence analysis of a large collection of environmental and clinical unidentifiable bacterial isolates. J Clin Microbiol 38:3623–3630

Eady RR, Robson RL (1984) Characteristics of N2 fixation in Mo-limited batch and continuous cultures of *Azotobacter vinelandii*. Biochem J 224:853–862. doi:10.1042/bj2240853

Estrada-De Los Santos P, Bustillos-Cristales R, Caballero-Mellado J (2001) *Burkholderia*, a genus rich in plant-associated nitrogen fixers with wide environmental and geographic distribution. Appl Environ Microbiol 67:2790–2798

Farnelid H, Bentzon-Tilia M, Andersson AF, Bertilsson S, Jost G, Labrenz M et al (2013) Active nitrogen-fixing heterotrophic bacteria at and below the chemocline of the central Baltic Sea. ISME J 7:1413–1423. doi:10.1038/ismej.2013.26

Figueiredo MVB, Martinez CR, Burity HA, Chanway CP (2008) Plant growth-promoting rhizobacteria for improving nodulation and nitrogen fixation in the common bean (*Phaseolus vulgaris* L.). World J Microbiol Biotechnol 24:1187–1193

Franche C, Lindström K, Elmerich C (2009) Nitrogen-fixing bacteria associated with leguminous and non-leguminous plants. Plant Soil 321:35–59

Gaby JC, Buckley DH (2011) A global census of nitrogenase diversity. Environ Microbiol 13:1790–1799. doi:10.1111/j.1462-2920.2011.02488.x

Glick BR (2012) Plant growth-promoting bacteria: mechanisms and applications. Scientifica. doi:10.6064/2012/963401

Glick BR (2014) Bacteria with ACC deaminase can promote plant growth and help to feed the world. Microbiol Res 169(1):30–39

Graham PH, Vance CP (2003) Legumes: importance and constraints to greater use. Plant Physiol 131:872–877

Gryndler M (2000) Interactions of arbuscular mycorrhizal fungi with other soil organisms. In: Kapulnik Y, Douds DD Jr (eds) Arbuscular mycorrhizas: physiology and functions. Kluwer Academic Publishers, Dordrecht, pp 239–262

Hodkinson BP, Allen JL, Forrest LL, Goffinet B, Sérusiaux E, Andrésson ÓS et al (2014) Lichen-symbiotic cyanobacteria associated with Peltigera have an alternative vanadium-dependent nitrogen fixation system. Eur J Phycol 49:11–19. doi:10.1080/09670262.2013.873143

Hunter-Cerva JC (1998) The value of microbial diversity. Curr Opin Microbiol 1:278–285

Ildis (international legume database & information service) (2004) http://www.ildis.org

Jha B, Thakur MC, Gontia I, Albrecht B, Stoffels M, Schmid M, Hartmann A (2009) Isolation, partial identification and application of diazotrophic rhizobacteria from traditional Indian rice cultivars. Eur J Soil Biol 45:62–72

Kouno K, Wu J, Brookes PC (2002) Turnover of biomass C and P in soil following incorporation of glucose or ryegrass. Soil Biol Biochem 34:617–622

Kragt ME, Robertson MJ (2014) Quantifying ecosystem services trade-offs from agricultural practices. Ecol Econ 102:147–157

Krings M, Taylor TN, Hass H, Kerp H, Dotzler N, Hermsen EJ (2007) Fungal endophytes in a 400-million-yr-old land plant: infection pathways, spatial distribution, and host responses. New Phytol 174:648–657

Li H, Pellegrini M, Eisenberg D (2005) Detection of parallel functional modules by comparative analysis of genome sequences. Nat Biotechnol 23:253–260

Lucas-García JA, Domenech J, Santamaría C, Camacho M, Daza A, Gutiérrez Mañero FJ (2004) Growth of forest plants (pine and holm-oak) inoculated with rhizobacteria: relationship with microbial community structure and biological activity of its rhizosphere. Environ Exp Bot 52 (3):239–251

Lucy M, Reed E, Glick BR (2004) Application of free living plant-growth promoting rhizobacteria. Antonie Leeuw Int J Gen Mol Microbiol 86:1–25

Mhamdi R, Mrabet M, Laguerre G, Tiwari R, Aouani ME (2005) Colonization of *Phaseolus vulgaris* nodules by *Agrobacterium*-like strains. Can J Microbiol 51:105–111

Mirza MS, Mehnaz S, Normand P, Prigent-Combaret C, Moënne-Loccoz Y, Bally R, Malik KA (2006) Molecular characterization and PCR detection of a nitrogen fixing *Pseudomonas* strain promoting rice growth. Biol Fertil Soils 43:163–170

Morgan JAW, Bending GD, White PJ (2005) Biological costs and benefits to plant-microbe interactions in the rhizosphere. J Exp Bot 569:1729–1739

Noda S, Ohkuma M, Usami R, Horikoshi K, Kudo T (1999) Culture-independent characterization of a gene responsible for nitrogen fixation in the symbiotic microbial community in the gut of the termite Neotermes koshunensis. Appl Environ Microbiol 65:4935–4942

Oda Y, Larimer FW, Chain PS, Malfatti S, Shin MV, Vergez LM et al (2008) Multiple genome sequences reveal adaptations of a phototrophic bacterium to sediment microenvironments. Proc Natl Acad Sci USA 105:18543–18548. doi:10.1073/pnas.0809160105

Pandey P, Sahgal M, Maheswari DK, Johri BN (2004) Genetic diversity of rhizobia isolated from medicinal legumes growing in the sub-Himalayan region of Uttaranchal. Curr Sci 86 (1):202–207

Pandey P, Kang SC, Maheshwari DK (2005) Isolation of endophytic plant growth promoting *Burkholderia* sp. MSSP from root nodules of *Mimosa pudica*. Curr Sci 89(1):177–180

Rajwar A, Sahgal M, Johri BN (2013) Legume-Rhizobia symbiosis and interactions in agroecosystems. In: Arora NK (ed) Plant microbe symbiosis: fundamentals and advances. Springer, India, pp 233–265

Rasolomampianina R, Bailly X, Fetiarison R, Rabevohitra R, Bena G, Ramaroson L, Raherimandimy M, Moulin L, DeLajudie P, Dreyfus B (2005) Nitrogen fixing nodules from rose wood legume trees (*Dalbergia* spp) endemic to Madagascar host seven different genera belongs to α- and β-Proteobacteria. Mol Ecol 14:4135–4146

Rivas R, Velazquez E, Willems A, Vizcaino N, Subbarao NS, Mateos PF, Gillis M, Dazzo FB, Molina EM (2002) A new species of *Devosia* that forms a unique nitrogen fixing root symbiosis with aquatic legume *Neptunia natans* (l.f) Druce. Appl Environ Microbiol 68:5217–5222

Robson RL, Eady RR, Richardson TH, Miller RW, Hawkins M, Postgate JR (1986) The alternative nitrogenase of *Azotobacter chroococcum* is a vanadium enzyme. Science 322:388–390. doi:10.1038/322388a0

Saleena LM, Loganathan P, Rangarajan S, Nair S (2001) Genetic diversity of *Bradyrhizobium* strains isolated from *Arachis hypogaea*. Can J Microbiol 47:118–122

Santillana N, Ramírez-Bahena MH, García-Frailem P, Velázquez E, Zúñiga D (2008) Phylogenetic diversity based on *rrs, atpD, recA* genes and 16S–23S intergenic sequence analyses of rhizobial strains isolated from *Vicia faba* and *Pisum sativum* in Peru. Arch Microbiol 189 (3):239–247

Selvakumar G, Kundu S, Gupta AD, Shouche YS, Gupta HS (2008) Isolation and characterization of nonrhizobial plant growth promoting bacteria from nodules of Kudzu (*Pueraria thunbergiana*) and their effect on wheat seedling growth. Curr Microbiol 56:134–139

Solano BR, Pereyrade la Iglesia MT, Probenza A, Lucas GJA, Megias M, Geetierrez Manero FJ (2006) Screening of PGPR to improve growth of *Cistus ladanifer* seedlings for reforestation of degraded Mediterranean ecosystems. Plant Soil 287:59–68

Squartini A (2003) Functional ecology of the Rhizobium-legume symbiosis. In: Pinton R, Varanini Z, Nannipieri P (eds) The rhizosphere: biochemistry and organic substances at the soil plant interface. Marcel Dekker, New York, pp 297–326

Sy A, Giraud E, Jourand P, Garcia N, Willems A, DeLajudie P, Prin Y, Neyra M, Gillis M, Boivin-Masson C, Dreyfus B (2001) Methylotrophic *Methylobacterium* bacteria nodulate and fix nitrogen in symbiosis with legumes. J Bacteriol 183:214–220

Taghavi S, Garafola C, Monchy A, Newman L, Hoffman A, Weyens N, Barac T, Vangronsveld J, Van der Lelie D (2009) Genome survey and characterization of endophytic bacteria exhibiting a beneficial effect on growth and development of poplar trees. Appl Environ Microbiol 75 (3):748–757

Tan JW, Thong KL, Arumugam ND, Cheah WL, Lai YW, Chua KH et al (2009) Development of a PCR assay for the detection of nifH and nifD genes in indigenous photosynthetic bacteria. Int J Hydrogen Energy 34:7538–7541. doi:10.1016/j.ijhydene.2009.04.029

Trujillo ME, Willems A, Abril A, Planchuelo AM, Rivas R, Ludena D, Mateos PF, Molina EM, Velazquez E (2005) Nodulation of *Lupinus albus* by strains of *Ochrobactrum lupini* sp. nov. Appl Environ Microbiol 71:1318–1327

Valverde A, Velazquez E, Gutierrez C, Cervantes E, Ventosa A, Igual JM (2003) *Herbaspirillum lusitanum* sp. nov., a novel nitrogen fixing bacterium associated with root nodules of *Phaseolus vulgaris*. Int J Syst Evol Microbiol 53:1979–1983

Valverde A, Velazquez E, Santos FF, Vizcaino N, Rivas R, Mateos PF, Molina EM, Igual JM, Willems A (2005) *Phyllobacterium trifolii* sp. nov., nodulating *Trifolium* and *Lupinus* in Spanish soils. Int J Syst Evol Microbiol 55:1985–1989

Vandamme P, Goris J, Chen WM, de Vos P, Willems A (2002) *Burkholderia tuberum* sp. nov. and *Burkholderia phymatum* sp. nov. nodulate the roots of tropical legumes. Syst Appl Microbiol 25:507–512

Vivas A, Barea JM, Azcon R (2005) Interactive effect of *Brevibacillus brevis* and *Glomus mosseae*, both isolated from Cd-contaminated soil, on plant growth, physiological mycorrhizal fungal characteristics and soil enzymatic activities in Cd polluted soil. Environ Pollut 134:257–266

Wang ET, Tan ZY, Willems AY, Fernandez-Lopez M, Reinhold-Hurek B, Martínez-Romero E (2002) *Sinorhizobium morelense* sp. nov., a *Leucaena leucocephala*-associated bacterium that is highly resistant to multiple antibiotics. Int J Syst Evol Microbiol 52:1687–1693

Waugh SI, Paulsen DM, Mylona PV, Maynard RH, Premakumar R, Bishop PE (1995) The genes encoding the delta subunits of dinitrogenases 2 and 3 are required for Mo-independent diazotrophic growth by *Azotobacter vinelandii*. J Bacteriol 177:1505–1510. doi:10.1128/jb.177.6.1505-1510.1995

Yang J, Xie X, Wang X, Dixon R, Wang YP (2014) Reconstruction and minimal gene requirements for the alternative iron-only nitrogenase in *Escherichia coli*. Proc Natl Acad Sci USA 111:E3718–E3725

Young J (2005) The phylogeny and evolution of nitrogenases. In: Palacios R, Newton WE (eds) Genomes and genomics of nitrogen-fixing organisms, vol 3. Springer, Dordrecht, pp 221–241. doi:10.1007/1-4020-3054-1_14

Young JM, Kuykendall LD, Martínez-Romero E, Kerr A, Sawada H (2001) A revision of *Rhizobium* Frank 1889, with an emended description of the genus and inclusion of all species of *Agrobacterium* Conn, 1942 and *Allorhizobium undicola* de Lajudie *et al.*, 1998, A new combination: *Rhizobium radiobacter*, *R. rhizogenes*, *R. rubi*, *R. undicola* and *R. vitis*. Int J Syst Evol Microbiol 51:89–103

Zhang X, McRose DL, Darnajoux R, Bellenger JP, Morel FMM, Kraepiel AML (2016) Alternative nitrogenase activity in the environment and nitrogen cycle implications. Biogeochemistry 127:189–198. doi:10.1007/s10533-016-0188-6

Zhao Y, Bian SM, Zhou HN, Huang JF (2006) Diversity of nitrogenase systems in diazotrophs. J Integr Plant Biol 48:745–755

Chapter 15
Structure, Function, and Estimation of Leghemoglobin

Saumya Singh and Ajit Varma

15.1 Introduction

Animals (all vertebrates and a few invertebrates) have known to contain hemoglobin proteins as oxygen carrier. Later researches displayed that plants like animals contain hemoglobins. Hemoglobins were originally isolated from mammals and studied extensively. But later hemoglobins were found to be present in archaebacteria, eubacteria, and plants (Hoy and Hargrove 2008). Three types of hemoglobins are found in plants: symbiotic hemoglobin, non-symbiotic hemoglobin, and truncated hemoglobin. Symbiotic hemoglobins (leghemoglobin) are the originally identified hemoglobins, whereas non-symbiotic hemoglobins are more recently discovered (Hoy and Hargrove 2008).

Symbiotic hemoglobins [leghemoglobin (Lb)] were first discovered by Kubo in 1939 (Hoy and Hargrove 2008). Leghemoglobin is a hemeprotein, found in millimolar quantities, in bacteroid-containing cells of the central tissue of legume root nodules (Dakora 1995). This 16 kDa hemeprotein is an essential component for N_2 fixation by legume nodules (Becana and Klucas 1992). This is the only abundant hemoglobin found in plant kingdom. Leghemoglobin is produced in the roots of legumes colonized by nitrogen-fixing bacteria *Rhizobium*, as a part of the symbiotic association between plant and bacteria. These bacteroids are particularly responsible for fixing nitrogen. The biological nitrogen fixation process occurs though a metalloenzyme nitrogenase. This enzyme is responsible for conversion of nitrogen (N_2) to ammonia (NH_3). The nitrogenase enzyme complex gets irreversibly inactivated if exposed to atmospheric levels of oxygen (Becana and Klucas 1992). However, the bacteroids are microaerobes and require oxygen for respiration. Therefore, in order to protect nitrogenase enzyme complex, Lb plays

S. Singh • A. Varma (✉)
Amity Institute of Microbial Technology, Amity University Uttar Pradesh, Sector 125, Noida, Uttar Pradesh 201301, India
e-mail: ajitvarma@amity.edu

A.P. Hansen et al. (eds.), *Rhizobium Biology and Biotechnology*, Soil Biology 50,
DOI 10.1007/978-3-319-64982-5_15

physiological role of supplying oxygen to the bacteroids. The ATP produced via oxidative phosphorylation of bacteroid respiration is used to reduce N_2 to NH_3 (Dakora 1995). It has been observed repeatedly that the presence of Lb is necessary for proper functioning of nitrogenase enzyme in legume root nodules. The importance of the expression of leghemoglobin gene is emphasized by the observation that leghemoglobin occupies about 40% of the total soluble protein share of nodules (Nash and Schulman 1976).

15.2 Structure

Lb is a hemeprotein of 16 kDa. It constitutes a heme group (protoporphyrin IX) and a single polypeptide (globin). The amino acid sequence of the globin moiety depends on the legume species. Even within the same species, several isoproteins of Lb components are usually found which differ from each other by a few amino acids, whereas the heme moiety is always identical in all Lb molecules. Heme moiety is always present in the ferrous state in vivo. A small amount of this ferrous state is oxidized to ferric state, when Lb is extracted from the nodules. Therefore, it was misreported by some workers that Lb is involved in the transport of electrons required for reducing nitrogen to ammonia. Legume leghemoglobin is a complex mixture of hemeproteins found in root nodules. It comprises two monomeric major components (leghemoglobins *a* and *c*) and two less well-characterized minor components (leghemoglobin *b* and *d*). Subsequent ion exchange chromatography under improved conditions demonstrated that leghemoglobins *c* and *d* were themselves mixtures of at least two heme proteins each (leghemoglobins c_1 and c_2, d_1 and d_2) (Fuchsman and Appleby 1979). Differences in the amino acid sequences of different components of Lb are small and correspond to approximately 10 (Marcker et al. 1984). Lbc is composed of 139 amino acid and has a molecular weight of 15,400 and an amino terminal glycine residue, whereas Lba is composed of 142 amino acid residues with a molecular weight of 16,800 and amino terminal valine residue (Nash and Schulman 1976). The ratio of different Lb components varies according to the age of the nodules. High Lbc content to Lba content was found to be a characteristic of young root nodules. Major components of Lb can also be classified according to the relative movements of the components in electrophoresis as fast-moving component LbF (Lbc_1 and Lbc_2) and slow-moving component LbS (Lba).

This globular protein usually consists of seven or eight helical segments named A–H, with an iron porphyrin molecule, protoheme, inserted between the E- and F-helices (Fig. 15.1). A space between heme and the E-helix, the so-called distal pocket, is large and flexible enough to allow oxygen to approach and coordinate reversibly with heme iron. Oxygen combination can occur only if heme iron is in ferrous valence state (Appleby 1992).

The heme is roughly bound within the V-shaped cavity formed by representative helices E and F on two sides with the antiparallel C and G closing the cavity on the

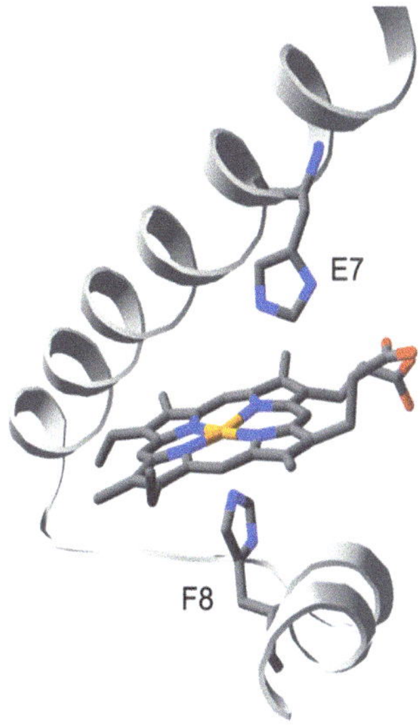

Fig. 15.1 Structure of Lb. Shown are E- and F-helices, the distal and proximal histidines, and the heme

third side. A short helix, helix D is absent from the vicinity of heme pocket. This helix D is present only in hemoglobin β chain and in myoglobin. This D helix is replaced by a longer and less interhelical CD region. This interhelical region merges with critical E helix at its 55 amino acid residue (Asn E1), which convenes extra mobility on the E helix allowing to swing more freely at its EF interhelical hinge.

A detailed analysis of both distal and proximal pockets around the heme of soybean leghemoglobin was found through mutational and kinetic studies. Comparison to myoglobin demonstrated an opposite mechanism of ligand regulation. In case of Mb, ligand regulation occurs through a "gating" mechanism due to stearic hindrance from the distal histidine, which also stabilizes a bound water molecule that must be removed for other ligands to bind, whereas in case of Lb water is not stabilized in the distal pocket of Lba, contributing to the higher oxygen association rate constant in Lba versus Mb. Presence of a distal leucine in Lba has a minimal effect on oxygen affinity, suggesting a weak interaction, which is in contrast with the strong hydrogen bonding distal histidine present in case of Mb (Hoy and Hargrove 2008).

In Lba, proximal histidine, is not hindered and it settles into a staggered orientation, increasing its affinity for ligand. This is in contrast with the arrangement in Mb, where serine in the proximal pocket is bound to the proximal histidine through hydrogen bonding, limiting its movement. Thus, Mb relies on the distal pocket whereas Lba relies on the proximal pocket for ligand regulation.

At a slightly acidic pH, the distal histidine of ferric leghemoglobin has the unusual property of coming close enough to heme iron to form a six-covalent ferric hemochrome structure. In the aqueous environment, the distal histidine side chain moves close enough to iron of unligated ferric leghemoglobin to become itself a heme ligand or swing outward from the distal pocket to accommodate fatty acid or nicotinate as heme ligand. This observation led to distal histidine "trapdoor" hypothesis, which was supposed to explain the rapid oxygen "on" rate and moderate oxygen "off" rate for leghemoglobins. In unligated ferrous leghemoglobin, the mean position of the distal histidine was supposed to be out of the heme pocket, allowing rapid oxygen approach and its ligation with Fe. The distal histidine was then supposed to "snap shut" over the bound oxygen, forming a strong hydrogen bond between the two.

15.3 Location

The symbiosis takes place in the root nodules formed as a result of bacterial infection in the roots. Shortly after the invasion of root by the bacterial infection thread, a meristem is set up in the root cortex. This meristem divides rapidly to give rise to two kinds of cells, i.e., cells packed with bacteroids which enlarge at a later stage and smaller interstitial parenchymatous cells devoid of bacteroids (Fig. 15.2). Therefore, a typical mature legume root nodule is structurally divided into three distinct zones called external cortex, internal cortex, and central zone (Becana et al. 1995) (Fig. 15.3).

The cellular layer called endodermis separates external cortex from the internal cortex. Endodermis is also supposed to act as a physical barrier for oxygen diffusion. Bacteroids are not found free in the cell cytoplasm. After the onset of infection and throughout the symbiotic association, the bacteroids are encased within the plant-derived membrane compartment called symbiosome (Emerich and Krishnan 2014) (Fig. 15.4). The symbiosome membrane is called peri-bacteroid membrane.

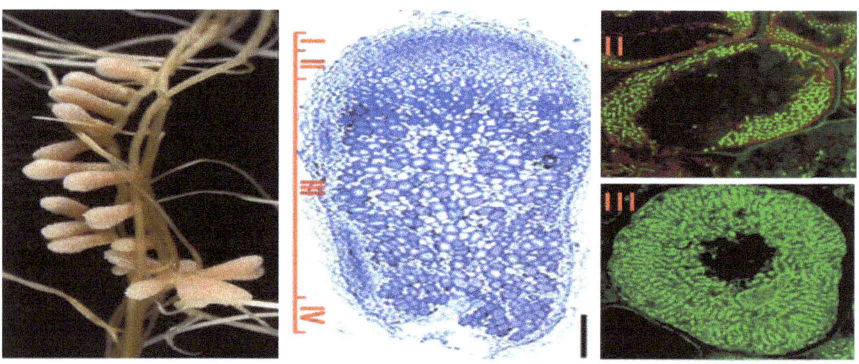

Fig. 15.2 Structure of nitrogen-fixing root nodules. Longitudinal section of root nodules indicating different zones: (I) Meristem, (II) Infection zone, (III) Nitrogen fixation zone, (IV) Senescence zone. Symbiotic cells in zone II containing differentiating endosymbionts while in zone III the cells are completely packed with nitrogen-fixing bacteroids (c.f. Maróti and Kondorosi 2014)

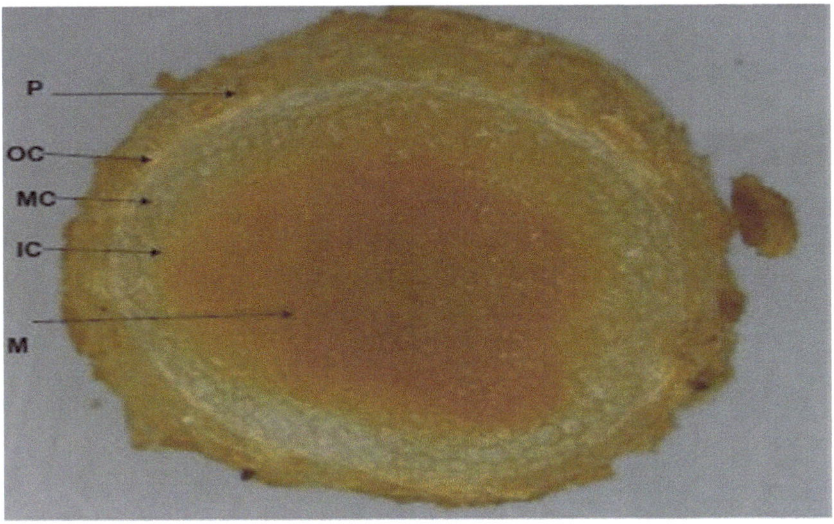

Fig. 15.3 Medial section of a fresh root nodule. (P) Periderm, (OC) outer cortex, (MC) middle cortex, (IC) inner cortex, and the presence of leghemoglobin (*pink*) in the infected central medulla (M). (c.f. Kanu and Dakora 2017)

Infected cells containing bacteroids mainly encompass the central region of the root nodules. The cells in the central cortical region are arranged in such a pattern that every infected cell borders at least one uninfected cell (VandenBosch and Newcomb 1988). In certain types of nodules, bacteroid containing cortical cells undergo rapid disorganization. In these nodules, the rate of nitrogen fixation is directly proportional to the volume of cells which have not undergone disorganization (Smith 1949).

By 1974, various evidences summarized by different researchers suggested that Lb might occur both inside and outside peri-bacteroid membranes in effective root nodules (Bergersen and Goodchild 1973). Later researches involving Lb interaction with the cut surfaces of prefixed soybean nodule tissue and Lb antibody interaction with the contents of soybean peri-bacteroid membrane vesicles prepared by 150,000×g centrifugation through discontinuous hypertonic sucrose gradients have shown that Lb exists in cell cytoplasm and not within the peri-bacteroid membrane (Appleby 1984). The concentration of Lb in legume root nodules lies within the range of 1–5 $\times$ 10^{-4} M (Bergersen 1971).

Studies have shown that in addition to infected cell Lb also occurs in the cytoplasm of uninfected interstitial cells. However, its density was lower in uninfected cells as compared to adjacent infected cells (about one-fourth). The presence of Lb is strictly restricted to cell cytoplasm and nucleus. This protein enters the nucleus through nuclear pores through diffusion. Exact function of Lb in nucleus is not known. Lb is completely absent in intercellular spaces or over other cellular organelles (VandenBosch and Newcomb 1988).

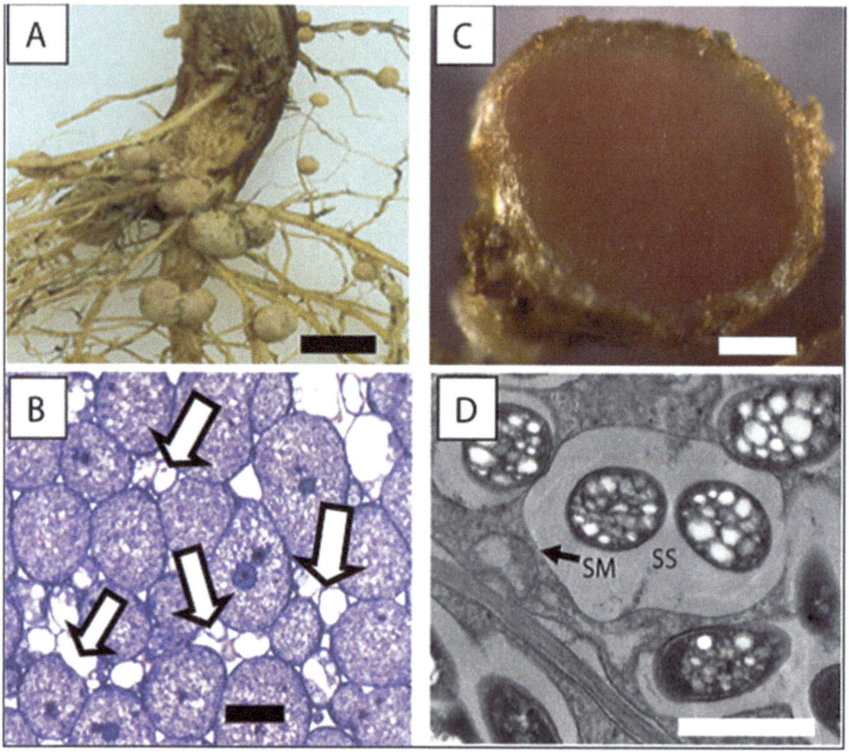

Fig. 15.4 (**a**) A nodulated soybean root system, (**b**) A light micrograph of the infected (stained *blue*) and uninfected (unstained *white*) plant cells. (**c**) The interior of a soybean root nodule revealing the *red color* of leghemoglobin. (**d**) An electron micrograph of bacteroids within symbiosomes. *SS* symbiosome space; *SM* symbiosome membrane (c.f. Emerich and Krishnan 2014)

15.4 Function

In a legume root nodule, bacteroids require oxygen for respiration and production of ATP for nitrogen fixation. Oxygen at atmospheric concentration inactivates nitrogenase enzyme. For the proper functioning of nodules, it is required that oxygen be supplied to bacteroid at a rate high enough to provide enough ATP but at the same time at a rate low enough to avoid accumulation of free oxygen at the bacteroid surface. In the absence of leghemoglobin, diffusion of oxygen through the dense nodule tissue would be completely inadequate to meet the ATP requirement. Therefore, leghemoglobin permits a high flux of oxygen to be maintained through the tissue, but the rate of consumption by the bacteroids is too great to allow the development of free oxygen concentration.

The ferrous form of Lb has a very high affinity for oxygen. Hence, only 48 nM concentration of free oxygen is sufficient to cause 50% oxygenation of Lb (Becana et al. 1995). For this oxygenated Lb to be active and release oxygen to the respiratory chain of bacteroids, the oxygen affinity of the bacteroid oxidase should exceed (about tenfold) the oxygen affinity of Lb. Thus, Lb is oxygenated at the plasmalemma and carries oxygen to the symbiosome membrane. Since there is no Lb in the peri-bacteroid membrane, oxygen has to be released at the symbiosome membrane. This transfer of oxygen is facilitated due to the presence of deep oxygen gradient across the peri-bacteroid membrane.

15.4.1 Inactivation of Lb by Oxidation

From the chemical nature of Lb, Lb^{3+} is expected to be continually formed in vivo by oxidation of Lb^{2+} and LbO_2. Soluble fraction of extracted in air shows the presence of traces of Lb^{3+}. A number of metabolites present in nodules, including nitrite, superoxide radical, and peroxides, may oxidize Lb^{2+}. Nitrite induces oxidation of Lb^{2+} to Lb^{3+}, whereas NO binds tightly to Lb^{2+} and LbO_2 forming nitrosyl-Lb (Lb^{2+}.NO).

The ferrous form of Lb readily autoxidizes and is converted into ferric form under the slightly acidic conditions of the nodules. Free radicals and other activated oxygen species such as hydrogen peroxide react with Lb and lead to their inactivation. These reactive species are generated as a result of Lb autoxidation and mitochondrial and bacteroid respiration. Autoxidation of LbO_2 varies with pH, temperature, and concentrations of Lb; certain anions, metal anions; and chelators. Oxidation of LbO_2 to Lb^{3+} by a flux of superoxide radicals generated artificially and re-reduction of Lb^{3+} by superoxide radicals, although at a much slower rate, were also observed.

$$LbO_2 \rightarrow Lb^{3+} + O_2^- \quad (15.1)$$

$$LbO_2 + O_2^- + 2H^+ \rightarrow Lb^{3+} + O_2^- + Lb_2O_2 \quad (15.2)$$

$$Lb^{3+} + O_2^- \rightarrow LbO_2 \quad (15.3)$$

Exogenously added superoxide dismutase inhibited oxidation of LbO_2 to Lb^{3+}; thus, it was proposed that nodule superoxide dismutase protects Lb against inactivation.

Hydrogen peroxide attacks oxygenated Lb to generate hydroxyl radicals. When hydrogen peroxide attacks LbO_2, heme group is broken down and ferrous ion is released, which in turn reduces hydrogen peroxide to hydroxyl free radicals. These radicals are highly reactive and thus can oxidize nearly all types of molecules in their vicinity, such as DNA, proteins, and unsaturated fatty acids of membranes. There is no enzyme for scavenging these reactive species, as they are far too reactive, but the antioxidative enzymes such as catalase can prevent their formation by destroying hydrogen peroxide.

15.4.2 Restoration of the Functional State of Lb by Small Molecules

Several researchers have suggested that a system to reduce Lb^{3+} should exist in nodules. Nodules contain many potential reducing agents, such as NAD(P)H, ascorbate, reduced glutathione, and cysteine, to reduce Lb^{3+} to functional Lb. The physiological levels of these reductants to determine their relative effectiveness in reducing Lb^{3+} were estimated to be in the order of 150–250 μM for NADH+NADPH, 200 μM for cysteine, 40–150 μM for reduced glutathione, and 1–2 mM for ascorbate (Becana and Klucas 1992). Excess ascorbate, however, initially reduces Lb^{3+} to LbO_2 but then induces heme degradation with the formation of activated O_2 species.

Flavins are intermediate electron carriers between NAD(P)H and Lb^{3+}. In the presence of NAD(P)H, free flavins efficiently reduce Lb^{3+} without formation of superoxide or peroxide. The abundance of free flavins, especially riboflavin, plays an important role in reducing Lb^{3+} in the microaerophilic conditions in nodules. NAD(P)H supply should be relatively high and constant; otherwise with excess of flavin and deficit of NAD(P)H, Lb^{2+} is oxidized back to Lb^{3+} (Becana and Klucas 1992).

15.4.2.1 Degradation of Lb

Metabolic degradation of the Lb involves several proteases. These proteases have high affinity for Lb. These are found in abundance in nodules entering senescence. Degradation of Lb leads to production of two important pigments: choleglobin and biliverdin. Choleglobin is a Lb derivative having an oxidized heme group but with the iron still attached to it. This iron is, however, lost in biliverdin. Accumulation of these pigments changes the color of legumes from pink to green, which acts as a marker for Lb inactivation and therefore loss of nitrogen-fixing ability by nodules (Becana et al. 1995).

15.5 Synthesis

Leghemoglobin synthesis starts very shortly after nodule initiation usually before nitrogenase synthesis can be demonstrated. In legumes, the leghemoglobin synthesis continues in proportion with the meristematic tissues of the nodule. In the nodules which lack meristematic tissues (e.g., soybean, kidney bean) synthesis of leghemoglobin occurs only for a short duration and its concentration remains almost constant till the senescence of the nodule.

There are two known activities for ALA formation in root nodules: (1) ALA synthase by bacterial symbiont and (2) glutamate-dependent ALA formation by the plant host. Evidence shows that plant-derived ALA can be employed for production of bacteroid heme. Continuous and related increase in cellular heme expression and the apparent activation of glutamate-dependent ALA formation activity during symbiosis argue for a role for that activity in nodule heme synthesis.

Studies have shown that ALA synthesis is not a rate-limiting step in bacteroid heme formation or that ALA synthase is not the sole source of ALA to the endosymbiont, as the specific activity of bacterial ALA synthase was observed to be approximately same in case of cultured cells and bacteroids. An increase in the bacterial ALA synthase activity with the age of the nodules was observed. This could be related to the fact that the bacterial mass shows a proportional increase with respect to nodule age (Sangwan and O'Brian 1992).

Evidence has proved that bacterial *hemA* gene is not essential for nodule development and symbiosis whereas expression of *hemH* is required (Sangwan and O'Brian 1993) (Fig. 15.5).

The plant synthesizes the tetrapyrrole precursor of heme (ALA) in nodules and studies have proved that this ALA can be used for production of bacterial heme. ALA formation activity is much greater in plant nodules as compared to uninfected roots and hence each symbiont affects the metabolism of the other with respect to heme formation. In photosynthetic tissues of plants, ALA is synthesized from C_5 pathway and is incorporated in chlorophylls, whereas in nonphotosynthetic tissues it is involved in heme production. In photosynthetic tissues, ALA synthesis is regulated by light, whereas in nonphotosynthetic tissues it is regulated by symbiotic association with a bacterium.

15.5.1 Lb Heme

The heme prosthetic group of asymbiotic Lb are synthesized entirely by the plants. However, in case of symbiotic association between plant and bacteria the idea of bacteria producing the heme group is deeply entrenched. Many studies concluded that Lb heme is a bacterial product based on the experiments with mutant *B. japonicum*. According to the results obtained, the absence of leghemoglobin in nodules infected with mutant bacteria was correlated with bacterial origin of Lb heme.

Apo-Lb is synthesized as a discrete molecule, with methionine as an initiator, and the released peptide, with an N-terminal valine (LbS) or glycine (LbF), does not cross the membrane envelope enclosing the bacteroids. Its assembly with heme (synthesized and secreted by bacteroids) appears to take place in the host-cell cytoplasm where the functional molecule is principally located (Verma et al. 1979). The relative rates of biosynthesis of LbS and LbF change during root-nodule development; LbF synthesis predominates in young nodules while LbS predominates in mature nodules. The two Lb components appear to turn over with different rates, resulting in the accumulation of LbF, and thus they may have different roles in root-nodule symbiosis. Both LbS and LbF are detected before the appearance of nitrogenase activity during development of root nodules.

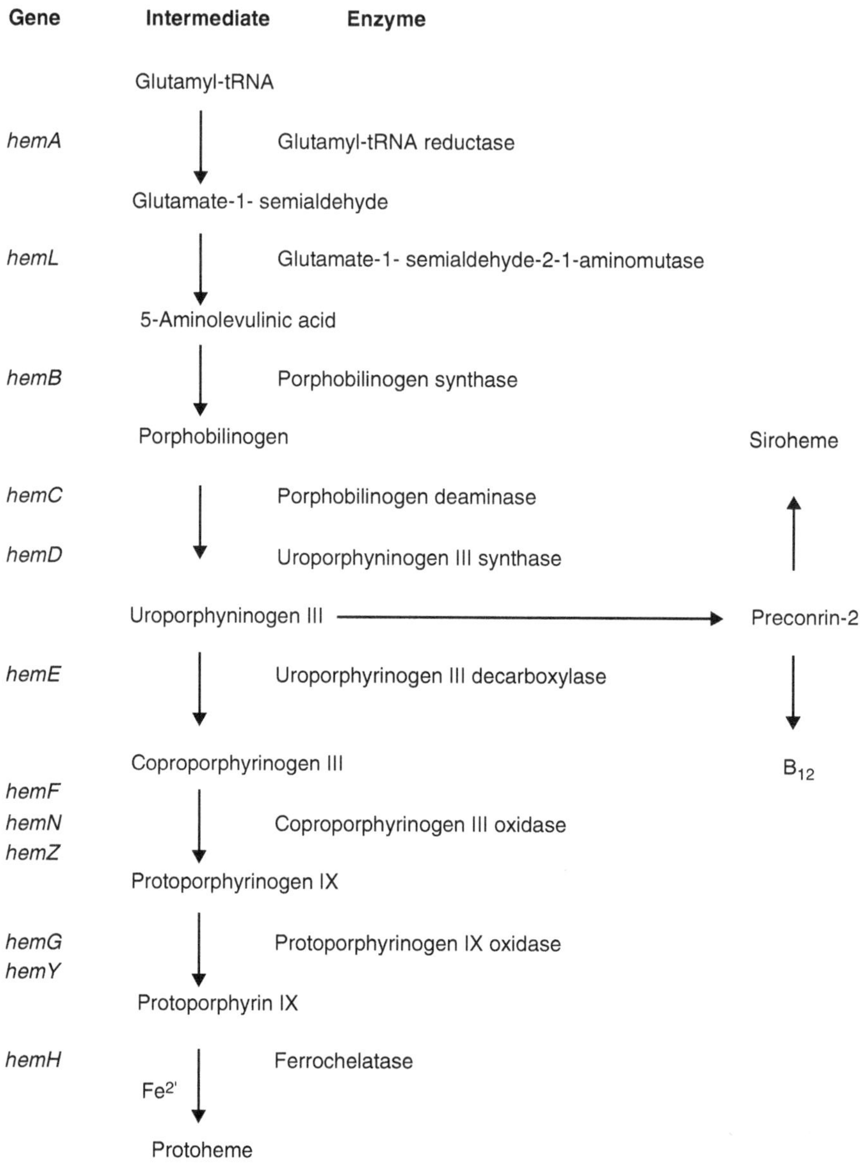

Fig. 15.5 Biochemical pathway for protoheme synthesis

Different in vitro and in vivo studies have shown that the major forms of Lb are coded by three different mRNAs and are not the result of posttranslational modification. These are synthesized by polysomes found free in host cell cytoplasm.

Since apo-Lb is synthesized in host cell cytoplasm and heme is synthesized by the bacteroids within the peri-bacteroid membrane, investigations were carried out for the movement of apo-Lb across the membrane, for association of the components to form functional Lb. Most proteins which cross the membrane barrier are either synthesized as precursor molecules with a hydrophobic end or are blocked at their amino terminus (Verma et al. 1979). Furthermore, the study was in accordance and showed that apo-Lb does not cross the peri-bacteroid membrane and is found exclusively in host cell cytoplasm.

The correlation between the presence of leghemoglobins and the effectiveness of nodules has been studied in soybean using several strains of *Rhizobium japonicum* which form ineffective nodules. The study showed that nodules infected with mutant rhizobium strains, having defective nitrogenase gene, produced almost half amount of leghemoglobin as compared to the wild-type strains. This indicates that the presence of leghemoglobin is independent of nitrogenase activity and solely depends on the bacterial strains. Furthermore, a mutation in the heme biosynthetic pathway leads to development of ineffective nodules lacking leghemoglobin.

15.6 Genetic Origin of Leghemoglobin

Further, researchers have proposed that the ancestors to plant and animals both had hemoglobin genes with three introns. This arrangement has been retained in both symbiotic and non-symbiotic plant hemoglobin genes, whereas the central intron was lost before the divergence of annelids and arthropods and hence is absent in all vertebrate hemoglobin and myoglobin genes (Fig. 15.6). Detailed analysis of the structure of leghemoglobin gene has revealed the amino acid coding region to be interrupted by two introns at exactly the same positions as found in animal globin genes. Since introns are absent in bacterial genome, this finding denies the earlier proposals that Lb might have arisen by the globin gene transfer from a rhizobium to a primitive legume. Furthermore, soybean Lb genes all contain a central third intron that is missing from the modern animal globins. But computer analysis of the animal globin protein structure predicted its exact position.

15.7 Genetic Arrangement of Leghemoglobin Genes

Soybean, being the most extensively studied legume for its symbiotic association, was used to describe the basic arrangement of the leghemoglobin genes. Lb gene family consists of five functional genes, one pseudo gene, and at least two truncated genes (Bojsen et al. 1983). Six complete Lb are arranged in two independent clusters. Four genes are very closely linked in the order 5′ Lba-Lbc1-bLb-Lbc3 3′. The distance between the various genes in this cluster is—2.5–3 kb. The two remaining genes are tightly linked in the order 5′ Lbc4-Lbc2 3′ and are—2 kb apart. No direct link between the two Lb gene clusters has been obtained so far.

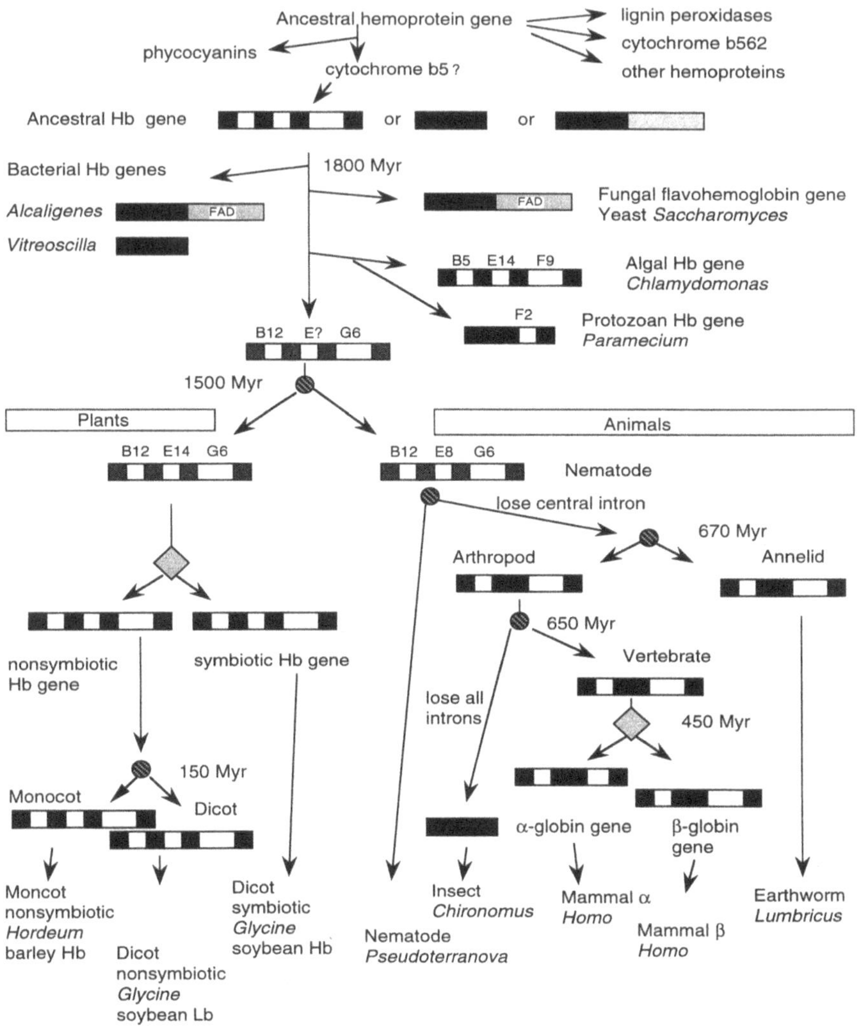

Fig. 15.6 Some key events in the evolution of hemoglobin genes. Lightly *shaded diamonds* represent gene duplication; the *striped circles* represent speciation events. *Myr* millions of years ago; *Hb* Hemoglobin (c.f. Hardison 1996)

There are at least two different non-Lb genes closely linked to the four Lb gene cluster. These genes are also linked to the two Lb gene cluster in the same relative positions as for the four Lb gene cluster.

15.8 Hemoglobins: Plants and Animals

The utility of metal-bound porphyrin rings for the transfer of electrons was established early in evolutions. Protoporphyrin IX with an iron ion coordinately bound in the middle of its flat, planar heme molecule is incorporated in these hemeproteins. Hemeproteins allow reversible binding of oxygen to the heme, with Fe remaining in its 2^+ state. Vertebrate hemoglobins, isolated from the blood of vertebrates, are heterotetramer of 2 α-globin and 2 β-globin polypeptides with heme bound tightly to each globin monomer. Recent studies have shown the presence of hemoglobin in plants. Plants use these hemoglobins to transfer oxygen. The first hemoglobin discovered in plants was leghemoglobin in root nodules of legumes (Hardison 1996). Although the amino acid sequences of leghemoglobins differ from those of vertebrate globin genes at about 80% of the positions, leghemoglobin folds into the same 3D structure as the animal globins. The discovery of hemoglobins in a large variety of plants strongly supports that hemoglobins are specialized product of divergence from an ancient plant hemoglobin gene—a gene that is itself descended from a hemoglobin gene in the last common ancestor to plants and animals and hence is still widespread in plants. A hemoglobin distinct from leghemoglobin was initially discovered in root nodules of non-leguminous plant *Parasponia andersonii*, which suggested that hemoglobins are more widely spread in plant kingdom with more generalized functions besides nodulation. Thus, two different types of hemoglobins have been discovered in plants: (1) a non-symbiotic type that is widely distributed in different plant species and (2) a symbiotic type present in root nodules of legumes.

15.9 Isolation of Leghemoglobin

Isolation process for leghemoglobin differs according to the host plant species. The two most widely used legumes for leghemoglobins are soybean and lupin. Isolation method for these two plants has been discussed here (Dilworth 1980).

15.9.1 Soybean Leghemoglobin

Nodules are harvested 25–28 days after appearance and homogenized in 4 volumes of cold (4 °C) 0.1 M phosphate buffer, pH 6.8. Polyvinylpyrrolidone (0.3 g per gram nodules) is added to remove polyphenols. The homogenate is clarified by centrifugation (10,000g, 20 min) and fractionated with solid ammonium sulfate between 55 and 80% saturation, with the pH maintained at 6.8. The precipitate is dissolved in a minimum volume of 0.1 M Tris-HCl buffer, pH 7.7, containing 0.1 mM EDTA. After dialysis for a minimum of 5 h against the same buffer, the solution is centrifuged (100,000g, 30 min) and the supernatant concentrated by pressure filtration through a Diaflo UMI0 membrane.

The next steps combine oxidation of the Lb components to remove ferrous oxyLb species and simplify the subsequent chromatogram and gel filtration at alkaline pH to remove bound nicotinate 26 from the ferric Lb. Fifteen milliliters of 0. l M Tris-HCl buffer, pH 9.2, at 2 °C are added to 50 ml of 2.7 mM Lb (from 767 g nodules) at the same temperature. Solid $K_3Fe(CN)_6$ (176 mg, 4 Eq) is then added, and the solution stirred until O_2 evolution ceases. The mixture is then added to a Sephadex G-15 (Pharmacia, Sweden) column (55 × 5 cm diameter) equilibrated with 0.1 M Tris-HCl buffer, pH 9.2, at 2 °C, at 2 cm^3/min, and eluted at the same rate with the same buffer. Three colored bands are eluted—red ferric Lb, yellow ferricyanide plus nicotinate, and a purple band, in that order. Lb fractions are collected and pooled, 140 ml containing 116/μmoles Lb. If desired, the absorbance ratio 560 nrn/620 nm in 0.1 M MES buffer, pH 5.2, can be used to estimate whether the ferric Lb nicotinate complex is still present; the ratio should be 1.7 if complete removal of nicotinate has been achieved.

The Lb is concentrated to about 20 ml over a Diaflo UM10 membrane and dialyzed for 36 h against two changes of 40 ml of 10 mM sodium acetate buffer, pH 5.2. DEAE-cellulose (Whatman DE-52) is equilibrated with 0.5 M sodium acetate buffer, pH 5.2, and washed with 80 ml distilled water so that the effluent conductivity and pH approximate those of 10 mM acetate buffer, pH 5.2. A column is poured (25 × 5 cm diameter) and washed with 30 ml of the 10 mM acetate buffer, pH 5.2. The dialyzed Lb is diluted to 50 ml with 10 mM acetate buffer, pH 5.2, before loading onto the column. The column is eluted at 2 cma/min with a linear gradient generated from 40 ml of 10 mM and 40 ml of 100 mM sodium acetate buffer, pH 5.2. Further separation of Lbc_1 and c_2 can be achieved by concentrating the appropriate peaks, dialyzing them against dilute acetate buffer, and rechromatographing them on columns of DEAE-cellulose (36 × 1.5 cm diameter) developed with a linear gradient generated from 200 ml 20 mM and 200 ml 40 mM sodium acetate buffers, pH 5.2 (Fig. 15.7).

15.9.2 Lupin Leghemoglobin

The use of fresh nodules is recommended for lupin Lb preparation; extended storage of nodules at −20 °C results in poor yields of Lb. Nodules (120 g) are extracted as for soybean nodules, and the same ammonium sulfate fractionation and dialysis followed. The dialyzed Lb is oxidized with ferricyanide; since lupin oxyLb oxidizes very slowly or not at all at pH 8.6, a pH of between 5.2 and 6.8 and a temperature of 20 °C are required for satisfactory oxidation. The ferric Lb is desalted through an alkaline Sephadex G-25 column to remove nicotinate and concentrated by adsorption to a small column of DEAE-cellulose (phosphate form). After washing with 10 mM phosphate buffer, pH 6.96, the ferric Lb is eluted with 50 mM phosphate buffer of the same pH, concentrated, and equilibrated with

Fig. 15.7 Flowchart for isolation of leghemoglobin (soybean)

50 mM Tris-HC1 buffer, pH 8.1. The Lb components are separated on a column of DEAE-Sephadex A-50, through which a pH gradient from 8.1 to 7.1 in Tris-HCl buffer is run.

An alternative procedure first separates three different ferric Lb components and two ferrous oxyLb components on DEAE-cellulose (acetate) columns, using step-wise elution with 20, 40, and 80 mM ammonium acetate, pH 7.0. After ferricyanide oxidation of the ferrous oxyLb components to their corresponding ferric Lb forms, final purification was achieved by re-chromatography on DEAE-cellulose using 20, 35, or 60 mM ammonium acetate, pH 7.0, to elute the different components.

15.9.3 Storage

Isolated leghemoglobin is recommended to be stored in liquid nitrogen (−196 °C) in order to preserve its tertiary structure (Dilworth 1980).

15.9.3.1 Estimation of Leghemoglobin

It is important to choose an optimum time for harvesting of nodules in order to obtain maximum yield of nodules and leghemoglobin. It has been observed that plants forming seed rapidly lose leghemoglobin from their nodules; therefore, early stage of flowering is the most convenient time for nodule harvest (Dilworth 1980).

Numerous methods have been employed for the estimation of leghemoglobin from root nodules. Most of these methods are simple modifications of methods employed for estimation of hemoglobins. These methods are usually based on the measurement of optical absorption of deoxygenated leghemoglobin, pyridine hemochromogen, or cyanmethemoglobin (LaRue and Child 1979; Wilson and Reisenauer 1963). Since leghemoglobin is rarely available in pure form, animal hemoglobin is generally used as a standard in the experiments. Sensitive spectrofluorometric technique for the estimation of leghemoglobin is a reliable method. The basic principle employed in this technique is, if iron of leghemoglobin is removed using some organic acids like pyruvic, formic, or oxalic acid, the protoporphyrins formed are intensely fluorescent. Heme and hemin proteins do not produce fluorescence; therefore, iron has to be removed for indirect estimation of leghemoglobin. Oxalic acid converts leghemoglobin to a stable fluorescent product at higher temperature.

15.9.4 Sensitive Spectrofluorometric Technique

Roots of the plants are rinsed and ground in a blender in 50 ml of solution containing 0.02% (w/v) potassium ferricyanide and 0.1% sodium bicarbonate. The samples are then centrifuged, and 0.2 ml of clear supernatant is mixed with 2.0 ml of saturated oxalic acid in screw capped tubes. These tubes are then heated at 120 °C in an autoclave for 30 min. The solution is then cooled to room temperature. The fluorescence of the solution is then measured using spectrophotofluorometer equipped with mercury-xenon lamp. The excitation wavelength used is 405 nm.

15.9.5 Pyridine Hemochromogen Method

In this method, equal volumes of 4.2 M of pyridine, 0.2 M NaOH, and leghemoglobin solutions are mixed together. The hemochrome thus obtained is reduced with few crystals of sodium dithionite. Its absorbance is measured at 556 nm against a reagent blank. The absorbance is converted to Lb concentration using $\epsilon^{556\ \mathrm{nm}}{}_{\mathrm{mM}} = 34.6$ (Dilworth 1980).

$$\text{Lb concentration}\ (\mathrm{mg/cm^3}) = A_{556\ \mathrm{nm}}{}^{*}(2/34,600)^{*}\text{molecular weight}$$

15.10 Variations in Relative Concentrations of Leghemoglobin with Plant Age

PAGE analysis of extracted Lb showed a variation in Lbc content relative to Lba content with soybean plant age (Fuchsman and Appleby 1979). The content of Lbc relative to Lba was found to be >7 in young nodules and was found to decrease to <2 in mature nodules. Lbc_1 content relative to Lbc_3 content appeared to increase as young nodules matured, whereas Lbc_2 content was found to increase only very slightly but linearly with age of the nodule. This pattern in change of the Lb content occurs due to changes in relative rates of biosynthesis of different components. Major Lb components are separate gene products.

15.11 Synthesis of Lb in Relation to Nitrogenase Activity in Nodules

It was observed that Lb is synthesized 2–4 days prior to nitrogenase activity. Among the two major forms of Lb, LbF appears first, followed by LbS and nitrogenase induction. It is not certain what factors control the sequence of these events. Mutations both in host and in bacteria may lead to ineffectiveness of the nodules and all ineffective nodules examined to date contain little or no Lb (Verma et al. 1979).

15.12 Hemoglobin in Non-legume Symbioses

15.12.1 The Rhizobium–Parasponia Symbiosis

The only known symbiotic association which involves *Rhizobium* and a non-leguminous plant for nitrogen fixation is with *Parasponia* (a member of the Ulmaceae). In this symbiosis, the rhizobia remain within the infection threads in the host cells rather than becoming enclosed in peri-bacteroid membranes. In comparison to legume nodules, there is a narrower range of O_2 (near 0.2 atm) for nitrogen fixation by *Parasponia* nodules. On apparent examination of *Parasponia* nodules, dimeric Hb were found to be present. *Parasponia* Hb kinetic measurements revealed fast O_2 association and dissociation rates, which were found to be one-third of the soybean Lba rates. Although *Parasponia* Hb and soybean Lba have no immunological cross-reactivity, and there is no cross-hybridization between a full-length cDNA for soybean Lba and *Parasponia* nodule RNA, the similarity between *Parasponia* Hb and soybean Lba is emphasized by the close amino acid homology between many regions of the two proteins. This homology, being much greater than between soybean Lba and animal Mb, proteins already thought to have the same genetic origin, led to conclude that legume nodule Lb and *Parasponia* Hb might lie close to each other in evolutionary history.

15.12.2 Actinorhizal Symbioses

In the N_2-fixing actinorhizal root nodules formed by symbiotic association between *Frankia* endophytes and non-leguminous hosts, there appears to be a lesser mechanical restriction against O_2 penetration to infected cells than in legume nodules. Such observations, the ability of *Frankia* spp. to form vesicles in nodules and pure culture and the ability of vesiculated *Frankia* to fix N_2 in pure culture at air O_2 tension, suggested that O_2-carrier proteins might have no function in actinorhizal symbioses. But energy usage for N_2 fixation is similar to that in legume nodules, so it is unlikely that uncoupled, low-phosphorylating efficiency respiration operates as a significant protective mechanism in actinorhizal nodules. It was not until 1983 that Tjepkema, by sensitive spectrophotometry, confirmed the occurrence of high concentrations of Hb in nodule slices of *Casuarina cunninghamiana* and *Myrica gale*. Lower concentrations of Hb were observed in the nodules of *Comptonia peregrina*, *Alnus rubra*, and *Elaeagnus angustifolia*; zero to trace amounts were found in *Ceanothus americanus* and *Datisca glomerata*. The Hb from *Casuarina* nodules could be partially solubilized and shown to undergo reversible reactions with O_2 and CO, thereby distinguishing it from plant peroxidase.

15.12.3 Stem Nodules

Apart from the root nodules, some legume species have also been reported to have stem nodules (Fig. 15.8).

According to different studies, it was found that root and stem nodules were very similar in morphology and structure. Stem nodules are connected to stem via a short broad stalk of large celled tissue with numerous intercellular spaces (Fig. 15.9). The outer cortex of stem nodules contained cells with chloroplast; inner cortex contained a number of newly invaded cells harboring both *Rhizobium* and chloroplast (Dreyfus and Dommergues 1981). In contrast to the root nodules, stem

Fig. 15.8 Stem nodules on *Sesbania rostrata* (c.f. Tsien et al. 1983)

nodules contain chloroplast in their cortex and, thus, have the potential of oxygen evolution. Therefore, oxygen control might be more complex and demanding in stem nodules (Bogusz et al. 1987). Therefore, preliminary reports had proposed the apparent presence of an extra Lb component or different proportion of the same components in stem nodules as compared to the root nodules.

15.13 Conclusion

The overwhelming conclusion derived from this review is that all known nitrogen-fixing symbiotic association involving *Rhizobium* involves the presence of leghemoglobin. Leghemoglobin shares some sequence similarity with the animal hemoglobins. Leghemoglobins are very essential for the proper functioning of nitrogenase enzyme. It has been observed that the presence of nitrogenase is not important for the existence of leghemoglobin, but vice versa is true. Leghemoglobin or symbiotic hemoglobin is not the only hemoglobin present in the plants.

The basic function of leghemoglobin involves facilitation of O_2 supply to rapid respiring *Rhizobium* at extremely low, nontoxic free O_2 concentration. Earlier researchers thought that leghemoglobin occurs within the peri-bacteroid membrane, which was proved wrong after the detailed microscopic study of the structure of nodules. Nitrogen fixation occurs not only in root but also in stem nodules.

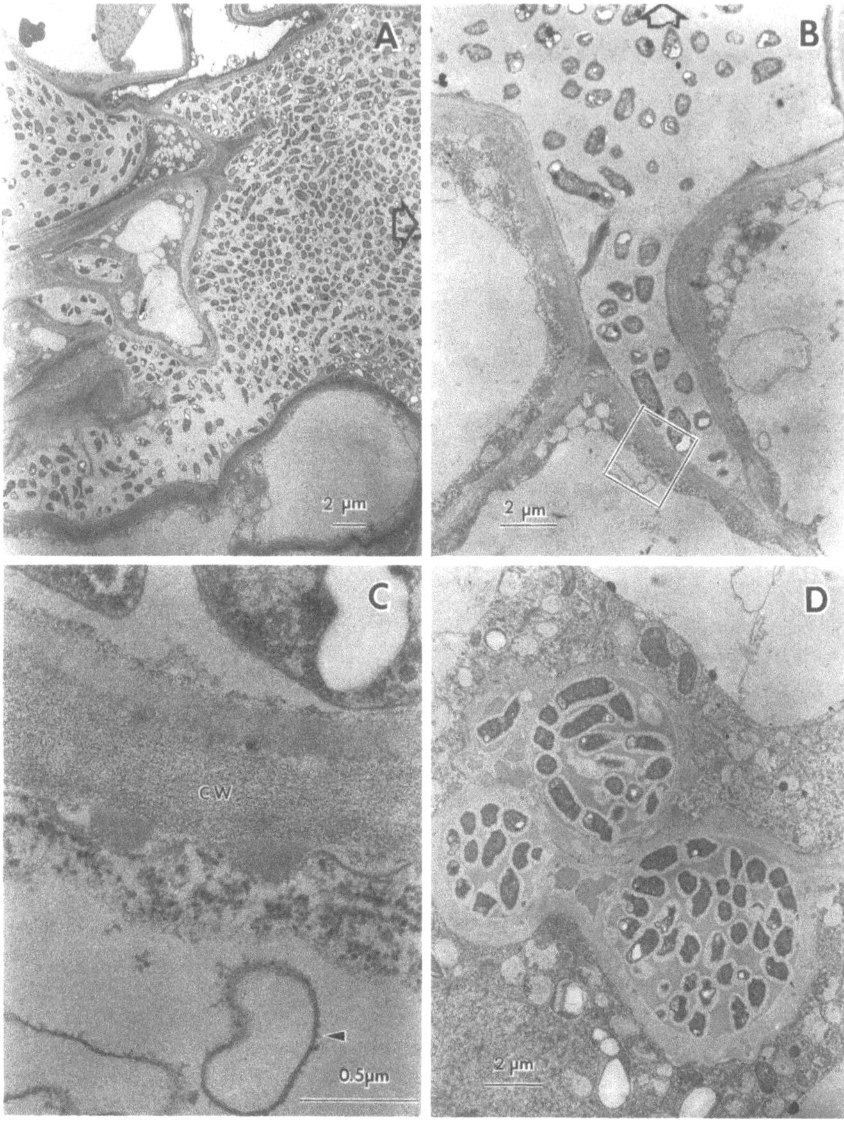

Fig. 15.9 Mature stem nodules show asymmetrical lobular development. Transmission electron micrographs of thin sections of 3-day-old nodules. Sections were cut through the edge of the nodules in a plane parallel to the long axis of the root primordium. (**a**) An intercellular space at the inner edge of the fissure filled with rhizobia. (**b**) Rhizobia in a funnel-shaped intercellular space leading away from the fissure in the direction of the base of the root primordium. *Arrows* in (**a**) and (**b**) point in the direction of the fissure. (**c**) Higher magnification of *boxed area* in (**b**). Membrane structures (*arrowhead*) were visible at the plant cell side of the cell wall (CW) but were absent from the *Rhizobium* sp. side. (**d**) Cross section of three adjacent intercellular spaces filled with rhizobia. Bacteroids within these infection threads were separated from the thread matrix by an electron-transparent zone (c.f. Tsien et al. 1983)

Therefore, this review helps us to understand about the roles for leghemoglobins in oxygen transport and buffering and prove that plant hemoglobins are crucial for symbiotic nitrogen fixation.

References

Appleby CA (1984) Leghemoglobin and Rhizobium respiration. Annu Rev Plant Physiol 35: 443–478

Appleby CA (1992) The origin and functions of haemoglobin in plants. Sci Prog 76:365–398

Becana M, Klucas RV (1992) Oxidation and reduction of leghemoglobin in root nodules of leguminous plants. Plant Physiol 98(4):1217–1221

Becana M, Moran JF, Iturbe-Ormaetxe I (1995) Structure and function of leghemoglobins. Institución "Fernando Elcatólico", p 203

Bergersen FJ (1971) Biochemistry of symbiotic nitrogen fixation in legumes. Annu Rev Plant Physiol 22(1):121–140

Bergersen FJ, Goodchild DJ (1973) Cellular location and concentration of leghaemoglobin in soybean root nodules. Aust J Biol Sci 26(4):741–756

Bogusz D, Kortt AA, Appleby CA (1987) Sesbania rostrata root and stem nodule leghemoglobins: purification, and relationships among the seven major components. Arch Biochem Biophys 254(1):263–271

Bojsen K, Abildsten D, Jensen EØ, Paludan K, Marcker KA (1983) The chromosomal arrangement of six soybean leghemoglobin genes. EMBO J (7):1165

Dakora FD (1995) A functional relationship between leghaemoglobin and nitrogenase based on novel measurements of the two proteins in legume root nodules. Ann Bot 75(1):49–54

Dilworth MJ (1980) [74] Leghemoglobins. Methods Enzymol 69:812–823

Dreyfus BL, Dommergues YR (1981) Nitrogen-fixing nodules induced by Rhizobium on the stem of the tropical legume Sesbania rostrata. FEMS Microbiol Lett 10(4):313–317

Emerich DW, Krishnan HB (2014) Symbiosomes: temporary moonlighting organelles. Biochem J 460(1):1–11

Fuchsman WH, Appleby CA (1979) Separation and determination of the relative concentrations of the homogeneous components of soybean leghemoglobin by isoelectric focusing. Biochim Biophys Acta (BBA) Protein Struct 579(2):314–324

Hardison RC (1996) A brief history of hemoglobins: plant, animal, protist, and bacteria. Proc Natl Acad Sci USA 93(12):5675–5679

Hoy JA, Hargrove MS (2008) The structure and function of plant hemoglobins. Plant Physiol Biochem 46(3):371–379

Kanu SA, Dakora FD (2017) Symbiotic functioning, structural adaptation, and subcellular organization of root nodules from *Psoralea pinnata* (L.) plants grown naturally under wetland and upland conditions in the Cape Fynbos of South Africa. Protoplasma 254(1):137–145

LaRue TA, Child JJ (1979) Sensitive fluorometric assay for leghemoglobin. Anal Biochem 92(1): 11–15

Marcker A, Lund M, Jensen EØ, Marcker KA (1984) Transcription of the soybean leghemoglobin genes during nodule development. EMBO J 3(8):1691

Maróti G, Kondorosi É (2014) Nitrogen-fixing Rhizobium-legume symbiosis: are polyploidy and host peptide-governed symbiont differentiation general principles of endosymbiosis? Front Microbiol 5:326

Nash DT, Schulman HM (1976) Leghemoglobins and nitrogenase activity during soybean root nodule development. Can J Bot 54(24):2790–2797

Sangwan I, O'Brian MR (1992) Characterization of δ-aminolevulinic acid formation in soybean root nodules. Plant Physiol 98(3):1074–1079

Sangwan I, O'Brian MR (1993) Expression of the soybean (*Glycine max*) glutamate 1-semialdehyde aminotransferase gene in symbiotic root nodules. Plant Physiol 102(3): 829–834

Smith JD (1949) The concentration and distribution of haemoglobin in the root nodules of leguminous plants. Biochem J 44(5):585

Tsien HC, Dreyfus BL, Schmidt EL (1983) Initial stages in the morphogenesis of nitrogen-fixing stem nodules of *Sesbania rostrata*. J Bacteriol 156(2):888–897

VandenBosch KA, Newcomb EH (1988) The occurrence of leghemoglobin protein in the uninfected interstitial cells of soybean root nodules. Planta 175(4):442–451

Verma DPS, Ball S, Guerin C, Wanamaker L (1979) Leghemoglobin biosynthesis in soybean root nodules. Characterization of the nascent and released peptides and the relative rate of synthesis of the major leghemoglobins. Biochemistry 18(3):476–483

Wilson DO, Reisenauer HM (1963) Determination of leghemoglobin in legume nodules. Anal Biochem 6(1):27–30

Index

A.P. Hansen et al. (eds.), *Rhizobium Biology and Biotechnology*, Soil Biology 50,
DOI 10.1007/978-3-319-64982-5

FSC
www.fsc.org
MIX
Papier | Fördert gute Waldnutzung
FSC® C083411

Kolibri 360 GmbH
Ferdinand-Jühlke-Straße 7
99095 Erfurt, Deutschland
produktsicherheit@kolibri360.de